高等院校经济管理类主干课系列教材

国际金融学

INTERNATIONAL FINANCE

黄梅波 主编

厦门大学出版社
XIAMEN UNIVERSITY PRESS

前 言

国际金融，在国外又被称为开放经济的宏观经济学、国际宏观经济学或国际货币经济学。一般认为，国际金融学的研究对象是开放经济条件下的国际货币金融问题及其与宏观经济的关系。国际金融学涉及的内容很多，既包括国际收支、汇率、国际金融市场、国际货币体系等宏观方面的内容，也包括外汇市场交易、外汇风险管理、跨国公司财务管理等微观方面的问题。

本书具有以下特点：第一，本书采取传统的国际金融教材的编写方式。全书共14章，按照顺序依次阐述国际收支、汇率、国际金融市场与国际货币体系四大板块，侧重介绍国际金融宏观方面的内容，但也结合读者需要，安排了两章国际金融实务的内容。第二，本书的写作注意了国际金融理论和实践的兼顾。在写作过程中，对国际收支调节理论、汇率决定理论、货币危机理论等国际金融理论的写作，尽量地研读了相关的经典文献，并对其加以概括总结。读者有兴趣，可以通过我们的引导，进一步查阅经典文献，并对其深入理解。对于国际金融实务的内容，则注重其可操作性，便于读者掌握国际金融交易的方法。第三，本书的写作注意学习了国外国际金融教材的优点和写法，也适当吸收当前国内外国际金融研究的成果，同时也适当体现了主编者多年国际金融教学和科研的成果和体会。

本书采用集体编写的方式，全书的基本框架、逻辑体系和篇章的安排由黄梅波拟订，并负责稿件的修改、统稿。具体内容的写作分工为：

黄梅波：导论；

陈汉鹏：第一章、第二章、第三章；

李菲瑜：第四章、第八章；

周盼：第五章、第六章；

韦茜：第七章、第九章；

王璐：第十章、第十一章、第十二章；

熊爱宗：第十三章、第十四章。

20 世纪 80 年代以来，国际金融飞速发展，对世界经济的影响也越来越大。2007 年由美国爆发，2008 年蔓延全球的金融危机给世界经济带来了深远的影响，引起了人们对国际金融市场、国际货币体系的深思。我们对国际金融的理论研究还不够深入，对国际金融现象和问题的理解还很不充分，因此，本书从体系到具体内容的写作等方面肯定还存在着许多缺点和问题，我们衷心希望国际金融学界的同仁和本书读者，对书中的不足和错误之处提出宝贵意见，以便在修订时加以补充和完善。

黄梅波

于厦门大学

目 录

前 言

导 论

作为国际金融学研究的起点，本导论需要明确国际金融学的研究对象和研究范围，探讨国际金融学的主要内容和理论体系，最后介绍本书篇章的安排以及其内容的内在逻辑和相互联系。

一、国际金融学的研究对象

国际金融(International Finance)，在国外又被称为开放经济的宏观经济学(Open Economy Macroeconomics)、国际宏观经济学(International Macroeconomics)或国际货币经济学(International Monetary Economics)。其主要内容包括：国际收支不平衡及其调节，国际收支与其他宏观经济变量的关系，汇率制度与汇率决定，国际金融市场及国际货币体系问题。

任何一门独立的学科，都应有其特定的研究对象和明确的研究范围。一般认为，国际金融学的研究对象是开放经济条件下的国际货币金融问题及其与宏观经济的关系。英国伦敦城市大学的 Keith Pilbeam 教授在其 1998 年编写的《国际金融》中认为，“国际金融从广义上讲就是国家间货币和宏观经济的关系”[①]；意大利罗马拉·萨皮恩扎大学 Giancarlo Gandolfo 教授在其 2002 年编写的《国际金融与开放经济的宏观经济学》中说，“国际金融探讨的是国家间的货币与宏观经济关系”[②]。我国学者也有类似观点。南开大学的钱荣堃教授在其《国际金融》教材前言中提到，“国际金融的主题涉及国家之间的货币与宏观经济关系”[③]；华东师范大学陈彪如教授在其所著的《国际金融概论》中写道：国际金融“是一门综合性的学科，应以国际间的货币金融关系作为研究的对象，既要说明

① Keith Pilbeam 著，王忠晶译：《国际金融》，中国税务出版社 2006 年版，导言。

② Giancarlo Gandolfo 著，靳玉英译：《国际金融与开放经济的宏观经济学》(2002/2005)，上海财经大学出版社 2005 年版，第 1 页。

③ 钱荣堃：《国际金融》，南开大学出版社 2002 第 1 版，前言。

国际范围内金融活动的主要问题,又要阐述国际间货币和借贷资本运动的规律"[①];复旦大学姜波克教授在其1994年出版的《国际金融新编》前言中说,"国际金融学是研究国与国之间的货币关系的",其"研究对象是不同货币之间的静态和动态关系、从货币角度出发的国内宏观经济与国际经济的相互关系以及从货币角度出发的世界经济及其相关问题"[②],在其1999年出版的《国际金融学》中进一步认为,"国际金融学是从货币金融角度研究开放经济下内外均衡目标同时实现问题的一门独立学科";[③]厦门大学朱孟楠教授则认为,"国际金融学的研究对象是国际间货币、信用及其相互关系"[④]。

二、国际金融学的内容和体系安排

(一)国际金融学的内容

国际金融学涉及的内容很多,既包括国际收支、汇率、国际金融市场、国际货币体系等宏观方面的内容,也包括外汇市场交易、外汇风险管理、跨国公司财务管理等微观方面的问题。

一般来说,国际金融课程的内容,是侧重宏观方面的内容,还是微观方面的内容,往往根据所设专业的培养目标而定。经济学院金融学专业、国际经济与贸易专业开设的"国际金融"课程往往以"开放经济的宏观经济学"为主要内容,而管理学院、商学院开设的"国际金融"课程则着重探讨跨国公司如何在国际金融市场通过财务决策实现利润最大化的目标。南开大学的钱荣堃等教授主编的《国际金融》对此做过总结:"目前已出版的同类教科书各有不同的侧重,一些教科书注重理论和政策分析,接近国外的国际货币经济学或开放经济宏观经济学;另一些注重市场运行和企业跨国投融资分析,接近国外的跨国公司财务管理,而更多的是两者之间的兼顾。"[⑤]

从目前国内的国际金融教材来看,大部分教材在内容上主要包含国际收支、汇率、国际金融市场与国际货币体系等宏观内容,较少涉及国际金融微观方面的内容。具体写法上一些教材比较靠近开放经济的宏观经济学。例如靳玉英翻译的意大利 Giancarlo Gandolfo 教授撰写的《国际金融与开放经济的宏观经济学》

---

① 陈彪如:《国际金融概论》(第三版),华东师范大学出版社1996年第3版,前言。

② 姜波克:《国际金融新编》,复旦大学出版社1994年版,前言。

③ 姜波克:《国际金融学》,高等教育出版社1999年版,前言。

④ 朱孟楠:《国际金融学》,厦门大学出版社1999年版,前言。

⑤ 钱荣堃:《国际金融》,南开大学出版社2002第1版,前言。

区分流量分析法和存量以及存量—流量分析法介绍了国际收支调节理论;复旦大学姜波克教授1999年编写的《国际金融学》在体系上主要以开放经济下的内外均衡实现问题为主线安排章节,在内容安排上也将主要篇幅"定位于宏观理论与政策问题的分析上"①。

但国内大部分的国际金融教材力图以宏观为主,兼顾微观,希望为学生展现一个国际金融的总体概貌。除了国际金融宏观的内容,对外经济贸易大学刘舒年教授的《国际金融》(修订版,1991)专用一篇介绍了国际信贷的内容。华东师范大学陈彪如教授的《国际金融学》(修订版,1997)也花了三章篇幅介绍了外汇风险和汇率预测、国际银行业、跨国公司与国际金融的内容。南开大学钱荣堃教授等主编的《国际金融》(2002)教材中也专设一章"跨国公司财务管理",介绍跨国公司的国际融资、国际资金管理以及跨国风险管理等问题。北大中国经济研究中心易纲、张磊所著的《国际金融》(1999)的一个重要特色就是其中有一部分称为"微观篇"的内容,用5章的篇幅介绍了公司财务分析的内容,包括:价值与风险、投资决策的评价方法、资产定价模型、期权定价、资金成本和资本结构理论等内容。中国人民大学陈雨露教授的《国际金融》(2008年第三版)则试图建立以"国际金融市场—跨国公司财务管理—开放经济宏观经济学"三位一体的国际金融内容体系,以涵盖国际金融宏观及微观的内容。

商学院、管理学院的国际金融教材当然地靠近跨国公司财务管理的内容,不注重国际金融的理论性分析,而是把重点放在了以跨国公司为中心的金融实务方面。例如,法国米德尔塞克斯大学 Ephraim Clark 于 2002 年编写,刘爽等 2005 年翻译的《国际金融》除了前两篇介绍国际金融宏观方面的理论和知识之外,其他六篇内容即"衍生市场、衍生工具及技巧"

"国家风险评估"、"外汇风险管理"、"国际借贷"、"其他国际市场以及资本预算和对外直接投资"均为跨国公司国际金融实务方面的内容。

(二)国际金融学的体系安排

国内外国际金融的教材林林总总,但大部分教材从内容上来说目前仍缺少一个统一的分析框架,"至今尚未形成严密的逻辑结构和完整的理论体系"②,"从事这方面研究和教学的学者对开放经济的宏观经济学有着各自不同的定义"③。但是其主要内容是大体相同的,写作方式上也大多采取板块式的结构,

① 姜波克:《国际金融学》,高等教育出版社1999年版,前言。

② 裴平:《国际金融学》,南京大学出版社1998年版,导论。

③ Obstfeld 和 Rogoff 著,刘红忠译:《高级国际金融学教程》,中国金融出版社 2002 年版,译者前言。

将国际收支、汇率、国际金融市场与国际货币体系等宏观内容进行不同形式的组合。这些教材建立在传统的国际金融研究或其经典文献的基础上，应该说已经能够很好地解释或试图解释许多关键性的经济政策问题。但是其理论大多没有考虑宏观经济的微观基础问题，难以用统一的框架对动态的经济问题进行解释，对国际资本市场一体化的分析也相对有限。① 近年来，对国际金融的研究已经出现了一些新的或现代的观点，以微观结构为基础建立了许多新模型，阐释开放经济下宏观经济行为的特征。但是一般教科书采用这种观点和方式进行体系设计和论述的仍然很少，主要的国际金融教材仍然采取传统的内容和模式。

1. 传统的国际金融教材体系

传统的国际金融教材的结构安排基本上都属于板块式，分几大块论述了国际金融的主要内容，即国际收支、汇率、国际金融市场、国际货币体系等。其中：

国际收支部分的内容包括：国际收支与国际收支平衡表，国际收支理论，国际收支调节政策，外汇管制，国际储备，开放经济条件下的宏观经济政策等；

汇率部分的内容包括：外汇与汇率基础，汇率制度及其选择，汇率决定理论，汇率对经济的影响等。

国际金融市场的内容包括：国际金融市场的构成，国际资本流动，国际金融危机，货币危机理论等；

国际货币体系的内容包括：国际货币体系及其演变，区域货币一体化，国际货币合作及国际金融机构等。

国际金融的微观部分的内容包括：外汇交易与外汇预测，国际金融衍生市场、衍生工具及交易技巧，国家风险评估，外汇风险管理，国际借贷等。

各教材的区别主要在于这几个部分内容的安排，哪个在先，哪个在后，以及如此安排的原因或者说逻辑关系是什么。国际金融课程的内容与其他课程有所不同。正如厦门大学陈亚温教授在其 1996 年出版的《国际金融通论》的“绪言”所写道的：“国际金融教材各篇不仅各自具有独立性，也有交叉关系，可以并列，却难分出先后”，“无论先从哪一章出发，均需将摆在后面的有些章节的内容提到前面掺进来讲解，否则无法讲好首篇”。② 因此，各教材在内容体系的安排上将汇率、国际收支及国际货币体系等安排在前面的都有，各有各的说法和思路。

Keith Pilbeam 于 1998 年编写，王忠晶译的《国际金融》的内容分为：国际收支平衡的理论和政策，决定汇率：理论、证明和政策，战后国际货币体系三大部

---

① Obstfeld 和 Rogoff 著，刘红忠译：《高级国际金融学教程》，中国金融出版社 2002 年版，前言。

② 陈亚温：《国际金融通论》，厦门大学出版社 1995 年版，绪言。

分。美国 Joesph P. Daniels 和 David D. VanHoose 著(2002),李月平译(2004)的《国际货币与金融经济学》则分国际收支和外汇,国际金融机构、市场和工具,汇率与国际收支平衡的决定,开放经济的宏观经济学和政策分析,跨国政策制定和国际金融体系五大部分论述国际金融的内容。

国内学者如南开大学钱荣堃教授的《国际金融》(2002)将国际金融主要内容分布在基础篇、市场篇、资本流动篇、政策篇。上海大学陈信华的《国际金融学》(2004)以国际金融理论(含国际收支理论、汇率决定理论、宏观经济内外均衡理论)和国际金融政策(国际收支调节政策、国际储备管理政策、中国外债管理政策、外汇管理政策)为其谋篇布局的主要依据。中山大学陈建梁的《新编国际金融》(2002)分三个层次论述了国际金融的内容:银行/公司微观层次的国际金融(含外汇交易、汇率风险和国际信贷)、国家层次的国际金融(含国际收支、汇率制度、外汇管理体制、国家外债)以及国际层次的国际金融(含区域货币合作、国际金融机构、国际货币体系的协调和监督、国际债务)。

近年一些教材开始尝试新的体系安排。美国卡内基—梅隆大学的 McCallum,B. T. 教授 1996 年著,陈未等 2001 年翻译的《国际货币经济学》(1996/2001)就在理论部分构建了一个统一的框架,着眼于建立一个对固定汇率和浮动汇率都能适用的单一模型。复旦大学姜波克教授教授主编的《国际金融学》(1999)以开放经济下的内外均衡实现问题为主线来安排章节,国际金融的具体概念如汇率、国际收支、国际金融市场、国际货币体系及其理论分析则根据它们的具体内容纳入到内外均衡的主线之中进行研究。

2. 国际金融研究的新视角

如果说以上对国际金融的研究和论述是一种旧的或传统的观点,那么近年来,对国际金融的研究已经出现了一种新的或现代的观点。①

"现代国际金融学的发展主要体现在两个方面:第一,主流的微观或宏观经济理论更多地应用到国际金融理论的研究当中;第二,用新的理论和经验方法更深层次地探讨国际金融的一些古典难题。"②

Obstfeld 和 Rogoff(1996)著,刘红忠译(2002)的《高级国际金融学教程》引入了微观基础的经常项目的跨时均衡方法,把最优的增长理论应用到开放经济宏观经济学当中。其撰写宗旨就是"试图建立一个能够用于分析国际宏观经济

---

① Giancarlo Gandolfo 著,靳玉英译:《国际金融与开放经济的宏观经济学》,上海财经大学出版社 2005 年版,引论。

② Obstfeld 和 Rogoff 著,刘红忠译:《高级国际金融学教程》,中国金融出版社 2002 年版,译者前言。

学基本问题的统一的框架体系”,“在不收缩研究领域的情况下,在系统的现代分析框架中,引进微观基础的分析方法”。①

有评论认为,“新国际宏观经济理论已经达到了很高的复杂程度,其中以微观结构为基础建立了许多新模型,同时,利用代表性经济主体跨时最优决策的角度阐释了开放经济下宏观经济行为的特征”。但是这种观点尚未被一般教科书采用,也未成为指导政策制定者思考问题的方法。“无论是国家层面还是国际层面的政策制定者仍然依赖于传统的观点和模型来应对现实问题”②。主要的国际金融教材内容上仍然是传统模式的,写法上更多的是板块式的。

三、本书的篇章结构及内容安排

本书采取传统的国际金融教材的编写方式。全书共 14 章,按照顺序依次阐述国际收支、汇率、国际金融市场与国际货币体系四大板块,其内容侧重介绍国际金融宏观方面的内容,但也结合读者需要,安排了两章(第七章外汇交易与外汇风险,第九章国际金融衍生工具)讨论国际金融市场上的外汇交易操作与外汇风险的防范问题。

本书的第一章到第四章讨论国际收支理论与国际收支政策问题。

人们研究国际金融的主要目的之一就是通过分析各国之间的货币金融关系来判断本国的经济运行状况,为政策制定者提供进行形势判断相关的经济指标。在众多的经济指标之中,国际收支无疑是一个最为直接和重要的指标,它的好坏将会对一国的汇率以及政府制定的经济政策产生直接的影响。本书第一章是对国际收支和国际收支平衡表的介绍。主要对国际收支的基本概念、主要表现形式——国际收支平衡表以及各经济体在国际收支中的表现进行分析,并探讨什么才是一国国际收支的最优状态,让读者从宏观的角度对国际货币金融的运行进行初步的了解,并对各经济体的国际收支状况及其对经济的影响有较为深刻的理解。

第二章是国际收支调节理论的内容,主要以时间为顺序,依次介绍各个时期主流的国际收支调节理论。对国际收支调节问题进行研究最早可追溯到 18 世纪大卫·休谟(David Hume)的价格—铸币流动机制(Price-Specie Flow Mecha-

---

① Obstfeld 和 Rogoff 著,刘红忠译:《高级国际金融学教程》,中国金融出版社 2002 年版,前言。

② Giancarlo Gandolfo 著,靳玉英译:《国际金融与开放经济的宏观经济学》(2002/2005),上海财经大学出版社 2005 年版,第 1 页。

nism)理论。该理论以自由贸易和黄金在国际间自由输出、输入为实际前提,以货币数量论为理论依据,认为国际贸易盈余通过黄金的流入会导致本国物价水平的上升,从而使贸易盈余自动消失,反之类似,因此政府根本无需对国际收支进行干预。后来,由于资本主义经济危机的爆发,金本位制的崩溃,以阿尔弗雷德·马歇尔(Alfred Marshall)、约翰·罗宾逊(Joan Robinson)和阿巴·勒纳(Abba Lerner)为代表的弹性理论逐渐取代了价格—铸币流动机制,成为国际收支调节理论的主流。第二次世界大战以后,凯恩斯主义统治了西方经济学界,新的思潮又推动了一些新的调节理论诞生,其中以詹姆斯·米德(James Meade)、西德尼·亚历山大(Sidney Alexander)等人创立的国际收支调节的吸收理论影响最为广泛。该理论认为一国的对外净收支等于该国的总产出与总吸收之间的差额,因此只有从产出和吸收两方面入手才能较好地解决国际收支失衡问题。之后,随着资本主义国家经济的复苏,各项经济指标转好,凯恩斯主义陷入了危机,早先提出理论的局限性日益明显,这时货币主义重新崛起,再一次成为西方经济学界的主流学说。20 世纪 60、70 年代,罗伯特·蒙代尔(Robert Mundell)、哈里·约翰逊(Harry Johnson)等人从货币角度出发,创立了新的国际收支调节理论——货币论,向传统理论发起了强有力的挑战。

在了解了关于国际收支调节的各种主流理论之后,第三章“国际收支调节政策与内外均衡”开始探讨如何在现实世界里应对国际收支失衡问题。从理论上讲,在充分的市场经济条件下,国际收支失衡可以通过市场的力量自动恢复。但由于其只能在纯粹的自由经济下才会发生作用,而且需要的中间过程较长,作用的程度和效果也无法衡量,因此,当国际收支发生失衡时,各国政府往往不会袖手旁观,静待国际收支自动恢复到均衡水平,而是会动用各种政策手段对经济进行干预。当然,各国经济政策的制定者除了要考虑外部经济均衡外,还需要考虑内部均衡,对外维持国际收支平衡,对内实现物价稳定、经济增长、充分就业。本章讨论了开放经济条件下各国如何在兼顾国内经济良性运行的同时实现外部收支的均衡。

外汇管制与外汇储备是与国际收支直接相关的内容。外汇管制是政府调节国际收支政策中的直接管制政策的一部分,而外汇储备是国际收支顺差或逆差的结果。第四章首先从外汇管制出发,进而探讨放松外汇管制实现货币自由兑换的条件、阶段,最后分析一国国际储备的构成及其管理。从长期来看,外汇管制会对汇率等造成扭曲,货币自由兑换才是发展趋势。国际储备是体现一个国家经济实力的重要标志之一,它在平衡国际收支逆差、维持汇率稳定和对外信用保证等方面都发挥着重要的作用。一国政府及货币当局应根据一定时期内本国的国际收支状况和经济发展的要求,对国际储备的规模和结构进行计划、调整、控制，以实现储备资产规模的适度化，储备结构的最优化。

本书从第五章开始讨论汇率理论与汇率制度问题。

汇率决定理论是国际金融理论的核心内容，经济学家们对该理论的研究与探索从没停息过，特别是在1973年布雷顿森林体系瓦解，浮动汇率制度开始实行之后，对汇率决定理论的研究显得更为活跃。布雷顿森林体系以及之前的金本位、金汇兑本位制度都是以固定汇率为基调的，这一阶段的汇率决定理论主要研究长期汇率是如何决定的以及如何被影响的。布雷顿森林体系瓦解之后，浮动汇率开始大行其道，在汇率市场上，汇率的波动越发频繁、剧烈，因此，这一阶段的汇率理论研究的重点主要集中于探究短期汇率波动的原因及其影响因素。第五章主要介绍基于宏观经济结构的传统汇率决定理论，包括购买力平价说、国际收支说、利率平价说、货币模型、资产组合平衡法等。

汇率作为一个重要的经济变量，在调节内外均衡中起着举足轻重的作用。汇率制度的选择、汇率水平的维持及相关政策是各国政府不可或缺的一项议题。本书第六章考察了汇率制度、汇率政策及外汇市场的干预和汇率的波动对经济的影响等问题。该章首先讨论汇率制度以及汇率制度理论。最基本的两种汇率制度是固定汇率制和浮动汇率制，除此之外还有其他多种的中间汇率制度。这些汇率制度各有优劣，各国应该根据自身的经济结构、政策目的、经济合作情况以及国内外的经济条件的制约等因素来选择汇率制度。该章接下来探讨汇率的变动对经济的影响。汇率的变动会影响到物价水平、外汇储备、进出口贸易水平、产出与就业以及经济结构。由于汇率的过分波动通常会给经济发展带来不利影响，因此各国政府都会在不同程度上干预外汇市场，以使汇率处于对本国经济发展有利的范围内。

本书有两章讨论国际金融市场上的外汇交易，属于国际金融实务的内容。第七章着重介绍传统外汇交易的基本原理及其应用，包括即期外汇交易、远期外汇交易、掉期外汇交易、套汇和套利交易等(20世纪70年代以后出现的外汇交易的创新形式如外汇期货交易、外汇期权交易、货币互换与利率互换交易、远期利率协议等在第九章“国际金融衍生产品”中介绍)。外汇风险又称汇率风险，主要分为交易风险、折算风险与经济风险三大类，交易风险是现实中最常见、最普遍的风险，企业对它的管理由来已久，管理方法大体可分为内部管理和外部管理两大类。

本书第八章到第十一章讨论国际金融市场与国际金融危机问题。

“二战”以来，随着国际贸易、资本流动和生产的国际化，国际金融市场迅速成长。尤其是20世纪80年代以来，国际金融市场无论是在深度上还是在广度上都获得了空前的发展，并出现了一些新的发展趋势。科技的进步、金融创新和自由化的发展,加速了国际金融市场的一体化进程。反过来,国际金融市场的发展又进一步推动了生产的国际化,大大地促进了国际贸易、国际资本乃至整个世界经济的一体化。20 世纪 50 年代末,欧洲货币市场产生并得到迅速的发展,到目前为止其交易量已经远远超过传统的国际金融市场。从某种意义上讲,欧洲货币市场已经成为当代国际金融市场的代表。本书第八章先从总体的角度来探讨国际金融市场的发展、分类、构成和影响,再重点分析欧洲货币市场的产生、形成、发展和及其作用等。

20 世纪 70 年代以来,西方发达国家各金融机构之间的国际竞争空前激烈,金融创新成为取得和保持竞争优势的主要战略,同时各国政府逐渐放松金融管制,金融衍生工具如雨后春笋般地大量涌现出来,对国际金融业乃至于国际金融市场的发展产生了深刻的影响,推动了世界经济的蓬勃发展。金融衍生工具的主要特点是复杂性、杠杆性、风险性、虚拟性和灵活性。衍生工具的四种主要类型是:期货、期权、互换和远期协议。第九章主要介绍以上几种主要的国际金融衍生工具的特点及交易方式。

第十章讨论国际资本流动与国际金融危机问题。国际资本流动是指资本跨越国界的移动过程,即资本从一个国家或地区移动到另一个国家或地区,其结果主要反映在一国国际收支平衡表的资本与金融账户中。国际资本流动是国际金融的重要组成部分,对其的研究也极大地丰富了国际金融理论。大规模的资本流动加深了各国的经济联系,并在全球范围内广泛地影响着各国的经济增长方式、产业结构和市场运作方式,同时也有可能影响各国的国际收支和国民经济的发展,并可能导致债务危机和货币危机。其中,长期资本流动指 1 年以上的资本的流动,它容易出现违约从而导致债务危机的发生。国际上典型的债务危机是 20 世纪 80 年代拉美爆发的债务危机,其解决依赖债务国、债权国以及国际金融组织的联合行动,经历了初期债务重组、贝克计划和布雷迪计划三个阶段。短期资本流动是指期限在 1 年或 1 年以下的资本流入和流出,其所具有的高流动性容易造成货币危机的产生。20 世纪 90 年代以来频繁爆发国际货币危机。关于如何解决货币危机,虽然目前已有很多措施,但要长远地完全解决货币危机,则需要国际上的各种金融组织及各个国家联合起来共同合作。

90 年代以后频繁爆发的货币危机给各国经济及世界贸易都带来沉重的打击,货币危机理论遂成为理论界关注的焦点。本书第十一章主要介绍三代货币危机理论。第一代货币危机理论是以拉美国家的货币危机为背景的。它表明货币危机来自于国内宏观经济政策的不协调,而这种不协调表现为政府过度扩张的财政货币政策与试图维持固定汇率制之间的矛盾。在政策含义上,该理论认为紧缩性财政政策是解决货币危机的唯一方法。但这种针对经济基本面的分析却不能解释1992—1993年的欧洲货币危机。第二代货币危机理论认为货币危机是由贬值预期的自我实现造成的，政府不会再机械地钉住固定汇率，而是在维持钉住汇率、减少失业、增加政府债务中进行相机抉择，因此在考虑到私人部门与政府的相互作用时，经济存在多重均衡解。在亚洲金融危机爆发以后，对货币危机形成了一些新的研究思路，包括道德风险论、金融恐慌论和企业基础上的多重均衡模型。这些理论的焦点是金融体系与私人部门，特别是企业，认为货币危机发生的关键原因在于企业、脆弱的金融体系以及亲缘政治。这一代货币危机模型还没有形成完整的体系，而且还在不断的变化发展之中。

第十二章到第十四章讨论国际货币体系与国际货币合作问题。

第十二章介绍国际货币体系及其演变。国际货币体系是国际贸易与国际金融运行的环境。随着经济全球化和金融一体化的发展，各国之间的经济往来更加频繁，这些经济活动最终都需要货币进行支付和结算，但是各国货币在国际间都不具有普遍接受的性质，所以产生了协调国际货币关系的需要。国际货币体系主要包括汇率制度、国际收支的调节、国际储备资产、国际货币事务的管理协调四个方面。它是应在世界范围内遵守的货币制度，是规范国家间货币行为的准则。国际货币体系的演变主要经历了国际金本位制、布雷顿森林体系和牙买加体系。

国际货币体系的发展历史可以说就是国际货币合作的历史。本书第十三章主要研究全球性国际货币合作问题。国际货币合作是国际经济政策协调的重要内容，从金本位制开始，到布雷顿森林体系，再到牙买加体系，各国在货币政策、汇率政策、外汇政策等各方面保持着一定的合作。同时各国也逐渐认识到，货币合作可以在一定程度上稳定全球的经济与金融秩序，因此，无论在全球层面还是在区域层面，各国都在进行着货币政策的尝试。全球层面主要的国际货币合作机构包括国际货币基金组织、7国集团以及当今的20国集团(G20)。国际货币基金组织成立于1946年，是战后最重要的国际货币合作金融机构。70年代中期以后，7国集团开始成为国际货币合作领域的一个重要协调主体，1985年达成的广场协议、1987年达成的卢浮宫协议等都一定程度上促进了国际金融稳定。20国集团于1999年成立，属于非正式论坛，旨在促进工业化国家和新兴市场国家就国际货币和金融领域的重要问题开展富有建设性和开放性的对话，并通过对话加强国际金融体系建设。

第十四章则探讨区域货币合作的理论与实践问题。区域货币合作是指一定地区内的有关国家和地区在货币金融领域中所实行的协调与合作，其过程就是地区货币一体化的过程，其理论基础为最优货币区理论。欧洲货币一体化是区域货币合作典型而又最为成功的例子。欧洲货币合作经历了由低级到高级的四个阶段,最终实现经济体内部单一货币的过程。欧洲经济货币联盟的成功极大地鼓舞了其他地区的货币合作热情。东南亚金融危机的爆发也进一步使东亚各国认识到区域货币合作的重要性。虽然目前东亚货币一体化的条件还不太成熟,但是东亚在区域监督、区域储备合作与区域汇率协调方面已经取得了一些进展。

四、国际金融内容的内在逻辑和相互联系

在"国际金融"课程的教学中,我们发现可以用两条线索把"国际金融"课程的相关内容联系起来。一条是国际收支平衡表。它从理论层面上将国际收支、国际储备、汇率、国际金融市场等国际金融的四大板块的内容逐步推开。另一条线索是国际货币体制的演进。国际货币体制的研究从历史演进的角度,从纵向将每一国际货币体制下国际收支调节机制、汇率决定机制、国际储备状况及国际金融市场发育状况和特点进行分析和描述。一横一纵,"国际金融"课程的大框架就展现在我们面前。

(一)从国际收支平衡表看国际金融的主要内容

1. 国际收支概念及国际收支理论的演进

首先,国际收支的概念是随着经济贸易关系的发展逐渐扩大的。最早的国际收支的概念基本等同于贸易收支。因为在当时的生产力状况下,服务贸易还不发达,国际间资本流动规模还很小,贸易收支构成了国际收支的主体。在金融、保险、运输等原来依附于贸易而发展的服务行业发展到一定程度,国际投资规模越来越庞大之后,国际收支的概念有所扩大,国际收支主要指经常项目收支。70 年代浮动汇率制,以及 80 年代金融自由化的发展使得资本在国界间的流动越来越频繁,资本项目在国际收支中的作用越来越大,这时国际收支的概念进一步扩大,既包括经常项目,也包括资本项目。

其次,国际收支理论的发展也是随着国际收支概念内涵的扩大而逐渐发展的。按照一般的习惯和国际货币基金组织的做法,国际收支不平衡的口径可以分为:贸易收支差额、经常项目收支差额、资本和金融账户差额、综合账户差额或总差额。所谓国际收支理论即探讨如何使国际收支由不平衡达到平衡的理论。国际收支不平衡弹性论假设没有资本移动,国际收支等同于贸易收支,通过弹性分析,从微观角度阐述如何影响一国的贸易收支进而影响一国的国际收支,着眼点是有形商品的贸易收支,其提出的政策也是汇率政策,旨在通过汇率的升值或贬值,改善贸易收支,达到重新恢复国际收支平衡的目的。吸收论则专注于经常项目,研究从宏观经济方面论述怎样调节国际收支。吸收论认为经常项目收支

为国民收入和国内吸收之间的差额，要扭转国际收支逆差必须减少国内吸收。减少国内吸收的方法可以是支出减少政策即紧缩型的财政货币政策，也可以是支出转向政策，即汇率政策、直接管制政策。货币论则致力于货币存量的供求均衡分析，它将国际收支视为一种货币现象，其对国际收支的研究更重视对国际收支中资本项目的研究。国际收支的政策搭配理论则将经常项目、资本项目结合了起来，全面分析国际收支的平衡问题。

2.国际储备和外汇管制

从国际储备及其管理的内容来看，国际储备本身研究的就是国际收支平衡表的第三大项储备资产的内容。国际储备的构成随着国际货币体制的变化而变化，与国际收支的调节、汇率的决定都密切相关。金本位制下的国际储备是黄金，后期开始出现银行券；布雷顿森林体系下的国际储备为黄金与美元，美元取得了与黄金的等同地位，在国际储备体系中的地位逐渐上升。20 世纪 60 年代的美元危机使得国际货币基金组织推出特别提款权以满足国际社会对国际清偿力的需求。布雷顿森林体系的崩溃使得国际储备多元化，黄金的地位下降，外汇储备的地位上升，外汇储备中美元的地位下降，马克、日元的地位上升。1999 年欧元启动后，欧元也成为重要的国际储备货币。

外汇管制是政府直接管制政策的重要方面，其目的是集中外汇收入，限制外汇支出。其具体的手段和措施也可以根据国际收支平衡表的主要内容展开。外汇管制可以分为对经常项目的管制（对贸易收支的管制，对非贸易收支的管制）和对资本项目的管制几大类。

3.汇率及其决定

从汇率的角度来看，汇率是一种货币用另一种货币表示的价格，影响汇率的因素很多，但这些因素最终都可以归结到外汇的供给和需求，而决定外汇供求的是一国的国际收支状况，也就是说，影响汇率的最根本因素是一国的国际收支状况。

从汇率的决定理论来说，购买力平价说认为汇率即两国货币的购买力之比，汇率的变化就是两国货币的购买力的变化造成的，如果均衡汇率不等于两国货币的购买力平价，国际商品套购机制会发生作用，使汇率调整到购买力平价的水平。购买力平价理论主要研究的是国际商品贸易关系即经常项目对汇率决定的影响。利率平价说研究的是利率对汇率的影响，两国利率不同，将导致套利机制发挥作用，资本在国界间移动，从而导致资本项目的变化，影响外汇供求，最终影响两国汇率。汇率的货币论强调的是货币市场对汇率的影响，它认为，货币供求的变化会影响到一国的货币市场失衡，使国内商品市场、证券市场受到冲击，于是国际商品套购、套利机制发挥作用，最终影响经常项目和资本项目，使外汇供求和汇率发生变化。汇率的资产组合说是利用风险收益分析法研究国内外资产市场(货币市场和证券市场)失衡对一国资本项目的影响进而对汇率造成的影响。

国际收支平衡表中经常项目反映的是一国商品、服务、对外投资的竞争力，是一国各方面竞争力的反映，是一国经济的基本面在货币金融领域的反映。这部分国际金融的内容依附于国际贸易与国际投资，是一国国际贸易、国际投资状况的反映。但是资本与金融项目，特别是金融项目中的证券投资与其他投资一定程度上是独立于一国经济的基本面的，战后国际金融市场的发展，使得国际金融相当程度上已经脱离国际贸易和投资的束缚，得到了极大的发展。因此要了解一国的国际货币金融状况，国际金融市场的分析就占有重要地位。

4.国际金融市场

国际金融市场是国际金融研究的又一重要组成部分，80 年代金融自由化在全世界范围内的推开，使得国际金融市场对各国经济乃至世界经济的影响逐步增强。国际金融市场的主要业务活动，以及国际资本在国界间的移动主要就反映在国际收支平衡表中的资本与金融项目中。国际金融市场包括传统的国际金融市场和新兴的国际金融市场(即离岸金融市场、欧洲货币市场)。国际金融市场的发展一方面有利于资金在国界间的移动，有利于资源的最优配置，但资金在国界间无限制的流动也往往会对一国的宏观经济造成重大影响，从长期资金层面上爆发的 80 年代的拉美债务危机，到短期资金层面上的 60—70 年代的美元危机，1992—1993 年的欧洲货币危机，1994 年的墨西哥金融危机，1997 年的东南亚金融危机以及随后发生的巴西金融危机、俄罗斯金融危机，都使人们对国际资本的移动特别是国际短期资本流动心有余悸。

(二)从国际货币体系的演进看国际金融内容的发展

国际货币体系也是研究国际金融的一条重要线索。上面谈到，从横的方面看，国际货币体系包括汇率制度、国际收支的调节机制(包括国际收支的自动调节机制和政府对国际收支的调节)、国际储备、国际金融市场及国际货币金融合作等几个方面。从纵的方面看，国际货币体制经历了金本位制、布雷顿森林体制、浮动汇率制三个大的历史阶段，每个阶段的国际货币体制都可从汇率制度、国际收支的调节机制、国际储备、国际金融市场及国际货币金融合作等几个方面加以描述。

从国际货币体系的演进角度考察国际金融的主要内容则是从历史事实角度重新认识国际金融的几个重要组成部分，动态地分析它们各自的发展变化过程以及它们作为一个整体演进的历史必然。这些分析对于进一步理解和掌握国际金融的主要内容和发展规律具有重要意义。

第一章 国际收支和国际收支平衡表

导言

人们研究国际金融的主要目的之一就是通过分析各国之间的货币金融关系来判断本国的经济运行状况，为政策制定者提供进行形势判断相关的经济指标。在众多的经济指标之中，国际收支无疑是一个最为直接和重要的指标，它的好坏将会对一国的汇率以及政府制定的经济政策产生直接的影响。近年来，中国长期、连续、巨额的国际收支双顺差的格局一再成为各大媒体关注的焦点和我国政府和国外政府商谈、协商的主要经济问题。国际金融理论告诉我们，无论是国际收支顺差或是逆差都是一种国际收支的失衡。那么，什么才是国际收支最优的经济运行状态？引起当前国际收支不平衡的原因是什么？长期巨额的双顺差对我国有何利弊？如果有不利影响我们应该如何解决呢？这些都是值得我们深入思考的问题。

本章主要对国际收支的基本概念、主要表现形式——国际收支平衡表以及各经济体在国际收支中的表现进行介绍，并探讨什么才是一国国际收支的最优状态，让读者从宏观的角度对国际货币金融的运行进行初步的了解，并对各经济体的国际收支状况及其对经济的影响有较为深刻的理解。

学习目标

1. 掌握国际收支的概念；
2. 掌握国际收支平衡表的主要内容及编录的原理；
3. 了解一国产生国际收支不平衡的原因；
4. 对中国目前的国际收支状况给出评价和建议。

第一节　国际收支

一、国际收支概念的发展

国际收支的英文原文为 Balance of International Payments，通常简写为 Balance of Payments，其概念最早出现于 17 世纪。由于当时各国之间的经济往来基本上仅涉及有限的货物贸易，国际收支只是简单地被定义为一国对外贸易收支，并且这一观点维持了相当长的一段时间。对外贸易收支是国际收支的一个重要项目，会对一国国际收支的失衡产生重要影响，但它不能包括全部的国际经济交易。随着国际贸易的发展，到了 20 世纪初国际金本位制崩溃以后，国际收支的内涵就从原先一国的对外贸易收支逐渐演变为一国的外汇收支，即凡是在国际经济交易中必须通过外汇收支进行清算的交易，都属于国际收支的内容，这就是所谓的狭义的国际收支概念。国际收支的绝大部分要通过外汇进行，而且外汇收支的盈余或亏损所形成的一个国家的外汇储备的增与减，对一国的对外经济具有重要意义，但并非一切国际经济交易都要表现为外汇的收与支。第二次世界大战结束以后，国际经济交易的内容和方式有了很大的变化，诸如政府的对外援助、易货贸易、记账贸易、补偿贸易等不涉及外汇收支的国际经济交易，侨汇等无偿性质的资金转移，以及资本的大规模国际流动等等，使得国际收支的概念被进一步地扩大，它包括一个经济实体在一段时期内的全部对外经济交易，这就是目前在国际上被大多数国家所采纳的广义的国际收支概念。

二、国际收支的定义及其理解

1. 国际收支的定义

当前国内外有多种关于国际收支的定义。

高鸿业认为："国际收支是一国在一定时期内从国外收进的全部货币资金和向国外支付的全部货币资金的对比关系。"①

陈彪如认为："国际收支就是一个国家在一定时期内（通常为一年）必须与其他国家立即结清的各种到期支付的差额。"②

---

① 高鸿业：《西方经济学（宏观部分）》，中国经济出版社 1996 年版，第 697 页。

② 陈彪如：《国际金融概论》，五南图书出版公司 1996 年版，第 23 页。

萨缪尔森认为:"一国的国际收支是这个国家与世界其他国家之间全部经济往来的系统记录,它从总体上衡量出一个国家与世界其他国家之间的商品、劳务以及资本来往的流量。"①

国际货币基金组织(IMF)的定义:"国际收支是一种统计报表,它系统地记载了在特定时期内一经济体与世界其他地方的各项经济交易。大部分交易是在居民和非居民之间进行,包括货物、服务、收入、对世界其他地方的金融债权和债务的交易以及转移项目(如礼赠)。从会计意义上讲,需要建立对销项目以平衡单方面的交易。交易定义为经济流量,它反映经济价值的产生、转化、交换、转移或消失并涉及货物和/或金融资产所有权的变更、服务的提供或劳务及资本的提供。"②

将上述内容加以综合概括,我们认为国际收支是指在特定时期内某一经济体和世界上其他经济体之间由居民和非居民的各种经济往来而发生的各种收入与支付。报告期通常是1年,但有些构成国际收支平衡表的统计数据由于使用的需要,它们的发布更加频繁,有可能是按月或季度发布。

2.对国际收支定义的理解

对国际收支概念,我们可以从以下几个角度加以理解:

首先,国际收支所记录的必须是发生在一个经济体的居民和非居民之间的交易,居民与居民、非居民和非居民之间的交易一般不在国际收支的统计范畴之内。居民是指一个国家的领土范围内已有一年或一年以上,从事或计划从事一定规模的经济活动和交易的法人和自然人。因此一家跨国企业的国外子公司是该子公司所在国的居民,是其母公司所在国的非居民。例如:美国戴尔公司在厦门的子公司是属于我国的居民,美国的非居民,子公司与母公司的业务往来就构成了中国与美国的国际收支内容。需要注意的是一国的大使馆、驻外军队等机构属于所在国的非居民,而国际组织如国际货币基金组织、世界银行等是任何国家的非居民,因此任何国家与这些机构的经济交易都属于国际收支范围。

另外国际收支的统计主体是"经济体",而非政治意义上的"国家"的概念。因此,大陆与港澳台之间的各种经济交易同样应列入"国际收支"的范畴。

其次,国际收支是一个流量概念,并且是事后的概念,也就是指在过去特定的一段时期内国际交易数额的变动情况。这里的时期主要视分析的需要和材料的来源而定,可以是一年、一个季度或者是一个月,国际上以一年作为报告期的居多。

再次,国际收支所反映的内容是经济交易。所谓经济交易是指经济价值从

① 保罗·A·萨缪尔森:《经济学》,北京经济学院出版社1996年第14版,第1238页。

② 罗平:《国际收支手册》(第5版),中国金融出版社1994年版,第6页。

一个经济体向另一个经济体的转移。根据交易的内容和方向的不同，可以把国际经济交易划分为五类：(1)商品和劳务与商品和劳务的交换，即物物交换；(2)金融资产与商品和劳务之间的交换，即商品和劳务的买卖；(3)金融资产与金融资产之间的交换；(4)无偿的、单向的商品和劳务转移；(5)无偿的、单向的金融资产转移。

第二节　国际收支平衡表

一、国际收支平衡表的基本原理

国际收支平衡表是反映一定时期一经济体同世界其他经济体全部经济往来的收支流量表。它是对一经济体与其他经济体进行经济技术交流过程中所发生的贸易、非贸易、资本往来以及储备资产的实际动态所作的系统记录，是国际收支核算的重要工具。对于编表国来说，首先，它能够正确地反映本国的各项国际收支情况，提供商品、劳务、无偿转移、资本流动、储备资产增减等方面的各种数据，便于编表国采取正确的国际收支调节政策；其次，它使编表国能够充分地掌握本国的外汇资金来源和运用方面的资料，特别是官方储备变动的情况，据以编制切实可行的外汇预算；再次，它使编表国能够全面通过国际收支平衡表，来调节本国在不同部门的资源配置，使得对内对外不同产业之间的搭配达到最优。而对于编表国以外的其他国家来说，同样能够利用编表国对外公布的国际收支平衡表所反映出的经济信息来处理与编表国之间的经济合作关系。因此，学习国际收支平衡表，对了解国际收支问题是十分必要的。

国际收支账户的标准组成部分主要由两大账户组成，它们分别是：

1. 经常账户(Current Account)，主要包括货物、服务、收入和经常转移；

2. 资本和金融账户(Capital and Financial Account)，主要包括(1)资本转移和买入/卖出非生产、非金融资产，(2)金融资产和负债。

经常账户下标准组成部分的大多数项目记借方和贷方的总额，而多数资本和金融账户下的项目记净额(Net Amount，即借方与贷方的差额)，每一个组成部分仅表现为一笔贷记或借记数额。实际资源的流入、金融资产的增加和负债的减少都是借记。实际资源流出、金融资产的减少和负债的增加都是贷记。

在理想的状态下，按照具体的标准和规定可形成一套整体上一致、正负账户相抵、总的净值(概念上的)为零的报表。但是实际上，当把所有的账目求总之后，得出的余额不可避免地表现为净的贷方余额，或是净的借方余额。这一差额是编制报表时的误差和遗漏所造成的。有些误差和遗漏可能与实际中采用了替代原则的近似方法有关。在国际收支平衡表中，标准的做法是将误差和遗漏用一个单独的项目表示出来。一些编制人员把它称作错误和遗漏账户(Errors and Omissions Account)，其目的在于平衡账上各组成部分的数据报得过高或过低，是一个抵消账户。因此，如果组成部分的贷方出现余额，那么就在借方注上一笔数目相等的误差和遗漏。出现相反的情况，类似处理。

值得一提的是某些在编制过程中出现的误差和遗漏通常可自我冲销达到平衡。因此，误差与遗漏项目数值的大小不代表整个统计报表的准确性。但是，该净额数目较大会影响统计表的分析。

表 1-1　2007 年中国国际收支平衡简表

单位：千美元

项　目	差额	贷方	借方
经常项目	371 832 620	1 467 881 998	1 096 049 377
资本和金融项目	73 509 250	921 960 702	848 451 452
储备资产	−461 744 102	239 766	461 983 869
净误差与遗漏	16 402 232	16 402 232	0

资料来源：国家外汇管理局。

二、国际收支平衡表的具体内容

(一)经常账户(Current Account)

经常账户主要反映一国与他国之间实际资源的转移，它包括四个主要项目：货物、服务、收入以及经常转移(具体见表 1-2)。

货物账户也称有形贸易账户(Visible Trade Account)，它反映通过一国海关的贸易收支。根据国际货币基金组织的规定，进出口收支应按离岸价(FOB)统计。但是，有的国家对进口按到岸价(CIF)统计。统计方法的差异造成世界进出口总额不等。

服务账户又称无形贸易账户(Invisible Trade Account)，其包括的种类繁多，各国对服务的分类不尽相同，这也为各国在进行横向比较时制造了障碍。

收入账户(Income Account)，记录因生产要素在国际间流动而引起的要素报酬收支。国际间的生产要素流动包括“职工报酬”和“投资收入”两个细目。

经常转移账户(Current Transfers Account)，包括所有非资产转移项目的转移，是商品、劳务或金融资产在居民与非居民之间转移后，并未得到补偿与回报的转移，因而也被称为单方转移账户(Unilateral Transfers Account)。其中私人转移收支包括汇款、年金和捐赠，政府转移收支包括无偿的经济和军事援助、战争赔款等。

表 1-2 经常账户的具体分类

货物	一般商品	居民向非居民出口或从非居民那里进口的大多数可移动货物，在多数情况下，可移动货物的所有权都已经发生变更
	用于加工的货物	跨越边境运到国外加工的货物的出口以及随之而来的进口，其价值分别记录在加工前和加工后的货物总值内
	货物修理	向非居民提供或从非居民那里得到的船舶和飞机等交通工具上的货物修理活动
	各种运输工具在港口采购的货物	这项分类不包括在运输项目下的所提供的辅助服务(牵引、保养等)
	非货币黄金	包括不作为当局储备资产的所有黄金的进口和出口
服务	运输	包括所有运输工具所进行的货物和人员运输，以及其他销售性和辅助性服务，内含租用驾驶人员的运输设备所支付的租金
	旅游	包括非居民旅游者在另外一经济体逗留期间(不超过一年)所获得的货物和服务
	通讯服务	居民与非居民之间的通讯交易，包括邮政、信使和电讯服务
	建筑服务	由居民/非居民企业和它们的人员在国外/在编表国或领土飞地上临时进行的建筑和安装工程
	保险服务	居民保险企业向非居民和非居民保险企业向居民提供的保险，主要包括货物保险、其他直接保险提供的服务和再保险服务
	金融服务	居民和非居民之间所进行的金融中介服务和辅助性服务。具体包括佣金和信用证、信贷额度、金融租赁服务、外汇买卖、消费者信贷和企业信贷、代理服务、承销服务和套期保值工具的安排等等的收费
	计算机和信息服务	居民/非居民有关硬件咨询、软件安装、信息服务(数据处理、数据库和新闻社)以及计算机与其设备的保养和维修
	专有权使用费和特许费	主要包括： ①经批准使用无形、非生产、非金融的资产和专有权诸如商标、版权、专利制作方法、技术、设计、制造权和经销权等； ②通过特许安排诸如手稿和胶片等已生产出来的原件或原型所得
	其他商业服务	非居民和居民之间提供的贸易和与贸易有关的各项服务、经营租赁服务，其他商业、专业、技术服务
	个人、文化和娱乐服务	主要包括： ①声像和有关服务； ②居民向非居民以及非居民向居民提供的其他文化服务
	别处未提及的政府服务	政府部门或国际地区性组织有关的但未列在其他项目的所有服务

续表

<table>
<tr><td rowspan="2">收
入</td><td>职工报酬</td><td>以现金或实物形式支付给边境、季节性(短期)和其他非居民工人的工资、薪金和其他福利</td></tr>
<tr><td>投资收入</td><td>居民持有的国外金融资产的收入以及承担非居民负债的支出,具体包括直接投资收入、证券投资收入和其他形式的投资收入</td></tr>
<tr><td>经
常
转
移</td><td>经常转移</td><td>经常转移包括排除以下三项的所有转移:
①固定资产所有权的转移;
②同固定资产收买/放弃相联系的或以其为条件的资金转移;
③债权人不索取任何回报而取消的债务。
以上三项均属于资本转移。
经常转移包括:
①各级政府的转移(如:政府间经常性的国际合作,对收入和财产支付的经常性税收等);
②其他转移(如:工人汇款)</td></tr>
</table>

资料来源:根据 IMF《国际收支手册》第 5 版相关资料整理。

(二)资本和金融账户

资本和金融账户是指对资产所有权在国际间流动行为进行记录的账户,它包括资本账户和金融账户。需要注意的是如果国外资产和负债的计价和其他变化不反映为交易,就不包括在资本和金融账户内,而是包括在国际投资头寸中。金融账户中的全部项目只涉及一国对外资产和负债所有权变更的交易,而国际投资头寸不仅反映该时点上的金融交易,还反映汇率、价格变化以及所属期限内所出现的调整。

1. 资本账户

资本账户的主要组成部分包括资本转移和非生产、非金融资产的收买或放弃。

资本转移包括涉及固定资产所有权转移,同固定资产买进卖出联系在一起或以其为条件的资金转移以及债权人不索取任何回报而取消的债务。

资本转移有两个组成部分:

①各级政府的转移,细分为债务减免和其他内容;

②其他转移,细分为移民的转移支付、债务减免和其他转移。

非生产、非金融资产的收买/放弃总体来说包括各种无形资产,如注册的单位名称、租赁合同或其他可转让的合同和商誉。这一项目并不包括在某一经济领土的土地,但可能包括外国使馆购买或出售的土地。

2. 金融账户

金融账户的划分标准主要基于以下几项原则:

首先,各个组成部分都是根据投资类型或功能(直接投资、证券投资、其他投

资和储备资产)来划分的;

其次,直接投资下的项目存在报告方向的区别(面向国外或在报告经济体),如区分我国在外直接投资和外国在华直接投资;

再次,证券投资和其他投资存在着通常的资产或负债的区别;

最后,以一年为期限来划分长短期资产和负债的传统做法仅适用于其他投资。

具体地讲,金融账户包括:

1. 直接投资。直接投资反映一经济体的居民单位(直接投资者)对另一经济体的居民单位(直接投资企业)的永久权益,它包括直接投资者和直接投资企业之间的所有交易。

2. 证券投资。包括股票和债券的交易,债券的交易可细分为长期债券、(中期)债券、货币市场工具和衍生金融工具(如期权)。

3. 其他投资。包括长短期的贸易信贷、贷款(包括利用基金组织的信贷、基金组织的贷款和同金融租赁联系在一起的贷款)、货币和存款(可转让的和其他类型的,如:储蓄存款和定期存款,入股形式的存款以及在信贷合作社的股份等),以及应收账款和应付账款(直接投资项下的交易排除在外)。

(三)储备资产

储备资产包括一经济体的货币当局认为可以用来满足国际收支和在某些情况下满足其他目的的各类资产的交易。这类资产的存在与否在原则上同所有权或货币单位没有联系。

储备资产的具体内容包括:

1. 货币化黄金;

2. 特别提款权;

3. 在基金组织的储备头寸;

4. 外汇资产(货币、存款和有价证券)等。

三、国际收支差额

按照人们的传统习惯和国际货币基金组织的做法,国际收支差额可以分为贸易收支差额、经常项目收支差额、资本和金融账户差额和综合账户差额。

(一)贸易收支差额

贸易收支差额是指货物进出口之间的差额,有时也被称为看得见的差额,因为它代表了出口货物的所得和进口货物的支出之间的差异。在国际收支平衡表里,出口带来的进项记入贷方,进口所耗费的支出记入借方。当贸易收支差额处于顺差的时候,说明一个国家出口货物的所得要比进口货物的支付多。

尽管贸易收支仅仅只是国际收支的一个组成部分，但是由于贸易收支在全部国际收支中所占的份额相当大，对某些发展中国家更是如此，同时由于商品的进出口情况综合反映了一国的产业结构、产品质量和劳动生产率状况，它还体现了一国或地区的自我创汇能力和产品在国际市场上的竞争力，因此，即便是像美国这样资本项目交易占国际收支绝大部分比重的国家，也仍然十分重视贸易差额分析。

（二）经常项目收支差额

经常项目收支差额包括了货物贸易、服务贸易、收入和单方面转移四项差额，它是看得见的贸易差额与看不见的差额之和。看不见的差额显示了出口服务的收入和进口服务的支出之间的差异，这些服务主要包括运输、旅游、保险和银行等。另外，利息、股息和利润也记录在看不见的余额里，因为这些是对投资于海外公司、债券和股权的回报；同时，对外国居民的支付反映了其投资于国内经济的回报。同样，资本服务的所得和支付就像出口和进口一样，使得国家的收入增加和减少。

在经常项目收支差额中，货物贸易和服务贸易是最主要的组成部分。虽然经常项目收支也不能代表全部的国际收支，但它综合反映了一国的进出口状况，因而被各国广泛使用，被当作是制定国际收支调节政策和国内产业政策的重要依据。如果一国的经常项目处于盈余状态，这就意味着该国在货物贸易、服务贸易、收益和单方面转移方面对外存在净投资。反之，则意味着该国输入了较多的商品、劳务和对外赠与，在国内资本形成中利用了较多的国外储蓄资源。

（三）资本和金融账户差额

资本和金融账户记录了金融资本进出国家的交易活动，其差额等于经常账户差额和长、短期资本流动差额之和。通过借入、出售海外资产和国外对本国的投资，资本流入到本国。这些项目称为资本流入，记入国际收支平衡表的贷方。资本流入实际上是国家拥有外国资产的减少或者是对外国人负债的增加。相应的，由于借出、购买海外资产和买下外国居民拥有的国内资产，资本流出了国家。这些项目代表了资本流出，在国际收支平衡表里记入借方，其实际上是指一国拥有外国资产的增加或国外负债的减少。

资本和金融账户与经常账户之间具有融资关系，资本和金融账户的余额不仅可以体现一个国家资本市场的开放程度和金融市场的发达程度，还可以体现为经常项目差额融资的能力。根据复试记账原则，在国际收支中一笔贸易流量总是对应着一笔金融流量，如果不考虑错误与遗漏因素，经常项目中的余额与资本和金融账户的余额必然是数量相等、方向相反。当经常项目出现赤字时，必然对应着资本和金融账户的盈余，这就是一国利用金融资产的净流入来为经常项目赤字融资。

尽管一国能够利用资本和金融账户为经常账户差额提供融资，但是其在融资过程中还是受到了诸多的限制。首先，一国吸引外资的能力是有限的，它主要受到本国投资环境和国际上对本国经济发展的预期的决定。当一国无法吸引足够的外资以弥补经常账户赤字时，就只能通过本国政府持有的金融资产（资产和金融账户中的官方储备）进行融资，而这也势必受到各国储备数量的限制。其次，利用外国金融资产融资并不是无偿的，各项资产到期后必须还本付息。当资本和金融账户为经常项目融资后，这一资本流动会造成国际投资头寸的相应变动，并通过债务支出继而影响到经常项目。当一国经常项目赤字持续偏高时，债务本息会越来越大，加剧经常项目的恶化，这就会导致偿还发生困难，严重的将导致债务危机。

（四）综合账户差额

综合账户差额是指经常账户与资本和金融账户中的资本转移、直接投资、证券投资、其他投资账户所构成的余额，即剔除官方储备账户后的余额。

综合账户差额可以用来衡量一国中央银行面临的所持储备的潜在压力，因为综合差额必然导致官方储备的反方向变动，这在固定汇率制国家表现得尤为明显。实行固定汇率制的国家，其政府有义务维持本国货币和外币的比价。当国际收支中的各种行为影响本币和外币在国际货币市场上的供求关系从而影响本国汇率时，政府为了维持固定汇率制度，必然会动用官方储备介入市场以谋求本外币的平衡。因此，综合差额在政府有义务维护固定汇率制度时是极其重要的。相比而言，实行浮动汇率制的国家，其政府由于没有维持汇率的义务，因此原则上可以不动用储备而听任汇率上下浮动，所以这一差额对于这些国家来讲分析意义有所弱化。

四、国际收支平衡表的记录

（一）基本核算原则

我国国际收支平衡表是按照国际货币基金组织规定的各项原则编制的。这些原则主要包括：

1. 复式记账原则

复式记账（Double Entry）是编制国际收支平衡表采用的基本规则。其基本原理是：对每笔交易都会涉及两次价值相等、方向相反的记录，分别记入贷方（Credit）和借方（Debit），有借必有贷，借贷必相等。其中贷方交易是接受外国居民支付的交易，它主要包括：货物和服务出口、应收收入、接受货物和资金的无偿转移、金融资产的减少和负债的增加；借方交易是对外国居民进行支付的交易，其主要包括:货物和服务进口、应付支出、对外提供货物和资金的无偿援助、金融资产的增加和负债的减少。贷方交易记作正号(+),借方交易记作负号(-),如贷方金额大于借方金额,借贷差额为正,称为顺差,反之称为逆差。

为了方便记忆,有两条基本的经验法则可以作为参考:

(1)凡是有利于国际收支顺差增加或逆差减少的资金来源增加或资金占用减少的交易均记入贷方;

(2)凡是有利于国际收支逆差增加或顺差减少的资金占用增加或资金来源减少的交易记入借方。

在我国的国际收支分析中,可以简单地把"贷方"视为"外汇流入我国的事项",把"借方"视为"外汇流出我国的事项"。表1-1说明,在2007年一年中,经常项目下,14 679亿美元流入我国,同时10 960亿美元流出我国,二者之差3 719亿美元净额流入我国。同样,在资本和金融项目下,9 220亿美元流入我国,同时,8 485亿美元流出我国,二者之差约735亿美元净额流入我国。2007年,我国储备资产增加了4 617亿美元。上述三项的借贷不相等,形成净误差与遗漏,其贷方总额大于借方总额,其差额164亿美元为负,记入净误差与遗漏项目的贷方。

2.计价和记录时间原则

对于实际资源、金融债权和债务等各项交易,在国际收支平衡表中以成交的市场价格作为交易计价的基础。在没有市场价格的情况下,利用同等条件下形成的市场价格推算。

国际收支项目的记录时间遵循权责发生制原则,每一笔交易的两笔账目都要在同一时间记录。

3.记账单位和折算原则

国际收支平衡表中的各项交易所采用的货币或价值尺度往往不同,为了便于分析和开展国际比较,必须将这些价值量折算成同一个记账单位。这个标准的记账单位应该是稳定的,即使用该单位表示的国际交易的价值不应由于参加交易的其他货币发生变化(相对于该记账单位)而受到较大的影响。目前我国国际收支平衡表使用的计账单位是美元。

在将各种计价的币种转换为国际收支记账单位时,最为合适的汇率是交易日期的市场汇率。如果市场汇率不存在的话,应使用最短时期内的平均汇率。

(二)记账实例

以下我们以A国为例,列举几笔交易来说明国际收支账户的记账方法。

【例1】A国企业出口100万美元设备,这一行为将导致该企业在海外银行存款的增加。

分析:A国对外出口,这意味着本国的资产减少,应记入商品出口的贷方,同时，就资本流动而言，本国在海外银行的存款增加意味着本国的海外资产增加，应记入借方。根据《国际收支手册》(第五版)的规定，该笔业务属于金融账户中的其他投资账户。因此这笔交易可记录为：

借：其他投资——本国在外国银行的存款　　100 万美元

　贷：商品出口　　100 万美元

【例 2】A 国居民到国外旅游花销 30 万美元，这笔费用从该居民的海外存款账户中扣除。

分析：A 国居民到国外旅游，花销 30 万美元，这相当于他从国外进口了 30 万美元的服务，所以应被记入借方。与此同时，其花费使他的海外银行存款减少，应计入贷方。因此这笔交易可记录为：

借：服务进口　　30 万美元

　贷：其他投资——本国在外国银行的存款　　30 万美元

【例 3】外商以价值 1 000 万美元的设备投入 A 国，兴办合资企业。

分析：外商以 1 000 万美元设备投资兴建合资企业属于国际直接投资，相当于外国在 A 国资产的增加，应记入国际直接投资的贷方。1 000 万美元的设备相当于从国外进口了相同价值的物资，因此记入商品进口的借方。

借：商品进口　　1 000 万美元

　贷：国际直接投资——外国长期资本流入　　1 000 万美元

【例 4】A 国政府动用外汇库存 40 万美元向外国提供无偿援助，另提供相当于 60 万美元的粮食、药品援助。

分析：向国外提供 40 万美元外汇相当于本国在国外资产的减少，应记入外汇储备资产的贷方。60 万美元的物资援助相当于商品的出口，因而记入贷方。由于这两笔业务都是 A 国政府无偿提供的，因此属于经常转移，记入借方。

借：经常转移　　100 万美元

　贷：官方储备　　40 万美元

　　商品出口　　60 万美元

【例 5】A 国某企业在海外投资所得利润 150 万美元。其中 75 万美元用于当地的再投资，50 万美元购买当地商品运回国内，25 万美元调回国内销售给政府以换取本国货币。

分析：A 国企业在海外获利 150 万美元，属收入增加，应计入贷方；然后将该资产用于进口、兑换本币以及再投资，应计入借方。

借：进口　　50 万美元

　官方储备　　25 万美元

　对外长期投资　　75 万美元

　贷：海外投资利润收入　　150 万美元

【例 6】A 国居民动用其在海外存款 40 万美元，用以购买外国某公司的股票。

分析：购买外国公司的股票是一种证券投资行为，增加了本国在国外的资产，因此，记入证券投资的借方。动用海外存款，说明该国在海外的资产减少，所以其投资记入贷方。

借：证券投资　　40 万美元

　贷：其他投资——在外国银行的存款　　40 万美元

上述各笔交易可以编制入一完整的国际收支账户（见表 1-3）。

表 1-3　A 国六笔交易所构成的国际收支账户

单位：万美元

项　目	借方	贷方	差额
商品贸易	1 000＋50	100＋60	－890
服务贸易	30	—	－30
收入	—	150	＋150
经常转移	100	—	－100
经常账户合计	1 180	310	－870
直接投资	75	1 000	＋925
证券投资	40	—	－40
其他投资	100	30＋40	－30
官方储备	25	40	＋15
资本与金融账户合计	240	1 110	＋870
总　计	1 420	1 420	0

（三）基本指标之间的关系

1. 经常账户

经常账户差额＝货物差额＋服务差额＋收益差额＋经常转移差额

2. 资本和金融账户

资本和金融账户差额＝资本账户差额＋金融账户差额

3. 储备资产

储备资产差额＝货币黄金差额＋特别提款权差额＋外汇储备差额＋在基金组织的储备头寸差额＋其他债权差额

4. 净误差与遗漏

净误差与遗漏差额＝－（经常账户差额＋资本和金融账户差额＋储备资产差额）

专栏1-1

中国的国际收支平衡表

我国从1982年开始编制并于1984年开始公布年度国际收支平衡表。在1997年以前，我国的国际收支平衡表并没有与国际接轨，平衡表中统计指标的设置部分很难与其他国家横向比较。1997年以后经过调整，平衡表的各项统计指标设置完全与国际可比。1997年以前，我国只编制年度的国际收支平衡表，1998年我国开始编制季度的国际收支平衡表，但只供内部使用。2001年起，我国开始对外公布半年度的国际收支平衡表。表1-4给出了2006年中国国际收支平衡表的具体组成情况。

1997年开始，我国的国际收支平衡表按国际货币基金组织《国际收支手册》第五版规定的各项原则编制，采用复式记账原理记录国际经济交易。所有交易均发生在我国大陆居民和非我国大陆居民之间。其中贷方项目包括：货物和服务的出口、收益收入、接受的货物和资金的无偿援助、金融负债的增加和金融资产的减少；借方项目包括：货物和服务的进口、收益支出、对外提供的货物和资金无偿援助、金融资产的增加和金融负债的减少。

表1-4　中国国际收支平衡表(2006年)

单位：千美元

项　目	行次	差额	贷方	借方
一、经常项目	1	249 865 995	1 144 498 935	894 632 940
A. 货物和服务	2	208 912 147	1 061 681 544	852 769 397
a. 货物	3	217 746 060	969 682 307	751 936 247
b. 服务	4	−8 833 913	91 999 237	100 833 150
1. 运输	5	−13 353 741	21 015 285	34 369 026
2. 旅游	6	9 627 296	33 949 000	24 321 704
3. 通讯服务	7	−26 202	737 871	764 073
4. 建筑服务	8	702 918	2 752 639	2 049 721
5. 保险服务	9	−8 282 919	548 176	8 831 094
6. 金融服务	10	−746 042	145 425	891 467
7. 计算机和信息服务	11	1 218 860	2 957 711	1 738 851
8. 专有权使用费和特许费	12	−6 429 577	204 504	6 634 081
9. 咨询	13	−555 066	7 834 142	8 389 208

续表

项　目	行次	差额	贷方	借方
10. 广告、宣传	14	490 073	1 445 032	954 960
11. 电影、音像	15	15 954	137 433	121 480
12. 其他商业服务	16	8 432 227	19 693 334	11 261 106
13. 别处未提及的政府服务	17	72 306	578 685	506 379
B. 收益	18	11 754 607	51 239 761	39 485 153
1. 职工报酬	19	1 989 500	4 319 493	2 329 993
2. 投资收益	20	9 765 108	46 920 268	37 155 160
C. 经常转移	21	29 199 241	31 577 630	2 378 390
1. 各级政府	22	−146 541	64 714	211 255
2. 其他部门	23	29 345 782	31 512 916	2 167 135
二、资本和金融项目	24	10 036 765	653 276 252	643 239 487
A. 资本项目	25	4 020 115	4 102 477	82 362
B. 金融项目	26	6 016 650	649 173 775	643 157 125
1. 直接投资	27	60 265 011	87 285 179	27 020 168
1.1 我国在外直接投资	28	−17 829 655	717 771	18 547 426
1.2 外国在华直接投资	29	78 094 666	86 567 408	8 472 742
2. 证券投资	30	−67 557 571	45 601 579	113 159 150
2.1 资产	31	−110 418 771	2 740 379	113 159 150
2.1.1 股本证券	32	−1 454 000	224 000	1 678 000
2.1.2 债务证券	33	−108 964 771	2 516 379	111 481 150
2.1.2.1 (中)长期债券	34	−106 736 771	2 516 379	109 253 150
2.1.2.2 货币市场工具	35	−2 228 000	0	2 228 000
2.2 负债	36	42 861 200	42 861 200	0
2.2.1 股本证券	37	42 861 200	42 861 200	0
2.2.2 债务证券	38	0	0	0
2.2.2.1 (中)长期债券	39	0	0	0
2.2.2.2 货币市场工具	40	0	0	0
3. 其他投资	41	13 309 210	516 287 017	502 977 807
3.1 资产	42	−31 808 716	15 755 781	47 564 497

续表

项　目	行次	差额	贷方	借方
3.1.1 贸易信贷	43	−26 148 450	0	26 148 450
长期		−1 830 392	0	1 830 392
短期		−24 318 059	0	24 318 059
3.1.2 贷款	44	4 927 570	8 311 514	3 383 945
长期		−2 947 000	0	2 947 000
短期		7 874 570	8 311 514	436 945
3.1.3 货币和存款	45	−9 904 244	1 191 615	11 095 858
3.1.4 其他资产	46	−683 592	6 252 652	6 936 244
长期		0	0	0
短期		−683 592	6 252 652	6 936 244
3.2 负债	47	45 117 926	500 531 236	455 413 310
3.2.1 贸易信贷	48	13 227 047	13 227 047	0
长期		925 893	925 893	0
短期		12 301 154	12 301 154	0
3.2.2 贷款	49	11 037 860	438 447 496	427 409 636
长期		4 093 262	13 707 777	9 614 515
短期		6 944 598	424 739 720	417 795 121
3.2.3 货币和存款	50	10 709 837	33 998 998	23 289 161
3.2.4 其他负债	51	10 143 182	14 857 695	4 714 513
长期		3 862 519	4 297 088	434 568
短期		6 280 663	10 560 607	4 279 944
三、储备资产	52	−247 025 415	446 585	247 472 000
3.1 货币黄金	53	0	0	0
3.2 特别提款权	54	135 744	135 744	0
3.3 在基金组织的储备头寸	55	310 841	310 841	0
3.4 外汇	56	−247 472 000	0	247 472 000
3.5 其他债权	57	0	0	0
四、净误差与遗漏	58	−12 877 344	0	12 877 344

资料来源：国家外汇管理局网站，http://www.safe.gov.cn。

第三节 国际收支平衡和国际收支均衡

一、国际收支平衡和国际收支均衡

(一)国际收支平衡

从前面的介绍我们知道,国际收支平衡表是根据复式记账原则登记的,只要统计精确完备,从国际收支平衡表看到的国际收支最终必然是平衡的。例如经常项目差额可以用资本和金融账户差额弥补,如果全部交易出现逆差,还可以动用官方储备来平衡。但是,国际收支平衡表上的平衡本身是没有什么实际意义的,它仅仅是一种形式上的平衡。就其实质来说,一国的国际收支往往是不稳定的,平衡也都是相对的平衡。

在固定汇率制条件下,按照交易的目的和动机,国际收支平衡表中的所有交易都可以划分为自主性交易和补偿性交易。自主性交易(Autonomous Transactions)是指企业或个人基于自主性目的而独立发生的交易。这种交易所产生的货币收支并不总是相抵,由此可能导致对外汇的超额需求或超额供给,引起外汇价格(即汇率)的变动。在这种情况下,一国当局或是令汇率浮动,使自主性交易的收支自行达到平衡,或是为保持固定汇率增减外汇储备或向外借款来弥补自主性收支不平衡所造成的超额外汇供给或需求。在一国当局采用固定汇率制度时,自主性交易收支不平衡所造成的外汇供求缺口势必要予以弥补或填塞,补偿性交易(Compensatory Transactions)或调节性交易(Accommodating Transactions)正是基于这一需要进行的交易。换句话说,补偿性交易是一种引致交易,其本质是为了弥补自主性交易收支不平衡的被动性的交易。因此,国际收支平衡是指自主性交易收支相抵的状态,即自主性交易的平衡。当自主性交易的收入大于支出时,就称为“国际收支顺差”;当收入小于支出时,则称为“国际收支逆差”。

在一国实行固定汇率制的情况下,尽管理论上将国际经济交易区分为自主性交易和补偿性交易是十分有益的,但在实际的应用过程中作此区分往往会面临许多难以逾越的技术性障碍。商品、劳务的交易是因国际间商品价格、成本的不同和劳务技术的差异而发生的;单向、无偿转移是私人基于个人关系、人道,或政府基于政治、军事等方面的考虑而进行的;长期资本流动则是因国内外投资与其收益率不同而发生的。显然,这些交易完全没有考虑到一国国际收支是否因此发生不平衡，故属于自主性交易。补偿性交易包括官方储备资产以及短期性资本流动的变化。官方储备资产的变动明显是货币当局填补自主性交易收支不平衡的缺口的反映，属于补偿性交易。但对于短期性资本流动究竟是属于自主性交易还是补偿性交易，则难以做出明确的回答。首先，一国货币当局因自主性交易不平衡而向国外私人金融市场借款，从本国的角度看，应属补偿性交易，但从对方国家的立场来看，这一短期资本流出是为了追逐利润，则被视为自主性交易。这样就出现了国与国之间的不一致。其次，一国为弥补自主性交易赤字，采取紧缩货币、提高利率的政策，吸引了短期资本流出的减少和流入的增加，同样从货币当局的角度来看，这些交易是有意识的政策作用的结果，应属补偿性交易，但从私人交易主体的立场看，这些交易的动机是为了获得更大的收益，应视为自主性交易。即便将这些交易按补偿性交易看待，也不能将它们与原本出于安全、投机等动机的自主性短期资本交易截然区分开来。

因此，在固定汇率制下，对有义务填补外汇市场供求缺口、维持固定汇率的国家来说，将国际交易划分为自主性交易和补偿性交易，并由此确定国际收支平衡与否及不平衡的程度虽然仍是有意义的，并且在1949—1950年，IMF就倡导实行这一分析方法，但实际上各国往往无法完全运用。到了20世纪70年代，各主要的贸易国纷纷放弃了固定汇率制，转而允许汇率的自由浮动。在这种情况下，这种自主性交易和补偿性交易的划分也就基本上失去了意义，因为所有的交易都可视为自主性交易，官方储备的波动和官方短期资本借贷反映出来的是货币当局主动进行外汇干预和积极性投资的政策意图，而不再是所有其他国际经济交易的消极后果。

（二）国际收支均衡

国际收支平衡是对一个国家与其他国家在国际交易中的外在性的考量，并没有与国内经济相联系。而在现实生活中，一国的国际收支不平衡不仅是不可避免的，而且在某种意义上说，一定限度的国际收支顺差或者逆差甚至是有益无害的。举例来说，一定的顺差会令一国的国际储备得到适度增长，增强对外支付和应付国际游资冲击的能力；一定的逆差可使一国适度地利用外国资源，加快国内经济的发展。所以单纯地用国际收支平衡来作为经济运行良好的指标是不够准确的，为此人们又引入了国际收支均衡的概念。所谓国际收支均衡，是指国内经济处于均衡状态下的自主性国际收支平衡，即国内经济处于充分就业和物价稳定背景下的自主性国际收支平衡。现如今，国际收支均衡已经被越来越多的国家政府所接受，作为其运用宏观经济政策所要达到的主要目标之一。

二、国际收支不平衡的类型

虽然适度的国际收支失衡是不可避免并且可能有利于经济的发展，但是持续、大量的不平衡常常会引发严重的国际收支失衡甚至是国际收支危机，于是国际收支不平衡逐渐成为各国政府宏观政策调整的重要对象。

根据国际收支失衡的原因，国际收支失衡划分为以下几种类型：

（一）临时性失衡

临时性失衡（Temporary Disequilibrium）是指短期的、由非确定性因素或偶然性因素引起的国际收支失衡。例如，由于气候变化、政局变动等因素引起国内产量下降，会造成出口供给减少、进口需求增加，而国外贸易伙伴国的这类突发性事件也可能带来本国国际收支的变化。这种性质的国际收支失衡，一般程度较轻，持续时间不长，一旦这些临时性因素消失，国际收支便会恢复正常。

（二）冲击性失衡

冲击性失衡（Shock Disequilibrium）是指由于游资流动而引起的国际收支不平衡。早在20世纪70年代布雷顿森林体系崩溃，各主要资本主义国家开始实行浮动汇率制以来，国际金融市场上就出现了这么一个不稳定因素，这在20世纪90年代以来表现得更为明显。目前，世界上存在追逐高息而流动的高达数万亿美元的短期游资（Hot Money）。这些游资大多并不是为了躲避风险而流动，而是有意狙击一个甚至几个国家和地区，造成这些国家和地区金融秩序动荡，国际收支严重失衡。

（三）周期性失衡

周期性失衡（Cyclical Disequilibrium）是由国际间各国经济循环波动的不一致所导致的国际收支不平衡。一般来讲，当一国处于经济萧条阶段时，其表现出的特征是生产过剩、国民收入下降、失业增加、物价下降，通常有助于该国增加出口和减少进口，从而可以缓解该国的国际收支逆差；反之，当一国经济处于高涨阶段时，其生产和收入会进入高速增长阶段，同时伴随着失业率降低、物价上升等，这通常会刺激进口，从而造成本国贸易收支赤字。战后，西方主要发达国家由于其本身的经济结构类似，且相互之间经济联系较为紧密，从而使得它们的经济周期基本上具备同步性，因此这一类型的失衡在工业国有所减轻，主要反映在发展中国家。当这些工业国经济处于衰退阶段时，它们对发展中国家的出口产品需求就会降低，使得发展中国家的国际收支恶化。

(四)货币性失衡

货币性失衡(Monetary Disequilibrium)是指一国货币供应量与货币对内价值的变化所引起的国际收支不平衡。一国货币供应量增加,引发通货膨胀,使得该国物价水平和成本上升,这将会导致出口减少和进口增加,从而引起或加剧该国的国际收支逆差。另外货币供应量增加还会引起本国实际利率下降,使得资本流出增加,流入减少,通过刺激资本外逃导致该国资本项目逆差。总体而言,一国货币供应量的过快增长会同时影响该国的经常账户和资本账户,其国际收支容易出现逆差。

(五)收入性失衡

收入性失衡(Income Disequilibrium)是指国家间收入平均增长速度差异所引起的国际收支不平衡。在其他条件不变时,一国收入平均增长速度越高,进口也会增长得越快,容易出现国际收支逆差,而收入增长较慢的国家容易出现国际收支顺差。

但是,如果考虑收入增长过程中其他因素的变化,则需要修正上述结论。例如,如果一国在收入增长过程中通过规模经济效益和技术进步引起生产成本下降,那么,收入增长不仅会使进口增长,而且还会使出口增长。

(六)结构性失衡

结构性失衡(Structural Disequilibrium)是指由于一国经济结构失调所引发的国际收支失衡,具体可以分为产品供求结构失衡和要素价格结构失衡。一般说来,生产结构的变动滞后于需求结构的变动,如果一国产品的供求结构无法适应国际市场产品供求结构的变化,该国的国际收支将会面临这种长期性的结构性失衡。同样,如果本国要素的价格变动使本国出口产品在国际市场上所具有的比较优势逐渐削弱甚至消失,也会导致本国贸易赤字的长期存在。对于发展中国家来说,由于科技落后、教育不发达、资金短缺、信息系统不健全、资源缺乏流动性等,产品供求结构失衡的情况尤为严重。在这种情况下,发展中国家即使面对十分不利的贸易条件,仍然只能大量出口初级产品或劳动密集型产品,其出口收入只能获得少量的增加。而且,随着资源的过度开发以及劳动力要素价格的逐渐抬高,这种贸易状况甚至会进一步恶化。

上述各种类型的失衡中,结构性失衡和收入性失衡具有长期性,被称为持久性失衡(Permanent Disequilibrium);而其他类型的失衡具有临时性,被称为暂时性失衡(Temporary Disequilibrium)。

第四节　中国的国际收支状况

从 1994 年到 2006 年，我国国际收支的主要特征是“双顺差”结构不断强化（见图 1-1）。1994—2006 年，我国连续 13 年出现了经常项目顺差，并且顺差规模呈逐渐扩大的态势，尤其是 2005 年和 2006 年，经常项目顺差达到 1 608 亿美元和 2 499 亿美元。资本账户除 1998 年受亚洲金融危机影响出现过一年逆差外，也都是顺差状态，主要源于直接投资账户外资的持续不断流入。虽然资本和金融项目差额在近年来有所下降，2006 年资本和金融账户顺差约 100 亿美元，但不断攀升的经常项目盈余所导致的中国对外累计不断增加的巨额外汇储备已经引起了世界各国的广泛关注。

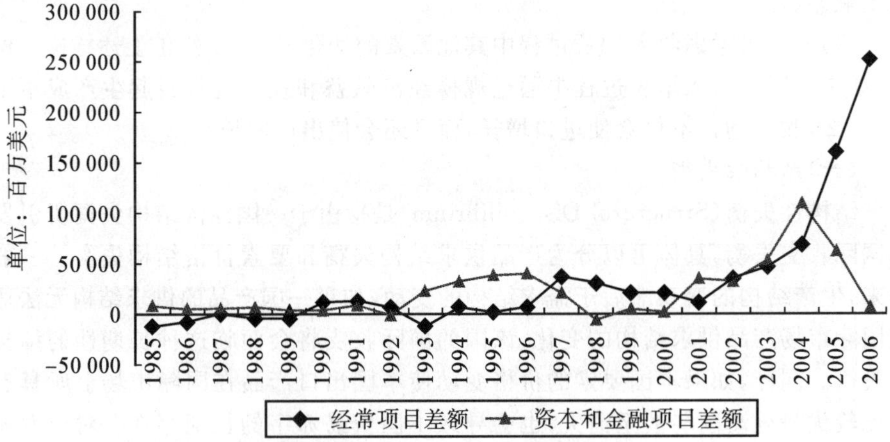

图 1-1　中国的国际收支状况（1985—2006 年）

资料来源：国家外汇管理局。1985—1996 年数据为经常项目差额和资本项目差额；1997—2006 年数据为经常项目差额与资本和金融项目差额。

专栏1-2

国际收支风险评价

2006 年，我国国际收支整体抗风险能力仍然较强。首先，世界经济平稳增长，我国经济保持增长较快、效益较好、物价较低的良好发展态势，为降低国际收支风险奠定了良好基础。其次，人民币汇率形成机制改革稳步推进，汇率弹性逐步增强，有利于提高我国抵御外来冲击的能力。此外，衡量国际收支风险的其他指标也处于良好状态。按照国际上通常使用的风险指标，从进口支付能力看，我国外汇储备相当于15个月的进口额；从债务偿付能力看，2006年末我国外汇储备与短期外债的比例为580.77%，远高于国际公认的100%的警戒线；偿债率为2.09%，远低于25%的国际经验标准。

值得关注的是，当前贸易顺差过大和外汇储备增长过快已成为影响我国国际收支平衡的主要矛盾。国际收支顺差和逆差一样，都是国际收支不平衡的表现形式，顺差或逆差过大都会对国民经济运行产生不利影响。我国国际收支自身潜在的风险因素，主要表现在：

1. 国际收支持续较大顺差增加了宏观调控的复杂性。外汇持续大量地涌入给国内注入了大量资金，国内银行体系流动性充裕，加大了货币调控操作的难度，直接影响宏观调控的灵活性和有效性。这在影响物价长期稳定的同时，也容易使资金大量流向固定资产投资以及房地产、股市等，增加投资反弹和资产泡沫压力。

2. 经济增长对外依赖加大，增加了遭受外部冲击的可能。2006年，我国外贸依存度达67%，国内经济更多依靠扩大出口和投资扩张的拉动。如果外部经济发生重大变化，我国以出口为主要增长动力的经济增长将受到影响。

3. 我国国际收支顺差有一定的脆弱性。目前国际收支顺差主要来自贸易，其中一大部分来自加工贸易，且以外商投资企业为主，技术含量低，缺乏自主品牌和核心技术，附加值低。同时，外商投资企业未分配及已分配未汇出利润等潜在对外负债数额较大。一旦未来国际金融市场发生较大动荡，市场预期发生逆转，跨境资本集中大量流出，可能加剧对国内市场的冲击。

4. 全球金融一体化加深增加了资本冲击传染的风险。随着开放程度不断提高，跨境资本流动规模不断扩大、方式日益复杂多样，各国金融市场之间的联系更加密切。一旦国际金融市场动荡，全球资本流向发生大的变化，可能给发展中国家金融体系造成很大冲击。随着国内金融市场开放和人民币资本项目可兑换进程的推进，资本流动规模将不断扩大，增加我国遭受资本冲击传染的风险。

总的来看，当前及今后一段时期，我国国际收支不平衡仍将存在，必须居安思危、未雨绸缪，充分认识到大额顺差与大额逆差一样，都存在着风险因素，都可能对国民经济又好又快发展带来不利影响。应及时采取有效措施，积极主动地化解风险，维护经济金融安全。

资料来源：国家外汇管理局国际收支分析小组：《2006年中国国际收支报告》。

一、国际收支失衡对我国经济的影响

国际收支的“双顺差”一定程度上反映了我国出口产品国际竞争力的提高和对外资吸引力的增强，但长期的国际收支双顺差将引发来自内部和外部的压力，其背后隐藏的是经济深层次的矛盾和问题，对我国经济的持续发展构成了现实的威胁和挑战。

第一，贸易收支持续顺差使我国成为全球国际收支失衡的焦点，恶化了经济发展的外部环境，并可能成为全球经济失衡的买单者。

从国际经济关系来看，目前，美国的巨额贸易逆差，使其成为全球失衡的一极，石油输出国和包括中国在内的东亚国家因持续的贸易顺差成为全球失衡的另一极，而中国对美国贸易顺差占到东亚对美顺差的一半以上，使中国不可避免成为全球失衡的焦点。尽管造成这种状况的原因很多，有美国储蓄投资失衡因素，有东亚产业转移的因素，有产业分工地位的因素，但是，既然中国是全球失衡的焦点，也就被普遍认为是失衡调整的主要责任方之一。美国和一些国际组织纷纷把矛头指向了中国，并就人民币汇率、知识产权、市场准入、劳工标准、社会责任、出口管理、税收制度、透明度等等问题对中国施加压力。贸易摩擦也已由产品、企业等微观层面扩展到政策、体制、行业等宏观层面，中国国内政策调整的自主性受到了一定的外部环境的制约。

从国际货币关系角度看，美元本位的国际货币体系存在着内在的缺陷，美元必须保持经常项目下的贸易赤字，让其他国家获得足够的美元，因此美元存在着不断贬值的趋势。战后初期，尽管在布雷顿森林体系的限制下美元与黄金有着35美元兑换1盎司黄金的硬约束，但是美国依然推行宽松的货币政策和巨额的财政赤字。结果1971年尼克松总统宣布美元与黄金脱钩，美元立刻贬值至38美元兑换1盎司黄金。接着在20世纪70年代，美元对马克和法郎贬值，80年代对日元贬值，现在又轮到了东亚国家尤其是中国。由于美元是国际货币，它要贬值就直接表现为其他货币的升值，因此在现有的国际货币格局下拥有高额外汇储备的东亚国家尤其是中国，可能不得不成为最后的“买单者”。

第二，出口导向型的发展策略使得我国对外依存度过高，本国经济易受其他国家影响。

长期以来，为了弥补内需不足，促进经济发展，我国奉行外向型发展战略，通过稳定汇率的汇率政策，出口退税、对进口中间产品进行关税减免等贸易政策以及差别化优惠待遇的外资政策，引导国内资源向出口部门和外资经济偏向性流动。同时，跨国公司抓住中国低估要素价格、实施优惠政策的有利时机，加快了国际制造业向中国的产业转移，促进了国内大进大出贸易结构的形成和出口导向型产业的发展，也导致贸易部门和非贸易部门、内资经济和外资经济发展的不平衡。

在这种背景下，我国的外贸依存度不断攀高，进出口总额占 GDP 比率从 2002 年的 42.7%上升到 2006 年的约 67%，并且对于这种建立在资产存量结构基础上的供给端的不平衡，很难在短期内进行调整。经济增长对外部的依赖性越大，经济的不确定性就会增加。例如我国目前的出口增长率与美国 GDP 增长率就呈现出高度相关（见图 1-2），这表明我国出口在很大程度上会受到美国经济的影响。

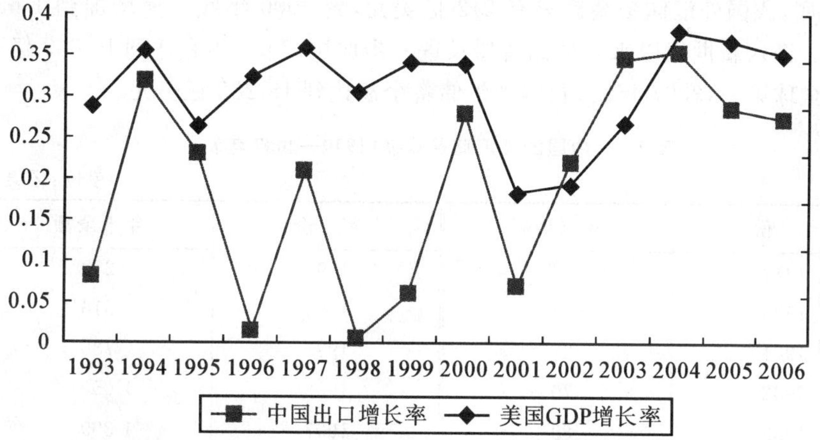

图 1-2　中国出口增长率与美国 GDP 增长率（1993—2006 年）

资料来源：根据中经网数据计算得出，其中左轴表示中国出口增长率，右轴表示美国 GDP 增长率。

第三，双顺差意味着对实际资源的让渡，其暴露出的粗放的贸易增长方式以及体制和结构问题更为堪忧。

一个国家只要存在贸易顺差，就意味着该国的总产出大于总需求，也意味着存在储蓄剩余（或净储蓄），经济在对外国借出资源。20 世纪 90 年代以来我国经常账户长期顺差，表明我国在存在储蓄剩余的情况下，不断地向国外借出实际资源，同时大量向国外输出资本。

造成国内投资小于储蓄和国内需求不足有很多深层次的原因，包括制度因素（如社会保障制度、医疗保险制度、住房体制改革影响人们的支出预期）、收入分配因素、投融资体制不完善等因素。但外资主导的出口导向型产业结构、低附加值的加工贸易为主的贸易结构、以廉价劳动力参与国际产业分工的分工地位也是重要的影响因素。粗放型的经济和贸易增长方式,使得高投资没有带来高收益、高产出没有带来高收入、高增长没有带来高福利,内需扩大缺乏现实的经济条件和基础。在存在储蓄剩余(或净储蓄)和大量外汇储备(即官方资本流出)的情况下,我国资本项目持续顺差和大量资本流入的状况也映射出国内储蓄转化投资的渠道不畅、民间资本成长缓慢、企业对外投资能力不足、经济对外资的依赖过大等体制和结构问题。这些体制和结构问题是制约我国经济持续健康发展的瓶颈。

第四,外汇储备持续累积,导致流动性过剩,货币政策调控难度加大。

国际收支长期失衡造成我国外汇储备的持续累积。从表 1-5 我们看到,在 1993 年底,我国外汇储备余额只有 212 亿美元,到 2000 年底迅速增加到 1 656 亿美元。进入新世纪以来外汇储备增长进一步加快,2006 年底达到 10 663 亿美元跃居全球第一,2007 年底,我国外汇储备余额达到 15 282 亿美元。

表 1-5 中国的外汇储备规模(1979—2007 年)

单位:亿美元

年 份	年末余额	年 份	年末余额
1979	8	1993	212
1980	−13	1994	516
1981	27	1995	736
1982	70	1996	1 050
1983	89	1997	1 399
1984	82	1998	1 450
1985	26	1999	1 547
1986	21	2000	1 656
1987	29	2001	2 122
1988	34	2002	2 864
1989	56	2003	4 033
1990	111	2004	6 099
1991	217	2005	8 189
1992	194	2006	10 663
		2007	15 282

资料来源:《中国对外经济统计年鉴》(2007 年)。

自 1994 年外汇体制改革以来,我国中央银行基础货币投放的结构已经发生了根本性变化,外汇占款成为基础货币投放的主渠道,从而大大增加了基础货币调控的难度。2006 年外汇占款存量占基础货币存量的比例已经达到 108.49%,

而外汇占款增量占基础货币增量的比例，在2001年、2003年就超出了100%，2004年、2005年甚至超过200%。

外汇占款的增加对我国基础货币进而货币供给造成的压力不断增大。央行采取了包括回收再贷款、发行央行票据等方式在内的对冲操作。2007年3月末，央行票据余额达3.9万亿元。尽管通过发行票据可以暂时减少过多的流动性，但是短期票据毕竟无法应对外汇占款的持续增加。用临时性的操作方法来应对长期性的流动变化只能是权宜之计。中央银行票据均为一年期及以下的短期票据，当票据到期时，金融机构的流动性就会被动增加，中央银行又不得不再次发行票据。所以，这种方法无法从根本上收缩由外汇占款增加而导致的基础货币增加，只是造成货币存量和通货膨胀压力的累积。

流动性过剩还造成资产价格的上涨，但针对国内出现的房地产和股市泡沫，在存在货币升值预期的情况下，货币政策很难有所作为。理论上，加息虽然可以增加投资股市和房地产市场的机会成本，抑制投资，但是却降低了热钱的投机成本，可能导致更多的套利资本流入，进一步加重国际收支失衡，并导致流动性新一轮增加。

第五，国外私人和股权资本的持续流入与国内官方和债权资本的持续流出，不仅造成了我国国际投资的低收益，而且牺牲了对经济的控制权。

从上个世纪90年代以来，经常项目顺差的持续累积，使我国成为净债权国。根据国家外汇管理局2006年5月25日首次公布的国际投资头寸表，2005年末，我国对外金融净资产2 875亿美元。但是，中国的债权国地位是防御性的“官方债权国”，而不是主动性的“私人债权国”。

从我国资本流出的结构来看，官方资本流出占主导地位。对我国来说，高额的外汇储备是中央银行为了维持汇率目标而被动干预的结果，储备资产的投资也并非积极的投资行为，主要购买美国国债和企业债券，面临着两大风险：一是违约风险，二是由于价格变化或汇率的调整而产生真实价值损失的风险，即借款国通货膨胀必然使债权国受到购买力下降的损失，人民币升值或美元贬值也带来很大的资产损失。

从我国资本流入结构看，来华直接投资占据主导地位。由于我国引进的外商直接投资都是以美元计值，按汇率折成人民币投资购买人民币标价的资产，一旦人民币汇率升值或美元贬值，这部分人民币资产的美元价值会随着人民币升值而提高。

此外，由于国际收支长期失衡造成国际投资头寸中不对称的资产和负债结构——为流入资本支付的是比较高的股权收益，而流出资本获得的债权收益较低，两相比较必然使我国成为低收益、长期甚至可能成为负收益的债权国。而且,用大量的来华直接投资"置换"债务性的对外投资,实际上表明我国不能有效利用国外资源,也牺牲了一部分对经济的控制权。

二、对目前的国际收支失衡的一些政策建议

通过上面的分析,一方面,我们可以看到国际收支顺差背后我国所付出的成本和代价;另一方面,我们应该认识到国际收支顺差只能作为一种手段,而非经济发展的目标。2006 年底中央经济工作会议首次提出"必须把促进国际收支平衡作为保持宏观经济稳定的重要任务"。在 2007 年初全国金融工作会议上,温家宝总理再次强调指出,国际收支不平衡加剧是当前金融领域中存在的主要矛盾之一。促进国际收支平衡已成为统筹国内发展和对外开放,实现经济又好又快发展的关键环节之一。为此,要从对内平衡入手,加强和改善宏观调控,加大国内和涉外经济政策调整的力度,综合运用财政政策、货币政策、产业政策和土地政策等政策措施,形成促进国际收支平衡的合力。

在国内经济方面,要正确处理投资和消费、内需与外需的关系,努力扩大消费需求,这里关键要做到两点:

第一,合理安排资源配置,努力优化投资结构。在原先出口导向贸易政策的引导下,我国的各级政府都不同程度地向外贸部门倾斜,在资源配置和相关政策上给予了许多优惠,从而挤占了内向型企业的发展空间,不利于内需的扩大。为了调节国际收支失衡,必须从根本上转变这一观念,引导投资从外贸部门向有利于促进内需的其余部门转移,取消鼓励出口的优惠政策,逐步降低高额贸易盈余,同时不断优化贸易结构。例如在出口方面,可以对一部分低附加值的简单加工品征收出口关税,并降低出口退税,从价格信号上影响国内的投资机构。

第二,增加居民收入,加快公共财政的转型。内需不足一直是制约我国经济发展并导致我国国际收支失衡的主要原因,而中国的消费水平偏低一方面是因为中国居民的实际收入较少,贫富差距较大,从而使得中国人口的总体购买力十分有限,即"没钱消费";另一方面我国财政在社会保障、教育、卫生、医疗、水电、交通、通讯等公共产品和服务上的投资远远不够,导致居民自身要为这些公共产品来买单,其未来消费支出的预期过高,只能通过控制当前消费、增加预防性储蓄来应对,即"不敢消费"。因此,我国必须对症下药,增加农民和城市中低收入人群的收入,改变现有的再分配制度,提高低收入人群的再分配份额,加速国家财政向公共财政的转型,加大财政在社会保障、教育、卫生、医疗、水电、交通、通讯等公共产品和服务上的投资,使社会抵抗风险的能力加大,个人的储蓄率下降,这样才能有效地缩减私人部门的净储蓄动机,持续有效地带动内需增长。

在涉外经济方面，面对国际上尤其是美国的不断施压，我国也应做出一些政策上的调整：

第一，根据国内经济社会发展需求，积极扩大进口，限制“两高一资[①]”产品出口。由于较长一段时间中国实行的都是一种赶超策略，因此对资源的耗费以及环境的污染不够重视，而一些发达国家的跨国公司由于母国对资源和环境的严格管制，将这些高污染、高能耗和资源性的产业转移到中国来。这些产业不但对我国目前的国际收支失衡没有帮助，并且对我国长期的可持续发展也是极为不利的，应该严格加以控制。同时，我们可以对一些稀缺资源、能源以及一些高新技术扩大进口，使得我国在改善国际收支状况的同时维持经济健康运行。

第二，提高利用外资的质量，贯彻落实《企业所得税法》，研究统一国际商业外汇贷款监管思路，逐步消除特殊经济区域内外资企业差别管理的政策，创造公平的市场环境。目前我国已经通过内外资企业的两税合一来实现内外资在税收上的国民待遇。今后，还应调整各地引进外资的政策，逐步取消对外资的超国民待遇，在控制外资流入数量的同时，提高外资流入的质量。

第三，实施“走出去”与“引进来”相结合的战略纠正扭曲的资本项目顺差，以改善国际收支的不平衡，维持一个相对合理的国际储备水平。在大力引进外资的同时要积极鼓励国内企业“走出去”，鼓励和支持有实力的国内企业在国外建立子公司，鼓励企业参与国际竞争，拓展海外市场。这样，资本的合理外流，就会改变我国资本项目的不平衡状况，从而改善国际收支，减少国际储备过快增长的压力。

在金融方面，要全面发挥金融对经济的协调和控制能力，合理调控货币信贷总量，进一步完善人民币汇率形成机制，积极稳妥地推进金融业对外开放，加强外汇储备经营管理，降低改革成本。如果上述政策能够调整到位，将为我国国际收支调节奠定坚实的基础，为我国经济的顺利转轨保驾护航。

本章小结

本章主要对国际收支以及国际收支平衡表的基本内容以及与中国相关联的实际问题做了简要的介绍，并针对一些如今重点关注的问题做了较为深入的介绍，如国际收支平衡、国际收支失衡等。

---

① 高污染、高能耗、资源性产品。

对于国际收支的概念和范畴，不同的经济学家有不同的解释，这主要是根据具体的汇率制度和正在进行的分析研究的课题所决定的。本章所采纳的国际收支概念是指一经济体与世界其他国家或地区之间由居民和非居民的各种经济往来而发生的收入与支付。国际收支的主要目的是为了反映一国的经济运行状态，而它的主要表现形式就是国际收支平衡表。国际收支平衡表是反映一定时期一国同外国的全部经济往来的收支流量表。它是对一个国家与其他国家进行经济技术交流过程中所发生的贸易、非贸易、资本往来以及储备资产的实际动态所作的系统记录，是国际收支核算的重要工具。目前我国的国际收支平衡表主要是参考国际货币基金组织 1993 年出版的《国际收支手册》第五版编制的。

国际收支平衡和国际收支均衡是指一国的国际收支运行的一种状况。按照交易的目的和动机，国际收支平衡表中的所有交易都可以划分为自主性交易和补偿性交易。自主性交易是指企业或个人基于自主性目的而独立发生的交易。补偿性交易是一种引致交易，其本质是为了弥补自主性交易收支不平衡的被动性的交易。国际收支平衡是指自主性交易收支相抵的状态。当自主性交易的收入大于支出时，就称为“国际收支顺差”；当收入小于支出时，则称为“国际收支逆差”。

值得注意的是，适度的国际收支失衡未必是不利的，事实上各国国际收支在数量上往往是不平衡的，国际收支平衡仅是一个相对的概念。当一国国际收支失衡时我们必须分析它的潜在原因，是临时性的还是长期性的，需要怎样应对。例如一个国家的大量逆差是由于政府的巨额预算赤字造成的，那么最直接的解决方法就是削减政府支出并增加税费。假设是由于大量的投资引起的逆差，那么在未来出口很可能会增加，从而自动地改变国际收支状况，这种失衡就是暂时性的，可能没有必要采取措施去纠正。

最后我们还提到了近年来备受国内外关注的中国持续的国际收支双顺差问题。这一问题在英文里被评为 a happy problem，因为它是由于钱多引起的问题。它在一定程度上体现出我国改革开放以来取得的成果。但是，钱多引起的国际收支失衡问题也是问题，如果不加以调节，将对央行的流动性管理造成很大的压力，流动性过剩问题将日益严重。同时过多的外资流入还会引发经济过热并对经济稳定造成一定的冲击，这些都是需要解决和重视的问题。

关键词

国际收支　国际收支平衡表　经常账户　资本和金融账户　错误和遗漏账户　国际收支平衡　国际收支均衡　国际收支差额　国际收支双顺差

复习思考题

1. 简述国际收支平衡表的基本原理。
2. 简述国际收支平衡表的编制原则。
3. 如何判断一个国家的国际收支是否平衡?
4. 国际收支失衡对中国经济有哪些影响?
5. 应该如何解决中国的国际收支失衡?

第二章 国际收支调节理论[①]

导言

西方学者很早就开始对国际收支调节问题进行理论与实证的研究，这使得国际收支理论随着经济格局的变化和思潮的更替而不断地演变、完善，成为国际金融学的重要组成部分。对国际收支调节问题进行研究最早可追溯到18世纪大卫·休谟(David Hume)的价格—铸币流动机制(Price-Specie Flow Mechanism)理论。该理论以自由贸易和黄金在国际间自由输出、输入为实际前提，以货币数量论为理论依据，认为国际贸易盈余通过黄金的流入会导致本国物价水平的上升，从而使贸易盈余自动消失，反之亦然，因此政府根本无需对国际收支进行干预。后来，由于资本主义经济危机的爆发，金本位制的崩溃，以阿尔弗雷德·马歇尔(Alfred Marshall)、约翰·罗宾逊(Joan Robinson)和阿巴·勒纳(Abba Lerner)为代表的弹性理论逐渐取代了价格—铸币流动机制，成为国际收支调节理论的主流。二次世界大战以后，凯恩斯主义统治了西方经济学界，新的思潮又推动了一些新的调节理论诞生，其中以詹姆斯·米德(James Meade)、西德尼·亚历山大(Sidney Alexander)等人创立的国际收支调节的吸收理论影响最为广泛。该理论认为一国的对外净收支等于该国的总产出与总吸收之间的差额，因此只有从产出和吸收两方面入手才能较好地解决国际收支失衡问题。之后，随着资本主义国家经济的复苏，各项经济指标转好，凯恩斯主义陷入了危机，早先提出的理论的局限性日益明显，这时货币主义重新崛起，再一次成为西方经济学界的主流学说。20世纪60、70年代，罗伯特·蒙代尔(Robert Mundell)、哈

① 本章对于国际收支调节理论的介绍主要参考各个理论代表人物的论文和一些学者的专著，因此使用了较多的理论模型和数学推导，但由于篇幅的原因做了一定程度的删减，有兴趣进一步深入了解的读者可以阅读外文原著，这在书中均有标示。

里·约翰逊(Harry Johnson)等人从货币角度出发,创立了新的国际收支调节理论——货币论,向传统理论发起了强有力的挑战。

学习目标

1. 掌握国际收支的弹性分析法、吸收分析法以及货币分析法的基本原理和数学模型;

2. 对国际收支理论以及在实际经济中的具体应用做出比较和评价。

第一节 国际收支调节的弹性分析法

一、弹性分析法的产生

20 世纪 30 年代,在资本主义经济大危机的冲击下,国际金本位制最终瓦解,世界各国为了改善各自的国际收支,纷纷采取竞争性的贬值策略,汇率波动频繁,这使得建立在金本位制基础上的价格—铸币流动机制失去了原有的效力。人们急需一种新的理论对当时经济形势下的国际收支状况进行解释并给出相应的政策建议,这时由马歇尔、勒纳和罗宾逊等人为代表的弹性分析理论进入了人们的视野。

(一)马歇尔的弹性理论及其在国际贸易领域的应用

需求和供给的价格弹性问题是由英国经济学家阿尔弗雷德·马歇尔(Alfred Marshall)首先提出的。需求(供给)价格弹性用于反映商品需求量(供给量)对价格变化的敏感程度,其大小表示价格变动 1%需求供给量变动的百分比。如果数量变动的百分比大于价格变动的百分比,则弹性绝对值大于 1;如果数量变动的百分比小于价格变动的百分比,则弹性绝对值小于 1。根据需求法则,一种商品价格下跌会导致对该种商品的需求上升,供给下降,因此需求弹性通常是负值,供给弹性通常是正值。[①] 每一种商品都有其各自的需求/供给弹性,并且各不相同。

① 本章中定性分析时假设供给弹性为正,需求弹性为负;定量分析时则取其绝对值。

1923 年，马歇尔在《货币、信用和商业》一书中，把弹性理论运用于国际贸易领域，对不同进出口需求弹性条件下汇率变动与贸易收支的关系进行了初步的探讨。[①] 马歇尔认为，进出口商品所具有的需求弹性的大小，主要取决于一国进出口商品的类型。如果某国进出口商品主要是由初级的生活必需品和原材料构成，则该国的进出口需求弹性较低；反之，如果该国进出口商品主要是由高档的耐用消费品和其他工业制成品组成，且该种产品存在大量的替代品，则该国的进出口需求弹性较高。

（二）国际收支调节的弹性论

1937 年罗宾逊夫人（Mrs Joan Robinson）将马歇尔的弹性理论引入外汇市场，正式提出了国际收支调节的弹性分析法。[②]

弹性分析法做了三点假设：

1. 局部分析假设。弹性分析是建立在局部均衡分析基础上的，它仅考虑汇率变化对进出口市场的影响，而其他条件，如收入、非贸易品价格等通通假设不变，也不考虑贬值以后所带来的连锁反应。

2. 汇率决定假设。假定汇率是由货币当局而非市场决定的，因此，可以通过人为的汇率调整来实现相应的政策目标。

3. 忽略国际资本流动假设。在当时的国际经济背景下，国际资本流动的规模很小，可以将其看作在为经常项目融资，因而不列入国际收支调节的考虑范畴。

弹性分析法将汇率变动作为国际收支调节的手段，因而考察汇率变动对国际收支的影响就是考察汇率变动对出口总值和进口总值的影响。其中出口总值等于出口价格乘以出口数量，进口总值等于进口价格乘以进口数量。弹性分析法认为，贬值能否改善贸易收支，主要取决于一国进出口商品的需求和供给弹性，它们分别是：

$$\text{出口商品的需求弹性}(\varepsilon_f)：\varepsilon_f=\frac{\text{出口商品需求量的变动率}}{\text{出口商品价格的变动率}}$$

$$\text{出口商品的供给弹性}(\eta_h)：\eta_h=\frac{\text{出口商品供给量的变动率}}{\text{出口商品价格的变动率}}$$

$$\text{进口商品的需求弹性}(\varepsilon_h)：\varepsilon_h=\frac{\text{进口商品需求量的变动率}}{\text{出口商品价格的变动率}}$$

$$\text{进口商品的供给弹性}(\eta_f)：\eta_f=\frac{\text{进口商品供给量的变动率}}{\text{出口商品价格的变动率}}$$

在此基础上，罗宾逊夫人分别考察了在不同的弹性条件下，货币贬值对一国

① ［英］马歇尔：《货币、信用和商业》，商务印书馆 1994 年版，第 170～179 页。

② Joan Robinson, *Essays in the Theory of Employment*, Hyperion Press, 1980.

进出口贸易的影响，从而将国际收支调节的弹性分析系统化。之后美国经济学家阿巴·勒纳（Abba Lerner）和劳埃德·梅茨勒（Lloyd Metzler）等人又对这一学说做了重要的拓展和补充，这使得弹性论成为在凯恩斯主义占领国际收支调节理论领域之前最有影响力的学说之一。

二、弹性分析法的主要内容

弹性分析法（Elasticity Approach），又称弹性论，主要是从一国进出口商品供需弹性的角度入手，研究汇率变动对该国国际收支造成的影响。其基本思想是：汇率变动将对一国的进出口商品以及贸易品和非贸易品之间的相对价格造成影响，这将进一步影响该国的进出口供给和需求，从而最终导致国际收支的变动。

弹性论忽略了贸易收支的收入效用，即贸易收支影响国民收入，而国民收入的变动又进一步地影响贸易收支的反馈效用。罗宾逊夫人对这一点的解释是：由于国民收入对贸易收支所产生的影响仅仅是一种量的变化，而并不会改变贸易收支的总体方向，即由盈余变为赤字或是赤字转为盈余[①]，而且如果贸易收支没有发生变化，收入的反馈效用也就不会发生，因此忽略收入效用的假设是合理的。

下面将分析在不同的弹性条件下货币贬值对贸易收支所造成的影响，包括货币贬值对出口的影响、对进口的影响以及对国际收支的综合影响。

（一）货币贬值对出口的影响

罗宾逊夫人分析了在不同的进出口供给需求弹性条件下，一国货币贬值对出口造成的影响。[②] 排除极端的情形（弹性为 0 或∞），综合不同弹性组合条件下贬值对出口的影响，可以将其大致分为三类：

1. 假设国外需求弹性等于 1，以外币表示的出口值不变，以本币表示的出口值将按货币贬值的比率增加。因为在国外需求弹性等于 1 的情况下，国外对出口需求的增长率等于货币贬值率，或者说出口数量的增长率等于出口价格的下

---

① 许多经济学家对此表示怀疑，因为不同类型的商品和国民收支的组合会使问题复杂化。例如假设货币刚初始贬值时，等量地增加本国的进口和出口总额。但是如果该国出口商品的生产严重依赖于原材料的进口，从而使得该国的产出由于进口支出的增加而下降，最终货币的贬值并没有改善国际收支，反而减少了国际收支余额。

② Joan Robinson, *Essays in the Theory of Employment*, Hyperion Press, 1980, pp. 134～140.

跌率。在这种情况下,无论出口供给弹性如何,以外币表示的出口价格和出口数量的乘积都是保持不变的,而以本币表示的出口值却按贬值的比率上升。

2. 如果国外需求弹性小于1,出口供给弹性越小,出口值的增加就越大。因为国外需求弹性小于1,意味着贬值引起的出口数量的增长率小于出口价格下跌的比率,从而以外币表示的出口值是下降的。在这种情况下,出口供给弹性越小,贬值后出口品的国内价格随出口生产扩大而上升得越快,这就会在很大程度上抵消以外币表示的出口价格的下跌,减轻以外币表示的出口值的下降程度,从而提高以本币表示的出口值。

3. 如果国外需求弹性大于1,出口供给弹性越大,出口值增加得就越多。因为在这种情况下,贬值后出口数量的增长率大于出口价格的下跌比率,出口品的国内价格随出口扩大,而上涨的程度就越小,其对以外币表示的出口价格下跌的抵消作用就越小,因而对国外需求量增加的阻力就越小,以本币表示的出口值增加得就越多。

我们可以将罗宾逊夫人关于货币贬值对出口影响的主要观点概括为:当国外需求弹性小于1时,国内供给弹性越小越有利于增加出口值;当国外需求弹性大于1时,国内供给弹性越大越有利于增加出口值;当国外需求弹性等于1时,无论国内供给弹性如何,出口值均不发生改变。

(二)货币贬值对进口的影响

罗宾逊夫人认为,贬值引起的以本币表示的进口值增加还是减少,主要依赖于进口需求弹性是大于1还是小于1。[①] 如果国外的供给弹性为无穷大,则进口的国外价格不变,以本币表示的货币价格按进口贬值的比率上升。因为在进口供给弹性无穷大的情况下,进口商品的生产是在成本不变的条件下进行的,同生产扩大时成本不会递增一样,贬值引起的进口减少也不会由于成本递减而降低进口商品的国外价格,因而贬值引起的进口商品国内价格上升程度也不会减少。如果国外供给弹性小于无穷大,即进口商品的生产是在成本递增的条件下进行的,贬值后对进口需求减少造成的进口生产缩减会由于成本降低而引起的进口商品的国内价格下降,致使以本币表示的进口价格将以低于贬值的程度上涨。但是无论哪种情况,当国内进口商品价格上涨时,如果进口需求弹性大于1,这意味着进口量减少比率大于进口价格的上升比率,因而二者的乘积——进口值减少;反之,当进口需求弹性小于1时,进口值增加。

我们可以把罗宾逊夫人关于货币贬值对进口影响的观点概括为:当国内需

---

① Joan Robinson, *Essays in the Theory of Employment*, Hyperion Press, 1980, pp. 141.

求弹性小于1时，国外供给弹性越小越有利于减少进口额；当国内需求弹性大于1时，国外供给弹性越大越有利于进口值的减少。

（三）货币贬值对国际收支的综合影响

1. 罗宾逊—梅茨勒条件

罗宾逊夫人在她出版的《就业理论论文集》(*Essays in the Theory of Employment*)中运用数学公式来表示货币贬值对一国贸易收支的综合影响。其中E表示出口数量，I表示进口数量，p表示以本币表示的进口价格，q表示以本币表示的出口价格，k表示汇率小幅变动的比率。

当货币贬值时，以本币表示的贸易收支变化ΔT为：

$$\Delta T=k\left\{Eq\frac{\varepsilon_f(1+\eta_h)}{\varepsilon_f+\eta_h}-Ip\frac{\eta_f(1-\varepsilon_h)}{\eta_f+\varepsilon_h}\right\}\text{①} \tag{2-1}$$

通过上式可以看出只有满足$Eq\frac{\varepsilon_f(1+\eta_h)}{\varepsilon_f+\eta_h}-Ip\frac{\eta_f(1-\varepsilon_h)}{\eta_f+\varepsilon_h}>0$时，货币贬值才会改善国际收支。这就是贸易收支的弹性条件公式。虽然这个式子比较复杂，但我们同样能够得出一些简单的结论。

首先，当一国的进口需求弹性大于1时，只要出口值不减少，则货币贬值将使得进口值降低，贸易收支得到改善。而当进口需求弹性小于1时，要想使得货币贬值同样能够改善国际收支，出口值的增量必须足够弥补进口值的增加。否则，货币贬值将使得贬值国的贸易收支恶化。

其次，进出口初始值的相对大小，也是影响货币贬值效果的重要因素之一。假设初始$\frac{\varepsilon_f(1+\eta_h)}{\varepsilon_f+\eta_h}-\frac{\eta_f(1-\varepsilon_h)}{\eta_f+\varepsilon_h}=0$时，即在该种弹性组合条件下，货币的贬值将导致进口值和出口值增加相同的份额。如果一开始进口值与出口值相等，货币贬值对贸易收支就不会产生影响，贸易收支余额依然为0。但如果在初始时贸易收支余额为正，货币贬值就会由于起始时出口值大于进口值导致出口增量大于进口增量，贸易收支余额增加；反之，如果贸易收支余额初始值为负，则贬值后贸易收支将进一步恶化。

如果令$Eq=Ip$，则等式(2-1)可以转化为：

$$\Delta T=kEq\left\{\frac{\varepsilon_f\varepsilon_h(1+\eta_h+\eta_f)+\eta_h\eta_f(\varepsilon_h+\varepsilon_f-1)}{(\varepsilon_f+\eta_h)(\eta_f+\varepsilon_h)}\right\} \tag{2-2}$$

---

① 通过下文公式推导可以看出$kEq\frac{\varepsilon_f(1+\eta_h)}{\varepsilon_f+\eta_h}$和$kIp\frac{\eta_f(1-\varepsilon_h)}{\eta_f+\varepsilon_h}$分别代表货币贬值时出口值和进口值的变动。

显然,如果等式(2-2)中括号内为正值,贬值可以改善贬值国的贸易收支;若为0,其贸易收支不变;若为负值,则贸易收支将更加恶化。等式(2-2)被称为"罗宾逊－梅茨勒条件"(Robinson Metzler Condition),也有的文献称之为"比克戴克条件"(Bickerdike Condition)。

2.马歇尔－勒纳条件

美国经济学家阿巴·勒纳于1944年在《统制经济学》(The Economics of Control)一书中吸收了罗宾逊夫人的上述思想,更加系统地阐述了贬值对贸易收支影响的弹性临界问题。勒纳指出,一国货币贬值会使得出口商品的价格降低从而增加出口量,同时也会由于进口商品价格的上升而减少进口。但这并不意味着货币贬值能够改善贸易收支,因为贸易收支是针对贸易值而非贸易量。低出口价格会刺激国外需求的增加,但出口增量必须大于出口价格下降的比率,即国外需求弹性大于1,出口值才会增加。如果国外需求弹性小于1,出口值就会减少,使得贸易收支更加恶化。这时要想通过货币贬值令贸易收支得到改善,就必须通过减少进口支出来弥补出口值的降低。

马歇尔通过假设初始时贸易收支平衡($Eq=Ip$),且进出口供给弹性均趋于无穷($\eta_{h,f}\rightarrow\infty$),将货币贬值对贸易收支造成的影响的表达式简化为$kEq(\varepsilon_f+\varepsilon_h-1)$。显然,当$\varepsilon_f+\varepsilon_h>1$时,公式为正,反之为负。因此,货币贬值改善贸易收支的充分必要条件为:$\varepsilon_f+\varepsilon_h>1$。这就是著名的"马歇尔－勒纳条件"(Marshall-Lerner Condition)。

三、弹性分析法的数学推导

罗宾逊夫人给出的关于贸易收支的弹性条件公式[式(2-1)]最为具体、全面,其他各种具体情况下弹性条件的改变基本上都可以在该公式的基础上演化得到,因此我们先给出该表达式的推导,然后依据该表达式,根据不同的假设,推出贬值改善贸易收支的不同条件。

(一)贸易收支的弹性条件公式的推导

令E表示出口数量,I表示进口数量,p表示以本币表示的进口价格,q表示以本币表示的出口价格,ε_h表示进口需求弹性,ε_f表示出口需求弹性,η_h表示出口供给弹性,η_f表示进口供给弹性,k表示汇率的小幅变动比率。设初始汇率为1,则以外币表示的出口商品价格的变化为:

$$q-(1-k)(q+\partial q)=kq-\partial q+k\partial q\approx kq-\partial q^{①} \tag{2-3}$$

这时我们有：

$$\varepsilon_f=\frac{\partial E/E}{k-\partial q/q} \tag{2-4}$$

$$\varepsilon_h=-\frac{\partial I/I}{\partial p/p} \tag{2-5}$$

$$\eta_h=\frac{\partial E/E}{\partial q/q} \tag{2-6}$$

$$\eta_f=-\frac{\partial I/I}{k-\partial p/p} \tag{2-7}$$

将等式(2-4)除以等式(2-6)得：

$$\frac{\varepsilon_f}{\eta_h}=\frac{\partial q/q}{k-\partial q/q},\eta_h\frac{\partial q}{q}+\varepsilon_f\frac{\partial q}{q}-k\varepsilon_f=0$$

$$\frac{\partial q}{q}=\frac{k\varepsilon_f}{\varepsilon_f+\eta_h} \tag{2-8}$$

将等式(2-5)除以等式(2-6)得：

$$\frac{\varepsilon_h}{\eta_f}=\frac{k-\partial p/p}{\partial p/p},\varepsilon_h\frac{\partial p}{p}+\eta_f\frac{\partial p}{p}-k\eta_f=0$$

$$\frac{\partial p}{p}=\frac{k\eta_f}{\eta_f+\varepsilon_h} \tag{2-9}$$

则贸易余额的增加为：

$$\begin{aligned}\partial(Eq-Ip)&=(E\partial q+q\partial E)-(I\partial p+p\partial I)\\&=Eq\left(\frac{\partial q}{q}+\frac{\partial E}{E}\right)-Ip\left(\frac{\partial p}{p}+\frac{\partial I}{I}\right)\\&=Eq\left(\frac{\partial q}{q}+\frac{\partial q}{q}\eta_h\right)-Ip\left(\frac{\partial p}{p}+\frac{\partial p}{p}\varepsilon_h\right)\\&=Eq(1+\eta_h)\frac{\partial q}{q}-Ip(1-\varepsilon_h)\frac{\partial p}{p}\end{aligned} \tag{2-10}$$

等式(2-8)和(2-9)代入等式(2-10)可得：

$$\begin{aligned}\partial(Eq-Ip)&=Eq(1+\eta_h)\frac{k\varepsilon_f}{\varepsilon_f+\eta_h}-Ip(1-\varepsilon_h)\frac{k\eta_f}{\eta_f+\varepsilon_h}\\&=k\left\{Eq\frac{\varepsilon_f(1+\eta_h)}{\varepsilon_f+\eta_h}-Ip\frac{\eta_f(1-\varepsilon_h)}{\eta_f+\varepsilon_h}\right\}\end{aligned} \tag{2-11}$$

① 假设汇率的变动比率很小，因此 $k\partial q$ 忽略不计。

等式(2-11)就是贸易收支的弹性条件公式，从该等式我们可以很明显地看出：当一国货币发生贬值时，只有在 $k\left\{Eq\dfrac{\varepsilon_f(1+\eta_h)}{\varepsilon_f+\eta_h}-Ip\dfrac{\eta_f(1-\varepsilon_h)}{\eta_f+\varepsilon_h}\right\}>0$ 这一条件得到满足时，贬值才能使贸易收支得到改善。

(二)贬值改善国际收支的不同条件的推导

由上述贸易收支的弹性条件公式，即等式(2-11)，给出不同的假设，即可以得出贬值改善国际收支的不同条件。

1. 假设初始贸易差额为0，将 $Eq=Ip$ 代入等式(2-11)可得：

$$kEq=\left\{\frac{\varepsilon_f\varepsilon_h(1+\eta_h+\eta_f)+\eta_h\eta_f(\varepsilon_h+\varepsilon_f-1)}{(\varepsilon_f+\eta_h)(\eta_f+\varepsilon_h)}\right\} \tag{2-12}$$

货币贬值可以使贸易收支得到改善的条件变为：

$\dfrac{\varepsilon_f\varepsilon_h(1+\eta_h+\eta_f)+\eta_h\eta_f(\varepsilon_h+\varepsilon_f-1)}{(\varepsilon_f+\eta_h)(\eta_f+\varepsilon_h)}>0$，即罗宾逊－梅茨勒条件。

2. 若假设供给弹性趋于无穷大，即 $\eta_{h,f}\to\infty$，则等式(2-12)可以化简为：

$$kEq=\varepsilon_f+\varepsilon_h-1 \tag{2-13}$$

这时货币贬值改善国际收支的条件变为：$\varepsilon_f+\varepsilon_h>1$，即马歇尔－勒纳条件。

3. 如果放松关于初始平衡的假定，贬值改善贸易收支的条件为：

$$\frac{Eq}{Ip}\varepsilon_f+\varepsilon_h>1 \tag{2-14}$$

显然，初始的贸易顺差越大，通过贬值增加贸易收支就越容易。

4. 如果研究对象是一小国，即其面临的出口需求弹性和进口供给弹性均趋于无穷，$\varepsilon_f\to\infty$，$\eta_f\to\infty$，在初始贸易平衡的情况下，等式(2-11)可以转化为：

$$\partial(E_q-I_p)=\eta_h+\varepsilon_h \tag{2-15}$$

由于 $\eta_h+\varepsilon_h>0$ 恒成立，因此在小国条件下，通过货币贬值必然能够改善本国的贸易收支。

四、弹性分析法的实际应用

在现实世界中，货币贬值对贸易收支究竟会产生何种影响？马歇尔—勒纳条件是否得到满足？面对这些问题，数十年来，西方经济学家花费了大量的精力对现实世界中的进出口需求价格弹性进行估测，并对各种弹性条件下汇率变动对贸易收支的影响做了大量的实证分析。然而由于弹性估算的复杂性以及研究对象、方法和所处的国际经济环境上的差异，经济学界始终没有得到一个统一的结论。

(一)弹性悲观论与弹性乐观论[①]

针对世界各国的进出口商品需求价格弹性能否达到马歇尔－勒纳条件的标准，使得通过货币贬值以改善贸易收支的手段能够奏效，通过实证研究，经济学界逐渐产生了两种相对立的论调，即弹性悲观论(Elasticity Pessimism)和弹性乐观论(Elasticity Optimism)。

1945 年美国经济学家欣肖(Randall Hinshaw)在《经济与统计评论》杂志上发表了《美国繁荣与英国国际收支》(American Prosperity and the British Balance of Payments)一文。在这篇文章里，欣肖在分析美国国民收入变动对英国出口的影响时，从实证的角度对进出口需求弹性问题进行了研究。欣肖认为，美国国民收入的变动是影响美国进口水平的重要变量，而进口价格水平变动对进口的影响是较小的。欣肖用统计图表说明，美国进口需求的价格弹性是小于 1 的，由于国民收入变动的强烈影响，进口价格与进口量之间的关系甚至为正值(＋0.32)。另一位美国经济学家艾德勒(J. Adler)于同年在美国的《美国经济评论》杂志上发表了《两次大战期间美国对进口的需求》(United States Import Demand During the Interwar Period)一文。这篇论文通过对 1922—1937 年美国进口需求的考察，也得出了类似的结论。艾德勒指出，美国国民收入水平是影响进口的最主要因素，而进口价格对进口需求的影响是比较小的，根据他的估算，对免税进口品的需求价格弹性大致在 0.3～0.5 之间。总之，在欣肖和艾德勒看来，整个 20 世纪 20—30 年代，主要资本主义国家对进口商品的需求价格弹性都是比较低的，马歇尔－勒纳条件无法得到满足，因此，货币贬值并不能改善一国的贸易收支。后来，人们把这些经济学家的观点统称为“弹性悲观论”。

弹性悲观论的提出，很大程度上影响了各国政府在调节国际收支方面的政策决策。不少国家的政策决策者由于受其影响，对进出口需求弹性缺乏信心，因而不敢贸然采取货币贬值的方法以谋取国际收支逆差的改善。就连国际货币基金组织在战后初期，也因为对进出口需求弹性缺乏信心，而曾允许其成员国采取直接外汇管制的措施来改善贸易收支。但是，到 20 世纪 40 年代末 50 年代初期，一些西方经济学家开始对流行的弹性悲观论提出质疑。他们认为，弹性悲观论者在进行实证研究时，由于所运用的计量经济学方法的错误等原因，普遍低估了进出口商品的价格弹性。实际上，国与国之间进出口商品的价格弹性是很高

① 何国华:《国际收支调节论》,湖北人民出版社 2002 年版,第 99～100 页。

的，马歇尔一勒纳条件可以得到满足。最先对弹性悲观论提出挑战的是首届诺贝尔经济学奖得主丁伯根(J. Tinbergen)，他在1946年发表的《替代弹性的测量》(Some Measurements of Elasticities of Substitution)一文中指出，许多国家的进出口商品的数量比率和价格比率有很高的相关性，汇率的轻微减少就足以引起国际收支的失衡。对弹性悲观论给以致命打击的是奥克特(Guy. H. Orcutt)，他在1950年发表了题为《国际贸易中价格弹性的测量》(Measurement of Price Elasticities in International Trade)的著名论文，对以往弹性估计中的计量经济学方法进行了系统的剖析，并用大量的篇幅揭示了导致弹性低估的种种原因。由于他们的结论刚好与弹性悲观论相反，所以称之为“弹性乐观论”。

总的看来，弹性悲观论在20世纪前半段占据主导，但在20世纪60年代以后，人们对进出口商品供需弹性进行了大量实证分析，研究结果表明主要资本主义国家进出口商品的需求价格弹性是十分可观的，弹性乐观论的观点又逐渐占据了上风。这除了人们对于计量经济学方法的不断改进以外，主要还由于国际贸易商品结构的转变以及世界市场竞争程度的加剧。第二次世界大战结束以后，大批殖民国家得到解放，许多国家都走上了工业化的道路，进出口产品弹性较高的工业制成品在国际贸易中的比重逐渐上升，弹性较低的初级产品逐渐下降。同时，二战结束后整个资本主义世界进入了发展的黄金时期。之后，在第三次科技革命的推动下，世界市场得到了空前的发展，市场信息愈发透明，竞争也日益加剧，这使得原来一些弹性较低的商品只要价格略微上抬，它就会被大量的替代品所取代，需求对于价格变动的反应表现得十分敏感。这些都是战后进出口商品价格弹性逐渐提高的原因。

(二)J曲线效应

对弹性分析法的研究发现，进出口商品需求弹性的估算与其观测的时间段是密切相关的。在一段较长的时间里，家庭和企业有足够的时间来适应价格的变化，因而长期的供给和需求通常要比短期的供给和需求更加具有弹性。对于这一点可以列举出许多的原因，其中最具代表性的主要有三个：

1. 消费者反应滞后。因为，消费者在购买商品时，除了考虑价格因素外，还会担心商品的质量和信誉，这都需要一段时间的观察和检验。所以贬值国家和世界其他地方的消费者都需要时间来对变化了的经济环境做出反应，决定是否要从购买其他国家商品转到贬值国产品。

2. 生产商反应滞后。即便货币贬值提高了出口竞争力，国内厂商也是需要时间来扩大出口生产的。另外，通常进口订单在贬值之前就已经下达好了，短时间内这些合同是不会被轻易取消的。尤其是一些关键的商品和原材料，厂商更不愿意由于汇率的波动而对其进行调整。例如，波音飞机的订购合同通常都是在5年以前就签订了，那么对大多数航空公司而言是不可能因为本国汇率的贬值就取消这宗交易的。而且，随着金融衍生工具的不断发展，许多大宗商品的交易也都在远期市场里进行了汇率风险的规避，因而受汇率波动的影响较小。

3.不完全竞争。要想占领一定份额的国外市场不但需要经过长期的累积，而且成本高昂。由于这个原因，国外出口商特别不愿意失去他们在贬值国家的市场份额。从这个意义上讲，因为贬值而造成的进口成本的增加就会被跨国公司的经营策略部分地消化。同样的道理，外国的进口竞争行业也很可能针对贬值国家出口增长的威胁，降低在国内市场的价格，限制贬值国出口的增长。

由于这些因素的存在，一国是否满足马歇尔－勒纳条件很可能与该国贬值后所处的时段直接挂钩。通过大量的实证分析，经济学家们发现一国在货币贬值后的初期，贸易收支往往会更加恶化，但随着时间的推移将逐步得到改善。由于其路径曲线类似于英文字母“J”(见图2-1)，因而将其称为J曲线。

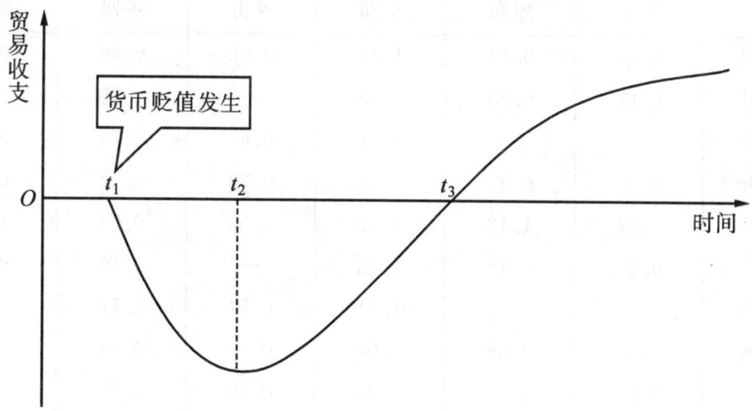

图2-1 J曲线

美国经济学家马吉(S. P. Magee)对J曲线进行了较为细致的划分，将货币贬值后对贸易收支的影响划分为三个阶段①：

(1)货币合同期($t_1 \rightarrow t_2$)，即汇率变动前签订的合同在贬值后开始执行的阶段。在这一期间，由于受到各种“时滞”效应的影响，贬值国的进出口需求弹性很低，贸易收支不断地恶化。

---

① Stephen P. Magee, “Currency Contracts, Pass-Through, and Devaluation”, *Brooking Papers on Economic Activity*, No. 1. 1973, pp. 303～325.

(2)穿越期($t_2 \rightarrow t_3$),即汇率变动后新合约的签订和执行阶段。在这一期间签订的新合约将会对价格进行调整,从而使贸易收支在一定程度上得到改善,贸易逆差不断降低。

(3)稳定期(t_3 之后),在此阶段进出口需求已经对贬值后的价格做出了充分的反应,贸易收支得到改善。

经验数据表明,对于多数工业国家,J 曲线持续时间通常为 6 个月到 1 年左右,也就是说图中的 t_3 一般会在贬值后的 1 年内到达。表 2-1 给出了国际货币基金组织对制成品贸易弹性的估计。该表由三个连续时间段的进出口需求弹性组成。在表 2-1 中,"冲击"弹性衡量的是相对价格变动之后前 6 个月内贸易流量对其的反应,"短期"弹性适用于 1 年的调整时间,"长期"适用于一个假设的无限调整期内。

表 2-1 国际贸易中制成品的价格弹性估计

国家	ε_f			ε_h		
	冲击	短期	长期	冲击	短期	长期
奥地利	0.39	0.71	1.37	0.03	0.36	0.8
比利时	0.18	0.59	1.55	—	—	0.7
英国	—	—	0.31	0.6	0.75	0.75
加拿大	0.08	0.4	0.71	0.72	0.72	0.72
丹麦	0.82	1.13	1.13	0.55	0.93	1.14
法国	0.2	0.48	1.25	—	0.49	0.6
德国	—	—	1.41	0.57	0.77	0.77
意大利	—	0.56	0.64	0.94	0.94	0.94
日本	0.59	1.01	1.61	0.16	0.72	0.97
荷兰	0.24	0.49	0.89	0.71	1.22	1.22
挪威	0.4	0.74	1.49	—	0.01	0.71
瑞典	0.27	0.73	1.59	—	—	0.94
瑞士	0.28	0.42	0.73	0.25	0.25	0.25
美国	0.18	0.48	1.67	—	1.06	1.06

注:"—"表示数据缺失。

资料来源:该数据摘自 Jacques R. Artus and Maleolm D. Knight,"Issues in the Assessment of the Exchange Rates of Industrial Countries",*Occasional Paper* 29, Washington D. C., International Monetary Fund, July 1984, Table 4。

对于大多数国家来说,冲击弹性系数太小,因此进出口价格冲击弹性之和小于1,无法满足马歇尔一勒纳条件,而长期的进出口需求弹性之和都大于1,能够满足马歇尔一勒纳条件的要求。这一结果刚好证实了J曲线效应的存在,即贸易收支在货币贬值之后首先会发生恶化,经过一定时期的调整之后得到改善。

第二节　国际收支调节的吸收分析法

一、吸收分析法的产生

弹性分析法是在20世纪30年代经济大萧条的背景下提出的,随着战后各国经济的复苏,它已经不能很好地对国际收支调节问题做出解释。按照弹性分析法,在一国的进出口需求具有充分价格弹性的条件下,货币贬值可以刺激出口增加,并且抑制进口需求,从而可以在提高国民收入水平的同时改善该国的国际收支(见图2-2)。

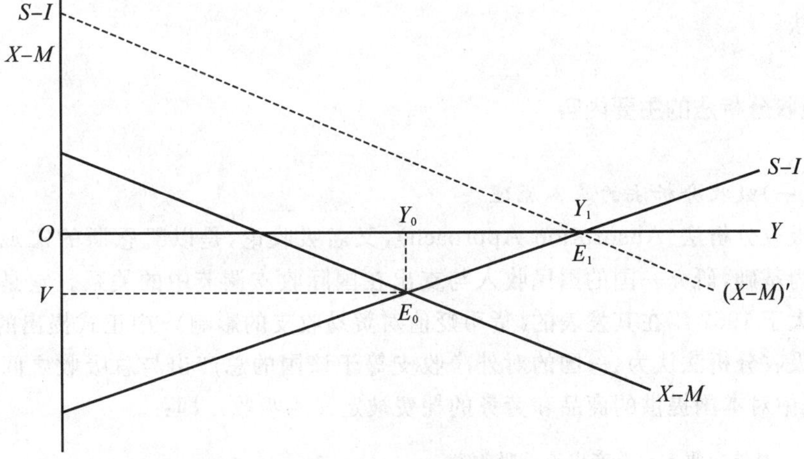

图2-2　充分就业条件下货币贬值的效果

弹性分析法,特别是马歇尔一勒纳条件由于其所提出的背景(大萧条)的原因,它的一个重要假设前提是商品的进出口供给弹性趋于无穷。在图2-2中,最初的收入均衡点在 E_0。此时国内虽然实现了国民收入均衡,但国际收支却有 OV 存量的逆差。实行货币贬值之后,如果没有资本流动,进出口函数曲线 $X-M$ 将上移到 $(X-M)'$,新的均衡点为 E_1。这时,国民收入达到新的均衡,国际收支逆差也得以消除。但是，上述过程只有在该国还未实现充分就业的条件下才会发生。假如图 2-2 中的 E_1 点对应的 Y_1 代表充分就业的均衡收入，而 E_0 代表未充分就业，那么上述过程就可以顺利实现。但如果图 2-2 中的 E_0 点所对应的 Y_0 代表了充分就业的均衡收入，货币贬值就不能引起国内生产的扩张，而只能引起国内价格水平的提高。这时，新的均衡点 E_1 只代表了名义国民收入，实际国民收入并未增加。在通货膨胀的条件下，$X-M$ 曲线的上移也带有一定的虚假性，最终还是要跌回原来的水平，OV 量的贸易逆差仍然难以消除。可见，在充分就业条件下，货币贬值的效果将被国内价格水平的上涨所抵消，而不能达到预期的目的。

第二次世界大战结束以后，由于西方各国大力推行凯恩斯主义经济政策，以及新科技革命的推动，虽然不能说充分就业已经成为普遍的现实，但失业问题却远不如经济大危机时期那样严重。再加上当时经济学家对于世界各国的进出口商品弹性的实证分析中，弹性悲观论占据了上风，因此，人们开始寻找一种新的国际收支调节理论。20 世纪 50 年代初期，以西德尼·亚历山大（Sidney Alexander）和詹姆斯·米德（James Meade）为代表的一批经济学家，运用凯恩斯的宏观经济理论，并以凯恩斯的国民收入恒等式为基础，创立了国际收支调节的吸收分析法。

二、吸收分析法的主要内容

（一）吸收分析法的基本原理

吸收分析法（Absorption Approach），又名吸收论，是以凯恩斯的宏观经济理论为基础，研究一国的国民收入与支出在国际收支调节中的关系。它是由亚历山大于 1952 年在其发表的《货币贬值对贸易收支的影响》[①]中正式提出的。

吸收分析法认为，一国的对外净收支等于该国的总产出与总吸收之间的差额，其中对本国提供的商品和劳务的耗费被定义为吸收。即：

对外净收支＝总产出－总吸收

从这里不难看出，贬值会通过两条路径来影响一国的国际收支：一方面，贬值会影响一国商品和劳务的产出，并且该产出的变化又会进一步引起吸收的变化，因此由贬值引起的这方面国际收支的变化由产出的变化以及产出变化所导

① Sidney S. Alexander, "Effects of a Devaluation on a Trade Balance", *IMF Staff Paper*, Vol. 2, No. 2, Apr. 1952, pp. 263～278.

致的吸收变化之间的差异所决定；另一方面，贬值还会对在任何收入水平下都存在的吸收量造成影响，即贬值的"直接效应"(Direct Effect on Absorption)。值得一提的是，吸收分析法在分析过程中同弹性分析法一样忽略了资本的国际流动，所讨论的国际收支等价于贸易收支。

吸收分析法的基本精神是以凯恩斯的有效需求管理来影响收入和支出行为，从而达到调整国际收支的目的。我们可以通过公式来对吸收分析法做一个简单的介绍：

在开放经济条件下国民收入等式是：

$$Y=C+I+G+X-M \tag{2-16}$$

Y、C、I、G、X 和 M 分别代表国民收入、消费、投资、政府支出、出口和进口。其中国内吸收被定义为 $A=C+I+G$，显然国内吸收相当于对一国产品和服务的总消耗。将等式(2-16)重新整理得：

$$B=X-M=Y-A \tag{2-17}$$①

B 表示贸易收支差额。式(2-17)表明贸易收支差额等于国内产出和国内吸收之间的差额。当国内产出超过国内吸收时代表贸易顺差，反之为贸易逆差。只有在国内产出与国内吸收相等时贸易收支才会平衡。

(二)贬值对收入和吸收的影响

理解贬值是如何影响收入和吸收的，是使用吸收方法分析国际收支平衡的核心。

令小写字母代表各自变量的变化，例如 y 表示商品和服务总产出的变化，也就是国民收入的变化②。如此等式(2-17)可以表示为：

$$b=y-a \tag{2-18}$$

等式(2-18)说明了贬值对于贸易收支的影响取决于它对国民收入和国内吸收的相对作用。如果贬值相对于国内吸收增加了国民收入，则贸易收支得到改善；如果贬值相对于国民收入增加了国内吸收，则贸易收支恶化。

吸收可以分成两块：一部分吸收依赖于或部分依赖于收入，可称之为诱发性吸收，其受收入的影响程度取决于边际吸收倾向 c；另一部分是对于吸收的直接

---

① 此处 Y 和 A 表示为总量或净量均无差异，但二者必须相对应。为了方便，下文中 Y 和 A 均表示总量。

② 这里只做最简要的总量介绍，如果读者对各种不同的具体商品或服务感兴趣，各变量以及参数可转化为相应的向量形式。

效应，即贬值在任何收入水平条件下引起的影响吸收的所有其他作用，可称之为自主性吸收，用 d 表示。因此，吸收的全部变化可以表示为：

$$a=cy-d \tag{2-19}$$

将(2-19)式代入(2-18)式得：

$$b=(1-c)y+d \tag{2-20}$$

在亚历山大看来，贬值能否改善国际收支，主要取决于贬值能否降低吸收(自主性吸收)，提高国民收入。具体从等式(2-20)看，贬值的效果主要受三方面的影响：

①一国货币贬值对该国的收入产生何种影响，即 y 的变化。

②收入水平的变化将如何影响吸收，即边际吸收倾向 c 的大小。

③贬值对吸收的直接影响有多大，即 d 的大小。

因此，我们可以从这一思路出发，分析贬值对收入与吸收产生的影响(见表2-2)。

表 2-2 贬值对收入和吸收的影响

对收入和通过收入产生的影响 $(1-c)y$	对吸收的直接影响 d
闲置资源效应	现金余额效应
贸易条件效应	收入再分配效应
资源配置效应	货币幻觉效应
	其他效应
	替代效应

1. 贬值对国民收入的影响[①]

(1)闲置资源效应(The Idle-Resources Effect)

贬值对国民收入带来的影响取决于一国增加的出口以及在该国存在闲置资源的条件下所导致的国内需求的增加。如果一国实行货币贬值后仍存在尚未充分利用的闲置资源，贬值就会通过出口增加和进口减少带来产出和收入的乘数倍递增。

但是国际收支的变化并不是贬值所导致的总收入的变化，而是总收入与总

① Sidney S. Alexander, "Effects of a Devaluation on a Trade Balance", *IMF Staff Paper*, Vol. 2, No. 2, Apr. 1952, pp. 267～269.

吸收变化的差额。将实际产出或收入与实际支出之间的差额定义为实际贮藏(Real Hoarding),通过前面所述的等式可以知道贸易收支差额等于实际贮藏。因此由收入变化所导致的贸易收支差额 B 的变动等于实际贮藏的变动,也就是 Y 的变动乘以收入对实际贮藏的倾向 $1-c$。显然只有当边际吸收倾向 $c<1$ 时,货币贬值所导致的收入增加才有可能改善国际收支。

然而由于经济存在周期性,一国的边际吸收倾向并不能保证一定小于 1,许多关于经济周期的研究也都是建立在边际吸收倾向大于 1 的假设前提下的。而实际上,由于扩大生产规模中新受雇的工人的边际吸收倾向较高,且收入的增加会促进投资的增长,二者结合起来边际吸收倾向完全是有可能大于 1 的。如果边际吸收倾向大于或等于 1,那么贸易收支将不会随着收入的增加而改善。在这种情况下,一国货币贬值在带动本国经济复苏的同时,仅仅只能通过对吸收的直接效应来改善该国的国际收支。这在下面将会介绍。由此,亚历山大认为,为使货币贬值有利于国际收支的改善,应该对直接吸收进行控制,或是对边际吸收倾向加以干预,使其小于 1。

(2)贸易条件效应(The Terms-of-Trade Effect)

亚历山大与大多数经济学家一样,认为货币贬值将恶化贬值国的贸易条件[①]。他们给出的理由是:一国的出口一般比进口更加专业化,出口价格对贬值的反应更为强烈,这使得货币贬值导致的以外币计算的出口价格下降幅度要高于以外币计算的进口价格的下降幅度。这样,贬值国的贸易条件就会恶化,而贸易条件的恶化又将影响国民收入和吸收。

亚历山大将贬值所引起的贸易条件的改变对国际收支的影响分成两个部分:由价格变化所引起的初始效应和通过收入变化引致吸收变动的二级效应。当一国货币发生贬值,贬值国的贸易条件迅速恶化,从而由价格变化引起的初始效应导致国际收支恶化(t),其数值等于该国与贸易条件相联系的实际收入的减少。之后,吸收会随着国民收入的减少而相应下降(ct),这一二级效应的大小取决于边际吸收倾向。

亚历山大认为贸易条件的初始效应对于贸易收支以及实际收入的影响,在方向上和数量上都是相同的,假设变动的数量等于 t,由于实际收入下降 t,其所导致的吸收下降 ct,因此由货币贬值所导致的最终贸易条件效应为 $t-ct$。显然,贸易条件效应依赖于边际吸收倾向 c。假设货币贬值后 $t<0$,那么只有在边际吸收倾向 $c>1$ 时,贸易收支才会得到改善。

---

① 贸易条件,又称交换比价或贸易比价,即出口价格与进口价格之间的比率,就是说 1 个单位的出口商品可以换回多少进口商品。

(3)资源配置效应(The Resource-Reallocation Effect)①

有三种途径能够使国民收入得到提高:通过对可使用生产资源更加充分地利用、通过对这些资源更好的使用和更有效的配置、通过更优的贸易条件。在亚历山大的分析中只涉及第1和第3两种途径,却忽略了对资源更有效地配置使用这个途径。尽管资源转移到不同用途的问题在亚历山大的分析中也被涉及,但仅仅是与货币贬值的直接吸收效应相联系,资源利用途径的转移将会对国民收入造成的影响被完全忽略了。

对此马克卢普指出,在长期,对于资源更加经济有效的利用已经成为提高一国生活水平重要的因素。而在短期,就业量和贸易条件的变化很可能会掩盖了资源重新配置对于实际收入的影响,不过并没有任何的证据表明哪种要素更为重要。三种效应都会受到贬值的影响,且每一条路径对于国民收入的影响有可能为正也有可能为负,并不固定。当闲置资源效应很小或为零时,货币贬值的资源配置效应尤其重要。即便就业总量不变,通过资源配置的改善,产出依然能够增加。如果原先就已经把汇率高估了,则资源配置效应表现得就更为明显。原因很简单,如果本币被高估,实际上相当于补贴非外贸商品的生产,使它们相对于外贸品的生产能够获得更多的利润。如果非外贸商品部门的生产率低于外贸商品部门,那么货币贬值就会令资源从生产率较低的部门向生产率较高的部门转移,这会增加国民收入,改善贸易收支。

2.贬值对吸收的直接影响②

如果经济初始时处于充分就业或是边际吸收倾向大于等于1时,则贬值只能通过吸收的直接作用改善贸易收支。贬值对吸收的直接效应主要取决于在给定的实际收入水平条件下更高的或是上涨的价格,并通过其抑制需求与投资。该作用是和给定的实际收入而非货币收入相挂钩的,例如当价格相对于货币收入上升,则实际收入就减少。除了贸易条件,贬值不会造成实际收入的减少,在充分就业的条件下,货币收入与货币价格将同向移动。贬值对吸收的直接效应是由于货币收入和货币价格的同时增加所导致的更低的消费支出所引起的。

为了简化对吸收的直接效应 d 的分析,可以做出一些假设:

首先,假设贬值国处于充分就业的状态,因而实际收入不会随着该国货币的贬值而增加。

---

① Fritz Machlup, "Relative Prices and Aggregate Spending in the Analysis of Devaluation", *The American Economic Review*, Vol. 45, No. 3, Jun. 1955, pp. 265～266.

② Sidney S. Alexander, "Effects of a Devaluation on a Trade Balance", *IMF Staff Paper*, Vol. 2, No. 2, Apr. 1952, pp. 270～275.

其次,假设进口供给弹性和出口需求弹性趋于无穷,从而以外币表示的进出口价格以及贸易条件都不会由于货币贬值而发生变化。

在这些假设前提下,贬值通过增加产出或是改变贸易条件所导致的收入效应都不会发生。

因此,当一国货币发生贬值,其所引起的以本币表示的更高的进出口商品价格初始时会使得贬值国居民和厂商将需求从进口市场转向本国市场,同时增加出口。对贬值国产品需求的增加会导致价格和货币收入的增加,增加的程度取决于吸收的直接效应以及国际与国内市场相对价格的变化。如果不存在吸收的直接效应,贬值国的当地价格将会一直提高到令国内产品和进口品对当地消费者而言无差异,并且在没有直接效应的作用下,贬值将不会对贸易收支产生任何的影响。

(1)现金余额效应(Cash Balance Effect)

现金余额效应是表现得最为明显也是最主要的直接贬值效应。贬值会导致进口商品和本国生产的贸易品的价格上升,在货币供应量不变的情况下,将使人们以货币形式持有的财富,即现金余额的实际价值下降。这样,人们为了使手中的货币持有量维持在一个固定的购买力水平,一方面会减少商品和劳务开支,即减少吸收;另一方面会变卖手中的资产,如股票债券等。资产的出售会导致资产价格的下跌,国内利率上升,进而再度减少吸收[①]。我们可以用一个简单的例子来说明现金余额效应。假设美国的货币总供给量为 1 000 亿美元,并且由于美元的贬值使得美国的国内市场价格上升了 5 个百分点,这就使得美国境内的实际货币余额相应下降了 5 个百分点,即 50 亿美元。假设美国居民的实际收入尚未发生改变,那么他们由于手中持有的货币购买力的降低必然会削减开支。如果每 10 美元的实际货币余额的下跌将导致 1 美元开支的减少,则由于现金余额效应对吸收产生的影响就有 5 亿美元,它进一步反映在国际收支余额上。

值得一提的是由于现金余额效应对吸收造成的削减,或是其他对于吸收的直接效应有可能是作用于一些特殊的行业,这些行业对于将资源向出口生产或进口替代部门转移并不容易,很可能导致一些局部范围内的失业,从而最终影响到整个国民经济。如果边际吸收倾向 $c<1$,由此造成的对于产出的负面影响将会使得国际收支恶化,从而抵消由于吸收的直接效应所带来的对国际收支的改善。

(2)收入再分配效应(Income Redistribution Effect)

---

① 这里已假设不存在资本的国际流动。如果放宽这一假设,则货币余额效应会被削弱。

收入再分配效应也很容易被辨认。一国货币贬值会使得国内市场价格上升,由于工资调整相对于价格调整的滞后,这将会导致国民收入的再分配。由于社会各阶层的边际吸收倾向不同,收入的再分配就进而会影响吸收。亚历山大指出,实际收入的转移有三种形式:

①从固定收入集团向经济的其他部门转移。由于固定收入者的边际吸收倾向一般相对较高,因此这一形式的收入转移能够使得外贸差额通过贬值获得改善。

②从工资收入者向利润收入者转移。由于工资收入者的边际吸收倾向相对于利润收入者的边际吸收倾向较高,这同样能够改善贸易收支。不过吸收是由消费和投资共同组成的,因此较高的利润会刺激投资的需求,从而令吸收总额增加。因此,这一形式的收入在分配效应上对吸收的影响并不确定。

③从纳税人向政府转移。由于政府的边际吸收倾向与社会其他经济组成部分的边际吸收倾向不同,因此税收转移很可能成为影响吸收与收入关系的重要决定因素之一。至于一国货币贬值是否能够通过这种形式改善该国的国际收支,还有赖于对该国具体经济情况的分析,通常认为发达国家的政府具有相对较低的边际吸收倾向。

(3)货币幻觉效应(Money Illusion Effect)

短期存在的货币幻觉同样有可能导致实际支出的下降。如果人们相对于实际收入,对价格的变化更为敏感的话,那么即使货币收入与价格同比例上升,实际收入并没有发生变化,人们依然会减少消费,增加储蓄,一国的吸收总额就会随之减少,国际收支得到改善。不过货币收入与价格的上升有时可能会带来相反的结果。例如以货币形式计算的储蓄未必会随着货币收入和价格的提高同比例地提高。

(4)其他效应

除了上述三种主要的关于吸收的直接效应之外,亚历山大还提到了其他一些对于吸收的直接效应,它们对国际收支的影响并不固定。概括起来主要包括三类:

第一类是预期价格效应(Price-Expectations Effect),该效应是由于人们预计到货币贬值会提高商品价格,从而提前购买商品和服务,增加吸收;第二类是投资成本增加效应(High-Cost-of-Investment Effect),这主要是因为进口资本品价格的上升对一些相关的投资产生了抑制作用;第三类效应是由于本国商品物价的普遍上涨所导致的对消费开支相应的抑制作用。

(5)替代效应(Substitution Effects)[①]

亚历山大在讨论各种吸收的直接效应时,所关注的大多是总体价格水平的上升或下降,而几乎不涉及与相对价格变化有关的转移。所以马克卢普对亚历山大对于吸收的直接效应做出补充,提出了替代效应。马克卢普认为,即使货币形式的吸收不变,或有少量的增加,相对价格转移效应以及价格提高效应也会减少实际吸收。实际吸收的减少可以看成是由实际收入减少引致的。

举个例子,假设一国货币发生贬值,但该国的贸易条件并未发生变化(剔除贸易条件效应),则出口品和进口品的国内价格同比例提高。随着进出口商品国内价格的提高,进口替代品消费以及出口商品供给的提高是必然的,这进一步又会促进生产资源的转移。而生产资源的转移又必然导致不同商品相对价格的变化,其最终又将影响实际吸收。这是价格引致的吸收变化,因此不能根据既定的吸收倾向,或一般价格水平的提高做出预测。

3. 收入变化和吸收变化的相互作用[②]

上述的分析,考察了货币贬值对收入和吸收的直接效应,也考察了收入变化通过边际吸收倾向对吸收的间接效应。然而,吸收变化也会影响收入,等式(2-20)就证明了这一点。这是亚历山大最初分析的缺陷。完整的模型应将收入变化对吸收的作用,以及吸收变化对收入的作用结合起来。当把后者结合进等式(2-20)后,可用上文同样的方式,分析贬值改善国际收支的条件,我们会发现国际收支改善的幅度有所不同。

现在,将吸收变化的收入效应结合到模型中,让收入的变化等于由吸收变化导致的贬值对收入的直接影响(y_D),加上间接影响(y_I):

$$y=y_D+y_I \tag{2-21}$$

令 $y_I=\beta a$ (2-22)

(β 表示吸收变化落到国内产出的比例,$0<\beta\leqslant 1$)

同理,令吸收的变化等于由收入变化导致的贬值对吸收的直接影响(a_D),加上间接影响(a_I),即:

$$a=a_D+a_I \tag{2-23}$$

$$a_I=cy \tag{2-24}$$

将等式(2-22)代入(2-21)得:

---

① Fritz Machlup, "Relative Prices and Aggregate Spending in the Analysis of Devaluation", *The American Economic Review*, Vol. 45, No. 3, Jun., 1955, pp. 266~267.

② 陈岱孙、厉以宁:《国际金融学说史》,中国金融出版社 1991 年版,第 373~375 页。

$$y = y_D + \beta a \tag{2-25}$$

将等式(2-24)代入(2-23)得：

$$a = a_D + cy \tag{2-26}$$

联立等式(2-25)和(2-26)得：

$$y = \frac{y_D + \beta a_D}{1 - \beta c} \tag{2-27}$$

$$a = \frac{a_D + cY_D}{1 - \beta c} \tag{2-28}$$

因此，由于贬值导致的国际收支变化为：

$$b = y - a = \frac{y_D(1-c) - a_D(1-\beta)}{1 - \beta c} \tag{2-29}$$

显然，当$\frac{y_D(1-c)}{1-\beta c} > \frac{a_D(1-\beta)}{1-\beta c}$时 (2-30)

贬值能够改善国际收支。

从等式(2-30)我们看到，就收入而言只有边际吸收倾向 $c<1$ 时，贬值才能直接提高收入，国际收支才会得到改善，在该模型中，改善的幅度取决于 βc。如果 $0<\beta c<1$，改善的幅度将大于简单模型。如果 $\beta c>1$，体制将是不稳定的。就吸收而言，如果贬值直接减少吸收，当 $\beta<1$ 时，将改善国际收支。只要吸收的下降不是全部落到国内产品之上，那么，这个条件就会得到满足。国际收支改善的幅度取决于$(1-\beta)/(1-\beta c)$。如果它小于 1，吸收减少对于国际收支的影响小于简单模型中的对国际收支的影响。同样，如果 $\beta c>1$，模型是不稳定的。

三、吸收分析法的政策主张

前面已经介绍过，吸收分析法的基本公式为：

$$B = X - M = Y - A$$

由上式可以看出，有两种途径可以改善一国的国际收支：增加收入 Y 或减少吸收 A。当一个国家采取增加收入的方法来减少国际收支逆差时，它所采取的政策被称为支出增减政策(Expenditure Shifting Policies)；而当一国采取减少吸收的方法去调节国际收支时，它所采取的政策被称为支出转换政策(Expenditure Switching Policies)。由于这一部分的内容在第三章有进一步的讲解，因此这里仅做简要的介绍。

(一)支出增减政策

支出增减政策包括支出增加政策和支出减少政策。

对国际收支逆差的改善主要是指支出减少政策。约翰逊认为,可以应用不同的手段来实施支出减少政策,如采取货币限制、预算限制,甚至直接控制等,这些政策往往减少收入和就业。由于支出减少政策的不同方法对国民收入和国际收支差额的影响不同,所以,对这些方法的选择将取决于当时具体的经济状态。例如当一国不仅存在国际收支逆差,同时还有通货膨胀的压力时,那么支出减少政策将备受政策制定者的青睐。但是,如果一国不是处于通货膨胀状态,而是存在着严重的失业,那么这一政策就很难同时兼顾内外经济的均衡。另外,由于收入减少可能导致国内价格水平某种程度的降低,所以,支出减少政策有时也具有一定的支出转换作用。

(二)支出转换政策

支出转换政策是指政府采取的使国内外支出转向购买本国产品的政策。根据所使用的政策工具是一般性的还是选择性的,支出转换政策可以分为两个部分:货币贬值和贸易控制,其中贸易控制主要指关税、补贴以及数量限制。两种支出转换政策都对支出有直接的影响:贬值的目的是通过改变相对价格把国内外支出转向购买国内产品;贸易控制则是针对进口,目的是把国内支出从购买进口商品转向购买国内替代商品,有时也用于刺激出口,目的是把外国支出转向购买本国出口商品。

两种支出转换政策成功与否主要取决于两点,即:同进出口相关的需求弹性的大小和增加需求所需要的增加产量的来源问题。

首先,就进出口商品需求弹性来说,如果外国的需求弹性偏低,那么货币贬值就未必能够增加国内产品的出口额;如果本国的进口需求弹性偏低,那么贸易控制也不一定能够减少外国产品的进口额。当然,由于货币贬值能使最初进口量的成本提高,所以,它对贸易差额仍然会发生部分影响。

其次,针对产量增加所需的来源问题,主要是针对经济是否处于充分就业状态。如果经济尚未实现充分就业,还有未被利用的资源,那么把这些资源重新利用,就可以提供额外产量,以满足额外的需求。这时支出转换政策在提高就业与收入方面有额外的吸引力。然而,如果经济已经处于充分就业状态,那么所需要的额外产量就不能通过增加生产来提供,而只能通过降低前一期的实际支出水平,才能提供所需要的产品。这就要求将支出转换政策和支出增减政策结合起来共同调节国际收支失衡。

专栏2-1

剑桥模式(Cambridge Model)

剑桥模式与吸收论一样,都属于凯恩斯主义国际收支理论的范畴,其主要观点是,由于私人部门金融资产净获得额或财产盈余与可支配收入保持固定比例,故投资(I)与储蓄(S)的差额很稳定。从开放经济国民收入方程式$(I-S)+(G-T)+(X-M)=0$出发,因为$(I-S)$比较稳定,所以$(X-M)$主要受$(G-T)$影响,即受公共部门支出G与收入T差额的影响。由此,该理论主张运用财政政策调节国际收支。换言之,一国政府只要使其财政收支平衡或准平衡,就可以实现国际收支(贸易收支)的平衡。

新剑桥学派强调贸易赤字与预算赤字的联系,用控制内部平衡以制约外部平衡,确有不少积极的现实意义。但其所假定的经济中私人部门支出稳定,与现实经济生活中私人部门的支出行为不尽符合。

资料来源:陈亚温:《国际金融》,江西人民出版社1998年版,第176页。

第三节　国际收支调节的货币分析法

一、货币分析法的产生

在不同的经济背景下会产生不同的国际收支调节理论。20世纪60、70年代,罗伯特·蒙代尔(Robert Mundell)、哈里·约翰逊(Harry Johnson)等人从货币角度出发,创立了新的国际收支调节理论——货币论。

货币论与传统的国际收支调节理论不同。传统的国际收支调节理论——弹性论和吸收论通常只重视商品贸易而忽略国际资本的流动,这在当时国际金融体系不健全、国际资本的流通规模十分有限的国际金融背景下是可行的。但随着国际金融体系的发展以及各国政府对于国际收支和国家外汇储备日趋重视,将贸易收支等同于国际收支显然是不可取的。不仅如此,货币分析法有别于原先凯恩斯主义主要关注于实物因素的分析模式,认为在整个世界经济的货币体系里,国际收支是一个货币问题,因此在分析建模时必须引入货币行为,而不是只关注实物关系而把货币行为仅仅视为一个外生的冲击。货币分析法将国际收支均衡问题视为一种货币现象,认为国际收支平衡是货币流动的一个衡量标准,而且这种流动仅仅只是代表货币存量、需求和供给的不平衡。

货币理论有悠久的学术渊源，最早可以追溯到大卫·休谟的价格—铸币流动机制。货币分析说的代表人物哈里·约翰逊(Harry Johnson)曾经指出，国际收支调节的货币分析法是大卫·休谟的价格—铸币流动机制的重新组合。其理由是，根据休谟的分析，相对价格变化和货币流动本身就是自动调节国际收支的机制。但当代国际收支调节的货币分析法强调的不是相对价格变化，而是过多的货币供给或需求对国际收支平衡的直接影响。这就是它与休谟学说的最重要的区别。

值得注意的是，货币分析法虽然大量沿用了以米尔顿·弗里德曼(Milton Friedman)为首的货币主义的某些理论，并且也是在芝加哥大学发展起来的，但是，其主要创始人哈里·约翰逊却否认自己的理论与货币主义之间有什么联系，并且坚持把国际收支的货币分析法称为“货币的”，而不是“货币主义”的，以示同弗里德曼的区别。的确，货币分析法并不完全等同于货币主义，其理论中除了包含有货币主义的成分外，还吸收了凯恩斯主义以及其他各种学说的内容。不过，从本质上讲，货币分析法和货币主义是殊途同归的。例如，货币主义的基本命题是：货币是最重要的，货币的推动力量是说明产量、就业和价格水平变化的最主要因素。货币分析法也认为，国际收支主要是一种货币现象，货币供求关系的变化是引起国际收支变化的主要原因。货币主义认为，经济过程具有内在的稳定性，经济周期的波动是由于金融领域的不稳定引起并加强的，政府只要保证货币供给量按照实际生产量长期趋势稳定地增长，就可以放慢或减弱经济周期的频率或振幅。所以，货币主义坚决反对凯恩斯主义所提倡的逆经济风向行事的需求管理政策，而主张尽量减少政府对经济生活的干预，更多地让经济过程中的市场自发力量发挥作用。同样，货币分析法也相信由于货币市场能够自动实现均衡，从而国际收支均衡的实现也是一个自发的过程，无需政府人为的干预。所以，从某种意义上说，货币分析法是货币主义在国际经济领域的一种延伸。

二、货币分析法的主要内容

系统提出国际收支调节货币分析法的是约翰逊和蒙代尔，同时鲁迪格·多恩布什(Rudiger Dornbush)、雅各布·弗兰科尔(Jacob Frenkel)、迈克尔·穆塞(Michael Mussa)等人又对此做了重要的补充和拓展。此外，国际货币基金组织的研究专家波拉克(Jacques Polak)也曾经做过一些开创性的研究工作，令货币分析法在IMF的实际工作中起到了重要的指导作用。

货币分析法有三个基本的假定前提：

1. 在充分就业的均衡条件下，一国的实际货币需求是收入、价格和利率等变量的稳定函数，在长期内货币需求是稳定的。

2. 贸易商品的价格由世界市场决定，在长期内，一国价格水平和利率接近世界市场水平。

3. 货币供给不影响实物产量。

货币分析法并不强调贬值的作用，而是强调货币政策的运用。货币分析法认为，在一个开放的经济社会中，产量和其他决定因素不变，如果货币数量低于所希望的存量(货币余额)，那么，各个经济单位就要寻求额外的货币余额。金融当局虽然不能控制国内居民所持有的货币量，但它能通过限制国内信用的膨胀来控制国际收支，紧缩信用可以迫使人们削减支出，调整他们的货币余额。在金融当局调节货币供给达到适当水平时，国际收支也就趋于平衡。同时他们指出，国际收支主要是一种货币现象，影响国际收支的根本因素是货币供给量，只要保持货币供给的增加与真实国民收入的增长相一致，就可以保持国际收支的平衡与稳定。

货币主义者以货币数量论为基础，将货币需求函数 M_D 写为：

$$M_D = P \times f(Y, r) \tag{2-31}$$

其中，P 表示本国价格水平，f 表示函数关系，Y 表示国民收入，r 表示利率(持有货币的机会成本)。显然 $P \times f(Y, r)$ 表示对名义货币余额的需求；$f(Y, r)$ 表示对实际货币余额的需求。

开放经济条件下，一国的国内货币供给(M_s)由两部分组成：

$$M_s = m(D + R) \tag{2-32}$$

其中，M_s 表示基础货币，D 表示国内货币管理当局的国内债券持有量，R 表示用本币计算的外币储备。从这里我们可以看出一国政府可以采取公开市场操作(Open Market Operation)，通过中央银行购入私人机构手中的国库券，或是通过外汇市场操作(Foreign Exchange Operation)，通过中央银行买入私人机构手中的外币资产(货币或外国国库券)来增加国内的基础货币供给。m 在这里表示货币供给乘数，指银行体系通过辗转存贷创造货币使货币供给基数扩大的系数，在本模型中为外生变量，为了方便叙述，假设 $m=1$。因此，上式可以写为：

$$M_s = D + R \tag{2-33}$$

假定长期中货币供给等于货币需求，即 $M_s = M_D$，我们可以得到货币论最基本的方程式：

$$R=M_D-D \tag{2-34}$$

通过等式(2-34)可以得出货币分析法的主要结论:国际收支逆差(国际储备的流失)是由国内货币供给过多造成的;国际收支顺差(国际储备的增加)是由货币需求过度造成的;国际收支是与货币供求相联系的一种货币现象,它是一国货币供给的自动调节机制,国际收支问题本质上反映了实际货币余额(存量)对名义货币供给量的调节过程。

三、货币分析法的数学模型

在国际收支调节的货币理论的框架内,约翰逊主要通过五个方面对货币分析法进行数学推导,以讨论国际收支与国内信贷膨胀率之间的关系。

由于假定商品市场处于长期均衡状态,假定利率为既定,以及对货币需求是稳定的,所以储备水平是货币供给可以影响的唯一变量。据此,约翰逊建立了一个模型①。该模型集中于国际储备的增加或减少,而不考虑国际收支的组成。经常账户、资本账户、国际收支的变化被视为与经济增长的不同阶段有关。

开始时,建立一些关于经济总体增长与它的组成部分或与其相关的独立变量相联系的表达式对下面的讲解很有帮助。它们将会用到简单的微积分知识。在等式中,g 为单位时间内其角标的增长率;A 和 B 表示总量;$f(A,B)$是 A 和 B 的函数;η 表示总弹性,它由与角标总量相关的函数决定。于是,我们有:

$$g_{A+B}=\frac{A}{A+B}g_A+\frac{B}{A+B}g_B \tag{2-35}$$

$$g_{A-B}=\frac{A}{A-B}g_A-\frac{B}{A-B}g_B \tag{2-36}$$

$$g_{AB}=g_A+g_B \tag{2-37}$$

$$g_{A/B}=g_A-g_B \tag{2-38}$$

$$g_{f(A,B)}=\eta_A g_A+\eta_B g_B \tag{2-39}$$

(一)小国的货币均衡

我们从一个维持固定汇率的小国货币均衡开始讨论,除了上述的基本假设以外,补充的假设是:货币供给能够立即被调整到货币需求水平,因为一国居民可以通过国际商品市场或国际债券市场得到或抛出货币。

---

① Harry G. Johnson, "The Monetary Approach to Balance-of-Payments Theory", *The Journal of Financial and Quantitative Analysis*, Vol. 7, No. 2, Supplement: Outlook for the Securities Industry, Mar. 1972, pp. 1555～1572.

这些假设的结果是，国内货币政策不决定国内货币供给，相反，它只决定公众需要的货币供给在国际储备和本国信贷之间的分配。换句话说，货币政策只控制国内信贷量，而不是控制货币供给。控制国内信贷，也就控制了国际收支，也就是一国的国际储备行为。

货币需求可以被简单地定义为：

$$M_d = P \cdot f(y,i) \tag{2-40}$$

这里 M_d 表示国内名义货币需求量；y 表示实际产量；i 表示利率或持有货币的机会成本；P 表示国外价格水平，从而也是国内价格水平①；$f(y,i)$是对实际余额的需求，因此国内名义货币需求量等于 $P \cdot f(y,i)$。

货币供给为国际储备和国内信贷之和：

$$M_s = R + D \tag{2-41}$$

其中，R 表示国际储备，D 表示国内信贷或支持货币供给的国内资产。

假设 $M_s = M_d$，从而 $R = M_d - D$，从而：

$$g_R = \frac{1}{R}B(t) = \frac{M_d}{R}g_{M_d} - \frac{D}{R}g_D \tag{2-42}$$

这里 $B(t) = \frac{\mathrm{d}R}{\mathrm{d}t}$是现时的总国际收支。令 $r = \frac{R}{M_s} = \frac{R}{M_d}$ 表示初始的国际储备率，并且替代 g_{M_d}，则有：

$$g_R = \frac{1}{r}(g_P + \eta_y g_y + \eta_i g_i) - \frac{1-r}{r}g_D \tag{2-43}$$

假设世界价格和利率都不变，上式可简化为：

$$g_R = \frac{1}{r}\eta_y g_y - \frac{1-r}{r}g_D \tag{2-44}$$

这表明在一个维持固定汇率的小国，储备增长和国际收支同国内经济增长和货币需求的收入弹性正相关，而与国内信贷膨胀率负相关。

再假设国内经济停滞($g_y = 0$)，则(2-44)式可以进一步简化为：

$$g_R = -\frac{1-r}{r}g_D \tag{2-45}$$

这表明储备增长和国际收支同国内信贷膨胀率负相关。

这些结果同凯恩斯关于经济增长同国际收支的关系的理论有很大的不同。

① 假设满足一价定律。

根据凯恩斯的乘数分析理论，经济增长通过增加相对于出口的进口，一定会使国际收支遭到恶化。而国际收支调节的货币理论认为：正因为凯恩斯主义忽视了货币需求对出口供给和进口需求以及对债券的国际流动的影响，从而才会得出上述结论。

由于国际收支调节货币理论的上述分析通过假设世界利率固定而简化，这样对实际余额需求的增长就只取决于实际产出的增长（对于名义货币余额需求的增长，则取决于价格水平的变化率）。对于这个假设可以这样来理解：投资的实际收益率相对稳定，在长期增长下的货币利率等于实际收益加上（实际的和预期的）世界价格通货膨胀率，或减去（实际的和预期的）世界价格通货紧缩率。

（二）整个世界体系的货币均衡

前面的模型讨论的是在一个大的世界经济中的小国货币均衡。接下来这个模型将关注整个世界体系的货币均衡。

首先假设只有单一的世界货币，也就是说没有一个国家的信贷货币能够充当国际储备。这个假设与现实世界有所差异，但是如果每一个国家的当地银行体系能够很好地调节实际产出与实际国际储备之间的关系，这个假设还是能够很好地被应用的。世界经济体系中的货币均衡模型与小国货币均衡模型的主要区别在于世界价格水平由外生变量变为内生变量，并且由国际储备的供给和需求增长率的差异决定。

对于整个世界经济体系来说，国际货币需求的增长率为：

$$g_{M_d} = \sum_i w_i \eta_{yi} g_{yi} + g_P \tag{2-46}$$

其中，w_i 是一国在世界货币供给中所占的初始份额。均衡需要 $g_{M_d} = g_{M_s}$，g_{M_s} 是世界货币供给的增长率：

$$g_P = g_{M_s} - \sum_i w_i \eta_{yi} g_{yi} \tag{2-47}$$

各国持有的国际货币增长率（也就是国际收支盈余；如果为负值，则为国际收支逆差）为：

$$\begin{aligned} g_{Mj} &= \eta_{yj} g_{yj} + g_P \\ &= \eta_{yj} g_{yj} + (g_{M_s} - \sum_i w_i \eta_{yi} g_{yi}) \\ &= g_{M_s} + (1 - w_j)(\eta_{yj} g_{yj} - \sum_{i \neq j} \frac{w_i}{1 - w_j} \eta_{yi} g_{yi}) \\ &= g_{M_s} + (1 - w_j)(\eta_{yj} g_{yj} - \overline{\eta_{yj} g_{yj}}) \end{aligned} \tag{2-48}$$

这里“——”表示世界其他国家实际余额需求的收入弹性和各国实际收入的

增长率乘积的平均数。或者：

$$g_{Mj}=g_{M_s}+\eta_{yj}g_{yj}-\overline{\eta_y g_y} \tag{2-49}$$

这里“——”表示整个世界的收入弹性和产出增长率乘积的平均水平。

可见，一国需要的世界货币(通过国际收支顺差)，是快于还是慢于世界货币膨胀率，要根据对实际余额需求的收入弹性和产出增长率的乘积是大于还是小于各国平均产出(包括它自己在内的全世界该种产品的平均产出)的增长率。

为了简化，假设世界储备的增长率为零，则上述条件就可以决定一国的国际收支究竟是顺差还是逆差。如果再进一步假设各国对实际余额需求的收入弹性都为1，则等式可简化为：

$$g_{Mj}=(1-w_j)(g_{yj}-\overline{g_{yj}})=g_{yj}-\overline{g_y} \tag{2-50}$$

等式(2-50)中前一个“——”表示世界其他各国平均增长率，后边的“——”表示全世界平均增长率。

显然，一国最终是获得还是损失储备取决于该国产出的实际增长率是大于还是小于世界平均增长率。如果一国的实际增长率大于世界平均增长率，则该国的国际储备增加，国际收支为顺差；反之，国际储备减少，国际收支为逆差。

(三)国际储备货币条件下的货币均衡

前面的模型将各国货币体系对国际货币的需求用实际产出来表示，我们现在转向一种具有国际储备货币的货币均衡模型。

各国的货币，部分以国际储备货币为基础，部分以国内信贷为基础。在这个模型中，世界经济的总货币供给为：

$$M=R+\sum_i D_i=\sum_i w_i r_i M+\sum_i w_i(1-r_i)M \tag{2-51}$$

这里 R 表示总国际储备货币，D_i 表示国的国内信贷量，w_i 表示 i 国在总世界货币存量中的份额，r_i 表示 i 国国际储备货币占国内货币供给的比率。

世界对货币需求的增长率为：

$$g_{M_d}=\sum_i w_i\eta_{yi}g_{yi}+g_P \tag{2-52}$$

世界货币供给的增长率为：

$$g_{M_s}=\sum_i w_i r_i g_R+\sum_i w_i(1-r_i)g_{Di} \tag{2-53}$$

这两个等式决定世界价格的变化率。如果 $g_{M_d}=g_{M_s}$，则有：

$$g_P = \sum_i w_i r_i g_R + \sum_i w_i(1-r_i)g_{Di} - \sum_i w_i g_{yi}\eta_{yi} \tag{2-54}$$

根据上述结果,各国储备增长率为:

$$\begin{aligned} g_{Rj} &= \frac{1}{r_j}(g_P + \eta_{yj} g_{yj}) - \frac{1-r_j}{r_j} g_{Dj} \\ &= \frac{1}{r_j}\sum_i w_i r_i g_R + \frac{1}{r_j}\sum_i w_i(1-r_i)g_{Di} + \frac{1}{r_j}\eta_{yj} g_{yj} - \frac{1}{r_j}\sum_i w_i \eta_{yi} g_{yi} - \frac{1-r_j}{r_j} g_{Dj} \\ &= \frac{1}{r_j}\left\{\sum_i w_i r_i g_R + (\eta_{yj} g_{yj} - \overline{\eta_y g_y}) - [(1-r_j)g_{Dj} - \overline{(1-r)g_D}]\right\} \end{aligned} \tag{2-55}$$

这里"——"仍然表示世界经济的平均增长率。

这个公式说明一国的初始储备率越低,世界总储备增长越快,该国对货币需求的收入弹性和对其他国家的实际增长率越高,该国的国际储备率和国内信贷膨胀率相对于其他国家越低,这个国家的储备增长越快。

为了简化,假设各国对货币需求的收入弹性为 1,并且各国的国际储备率都相同,我们可以得到:

$$g_{Rj} = g_R + \frac{1}{r}(g_{yj} - \overline{g_y}) - \frac{1-r}{r}(g_{Dj} - \overline{g_D}) \tag{2-56}$$

这个公式表明:如果一国的实际增长率快于世界平均增长率,那么它的储备增长率往往也快于世界平均储备增长率;如果一国的信贷膨胀率大于世界平均信贷膨胀率,那么它的储备增长率将慢于世界平均储备增长率。反之亦然。

这个模型的另一种方法是用国际储备占总货币存量的比率 r、最初的国际储备份额 s_i 和最初的国内信贷占储备比率 d_i 来表示世界的货币总供给(注:$r=\frac{1}{1+d}$,这里 d 表示信贷对储备的比率)。这样就有:

$$M = \sum_i s_i R + \sum_i d_i s_i R \tag{2-57}$$

$$g_{M_d} = \sum_i r s_i(1+d_i)\eta_{yi} g_{yi} + g_P \tag{2-58}$$

$$g_{M_s} = r(g_R + \sum_i d_i s_i g_{Di}) \tag{2-59}$$

$$g_P = r(g_R + \sum_i d_i s_i g_{Di}) - \sum_i r s_i(1+d_i)\eta_{yi} g_{yi} \tag{2-60}$$

$$\begin{aligned} g_{Rj} &= (1+d_j)(g_P + \eta_{yj} g_{yj}) - d_j g_{Dj} \\ &= (1+d_i) r g_R + \left[(1+d_j)\eta_{yj} g_{yj} - \sum_i r s_i(1+d_i)\eta_{yi} g_{yi}\right] - \\ &\quad \left[d_j g_{Dj} - (1+d_j) r \sum_i d_i s_i g_{Di}\right] \end{aligned}$$

$$= (1+d_i)rg_R + \left[(1+d_j)\eta_{yj}g_{yj} - \sum_i rs_i(1+d_i)\eta_{yi}g_{yi}\right] - \left[d_jg_{Dj} - \frac{1+d_j}{1+d}\sum_i d_is_ig_{Di}\right] \tag{2-61}$$

这个公式是另一种表达形式，这里不继续深入展开，其结论与上述分析一致。

(四)储备货币国家的货币均衡

为了令模型更加贴近实际情况，我们引进一个储备货币国家，并且该国货币能够替代基本国际货币。

同以前一样，世界货币的总供给等于各国储备与国内信贷之和。但是储备货币的作用使得其他国家持有储备货币发行国发行的货币，从而使得发行国的国内信贷受到支持，不需要增加本国信贷就能够增加它的国内货币存量。

货币供给的增长率和世界价格变化率分别为：

$$g_{M_s} = \sum_i w_ir_ig_R + \sum_i w_i(1-r_i)g_{Di} \tag{2-62}$$

$$g_P = \sum_i w_ir_ig_R + \sum_i w_i(1-r_i)g_{Di} - \sum_i w_i\eta_{yi}g_{yi} \tag{2-63}$$

但是现在储备货币国的储备行为是由国内外对其货币需求的增长与它的国内信贷膨胀之间的关系所决定。

$$g_{Rj} = \frac{1}{r_j}[g_P + h\eta_{yj}g_{yj} + (1-h)g_f] - \frac{1-r_j}{r_j}g_{Dj} \tag{2-64}$$

这里 h 表示储备货币国居民持有的货币比例，g_f 表示国外对储备国货币需求的实际增长率。

$$g_{Rj} = \frac{1}{r_j}\left\{\left[(1-h)g_f + \sum_i w_ir_ig_R + (h\eta_{yj}g_{yj} - \overline{\eta_yg_y})\right] - \left[(1-r_j)g_{Dj} - \overline{(1-r)g_D}\right]\right\} \tag{2-65}$$

假设其他国家对储备货币国的货币需求占国外货币总供给的比例固定，(2-65)式可简化为：

$$g_{Rj} = \frac{1}{r_j}\left\{\left[\sum_i w_ir_ig_R + h(\eta_{yj}g_{yj} - \overline{\eta_yg_y})\right] - \left[(1-r_j)g_{Dj} - \overline{(1-r)g_D}\right]\right\} \tag{2-66}$$

假设各国对实际余额的需求弹性为 1，国际储备占国内货币量的最初比率固定，则公式可进一步简化为：

$$g_{Rj} = g_R + \frac{h}{r}(g_{yj} - \overline{g_y}) - \frac{1-r}{r}(g_{Dj} - \overline{g_D}) \tag{2-67}$$

这就是说，如果储备货币国的实际增长率超过世界平均水平，或是它的国内信贷膨胀低于世界平均水平，储备货币国所增加的货币储备速度就要超过世界总储备的增长率。反之亦然。

那么，如果上面两个简化假设不变，非储备货币国应该维持多大的货币储备增长率，才能使得储备货币国的储备增长率与世界储备增长率维持同步呢？答案是：

$$g_f=\frac{1}{1-h}[(1-r)(g_{Dj}-\overline{g_D})-h(g_{yj}-g_y)] \tag{2-68}$$

从式(2-68)我们可以看出，储备货币国的国内信贷膨胀率相对于国外信贷膨胀率越快，或是其实际增长率相对于世界增长率越慢，非外汇储备国对储备货币的需求增长得就越快。

(五)货币理论对贬值的解释

上述国际收支的货币模型可以用来对货币贬值的影响做出解释。在应用中，保留国内价格和国外价格一致的假设，但是引进可变汇率，用汇率的瞬时变化代表货币贬值。

货币需求函数为：

$$M_d=\rho\cdot P_f\cdot f(y\cdot i) \tag{2-69}$$

其中 P_f 表示外国价格水平，ρ 表示以本币表示的外国货币价格。

储备的增长率变为：

$$g_R=\frac{1}{r}(g_\rho+g_{P_f}+\eta_y g_y+\eta_i g_i)-\frac{1-r}{r}g_D \tag{2-70}$$

(注意：该式再一次将利率作为货币需求的决定要素，为了简化分析，g_i 可以被解释为预期的货币利率变化率)。

等式(2-70)表明一国储备增长与国内信贷膨胀率负相关，而与预期的货币利率变化率正相关。

考虑1967年英镑的贬值以及在英镑贬值后对英国的国际收支并没有因此得到改善，对等式(2-70)有几点值得我们注意：

第一，忽略要素规模$(1-r)$，货币贬值等同于国内信贷紧缩。货币贬值通过紧缩国内的实际余额，从而令本国居民通过国际商品市场和债券市场来恢复其实际余额。

第二，由于货币贬值是一次性的，因此它对国际收支的改善只能起到暂时的作用。要想使国际收支获得持续的改善，只能通过降低国内信贷膨胀率来实现。

第三，货币贬值对储备和国际收支的暂时性效用会被如下因素所抵消：①国内信贷膨胀率的提高,这可能是由于政府当局措施不当,或是政府为了压低国内债券利率所导致的结果;②经济增长率的下降,这点需要修正模型,引进失业;③利率的上升导致相对于收入的实际余额需求的下降,这里的利率包括持有商品的预期货币收益率。

上述关于贬值的等式还可以转化为自由浮动汇率条件下政策变量的函数:

$$g_{\rho}=rg_R+(1-r)g_D-g_{Pf}-\eta_y g_y-\eta_i g_i \tag{2-71}$$

以上分析的是经济增长下的国际收支货币均衡模型。它是长期模型,因为它以充分就业以及国内价格水平与世界价格水平一致为假设前提。这个模型的意义在于,在固定的价格和利率水平下,按实际计算的经济稳定增长,要求实际货币存量增长,从而也要求名义货币余额增长。如果货币供给中的国内信贷部分按同一比率增长,它的国际储备部分也按同一比率增长,结果是:一国国际收支顺差等于它的国民收入的固定比例,并且按同一比率增长。如果国内信贷膨胀比固定价格下的实际产量增长得更快,那么将出现国际收支逆差。

四、货币分析法的政策建议

在国际收支政策方面,货币理论认为,国际收支政策不会产生国际储备的流入,除非它们增加货币需求量,或是国内信贷政策迫使居民通过国际收支盈余而增加所想要持有的额外货币。一旦有了国际收支顺差,顺差就会持续,直到它在增加国内货币持有的累积效应中满足国内货币需求为止。如前所述,这个理论实际上是休谟的价格－现金流动机制的重新组合。

哈里·约翰逊对国际收支平衡的货币分析法的政策建议做了以下几点概括:①

1. 所有的国际收支不均衡本质上都是货币的。那些所谓的"结构性"赤字或盈余,像是"不发达经济难以避免的赤字"问题,实际上都是不存在的,除非"结构"概念暗含了发展中国家的政府不可避免地会依靠发达国家的援助而实行扩张性的财政政策。同样,只有当实际变化伴随着国际储备的减少或是其他贸易条件改变时,实际变化才会影响国际收支。这在人们讨论"石油危机"会造成大量的国际收支赤字或盈余,从而需要大量的"软贷款"问题时,表现得最为明显。

---

① Harry G. Johnson, "The Monetary Approach to Balance of Payments Theory and Policy: Explanation and Policy Implications", *Economica*, New Series, Vol. 44, No. 175, Aug. 1977, pp. 217～229.

2. 国际收支失衡必然是暂时的。一国政府可以在排除货币自我调节的机制下维持一段时间的赤字，但是这么做的最终结果必然是耗尽所有的国际储备。同样，一国政府可以通过冻结外汇资金来对货币市场进行干预，但是最终它们将会使得本国的信贷资产完全地外流，从而最终只能依靠非商业途径从国外借款来维持货币市场的平衡。

3. 所有的国际收支失衡都可以通过国内的货币政策来解决，而不需要改变汇率。20 世纪 30 年代的情况可能是一个例外，因为当时由于国际储备量突然间大幅下降，所有国家的货币按照基础的国际储备计算都被高估了，如果施行货币政策来使得世界价格大幅下降显然是不合时宜的。这时可以采取的办法是所有资产的国内货币价格全方位同比例地上升，同时不改变各国货币的相对价格。

4. 货币贬值只是国内信贷紧缩的替代，其目的在于降低国内货币供给的世界价值；同样，货币升值也只是国内信贷膨胀的替代，其目的在于提高国内货币供给的世界价值。换句话说，汇率的变动只是避免国内信贷紧缩或膨胀的一种替代手段。人们之所以更加倾向于调节汇率，是与价格和工资的刚性以及某种形式的货币幻觉有关的。如果实行汇率政策的同时伴随着相反的货币政策，那么汇率变动的效果有可能会被抵消。①

5. 为了平衡国际收支而采取的进口限制、关税、外汇管制等干预贸易和金融的措施，只有当它们能够提高货币需求，尤其是提高国内价格水平时才会改善国际收支。理由很简单，对某种进口商品或服务支出的减少必然会导致对其他商品开支的增加，除非本国居民希望增加更多的现金余额。而且，这些措施的影响只是暂时的，如果施加的限制伴随着国内信贷膨胀，则国际收支状况不一定会改善，甚至国际收支会发生恶化。②

6. 较快的经济增长往往通过增加对货币的需求而改善一国的国际收支。值得注意的是国际收支总额的改善可能伴随着外国资本的流入所导致的贸易逆差，但是潜在的改善只有当经济增长并非由于信贷的扩张所引发时才能被观察到。③

---

① 具体可参考：R. Dornbush，"Notes on Growth and the Balance of Payments"，*Canadian Journal of Economics*，4. 1973，pp. 389～395.

② 具体可参考：M. Mussa，"A Monetary Approach to Balance-of-Payments Analysis"，*Journal of Money*，*Credit and Banking*，Vol. 6，No. 3，Aug. 1974，pp. 333～351.

③ 具体可参考：R. A. Mundell，*International Economics*，London：Macmillan，1968.

专栏2-2

波拉克模型——The IMF Monetary Model

波拉克模型以其创始人荷兰经济学家波拉克的名字而命名。它是国际货币基金组织研究货币分析法，并在调节成员国特别是发展中国家国际收支失衡时所运用的一种政策模型。西方研究国际收支调节的货币分析模型虽然为数众多，但其中的多数都仅限于理论上的探讨，像弹性论和吸收论那样能够直接成为政府制定政策理论依据的却很少，唯有波拉克模型得到长期、广泛的运用，并且在今天仍然是国际货币基金组织对发展中国家国际收支失衡进行调节的政策根据。

波拉克模型的假定前提是：①发展中国家不存在一个有组织的资本市场；②在这些国家里，信贷是由金融当局定额分配的；③居民和企业所持有的货币主要是交易余额，基本不受利率变动的影响；④货币流动是自发性的；⑤国内的货币供给趋向于随国外外汇资产的增减而变化。

在上述条件下，该模型的基本构造可以用下列方程式来表示：

$$Y=kM_s \tag{1}$$

$$M=mY \tag{2}$$

$$\partial M_S=B+\partial D \tag{3}$$

$$B=X-M+K \tag{4}$$

$$B=\frac{1}{1+mK}\partial(K+X)-\frac{mk}{1+mk}\partial D+\frac{1}{1+mk}B_{-1} \tag{5}$$

$$\partial Y=\frac{k}{1+mk}\partial(K+X)+\frac{k}{1+mk}\partial D+\frac{k}{1+mk}B_{-1} \tag{6}$$

$$B=\frac{1}{mk\partial(K+X)}-\partial D \tag{7}$$

$$\partial Y=\frac{1}{m\partial(K+X)} \tag{8}$$

其中，Y 表示国民生产总值，M_s 为货币供给量，X 为出口，M 为进口，K 为非银行部门的资本流入净额，B 为银行体系（包括中央银行和商业银行）国际资产变化净额，D 为银行体系国内信贷总额，k 为货币流通速度，m 为边际进口倾向。

等式(1)和(2)作为行为方程式说明，以国民生产总值表示的货币收入等于货币供给量与货币流通速度的乘积，进口等于收入与边际进口倾向的乘积。等式(3)和(4)是恒等式，前者表示国内货币供给增加额等于银行体系国内信贷增加额与国际资产变化净额之和，后者表示国际收支中国际储备的变化取决于进出口贸易和资本流动。上述公式静态地表示出发展中国家收入、货币供给与国际收支之间的关系。

等式(5)至(8)将时间概念引入从而使模型动态化。其中,等式(5)和(6)说明模型中前一时期的外生变量(K、X、D)对下期国民收入和国际收支的影响。公式(7)和(8)说明的是国民收入达到均衡状态所要求的条件,即增加的进口必须与新增加的外汇收入相等,收入增量等于出口资本流动之和与边际进口倾向倒数的乘积。这两个公式成立的前提是 $B=B_{-1}$,$\partial Y=\partial Y_{-1}$,即前期和即期的国民生产总值与银行体系国际资产净变化额都保持不变。

波拉克模型主要说明了三个问题:

第一,通过进口而流出的外汇收入比例与边际进口倾向 m 和货币流通速度 k 有密切关系,m 和 k 越大,外汇流出越多。

第二,当进口增长额低于外汇收入增长额时,银行体系的储备将得到改善,国民收入和货币供给也会相应增加。国民收入的增加额为 $\partial Y=\dfrac{1}{m\partial(K+X)}$,货币供给量的增加额为$\dfrac{1}{mk\partial(K+X)}$。

第三,信贷的一次性增加在长期中会以出口增加的形式漏出。在转化过程中,国民收入会增加。但在长期中,收入和进口都将下降到原来的水平。过度增加的信贷将导致损失同等数量的国际储备。

总之,波拉克模型表明,当面临国际收支顺差或逆差时,一国为改善其国民收入,该国的政策当局可以运用其国内信贷政策来平衡它的内部经济。这种做法就是著名的波拉克稳定方案。波拉克模型还指出,在乘数效应起作用的情况下,一国不仅可以利用扩张国内信贷的方法来维持一种具有逆差的均衡,而且可以借此来增加本国的国民收入;或者倒过来,一国也可以利用紧缩国内信贷的方法来实现无逆差的均衡。

资料来源:何国华:《国际收支调节论》,湖北人民出版社 2002 年版,第 192~195 页。

第四节 几种分析方法的评价和比较

一、国际收支弹性分析法的评价

国际收支调节的弹性分析法产生于 20 世纪 30 年代大危机和金本位制崩溃时期。它在西方经济学界风靡了相当一段时期,这一方面是因为它与当时西方各国政府制定的货币政策相吻合，另一方面也是由于它在理论上填补了古典国际收支调节理论失效后西方国际收支调节理论上的空白。它曾被许多国家应用，并在调节国际收支方面取得了一定的效果。但随着资本主义国际货币危机的不断深化，在布雷顿森林体制崩溃后，西方各国围绕着汇率浮动问题的斗争更加尖锐，而货币贬值只能在一定条件下缓和国际收支危机或推迟危机的到来，但不能消除这种危机。弹性理论过高地估计了汇率变化的作用，因此受到研究者的批评。

弹性分析法的缺陷主要包括以下几个方面：

第一，弹性论的许多分析是在假设货币贬值前贸易收支处于平衡状态时做出的，这对于它的实用性显然是一个很大的限制。由于货币贬值的主要目的是调节国际收支失衡，削减贸易赤字，而不在于通过调节汇率来创造贸易顺差，所以贸易收支的平衡性假设显然是不恰当的。

第二，弹性论是建立在局部均衡分析基础之上的，因此局部均衡分析的局限性就决定了弹性分析的缺陷。例如，局部均衡分析的注意力仅限于进出口市场的汇率变化的影响，供求曲线是分析决定单一商品的价格和产量的工具，但在应用到进出口整体分析时，就有诸多疑问。这使得弹性论的倡导者在面对该问题时显得底气不足。

第三，弹性理论忽视了作为贬值过程中的供给条件和成本的变化。根据弹性理论，在生产某种商品时，需要若干生产性资源。生产的商品越多，需要的资源就越多。当某种产品的产量提高时，其他行业可能在同样的贬值刺激之下，也提高它们的产量，它们也需要更多的同一生产要素，如劳动力。但是，如果几个行业同时需求某种生产要素，就会令生产要素价格上涨。因此，假设成本条件为既定的，是不适合货币贬值效应的分析的。

第四，弹性理论还忽视了汇率变化所引起的收入效应和支出效应。货币贬值后，收入作为贬值的结果，可能上升也可能下降，但供求曲线以既定的购买力和既定的收入为根据。这样，一旦收入变化，这些曲线就不适用了。此外，即便总货币收入不变，但收入分配仍有可能发生变化。例如，货币贬值可能提高进口品的国内价格，一定的进口品可能在某一集团的预算中很重要，这种情况将改变实际收入的分配条件。而收入分配的变化将引起需求的变化。这样，供求曲线也会有很大变化。这又反映了弹性理论的不足。

综上可以看出，分析货币贬值的各种效应的有效方法是当其他要素很可能作为贬值的结果而发生变化时，利用与贬值相关的总弹性来衡量价格、供求、产量等相应的关系。总弹性是数量变化百分比与价格变化百分比的比率。但是，这个变化的百分比不仅包括与数量相关的价格变化的结果，还涵盖了其他价格和收入变化的结果。其他价格和收入的变化，是贬值的直接效应和间接效应。价格变化百分比一般不等于贬值百分比，它取决于一系列复杂联系。当存在国内替代商品时，对进口的需求弹性，是被讨论的商品的国内供给弹性的平均值。如果商品的国内供给弹性变了，进口需求弹性也会变化。所以，国际收支对于价格变化的反应，既取决于供给，也取决于需求；从更广泛意义上讲，取决于整个经济情况。要正确分析货币贬值的效应，就要考虑国际收支与整个经济的关系。国际收支调节理论被认为是比较肤浅的。这一研究的深入，也就成为国际收支调节吸收理论的出发点。

二、国际收支吸收分析法的评价

国际吸收调节的吸收理论产生于20世纪50年代，它集中考察被弹性理论忽视的主要因素并用以分析国际收支。

吸收理论的贡献之一在于把国际收支当作宏观变量，把国际收支与整个国民经济连接起来。因此，它比较清楚地指明了国际收支调整政策的先决条件。

应用吸收分析法的一个很重要的问题是有可能错误地理解国际收支失衡的原因。应当指出，吸收理论的基本等式 $B=Y-A$ 是由国民收入核算体系得出的。如果把国际收支逆差一定看成由于计划支出超过计划生产所导致，那么这是不正确的。初始时，Y 和 A 可能处于均衡状态，但由于国际经济形势的变化，有可能使得某些部门发生困难，令这些部门供给过剩，或不能出口，则可能导致国际收支逆差。国际收支逆差这一后果反映在国民预算账目上，然而国际收支逆差的原因，却不是计划支出超过收入，而是收入下降。这是在运用吸收法时需要注意的。

吸收理论的另一贡献是，它指出了弹性理论所忽视的国际收支逆差的货币方面的原因。的确，吸收理论是国际收支调节的货币分析的先驱，正如以前所谈到的，国际收支逆差不仅意味着居民支付大于居民收入，而且意味着一定有向外汇当局净购买外汇的情况，或外国资产减少的情况。反过来说，这意味着私人手中持有的货币存量减少、居民的现金余额减少、本国的货币转移到外汇当局。如果货币当局不增加货币供给，那么就存在约翰逊所称的存量逆差(Stock Deficit)，最终它将随着利率提高、信贷紧缩以及总支出的减少而自身得以纠正。然而，在这一逆差被纠正以前，将有严重的储备损失。约翰逊认为，存量逆差是由存量决策(指用其他资产替代本国货币，改变资产的结构)引起的。如果存量逆差包含资产结构的变化，那么它不会恶化一国经济地位。但如果货币当局创造信贷，不减少现金余额，那么存量逆差就不会自我纠正，国际收支逆差将持续下去。这被称为流量逆差。它是由流量决策(指现期支出大于现期收入)引起的。流量逆差需要采取经济政策来纠正。如果逆差原因在于过多货币的需求,那么需要支出减少政策来纠正流量逆差。或者说,如果面对着国际收支自发恶化的形势,想用创造信贷来维持充分就业,那就需要采取支出增减政策和支出转换政策,以纠正流量逆差。

三、国际收支货币分析法的评价

货币分析法的主要贡献在于它唤醒了人们在国际收支分析中对货币因素的重新重视。自从凯恩斯主义统治西方经济学界以后,货币因素就逐渐为人所淡忘。凯恩斯主义在国际收支分析中只强调实际因素,而几乎没有涉及货币因素。国际收支货币分析法的兴起,使被人们遗忘的货币因素在国际收支调节中得到了应有的重视。

货币分析法的一个重要贡献是把国际收支的分析从单个项目扩大到全部国际收支。这主要表现在两个方面:一是传统国际收支理论,包括弹性分析法和吸收分析法在内,都只重视经常项目收支,甚至只分析贸易收支,而货币分析说则把国际资本流动也作为考察对象,强调国际收支的综合差额。二是传统国际收支调节理论更多地注意对国际收支平衡表中线上项目①的分析,而货币分析法则主张从线下项目②开始分析,自下而上地来说明国际收支问题,把线上项目差额视为线下项目交易的结果,而不是相反。在货币分析法看来,线下项目交易就是国际储备的变动,进一步来看,是货币市场均衡的结果。不仅如此,货币分析法还把国际收支平衡表中所包括的所有分项目都视为一体,不再区分什么是经常项目什么是资本项目。在国际经济交易日益复杂多变,国际资本流动越来越频繁的今天,货币分析说的这一分析是有积极的现实意义的。

此外,货币分析法强调国际收支顺差或逆差的变化将引起货币存量的变化,这些变化至少在短期内将影响一国的经济活动。这从历史资料来看是正确的。当然,如果认为根据这些变化,国际收支将自动趋于均衡,这还需要从理论和经验上进一步加以证明,但只要了解到国际收支差额对于货币存量的不可忽视的影响,就可以在政策上采取有效的措施。这表明,国际收支调节仅仅注重流量的干预是不够的,仅仅从流量上进行干预,国际收支失衡的基础仍然存在。一国的政策当局也不应该通过通货膨胀的办法来应付国际收支问题,因为这样做将会

① 线上项目在国际收支平衡表中指自主性交易项目。
② 线下项目在国际收支平衡表中指补偿性交易项目。

恶化国际收支状况或使国际收支逆差持久存在。

四、约翰逊对弹性分析法、吸收分析法以及货币分析法的比较[①]

约翰逊曾经通过一些简单的模型揭示了弹性分析法、吸收分析法和货币分析法的主要区别。他的分析建立在以下假设前提下：

1. 在世界经济体系中，一国货币贬值幅度很大，可以忽视贬值对实际收入、世界货币需求以及进出口商品价格的宏观经济回应。

2. 假设产量小于充分就业水平时，出口供给相对本国货币价格有完全弹性（生产成本不变）。产量超过充分就业水平时，供给完全无弹性。

3. 一国经济的最初均衡点与充分就业一致。

4. 资本流动以货币形式进行，没有国际债券的交易。

5. 所有货币都是国际货币，没有在国际储备资产和国内信贷之间的替代。

6. 忽略贬值对于以外币计算的国内货币量价值的影响。

如图 2-3，一国总收入(Y)是其出口销售(X)加上以国内支出(E)购买的本国生产的商品(cE)构成的，二者都以本国生产的国内单位价格衡量。出口销售(X)是汇率(r)的增函数。假设 cE 与 45°线($Y=E$)之间的国内支出分配是固定比例关系，它取决于汇率。如果进口需求弹性（在固定总支出上）大于 1，cE 将随 r 的提高而增加（本币贬值，出口商品的国内成本保持不变）。$cE+X=D$，表示国内产量的总支出，它根据弹性条件，随着汇率(r)的变化而变化。

在图 2-3 中，国际收支均衡点是 P 点，此时该国的出口等于进口，国内支出等于收入。Q 点是国际收支失衡点，在该点上，该国的进口大于出口，支出大于收入，其差额为：

$$P'R-QR=P'Q=E'_dY_d$$

约翰逊认为货币分析法与其他两种理论的区别在于：根据货币分析法，储备和现金损失 $P'Q$ 必定减少下一期和以后各期的货币存量，除非一国货币当局采取继续创造货币的政策，在中央银行的资产份额中，用国内信贷替换国际储备，但这种情况在假设条件中已经被排除。所以，随着货币存量的减少，必将减少下一期的国内支出水平。这个过程会一直持续下去，直至该国进出口以及收入和

---

① Harry G. Johnson, "Elasticity, Absorption, Keynesian Multiplier, Keynesian Policy, and Monetary Approaches to Devaluation Theory: A Simple Geometric Exposition", *The American Economic Review*, Vol. 66, No. 3, Jun. 1976, pp. 448～452.

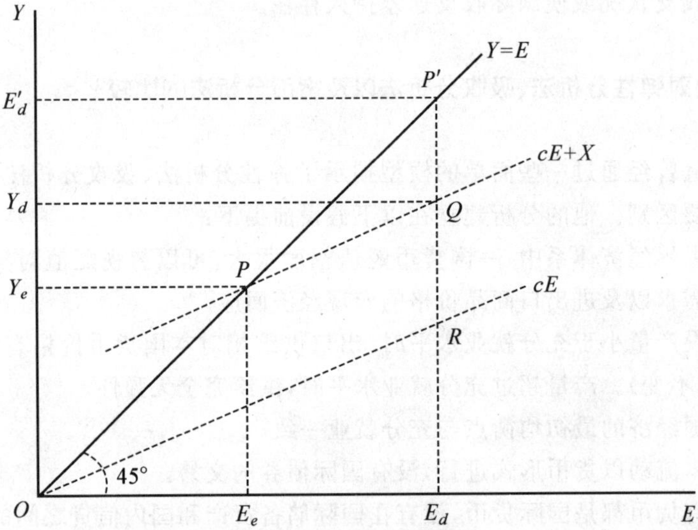

图 2-3

支出都恢复均衡，即经济重新回到原来的均衡点 P 点为止。与之相反，弹性分析法和吸收分析法则认为，这种不平衡将一期又一期地重复，只有采取货币贬值或通货紧缩政策，或二者结合的政策，建立进出口之间的均衡，才能重新建立进出口之间以及收入和支出之间的均衡。

五、弹性分析法、吸收分析法与货币分析法的互补性

总的看来，弹性分析法、吸收分析法和货币分析法虽然各自从不同的角度对国际收支问题进行解释，在有些方面甚至会得出相反的结论，但是这些解释在很大程度上应该是互补的，而非相互替代的。这种互补性主要表现在以下几个方面：

1. 分析方法上的互补

在分析方法上，弹性分析法和吸收分析法注重短期和中期的均衡条件分析，因而使用的是流量分析方法。货币分析法则注重长期均衡条件的分析，因而使用的是存量分析方法。在存量分析中，流量的变化不仅表明经济处于非均衡状态，而且还必然会影响下一个时期的存量。

2. 分析对象上的互补

在分析对象上，弹性分析法作为一种传统的理论，解释的是非充分就业条件下国际收支中的贸易差额；吸收分析法以凯恩斯理论为基础，解释的是国际收支

经常项目差额，在分析中，既考虑了非充分就业，也考虑了充分就业的情况；而货币分析法以货币数量论为基础，解释的是充分就业条件下的整个国际收支。因此，弹性分析法实际上是对商品市场的微观经济分析，忽略了总体价格水平变化的影响。吸收分析法是对商品市场宏观经济分析，在短期忽略总体价格水平变化的影响，在长期则重视总体价格水平变化的作用；货币分析法是对货币市场的宏观经济分析，它主要强调总体价格水平变化的影响。

3.政策主张上的互补

由于三种理论各自的切入点不同，并且理论提出时的经济背景不同，它们对于解决国际收支失衡的政策建议难免有所出入。弹性分析法偏向于采用汇率政策作为纠正国际收支失衡的最直接有效的工具，所以，它主要在于讨论货币贬值能否使国际收支得到改善。但弹性分析法只是局部均衡分析，而不是一般均衡分析。吸收分析法侧重于商品市场的均衡分析，在政策上倾向于总需求管理，也就是用支出增减政策和支出转换政策来提高产量和控制国内吸收量。但在存在国际收支逆差的情况下，削减国内吸收本身未必能保证国际收支得到改善，只有将削减国内支出后所剩余的资源设法疏导到出口部门，才能获得预期的效果，而这个过程可能是相当长的时期。货币分析法认为国际收支失衡纯粹只是一种货币现象，因而特别强调货币供求均衡对国际收支均衡的影响，同时也不否认相对价格变动会影响国际收支，但它认为这些影响是通过对货币需求产生效应后才能起作用的。货币贬值是通过提高对本币的需求和降低对外币的需求而发挥作用的，它与国内产量膨胀和国外产量下降相联系。同时，由于货币分析法关注的是长期的均衡，所以它认为货币贬值的作用是暂时的，从长期上看，贬值只能提高国内价格水平，对实际经济变量并不造成影响。

本章小结

本章主要以时间为顺序，依次介绍了各个时期主流的国际收支调节理论。这些理论都是在当时具体的国际经济背景下，由众多经济学家在已有的经济学理论基础上共同努力得出的研究成果。因此各种理论虽然因所处的时代及强调的重点不同，对国际收支理论有着不同的解释，但从本质上讲并不相抵触。

弹性分析法主要从一国进出口商品供需弹性的角度入手，研究汇率变动对该国国际收支造成的影响。其基本思想是：汇率变动将对一国的进出口商品以及贸易品和非贸易品之间的相对价格造成影响，这将进一步影响该国的进出口供给和需求，从而最终导致国际收支的变动。通过数学推导我们可以得出货币贬值后改善国际收支的各种条件，如罗宾逊－梅茨勒条件、马歇尔－勒纳条件等，这同时也引发了大批经济学家对现实世界中弹性理论的实证检验。不过一国进出口商品的供需弹性并不是固定不变的，它会由于国际经济环境的变迁以及家庭和企业对于价格变动反应的滞后性等原因而改变。总的来说随着时间的拉长，弹性是在变大的，这就是J曲线的基本原理。

吸收分析法认为，一国的对外净收支等于该国的总产出与总吸收之间的差额，其中对本国提供的商品和劳务的耗费被定义为吸收。从这里不难看出，贬值会通过两条路径来影响一国的国际收支：一方面，贬值会影响一国商品和劳务的产出，并且该产出的变化又会进一步引起吸收的变化，因此由贬值引起的这方面国际收支的变化由产出的变化以及产出变化所导致的吸收变化之间的差异所决定；另一方面，贬值还会对在任何收入水平下都存在的吸收量造成影响，即贬值的“直接效应”。由于早期国际资本管制较强，国际资本流通规模较小，因此吸收分析法和弹性分析法都忽略了资本的国际流动，所讨论的国际收支等价于贸易收支。吸收分析法认为有两种途径可以改善一国的国际收支：增加收入或减少吸收，即支出增减政策和支出转换政策。

货币分析法认为，在一个开放的经济社会中，产量和其他决定因素不变，如果货币数量低于所希望的存量（货币余额），那么，各个经济单位就要寻求额外的货币余额。金融当局虽然不能控制国内居民所持有的货币量，但它能通过限制国内信用的膨胀来控制国际收支，因为紧缩信用可以迫使人们削减支出，调整他们的货币余额。所以这种做法并不强调贬值的作用，而是强调货币政策的运用。在金融当局调节货币供给达到适当水平时，国际收支也就趋于平衡。同时他们指出，国际收支主要是一种货币现象，影响国际收支的根本因素是货币供给量，只要保持货币供给的增加与真实国民收入的增长相一致，就可以保持国际收支的平衡与稳定。

但是，总的看来，三种分析方法并不是排斥的，而是相互补充的。例如在分析方法上，弹性分析法和吸收分析法侧重于短期分析和流量分析，而货币分析法侧重于长期分析和存量分析；在具体的分析对象上，由于所处的时代经济环境不同，弹性分析法和吸收分析法都仅涉及货物贸易，并未考虑国际资本的流动，而货币分析法就很好地弥补了这一不足；而在政策建议上，弹性分析法强调汇率政策，吸收分析法倾向于总需求的管理，货币分析法则认为国际收支失衡纯粹只是一种货币现象，因而特别强调货币供求均衡对国际收支均衡的影响。

关键词

弹性分析法 罗宾逊一梅茨勒条件 马歇尔一勒纳条件 弹性悲观论 弹性乐观论 J曲线 吸收分析法 闲置资源效应 贸易条件效应 资源配置效应 现金余额效应 收入再分配效应 货币幻觉效应 预期价格效应 投资成本增加效应 替代效应 支出增减政策 支出转换政策 货币分析法

复习思考题

1.什么是国际收支调节的弹性分析法?
2.简述J曲线的基本原理。
3.什么是国际收支调节的吸收分析法?
4.简述国际收支调节的吸收分析法的政策主张。
5.什么是国际收支调节的货币分析法?
6.货币分析法的政策建议有哪些?

第三章 国际收支调节政策与内外均衡

导言

上一章我们了解了关于国际收支调节的各种主流理论，本章我们将继续对国际收支失衡问题进行探讨，研究如何在现实世界里应对国际收支失衡问题。从理论上讲，在充分的市场经济条件下，国际收支失衡可以通过市场的力量自动恢复。但由于其只能在纯粹的自由经济下才会发生作用，而且需要的中间过程较长，其作用的程度和效果也无法衡量，因此，当国际收支发生失衡时，各国政府往往不会袖手旁观，静待国际收支自动恢复到均衡水平，而是会动用各种政策手段对经济进行干预。当然，各国经济政策的制定者除了要考虑外部经济均衡外，还需要考虑内部均衡，对外维持国际收支平衡，对内实现物价稳定、经济增长、充分就业，都是他们需要考虑的问题。实际上，我们经常能够在各类经济报刊上看到政府为了调节内、外经济的失衡所颁布的政策措施。那么也许有人会问：经济失衡是否一定需要政策干预？如果要，何种政策才是最佳的？内外均衡能够同时兼顾吗？这些问题在本章都能得到答案。

学习目标

通过本章的学习：

1. 了解国际收支的自动调节机制以及主要的国际收支调节政策；
2. 理解如何通过政策搭配同时实现内外均衡。

第一节 国际收支的自动调节机制

国际收支的自动调节机制是指在不考虑政府的情况下，市场经济系统内其他变量与国际收支相互制约、相互作用的过程，即国际收支失衡必然会直接或间接地引起其他经济变量发生变化，后者又反过来调节国际收支失衡。市场调节机制反映了极为错综复杂的经济变量间的相互作用过程，涉及有关供给、需求、价格、工资、利率等一系列经济变量。任何一个变量的变化都会对众多其他变量造成影响。当然，需要强调的是，国际收支的自动调节机制在不同的汇率制度下是不同的，因此，下面我们对在国际金本位制、纸币本位的固定汇率制和浮动汇率制下国际收支的自动调节机制分别予以介绍。

一、国际金本位制下的国际收支自动调节机制

(一)价格—铸币流动机制的基本思想及其作用过程

金本位制下的国际收支自动调节机制就是价格—铸币流动机制，它是大卫·休谟(David Hume)在 1752 年出版的《论贸易平衡》(*Of the Balance of Trade*)一书中正式提出的。该机制的基本思想可以表述为：在金本位制下，一国国际收支发生逆差等价于本国黄金的净输出。由于黄金外流，国内的黄金存量下降，货币供给减少，从而导致该国物价水平的下跌。物价水平下降会降低该国商品生产的成本，其在国际市场上的竞争能力将会提高，而相应的外国商品在本国市场上的竞争能力则会被削弱，从而导致出口增加，进口减少，国际收支逆差得到改善(顺差情况类似，这里不重复)。因此，在金本位制下，无论是国际收支逆差还是国际收支顺差，只要价格—铸币流动机制能够充分发挥其自动调节的功能，无需政府的任何干预，国际收支失衡现象都可以自动得到纠正。价格—铸币流动机制的这种自动调节过程可以用图 3-1 表示。

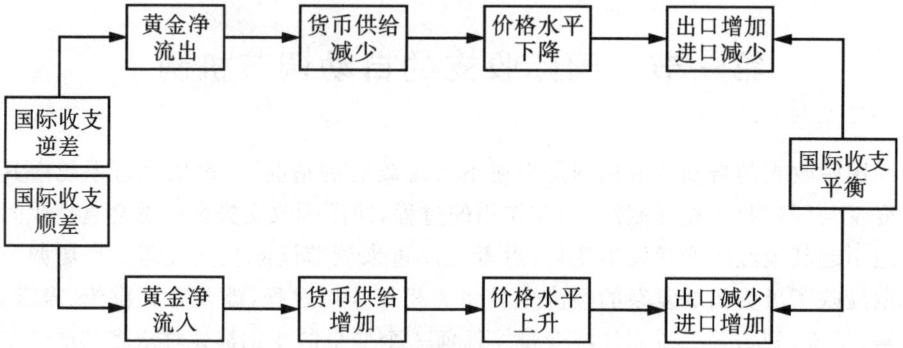

图 3-1 价格—铸币流动机制的自动调节过程

专栏3-1

休谟对价格—铸币流动机制的描述

大卫·休谟在 1752 年出版的《论贸易平衡》(*Of the Balance of Trade*)中是这样描述价格—铸币流动机制的：

假设大不列颠 4/5 的金钱在一夜之间消失殆尽，同时整个国家的硬币也发生同样的减少，就如亨利与爱德华家族同时期的状况一样，后果将会如何？所有劳动力和商品的价格不会以同样的比例下降吗？是否每样东西都要以那时的低价来出售？什么样的国家在此情况下可能与我们在国际市场上竞争，或者试图以同样的价格运输和出售制造品？从什么方面我们可以获得充足的利润？在多长的时间内，这些利润足以弥补我们的损失，使我们上升到与邻国相同的水平？而当我们达到了这个水平之后，我们是否会迅速地丧失廉价劳动力与商品的优势，从而使国际资金的流入随着我国的恢复而趋于停止？

再如，假设大不列颠的金钱在一夜之间增加了 5 倍，难道相反的情况不会出现吗？难道商品与劳动力的价格不会提高到如此昂贵的地步，以至于再没有邻国能从我国购买商品？另一方面，它们的商品对我们而言，变得如此便宜，因而即便存在法律约束，也会源源不断地涌入我国，而我国的金钱则会流出；是否只有当我国的货币量最终降低到与它们同等水平时，我们才能避免因这种过多的财富所带来的问题？

资料来源：Hume，“Of the Balance of Trade”，reprinted (in abridged form) in Barry Eichengreen and Marc Flandreau，eds.，*The Gold Standard in Theory and History*，London：Routledge，1997，pp. 33～43.

(二)价格—铸币流动机制的作用条件

值得一提的是,并非只在金本位制下价格—铸币流动机制才能发挥其相应的作用,即便是在纸币本位的今天,该机制依然对国际收支失衡发挥着一定程度的作用。但是由于货币形态发生了变化,世界经济环境也发生了改变,现如今价格—铸币流动机制的作用已经得到大大的削弱,事实上,该机制的每一个过程都是在一系列假设条件支持下才能够充分发挥其作用的,这些条件主要包括:

1.实行固定汇率制

固定汇率制是价格—铸币流动机制充分发挥作用的前提,唯有如此,当一国国际收支发生逆差时才会引起黄金/货币的外流。如果实行浮动汇率制度,国际收支逆差可以通过货币贬值来消除,此时价格—铸币流动机制就难以发挥原有的效用了。

2.货币当局没有实行冲销政策

休谟被视为货币主义的鼻祖,他一向倡导自由放任的经济政策,反对人为的市场干预。因此当一国出现国际收支逆差并引起黄金外流之后,如果该国货币当局没有实行冲销政策,即并未通过增加国内信贷来维持一个不变的货币供给水平,这样休谟的理论才能得到充分的发挥。如果一国货币当局实行了逆风向的冲销干预政策,尽管本国黄金/货币会因为国际收支逆差而外流,但国内货币的流通数量却未必会减少。

3.以货币数量论为基础

货币数量论认为,一国货币供给量(M)和货币流通速度(V)的乘积恰好等于该国一般价格水平(P)和实际产量(Y)的乘积,即 $MV=PY$。其中 V 取决于货币交换的技术,而 Y 则由就业水平的高低决定,因此假设二者在短期内都保持固定。M 是自变量,P 是因变量,所以货币供给量的变化必然会引起价格水平的同方向变化。从这里不难看出,价格—铸币机制能否发挥作用,取决于货币数量论的方程是否成立。

4.进出口商品的供给和需求具有足够的弹性

国内物价水平的下降会提高本国商品的国际竞争力,进而引起出口的增加和进口的减少,这需要满足两方面条件:

首先,国内价格水平下降所提高的必须是实际汇率而不仅仅是名义汇率。实际汇率由$\frac{rP^*}{P}$表示(P^* 为国际价格,P 为国内价格,r 为名义汇率)。假定 r 是不变的,那么 P^* 不变或上升时,P 的下降必定会提高本国的国际竞争力。至于 P^* 是不变还是上升,这取决于逆差国是大国还是小国。通常情况下,逆差国是小国时，P^* 不变；当逆差国是大国时，P^* 将会上升。这是因为，只有大国的国际收支逆差才会引起黄金/货币的大量外流，并使其他国家的货币供给量迅速增加，进而引起 P^* 的上升。

其次，本国进出口产品的需求和供给必须具有一定的弹性。只有在本国的进出口产品需求和供给弹性达到相应的水平时，一国实际汇率的贬值才会增加出口、减少进口，令国际收支得到改善。

5.忽视资本的国际流动

忽略资本的国际流动，贸易收支状况代表了整个国际收支状况。只有如此，通过本国出口增加而导致的贸易逆差的消除才能使整个国际收支状况得到改善。

二、纸币本位的固定汇率制下的国际收支自动调节机制

纸币本位的固定汇率制是指在纸币本位制下，一国当局通过外汇储备的变动来干预外汇市场，从而维持本国汇率不变的汇率制度。在这种制度下，一国国际收支出现不平衡时，仍有自动调节机制发挥作用，但自动调节的过程要相对复杂。国际收支失衡后，外汇储备、货币供应量发生变化，进而影响国民收入、物价和利率等变量，这些变量的变化最终又使国际收支趋于平衡。其国际收支的自动调节机制具体表现为收入机制、价格机制和利率机制(见图 3-2)。

1.收入机制

又称现金余额效应或收入效应。当一国国际收支出现赤字时，将会引起该国外汇储备减少、货币供给量的缩减以及利率水平的上升。一方面，公众为了保持现金余额水平，会直接减少国内支出；另一方面，利息率的上升也会引起总需求的下降，企业和政府投资的减少，这将进一步减少国内支出。由于国内支出的一部分是用于进口花费的，这样，随着国内支出的下降，进口需求也将减少。同样，盈余也可以通过国内支出增加造成的进口需求增加，令国际收支自动回复到均衡水平。

2.价格机制

与金本位制下的价格－铸币流动机制类似，物价的变动在国际收支自动恢复调节过程也发挥着重要的作用。当一国国际收支发生赤字时，货币供给的下降通过收入效应(支出下降)会引起价格水平的下降，本国产品相对价格下降会增加出口需求，减少进口需求，这便是相对价格效应。类似的，国际收支盈余时，由于本国物价上涨也会自动减少。

3.利率机制

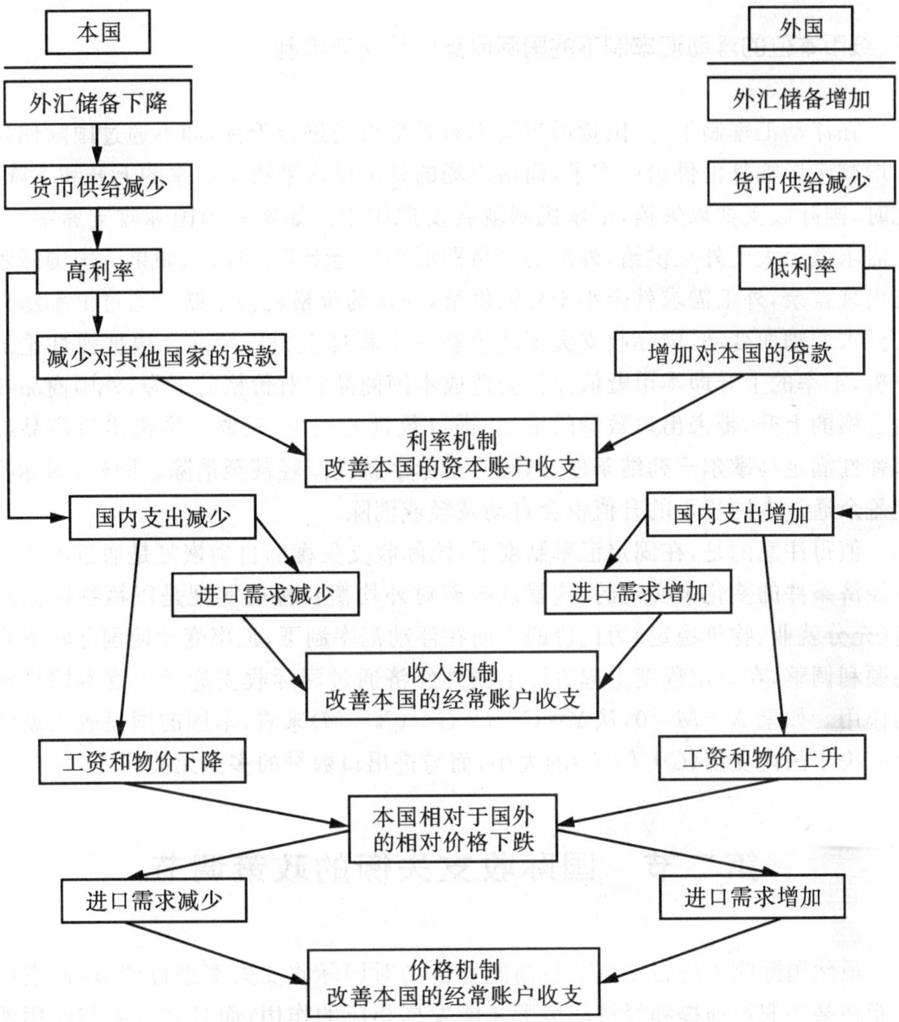

图 3-2 固定汇率制下国际收支的自动调节机制

当一国国际收支发生逆差时，为了维持固定汇率，该国货币当局就必须减少外汇储备，这导致本国货币供应量减少，利率上升；而利率上升表明本国金融资产的收益率上升，从而对本国金融资产的需求上升，对外国金融资产的相对需求减少，导致本国资本外流减少，外国资本流入增加，结果使本国资本账户收支得到改善。反之，国际收支盈余会通过利率下降导致本国金融资产需求减少，外国金融资产的相对需求升高，从而使得资本外流增加、外资流入减少，国际收支盈余减少或消除。这就是国际收支失衡的利率机制。

三、纸币本位的浮动汇率制下的国际收支自动调节机制

在浮动汇率制下，一国货币当局不对外汇市场进行干预，即不通过国际储备的增减来影响外汇供给或需求，而由市场的外汇供求来决定汇率的上升和下降。此时，国际收支如果失衡，汇率机制就会发挥作用。如果一国国际收支赤字，外汇需求就会大于外汇供给，外汇的价格即汇率就会上升。反之，如果一国国际收支出现盈余，外汇需求就会小于外汇供给，外币的价格就会下跌。通过汇率随外汇供求变动而变动，国际收支失衡就会在一定程度上得以消除。根据弹性论的分析，汇率的上升即本币贬值往往会造成本国商品相对价格的下降、外国商品相对价格的上升，带来出口数量的增加、进口数量的减少，只要一国进出口商品需求弹性满足马歇尔－勒纳条件，国际收支赤字就会减轻甚至消除。同样，国际收支盈余通过本国货币的升值也会自动减轻或消除。

值得注意的是，在固定汇率制度下，国际收支失衡的自动恢复是通过国内宏观经济条件的变化来实现的，这就意味着对外均衡目标的实现是以牺牲国内均衡（充分就业、物价稳定）为代价的。而在浮动汇率制下，汇率变动使国际收支自动顺利调整，在一定程度上起着隔绝国外经济通过国际收支途径干扰本国经济的作用。如果 $X-M=0$，从 $Y=C+I+G+(X-M)$ 来看，本国的国民收入就完全取决于国内支出 $(C+I+G)$ 的大小，而与进出口数量的多少无关。

第二节　国际收支失衡的政策调节

虽然国际收支的自动调节机制能够自动对国际收支失衡进行调节，但它们只能在某些假设前提和经济环境下才能发挥相应的作用，而且其效果与作用的时间往往不能得到保证。因此，当国际收支失衡时，一国通常不会完全依靠经济体系的自动调节来使国际收支恢复平衡，政府往往会主动采取一些适当的政策措施进行干预，以实现国际收支的平衡。

当一国国际收支出现失衡时，政府通常面临着三个层次的政策选择（见图3-3）。首先他们必须决定是通过融资（Financing）来弥补国际收支赤字，还是通过调整（Adjustment）来消除赤字，或是寻求融资与调整的某种适当的组合。前者是指政府通过借款或动用外汇储备向外汇市场提供外汇，以弥补外汇市场的供求缺口（外汇缓冲政策）；后者是指政府通过各种财政货币政策来消除外汇市场的供求缺口。其次，如果确定用调整手段，则在确定调整程度后，政府必须决

定用支出增减政策(Expenditure Shifting Policy)还是使用支出转换政策(Expenditure Switching Policy)来达到增加外汇收入,减少外汇支出的目的。前者是指改变支出的水平,后者是指改变支出的结构,即改变支出在外国产品与本国产品之间的比重。再次,转换政策可以通过贬值(汇率政策)或贸易政策(直接管制政策)得以实现,即通过提高外币的价格来诱使进口数量的减少、出口数量的增加,改变进口商品替代品的相对价格来达到支出转换的目的;或通过外汇管制和进口配额等来直接限制进口的数量,通过出口补贴、出口退税等措施来奖励出口,通过改变进口品和进口替代品的相对可获得性来达到支出转换的目的。因此,一国在实施支出转换政策时,还必须在这两类手段之间进行权衡。

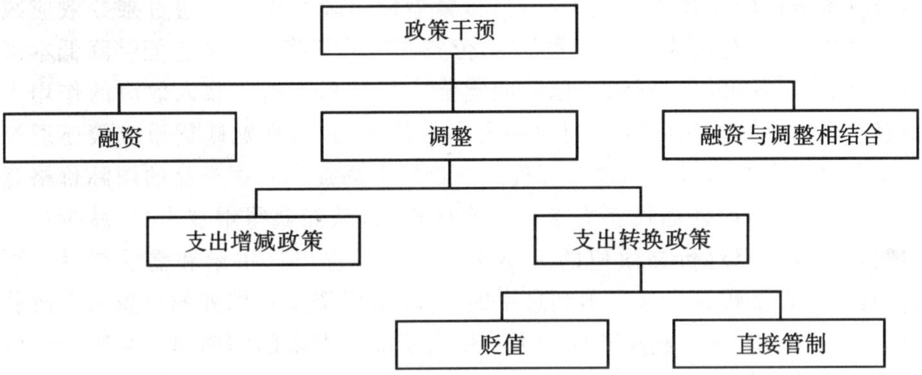

图 3-3 政府对国际收支的政策干预及其选择

下面我们对各种政策加以介绍和分析。

一、外汇缓冲政策

外汇缓冲政策是指一国动用官方储备或临时向外筹借资金来弥补国际收支赤字。这种方法对于解决短期因素造成的失衡还是十分有效的,因为它能够使本币汇率免受暂时性失衡所造成的无谓波动,有利于本国对外贸易和投资的顺利进行。但是,一国官方储备规模毕竟是有限的,因此巨额的、长期的国际收支逆差不能完全依靠外汇缓冲政策来解决,否则将遭致外汇储备的枯竭或外债的大量累积,并且也无法从根本上解决赤字问题。当出现长期性的国际收支赤字时,必须实施调整政策。但在调整期间,运用外汇缓冲作为辅助手段,放慢调整速度,也可以为调整创造宽松的环境,使国内经济避免因过度猛烈的调整带来难以承受的震动。

二、财政政策和货币政策

当一国出现国际收支赤字而需要进行调整时，当局可以实行紧缩性的财政和货币政策。在财政政策方面，可供采用的措施主要是减少财政支出和提高税率；在货币政策方面，当局可以调整再贴现率和法定存款准备金率，或在公开市场买卖政府债券。

财政和货币政策可以通过三个渠道来影响国际收支，分别称为收入效应、相对价格效应（或称替代效应）和利率效应。当一国国际收支赤字时，政府当局采取紧缩性的财政货币政策。首先，紧缩性财政货币政策通过乘数效应减少国民收入，由此造成本国居民商品、劳务支出的下降。只要它能够降低本国的进口支出，就可以达到纠正国际收支赤字的效果。这一收入效应的作用大小显然取决于一国边际进口倾向的大小。其次，紧缩性财政货币政策还通过诱发国内生产的出口品和进口替代品的价格下降提高本国产品的国际价格竞争能力，刺激国内外居民将需求转向本国产品，从而获得增加出口，减少进口的效果。这一相对价格效应的大小主要取决于进出口供给和需求弹性。再次，紧缩性货币政策通过本国利息率的上升、吸引资金从国外的净流入来改善资本账户收支。这一利率效应的大小取决于货币需求的利率弹性与国内外资产的替代性高低。

三、汇率政策

汇率政策是指一国通过调整汇率来实现国际收支平衡的政策措施。汇率政策的干预根据具体实施做法的不同可以分为三类：

1. 汇率制度的变更。在一国实行固定汇率或爬行钉住汇率制的情况下，如果该国的国际收支出现严重失衡，政府可以采用浮动汇率制或弹性汇率制，由市场供求决定本国汇率水平的高低，允许汇率的自由浮动，通过汇率机制来纠正国际收支的失衡。

2. 官方汇率的贬值。在实行外汇管制的国家，汇率由一国政府当局人为规定，而非由市场供求决定。政府当局可以通过公布官方汇率贬值的方法，直接运用汇率作为政策杠杆来实现奖出限入。

3. 外汇市场的干预。当一国实行浮动汇率，汇率由市场决定的情况下，该国政府可以通过公开市场业务，在外汇市场上购入外币、售出本币，操纵本币汇率贬值来达到增加出口、减少进口的效果。

不论具体做法如何，汇率政策对国际收支的影响都是通过改变汇率水平来实施的。但是，一国通过汇率的贬值改善国际收支的最终效果还取决于以下几个方面：

(1)进出口商品的需求供给弹性是否满足马歇尔－勒纳条件；

(2)本国的生产能力是否已经得到了充分的利用；

(3)本币贬值所带来的本国贸易品与非贸易品的相对价格之差能否维持较长的一段时间；

(4)国内是否能承受因本币贬值所带来的国内物价水平上涨的压力。

四、直接管制政策

实行汇率政策(贬值政策)和紧缩性财政货币政策来纠正国际收支的长期性失衡，必须通过市场机制才能发挥作用，而且需要经过一段较长的时间。对于结构性变动所引起的国际收支失衡，以上政策的实施也都难以收到良好的效果。因此，许多发展中国家在出现国际收支结构性失衡的情况下，都对国际经济交易采取直接干预的办法，即实行直接管制政策。

直接管制政策是指政府直接干预对外经济往来、实现国际收支调节的政策措施，具体包括外汇管制和贸易管制。其中，外汇管制，是指一国政府通过有关机构(通常是中央银行、财政部或外汇管理局)对外汇买卖和外汇结算进行行政干预，常用的外汇管制手段包括限制私人持有外汇、限制私人购买外汇、限制资本输出入、实行复汇率制、禁止黄金输出和限制个人携外币进出国境的数量等。贸易管制，是指政府直接限制进出口数量的政策手段，如进口配额制、进口许可证制、苛刻的进口技术标准、歧视性采购政策与税收政策、国家垄断外贸业务和禁止私人从事进出口贸易等。

直接管制和汇率政策同属于支出转换政策，但前者属于选择性控制工具(Selective Controls)，而后者属于全面控制工具(General Controls)。其实施通常能使国际收支的改善收到非常迅速的效果。直接管制措施的另一特点是比较灵活，可以针对具体不同的进口项目和资本流动有区别地予以实施。一国可以对维持生产和生活水平所必需的中间产品和消费品进口、对扩大生产能力所需的资本品(机器设备等)进口不实施限制，或者限制程度轻一些，而对奢侈品进口严加控制；同时在出口方面可以重点奖励重要的或非传统的产品生产和出口。因此，适当地运用直接管制措施，可以在纠正国际收支赤字的同时不影响整个经济局势。

不过，采用直接管制政策来维持国际收支平衡，具有很多局限性。首先，一旦管制被取消，除非经济结构得到改善，否则国际收支赤字会再次出现；其次，容易引起别国报复，导致贸易伙伴国之间的“贸易战”，使直接管制措施不能达到预期效果；最后，容易造成本国产品生产效率低下，引起官僚作风和贿赂风气的兴起，对外竞争能力变弱。因此，一国应当对采用直接管制政策持谨慎态度。

总之，当一国国际收支失衡时，政府可根据不平衡的性质采取适当的对策。例如，若国际收支不平衡是因季节性变动而产生的，就可以用国际储备来维持国际收支平衡；若国际收支是因价格与成本上升而发生的货币性不平衡，一般可以动用汇率政策；若因总需求大于充分就业产量而发生的收入性不平衡，则应实行调节国内支出的措施；若发生结构性不平衡，则可采取直接管制和经济调整的办法。

但是上述四种对策在应对国际收支逆差问题时都是有缺点的。第一种政策的效果有限；第二种政策可以保持汇率的稳定，但会带来通货紧缩和失业；第三种政策可以避免通货紧缩，但汇率的经常波动会加剧经济的不稳定性；第四种政策会引起其他国家的反抗与报复，且不符合国际货币基金组织和世界贸易组织的要求。

五、国际收支调节政策的国际协调

由于各国政府调节国际收支都以本国利益为出发点，它们采取的调节措施都可能对别国经济产生不利的影响，这有可能导致各国之间采取相互报复的措施，不利于整个世界经济的发展和各国均衡的实现。米德在他的《国际经济政策理论》(第一卷)即“国际收支”中说明了各国政府应如何相互合作，灵活地使用各种国际收支调节政策来实现世界经济的均衡(见表 3-1)。例如在第一种世界经济类型中，顺差国和逆差国都发生国内萧条。米德认为在这种情况下盈余国当局有义务采取膨胀性的金融政策，赤字国有义务让本国相对价格下降(即通过本国通货外汇价值的下降，或通过国内货币工资率的下降)。这样赤字国产品相对价格下降，有助于恢复外部平衡和增加赤字国的就业。盈余国的国内膨胀，则有助于恢复外部平衡和增加盈余国的就业。

表 3-1 金融政策和价格调整政策搭配使用的情况

顺差国经济	逆差国经济	选用的政策			世界经济类型
		顺差国/逆差国为了实现外部均衡	为了顺差国的内部均衡	为了逆差国的内部均衡	
衰退	衰退	S+D*−	S+	D*−	(1)
衰退	景气	S+D−	S+	D−	(2)
景气	衰退	S*+D*−	S*+	D*−	(3)
景气	景气	S*+D−	S*+	D−	(4)

注：表中 S+、S−分别表示顺差国的国内支出应当膨胀还是应当收缩；D+、D−分别表示逆差国的国内支出应当膨胀还是应当收缩；S*+、S*−分别表示顺差国提高其货币工资率或升值其货币和降低货币工资率或贬值其货币；D*+、D*−分别表示逆差国提高其货币工资率或升值其货币和降低货币工资率或贬值。

资料来源：詹姆斯·米德(James Meade)：《国际经济政策理论第一卷：国际收支》，北京经济学院出版社 1991 年版，第 163 页。

为了维护世界经济的正常秩序，战后各国政府加强了对国际收支调节政策的国际协调。例如通过各种国际经济协定确定国际收支调节的一般原则；建立国际经济组织或通过协定向逆差国提供资金融通，以缓解国际清偿力不足的问题；通过各种国际会议协调多种经济政策，以提高经济政策特别是国际收支调节政策的效力，建立区域性经济一体化集团以促进区域经济一体化和国际收支调节；建立原料输出国组织以改善原料输出国的国际收支状况等。

专栏3-2

IMF 对亚洲金融危机的援助方式

在亚洲金融危机的初期，亚洲一些国家提议建立亚洲货币基金，基金总额为 1 000亿美元，以帮助部分国家克服危机。这个建议得到日本方面的响应，并立即表示愿出资 500 亿美元。但美国坚决反对。这一方案在 1997 年 9 月的香港世界银行和国际货币基金年会上未获通过。美国表示一切危机的援助必须由 IMF 出面进行。

亚洲自助有限，亚洲基金流产，危机中的泰国、印尼和韩国先后向日本和美国请求援助，均被日本和美国拒绝。美日仍坚持，一切援助必须在 IMF 主导下进行。于是，危机各国与 IMF 进行了艰难的谈判。就泰国而言，IMF 的贷款条件十分苛刻，要求泰国减少财政支出，增加增值税，并禁止向有问题的财务及地产公司提供财政援助。泰国犹豫,但就在此时,外国银行开始拒绝延缓泰国贷款人的短期贷款,并冻结贷款上限,以免发生货币或坏账危机。在这种情况下,泰国只有全部答应IMF提出的条件。也就是说,泰国、印尼和韩国在接受IMF援助时,是毫无讨价还价余地的。面对来势汹汹的金融风暴,IMF实施了最大的一次援救行动,先后向泰国、印度尼西亚和韩国投入了1 000亿美元贷款,并提出了条件十分苛刻、使受援国感到屈辱的援助方案。

尽管亚洲各国金融危机的成因和表现不尽一致,但IMF所开的“药方”却大同小异:一是调低经济增长率;二是实施从紧的财政货币政策,增加税收,紧缩开支,提高利率;三是减少政府对经济活动的干预,国有企业私有化,整顿大公司;四是整顿和开放金融市场,关闭有问题的金融机构,允许外国公司购买这些机构等;五是要求受援国政府为有问题的金融公司提供担保,直至代替为出问题的金融公司偿还债务。以韩国为例,IMF与其达成的援助条件如下:

第一,宏观经济政策及财政目标。将1998年的经济增长率从原定的7%下调至3%;通过削减政府开支和加税来实现财政预算盈余;调整政府开支项目的先后次序,以减轻货币政策所受的压力,为金融环节的改革提供资金;政府财政支出必须经过独立的会计师事务所审核;将1998年通胀率控制在5%以下;将1998年和1999年的经常账户赤字占GDP的比重降低到1%以下,即相当于从1997年的150亿美元降低到50亿美元。

第二,货币和外汇政策。中央银行收紧货币政策,允许利率短期内上升,缓解韩元贬值带来的通胀压力;修订韩国银行法,赋予中央银行独立权力,其主要职责是稳定物价;加强对包括商业银行、投资银行、证券公司、保险公司在内的所有金融机构的监管;维持现行的外汇交易制度,允许汇率每天波动10%的幅度,政府对汇市的干预必须符合市场运作方向;公开政府的外汇储备、中央银行的期货合约和银行的坏账记录。

第三,开放金融市场,重建金融体系。1998年中期开始允许外国金融机构在韩国成立合资或附属机构及经纪行;外国投资者对韩国上市公司的持股上限即刻调高到50%,1998年进一步调高到55%;向外国投资者开放短期债券市场;大型金融公司必须由国际认可的会计师事务所进行核数;重组有问题的金融机构,建立一套制度来协助这些机构关闭业务或进行合并,允许本地和外国机构来收购这些机构;加快注销金融机构坏账;所有银行必须制定一套自我援助计划,以符合巴塞尔协定的最低资本要求;政府给予任何金融机构的支持,都必须在严格的条件下进行;以有限度的存款保障计划取代目前无限度的存款保障计划。

第四,改变政府与企业的关系。政府必须逐步削减政策性贷款,终止以补贴方式拯救私人企业。

第五，加快贸易自由化。履行向世界贸易组织所做的承诺，取消进口限制，取消出口补贴。

第六，增加劳工市场的弹性。向失业人士发放失业救济金，增加劳动力市场的弹性。

资料来源：赵志耕、郭庆旺：《对 IMF 救助亚洲金融危机的宏观经济政策建议的分析》，《财经问题研究》1999 年第 2 期。

第三节 内外均衡冲突及政策搭配

一、米德冲突：固定汇率制下的内外均衡冲突问题

（一）米德冲突

英国经济学家詹姆斯·米德（James Edward Meade）于 1951 年最早提出了固定汇率制下的内外均衡冲突问题，被誉为内外均衡矛盾的经典论述。米德认为一国如果只立足于本国的经济利益，其经济政策目标有两个：内部均衡与外部均衡。前者是指通过控制总需求水平而使本国经济处于充分就业、通货稳定的状态；后者是指通过控制总需求水平而使本国的国际收支处于平衡状态，既无逆差又无盈余。米德指出，在汇率固定不变时，政府只能主要运用影响社会总需求的政策来调节内外均衡，这样，在开放经济运行的特定区间便会出现内外均衡难以兼顾的情形。所谓内外均衡的冲突一般就是指在固定汇率下，失业增加、经常账户逆差或通货膨胀、经常账户盈余这两种特定的内外经济状况组合。表 3-2 所示的内外经济状况组合中，第一、四种情况意味着内外均衡的冲突，因为政府在通过调节社会总需求实现内部均衡时，会引起外部经济状况距离均衡目标更远，反之类似。例如，在第一种情况下，为了令经济复苏，增加就业，政府实施扩张性的金融政策（即财政货币政策）以增加总需求，会引起进口增加，在出口不变时，会令国际收支状况进一步恶化。可见，在米德的分析中，内外均衡的冲突一般是指在固定汇率下，失业增加、经常账户逆差或通货膨胀、经常账户盈余这两种特定的内外经济状况组合。第二、三种情况内外均衡所要求的金融政策是一致的，但有可能存在程度上的差别，即在调节过程中，内外均衡之一提前实现，这时继续使用单一的调节手段就会再次面临内外均衡冲突的问题。例如在第二种情况下，国内经济萧条，国际收支顺差，为了调节经济失衡，该国政府必然采用扩张性的金融政策以增加总需求，促进就业，降低盈余。假设在外部均衡达到之前，内部均衡很快就实现

了。因此如果膨胀的金融政策只达到内部均衡所需要的程度,那么外部均衡还未得到解决,所以膨胀的金融政策必须超过这一点,但此时内部均衡又被破坏了。

表 3-2 固定汇率制下内外均衡的搭配与矛盾

	内部经济状况	外部经济状况
1	经济衰退,失业增加	国际收支逆差
2	经济衰退,失业增加	国际收支顺差
3	通货膨胀	国际收支逆差
4	通货膨胀	国际收支顺差

(二)米德冲突的评价

米德分析的主要缺陷在于,他针对的是固定汇率制度下的情况,同时也没有考虑资本流动对内外均衡问题的影响。

首先,无论是在固定汇率制下还是在浮动汇率制度下,内外均衡冲突问题始终是存在的。正如我们在前面所分析的,在浮动汇率制下,政府不可能完全依赖外汇市场对国际收支的自发调节功能,所以同样面临着内外均衡的冲突问题。在汇率变动受到政府一定管理的条件下,通过国内总需求的变动来实现内外均衡是相当常见的做法,因此浮动汇率制下也会出现许多与固定汇率制下相类似的内外均衡冲突现象。并且,在汇率波动程度相当剧烈的条件下,外部均衡与内部均衡之间的相互影响或干扰更加复杂,内部均衡和外部均衡的冲突问题甚至可能更加深刻。例如,通过调节国内需求来实现内部均衡目标时,国内需求的变动同时会通过多种途径造成汇率的变化,而汇率的变化波动又会通过一系列机制进一步影响到内部均衡。

其次,更为严重的是,活跃在国际金融市场上的巨额游资会因各国汇率的动荡不定而频繁流动,直接影响到各国宏观经济的稳定,使各国的国内经济政策受到更多的制约,一国同时实现内外均衡也会变得更加难以实现。

因此,内外均衡的冲突始终是开放经济面临的重要问题。

二、米德冲突的解决[①]——政策搭配

(一)丁伯根原则

荷兰经济学家丁伯根(J. Tinbergen)是第一个经济学诺贝尔奖的得主(1969年),他最早提出了将政策目标和工具联系在一起的正式模型,指出要实现若干

① 陈岱孙、厉以宁:《国际金融学说史》,中国金融出版社 1991 年版,第 498~506 页。

个独立的政策目标，至少需要相互独立的若干个有效的政策工具。

假定只存在两个目标 T_1、T_2 与两种工具 I_1、I_2，政策调控追求的 T_1 和 T_2 的最佳水平为 T_1^* 和 T_2^*。令目标是工具的线性函数，即：

$$T_1 = a_1 I_1 + a_2 I_2$$
$$T_2 = b_1 I_1 + b_2 I_2$$

在这一情况下，只要决策者能够控制两种工具，每种工具对目标的影响是独立的，决策者就能通过政策工具的配合达到理想的目标水平。

只要 $a_1/b_1 \neq a_2/b_2$（即两个政策工具线性无关），就可以求解出达到最佳的目标水平 T_1^*、T_2^* 时所需要的 I_1 和 I_2 的水平。

当 $a_1/b_1 = a_2/b_2$ 时，这意味着两种工具对这两个政策目标有着相同的影响，也就是说，决策者只有一个独立的工具而试图实现两个目标，这是不可能成功的。

这一结论可以进行推广。如果一个经济具有线性结构，决策者有 N 个目标，只要有至少 N 个线性无关的政策工具，就可以实现这 N 个目标。

对于开放经济而言，其政策含义为：只运用支出增减政策（我们假定财政政策、货币政策影响产出的效果一致）通过调节支出总量的途径同时实现内外均衡两个目标是不够的，必须寻找新的政策工具并进行合理配合。

丁伯根原则指出了应运用 N 种独立的工具进行配合来实现 N 个独立的政策目标。但是丁伯根原则存在两个缺陷：一是假定各种政策工具可以供决策当局集中控制，从而通过各种工具的紧密配合实现政策目标；二是没有明确指出每种工具有无必要在调控中侧重于某一目标的实现。这两个特点与实际情况不尽符合，难以满足实际调控的需要。

（二）米德冲突的解决

根据丁伯根原则，米德认为自己提出的冲突问题并非是束手无策的，而是可以通过相应的政策搭配加以解决的。

米德把国际经济政策分为三种：

1. 金融政策，包括财政和货币政策。前者是指财政当局为了影响国内总支出而促成的税率或政府支出额的变化，后者是指中央银行通过调整货币供应量而促成的资本资金借贷条件的变化。

2. 价格调整政策，指通过工资和汇率的变化来调整成本和价格。

3. 直接控制，包括数量控制、各种管制政策等。

米德认为在运用政策手段的情况下，一国的政策组合不外有两种：第一，金融政策用于维持内部均衡，价格调整政策用于维持外部均衡；第二，价格调整政策用于维持内部均衡，金融政策用于维持外部均衡。[①] 他指出一国无论实行哪一种政策组合，而且也无论处于表 3-1 四种经济形势中的哪一种，同时使用金融政策和价格调整政策，就有可能解决政策冲突问题。

例如，在一个国内衰退而国际收支顺差的国家，当它采用第一种政策组合时，在内部均衡恢复之前，外部均衡很快就实现了。这是因为，为了外部均衡而实行的提高本国产品相对价格的政策会减少出口，致使该国的国际收支顺差减少；而为了内部均衡而实行的国内支出膨胀的政策，增加了进口，使该国的国际收支顺差减少。在外部均衡目标达到以后，为了内部均衡而继续扩大国内支出，将使该国成为逆差国。按照第一种政策组合，这时，该国应该降低产品的相对价格。最后，在内外均衡都实现时，肯定存在着由金融政策造成的相当大的国内膨胀，但该国产品的价格相对于另一国而言，究竟是上升了还是下降了，还不能肯定。

又如，当该国采用第二种政策组合时，在外部均衡达到之前，内部均衡很快就实现了。这是因为，为了外部均衡而实行的膨胀的金融政策也有利于实现内部均衡。如果膨胀的金融政策只达到内部均衡所需要的程度，那么外部均衡还没有实现，所以膨胀的金融政策必须超过这一点，但此时内部均衡又被破坏了，即此时又出现国内经济景气。按照第二种政策组合，这时应该采用价格调整政策，使该国产品的相对价格降低，从而在内部与外部均衡都达到时，又一次存在着由金融政策造成的国内支出的巨大膨胀。至于这时的相对价格是上升还是下降了，依然不能肯定。

可见，第一种政策组合和第二种政策组合的结果是一样的。在米德以前，根据丁伯根原则，如果一国政府要实现一定数量的目标，它必须具备同样数目的政策手段，除非能一箭双雕。这一原则被西方经济学家通俗地概括为“不能一石两鸟”。米德具体分析了两个目标（内部均衡与外部均衡）、两个手段（金融政策和价格调整政策）构成的 2×2 模型，为丁伯根的政策理论提供了一个简明的解释。同时，米德提出，当两国中的每一个国家都试图用政策矫正各自的国际收支时，由于一个国家的国际收支不平衡也就是另一个国家相等的国际收支不平衡，这时，需要一国消极等待，让另一国进行全部矫正国际收支的工作，或两国一起就如何协调矫正工作达成协议。

（三）蒙代尔的政策搭配理论

米德的学生罗伯特·蒙代尔（Robert A. Mundell）针对内部均衡与外部均

① 由于直接管制存在着许多的弊端，且受到国际协议的制约，因而通常不被列入讨论范围。

衡的矛盾问题提出了政策搭配理论[①]。所谓政策搭配理论是指一国政府将各种经济政策加以适当的搭配，以便同时实现内部均衡和外部均衡（见表 3-3）。按照蒙代尔的观点，财政政策和货币政策的适当搭配[②]与运用，可以达到内外同时均衡的目标。他的理由是，虽然财政政策和货币政策对于国际收支和国内经济都会发生影响，但相对作用是不同的。财政政策通常对国内经济活动作用大，对国际收支的作用小；货币政策则相反，因为它倾向于扩大国内外的利率差，进而引起大量的资本流动，通常对国际收支的影响较大。因此，虽然财政政策和货币政策在影响国民收入上的作用相同，但后者在控制国际收支上"有一种比较利益"。

表 3-3　一国财政政策与货币政策的配合

国际收支状况	国内经济状况	
	高失业率	高通货膨胀率
顺差	扩张性的财政政策 扩张性的货币政策	紧缩性的财政政策 扩张性的货币政策
逆差	扩张性的财政政策 紧缩性的货币政策	紧缩性的财政政策 紧缩性的货币政策

如表 3-3 所示，一国无论处于何种经济形势下，都可以通过财政政策和货币政策的搭配，同时实现内部和外部均衡。

蒙代尔的政策搭配理论虽有一定的参考价值，但也存在着许多缺点。

首先，他的前提假设是不切实际的。例如，他假定一国对外支出额固定，因而国内支出增加时，其经常项目收支会因收入的增加而恶化；反之，当国内支出减少时，其经常项目会因收入减少而改善。但事实上，国内支出也会影响到对外支出。又如他假定资本流动对利率有弹性，利率上升会促使资本流入，限制资本外流；利率下降会促使资本流出，限制资本流入。但事实上影响资本流动的因素很多，除利率外，还有汇率、通货膨胀率和政治经济情况等。

其次，他的政策配合只限于财政政策与货币政策，但事实上除财政政策和货币政策以外，还有外汇政策、贸易政策以及各种直接管制政策等，其组合方式远比蒙代尔的政策搭配复杂。

再次，蒙代尔认为财政政策和货币政策对国内经济和国际收支的相对作用

---

① Robert A. Mundell,"The Appropriate Use of Monetary and Fiscal Policy for Internal and External Stability", *Staff Papers-International Monetary Fund*, Vol. 9, No. 1, Mar. 1962, pp. 70～79.

② 蒙代尔这里特指通过财政政策促进内部均衡，通过货币政策实现外部均衡。

不同,但实际上,这两种政策是密切相关的。一方面,货币政策通过其对收入的影响,将会影响到政府预算,因而会促使税收和支出都发生变化;另一方面,财政政策通过其对信用市场的影响,将会影响到银行的放款活动,从而影响货币供给。货币数量改变而保持预算不变是非常困难的;同样,税收、支出和政府债务的改变而保持货币存量不变也是难以实现的。因此,将货币政策和财政政策二者截然分开,在理论上是可能的,但在实际生活中行不通。20 世纪 70 年代欧美国家普遍出现的滞胀情况就充分地说明了该理论的局限性。

第四节 政策搭配的两个模型

一、斯旺图形[①]

大多数 20 世纪 50 年代和 60 年代关于国际收支调节的著作都是讨论政府应该如何同时实现内外均衡问题的。1955 年澳大利亚经济学家斯旺(T. W. Swan)将该问题形象化,提出了斯旺图形(见图 3-4)。该图形是在假设没有国际

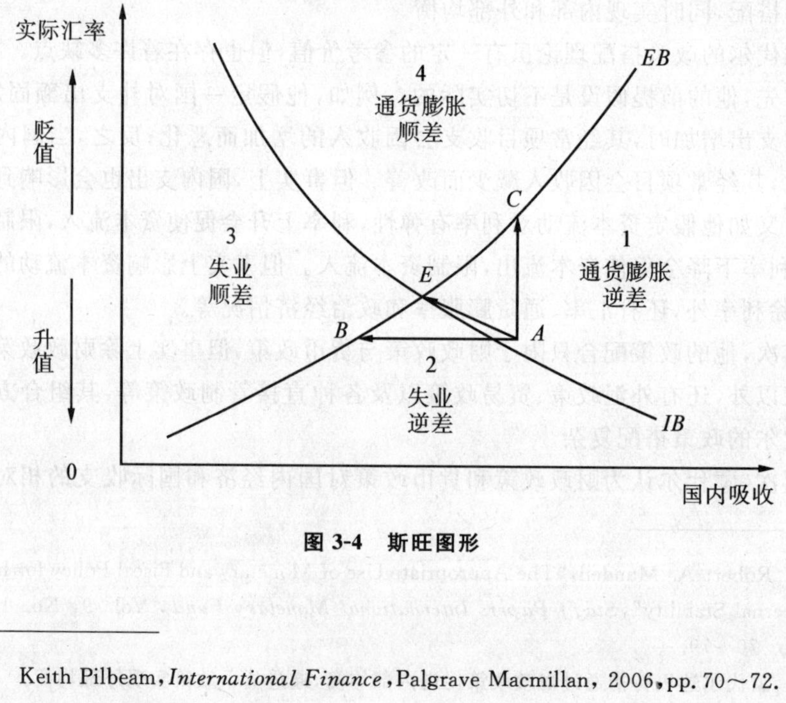

图 3-4 斯旺图形

① Keith Pilbeam, *International Finance*, Palgrave Macmillan, 2006, pp. 70～72.

资本流动(即将国际收支等同于贸易收支)以及价格水平保持不变的前提下,探讨如何合理搭配使用支出增减政策和支出转换政策来同时达到内外均衡的问题。其基本的思路是,利用支出增减政策谋求内部均衡,而利用支出转换政策谋求外部均衡的实现。

如图 3-4,纵轴是实际汇率,定义为每单位外币的本币单位数,所以实际汇率上升代表了本币贬值,国际竞争力提高。横轴是实际国内吸收量,代表消费、投资和政府支出的总和。*IB* 曲线结合了实际汇率和国内吸收,表示经济处于内部平衡状态,即实现了充分就业和物价稳定。*IB* 曲线是从左向右的下斜线,原因是实际汇率下降(本币升值)会减少出口,增加进口,要保持充分就业,就必须增加国内支出或吸收。*IB* 曲线的右边存在着通货膨胀的压力,原因是汇率在给定的情况下,国内支出要大于实现充分就业所需要的数量;而曲线左边则面临着通货紧缩的压力,因为国内支出小于维持充分就业所需要的数量。*EB* 曲线结合了实际汇率和国内吸收,表示经济处于外部平衡状态,即经常账户达到平衡。*EB* 曲线是从左到右的上斜线,原因是实际汇率上升(本币贬值)会增加出口,减少进口,为了防止经常账户顺差,就需要增加国内支出,刺激进口消费。在 *EB* 曲线的右边,国内支出大于保持经常账户平衡所需要的数量,结果经常账户逆差,而左边为经常账户顺差。

因此,斯旺图形被分成四个区域,描述了四种不同的经济状况:

区域 1——逆差和通货膨胀的压力;

区域 2——逆差和通货紧缩的压力;

区域 3——顺差和通货紧缩的压力;

区域 4——逆差和通货膨胀的压力。

只有在 *IB* 曲线和 *EB* 曲线的交点 *E*,经济才同时处于内部均衡和外部均衡状态。假设由于某些原因经济处于区域 1 的 *A* 点位置,此时经济同时面临着逆差和通货膨胀的压力。如果政府坚持固定汇率,通过减少国内支出的办法来降低经常账户逆差,将会使经济向 *B* 点移动。如果单单采取减少支出的政策来达到外部平衡,这种吸收的削弱会把经济推向衰退,导致失业。政府也可以让本币贬值以减少逆差,使经济向 *EB* 曲线上的 *C* 点移动。但是,这种通过贬值来减少经常账户逆差的方法,是以增加对经济的通胀压力为代价的,事实上,经济更加脱离了内部平衡。

这个简单模型告诉我们,若仅用一种调节手段,无论是财政货币政策还是汇率政策,都无法同时达到内部平衡和外部平衡两个目标。从 *A* 点移动到 *E* 点,政府需要缩小经济规模并适当地使货币贬值。缩小经济规模是为了控制通货膨胀,贬值会改善国际收支,这样才能同时实现内外均衡。

二、IS-LM-BP 模型

斯旺图形存在着两大不足:第一,没有考虑资本运动,它所说的外部均衡、失衡均为贸易收支的情况,这在当代资本国际流动日趋激烈的形势下,无疑是一个重大的缺陷;第二,当汇率无法变动,或在可调整固定汇率制下汇率轻易无法变动时,汇率失去了政策性,在这种情况下,斯旺图形的分析陷入了两个目标(内部平衡和外部平衡)和一种政策手段(支出增减政策)的窘境,米德冲突就会出现。IS-LM-BP 模型针对斯旺图形的两大不足,分析了在有资本运动的情况下,一国同时实现内外平衡的政策搭配,并将固定汇率作为一种重要的特殊情况,分析了如何使用财政政策、货币政策同时达到内外平衡的过程。

(一)IS-LM-BP 曲线

在 IS-LM-BP 模型中(见图 4-2),横轴 Y 代表国民收入,纵轴 r 代表利率水平,*IS* 曲线、*LM* 曲线、*BP* 曲线分别代表商品市场、货币市场和国际收支平衡的曲线。

IS 曲线代表商品市场(流量)均衡点的变化轨迹,即在该曲线上商品需求等于商品供给。*IS* 曲线之所以向下倾斜,主要是因为较低的利率刺激投资,这就需要有较高的收入水平来引致储蓄的相应增加。*IS* 曲线右上方的任何一点表示商品供给大于商品需求,即存在着商品的超额供给;相应的,*IS* 曲线左下方的任何一点代表商品的超额需求。在其他情况不变时,政府增加支出或减税,将使 *IS* 曲线向右移动;政府减少财政支出或增税,*IS* 曲线向左移动。

LM 曲线代表资本市场(存量)均衡点的变化轨迹,即货币供给等于货币需求。*LM* 曲线之所以向上倾斜,是因为收入上升会增加货币的交易需求,从而要求利率上升。*LM* 曲线右下方的任何一点代表货币供给小于货币需求,即存在货币的超额需求;相应的,*LM* 曲线左上方的任何一点都代表着超额的货币供给。其他情况不变时,实际货币供给量增加,将使 *LM* 曲线向右移动;实际货币供给量减少,将使 *LM* 曲线向左移动。

BP 曲线是国际收支平衡点的变化轨迹,它表示当一国国际收支平衡时,利率与收入的各种不同组合。*BP* 曲线的斜率之所以为正,主要是因为国民收入水平越高,则进口越多,经常账户恶化,从而需要利率水平上升,吸引更多资本流入,以抵补经常账户的恶化。*BP* 曲线右下方的任何一点都代表国际收支赤字,左上方的任何一点都代表国际收支盈余。进一步,假定汇率固定不变,则 *BP* 曲线不会发生移动。

在图 3-5 中,*E* 点是 *IS*、*LM*、*BP* 三条曲线的交点,代表着商品市场、货币市场、国际收支都处于均衡状态。而在其他点，则至少有一个市场处于非均衡状态。图中 BP 曲线要比 LM 曲线更加陡峭，但情况并不总是如此。Y_f 线给出的是一国处于充分就业状态的国民收入，与利率无关，因此是一条垂直于横轴的直线。在点 E，收入水平 Y_1 比充分就业时的水平 Y_f 低，这说明经济存在着失业现象。由于 IS 曲线和 LM 曲线相交于 BP 曲线上，因此 E 点属于外部平衡而内部不平衡的状态。

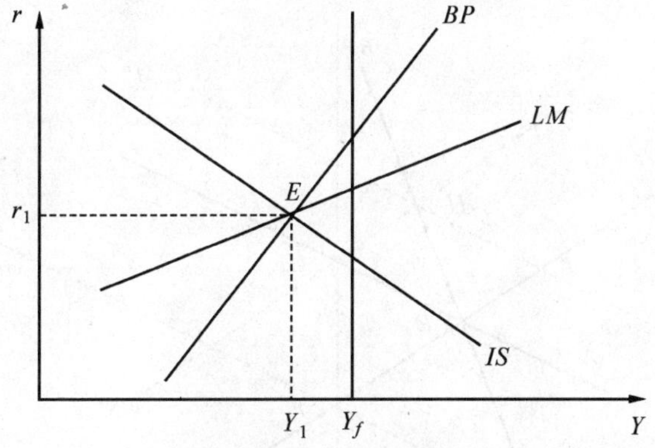

图 3-5　IS-LM-BP 模型

图 3-6(a)和图 3-6(b)分别描述了国际收支顺差和逆差的状况。在图 3-6(a)里，因为 IS、LM 曲线相交于 BP 曲线的左边，所以有顺差。国际收支出现顺差的原因是收入水平太低或利率太高，与总体平衡状态不一致。在图 3-6(b)里，因为 IS、LM 曲线相交于 BP 曲线的右边，所以有逆差。这说明收入水平 Y_2 太高了或利率水平 r_2 太低了，导致外部失衡。

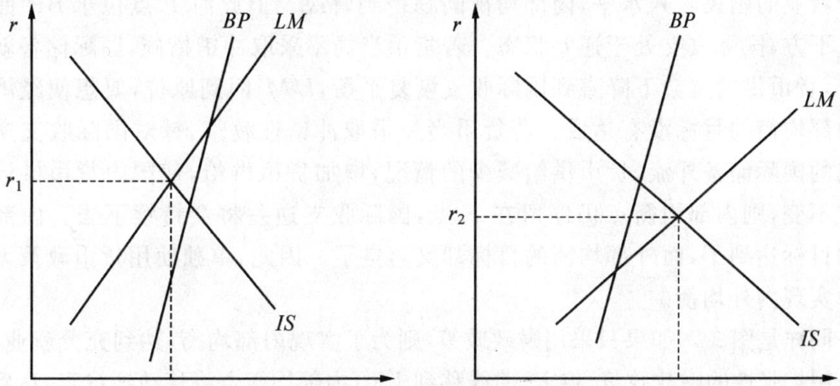

图 3-6　国际收支顺差和国际收支逆差

(二)IS-LM-BP 模型的政策意义

1. 在固定汇率制下,单独依靠货币政策或财政政策无法同时实现内外均衡

如图 3-7,在固定汇率制下,经济的一般均衡点为 E,商品市场、货币市场以及外汇市场(国际收支)均达到均衡状态,但是产出小于充分就业时的产出水平 Y_f,所以此时经济处于外部均衡而内部失衡的状态。

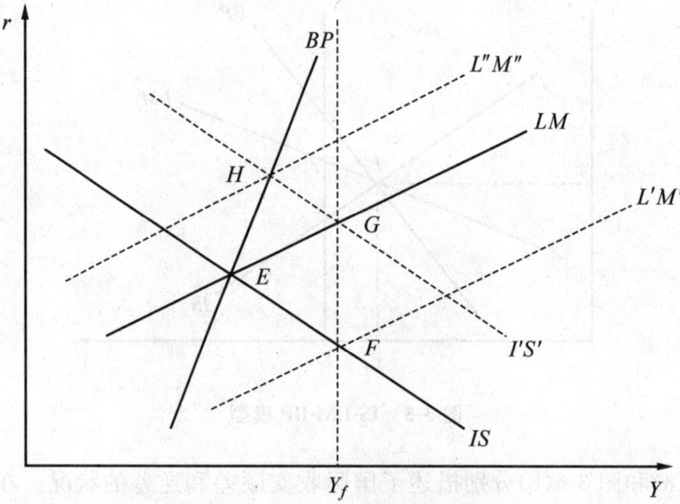

图 3-7 单独采取财政政策或货币政策

假设单独采取货币政策,为了实现内部均衡,使国民收入达到 Y_f,增加货币供给,令 LM 曲线平移至 $L'M'$。这时 IS 曲线和 $L'M'$ 曲线相交于点 F,达到了充分就业的国民收入水平,内部均衡问题得到解决。但此时 F 点位于 BP 曲线的右下方,国际收支处于逆差状态。若货币当局不采取冲销措施,国际储备就会外流,货币供给就会下降直到国际收支恢复平衡,$L'M'$ 回到原位,要想使经济恢复内部均衡的目标没有达成。若货币当局采取冲销性政策,针对国际收支逆差造成的国际储备外流、货币供给减少的情况,增加货币供给,使国内货币供给量始终不变,则内部均衡点仍停留在 F 点,国际收支逆差将会持续下去。内部均衡的目标达到了,而外部均衡的目标却又落空了。因此,单独使用货币政策无法同时实现内外均衡。

同样是图 3-7,如果只采用财政政策,则为了实现内部均衡,达到充分就业,政府采用扩张性的财政政策,将 IS 曲线移到 $I'S'$,内部均衡点将移动到 G 点,达到充分就业的国民收入水平。但由于 G 点在 BP 线之下,国际收支处于逆差状态。若货币当局不采取冲销性的政策,逆差将会使国际储备外流,货币供给减少,从而使

LM 曲线向左移动，直到逆差消除，国际收支恢复平衡，LM 曲线平移至 $L''M''$，一般均衡点移至 H 点。国际收支达到平衡，但国民收入水平却低于充分就业水平，内部均衡目标没有实现。若货币当局采取冲销政策，增加货币供给以抵消逆差造成的货币供给减少，则内部均衡点停留在 G 点，充分就业的内部平衡实现了，但国际收支逆差却要持续下去。因此，单纯依靠财政政策也无法同时实现内外均衡。

2. 在固定汇率制下，货币政策或财政政策的合理搭配可以同时实现内外均衡

如图 3-8 所示，一国经济原来的一般均衡点为 E，该国商品市场、货币市场和国际收支均达到均衡，但国民收入水平却低于充分就业水平的国民收入。如果该国同时采取扩张性的财政政策和紧缩性的货币政策，将 IS 曲线移至 $I'S'$，LM 曲线移至 $L'M'$，则 $I'S'$ 曲线、$L'M'$ 曲线、BP 曲线相交于一个新的均衡点 I，且该点的国民收入水平正好等于充分就业时的国民收入。在 I 点，该国经济实现了充分就业、物价稳定、国际收支平衡的内外均衡状态。

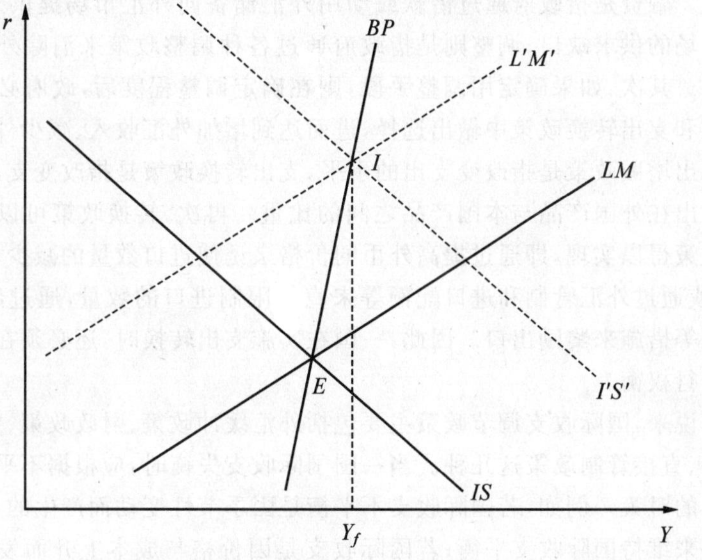

图 3-8 财政政策和货币政策相搭配

本章小结

本章我们讨论了在开放经济条件下，各国如何在兼顾国内经济良性运行的同时实现外部收支的均衡。总的来说，国际收支的调节手段可以分为自动调节

机制和政策调节两种。当一国经济发生失衡时,市场自身都会在一定程度上对其进行消化、调节,但是其效果通常难以预测,且调整的时间相对漫长,因此各国政府都会动用各种政策手段对经济进行干预。

国际收支的自动调节机制是指在不考虑政府的情况下,市场经济系统内其他变量与国际收支相互制约、相互作用的过程,即国际收支失衡必然会直接或间接地引起其他经济变量发生变化,后者又反过来引起国际收支失衡缩小的趋势。国际收支调节政策和调节机制在不同的汇率制度下是不同的。在金本位制下,国际收支自动调节机制就是价格一铸币流动机制;在纸币本位的固定汇率制下,主要通过利率机制、收入机制和价格机制对国际收支进行自动调节;在浮动汇率制下则通过汇率的自由浮动来调节国际收支。

当一国国际收支出现失衡时,政府通常面临着三个层次的政策选择。首先政府必须决定是选择融资、调整还是寻求融资与调整的某种适当的组合来调节国际收支。融资是指政府通过借款或动用外汇储备向外汇市场提供外汇,以弥补外汇市场的供求缺口;调整则是指政府通过各种调整政策来消除外汇市场的供求缺口。其次,如果确定用调整手段,则在确定调整程度后,政府必须在支出增减政策和支出转换政策中做出选择,进而达到增加外汇收入、减少外汇支出的目的。支出增减政策是指改变支出的水平,支出转换政策是指改变支出的结构,即改变支出在外国产品与本国产品之间的比重。再次,转换政策可以通过贬值或贸易政策得以实现,即通过提高外币的价格来诱使进口数量的减少、出口数量的增加,或通过外汇管制和进口配额等来直接限制进口的数量,通过出口补贴、出口退税等措施来奖励出口。因此,一国在实施支出转换时,还必须在这两类手段之间进行权衡。

具体说来,国际收支调节政策主要包括外汇缓冲政策、财政政策、货币政策、汇率政策、直接管制政策这几种。当一国国际收支失衡时,应根据不平衡的性质采取适当的对策。例如,若国际收支不平衡是因季节性变动而产生的,就可以用国际储备来维持国际收支平衡;若国际收支是因价格与成本上升而发生的货币性不平衡,一般可以动用汇率政策;若因总需求大于充分就业产量而发生的所得性不平衡,则应实行调节国内支出的措施;若发生结构性不平衡,则可采取直接管制和经济调整的办法。但是由于各国政府调节国际收支都以本国利益为出发点,所采取的调节措施都可能对别国经济产生不利的影响,这就有可能引发恶性竞争,不利于整个世界经济的发展和各国均衡的实现,因此要实现外部均衡还必须进行国际协调。

一国如果只立足于本国的经济利益,其经济政策目标有两个:内部均衡与外部均衡。前者是指通过控制总需求水平而使本国经济处于充分就业、通货稳定的状态；后者是指通过控制总需求量水平而使本国的国际收支处于平衡状态，既无逆差又无盈余。米德指出，在汇率固定不变时，政府只能主要运用影响社会总需求的政策来调节内外均衡，这样，在开放经济运行的特定区间便会出现内外均衡难以兼顾的情形。米德根据丁伯根原则，具体分析了两个目标（内部均衡与外部均衡）、两个手段（金融政策和价格调整政策）构成的2×2模型，为丁伯根的政策理论提供了一个简明的解释。之后，米德的学生蒙代尔又在此基础上提出了政策搭配理论，进一步对内外均衡问题进行阐述。

关键词

价格—铸币流动机制　利率机制　收入机制　价格机制　外汇缓冲政策　财政政策　货币政策　汇率政策　直接管制政策　米德冲突　政策搭配理论　斯旺图形　IS曲线　LM曲线　BP曲线

复习思考题

1. 简述价格—铸币流动机制的基本思想及其作用过程。
2. 简述纸币本位的固定汇率制下的国际收支自动调节机制。
3. 当一国出现国际收支失衡时，政府通常如何进行政策调节？
4. 什么是米德冲突？
5. 简述政策搭配理论。

第四章 外汇管制与外汇储备

导言

1996年12月1日，中国正式成为国际货币基金组织"第八条款国"，实现了经常账户下人民币的自由兑换。2001年12月11日，中国正式加入世贸组织。根据中国的承诺，境内的银行业、保险业等金融产业在3～5年时间内逐步实现基本对外开放，证券业、信托业等金融产业也将加快对外开放的步伐。中国的资本项目管制正处于逐步放松的过程中。

对比一下世界其他国家，有些国家的居民已经可以很自由地将本币兑换成外币，用于进口商品或对外投资，但是世界上大部分国家的居民都尚处在不同程度的外汇管制下。为什么大多数国家仍在实行外汇管制，而有些国家却已经实行了货币的自由兑换呢？一个国家从外汇管制到货币的自由兑换，需要具备哪些条件和经历哪些阶段呢？国际储备又扮演着什么样的角色呢？从世界范围看，中国已经于2006年初超过日本成为外汇储备第一大国。如此巨额的外汇储备应该如何进行管理？一国应持有多少国际储备才算适度？什么样的国际储备结构才算合理？

本章将从外汇管制出发，进而探讨放松外汇管制实现货币自由兑换的条件、阶段，最后分析一国国际储备的构成及其管理。相信读者一定能从本章的介绍中对上述的一系列问题有更深入的理解。

学习目标

1. 了解外汇管制的内容及其经济效用分析
2. 了解货币自由兑换的条件、阶段及其面临的风险
3. 了解国际储备和国际清偿力的定义、构成及其管理

第一节 外汇管制

一、外汇管制

(一)外汇管制的概念

外汇管制(Foreign Exchange Control)又称为外汇管理,是当今世界各国调节外汇和国际收支的一种常用的强制性手段。其含义是指一国政府指定或授权某一国家机关(中央银行、财政部或专设的外汇管理机构)运用各种手段(包括法律的、行政的、经济的),对在其国境内和管辖范围内的所有涉及外汇收支、存储、兑换、转移的经济活动加以严格的控制,集中外汇收入,限制外汇支出,借以改善本国国际收支,维持本国币值的稳定,并集中外汇资金,根据政策的需要加以运用。

对于西方发达国家来说,外汇管制是其推行对外经济政策的工具。对于发展中国家来说,外汇管制则是其阻止垄断资本入侵与维护本国经济利益的一种防御性的措施。一般来说,发展中国家大都比较落后,外汇资金不足,国际收支恶化、债务负担沉重,因而外汇管制又是其稳定本币,保证国民经济独立发展,谋求国际收支平衡的一种重要工具。

(二)外汇管制的产生和发展

外汇管制是国际经济关系发展到一定阶段的产物,其产生和发展同各个历史时期国际政治经济发展、国际贸易格局的变化以及国际货币制度的演变息息相关。

1. 一战期间的外汇管制

一战爆发前,资本主义国家广泛实行自由贸易,货币制度是典型的金本位制,各国间货币的汇率是以各自货币的含金量为基础的。黄金可以自由流动,国际贸易和汇兑畅通无阻,汇率能自动调节国际收支平衡,无需进行外汇管制。

一战爆发期间,受战争的影响,参战国发生巨额的国际收支逆差,本币对外汇价猛跌,资金大量外流。为了减缓本币汇率的剧烈波动,防止资金外流,筹措战争经费,各参战国纷纷禁止黄金输出,取消外汇的自由买卖,外汇管制便由此产生。

一战结束后,国际经济关系逐步恢复正常,世界经济和政治经济进入一个相对稳定的发展阶段。为了扩大贸易,便利国际间资金流通,各国先后实行了金块本位制和金汇兑本位制,并相继取消了先前的外汇管制。

1929—1933 年,世界经济危机爆发,几乎所有的西方国家都陷入国际收支危机的深渊,金本位制彻底崩溃。各国纷纷放弃自由贸易政策,采取贸易保护措施,外汇自由买卖和国际间多边结算制被双边贸易和双边结算制取代,外汇管制"重出江湖"。

2.二战期间的外汇管制

二战期间,为了适应战争的需要,各国普遍加强外汇管制。当时,世界 100 多个资本主义国家和地区中,只有美国、依附美国的美洲国家和永久性中立国瑞士因国际收支中仍有大量顺差,才未实行外汇管制,其余都实行了全面而严格的外汇管制。

二战结束后,国际经济发展极度不平衡。英、法、德、日、意等国受战争的破坏严重,国际收支大量逆差,黄金、外汇储备枯竭。为了恢复生产、发展经济、对付"美元慌",只能继续实行外汇管制,以限制外汇输出,鼓励资本流入。

3.两次世界大战结束后的外汇管制

20 世纪 60 年代,一方面美国为了进一步对外扩张,一再施加压力,迫使英、法、日等国放松外汇管制;另一方面随着美国国际收支日益恶化,西欧各国、日本等经济实力的恢复和发展,外汇储备增加,经济实力增强,这些国家就开始陆续放宽外汇管制,实行货币自由兑换,以恢复伦敦、巴黎、法兰克福等地的金融贸易中心地位。这一时期,个别经济状况较好的国家,为了防止外资大量流入给本国造成通货膨胀压力,则采取限制外资流入的措施,如瑞士政府曾规定对超过限额的存款倒收利息。

20 世纪 70 年代初,美元危机再次出现,布雷顿森林体系崩溃,石油危机爆发,资本主义世界出现了严重的通货膨胀、经济衰退,主要资本主义国家的汇率波动频繁,利率上升。西欧各国、日本等为了减少国内通货膨胀,又恢复了外汇管制,管制的重点是抵制美元的流入。70 年代末期,由于固定汇率制度已无法维持,国际货币制度开始进入浮动汇率制时期,严格的外汇管制才逐步被取消。

20 世纪 80 年代,自由贸易与保护贸易并存,汇兑自由化和外汇管制也错综复杂地并存着。很多工业发达国家基本取消了公开的资本管制和外汇管制,隐蔽的管制也日益放松并规范化,跨国投资和购并日益频繁,尤其是信息技术的迅速发展,使资本在国与国之间的流动更加自由。一些亚洲新兴工业国家也逐渐放松或取消管制,但是大多数发展中国家仍采取较严格的外汇管制措施。

20 世纪 90 年代,美国等发达国家在全世界范围内倡导金融自由化政策,广大发展中国家也逐渐加大了金融市场开放的力度,新兴市场国家经历了举世瞩目的国际资本涌入浪潮。然而,1992 年 9 月欧洲货币危机、1994 年墨西哥危机以及1997年亚洲金融危机的连续爆发,使得世界多数国家又纷纷进入外汇管制行列,尤其是发展中国家对资本账户的管制政策和措施又纷纷出台。

21世纪,外汇管制在总体上呈现逐步放松的发展趋势,但发展中国家继续执行一定程度的外汇管制政策。在管制的内容和模式方面,21世纪的外汇管制将呈现出新的特点。20世纪90年代三大危机的爆发,已经使得"短期外汇资金流动管理"成为外汇管制的重点,同时国际间协调、合作的进一步加强将是各国发展的必然趋势。

(三)外汇管制的原因

从外汇管制的产生和发展历史来看,政府之所以采取外汇管制政策,是因为经济运行中出现种种问题时,不仅经济的自发调节机制由于各种缺陷难以发挥效率,而且还难于通过其他类型的政策措施来达到预期目的。虽然各国政府采取外汇管制各有各的目的,但是基本原因主要有以下三个方面:

1.微观经济因素

在外汇管制方面,发展中国家的管制力度往往要高于也严于发达国家。这主要是由发展中国家微观经济方面的因素决定的。如:经济发展落后,市场价格机制不健全,存在各种扭曲因素;企业产品质量低下,缺乏国际竞争力,进出口产品和产业结构不合理;社会资源在各部门的流动存在障碍,自我调节能力较差等。这些因素都容易使一国面临外汇储备不足、国际收支失衡等问题。通过外汇管制,往往可以鼓励有利于本国经济发展的商品出口,限制不利于本国经济发展的商品进口,在一定程度上调整进出口商品结构,保护本国民族工业的发展,在总体上促进一国经济的发展。

2.宏观经济因素

宏观经济方面,一种情况是政府为了保证原有政策发挥预期效力而实行外汇管制。例如,蒙代尔—弗莱明证明,在资本完全流动的情况下,浮动汇率制下的财政政策完全无效。如果政府要使财政政策发挥效力,就有必要通过外汇管制对资本流动加以控制。另一种情况是由于政府采取了不合理的宏观经济政策,被迫采取外汇管制以避免危机。例如,在固定汇率制度下,由于不合理的宏观经济政策,导致国际收支出现逆差,为防止外汇储备进一步减少引发货币危机,政府只能被迫采取外汇管制措施。这一点在1997年的亚洲金融危机中可以得到充分的体现。

3.国际关系因素

从外汇管制的产生和发展历史来看,一国实行外汇管制与否、采取何种管制措施,除了与自身的微观经济条件、宏观经济政策相关外,还同当时的国际经济政治关系有直接的关系。例如,在两次世界大战期间,由于经济体制和价格体系与外部世界存在巨大差异,经济的开放性已经明显地对国内经济的运行及价格机制造成了巨大的冲击,此时多数国家只能通过外汇管制对市场进行直接的干预。

二、外汇管制的主要内容

外汇管制的具体措施不外乎数量管制和价格管制两类。数量管制主要是按照国际收支平衡表的内容逐项对其进行数量控制,价格管制主要是指复汇率制。

根据国际收支平衡表的内容,外汇管制可分为以下几个内容:

(一)对经常项目的管制

1. 对贸易外汇收支的管制

对贸易外汇收支的管制,是指对因进出口商品而发生的贸易外汇的收入和支出所实行的管制。在国际收支平衡表中,贸易项下的外汇收支一般是国际收支中最主要的项目,对一国国际收支状况起着决定性的影响。因此,各国政府尤其是贸易逆差国政府更是加倍地重视贸易项目下的外汇管制,希望集中出口以增加外汇收入,限制进口以减少外汇支出,以实现国际收支平衡。对贸易外汇的管制还可分为对出口外汇的管制和对进口外汇的管制两部分内容。

(1)对出口外汇的管制

对出口外汇的管制,是指对出口商品收汇的管制,其目的是鼓励出口,以增加外汇收入,同时限制某些商品如原材料、能源的出口,并保证出口所得的外汇能及时全部调回国内,由国家统筹安排使用。

多数国家是结合出口许可证和结售出口外汇两项措施来进行对出口外汇的管制的。出口商必须向外汇主管机构申报出口商品的价格、金额、结算方式、支付方式和期限等内容,以便外汇管理机构对其收汇情况进行监督和检查,以防止隐匿出口外汇收入;出口商收到外汇后,必须及时向外汇主管部门申报,并把其所得的外汇全部或部分按官方汇率结售给指定的银行,以保证国家集中外汇收入,统一使用。

此外,为鼓励出口,各国还同时采用以下几种措施:

①出口补贴;

②出口退税;

③信贷支持,即由银行对某些出口产品的生产和销售提供资金支持和信贷担保;

④以优惠利率贴现出口商的汇票;

⑤政府机构承保汇率波动风险。

(2)对进口外汇的管制

对进口外汇的管制，是指对进口商品用汇的管制，其目的是限制与本国生产相竞争的商品进口，以保护本国的工业，并禁止某些奢侈品及非必需品的进口，以节约外汇支出。多数发展中国家实行进口许可证制度，由外汇管制机关签发进口许可证，进口商只有获得进口许可证才能购买进口所需的外汇。

此外，为限制进口，各国还同时采取以下几种措施：

①对进口数量实行限制，超过限额一律不准进口；

②征收进口税和进口附加税，提高进口成本加以限制；

③限制进口商对外支付使用的币种；

④预先存款制，即进口商必须向指定银行预先存入一定数量的进口货款，才能购买外汇，通过占用进口商资金，削弱其进口支付能力，从而减少进口；

⑤进口专营制度，即规定所有商品或某些商品的进口统一由国家指定的专营机构办理，其他未经批准的企业不得参与，以保证外汇的集中使用。

2.对非贸易外汇收支的管制

非贸易外汇收支，是指贸易与资本输出入以外的一切外汇收支，包括运输费、保险费、港口使用费、邮电费、佣金、利润、股息、利息、专利费、稿费、旅游费、留学生费用等劳务方面的费用。对于进出口贸易的从属费用，如运输费、保险费、佣金等，基本按照贸易外汇管制办法处理，一般无需通过审批手续，即可由指定银行提供外汇；其他各类非贸易外汇收支，都要向指定银行报告或得到其核准。实行非贸易外汇管制的目的在于集中非贸易外汇收入，限制相应的外汇支出。各个国家根据其国际收支状况，往往不同时期实行宽严程度不同的非贸易外汇管制。目前来讲，发达国家管制较松，发展中国家管制较严。

（二）对资本和金融项目的管制

1.对资本输出入的管制

资本的输出入直接影响一国的国际收支，因此无论是发达国家还是发展中国家，都很重视资本的输出入。但是由于各国经济发展和国际收支状况不同，对资本输出入的管制方式和程度也有所不同。

外汇短缺的国家往往限制资本流出，并采取各种鼓励措施吸引外资的流入，以促进国民经济的发展，缓解国际收支赤字的压力。例如，为鼓励外商投资，有些发展中国家就在税收、工资、土地等方面给予直接投资者优惠政策，或提供完备的基础配套设施及各方面的优惠服务；为限制资本外逃，则规定输出资本的限额、期限和投资部门，限制居民购买外国有价证券，禁止携带有价证券出境等。

外汇富裕的国家，本币升值压力增大，为防止国际投机资金的冲击，缓解通货膨胀的压力，则会限制资本流入，鼓励资本流出。例如，20世纪70年代，日本、德国等发达国家由于国际收支顺差，其本币面临升值和通货膨胀的压力，政府就采取限制资本流入、鼓励资本输出的措施。从 1972 年起，日本就对居民购买外国有价证券和投资于外国的不动产基本不加限制。从 1984 年起，日本进一步开放了资本市场。

目前，由于 20 世纪 90 年代的一系列金融危机和动荡，各国普遍意识到资本和金融项目的管制是外汇管制工作的重点，纷纷加强了对国际资本流动特别是短期投机性资金的监控。

2. 对非居民存款账户的管制

国际结算通常是由银行存款账户调拨进行的。因此，居民、非居民之间以及非居民之间的存款账户往来，对外汇收支有直接的影响。尤其是非居民存款账户上主要是外币存款，对其的不同规定可以有效地实行对外汇收支的控制和调节。根据可兑换程度划分，对非居民存款账户管制可分为三类：

(1)自由账户，也称国外账户。这一账户的持有者有权使用该账户款项，办理国内外的一切外汇支付或转入其他非居民账户下。

(2)有限制账户，包括国内账户和转账账户。这类账户上的存款，只能用在国内购买商品、支付其他费用，或转移到本国其他非居民的转账账户上。

(3)封锁账户，也称只进不出账户。记入该账户的存款，不得将此账户的款项换成外币汇出境外，也不能转入其他非居民账户。同时，非居民在国内出售的有价证券和其他资产所得收入必须存入该账户。

(三)对储备资产账户的管制

对储备资产账户的管制，主要是指对黄金及本国货币出入境的管制。

实行外汇管制的国家一般也对黄金的输出入加以限制，一般不准私自输出入黄金，也不允许黄金用于国际间的买卖和借贷。如果是因为国际收支必须输出黄金，则必须由中央银行或指定的银行办理。

本国货币的输出，不仅可以作为资本输出的手段，还会导致本币在国际金融市场上的汇率下跌。所以，实行外汇管制的国家，一般对本国货币的输出都规定一个最高限额。限额内可以自由携带出国，否则须经外汇管理机构审批。自 2005 年 1 月 1 日起，中国公民出入境、外国人入出境每人每次携带的人民币限额由原来的 6 000 元调整为 20 000 元。

三、复汇率制

(一)复汇率制的概念

所谓复汇率制，是指一国货币对另一国货币实行两种或两种以上比价的制度。双重汇率制、多重汇率制都是复汇率制的具体表现。但是，复汇率制不包括外汇管制下外汇黑市上的“市场汇率”与官方汇率并存的现象，而是指外汇管制当局人为地、主动地制定和利用多种汇率。

（二）复汇率制的分类

复汇率制按其表现形式可以分为公开和隐蔽的复汇率制两种。

1.公开的复汇率制

即政府明确公布对不同的交易实行法定的差别汇率。例如，针对经常账户和资本与金融账户的交易分别实行贸易汇率和金融汇率；针对原料、粮食等生活必需品的进口给予优惠汇率，对奢侈品的进口则实行限制性汇率等。

2.隐蔽的复汇率制

主要表现形式有以下几种：

(1)补贴或征税，即按商品类别对出口给予不同的财政补贴或对进口课以不同的附加税，导致不同的实际汇率。

(2)影子汇率，即通过附加在不同种类进出口商品之后的一个不同的折算系数，对不同种类的进出口商品实行不同的影子价格，构成了不同的实际汇率。

(3)外汇转移证制度，即国家规定，当出口商按官方法定汇率结汇时，除获得本币外，还取得一张外汇转移证，出口商可将该证转让获得额外收益；同时，政府还规定进口商必须在市场上买进外汇转移证交给指定的银行，银行才会按官方法定汇率卖给外汇。这是通过进口商对出口商的补贴，起到奖出限入的作用。

(4)官方汇率与市场汇率混合使用。当官方汇率和市场汇率并存时，对不同企业或出口商品实行不同的收汇留成比例，允许企业将留成外汇在市场上出售，等于变相地给予补贴。

四、外汇管制的经济效应分析

（一）外汇管制的政策收益

1.改善国际收支，维持国际收支平衡

实行外汇管制的主要目的是解决一国的国际收支困难。持续的国际收支逆差会影响一个国家特别是市场机制不健全、经济调节能力较差的发展中国家国内经济的正常发展。实行不同程度的外汇管制，有利于国家对外汇储备进行集中控制，必要时可以有效地用于维持国家收支平衡。

2.稳定汇率，维持国内物价稳定

由于本币汇率和国内物价水平存在密切关系，持续的国际收支顺差或逆差均会导致本币汇率的波动，增加国内通货膨胀或紧缩的压力。对外汇进行适当的管制，限制资本输出入和外汇投机，可以达到稳定汇率和维持国内物价稳定的目的。

3. 保护民族工业，促进本国经济发展

通过外汇管制，一国可以控制外汇交易活动，鼓励有利于本国经济发展的商品出口，限制不利于本国经济发展的商品进口，引导一国的进出口商品结构和产业结构到良性的渠道，起到保护本国民族工业、促进本国经济发展的作用。

（二）外汇管制的政策成本

1. 加大市场成本，容易形成外汇黑市交易

实行外汇管制时，国家相关机构一般要对贸易、非贸易、资本等项目进行计划审批和配给工作，耗时长，手续繁杂，行政管理费用也高，不仅加大了交易成本，降低了市场效率，同时还容易引发寻租、黑市交易、外汇走私等不法行为，干预了市场的正常运行，不可避免地造成对经济发展的扭曲。

首先，由于本币定值过高，导致寻租行为，并滋生腐败、社会分配的不公平。即政府确定的外汇价格低于均衡水平，外汇市场上出现了对外汇的超额需求，政府遂采取兑换管制以对外汇需求进行数量控制，购买外汇需要从政府那里获取许可证。从全社会来看，就存在一笔可以利用不同市场的价格差异而赚取的收入，即经济租金（Rent）。经济租金的存在，导致谋求将这一经济租金转化为自己收入的活动——寻租行为（Rent Seeking）。寻租活动的结果是租金以各种形式转化为个人收入，使原有的社会分配状况更加不公平（因为能获得许可证的人一般都更有权势与经济实力）。

其次，外汇管制导致了一系列的非法活动，给经济带来不良影响。例如，外汇管制往往带来一个规模较大的外汇黑市；另外，交易者在进口交易中倾向于高报进口额，而在出口交易中倾向于低报出口额，导致政府外汇来源的减少。

2. 价格机制失效，影响资源的配置效率

外汇管制会使国内商品和资本市场与国际市场相分离，国内价格体系和国际价格体系相脱节。当国际收支逆差较大，本币贬值或其他措施难以奏效时，采用外汇管制往往会造成本币币值的高估，这不仅会打击产品出口，削弱出口部门的国际竞争力，而且会促进一些低效率的进口替代工业的发展，影响国内资源的配置效率。对进口实行的控制可能导致许多本国急需的商品和生产设备、专利技术难以获得，这对经济的发展也是非常不利的。对资本与金融账户的管制将使本国失去利用国外资本来发展经济的有利条件，资源得不到有效的分配和利用。

3. 容易导致贸易摩擦，不利于多边国际合作

一般认为，外汇管制是一种人为地妨碍公平竞争的手段。实行外汇管制，使贸易往来和资本流动带有歧视性和不公平性，常会引起贸易伙伴国的不满，遭到

报复性管制措施，破坏正常的国际贸易秩序，产生国家间的经贸摩擦，不利于多边国际合作。

（三）外汇管制效应的局部均衡分析

下面我们对外汇市场进行局部均衡分析，以发展中国家普遍实行的本币币值高估的现象为例来说明外汇管制下的汇率扭曲效应。

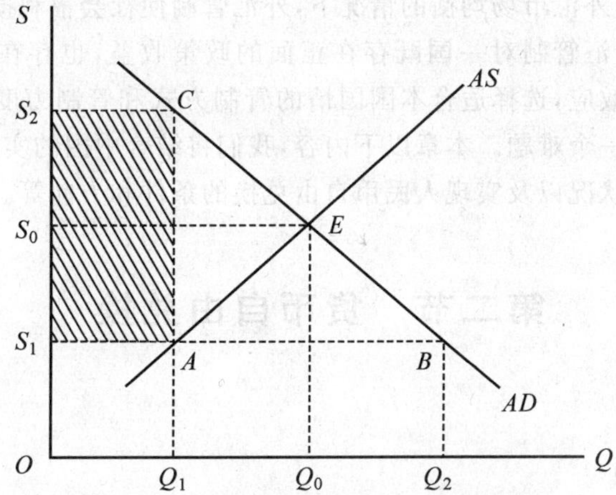

图 4-1　外汇管制的经济效用分析

见图 4-1，纵轴 S 表示直接标价法的汇率水平，横轴 Q 表示外汇数量；AS 为外汇的供给曲线，AD 为外汇的需求曲线；E 为外汇市场供需均衡点，S_0 和 Q_0 分别为市场均衡的汇率水平和均衡供需量。在没有外汇管制的情况下，汇率将会自动调整，在 E 点达到均衡状态。

由于本币币值高估，官方汇率 S_1 将低于 S_0。由经济学原理可知，在这一价格上的市场需求（Q_2）会高于市场供给（Q_1），外汇市场上将会出现对外汇的超额需求（Q_2-Q_1）。为了维持汇率 S_1，政府会采取外汇管制进行数量控制，使外汇交易量维持在 Q_1 水平。但是，在给定供应量 Q_1 的条件下，需求方愿意给出的汇价是 S_2，比市场均衡汇价 S_0 和官方汇率 S_1 均高。这意味着，如果存在可以自由反映市场需求情况的外汇黑市，则可以从官方市场以较低价格 S_1 购入外汇，再以更高的价格 S_2 在黑市上卖出，从而可从每 1 单位外汇的交易中获得收益 S_2-S_1。

从社会的角度看，就存在一笔可以利用不同市场的价格差异而赚取的收入，称为经济租金（Rent）。这部分租金总额用阴影部分 AS_1S_2C 的面积表示。存在经济租金，就必然存在着谋求将这一经济租金转化为自己收入的活动，也就是所谓的寻租行为（Rent Seeking），而通常这种寻租行为伴随着一定程度的腐败活动，干扰了市场的正常运行秩序。此外，经济租金并不来源于生产活动，实质上是一种收入的再分配。这种分配往往使原有的社会分配状况更加不公平，同时寻租行为也造成了资源的浪费。

外汇管制还带来了社会福利的损失。见图 4-1，图中 ACE 构成的面积就是外汇管制造成的社会福利损失，称为重负损失(Dead Weight Loss)。由经济学原理可知，相比于外汇市场均衡的情况下，外汇管制使社会福利损失 ACE。

综上所述，外汇管制对一国既存在正面的政策收益，也存在负面的政策成本。权衡这两种效应，选择适合本国国情的管制方式和管制力度已经成为国际金融政策选择的一个难题。本章以下内容，我们将结合中国的实际情况，来探讨我国的外汇管制状况以及实现人民币自由兑换的条件和方向等。

第二节　货币自由兑换

一、货币自由兑换

(一)货币自由兑换的基本概念

货币自由兑换，也称为货币可兑换，是指外汇市场上能自由地用本国货币兑换某种外国货币，或用某种外国货币兑换本国货币。按照产生货币兑换需求的国际经济交易的性质来划分，货币自由兑换可分为经常项目下的货币自由兑换和资本与金融项目下的货币自由兑换两种。

1.经常项目下的货币自由兑换

经常项目下的货币自由兑换，是指对经常项目下的外汇支付和转移的汇兑实行无限制的兑换。国际货币基金组织章程第八条第 2、第 3、第 4 款规定，凡是履行以下三条规定的国家，就是国际货币基金组织“第八条款国”，即实现了经常项目下的货币自由兑换：

(1)会员国不得对贸易和非贸易等国际收支经常性交易项目的外汇兑换、支付和清算实行限制。

(2)不得采用歧视性的差别汇率措施和复汇率制度。

(3)任何成员国对其他成员国在经常性交易中积存的本国货币，在对方为支付经常性交易而要求兑换时，应用外汇或对方的货币换回。

其中，经常性交易支付是指不以移转资本为目的的一切支付，它包括但不限于：①所有与对外贸易、其他经常性业务，包括服务在内以及经常的短期银行信贷业务有关的对外支付；②应付的贷款利息和其他投资收入；③数额不大的偿还贷款本金或摊提直接投资折旧的支付；④数额不大的家庭生活费用汇款。[①]

2.资本与金融项目下的货币自由兑换

资本与金融项目下的货币自由兑换，是指一国对资本流入和流出的货币兑换不加以限制。由于资本流动对一国的经济会产生较大的影响和冲击，尤其是国际游资的冲击性更大，如果一国没有完善的市场机制、合理的利率机制和规范的运行机制，过早地取消对资本输出入的限制，国内经济会很容易受到国际游资的冲击，产生较大的负面影响，因此，世界绝大部分国家和地区包括工业化国家在内，均不同程度地存在资本管制。据统计，70%以上的国际货币基金组织成员国对直接投资、不动产交易和资本市场证券交易都有不同程度的限制。见表 4-1，到 1999 年为止，仍有 125 个国家对资本市场证券进行管制，110 个国家对货币市场工具进行限制。受 1997 年亚洲金融危机的影响，1998 年后全球资本管制有加强的趋势。

表 4-1　国际货币基金组织成员国资本项目管制状况(1997—1999 年)

资本项目管制项目	1997 年	1998 年	1999 年
资本市场证券	127	133	125
货币市场工具	111	115	110
集体投资证券	102	103	103
衍生工具和其他工具	82	87	83
商业信贷	110	105	108
金融信贷	114	112	113
抵押贷款额度	88	88	93
直接投资	143	149	147
直接投资兑现	54	52	54
不动产交易	128	134	136
私人资本流动	64	82	90
对商业银行及其他信贷机构的管理	152	155	158
对机构投资者的管理	68	82	83

资料来源：国际货币基金组织(IMF)：《各国汇率安排和汇兑管制》1997—1999 年报。

根据多数国家的经验，一国货币要实现完全的自由兑换，一般要经历：经常

① 《国际货币基金组织协定》第三十条(d)。

账户有条件的货币自由兑换→经常账户的货币自由兑换→经常账户的货币自由兑换及资本与金融账户的有条件的货币兑换→经常账户及资本与金融账户的货币自由兑换。

(二)货币自由兑换的条件

对于生产和技术落后的国家,采用外汇管制手段来保护本国经济,不失为一种有效的措施。不少发达国家就是这样走过来的,大多数发展中国家也正在走这条路。但是,事实也同样证明,一国不能长期依赖于外汇管制,对汇率造成的一系列扭曲会制约一国经济的发展。那么,一国要放弃外汇管制,成功地实现货币自由兑换,需要具备哪些条件呢?

1.健康的宏观经济状况

货币自由兑换后,商品和资本的跨国流动会对宏观经济形成各种冲击,这就要求宏观经济不仅要在自由兑换前保持稳定的发展趋势,还要具备自由兑换后应对各种外来冲击的调节能力。一国的宏观经济情况是否健康,取决于以下三方面的因素:

(1)宏观经济形势是否稳定。即物价是否稳定,就业状况、财政收支状况及金融体系状况是否良好。

(2)市场调节机制是否有效。市场调节机制是否有效,取决于市场的发育程度,一般要求一国有一体化、高效率的市场体系,具体表现为价格能充分地反映真实供求状况,能对市场上各种因素的变动作出灵敏、及时的反应,能与国际市场的价格状况相一致。

(3)宏观调控能力是否成熟。货币自由兑换要求政府能够娴熟地运用各种宏观政策工具对经济进行调控,有效地应对各种局面。合理的宏观经济政策是维持一国国际收支平衡的重要保证。

2.健全的微观经济主体

一国微观经济主体的生存和发展状况直接决定了货币自由兑换的可行性。货币自由兑换与微观经济主体如企业、银行等都密切相关。对于企业,在制度上要求真正的自负盈亏、自我约束,能够对市场价格作出及时的反应;在技术上要求有较高的劳动生产率,其产品和服务能在国际范围内具有一定的竞争力。对于银行,资本充足、良好的经营状况对于实现资本与金融项目的货币自由兑换具有重大的意义。

3.充足的国际清偿能力

充足的外汇储备和国际融资能力,是任何实行货币自由兑换的国家保持宏观经济稳定的前提。没有充足的国际清偿能力,就难以应对货币自由兑换后面临的各种外来资金的冲击,难以维持国际收支的平衡和外汇市场的稳定。然而,一国充足的国际清偿能力来源于一国国际收支的可维持性，而这种可维持性取决于该国的产业结构、消费结构及产品的竞争力，根本上还是取决于一国的技术水平和劳动生产率水平。

4. 合理的汇率水平

合理的汇率水平，是指有助于保持国际收支平衡的汇率水平，要求其能客观地反映外汇的供求，正确地引导外汇资源的合理配置。然而汇率水平是否合理与一国的汇率制度是高度相关的。汇率制度的选择应该与各国的国情相适应。一般来说，资本流动越自由，汇率制度也就越具灵活性。

二、货币自由兑换后经济面临的主要风险

货币自由兑换可谓是各国共同努力的方向，但其实现需要有众多比较严格和成熟的条件。若在条件不够成熟时就强行实施货币自由兑换，必然给经济带来巨大的负面影响。货币自由兑换后经济所面临的两个主要风险为资本逃避和货币替代。

（一）资本逃避

资本逃避(Capital Flight)，是指由于恐惧、怀疑或为规避某种风险和管制所引起的资本向其他国家的异常流动。资本逃避不同于资本流出，它是国内资本出于安全或其他目的而发生的异常资本流出。

资本逃避的数量很难计算，一般采用的估算方法有两种：

1. 直接法，是用国际收支中的误差和遗漏账户余额加上私人非银行部门短期资金流动进行估算。即：

资本逃避＝误差与遗漏账户余额＋私人非银行部门短期资本流动

但是，误差与遗漏账户中不仅仅包括资本逃避，也包括一些真实的统计误差；另外，长期资本流动有些也存在资本逃避的现象。所以，直接估算法并不能很好地估算出资本逃避的数额。

2. 间接法，是从作为资金来源的外债增长(ΔD)与国际直接投资净流入(ΔFDI)之和减去作为资金运用的经常账户赤字(ΔCAD)与储备资产增长(ΔR)之和的余额。计算公式如下：

$$资本逃避=(\Delta D+\Delta FDI)-(\Delta CAD+\Delta R)$$

资本逃避是资本所有者对其资产组合进行配置时发生的。因此，境内外资产的收益和风险差异是形成资本逃避的主要原因。从收益因素看，本国资产收益率较低可能是由以下几个因素造成：本币汇率高估带来的潜在的本币贬值风

险，本国金融抑制政策带来的低利率，本国较高的通货膨胀带来的实际利率的下降等。从风险因素看，本国政局不稳定、法律不健全、财产来路不明等都可能会导致本国资产的风险较高。

资本逃避的一种较常见的方式是在国际贸易中伪造发票价格，使其偏离贸易的实际合同价格。如高报进口，低报出口。在进口时，国外供应商开出高于合同价格的发票，进口商根据发票的数额向货币当局申请外汇并汇至国外供应商。国外供应商再将多付部分存入进口者在国外的账户，这样资本就转移出境了。这种行为称为高报进口(Over-invoicing)。在出口时，本国供应商开出低于合同价格的发票，国外进口商将少付部分存入出口者在国外的账户，这称之为低报出口(Under-invoicing)。

资本逃避对一国经济的发展极为不利。从短期看，大量的资本逃避会造成国内有效资金的流失，干扰一国的货币供需机制，引起国家外汇储备资源的下降，使国家对外清偿力下降；从长期看，资本逃避降低了本国可利用的资本数量，减少了政府从国内资产中可获取的税收收入，增加本国的外债负担，严重的时候还会引发债务危机，直接冲击货币市场秩序和一国金融市场的稳定。

(二)货币替代

货币替代(Currency Substitution)，是指在经济发展过程中，国内对本国货币的币值稳定失去信心或本国货币资产收益率相对较低时，外币在货币的各个职能上全面或部分地替代本币发挥作用的一种现象。在发达国家，货币替代主要是投资者为规避外汇风险，实行投资多元化以及降低交易成本的结果。在发展中国家，由于金融市场效率较低及政治经济不稳定，货币替代通常表现为国内经济主体躲避本币，外币在各个货币职能上大面积排挤本币的现象。这同格雷欣法则(Gresham's Law)的劣币驱逐良币正好相反，是一种良币驱逐劣币的现象。

货币替代就其形式而言，有三种分类：

1.完全的和非完全的货币替代。如果外国货币和本国货币的收益率相同，那么，外币和本币就能够提供相同的国内交易媒介和价值储藏功能，对于一国居民来说，持有外币和本币在收益和效用上是无差别的，称之为完全的货币替代；反之，如果二者收益率不同，则称之为非完全的货币替代。

2.直接的和间接的货币替代。由于预期的本币贬值所引起的对本币需求的减少和对外币需求的增加，称之为直接的货币替代；而当预期的本币贬值首先引起人们减持本币债券，增持外币债券，进而造成外币债券利率上升并进一步导致国内货币外流的现象，则称为间接的货币替代。

3.对称的和不对称的货币替代。本国居民和外国居民同时持有本国货币和外国货币而发生的货币替代，就是对称的货币替代，一般出现在发达国家之间；而如果是本国居民存在对外币的需求，但是外国居民并不存在对本币的需求时所发生的货币替代，便是不对称的货币替代。

货币替代的深度和广度难以量化，我们只能通过一些粗略的数字来估计货币的替代程度。由于缺少数据，人们普遍用外币存款(F)占金融资产(M)的份额来表示货币的替代程度。其中，金融资产(M)包括本国公众持有现金(C)、活期存款(D)、储蓄存款(S)和定期存款(T)。但是，这种估计也并不准确，它忽略了国内流通的外币以及本国居民在国外的存款，也没有考虑到外国居民对本币的需求，所以它通常被用于不对称的货币替代程度的估计。

货币替代会对一国产生复杂的影响。首先，它会使一国的汇率变得更加复杂，加剧了汇率的不稳定性。其次，复杂的汇率会给国家的宏观经济决策构成极大的压力，使本国货币政策的自主性、独立性和稳定性面临严峻的挑战。再次，从对财政政策的影响看，它导致本国政府难以从本币发行中获得铸币税与通胀税。因此，一国政府必须采取有效措施避免货币替代。

三、人民币自由兑换的进程

一国货币的自由兑换是一国经济实力强大的象征，也是一国努力的发展方向和追求目标。中国也不例外。1996 年 12 月 1 日，中国成为国际货币基金组织“第八条款国”，实现了经常账户下人民币的自由兑换，这无疑是人民币自由兑换进程的一座里程碑。以下是人民币自由兑换的演进过程：

1. 1979 年以前的高度集中控制时期：统收统支的外汇管理体制

1953—1978 年期间，我国进入了全面计划经济时期，国家对国民经济进行全面的计划管制。在这一阶段，我国对外汇实行了外汇垄断制，即外汇政策和外汇立法都以外贸、外汇的国家垄断为基础，实行“集中管理统一经营”的方针，对外汇实行全面的计划管制，统收统支。当时，一切外汇收支由国家计划委员会全权负责，以收定支；一切外汇业务由中国银行经营；企业和个人所有的外汇收入必须交售给国家，需要用汇才由国家按计划分配或批给。

2. 1979—1993 年市场化过渡时期：外汇留成制度

1979 年以后，我国实行了改革开放政策，国家对外汇管理体制进行了一系列改革，外汇管制工作进入了一个新的阶段。

(1)设立了专门的外汇管理机构——国家外汇管理局

1979 年 3 月，国务院批准设立了国家外汇管理总局，并赋予其管理全国外汇的职能。1982 年，国家外汇管理总局改为国家外汇管理局，划归中国人民银行领导。1988 年 6 月，国务院将国家外汇管理局改为国务院领导下的国家局，由中国人民银行归口管理，这对促进国际贸易发展和加强外汇管理工作发挥了很大的作用。

(2)颁布了一系列外汇管理条例

1980 年以前，我国没有一部全国性的公开的外汇管理法规。1980 年 12 月，国务院公布了《中华人民共和国外汇管理暂行条例》。1981 年 3 月 1 日正式实施。随后又公布了一系列外汇管理实施细则和其他管理办法，初步走上了依法管理外汇的轨道。

(3)实行外汇留成制，建立外汇调剂市场

1979 年，国务院决定实行外汇额度留成。所谓外汇留成，是指一企业通过商品和劳务的出口获得外汇收入后，可按规定的比例获得外汇留成归其支配。留成的方式不采用外币现金而是采用额度，即外汇所有权的凭证形式留成。实行外汇额度留成后，创汇企业和用汇企业之间产生了调剂外汇余额的需要，就形成了外汇调剂市场。调剂外汇的价格，开始时由国家决定，后发展为由市场供求状况公开竞价决定，逐步形成了调剂汇率。

外汇留成制和外汇调剂市场在推动人民币向可兑换货币方向发展的过程中起到了重要的作用。但是，从长远看，官方汇率和市场汇率并存产生的双重汇率并不符合经常账户自由兑换的特征，不便于形成公开统一的外汇市场。

3.1994 年后的经常账户自由兑换时期：银行结售汇制度

1994 年开始，我国外汇体制进行了重大的改革，初步建立了以市场经济要求为基础的外汇管理体制，实现了经常账户下有条件的自由兑换，主要包括以下内容：

(1)从 1994 年 1 月 1 日起实行汇率并轨，取消人民币官方汇率。人民币汇率由银行间外汇市场的供求决定，实行以市场供求为基础的、单一的、有管理的浮动汇率制。

(2)实行结汇制，取消外汇留成制，企业出口所得外汇收入须于当日结售给指定的经营外汇业务的银行，同时建立银行间外汇买卖市场，为各外汇指定银行间相互买卖外汇余额和清算提供服务。

(3)实行银行售汇制，取消经常账户下的对外支付用汇的计划审批。境内机构在此项目下的对外支付用汇，可持有效凭证到外汇指定银行办理购汇。

(4)禁止外币在我国境内计价、结算，停止发行外汇兑换券，已发行的限期收兑。

(5)取消外汇收支的指令性计划，国家主要运用经济、法律手段来实现兑外汇的宏观调控。

1994年的外汇体制改革，实现了人民币在经常项目下的有条件的可兑换，取消了大多数的管制，只剩对外商投资企业和个人的经常项目下用汇还存在一定限制。对于经常项目下的兑换尚残存的限制，于1996年7月1日进行了全面改革。1996年11月27日，中国人民银行行长正式致函国际货币基金组织，宣布中国自1996年12月1日起，接受国际货币基金组织协定第八条第2、第3、第4款的义务，实现人民币经常项目下的完全自由兑换。这标志着人民币向自由兑换迈出了关键性的一步。

专栏4-1

我国经常项目外汇收支管理实现了完全可兑换

2007年8月12日，国家外汇管理局出台了一项经常项目外汇管理新规定：《关于境内机构自行保留经常项目外汇收入的通知》。其核心内容是：取消境内机构经常项目外汇账户限额，境内机构今后可根据经营需要自行保留其经常项目外汇收入。与此相对照，此次改革前的相关规定是，境内机构可在上年度经常项目外汇收入的80％与经常项目外汇支出的50％之和的限额内保留其经常项目外汇收入。新规定意味着，我国的经常项目外汇收支管理真正实现了完全可兑换。

此次改革有助于增强境内机构持有和使用外汇的自主性和便利性，有利于境内机构加强资金管理。从长远看，实现了经常项目完全自由结售汇，对促进国际收支平衡以及我国的外汇政策改革将起到一定的积极作用，并为人民币完全自由兑换和资本项目开放奠定了良好基础。

资料来源：刘曙光：《我国外汇管理走向放松管制》，《国际商报》2007年8月24日。

专栏4-2

当前中国的资本项目管制状况

1996年，我国实现了经常项目下的人民币完全可兑换。随后，我国开始着手稳步开放资本项目。国家外汇管理局按照国际货币基金组织划分的7大类43个资本项目交易的方法进行评估，结果表示，截至2004年末，我国资本项目下实现可兑换的已有11项，占25.6％，较少限制的有11项，占25.6％，较多限制的有15项，占34.9％，严格管制的仅有6项，占13.9％。从整体上看，中国的资本项目管制正处于逐步放松过程中。

那么,什么时候中国才能真正实现资本项目的可兑换呢? 2007 年 10 月 18 日,中国人民银行行长周小川在十七大新闻中心接受媒体采访说,中国不急于把所有的项目都开放,如果对国民经济有好处,有条件就开放一部分,现在没有考虑要把所有项目都开放。中国尚属于发展中国家,同时又处于经济体制从计划经济向市场经济的转轨过程中,市场经济的发展还不够成熟,因此有必要对资本账户中的一些子项继续实行管制。这样一方面能够防止境内资本大量外逃,严重影响境内的经济增长和可持续发展;另一方面能够防范境外短期资本大量随意流入境内,冲击境内经济和金融的平稳运行。虽然人民币要实现资本项目可兑换,变成自由兑换的货币,尚没有时间表,但是方向是明确的。

资料来源:赵雪芳:《政策制度安排推动人民币向国际化发展》,《中国金融》2006 年第 5 期;周小川:《中国不急于开放所有资本项目》,《国际金融报》2007 年 10 月 19 日。

第三节 国际储备及其管理

一、国际储备及其构成

(一)国际储备和国际清偿力

国际储备(International Reserve),是指一国货币当局持有的能随时用于国际支付、平衡国际收支、维持货币汇率的多种国际储备资产的总称。

狭义的国际储备就是我们通常所说的国际储备,即自有储备,指一国货币当局持有的各种形式的储备资产,反映一国在涉外货币金融领域中的地位,是一国具有的现实的对外清偿能力。

广义的国际储备则是所谓的国际清偿力(International Liquidity),反映一国货币当局平衡国际收支逆差,干预外汇市场维持其汇率水平的总体能力。国际清偿力包括自有储备和借入储备,是一国具有的现实的和可能的对外清偿能力的总和。其中借入储备是一国向国外筹借资金的能力,即向外国政府或中央银行、国际金融组织、商业银行的借款能力。

(二)国际储备的构成

1. 自有储备

根据国际货币基金组织的统计口径,自有储备包括黄金储备、外汇储备、在国际货币基金组织的储备头寸、特别提款权四种形式。表 4-2 为 2000 年以来国际货币基金组织成员国的自有储备构成。

表 4-2 国际货币基金组织成员国的自有储备构成(2000—2006 年)

自有储备 / 时间	黄金		外汇储备		在 IMF 储备头寸		特别提款权	
	10 亿 SDRs	%	10 亿 SDRs	%	10 亿 SDRs	%	10 亿 SDRs	%
2000 年	200.6	11.41	1 491	84.84	47.4	2.70	18.5	1.05
2001 年	207.5	10.82	1 633.6	85.19	56.9	2.97	19.6	1.02
2002 年	234.8	11.22	1 772	84.68	66.1	3.16	19.7	0.94
2003 年	256.5	10.77	2 038.5	85.60	66.5	2.79	19.9	0.84
2004 年	253.8	9.25	2 414.3	87.98	55.8	2.03	20.3	0.74
2005 年	316.6	9.64	2 918.8	88.88	28.6	0.87	20.1	0.61
2006 年	355.2	10.42	3 014.6	88.42	22.2	0.65	17.3	0.51

资料来源:《国际货币基金组织年报》(有关年份)。

(1)黄金储备(Gold Reserve)

黄金储备,是指一国政府持有的货币性黄金,不包括非货币用途的黄金。

在金本位制下,黄金是最主要的国际储备,执行着世界货币的职能,充当国际收支的最后手段。在布雷顿森林体系下,黄金作为确定货币汇率的基础,仍是重要的国际储备形式。随着布雷顿森林的体系崩溃,黄金逐步失去了在国际储备体系中的主导地位。随着 1976 年的《牙买加协议》中加入黄金非货币化的条款,黄金同货币制度和各国的货币脱钩,黄金不能用于直接支付,也不能用于干预汇率,在标准定义上黄金已经丧失了国际储备的基本职能。见图 4-2,二战后,黄金作为国际储备资产的地位逐渐下降。

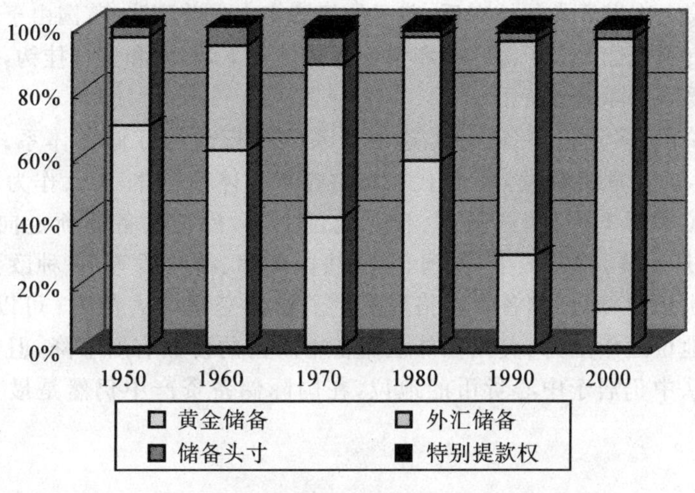

图 4-2 全球国际储备资产的具体构成(1950—2000 年)

资料来源:IMF,http://www.imf.org/external/index.htm。

但是,国际货币基金组织在统计和公布各成员国的国际储备时,依然把黄金储备列入其中。因为黄金具有其他储备形式所不及的安全保值的特性,它可以直接转化为任何需要的外汇,以满足对外支付的需要;而且,黄金仍是一国最后的支付手段,一国持有黄金储备的多寡仍然是衡量其对外支付能力大小的指标之一,所以黄金储备在各国国际储备体系资产中仍占据一席之地。

2000 年以来,黄金储备占国际储备总资产的比重大致维持在 10%,见表 4-2。

(2)外汇储备(Foreign Exchange Reserve)

外汇储备,是指一国政府持有的可自由兑换的外汇资产。从表 4-2 可知,无论从规模、其占国际储备总额的比例以及使用的频繁程度来看,外汇储备在国际储备中都占据主导地位。充当国际储备资产的货币必须具备下列条件:①能自由兑换成其他储备资产;②在国际货币体系中占据重要地位;③其购买力必须具有稳定性。

从历史上看,储备货币经历了由单一向多元化发展的趋势,共经历了以下四个阶段:

第一阶段:黄金—英镑储备体系,这一体系从 19 世纪中开始一直维持到一战之前。在金本位制下,英镑是最早的国际储备货币。

第二阶段:英镑—美元—黄金储备体系,这一体系存在于两次世界大战之间。20 世纪 30 年代后,由于美国经济实力的崛起,英镑和美元共同成为国际储备货币。

第三阶段:美元—黄金储备体系,这一体系从二战后开始一直到 20 世纪 60 年代末。第二次世界大战结束后,美国的经济实力空前膨胀,英国由于战争的影响其国际货币地位大大下降。在布雷顿森林体系下,美元和黄金挂钩,取代英镑成为最重要的国际储备货币。

第四阶段:多元化储备体系,这一体系是现行的国际储备体系。20 世纪 60 年代后,美元危机频发,70 年代初布雷顿森林体系解体,美元作为世界储备货币的地位有所下降,德国马克、日元地位上升,外汇储备逐渐走向多元化。1999 年 1 月 1 日,欧元诞生,德国马克、法国法郎、荷兰盾等 12 种欧洲国家货币陆续退出历史舞台,储备货币格局发生了新的变化。从表 4-3 可以看出,欧元的储备地位逐年上升,美元在外汇储备中所占的份额有所下降,但美元在国际货币体系中仍居于中心货币的地位,在国际储备资产中仍然是最主要的储备货币。

表 4-3　各种储备货币在外汇储备中的比重(1999—2005 年)

单位:%

外汇储备货币	1999 年	2000 年	2001 年	2002 年	2003 年	2004 年	2005 年
美元	71.0	71.0	71.4	67.0	65.9	65.8	66.5
欧元	17.9	18.4	19.3	23.9	25.3	25.0	24.4
日元	6.4	6.1	5.1	4.4	3.9	3.8	3.6
英镑	2.9	2.8	2.7	2.8	2.8	3.4	3.7
瑞士法郎	0.2	0.3	0.3	0.4	0.2	0.2	0.1
其他外汇	1.6	1.5	1.2	1.5	1.9	1.8	1.6

资料来源:《国际货币基金组织年报》(有关年份)。

(3)在国际货币基金组织的储备头寸(Reserve Position in the Fund)

在国际货币基金组织的储备头寸,也称为普通提款权(General Drawing Rights),是在国际货币基金组织普通账户中,会员国可自由提用的资金。这部分储备在储备资产中所占的比重有减少的趋势(见表 4-2)。至 2006 年,会员国普通提款权仅占会员国国际储备总额的 0.65%。

会员国加入 IMF 须向 IMF 缴纳一笔钱,我们称之为份额。份额中 25%用黄金、外汇或特别提款权缴纳,另外 75%用本国货币缴纳。

成员国向 IMF 贷款最高限额可达其所缴份额的 125%,分为五档,每档 25%。所以普通提款权包括两个部分:

储备部分提款权:份额中第一个 25%的部分,即会员国以黄金、外汇或特别提款权向 IMF 缴纳的储备资产。该部分会员国可以随时使用,不需 IMF 批准;

信用提款权:成员国以本国货币为抵押的形式在 IMF 可能的借入储备,分为四档,使用条件逐渐严格。

表 4-4　在 IMF 的储备头寸

<table>
<tr><td>在 IMF 的储备地位</td><td colspan="2">向 IMF 提供的可兑换货币贷款余额。
第一档(储备部分)提款权:占份额 25%</td></tr>
<tr><td>在 IMF 的借入储备</td><td>第二档(信用)提款权:占份额 25%
第三档(信用)提款权:占份额 25%
第四档(信用)提款权:占份额 25%
第五档(信用)提款权:占份额 25%</td><td>提用条件
逐档严格</td></tr>
</table>

资料来源:IMF 官方网站:http://www.imf.org/eternal/。

(4)特别提款权(Special Drawing Rights,SDRs)

特别提款权,是国际货币基金组织根据各国缴纳的份额无偿分配给成员国的一种特别使用资金的权利。特别提款权是国际货币基金组织1969创设的一种记账单位,不具有内在价值。SDRS只能由成员国货币当局持有,非官方金融机构不得持有和使用;只能用于IMF会员国政府之间的结算,不能直接用于贸易与非贸易支付;可用于会员国向其他会员国换取可兑换货币外汇、支付国际收支差额、偿还IMF的贷款,但不能直接兑换成黄金。

特别提款权最初与美元等值,1974年改用一篮子16种货币作为定值标准[①],1980年后改用美、德、日、英、法五国货币定值,五种货币的比重分别为42%、19%、15%、12%、12%。欧元启动后,特别提款权也开始采用欧元、日元、英镑和美元四种货币定值。2005年12月30日起,出台了特别提款权新的计价方法,四种货币的比重分别为:美元44%,欧元34%,日元11%,英镑11%。所以,用美元表示的1SDRs价值＝44%＋34%×美元/欧元＋11%×美元/日元＋11%×美元/英镑。

至2006年,特别提款权占用国际储备总额的比例为0.51%。

2.借入储备

根据国际货币基金组织的统计口径,借入储备资产主要包括:备用信贷、互惠信贷和本国商业银行的对外短期可兑换货币资产三项内容。

(1)备用信贷

备用信贷,是指成员国在国际收支发生困难或预期要发生困难时,同国际货币基金组织签订的一种备用借款协议。这种协议通常包括借款额度、使用期限、利率、币种等。协议一经签订,成员国便可在需要时按协议规定的方法提用,无需办理新的手续。对于未使用的款项,计入借入储备,每年缴纳约1%的管理费用。

(2)互惠信贷

互惠信贷协议,是指两个国家签订的使用对方货币的协议。它是由两国中央银行相互开设对方货币账户,并规定相互动用对方货币的额度。当其中一国发生国际收支困难时,便可按协议规定的条件使用对方的货币,然后在规定的期限内偿还。它同备用信贷协议一样,借入的储备资产可以随时使用,但是互惠信贷协议是双边协议,只能用来解决协议国之间的收支差额。

---

① 这16种货币包括:美元、联邦德国马克、日元、英镑、法国法郎、加拿大元、意大利里拉、荷兰盾、比利时法郎、瑞典克朗、澳大利亚元、挪威克郎、丹麦克朗、西班牙比塞塔、南非兰特以及奥地利先令。

(3)本国商业银行的对外短期可兑换货币资产

本国商业银行的对外短期可兑换货币资产，尤其是在离岸金融市场上的资产，尽管其所有权不属于政府，也未被政府借入，但是这些资金流动性强，对政策的反应十分灵敏，所以，政府可以通过新闻的、道义的、政策等手段引导其流动方向，从而达到间接调节国际收支的目的。

二、国际储备的作用

国际储备是体现一个国家经济实力的重要标志之一。各国持有国际储备可能各有各的目的，但就国际储备的基本作用来讲，主要有以下三点：

(一)平衡国际收支逆差

平衡国际收支逆差，是持有国际储备的首要作用。当一国国际收支发生逆差时，政府可采用各种国内经济调整政策或直接动用国际储备来平衡。如果国际收支失衡是暂时性的，政府一般倾向直接动用国际储备来平衡。如果国际收支失衡是长期的、根本性的结构失衡，尽管国际储备不能从根本上解决问题，但是仍可起到一定的缓冲作用，把国际储备作为财政货币政策的辅助措施，在一定程度上可缓解失衡给市场带来的压力。

(二)维持汇率稳定

当本国货币汇率在外汇市场上发生波动时，尤其是非稳定性的投机因素引起汇率波动时，政府常动用国际储备来干预外汇市场，调整外汇的供求，达到稳定本币汇率的目的。在外汇市场上进行公开市场业务，通过出售储备货币购入本币，可使本币汇率上升；反之，通过购入储备货币抛售本币，可使本币汇率下浮。但是，由于国际储备总是有限的，而且也无法从根本上改变决定汇率的基本因素，因此，外汇干预只能在短期内和一定程度上对汇率产生影响。

(三)对外信用保证

国际储备的对外信用保证作用包括两层意思：

1. 增强国际上对本币的信心。一般而言，国际储备充足表明该国平衡国际收支、维持汇率稳定的能力较强。充足的国际储备可以加强一国的资信，并在心理上和客观上稳定该国货币在国际上的信誉。

2. 作为政府向外举债的保证。一国国际储备的多寡，是衡量该国国际清偿能力大小的重要指标，也是国际金融机构和国际银团提供贷款时评估该国家风险的重要指标之一。充足的国际储备是一国向外举债和偿债能力的保证。

三、国际储备管理

国际储备管理是指一国政府及货币当局根据一定时期内本国的国际收支状况和经济发展的要求，对国际储备的规模和结构进行计划、调整、控制，以实现储备资产规模的适度化，储备结构的最优化。

国际储备管理涉及两方面的内容：一是对储备需求的规模管理，以确定最适合一国国情的国际储备数量；二是对储备资产的结构管理，以实现储备资产结构的最优化。

（一）储备需求的规模管理

一国应持有多少国际储备才算适度，是国际储备规模管理的核心问题。各国通常从本国对国际储备的需求方面去考虑其国际储备的适度规模问题。

影响一国国际储备需求的因素主要有：

1. 国际收支状况

国际储备最主要的作用就是弥补国际收支逆差，平衡国际收支。因此，一国的国际收支状况对该国的储备需求具有决定性的影响。一般来讲，国际收支逆差额与储备需求额呈正相关，即逆差越大，对储备的需求也越多。此外，国际收支调节机制和调节政策也会对国际储备的需求产生一定的影响。一国的国际收支调节机制和调节政策的效率越高，储备的需求就越低；反之，则需求越高。

2. 汇率和外汇管制

国际储备的另一个主要作用就是干预汇率，因此，一国的汇率制度对国际储备需求会有一定的影响。国际储备需求与汇率制度的灵活性呈负相关。如果一国采取固定汇率制，为了维持既定的汇率水平，相对而言就需要持有较多的国际储备，以应对外汇市场的种种冲击给本币汇率造成的压力。在浮动汇率制下，国际收支可通过汇率的自发波动来调节平衡，因此国际储备弥补国际收支逆差的作用就显得不那么明显，从而持有国际储备的数量就可以相对减少。

与汇率制度密切相关的是外汇管制情况，外汇管制的程度也会对储备需求产生影响。实行严格外汇管制的国家，一般可以较有效地控制进口用汇支出和资本的输出入，能使国际收支保持相对稳定，因而对国际储备的需求相对较少；反之，则较多。

3. 融资能力

国际储备的需求与一国融资能力呈负相关。一国融资能力的大小直接影响国际储备的规模。若一国享有较高的国际资信，能迅速、便利地筹借到应急资金，则可持有相对少的国际储备。但是也不能过少，因为一国融资能力是和该国国际储备水平直接挂钩的，充足的国际储备是一国向外举债和偿债能力的保证。

4.持有储备的机会成本

持有储备的机会成本与储备需求呈负相关。一国政府的国际储备往往以存款的形式存放在外国银行，持有这部分储备资产就意味着放弃当前的一部分投资或消费，牺牲了国内经济增长的机会，这就是持有储备的机会成本。如果持有储备的机会成本较高，则储备的需求量就低些；反之，则高些。

(二)国际储备规模适度量的参考指标

1.国际储备/进口额

美国耶鲁大学教授罗伯特·特里芬(Robert Triffin)在 1960 年出版的《黄金和美元危机》一书中，总结了第一次世界大战和第二次世界大战之间以及第二次世界大战后初期(1950—1957 年)世界上 34 个国家的储备状况，并结合考察的外汇管制情况，得出结论：一国国际储备的合理数量，约为该国进口总额的 20%～50%。实行外汇管制的国家，因政府能有效地控制进口，故储备可少一点，但底线在 20%；不实施外汇管制的国家，储备应该多一点，但一般不可超过 50%。对于大多数国家来讲，保持储备占年进口总额的 30%～40%是比较合理的。特里芬的这项研究，开创了有系统研究国际储备适度量的先例。这一指标已经成为大多数国家确定储备适度量的重要参考指标，至今仍然是国际储备需求研究中最常用的方法之一。

但是进口规模仅仅表示资金的单向流动，以其衡量国际储备的合理规模也存在不足。所以近年有学者提出应以贸易收差额/国际收支差额指标来替代进口规模指标。因为贸易收支差额/国际收支差额，或者贸易收支(或国际收支)差额的变动幅度，可以更好地反映资金的双向运动及对储备的实际需求。

2.国际储备/外债总额

一国的融资能力是和该国国际储备水平直接挂钩的，充足的国际储备是一国向外举债和偿债能力的保证。所以，国际储备/外债总额这一比例也是衡量一国国际储备适度量的指标之一。经验表明，一国的国际储备应相当于外债总额的 1/2 为宜。从实际情况看，偿债能力除取决于国际储备外，还取决于出口能力、重新举债能力等。各国在遵照一般标准的基础上，应该根据自身的国情加以分析确定。

其他影响储备规模的因素还有：

(1)汇率制度。一般认为，固定汇率制需储备较多，浮动汇率制需储备较少。

(2)外汇管制。外汇管制严格的国家，需储备较少；非外汇管制国，则需储备较多。

(3)国际收支自动调节机制和调节政策的效率。调节效率越高,需要的国际储备越少。

(4)一国承受国际收支政策调节的能力及与之相关的政府采用政策调节的意愿。

(5)对外资信与融资能力以及国际货币合作状况。该因素主要影响备用信贷及互惠信贷。

(6)金融市场发达程度。该因素主要影响诱导储备。

(7)持有储备的机会成本。持有储备的机会成本可以从两个方面评估:一是动用储备进口物资带来国民经济增长和投资收益率与国外存款利息之差;二是持有储备导致国内货币供应量增加、物价上升的危害。

(三)储备资产的结构管理

一国对国际储备资产的管理,除了在量上要保持最适度的储备水平外,还要在质上拥有一个适当的国际储备结构。储备资产的结构管理具体包括以下内容:

1.储备资产组合管理

储备资产主要由四项内容组成:黄金、外汇储备、在IMF的储备头寸、特别提款权。其中,在IMF的储备头寸和特别提款权,是由各成员国向IMF缴纳的份额所决定的,会员国一般无权掌握和分配,而且二者所占的比重很小。因此,储备资产组合管理实际上是对黄金和外汇储备的管理。二者的比例大小,从根本上决定整个国际储备的流动性、安全性和盈利性。

国际储备管理的三大原则中,流动性是首要原则,安全性是次要原则,最后才是盈利性。黄金由于其内在价值相对稳定且具有相对独立性,因此具有较高的安全性,但是在流动性和盈利性方面却相对较差,因此,黄金储备的数量一般不宜做过多的调整,以保持稳定为宜。从表4-2可看出,2000年以来,黄金储备占国际储备总资产的比重大致维持在10%。外汇储备,由于在流动性和盈利性上相对于黄金略胜一筹,已经在国际储备资产中占据主导地位。

统计数字表明,发达国家持有外汇储备的比重远远低于发展中国家,而黄金比重则高于发展中国家(见表4-5)。2000年以来,发达国家的外汇比重约维持在70%到75%之间,黄金比重约维持在20%;发展中国家外汇比重已经高达95%,而黄金比重仅为3%左右。这主要是因为:发达国家货币多为可兑换货币,国际支付能力较强,对储备资产的安全性较为重视,采取的是稳健型的管理策略;发展中国家国际支付能力较差,持有国际储备的机会成本较高,往往偏好外汇储备的盈利性,采取的是进取型的管理策略。

表 4-5 发达国家和发展中国家储备资产组合(2000—2006 年)

单位:%

时间 \ 国家	所有国家		发达国家		发展中国家	
	黄金比重	外汇比重	黄金比重	外汇比重	黄金比重	外汇比重
2000 年	11.41	84.84	20.35	73.09	3.52	95.22
2001 年	10.82	85.19	19.99	72.71	3.86	95.39
2002 年	11.22	84.68	20.96	71.53	3.83	95.12
2003 年	10.77	85.60	20.51	72.92	3.31	95.31
2004 年	9.25	87.98	18.75	75.97	2.76	96.18
2005 年	9.64	88.88	21.70	75.51	2.72	96.55
2006 年	10.42	88.42	23.94	73.74	2.91	96.57

资料来源::《国际货币基金组织年报》(有关年份)。

2.储备货币组合管理

储备货币组合管理,主要是指在当今金融市场上,各国货币当局对储备货币多元化的调整,安排各种储备货币在外汇储备中所占的比重。一国选择何种货币作为储备货币主要取决于以下因素:①一国的对外贸易状况;②一国外债币种的构成;③国际货币体系中各主要储备货币的地位;④储备货币汇率和利率走势;⑤一国经济发展目标和经济政策的需要。

根据詹姆士·托宾(James Tobin)的投资组合选择理论,将各种相互独立的不同资产混合搭配进行投资所承担的风险,一般要低于投资于任何单一资产所承担的风险。因为一部分资产的贬值可以由另一部分资产的升值来冲抵,从而维持预期的收益率,或保证资产的价值不遭受损失。因此,一国货币当局应实行储备货币多元化组合,这样才能避免“将所有鸡蛋放在同一个篮子里”,从而降低汇率波动风险。

统计数字表明,发达国家选择持有的储备货币倾向与发展中国家略有不同。储备货币中,美元是发达国家和发展中国家都持有最多的货币,但是发达国家持有美元的比重高于发展中国家。相比于发达国家,发展中国家持有更大比重的欧元和英镑(见表 4-6)。

表 4-6 发达国家和发展中国家储备货币比较(1999—2005 年)

单位:%

外汇储备货币		1999	2000	2001	2002	2003	2004	2005
美元	发达国家	73.5	72.5	72.7	68.9	70.5	71.5	73.7
	发展中国家	68.2	69.3	70.1	65.2	61.3	60.2	60.5
欧元	发达国家	16.1	17.1	18.0	22.4	22.1	20.9	19.2
	发展中国家	19.9	19.8	20.6	25.4	28.5	29.0	28.8
日元	发达国家	6.7	6.5	5.6	4.4	3.8	3.6	3.3
	发展中国家	6.0	5.8	4.6	4.4	4.0	4.1	3.8
英镑	发达国家	2.2	2.0	1.9	2.1	1.5	1.9	2.1
	发展中国家	3.7	3.5	3.5	3.5	4.0	4.9	5.1

资料来源:《国际货币基金组织年报》(有关年份)。

3.储备资产投资管理

一国关于国际储备结构管理的内容除了储备资产和储备货币的比例外,还包括对各种储备货币的存放地点和投资形式的管理。从流动性的角度,西方经济学家和英格兰银行等货币当局把储备资产划分为三类:

(1)一级储备:流动性高、盈利性低的资产,包括现金和准现金,如活期存款、短期票据等,平均期限为 3 个月,主要作为一国经常性对外支付及日常干预外汇市场的手段。

(2)二级储备:流动性相对于一级储备要低,但是盈利性相对要高,主要是指中期债券,平均期限为 2～5 年,是一国发生临时性事件对外支付的补充性流动资产。

(3)三级储备:盈利性高、流动性低的资产,主要是指各种长期投资工具,平均期限为 4～10 年,用于扩大储备资产的收益。一国货币管理当局一般在确定一级储备和二级储备的规模和比例后,才考虑将余下的部分作为长期性投资,旨在保持一定的流动性和安全性条件下获取尽可能高的预期收益率。

货币当局在进行储备资产的管理时,一般更强调资产的安全性和流动性。因此,在对储备资产的存放地点和投资的具体形式方面,各国都倾向于投资于实力雄厚信誉良好的政府债券和评级较高的欧洲债券。

专栏4-3

中国外汇储备现状与管理

1. 中国外汇储备现状

2001年以来，中国的外汇储备保持快速增长，截至2007年已达到13 326亿美元，相对于2006年同比增长41.6%(见表4-7)。从世界范围看，中国已经于2006年初超过日本成为外汇储备第一大国。外汇储备的巨大存量和快速增长，一方面提高了中国的信用等级和偿付能力，另一方面也给中国经济带来了负面影响，巨额的外汇储备不仅加剧了国内金融市场流动性过剩，制约了央行货币政策的独立性，加大了宏观经济政策内外平衡的压力，而且也对存量的管理提出了更高的要求。

表4-7　中国外汇储备规模(2001—2007年)

年　份	2001年	2002年	2003年	2004年	2005年	2006年	2007年
外汇储备(亿美元)	2 121.65	2 864.07	4 032.51	6 099.32	8 188.72	10 663.00	13 326.00
增长率(%)	28.14	34.99	40.80	51.25	34.26	30.22	41.60

资料来源：中经网数据库，http://210.34.4.11:86/zonghe.htm.

2. 中国外汇储备管理

外汇储备的过快增长以及由此带来的流动性过剩问题引起了众人的担心，也引起了政府部门的高度重视。中国社科院金融研究所所长李扬表示："中国现行的外汇储备管理体制的改革，就其主体多元化而言，就是要将原先由人民银行持有并形成官方储备的格局，转变为货币当局、其他政府机构以及企业与居民持有的格局。而2003年中央汇金公司的成立与运行标志着外汇资产持有主体的多样化进程已经在我国展开。"此外，为了进一步推进中国外汇储备管理体制改革，中国需要在整合中央汇金公司的基础上设立专业化的外汇投资机构。

经国务院批准，中国投资有限责任公司(China Investment Corp，CIC)于2007年9月29日在北京宣告成立。中投公司是依据《公司法》设立的，从事外汇资金投资管理业务的国有独资公司，注册资本金2 000亿美元。该公司的经营目标，一是以境外的金融组合产品为主，开展多元投资，提高外汇资产的长期收益；二是向国内金融机构注资，依法履行出资人代表职责，实现国有金融资产的保值增值。中国投资公司的成立是党中央、国务院在新的经济和金融形势下，高瞻远瞩做出的一项战略决策，它的成立被视为中国外汇管理体制改革的标志性事件。

资料来源：张莫、张汉青：《我国外汇储备管理改革宣告提速》，《经济参考》2007年7月1日；楼继伟：《中投将实行政企分开自主经营商业化运作》，《中国证券报》2007年10月8日。

本章小结

外汇管制又称为外汇管理，是当今世界各国调节外汇和国际收支的一种常用的强制性手段。通过外汇管制，可以保护民族工业发展，促进本国经济发展，维持汇率、国内物价稳定以及国际收支平衡。但是，外汇管制也加大了市场成本，影响资源的配置效率，还容易形成外汇黑市交易和导致贸易摩擦，不利于多边国际合作。从长期来看，外汇管制会对汇率等造成扭曲，货币自由兑换才是发展趋势。

货币自由兑换，是指外汇市场上能自由地用本国货币兑换某种外国货币，或用某种外国货币兑换本国货币。按照产生货币兑换需求的国际经济交易的性质来划分，货币自由兑换可分为经常项目下的货币自由兑换和资本与金融项目下的货币自由兑换两种。一国货币要实现自由兑换要求一国有健康的宏观经济状况、健全的微观经济主体、合理的汇率水平以及充分的国际清算支付能力。

国际储备是指一国货币当局能随时用来干预外汇市场、支付国际收支差额的资产。狭义的国际储备就是我们通常所说的国际储备，即自有储备，包括黄金储备、外汇储备、在国际货币基金组织的储备头寸、特别提款权四种形式；广义的国际储备则是所谓的国际清偿力，包括自有储备和借入储备，其中借入储备资产包括备用信贷、互惠信贷和本国商业银行的对外短期可兑换货币资产三项内容。国际储备是体现一个国家经济实力的重要标志之一，它在平衡国际收支逆差、维持汇率稳定和对外信用保证等方面都起着重要的作用。

国际储备管理是指一国政府及货币当局根据一定时期内本国的国际收支状况和经济发展的要求，对国际储备的规模和结构进行计划、调整、控制，以实现储备资产规模的适度化，储备结构的最优化。国际储备管理涉及两方面的内容：一是对储备需求的规模管理，以确定最适合一国国情的国际储备数量；二是对储备资产的结构管理，以实现储备资产结构的最优化。

关键词

外汇管制　货币自由兑换　经常项目下的货币自由兑换　资本与金融项目下的货币自由兑换　第八条款国　资本逃避　货币替代　国际储备　国际清偿力　特别提款权

复习思考题

1. 一国采取外汇管制的原因主要有哪些?
2. 分析外汇管制的经济效应。
3. 简述货币自由兑换的条件和一般经历的阶段。
4. 国际储备和国际清偿力的异同点是什么?
5. 论述影响国际储备规模管理的主要因素及参考指标。

第五章 汇率决定理论

导言

汇率决定理论是国际金融理论的核心内容，经济学家们对该理论的研究与探索从没停息过，特别是在1973年布雷顿森林体系瓦解，浮动汇率制度开始实行之后，对汇率决定理论的研究显得更为活跃。布雷顿森林体系以及之前的金本位、金汇兑本位制度都是以固定汇率为基调的，这一阶段的汇率决定理论主要研究长期汇率是如何决定以及如何被影响的。布雷顿森林体系瓦解之后，浮动汇率开始大行其道，在汇率市场上，汇率的波动越发频繁、幅度越发剧烈，因此，这一阶段的汇率理论研究集中于探究短期汇率波动的原因及其影响因素。本章主要介绍基于宏观经济结构的传统汇率决定理论。

学习目标

1. 了解汇率决定理论的发展脉络。
2. 掌握每个理论的主要内容及其缺陷。
3. 对汇率的实证研究有基本的认识。

第一节 购买力平价说

购买力平价理论的正式提出应归功于古斯塔夫·卡塞尔(Gustav Cassel)20

世纪 20 年代的一本著作《1914 年以后的货币与外汇》[①]的问世，而该理论的起源则可以追溯到 19 世纪的英国经济学家大卫·李嘉图(David Ricardo)。购买力平价理论认为，货币的价值在于其购买力，因此不同货币之间的兑换率取决于其购买力之比，也就是说，汇率与各国的价格水平之间具有直接的联系。购买力平价理论的基本思想是以一价定律为基础的，因此，下面首先介绍一价定律。

一、一价定律

一价定律(Law of One Price)的成立有三个前提条件：

第一，市场是完全竞争的，没有交易成本和其他的贸易壁垒；

第二，商品是同质的；

第三，商品的价格能够灵活地进行调整，不存在任何价格上的黏性。

当这三个前提满足时，一价定律表明同质商品在不同的市场上以同种货币衡量的价格应该是相等的。驱使不同市场上的商品价格均等化的力量是套利——利用差价买进或卖出某物而获取无风险的利润的活动。

首先来分析同质商品在国内不同市场上的价格。如果某商品在国内 A、B 两地的价格不同，假设在 A 地的价格高于 B 地的价格。这一价格上的差异必然会引起该商品的套利。套利者可以在 B 地以相对低的价格买进该商品，然后在 A 地以相对高的价格卖出，这一差价就是商品的套利利润。然而，套利利润是不会永久存在的，也就是说，该商品在两地的价格差异最终会因为套利而被消除。套利改变了该商品在两地的供求关系，最终导致价格的均等。套利者在 B 地的买入行为会增加 B 地对该商品的需求，因此 B 地的价格会上升。同样，将 B 地的商品运往 A 地卖出，会增加 A 地对该商品的供给，因此 A 地的价格会下降。最终的均衡状态必然是该商品在 A、B 两地的价格相等，否则套利活动会继续进行下去。

下面考虑一种比较特殊的商品：中国东部沿海地区的房价与中西部地区的房价相比，又会得到怎样的结论？就目前来看，一个很显然的事实是，对于同样类型的房屋，东部沿海地区的价格要远远高于中西部地区的价格。然而这一巨大的差价并没有带来明显的套利行为。因为房屋这类商品有一个比较特殊的性质，它不大可能毫无成本或者以很低的成本从一个地方搬运到另一个地方，因此套利也就很难发生了。据此，我们可以将商品分为两类，第一类是可贸易商品

① Gustav Cassel, *Money and Foreign Exchange After 1914*, London: Constable & Co Ltd, 1922.

(Traded Goods)，指地区间价格差异可以通过套利消除的商品；另一类不能通过套利消除地区间价格差异的商品则被称为不可贸易商品（Non-traded Goods)。在无贸易壁垒而且交易成本可以忽略不计的前提下，可以得出以下结论：同样的可贸易商品在各地的价格是相等的。这一关系就是一价定律。

其次我们来分析在开放经济的条件下同质商品在不同国家的价格。这里仍可使用一价定律，但需要考虑不同国家使用不同货币的情况。为此，需要将不同的货币按某一汇率转换为同一货币来表示商品价格。在无交易成本和贸易壁垒的前提下，以同一货币表示的不同国家间同样的可贸易商品的价格是相等的。这就是开放经济条件下的一价定律，可以由以下表达式表示：

$$P_i = SP_i^* \tag{5-1}$$

上式中，P_i 为本国可贸易商品价格，S 为直接标价法的汇率，P_i^*为外国可贸易商品价格。

二、购买力平价的基本形式

购买力平价(Purchasing Power Parity，PPP)有两种形式：一种是在一价定律的基础上推导出来的，称为绝对购买力平价说；另一种则称为相对购买力平价说。

(一)绝对购买力平价

1.绝对购买力平价

一价定律表明，当没有交易成本和贸易壁垒的时候，两国可贸易商品的价格之间存在(5-1)式所表明的关系。

绝对购买力平价则将一价定律推广到一个商品篮子，即同一个商品篮子在不同的市场上以同种货币衡量的价格应该是一样的。例如，一篮子商品在中国需花费￥800，同一篮子商品在美国要花费＄100。那么，人民币对美元的汇率则为￥800/＄100=￥8/＄1。于是，绝对购买力平价的代数表示形式为：

$$S = \frac{P}{P^*} \tag{5-2}$$

式中 P 是该商品篮子以本国货币衡量的价格，P^* 是同一商品篮子以外国货币衡量的价格。该式表明，本国价格水平相对于外国价格水平的下降会导致本币同比例的升值。例如，如果该商品篮子在中国的价格降为￥700，而在美国的价格保持不变，则根据绝对购买力平价，人民币对美元的汇率相应上升为￥7/＄1。

将购买力平价运用到实际中，则需要将这个商品篮子具体化。通常的方法是选择某物价指数，如消费者价格指数(CPI)、GDP 平减指数(GDP deflator)，来代替一篮子商品的价格。

因此，PPP 成立的两个前提是：

其一，对于任何一种可贸易商品，一价定律都成立；

其二，在两国物价指数的编制中，各种可贸易商品所占的权重相等。

汇率取决于以不同货币衡量的可贸易商品的价格水平之比，即不同货币对可贸易商品的购买力之比。

2. 实际汇率

前面所讨论的汇率都是指名义汇率，除此之外还有一个很重要的概念就是实际汇率，可表示如下：

$$Q=\frac{SP^*}{P} \tag{5-3}$$

实际汇率可以看作是对名义汇率偏离购买力平价的一种测量方式。如果购买力平价成立，那么实际汇率就为 1。如果实际汇率不为 1，则表示名义汇率偏离了购买力平价。

3. 绝对购买力平价的缺陷

绝对购买力平价的表达式简单，但是在实际应用过程中却遇到一些问题。首先，一价定律成立需要满足无交易成本和贸易壁垒的条件，该条件是很苛刻的。在现实的经济环境中，存在着大量的实例，如运输费用、各种关税及非关税的贸易壁垒，表明该条件是很难达到的。其次，由于一价定律的限制，要求商品篮子中的商品都是可贸易商品，单个的商品都满足一价定律。然而在现实中没有一个专门为可贸易商品编制的物价指数，而且将每个商品严格地归类为可贸易商品或者不可贸易商品也是不现实的。再次，购买力平价要求两个国家的商品篮子是一样的，即篮子中商品的种类及其所占权重是一样的。可是，每个国家在编制价格指数的时候，都会考虑各自的国情，因而物价指数中商品的种类及其权重很有可能不一样甚至大相径庭。因此，绝对购买力平价不可能很严密地成立。而相对购买力平价能克服这一困难。

(二)相对购买力平价

从购买力平价的绝对形式可以直接推导出相对购买力平价。将(5-2)式两边取对数，然后再对时间微分，可得：

$$\dot{s}=\dot{p}-\dot{p}^* \tag{5-4}$$

上式中的小写字母为相应大写字母的自然对数，小写字母上方的圆点表示对时间的微分。例如，$\dot{s}=ds/dt=d\ln S/dt$，所以，$\dot{s}$ 表示单位时间内汇率的变化率，$\dot{p}$ 和 $\dot{p}^*$ 则表示本国及外国价格指数的变化率，可以看作以该价格指数衡量的通货膨胀率。式(5-4)即相对购买力平价的表达式。

相对购买力平价意味着汇率的升值与贬值是由两国的通胀率的差异决定的。如果同期本国通货膨胀率比外国高，则本币预期将会贬值；反之，则本币预期会升值。也就是说，如果 $\dot{p}>\dot{p}^*$，则 $\dot{s}>0$，所以有 $S_{t+\Delta t}>S_t$，即预期本币将会贬值。如果中国的通货膨胀率为 8%，同期美国通货膨胀率为 5%，那么，相对购买力平价告诉我们，人民币对美元的汇率将会贬值 8%－5%＝3%左右。

相对购买力平价的成立不依赖于无交易成本和贸易壁垒的假设。前面提到过，当存在交易成本或贸易壁垒时，绝对购买力平价表现得不是很好，而相对购买力平价仍然成立。也就是说，相对购买力平价的成立并不需要绝对购买力平价作为前提。通常，各种交易成本和贸易壁垒都不会在短期发生很显著的变化，因此作出交易成本 C 不变的假设是合乎现实的(至少比无交易成本更现实)。假设由交易成本和贸易壁垒带来的成本为 C，在套利的作用下，两国的价格满足这一关系式：$P+C=SP^*$。又因为交易成本 C 随时间的变化不会很显著，即 $dC/dt\approx 0$，所以 $d\ln(P+C)/dt\approx d\ln P/dt$，因此，当存在短期不会显著变化的交易成本或贸易壁垒的时候，(5-3)式仍然能够近似地成立，因此，当存在某些形式的交易成本和贸易壁垒时，相对购买力平价要比绝对购买力平价表现得好。而现实往往是存在着各种交易成本和贸易壁垒，因此，在对购买力平价的实证检验中，通常都采用相对购买力平价来作为检验的理论，而很少采用绝对购买力平价。

三、购买力平价的检验

自购买力平价理论提出以来，对它的实证研究就没有间断过。关于购买力平价的实证检验非常多，并且所采用的检验方法已充分运用了现今复杂的计量技术[①]。

对 PPP 的检验通常都是基于对以下方程的估计：

---

① Lucio Sarno & Mark P. Taylor, *The Economics of Exchange Rates*, Cambridge University Press, 2002, p. 58，书中将 PPP 丰富的经验证据分为 6 个不同的阶段：早期经验文献、对真实汇率随机游走假设的检验、协整研究、长期跨时研究、面板数据研究和运用非线性计量技术的研究；Ronald Macdonald, *Floating Exchange Rates*, Unwin Hyman Ltd, 1988, p. 214，该书也归纳了对 PPP 检验的四类方法。

绝对购买力平价形式：

$$s_t=\beta_0+\beta_1 p_t+\beta_2 p_t^*+\varepsilon_t \tag{5-5}$$

因为绝对购买力平价的原始形式(5-2)是非线性的，为了检验它就需要将其两边取对数以线性化。因此式中的小写字母同式(5-4)中的意义相同，即为相应大写字母的对数形式。

相对购买力平价形式：

$$\Delta s_t=\beta_0+\beta_1 \Delta p_t+\beta_2 \Delta p_t^*+\varepsilon_t \tag{5-6}$$

式中的 ε_t 是误差项，Δ 表示一阶差分，即 $\Delta s_t=s_t-s_{t-1}$，其余的变量类似。在以上的两种检验中，原假设都是 $\beta_1=1$ 且 $\beta_2=-1$。

对购买力平价的实证研究，得出的结论大致可以归纳为如下几点：

1. 购买力平价在地理位置接近的国家或贸易联系紧密的国家之间表现得更好[①]。一般情况下地理位置接近或贸易联系紧密的国家或地区间的交易成本以及贸易壁垒会小很多，根据前面的理论分析可知，此种情况下购买力平价应该能够很好地成立，实证研究的结果正好支持了这样的观点。

2. 购买力平价对可贸易商品表现得要比不可贸易商品好[②]。因为购买力平价的思想来源于一价定律，而一价定律的成立又是由套利来保证的。不可贸易商品很难进行套利，因此购买力平价在不可贸易商品上表现得自然就不是很好。然而在现实的经济体系中，可贸易商品和不可贸易商品之间的界限是很模糊的，很难将一件商品严格地划分为可贸易商品还是不可贸易商品。所以在实证检验中要找到衡量一般价格水平的指标是很困难的。2003 年的一份研究[③]表明，在购买力平价检验中使用恰当的价格指数是很重要的。该研究指出批发物价指数(Wholesale Price Indices，WPI)在检验中的效果要好于消费者价格指数(Consumer Price Indices，CPI)，使用贸易品价格指数(Tradables Price Index，TPI)的效果又显著好于批发物价指数(WPI)。可以看出，价格指数中可贸易品占的权重越大，购买力平价表现得越好；反之，购买力平价的表现就差强人意了。

---

① Jacob A. Frenkel，"The Collapse of Purchasing Power Parity During the 1970s"，*European Economics Review*，1981，vol. 16，pp. 145～165.

② Lawrence H. Officer，"The law of One Price Cannot be Rejected：Two Tests Based on the Tradeable/Non Tradeable Goods Dichotomy"，*Journal of Macroeconomics*：1986，vol. 8，pp. 159～182.

③ Xu，Z.，"Purchasing Power Parity，Price Indices and Exchange Rate Forecasts"，*Journal of International Money and Finance*，2003，vol. 22，pp. 105～130.

3. 购买力平价在长期比短期表现得更好。不论是绝对购买力平价还是相对购买力平价都表明,汇率的波动都应该与价格的波动相一致。但是,Frenkel 和 Mussa 在 1980 年的研究结果①和 MacDonald 在 1988 年的研究结果②都表明短期汇率的波动远远大于价格水平的波动。而 Lothian 在 1997 年的研究③表明从长期来看,是不能拒绝购买力平价的;Sarno 和 Taylor 在 2002 年运用最新的计量技术所作的实证研究④也支持购买力平价长期的有效性。

四、购买力平价的评价

在所有的汇率理论中,购买力平价是最有影响的。购买力平价理论中所牵涉的一系列问题都是汇率决定中的非常基本的问题,始终处于汇率理论中的核心位置,是理解全部汇率理论的出发点。

第一,购买力平价从货币的基本功能(具有购买力)的角度分析货币的交换问题,非常符合逻辑、易于理解。

第二,购买力平价开辟了从货币数量角度对汇率进行分析之先河。货币数量通过决定货币购买力和物价水平从而决定汇率。

第三,购买力平价决定中长期内均衡汇率,或者其本身就是中长期均衡汇率。

第二节 利率平价说

购买力平价是从商品市场出发探寻汇率是如何决定的。利率平价说则换个角度从资本市场出发,分析汇率与利率所存在的关系。与购买力平价说相比,利率平价说是一种短期的分析。

---

① Jacob A. Frenkel & Mussa, M. ,"The Efficiency of Foreign Exchange Markets and Measures of Turbulence", *American Economic Review*,1980,vol. 70,pp. 375～381.

② MacDonald, R. ,"*Floating Exchange Rates: Theory and Evidence*",Unwin Hyman Ltd. , 1988.

③ Lothian, J. ,"Multi-Country Evidence on the Behaviour of Purchasing Power Parity under the Current Float", *Journal of International Money and Finance*,1997,vol. 16. pp. 19～35.

④ Lucio Sarno and Mark P. Taylor,"Purchasing Power Parity and the Real Exchange Rate", *International Monetary Fund Staff Papers*,2002,vol. 49,pp. 65～105.

一、利率平价说

利率平价理论基本内容为：远期差价是由两国利率差异决定的。高利率国家的货币在远期外汇市场上必定贴水，低利率国家的货币在远期外汇市场上必定升水。即：即期汇率与远期汇率的差异≈两国利率差。

利率平价理论成立的基本前提是：①完全资本流动；②有效外汇市场；③不考虑交易成本；④本外国金融资产完美替代。

利率平价又可分为非套补的利率平价和套补的利率平价。以下我们就从这两个角度来推导利率平价理论。

(一)非套补的利率平价(UIP)

假设存在这样一个投资者，他面临着两种投资方案：购买英国债券和购买美国债券。假设这两种有价债券是完美替代的，即收益与风险对该投资者来说是一样，而且英镑与美元都具有完全的流动性，也就是说该投资者可以随时地将手中的货币兑换为另一种货币来购买相应的债券。那么，他会按照如下的规则来选择投资方案：

假设他手中有1英镑，用它来购买英国发行的债券，那么在债券的到期日，他能获得 $e^{\Delta ti}$ 英镑①。

如果他选择购买美国债券，那么首先他需要将1英镑按照即期汇率 S 兑换为 $1/S$ 美元用于购买美国债券，然后在债券到期日获得 $e^{\Delta ti^*}/S$ 美元。

为了比较两种收益的大小，该投资者需要对未来的汇率做个预测，假设他预测在债券到期那一刻的汇率为 S^e。很显然，如果 $e^{\Delta ti}<e^{\Delta ti^*}S^e/S$，那么该投资者会选择购买美国债券；反之，则购买英国债券。

在市场上存在许多这样的投资者，一旦他们认为购买美国债券的回报高，那么他们就会在外汇市场上将自己手中的英镑兑换成美元来购买美国债券，因此在即期外汇市场上对美元的需求和对英镑的供给就会增加，所以美元会升值，S^e/S 会增加。如果 $e^{\Delta ti}>e^{\Delta ti^*}S^e/S$，那么该投资者会选择购买英国债券；同理，远期外汇市场上对英镑的需求和对美元的供给会增加，所以美元贬值，S^e/S 会减少。最终的均衡状态必定是两种债券对投资者来说是没有差异的，于是有：

$$e^{\Delta ti}=e^{\Delta ti^*}S^e/S \tag{5-7}$$

---

① 该式是按连续复利计算得出的，其中 Δt 为债券期限。

对该式两边同时取对数，然后对 Δt 求导数得：

$$E\dot{s}=i-i^{*} \tag{5-8}$$

式中 $E\dot{s}$ 表示单位时间内预期的汇率贬值率，即 $E\dot{s}=(S^{e}-S)/S$，i 和 i^{*} 分别为本国和外国的利率。这就是非套补的利率平价(Uncovered Interest Rate Parity,UIP)的表达式。该式告诉我们，预期的汇率远期变动率等于两国货币利率之差。在非套补利率平价成立时，如果本国利率高于外国利率，则意味着市场预期本币在远期将贬值。如果英国的年利率为3%，美国的年利率为8%，那么，非套补的利率平价告诉我们，投资者会预期英镑将贬值3%－8%＝－5%，即升值5%。

(二)套补的利率平价(CIP)

在非套补的利率平价中，投资者是通过对未来的汇率进行预测来决定采取哪种投资方案的。因为外汇市场的波动很大，很难准确地预测未来的汇率，所以这种投资决策是有风险的。投资者们可以通过外汇的远期交易来规避这种风险。此时，未来的汇率不再是投资者的预期汇率了，而是由远期合约规定的，因此有：

$$e^{\Delta ti}=e^{\Delta ti^{*}}F/S \tag{5-9}$$

其中，F为远期合约规定的远期汇率。经过相同的运算可得：

$$f=i-i^{*} \tag{5-10}$$

式中 $f=(F-S)/S$ 为单位时间内汇率的远期升水，这样得到的表达式称为套补的利率平价(Covered Interest Rate Parity,CIP)。该式表明，汇率的远期升贴水等于两国利率的差。如果本国利率高于外国利率，则远期汇率必将升水，这意味着本币在远期将贬值；如果本国利率低于外国利率，则本币在远期将升值。汇率的变动会抵消两国间的利率差异，从而使金融市场处于平衡状态。

套补的利率平价具有很高的实践价值，在外汇交易中处于市场创造者地位的大银行基本上就是根据各国间的利率差异来确定远期汇率的升贴水额的。

二、利率平价说的检验

利率平价分为套补和非套补两种，对利率平价的检验方法也因此而不同。下面将分别介绍对套补的和非套补的利率平价的检验。

(一)套补的利率平价(CIP)的检验

在实证检验中，除了外汇市场激烈动荡的时期，套补的利率平价基本上都能比较好地成立。

套补的利率平价的实证检验需要两个假定：一是外汇市场上有效市场假说能够得到满足，二是资产的完美替代，即所选择的本国和外国债券的到期日及其他特征如违约和政治风险等要一致。那么在套利的驱使下，$i-i^{*}-(f-s)$应该为零[将(5-9)式中的Δt取1，然后两边取对数就可以得到此式]。

实践中，研究者对CIP的检验通常有两种方法。第一种是计算即期汇率利率平价的实际偏离，看其是否显著的不为零。这一显著性水平通常涉及一个中立带(Neutral band)，而中立带是由交易成本决定的。Frenkel和Levich(1975)①区分了四类交易成本：出售本国证券的交易成本、购买即期外汇的交易成本、用期货进行套补的交易成本、购买外国证券的交易成本。通过对这些成本的计算，得到中立带的上下限。如果交易成本超过了套利所能获得的利润，则处于中立带里面的点不存在套利的机会，该点被认为是均衡点，即可以近似地认为在中立带中$i-i^{*}-(f-s)$为0，套补的利率平价成立。在对1962年1月至1967年11月英国－美国和加拿大－美国的数据处理后，Frenkel和Levich(1975)发现当使用国库券利率的时候，有85%的表面的获利机会(Apparent profit Opportunities，同平价值偏离的点就被认为存在获利机会)落在中立带里，即85%的与利率平价的偏离落在中立带里；而当使用欧洲利率(Euro-rates)(欧洲美元－欧洲英镑)时，几乎达到了100%。这说明套补的利率平价是基本成立的。使用国库券利率比使用欧洲利率发生了更大的偏离，一个可行的解释就是前面所提到的所选择的本国和国外债券不一致。Frenkel和Aliber②等人认为由于外国可能在到期日之前采用外汇控制的政策，因此使用国库券的利率会产生政治风险。在Frenkel和Levich(1977)的一篇文章③中，将数据分为三个阶段，然后采取了同样计算中立带的方法再次检验CIP。Taylor(1987，1989)④则更进一步地认为为了提供一个更好的CIP的检验方法，需要得到交易者在同一时间进行交易的汇率和利率资料。他运用高质量、高频率、同时的即期和远期的美元

① Jacob A. Frenkel and Richard M. Levich, "Covered Interest Arbitrage: Unexploited Profits?", *Journal of Political Economy*, 1975, Vol. 83, pp. 325～338.

② Robert Z. Aliber, "The Interest Parity Theory: A Reinterpretation", *Journal of Political Economy*, 1970, Vol. 81, pp. 1451～1459.

③ Jacob A. Frenkel & Richard M. Levich, "Transaction Costs and Interest Arbitrage: Tranquil versus Trubulent Periods", *Journal of Political Economy*, 1977, Vol. 85, No. 6, pp. 1207～1224.

④ Mark P. Taylor, "Covered Interest Parity: A High-Frequency, High-Quality Data Study", *Economica*, 1987, Vol. 54, pp. 429～438; "Covered Interest Arbitrage and Market Turbulence", *Economic Journal*, 1989, Vol. 99, pp. 376～391.

一英镑和美元一马克汇率以及相应的多种到期期限的欧洲利率的样本数据，并在计算中考虑到买卖价差和经纪人费用，发现即使在市场不稳定和混乱的时期，套补的利率平价也是基本成立的。

第二种检验 CIP 的方法是对式(5-11)的回归分析：

$$f_{t,t-1}-s_t=a+b(i-i*)_t+u_t \tag{5-11}$$

$f_{t,t-1}$表示在 $t-1$ 期签订的 t 期到期的远期合约中规定的远期汇率的自然对数，s_t 表示 t 期汇率的对数，$(i-i^*)_t$ 表示本国利率与外国利率的差；u_t 是随机误差项。

如果 CIP 成立，而且没有交易成本存在，那么 a 应该不显著的区别于 0，b 应该不显著的区别于 1。如果考虑到 Frenkel 和 Levich(1977)所定义的交易成本，那么这里的 a 就是有意义的，而且应该能表示模型所考虑的期限内的交易成本的均值。许多研究者用不同时期的不同货币对上式进行了检验，其结论表明在大多数情况下，a 是偏离 0 的(也许反映了非零的交易成本)，而 b 是不显著的偏离 1，CIP 仍然是得到支持的。

(二)非套补的利率平价(UIP)的检验

对 UIP 的检验则依赖于对式(5-12)的回归：

$$s_t=as_{t-1}+b(i-i^*)_{t-1}+u_t \tag{5-12}$$

公式中各字母含义同上式。

对 UIP 检验的联合假设是 $a=-1$，$b=1$，u_t 是一个白噪声过程(White-noise Process)，而且同过去的信息是正交的(Orthogonal)[①]。Hacche 和 Townend(1981)[②]用 1972 年 7 月至 1980 年 2 月英镑的有效汇率来检验 UIP，发现数据是支持对系数先验的约束的，即不能拒绝 $a=-1$、$b=1$ 的假设，但是数据不支持误差项正交这一假设。Loopesko(1984)[③]也对误差项正交性做了相似的检验，对主要货币的汇率来说，误差项正交的性质也是不成立的。Cumby 和

① 这两个名词是随机过程中的相关概念。如果序列$\{v_t\}$是独立同分布的，而且具有有限的均值和方差，就称其为白噪声过程。如果 $E(xy)=0$，则称随机变量 x 与 y 是正交的。

② Hacche, G. & Townend, J., "Exchange Rates and Monetary Policy: Modelling Sterling's Effective Exchange Rate, 1972—80", *Oxford Economic Papers*, New Series, Vol. 33, Supplement: The Money Supply and the Exchange Rate, Jul. 1981. pp. 201～247.

③ Loopesko, B., "Relationships among Exchange Rates, Intervention and Interest Rates: An Empirical Investigation", *Journal of International Money and Finance*, 1984, Vol. 3, pp. 257～278.

Obstfeld(1981)[①]使用Box-Pierce方法和似然率方法来检验6种美元汇率的残差是否为白噪声过程。其结果是只有英镑－美元汇率的残差是白噪声过程。Cumby和Obstfeld认为可能是由于风险溢价的存在，使得现实汇率对UIP有偏差。

三、利率平价说的评价

利率平价是国际金融市场上最重要的平价之一。

首先，利率平价说从资金流动的角度指出了汇率与利率之间的密切关系，有助于更好地理解远期汇率理论，及远期汇率与即期汇率之间的关系。实证分析结果证实，无论长期、短期，利率平价理论都是有效的，特别对欧洲货币市场最为合适(资本管制少)。

其次，利率平价说具有特别的实践价值。在国际外汇市场上，远期汇率基本上都是在利率平价的基础上形成的。不过由于各国对资本输出入的限制，对支付给外国人的利息收入的征税以及交易成本的存在，现实中的远期汇率通常会对利率平价有一定程度上的偏离。

再次，利率平价说的政策意义在于，中央银行要对外汇市场进行灵活的调节，应该培育一个发达的、有效率的货币市场，在货币市场上利用利率尤其是短期利率的变动来对汇率进行调节。

但是利率平价说的假设在现实经济中是很难成立的，这在某种程度上影响了该理论的解释效力。

假设一：两国金融市场高度发达且紧密相连，资金可在两个不同市场间自由移动，国际间不存在资本流动障碍。而现实中很多国家存在外汇管制，外汇市场不发达。

假设二：套利资金是无限的，因此套利能不断进行，直到利率平价成立。但现实中，套利资金不是无限的。

假设三：不考虑交易成本。而现实存在的交易成本会影响套利收益，从而影响汇率、利率的关系。如果考虑交易成本，国际间的抛补套利活动在达到利率平价之前就会停止。

---

① Cumby, R. E. & Obstfeld, M. ,"Exchange Rate Expectations and Nominal Interest Rates: a Test of the Fisher Hypothesis", *Journal of Finance*, 1981, Vol. 36, pp. 697～703.

第三节 汇率决定的货币模型

因为购买力平价理论的成立依赖于促使不同市场上商品价格均等化的套利行为，而商品市场的价格调整速度是很慢的，因此购买力平价能很好地解释汇率的长期变化，但对解释汇率的短期行为则显得无能为力。为了找到一个能很好地解释短期汇率行为的理论，本节将介绍从资本市场的角度出发探寻汇率是如何被决定的理论——资产市场模型。

与传统理论相比，汇率的资产市场模型在分析方法上存在两点不同：首先，决定汇率的是存量因素而不是流量因素。资产在市场上的供求反应是对这一资产的持有存量进行调整的需要。一种资产价格变动，是由于整个市场改变了对该资产价值的评价，因此在很少甚至没有发生供求关系根本变动的情况下，资产价格也有可能发生变动(甚至是相当大的变动)。所以，资产市场说一般又被称为汇率决定的存量模型。其次，在当期汇率的决定中，预期发挥了十分重要的作用，导致在现实经济没有明显变化的情况下，汇率变动却极为剧烈。

资产市场模型有三个假定前提：

第一，外汇市场是有效的，即市场以当前价格反映了所有可能得到的信息；

第二，一国的资产市场包括本国货币市场、本币资产(主要是本国债券)市场和外币资产(包括外国债券和货币存款)市场；

第三，资金完全流动，套补利率平价(CIP)始终成立。

依据对本币资产与外币资产可替代性的不同假定，资产市场说可分为货币模型(Monetary Approach)与资产组合模型(Portfolio Approach)。货币模型：假定本币资产与外币资产可完全替代(即投资者风险中立)。资产组合模型：假定本币资产与外币资产不完全替代(即投资者风险非中立)。

货币模型又可以分为两类：弹性价格(Flexible Price)模型和黏性价格(Sticky Price)模型。作为货币模型，这两个模型的共同特点是它们都认为货币的供给与需求是汇率决定的关键因素。而不同点在于它们对价格调整的假设不同。弹性价格模型假定商品市场与货币市场价格都具有充分弹性，在短期和长期都可以灵活调整；而黏性价格模型则认为面对市场的冲击，商品市场的价格调整具有黏性特征，调整速度很慢，但资本市场的价格却能在瞬间得到调整。

一、弹性价格货币模型

(一)弹性价格货币模型

该模型假设本国货币需求函数为:

$$m_t - p_t = \eta y_t - \sigma i_t \quad (\eta,\sigma > 0) \tag{5-13}$$

其中,m、p、y 分别为货币量、价格和实际收入的自然对数,i 为名义利率,η 和 σ 是系数,下标 t 表示相应的变量在第 t 期的取值。当收入增加时,对货币的需求量也会增加;而当利率增加时,对货币的需求量会减少。

相似的,国外的货币需求函数为:

$$m_t^* - p_t^* = \eta y_t^* - \sigma i_t^* \tag{5-14}$$

上标 * 表示该变量取外国相应的数值。

弹性价格货币模型有两个假设:

第一个假设:不论短期还是长期,所有价格都是灵活调整的,所以购买力平价总是成立,即:

$$s_t = p_t - p_t^* \tag{5-15}$$

解出式(5-13)和(5-14)中的价格然后代入(5-15)得:

$$s_t = (m_t - m_t^*) - \eta(y_t - y_t^*) + \sigma(i_t - i_t^*) \tag{5-16}$$

等式(5-16)说明汇率是由货币供求、实际收入和名义利率决定的。

汇率的货币模型的核心思想是,决定汇率变动的关键因素是货币的供求,其他因素都是通过影响货币的供求来影响汇率的。

首先,本国货币供给的增加会使本币贬值,外国货币供给的增加则会使本币升值。如果本国货币供给增加 1%,因为假设价格是灵活调整的,所以本国的价格水平马上会上升 1%,又因为购买力平价是一直成立的,因此,本币一定会贬值 1%。

其次,收入水平和利率的变化对汇率的影响都是通过货币供求这一关系达到的。如果本国收入增加了,参加流通的货币必然也要增加,这就增加了对货币的需求。而货币的供给和利率水平是保持不变的,为使货币的供求平衡,本国的价格水平必然要下降,在购买力平价成立的假设下,本币就会升值。同理,如果本国利率水平增加,通过相同的机制改变货币的供求,从而导致本国货币的贬值。

货币模型的第二个假设：两国的有价债券是完美替代的，即两国的有价债券面临着同样的风险，而且资本市场具有完全的流动性。

此假设意味着非套补的利率平价成立，预期因素对即期汇率水平的确定具有重要作用。

$$E_t s_{t+1} - s_t = i_t - i_t^* \tag{5-17}$$

其中，$E_t s_{t+1}$ 为在 t 时刻对 $t+1$ 时刻汇率的预期值。将(5-17)代入(5-16)得：

$$s_t = (m_t - m_t^*) - \eta(y_t - y_t^*) + \sigma(E_t s_{t+1} - s_t) \tag{5-18}$$

整理上式可得货币模型的一般表达式，它告诉我们即期汇率是由对下一期汇率的预期和即期的经济基本面所决定的。

$$s_t = z_t + \frac{\sigma}{1+\sigma} E_t s_{t+1} \tag{5-19}$$

其中 $z_t = \frac{1}{1+\sigma}(m_t - m_t^*) - \frac{\eta}{1+\sigma}(y_t - y_t^*)$

假设对汇率的预期是理性的，于是投资者会采取同样的方式来预测 $t+1$ 期的汇率，即：

$$E_t s_{t+1} = E_t\left(z_{t+1} + \frac{\sigma}{1+\sigma} E_{t+1} s_{t+2}\right) \tag{5-20}$$

同理，对 $t+i(i=2,3,\cdots)$ 时刻的预期汇率，上式都成立。而且 $E_t(E_{t+1} s_{t+2}) = E_t s_{t+2}$，所以以下式子都成立：

$$\begin{aligned}
s_t &= z_t + \frac{\sigma}{1+\sigma} E_t s_{t+1} \\
E_t s_{t+1} &= E_t z_{t+1} + \frac{\sigma}{1+\sigma} E_t s_{t+2} \\
&\vdots \\
E_t s_{t+i} &= E_t z_{t+i} + \frac{\sigma}{1+\sigma} E_t s_{t+i+1} \\
&\vdots
\end{aligned}$$

在上述方程组中消去 $E_t s_{t+1}, \cdots, E_t s_{t+i}, \cdots$ 后，可解得：

$$s_t = \sum_{i=0}^{\infty} \left(\frac{\sigma}{1+\sigma}\right)^i E_t z_{t+i} \tag{5-21}$$

该式消除了汇率的预期对即期汇率的影响，即期汇率完全由对外生的经济基本面的理性预期决定，因此对未来经济基本面预期的不稳定性在一定程度上能解释所观测到的汇率的波动。

(二)对弹性货币模型的评价

一般所说的货币模型指的就是弹性价格货币模型。该模型是建立在购买力平价说这一前提之上的，但它并不是购买力平价的简单翻版，而是具有诸多创新的独立的汇率决定理论，在现代汇率理论中具有重要地位：

第一，货币模型将购买力平价这一形成于商品市场上的汇率决定理论引入资产市场上，将汇率视为一种资产价格，从而抓住了汇率这一变量的特殊性质，在一定程度上符合资金高度流动的客观事实。

第二，货币模型引入了诸如货币供给量、国民收入等经济变量，分析了这些变量的变动对汇率造成的影响，从而较购买力平价在现实分析中得到更广泛的运用。

第三，货币模型是一般均衡分析。在这个简单的模型里，实际上包含了商品市场的平衡(弹性价格使产出始终不变)、货币市场的平衡(货币供给等于货币需求)、外汇市场的平衡(购买力平价与非套补利率平价的成立)，这使得它与前文介绍的局部均衡模型相区别。

第四，由于理论假定的不同，货币模型是资产市场说中最为简单的一种形式，但它却可以反映出这一分析方法的基本特点，成为更为复杂的汇率理论的基础。

货币模型的不足之处则体现在：

第一，它是以购买力平价为理论前提的，如果购买力平价在实际中很难成立的话，那么这种理论的可信性就是存在问题的。

第二，它假定货币需求是稳定的，这一点至少在实证研究中存在争议。

第三，它假定价格水平具有充分弹性(灵活性)，这一点尤其受到了众多研究者的批评。大量的研究结果显示，商品市场上的价格调整不同于金融资产市场上的价格变动，它一般是比较缓慢的，在短期内显示出黏性。

二、黏性价格货币模型

弹性价格货币模型的一大缺点是它假设不论长期还是短期，购买力平价始终是成立的。购买力平价的最大缺陷是它对解释短期的汇率波动显得束手无策，而尔多恩布什(Dornbusch)在 1976 年提出的黏性价格模型[①]弥补了弹性价

---

① Rudiger Dornbusch, "Expectations and Exchange Rate Dynamics", *The Journal of Political Economy*, 1976, Vol. 84, No. 6, pp. 1161～1176.

格模型的这一缺陷，使得货币模型在一定程度上可以解释汇率的短期行为。与弹性价格模型不同的是，黏性价格模型认为商品市场与货币市场的调整速度是不同的，商品市场上的价格水平具有黏性的特点，这使得购买力平价在短期内不能成立，经济存在着由短期平衡向长期平衡的过渡过程。这里所说的短期平衡，是指价格还来不及发生变动时的经济平衡。由于在一段时期后价格才开始调整，所以长期平衡就是价格充分调整后的经济平衡。可以看出，货币模型中所得出的结论实际上是超调模型中长期平衡的情况。

(一)黏性价格货币模型

多恩布什的黏性价格模型是在本国是一个经济小国的前提下分析的，因此本国面对着它所不能影响的世界利率水平 i^* 。该模型中货币需求函数同弹性价格模型是一样的：

$$m-p=\eta y-\sigma i \tag{5-22}$$

本国的总需求函数为：

$$d=\beta_0+\beta_1(s-p+p^*)+\beta_2 y-\beta_3 i \quad (\beta_{0,1,2,3}>0) \tag{5-23}$$

该式是总需求函数的对数线性形式。

在黏性价格模型中，首先来看商品市场。该模型假设商品市场的价格是黏性的，所以总供给曲线不是完全弹性的(即不是垂直的)，所以价格会随着产出的变动而调整：

$$\dot{p}=\gamma(d-y) \quad (\gamma>0) \tag{5-24}$$

其中 γ 为系数。联立式(5-22)、(5-23)、(5-24)三个方程，消去 i 和 d 得：

$$\dot{p}=\gamma\left[\beta_0+\beta_1(s-p+p^*)+\left(\beta_2-\frac{\beta_3\eta}{\sigma}-1\right)y+\frac{\beta_3}{\sigma}(m-p)\right] \tag{5-25}$$

当商品市场均衡的时候有 $\dot{p}=0$。在 $p-s$ 的平面上(见图 5-1)，$\dot{p}=0$ 线(以下称为 GG 线)的斜率为：

$$\left.\frac{dp}{ds}\right|_{GG}=\left.\frac{dp}{ds}\right|_{\dot{p}=0}=\frac{\beta_1}{\beta_1+\beta_3/\sigma} \tag{5-26}$$

很显然 GG 线的斜率大于 0 小于 1，所以在 $p-s$ 平面内，该线平缓地向右上方倾斜。若某经济处在该线的左上方，表示该经济的商品市场上供给过剩；该线的右下方，则表示商品市场上的需求过剩；GG 线上表示商品市场均衡。

其次，在货币市场上仍然假设两国的有价债券是完美替代的，所以非套补的利率平价(UIP)成立，即：

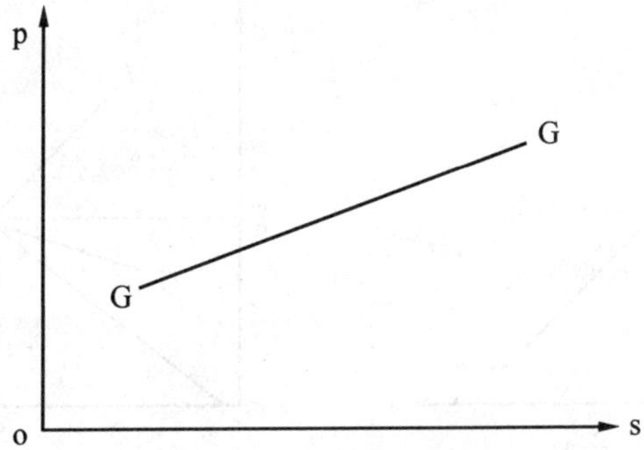

图 5-1　黏性价格模型中商品市场的均衡

$$E\dot{s}=i-i^{*} \tag{5-27}$$

商品市场上的价格调整是黏性的，所以购买力平价在短期不再成立，但在长期它仍然是成立的，所以有：

$$\bar{s}=\bar{p}-\overline{p^{*}} \tag{5-28}$$

式中 $\bar{s}$ 是长期均衡汇率的自然对数，$\bar{p}$ 和 $\overline{p^{*}}$ 分别是长期均衡国内外价格水平的自然对数。

因为在长期购买力平价成立，所以有理由相信汇率在长期会朝向均衡水平 $\bar{s}$ 变动。即如果即期汇率 s 高于 $\bar{s}$，则本币会升值，$E\dot{s}<0$；如果即期汇率 s 低于 $\bar{s}$，则本币会贬值，$E\dot{s}>0$。因此，该模型假设预期机制为回归预期(Regressive Expectation)：

$$E\dot{s}=\Theta(\bar{s}-s)\quad(\Theta>0) \tag{5-29}$$

该预期机制表明汇率预期贬值率取决于即期汇率与长期均衡汇率的差和调整速度 Θ。

联立式(5-22)、(5-27)和(5-29)，消去 i 和 $E\dot{s}$，可得货币市场上的均衡关系：

$$s=\bar{s}-\frac{1}{\sigma\Theta}(p-m+\eta y-\sigma i^{*}) \tag{5-30}$$

上式表示为 $p-s$ 平面上的一条直线(以下称为 MM 线，见图 5-3)，其斜率为：

$$\left.\frac{\mathrm{d}p}{\mathrm{d}s}\right|_{MM}=-\sigma\Theta \tag{5-31}$$

MM 的斜率为负值，所以它向右下倾斜。MM 线的左下方表示货币供给不足，右上方表示货币供给过剩，MM 线上则表示货币市场处于均衡状态。

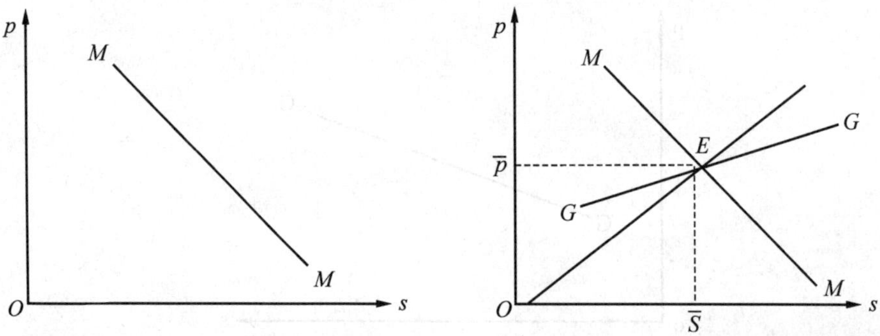

图 5-2 黏性价格模型中货币市场的均 **图 5-3 黏性价格货币模型的长期均衡**

最后，我们来看整个市场的情况。整个市场的均衡要求商品市场和货币市场都达到均衡，此时，汇率一定在购买力平价决定的水平上。所以，MM、GG 和 PPP 三条线在 $p-s$ 平面上相交于一点。

（二）汇率超调发生的过程

汇率的超调(Overshooting)现象是黏性价格模型相比弹性价格模型来说具有的一个重要的特点。汇率的超调是指面对经济中的外生冲击时，汇率在短期的调整超出了汇率的长期均衡水平。

下面我们以货币供给的冲击为例来说明汇率超调发生的过程。

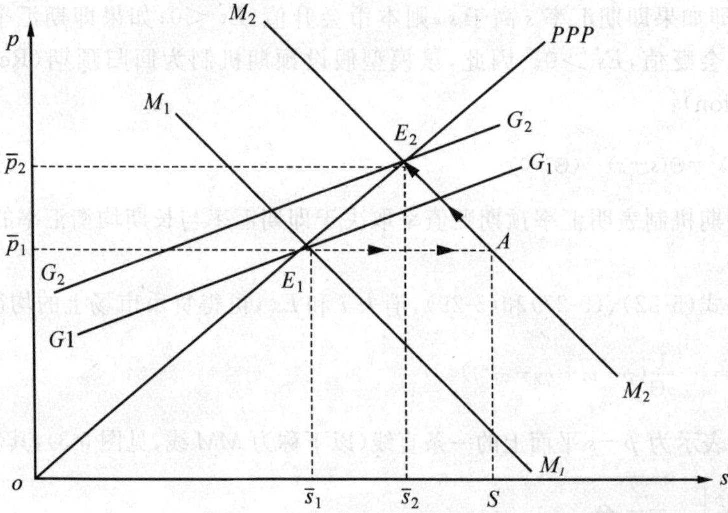

图 5-4 汇率超调的过程

假设初期经济处于均衡状态 E_1，此时价格水平为 $\bar{p}_1$，汇率为 $\bar{s}_1$。假设货币当局突然作出增加货币量的决定。从长期来看，本国的价格水平会同比例地增长。又因为购买力平价成立，所以这一增加货币量的决定在长期会使本国货币贬值相应的比例。此时的均衡状态处于在 E_2 点，汇率和价格水平同比例的增加。不论在长期还是短期，货币市场的价格调整都是灵活的，所以，短期内货币市场能立即对货币供给的冲击作出调整，重新达到均衡状态。当货币供给增加时，MM 线会向右平移，即由 M_1M_1 移到 M_2M_2，而且正好经过 E_2 点。但是商品市场的价格在短期是黏性的，还来不及对货币供给的冲击作出相应的反映，所以此时价格水平仍然停留在 $\bar{p}_1$，即经济由 E_1 点变为了 A 点。货币供给的一次性增加只是造成本国利率的下降，本币汇率的贬值超过长期平衡水平，本国产出超过充分就业水平。所以在面对外生的货币供给冲击时，汇率在短期的变动超出了其长期的均衡值，即汇率超调了。

随着经济由短期过渡到长期，商品市场的价格慢慢地得到调整，经济则沿着 M_2M_2 由 A 点移向长期均衡状态 E_2 点，汇率回到了其长期均衡的状态。

汇率超调的一个直观的理解是这样的：在短期，当货币供给增加的时候，价格水平还来不及调整，收入水平保持不变，由货币需求函数可知，此时必须通过降低利率以提高人们持有货币的意愿来抵消市场上过剩的货币供给。非套补的利率平价告诉我们，本国利率的降低意味着本币预期将会升值。又因为我们假设人们是以回归性预期机制来对汇率做预期的。只有当即期的汇率贬值幅度超出长期均衡下汇率的贬值幅度时，人们才会作出汇率下降、本币升值的预测。即面对货币供给增加的冲击，短期的汇率变化需要超过长期的均衡汇率，才会使人们作出本币升值的预期，以保证在非套补利率平价成立的条件下，降低本国利率使人们愿意更多地持有货币来抵消增加的货币供给。

黏性价格模型的一个最显著的特征是它指出了货币市场和商品市场在价格调整上是不同的，在汇率决定的作用上也是不一样的。货币市场的调整是迅速的，是短期汇率的主要决定力量；商品市场的调整是缓慢的，其作用应该体现在长期汇率的决定上。除此之外，黏性价格模型中出现的超调现象还能对短期汇率波动行为提供一个可行的解释，而且表明所观测到的短期汇率应该是围绕购买力平价汇率波动的，在长期会回到购买力平价所决定的汇率水平上。

（三）对黏性价格货币模型的评价

黏性价格货币模型即超调模型在现代汇率理论中具有极为重要的地位：

首先，该模型在货币模型的框架内展开分析，但其假定商品价格黏性更切合实际。

其次，该模型首次涉及了汇率的动态调整问题，从而创立了汇率理论的一个重要分支——汇率动态学(Exchange Rate Dynamics)。

最后，该模型具有鲜明的政策含义。既然超调是在资金自由流动条件下汇率自由调整的必然现象，而汇率的过度波动会给金融市场与实际经济带来很大的冲击甚至破坏，那么，完全放任资金自由流动、完全自由浮动的汇率制度就不是最合理的，政府有必要对资金流动、汇率乃至于整个经济进行干预与管理。

黏性价格货币理论的缺陷在于：

首先，作为存量理论的超调模型与货币模型一样忽略了对国际收支流量的分析。

其次，从实际研究角度看，对超调模型很难进行计量检验，难以确定这一模型的说服力。一方面，该模型较为复杂，在选择计量检验的方式上存在困难；另一方面，现实生活中冲击太多，既有货币性也有实际性的，很难确定汇率的变动是对哪一种冲击进行的反应，以及是处于短期变动还是处于向长期状态的复归。

因此，超调模型更多地被用于对某些经济现象的解释以及对汇率长期变动趋势的说明。

三、对货币模型的检验

在20世纪70年代初期浮动汇率制开始出现的时候，汇率的货币研究方法成为最为重要的汇率模型。随后，研究者们采用了各种方法来检验货币模型对现实汇率行为的解释能力。

首先是对弹性价格货币模型的检验。Frenkel在1976年通过研究20世纪20年代德国恶性通货膨胀期间美元－德国马克汇率的数据，发现了支持弹性价格货币模型的强有力证据。[①] 他在研究中，通过引入非套补的利率平价，用远期升水来代替名义汇率的预期变化，以此来建立回归模型。到20世纪70年代末期所积累的浮动汇率制的数据使得研究者能够运用当时的浮动汇率时期的汇率对模型进行检验。这些早期的研究成果也是广泛支持弹性价格货币模型的。1978年Bilson使用1972年1月至1976年4月期间的德国马克－英镑的数据

① Jacob A. Frenkel, "A Monetary Approach to the Exchange Rate: Doctrinal Aspects and Empirical Evidence", *Scandinavian Journal of Economics*, 1976, Vol. 78, No. 2, pp. 200～224.

作为样本检验了弹性价格货币模型[①](在这个检验中同样采用了远期升水代替预期汇率变动来建模),其结果是支持该模型的。同年,Hodrick 运用 1972 年 7 月到 1975 年 6 月期间的美元—德国马克的汇率和英镑—美元的汇率检验了弹性价格货币模型[②],得到的结果也是支持的。

其次是对黏性价格货币模型的检验。到了 20 世纪 70 年代后期,汇率的行为就不再支持弹性价格货币模型。而且,在将数据扩展到 70 年代后期之后,对黏性价格货币模型的支持也变得很弱了。Driskell 在 1981 年采用 1973—1977 年瑞士法郎—美元的汇率作为样本检验黏性价格模型[③],结果在很大程度上支持该模型。然而,1984 年 Backus 对 1971—1980 年美元—加拿大元汇率做检验[④],得到的结果却很难支持黏性价格货币模型。

关于为什么浮动汇率时期经验证据不再支持货币模型,研究显示其原因可能是:

1. 模型忽略了某些重要的变量。MacDonald 和 Taylor 对多种汇率应用多元协整分析和动态建模方法重新检验了货币模型[⑤],其结论是支持货币模型的。

2. 浮动汇率时期没有足够多的样本或没有大量的观测数据造成传统协整检验效力的缺失。

3. 货币需求中有可能存在着非线性的关系,因此,货币模型中简单的对数线性形式也许是个错误的假设。然而 Meese 和 Rose 于 1991 年采用参数和非参

---

① Bilson, J. F. O. ,"Rational Expectations and the Exchange Rate",in J. A. Frankel and H. G. Johnson(eds), *The Economics of Exchange Rates*, Addison-Wesley, 1978, pp. 75～96.

② Hodrick, R. J. ,"An Empirical Analysis of the Monetary Approach to the Determination of the Exchange Rate", in J. A. Frankel and H. G. Johnson(eds), *The Economics of Exchange Rates*, Addison-Wesley, 1978, pp. 97～128.

③ Driskell, R. A. ,"Exchange Rate Dynamics: an Empirical Investigation", *Journal of Political Economy*, 1981, Vol. 89, No. 2, pp. 357～371.

④ Backus, D. ,"Empirical Models of the Exchange Rate: Separating the Wheat from the Chaff", *Canadian Journal of Economics*, 1984, XVII. 4, pp. 824～846.

⑤ MacDonald, R. & M. P. Taylor, "The Monetary Approach to the Exchange Rate: Rational Expectations, Long-Run Equilibrium and Forecasting", *International Monetary Fund Staff Papers*, 1993, Vol. 40, pp. 89～107; "The Monetary Model of the Exchange Rate: Long-Run Relationships, Short-Run Dynamics and How to Beat a Random Walk", *Journal of International Money and Finance*, 1994, Vol 13, pp. 276～290.

数的计量方法再次检验货币模型①,却没有发现对非线性假设有利的经验证据。在 2000 年 Taylor 和 Peel 提出了一个新的检验货币模型的方法②,该方法也认为货币模型的失效是这样的事实造成的:市场向长期均衡的调整是非线性的。这一次他们通过对残差的分析得出的结论支持非线性假设。

第四节 资产组合平衡法

汇率决定的货币模型中的一个关键的假设是两国的有价债券是完美替代的,这个假设意味着两国的资本是完全流动的,而且两国的有价债券所面临的风险是一样的。然而,在现实的经济中,存在许多的因素导致两国债券间的风险不同,因此货币模型的假设是靠不住的。对风险厌恶者来说,持有高风险的资产必定是因为该资产有较高的回报率。这种因高风险而额外获得的报酬称为风险报酬(Risk Premium)。如果两国的债券不再是完美替代的,意味着两国债券的风险不同,非套补的利率平价不再成立。由于投资者要求相对高风险的资产具有相对高的回报率,因此有:

$$RP=i-i^{*}-E\dot{s} \tag{5-32}$$

上式中,RP 是风险报酬。如果 $RP>0$,则持有本国债券会获得较高的报酬,因此本国债券有较高的风险;反之,则本国债券的风险较低。

一、基本模型

同货币模型一样,资产组合平衡法(Portfolio Balance Approach)也认为货币供求的变化会影响到汇率的决定,但由于各种资产不再是完美替代的,因此其他资产的供求变化同样能影响汇率的决定。

在资产组合平衡法中假设在某国内有三种资产,分别为本国货币 M、以本币为面值的本国债券 B 和以外币为面值的外国债券 F。居民对货币的持有完

---

① Meese, R. A. & A. K. Rose, "An Empirical Assessment of Non-Linedarities in Models of Exchange Rate Determination", *Review of Economic Studies*, 1991, Vol. 58, pp. 603～619.

② Taylor, Mark P. & D. A. Peel, "Nonlinear Adjustment, Long-Run Equilibrium and Exchange Rate Fundamentals", *Journal of International Money and Finance*, 2000, Vol. 19, pp. 33～53.

全出于流动性的需要，因此，货币被假设没有回报。因为两种债券的风险不同，所以本国居民持有两种债券的某种组合以使该资产组合的期望回报率最大。本国的总财富 W 由这三种资产组成：

$$W=M+B+SF \tag{5-33}$$

这个模型假设对汇率的预期是静态的，所以 $E\dot{s}=0$，外国债券的回报率为 i^*，本国债券的回报率为 i。当债券的回报率增加的时候，人们会减少货币的持有量去购买债券；当财富增加的时候，人们则会倾向于持有更多的各种资产。所以人们对货币的需求量可以表示如下：

$$M=m(i,i^*,W) \quad m_i<0,m_{i^*}<0,m_W>0 \tag{5-34}$$

同理，可以得到对本国债券和外国债券的需求量的表达式：

$$B=b(i,i^*,W) \quad b_i>0,b_{i^*}<0,b_W>0 \tag{5-35}$$

$$SF=f(i,i^*,W) \quad f_i<0,f_{i^*}>0,f_W>0 \tag{5-36}$$

上式表示，当本国利率上升时，对本国债券的需求量会增加，而对外国债券的需求量会减少；当外国利率上升时，对本国债券的需求量会减少，对外国债券需求量会增加。联立以上四式（式 5-33 至式 5-36），然后分别对 W、i 和i^* 求导数，可以得到如下几个关系：

$$m_W+b_W+f_W=1 \tag{5-37}$$

$$m_i+b_i+f_i=0 \tag{5-38}$$

$$m_{i^*}+b_{i^*}+f_{i^*}=0 \tag{5-39}$$

其中类似 m_i 的记号均表示 m 对 i 的导数，即 $m_i=\mathrm{d}m/\mathrm{d}i$。

式(5-37)的经济含义是，本国总财富的增加（或减少）会改变本国货币、本国债券和外国债券三种资产的持有量，但是所增加（或减少）的总财富在三种资产的分配中是不会消失的，所以等号右端为 1。

式(5-38)表示本国利率 i 的变化对本国总财富的影响。很显然利率的变化会分别影响三种资产的持有量，但是总的财富没有变化，只是总财富在三种资产中的分配比例改变了，所以等号右端为 0。式(5-39)的经济意义可以类比式(5-38)。

为了得到每个单独资产市场的均衡，对式(5-33)取全微分得：

$$\mathrm{d}W=\mathrm{d}M+\mathrm{d}B+S\mathrm{d}F+F\mathrm{d}S \tag{5-40}$$

然后对式(5-34)取全微分得：

$$\mathrm{d}M=m_i\mathrm{d}i+m_{i^*}\mathrm{d}i^*+m_W\mathrm{d}W \tag{5-41}$$

当货币市场均衡的时候，货币的供给量应该是不变的，所以有 $dM=0$。此均衡关系表现在 $i-S$ 平面上是一条直线，记为 MM。联立式(5-40)和式(5-41)，在 $dM=0$ 的情况下可以求得其斜率为：

$$\left.\frac{di}{dS}\right|_{dM=0}=-\frac{m_w F}{m_i}>0 \tag{5-42}$$

同理，求出国内债券市场和国外债券市场均衡时，BB 和 FF 的斜率为：

$$\left.\frac{di}{dS}\right|_{dB=0}=-\frac{b_w F}{b_i}<0 \tag{5-43}$$

$$\left.\frac{di}{dS}\right|_{dF=0}=-\frac{(1-f_W)F}{f_i}<0 \tag{5-44}$$

由式(5-37)至式(5-39)的关系，我们可以很容易地得到：

$$\left|\left.\frac{di}{dS}\right|_{dB=0}\right|<\left|\left.\frac{di}{dS}\right|_{dF=0}\right| \tag{5-45}$$

即在 $i-S$ 平面上，FF 比 BB 线要陡峭。直观上的理解是相对外国债券来说，本国债券对本国利率的变化更加敏感。

当货币市场、本国债券市场和外国债券市场分别达到均衡状态时，整个资产市场也就达到了均衡状态①，表现在 $i-S$ 平面上就是三条直线相交于一点(见图 5-5)。

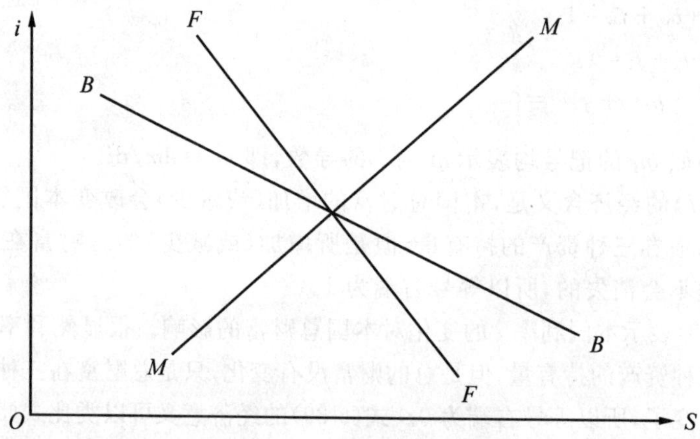

图 5-5　资产市场的均衡状态

① 根据瓦尔拉定律(Walras' law)可知，三个市场中的任意两个出于均衡的话，那么第三个市场肯定也是均衡的。

二、短期均衡

(一)公开市场操作(Open Market Operation,OMO)在短期的影响

假设货币当局通过公开市场操作来增加货币供给,即在本国债券市场上购买本国债券。其结果是货币供给量增加,而本国债券的供给量减少,外国债券的供给量不变。为了重新达到均衡,需要增加人们持有货币的意愿,因此资产市场上本国利率将下降。此时人们对外国债券的需求会增加,市场上对外国债券的超额需求会使得汇率上升,本币贬值。所以,MM 线和 BB 线向下移、FF 线不变,资产市场的均衡状态从 E 变为 E_1,利率下降、本币贬值。见图 5-6。

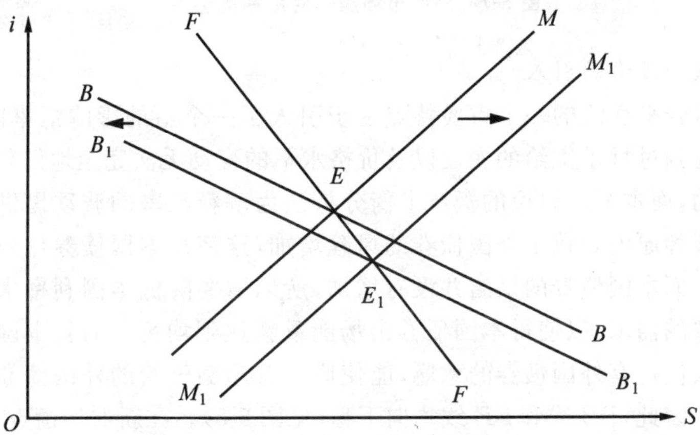

图 5-6　公开市场操作对汇率的影响

(二)外汇操作(Foreign Exchange Operation,FXO)在短期的影响

假设货币当局在市场上从本国居民手中买入外国债券,增加货币供应量,此操作会立即导致资本市场上对货币的超额供给和对外国债券的超额需求。对货币的超额供给会使利率下降,因此,MM 线会向下移。对外国债券的超额需求会使本国利率上升,所以 FF 线上移。

为了使资本市场重新达到均衡,需要降低利率使人们更愿意持有货币。汇率的贬值可以降低对外国债券的需求,使外国债券市场达到均衡。所以该外汇操作的最终结果是本国利率下降,本币贬值。详见图 5-7。

可见,不管政府使用本币来购买本国债券还是购买外国债券,定性效果都是一样的,本币都会贬值。但定量结果不一样,因为 FF 线比 BB 线更为陡峭,因此公开市场操作引起的汇率变化相对来说要小于外汇操作引起的变化,同时,前者对本国利率所引起的变化则要大于后者对本国利率的影响。

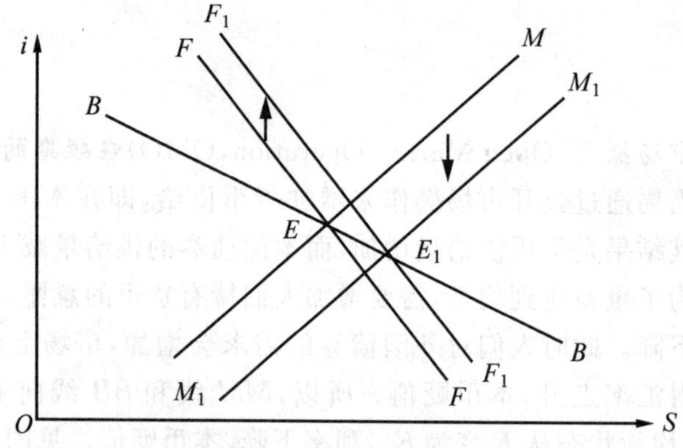

图 5-7　外汇市场操作对汇率的影响

（三）风险因素的引入

资产组合平衡法的一个重要特点在于引入了一个新的影响汇率的因素：风险。前面提到过货币供给的变动以及价格水平的变动无法完全地解释观测到的汇率的波动，而本节所讨论的资产平衡分析法为解释汇率的波动提供了新的来源。假设某种原因导致了外国债券的风险增加，这使得本国债券比外国债券更有吸引力。而本国债券的供给并没有增加，所以需要降低本国利率来降低人们对本国债券的需求，以使得本国债券市场能重新达到均衡。而且本国利率的降低能增加人们持有外国债券的意愿，能使原本有超额供给的外国债券市场重新达到均衡。因此，BB 线和 FF 线均向下移（见图 5-8）。在新的均衡点上，利率降低、本币升值。

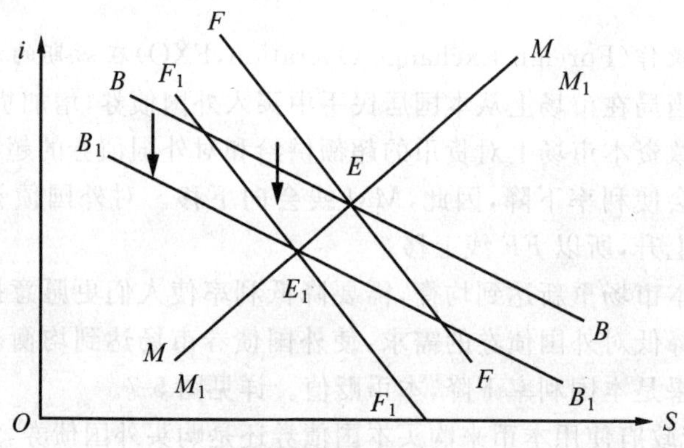

图 5-8　风险的相对变动对汇率的影响

三、长期均衡

在模型的短期均衡分析中,我们没有考虑资本存量的变化通过价格变化来影响汇率,也没有考虑到其对汇率、经常项目和总财富变化的动态影响。事实上在外部冲击之后,短期调整得到的均衡并不会持续下去。因为资本存量的变化会导致资本的价格发生变化(这正是短期所发生的事情)。价格的变化,诸如名义汇率和利率的变化,又会影响到实际汇率,进而导致经常项目不平衡。经常项目的不平衡使得本国居民手中的外国资产或增加或减少,外国资产的变化反过来又影响到本国的资本存量。这个过程将一直持续下去直到经常项目再次平衡,新的长期均衡达到。

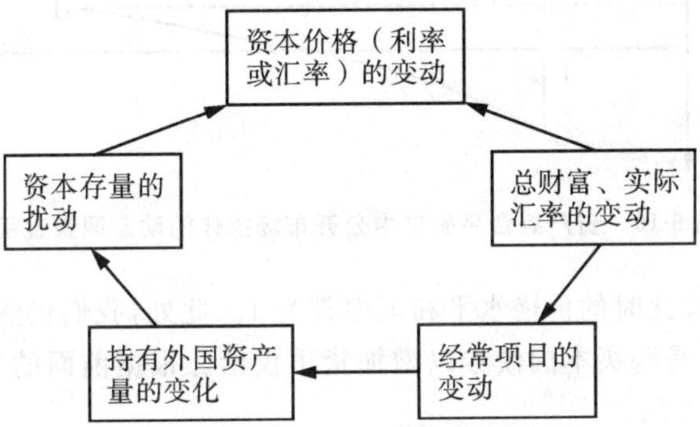

图 5-9 资产组合平衡法动态调整示意图

下面以公开市场操作为例来说明汇率的动态调整过程。假设国外的价格水平给定,本国国际收支的经常项目为:

$$CA = T(S/P) + i^* F \tag{5-46}$$

这里 T 是贸易余额。假设马歇尔－勒纳条件成立,而且不考虑 J 曲线效应,那么 T 是实际汇率的增函数。$i^* F$ 是指本国居民持有外国债券而获得的利息收入,也是经常项目的组成部分之一。

图 5-10 显示了公开市场操作的动态调整过程。横轴表示时间,纵轴表示汇率、价格和贸易余额。图的上半部分显示了汇率、价格随时间变化的轨迹。其中 AB 是价格变化的轨迹,ACD 是汇率变化的轨迹。下半部分显示了贸易余额随时间变化的轨迹——FGH 曲线。

假设经济最初(对应于图 5-10 中的 t_0 时刻)处在均衡状态,此时贸易余额为 0,净外国资产即本国居民的外国债券持有量为 0,所以经常项目是平衡的。为

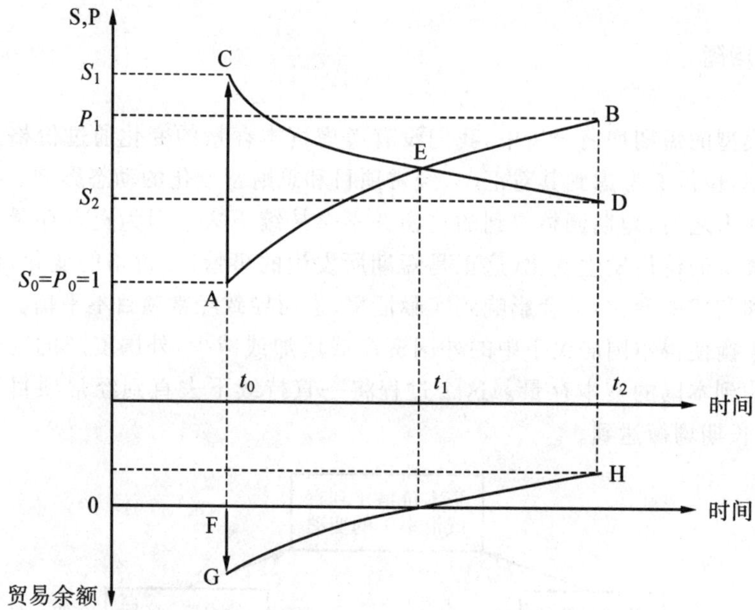

图 5-10 资产组合平衡法中公开市场操作的动态调整过程

简化分析，还假设此时的价格水平和汇率都为 1。此处，我们仍然假设政府在公开市场上的操作是购买本国债券以增加货币供给。根据前面的分析，短期利率下降，本币贬值到 S_1。

本币的贬值会改善本国的贸易条件，因此贸易项目盈余(在图 5-10 中反映为由 F 到 G 的变化)，本国居民会获得净外国资产，因此本国总财富增加。式 5-37 表明，增加的总财富会按相应的比重分配到本国货币、本国债券及外国债券上。此处则表现为居民在市场上出售一部分所获得的净外国债券来换取本国货币和本国债券，使资产组合重新达到平衡，因此，本币开始升值。同时，由于货币供给的增加，本国的价格水平也会上涨。当本币升值、价格水平上涨时，贸易条件开始恶化，经常账户盈余减小。本币升值与价格水平上涨的过程持续到汇率与价格再次相等时，实际汇率回到其初始水平，贸易账户重新达到平衡(图中的 t_1 时刻)。

然而，此时本国居民因为所获得的净外国债券 F，而得到的利息收入流 $i^* F$ 使得经常项目持续盈余，因此汇率不会在此刻达到均衡。而且，由于获得了利息收入流，总财富会以外国债券的形式增加。为了使资产组合能够再次平衡，他们将继续卖出部分的外国债券。因此，本币将继续升值，贸易条件持续恶化，贸易余额则会赤字。这个过程将持续到 t_2 时刻，此时，贸易赤字同利息收入流相当，经常项目正好平衡，不再有外国资产的积累，汇率达到其长期均衡水平 S_2，价格水平也达到其长期均衡水平 P_1。

公开市场操作对汇率的长期影响是由 S_0 贬值到 S_2，而短期则由 S_0 贬值到 S_1，短期贬值的幅度超过了其长期的幅度。也就是说，在资产组合平衡法中，汇率也会出现超调现象。这里与黏性价格货币模型不同的是，不管价格是否黏性，只要短期汇率 S_1 超过 P_1，真实汇率上升，贸易条件改善，贸易余额增加，那么就会出现汇率超调现象。

四、对资产组合平衡法的检验

关于资产组合平衡法的经验文献不如货币模型的那么多，主要原因在于合适的非货币资产的相关数据很有限。通常用于检验的方法有两类。第一种方法是在静态预期的假设下，建立在短期资产组合平衡法的简约式的解的基础上的。第二种方法是所谓的逆资产需求方法(Inverted Asset Demand Approach)，是与直接需求方法相对的。这种方法把注意力放在风险溢价的资产组合平衡法的求解上，并检验以不同货币标价的债券的完全替代性。这里我们主要介绍第一种检验方法。

由方程组式(5-34)至式(5-36)可以推导出简约式的汇率方程：

$$S=f(M,B,F,i^*)$$

从前面的论述可知上式是来自于小国模型的，但是经验文献通常考察的是两个大国间的货币，因此，研究者在小国模型的基础上得到了如下的两国模型：

$$S=f(M,M^*,B,B^*,F,F^*)$$

Branson，Halttunen 和 Masson(1979)使用上式的对数线性形式，采用普通最小二乘法(Ordinary Least Squares，OLS)和二阶段最小二乘法(Two-Stage Least Squares，TSLS)两种方法检验了 1971 年 8 月至 1976 年 12 月间德国马克—美元的汇率[①]。他们的估计方程的真实形式是这样的：

$$s=\alpha_0+\alpha_1 m+\alpha_2 m^*+\alpha_3 f+\alpha_4 f^*+\varepsilon$$

小写字母均为相应大写字母的对数形式，货币供给定义为 M_1，使用经常项目的累计额作为外国资产的代理变量。由于 B 和 B^* 对汇率的影响不确定，所以 Branson 等人在设定估计方程的时候将这两个变量舍弃掉了。估计的结果不

① Branson, W. H. & Halttunen, H. & Masson, P. ,"Exchange rates in the short run", *European Economic Review*, 1979, Vol. 10, pp. 395～402.

是很理想,部分系数不显著,而且存在自相关问题。其原因之一在于,在Branson等人的方法中,他们用经常项目的累计额来衡量外国资产存量F。但是一国的经常项目绝非只记载着两国的经济往来,因此这种近似的方法是有缺陷的,即包含了其他国家的影响。Bisignano和Hoover(1983)[①]指出了这一点,并认为在对资产组合平衡法的检验中,F不应该用经常项目累计额来衡量,应该使用双边数据来衡量,而且B和B^*都应该包含在估计方程中。在作出这样的修正后,他们使用1973年3月至1978年12月间加拿大元－美元的数据重新估计了上式,结果是比较理想的。

资产组合分析法具有两个突出的优点。它既区分了本国资产与外国资产的不完全替代性,又将经常账户这一流量因素纳入了存量分析之中,从而将汇率模型对各种因素的综合程度提高到了前所未有的程度,使原有的各种理论都能较好地被融入这一模型之中。

另外,资产组合分析法具有特殊的政策分析价值,被广泛运用于货币政策的分析中。由于较好地符合了现实中本国资产与外国资产的不完全替代性,这一分析法对政策效应的研究更为细致,为许多国家的政府决策提供了依据。

但是资产组合模型过于复杂,这在很大程度上制约了对它的运用,影响了实证检验的效果。而且,该模型虽然纳入了流量因素,但是并没有对流量因素本身作更专门的分析。从这个意义上讲,资产组合模型仍带有较多的货币主义特征,在汇率理论重新重视对流量因素进行分析的新趋势中,它仅是一个过渡性的模型。

专栏5-1

有效市场假说

汇率可以被看作一种资产的相对价格,而资产价格特殊的一面在于它被认为是在有效市场中决定的。那么外汇市场的行为是否同有效市场假说(The Efficient Markets Hypothesis,EMH)相一致呢?

有效市场假说认为,有效市场能够立即反映市场上的所有信息,市场参与者根据这些公开的可获得的信息所作出的投资决策不会得到额外的利润。假设在任意时刻t,I_t^m表示市场参与者不花费任何代价所能获得的信息集,市场参与者

① Bisignano, Joseph & Hoover, Kevin,"Some Suggested Improvements to Simple Portfolio Balance Model of Exchange Rate Determination with Special Reference to the US Dollar/Canadian Dollar Rate",*Weltwirtschaftliches Archiv*,1983,vol. 119, pp. 19～37.

根据这些信息来预测并进行投资等经济活动。假设一项投资在 n 期后能得到的实际的回报率为 R_{t+n}，市场参与者在 t 时刻根据信息集 I_t^m 预测的期望回报率为 $E(R_{t+n}|I_t^m)$，那么能得到的额外的回报率为：

$$Z_{t+n} \equiv R_{t+n} - E(R_{t+n}|I_t) \tag{5-47}$$

有效市场假说认为如果市场是有效的，那么每个参与者都不应该获得额外的回报率，即：

$$E(Z_{t+n}|I_t^m) = 0 \tag{5-48}$$

根据市场参与者获取的信息集 I_t^m 里面所包含的内容，有效市场假说可以分为如下三种：

1. 弱式(Weak Form)有效市场假说。如果信息集 I_t^m 只包含过去的历史信息，而且依据这个信息集，市场参与者无法获得额外的利润，即 $E(Z_{t+n}|I_t^m)=0$，那么这个市场可以被认为是弱式有效的。

2. 半强式(Semi-Strong Form)有效市场假说。如果信息集 I_t^m 里面除了过去的历史信息外，还包含了当前的公共信息(如货币供给水平、利率等)，而且没有额外的利润可以获得，那么这样的市场可被称为半强式有效市场。

3. 强式(Strong Form)有效市场假说。信息集中包含了所有过去的信息和当前的公共以及私有的信息，而且没有额外的利润可以获得，这样的市场可称为强式有效市场。

对有效市场假说的检验还没有一致性的结论。

首先对弱式有效市场的检验最早是由普尔(Poole)在 1967 年作出的[①]。他对 20 世纪 20 年代的几种货币和 1950—1962 年的加拿大元的数据做了检验，发现这些经验数据不支持外汇市场是弱式有效性的假设。之后，1975 年 Dooley 和 Schafer 对 1973—1975 年的几种货币的日数据采用随机游走模型作检验后得出了相似的结论[②]。同年，Giddy 和 Dufey 采用了 5 种不同的方法对外汇市场

① Poole, M.:"Speculative Prices as Random Walks: an Analysis of Ten Time Series of Flexible Exchange rates", *Southern Economic Journal*, 1967, Vol. 33, pp. 468～478;"The Stability of the Canadian Flexible Exchange Rate, 1950－1962", *Canadian Journal of Economics and Political Science*, 1967, pp. 205～217.

② Dooley, M. P. & J. Shafer, "Analysis of Short-Run Exchange Rate Behavior, March 1973 to September 1975", *International Finance Discussion Paper*, No. 76, 1975, Federal Reserve Board (mimeo).

有效性的假设作了更为详细的实证研究①,认为用远期汇率作为对未来汇率的预期并不是一种很准确的方法,最好的预测值是用利差调整过的即期汇率。但是,1978 年 Logue、Sweeney 等对 7 种货币作了研究②,得到外汇市场是弱式有效的结论。

其次,检验外汇市场是否具有强有效性的实证研究很少,因为通常中央银行都会使用内部信息来对外汇市场进行干预。1977 年 Rogalshi 和 Vinso 使用 1920—1924 年间 6 种汇率和 1953—1957 年的加拿大元作了检验③,发现即期汇率是有效的,能够反映价格及通货膨胀率等信息。然而 1979 年,Goodman 所作的研究④却表明外汇市场不是有效的。1980 年,Caves 和 Feige 对加拿大 1953 年 1 月至 1963 年 4 月的月度数据作了检验⑤,支持外汇市场是半强式的有效市场。

专栏5-2

新闻理论

在有效市场假说中提到过,如果市场是有效的,那么人们对未来汇率的预期就等于未来汇率的真实值。新闻模型从这个观点出发,认为如果出现了人们没有预期到的消息,那么这个消息必然会影响人们对汇率的预期。

最一般的新闻模型是这样的:

$$s_t = \beta \cdot z_t \tag{5-49}$$

向量 z 包含了所有能影响汇率的基本变量。假定存在理性预期,那么人们

---

① Giddy, I. & G. Dufey,"The Random Behaviour of Flexible Exchange Rates: Implications for Forecasting", *Journal of International Business Studies*, 1975, pp. 1～32.

② Logue, D. E. & R. J. Sweeney & T. D. Willett,"Speculative Behaviour of Foreign Exchange Rates During the Current Float", *Journal of Business Research*, 1978, Vol. 6, pp. 159～174.

③ Rogalski, R. J. & J. D. Vinso,"Price Level Variations as Predictors of Flexible Exchange Rates", *Journal of International Business Studies*, 1977, Vol. 8, pp. 71～82.

④ Goodman, S. H.,"Foreign Exchange Rate Forecasting Techniques: Implications for Business and Policy", *Journal of Finance*, 1979, Vol. 34, pp. 415～427.

⑤ Caves, D. W. & E. F. Feige,"Efficient Foreign Exchange Markets and the Monetary Approach to Exchange Rate Determination", *American Economic Review*, 1980, Vol. 70, pp. 120～134.

会根据上式在 $t-1$ 期利用信息集 I_{t-1} 对 t 期的汇率做预测，即有：

$$E_{t-1}(s_t \mid I_{t-1}) = \beta \cdot E_{t-1}(z_t \mid I_{t-1}) \tag{5-50}$$

式(5-49)减去式(5-50)得：

$$s_t - E_{t-1}(s_t \mid I_{t-1}) = \beta \cdot [z_t - E_{t-1}(z_t \mid I_{t-1})] \tag{5-51}$$

等式左边表示汇率中未预期到的部分，右边括号内表示新闻项，即基本变量中人们未预期到的部分。

将该模型应用到实证检验中去解释汇率的变动需要解决这样的问题，即如何找到合适的代理变量(Proxy)来作为未预期到的汇率变动的观测值。根据研究者所选的基本理论的不同，通常有这样两种方法。①

1. 如果外汇市场是有效的，那么远期汇率是表示汇率理性预期的一个很好的变量，即 $f_{t,t-1} = E_{t-1}(s_t \mid I_{t-1})$，$f_{t,t-1}$ 表示在 $t-1$ 期签订的 t 期的远期合约中规定的远期汇率。所以式(5-51)可以写为：

$$s_t - f_{t,t-1} = \beta \cdot [z_t - E_{t-1}(z_t \mid I_{t-1})] \tag{5-52}$$

2. 如果假设套补的利率平价成立，那么就有 $E_{t-1}(s_t \mid I_{t-1}) - s_{t-1} = i_{t-1} - i^*_{t-1}$，代入(5-51)可得：

$$s_t - s_{t-1} - (i_{t-1} - i^*_{t-1}) = \beta \cdot [z_t - E_{t-1}(z_t \mid I_{t-1})] \tag{5-53}$$

式(5-52)和式(5-53)都可以用于新闻模型的实证研究。但是在开始之前还有个问题需要解决，即这个模型中的基本变量应该包含哪些变量。对于这个问题，新闻模型本身没有给出答案，对基本变量的选择同样取决于研究者对汇率决定模型的选择。在选择好特定的模型之后，还需要决定采用哪种方法得到这些基本变量的期望值。通常有三种方法可以用来得到基本变量的期望值。

第一种方法是直接使用公开的可获得的预测值。有些公共机构如 OECD 会通过对其成员国的调查提供一些经济变量的预测值。研究者可以直接使用这些数据来对新闻模型做检验。

第二种方法是回归分析。如果变量 $z_{i,t}$ 是由另外的变量决定的，例如，货币供给量可能由上一期的货币供给量、政府预算赤字等决定的，那么可以通过建立回归方程来估计变量 $z_{i,t}$，即：$z_{i,t} = \alpha \cdot x_{i,t-1} + v_t$

在实际中这种方法很少用，要保证这个回归方程对变量 $z_{i,t}$ 有足够的解释能力，一般是不容易做到的，这相当于要建立另外的理论来支持它。

---

① Ronald Macdonald, "*Floating Exchange Rates*", Unwin Hyman Ltd, 1988. p. 222.

第三种方法是时间序列方法。这种方法通过对基本变量过去的历史数据做回归来得到变量的预期值：$z_{i,t}=\gamma_0+\gamma_1 z_{i,t-1}+\gamma_2 z_{i,t-2}+\cdots+u_t$

这种方法被认为是十分有效的方法，因此，在实证检验中经常被使用。

Dornbusch 和 Frenkel 是最早对新闻理论进行实证研究的经济学家。Dornbusch 在 1980 年采用 OECD 提供的相关变量的预测值作为新闻模型中基本变量的期望值，没有采用远期汇率的形式，而是采用了式(5-53)的关系来得到最终的检验方程①。Frenkel 在 1981 年对新闻理论的研究②中，没有指定特定的汇率决定模型，他认为未预期到的利率的改变是未预期到的汇率的变动的来源。他建立的检验方程是：$s_t=b_0+b_1 f_{t,t-1}+b_2(z-Ez)_t+u_t$

其中 $z=i-i^*$，Frenkel 采用 1973 年 6 月至 1979 年 6 月美元一英镑、美元一法国法郎、美元一德国马克的汇率来检验上述方程，得到的结果是有些方程的系数是显著的，有些方程的系数是不显著的。

在 2004 的一份研究中，Ehrmann 和 Fratzcher 使用 1993 年 1 月至 2003 年 2 月美元一德国马克(欧元)汇率的日数据对新闻模型做了检验③。他们的结果是新闻对汇率变动的方向有 73％的解释力。他们还发现当检验新闻对汇率的影响时，使用实时数据是很重要的，当他们使用过时的数据时，解释能力就只有 60％了。除此之外，市场条件也会影响新闻对汇率变动的解释力。特别是当市场的不确定性很高，以及前期汇率波动很大的时候，新闻对汇率的影响就很大。然而这项研究并没有完全地支持该理论，这份研究只表明了新闻对汇率变动的方向有很高的解释力，但是就汇率变动的大小来说，该理论只能解释 40％左右。

本章小结

汇率决定理论种类繁多，本章主要介绍了汇率决定理论中的传统的汇率理论，包括购买力平价说、国际收支说、利率平价说、货币模型、资产组合平衡法。

第一节首先介绍了一价定律，告诉我们在没有贸易壁垒及交易成本的情况

---

① Dornbusch, R.,"Exchange Rate Economics: Where Do We Stand?", *The Brookings Papers on Economic Activity*, 1980, Vol. 1, pp. 143～185.

② Frenkel, Jacob A.,"The Collapse of PPP in the 1970's", *European Economic Review*, 1981, Vol. 16, pp. 145～165.

③ Ehrmann, M. & Fratzcher, M.,"Exchange Rates and Fundamentals: New Evidence from Real Time Data", *European Central Bank Working Paper Series*, 1993, No. 365.

下，不同市场上同种商品的价格应该是一样的。然后，我们将这个概念从单一商品推广到一篮子商品就得到了购买力平价理论。购买力平价理论分为绝对购买力平价和相对购买力平价两种。相比绝对购买力平价来说，相对购买力平价放松了一些苛刻的假设条件，比如相对购买力平价在一定程度上不依赖于不存在贸易壁垒及交易成本的假设，在实证检验中相对购买力平价也不必要求物价指数的编制中商品种类及权重相同而且基期也要相同的条件。因此，相对购买力平价更常用于实证检验。对购买力平价的实证检验部分地支持了该理论，但购买力平价所表明的汇率与实际的汇率还是有很大的差距的，所以，还需要进一步地探究汇率是如何决定的。

第二节描述的国际收支说是一个历史比较悠久的汇率决定理论。其早期形式国际借贷说于 1861 年就被提出，而且形成了系统的理论，并在第一次世界大战之前的汇率决定理论中占有重要的席位。该理论认为国际收支影响外汇的供求，进而影响汇率的决定。但并不是所有的国际收支都会影响到汇率，只有进入支付阶段和收入阶段的国际收支才会影响外汇的供求。但是该理论有个缺陷，它没有具体地指出哪些因素会影响汇率。凯恩斯主义兴起后，一些经济学家将两者的思想结合起来，形成了现在的国际收支说，它弥补了国际借贷说的缺陷，指出收入水平、价格水平、利率和对汇率的预期会通过对国际收支平衡表各账户的影响来影响汇率的决定。

第三、四、五节从资本市场的角度来探讨汇率的决定。首先给出了利率平价的两种形式——UIP 和 CIP，然后根据两国资产是否具有完美替代性分为货币模型和资产组合平衡法两种汇率决定理论。货币模型认为两国资产是完美替代的。根据商品市场和资本市场上的价格对外部冲击的调整速度的不同，货币模型又分为弹性价格货币模型和黏性价格货币模型。弹性价格货币模型假设两种市场上的价格调整都是瞬时的。黏性价格货币模型则认为两者的速度是不一样的，资本市场的调整可以认为是瞬间完成的，商品市场上的调整速度应该比资本市场的调整速度慢。因为两者的调整速度不同，所以在黏性价格货币模型中出现了汇率超调现象，即短期的汇率变化超过了长期均衡水平的变化。资产组合平衡法认为两国的资产不应该是完美替代的，两国的资产所面临的风险应该是不同的。因此，投资者会选择某一资产组合使得其期望回报率最大。这一资产组合中本国资产和外国资产各自所占的比例决定了汇率水平。资产组合平衡法不仅考虑到了资产市场对汇率的影响，还考虑了其对国际收支账户的影响。通过对国际收支账户的影响，进一步地再影响到汇率的决定。而且在考虑到国际收支账户后，不论价格的调整是否具有黏性，只要实际汇率在开始是上升的，最终都会有汇率超调的现象。

本章只是介绍了众多的汇率理论中比较主流的几种理论，在一定程度上可以解释汇率的决定及其波动。然而实证结果与理论吻合得并不是很好，经济学家们并不满足传统汇率对汇率行为的解释能力。从 20 世纪 80 年代起，经济学家们不断寻求突破，汇率决定理论进入了一个新的发展阶段。首先，研究的重点逐渐从汇率的决定转移到对汇率波动的解释。尽管汇率的决定仍然是汇率理论研究的重要对象，但是越来越多的经济学家开始将精力放在如何解释短期所观察到的汇率波动上了。其次，在汇率决定理论中大量地引入新的工具，如计量经济学、统计学甚至自然科学里的混沌理论等。在这些新工具的帮助下，研究者们能够更加深入地理解各变量之间的关系以及各变量对汇率的影响。最后，经济学家开始寻找汇率决定理论背后的微观基础。

关键词

一价定律　绝对购买力平价　相对购买力平价　套补的利率平价　非套补的利率平价　弹性价格货币模型　黏性价格货币模型　超调　资产组合平衡法

复习思考题

1. 叙述购买力平价的基本内容。绝对购买力平价和相对购买力平价有哪些不同之处？

2. 简述国际收支说的基本观点。

3. 叙述货币模型的基本观点，并说明黏性价格模型中的超调现象是如何发生的，汇率又是如何调整的。

4. 资产组合平衡法中均衡的汇率是如何决定的？公开市场操作和外汇操作是如何影响汇率的短期均衡和长期均衡的？

5. 简述有效市场假说和新闻理论的基本观点。

第六章 汇率制度与汇率政策

导言

汇率作为一个重要的经济变量，在调节内外均衡中起着举足轻重的作用。汇率制度的选择、汇率水平的维持及相关政策是各国政府不可或缺的一项议题。本章将考察汇率制度、汇率政策及外汇市场的干预和汇率的波动对经济的影响。

学习目标

1. 了解现行的汇率制度的分类，以及各制度的优缺点。
2. 了解政府对外汇市场干预的目的、类型及效力。

第一节 汇率制度介绍

汇率制度是指一国货币当局对本国汇率水平的确定、汇率变动方式等问题所作的一系列安排或规定。

最基本的汇率制度是固定汇率制（Fixed Exchange Rate）和浮动汇率制（Flexible Exchange Rate）。固定汇率制是指政府用行政或法律手段确定、公布以及维持本国货币与某种参考物之间固定比价的汇率制度。充当参考物的可以是黄金等贵金属、某种外国货币或某一货币组合。在纸币流通的条件下，不同货币之间的固定比价往往是人为规定的，在经济形势发生较大变化时可以调整，因此所谓的固定汇率实际上可称为可调整的钉住汇率制。浮动汇率制通常是指汇率基本由市场决定，允许有偶尔的外汇干预。外汇干预的作用主要是防止汇率的过度波动，而不是用于确定或维持汇率水平的汇率制度。

固定汇率制和浮动汇率制是汇率制度的两种极端形式，通常一国的政策制定者在制定汇率制度时不会单纯地指定本国汇率制度为固定汇率制或浮动汇率制，他们总是希望能找到某种折中的汇率制度能够在避免这两种极端的汇率制度缺点的同时又能尽可能地保留它们的优点，于是就产生了各种各样的中间汇率制度。

IMF 根据其成员国所采用的实际的汇率制度安排（而非各国官方宣布的汇率制度）的灵活性，将各国现行的汇率制度分为了如下 8 类[①]，其汇率的灵活性是依次增强的：

1. 无独立法定货币的汇率制度安排（Exchange Arrangements With No Separate Legal Tender）：指一国采用另一国货币作为唯一的法定货币，或者该国属于某个使用单一货币的货币联盟。采用这种汇率制度则意味着该国货币当局完全丧失了货币主权。采用这种汇率制度的国家有 41 个，比如德国、法国等加入欧元区的国家所采用的就是这种汇率制度安排。

2. 货币局制度（Currency Board Arrangements）：货币当局明确规定无条件地按某一固定的汇率承兑指定的外币，并且通过对货币发行权的限制来保证该法定的承兑义务。这意味着本币的发行需要外国资产作为准备金，而且传统的中央银行职能受到限制，如货币控制和最后贷款人（Lender of Last Resort）角色的扮演。采用这种汇率制度的国家和地区有 7 个，其中包括我国的香港特别行政区。

3. 传统的固定钉住制（Conventional Fixed Peg Arrangements）：指一国将其货币钉住另一种货币、联合汇率安排如欧洲汇率机制－II（ERM II）或者某种货币篮子，并允许汇率在中心汇率的±1%范围内波动，或者汇率波动范围的最大值与最小值之差为 2%。货币当局可以通过直接（如买卖外汇）和间接（如利率政策）的干预来维持这一平价。采用这种汇率制度的国家有 52 个，其中钉住单一货币的有 47 个国家，钉住合成货币的有 5 个。尽管自 2005 年 7 月 21 日起，我国政府宣称人民币实行有管理的浮动汇率制，但是 IMF 仍然认为人民币实际上采用的是固定钉住单一货币的汇率制度。

4. 钉住平行汇率带（Pegged Exchange Rates within Horizontal Bands）：汇率保持在官方承诺的范围内波动，其波动幅度可以超过±1%，或者允许汇率波动范围的最大值与最小值之差超过 2%。同传统的固定钉住制一样，参考货币可以是单一货币、联合汇率安排或者货币篮子。采用这种汇率制度的国家有 6 个，分别为塞浦路斯、丹麦、斯洛伐克、斯洛文尼亚、匈牙利、汤加。

① IMF 官方网站（www.imf.org），其中统计数据截至 2006 年 7 月 31 日。

5. 爬行钉住(Crawling Pegs):汇率定期地按照某一固定比率进行小幅度的调整,或者根据选定的数量指标,如同主要贸易伙伴国之间的通货膨胀率之差等,进行小幅度的调整。采用这种汇率制度的国家有 5 个,分别为阿塞拜疆、博茨瓦纳、哥斯达黎加、伊朗和尼加拉瓜。

6. 爬行带内浮动(Exchange Rates within Crawling Bands):同爬行钉住一样,但是波动范围的离差允许超过 2%。汇率自由度是带宽的函数,而且带宽越大汇率越自由。

7. 不事先宣布汇率路径的管理浮动(Managed Floating with No Predetermined Path for the Exchange Rate):货币当局在不指定汇率路径及目标的情况下,根据国际收支平衡、外汇储备等指标对汇率进行直接或间接的干预。采用这种汇率制度的国家有 51 个,比如亚洲的新加坡、马来西亚、泰国等国家所采用的就是这种汇率制度。

8. 独立浮动(Independently Floating):汇率由市场决定,任何官方的汇率干预的目的是缓和汇率以及防止汇率过度波动,而不是确定汇率水平。采用这种汇率制度的国家有 25 个,其中包括美国、英国、日本等发达国家,也包括巴西、智利等发展中国家。

第二节 汇率制度的选择理论

按照时间的顺序可将汇率制度选择理论归纳为 20 世纪 80 年代以前的传统的固定汇率与浮动汇率之争,到 80 年代的名义驻锚理论以及 90 年代的中间汇率消失论之争。

一、固定汇率制与浮动汇率制之争

(一)固定汇率制与浮动汇率制

作为汇率制度的两个极端形式,固定汇率制和浮动汇率制孰优孰劣是国际金融领域中一个长期争论不休的论题,通常涉及如下几个方面:

1. 汇率制度与通货膨胀问题

固定汇率制使政策制定者有了更大的纪律性,让他们不得滥用扩张性货币政策,能够有效地阻止本国产生通货膨胀。在固定汇率制下,一国若采取扩张性的货币政策,就会使该国的物价水平提高,产生通货膨胀,进而引起国际收支的逆差,使国际储备流失。由于一国的国际储备总是有限的,因此,为了避免国际储备流失殆尽，该国肯定不会持续采用扩张性货币政策，从而有效地控制了通货膨胀。

浮动汇率能有效地隔绝国外通货膨胀对本国的影响，避免通货膨胀的输入。固定汇率制下，一国物价的上涨会带来另一国价格的上涨，而浮动汇率则可以通过汇率的变动来保持各国通货膨胀的差异，避免通货膨胀在国家间的传播，从而进一步抵御他国的经济波动对本国造成的影响。

2.汇率制度对国际贸易与国际投资的影响

固定汇率的支持者认为，固定汇率比浮动汇率更有助于扩大国际贸易和促进国际投资。固定汇率制意味着汇率的变动很小，因此，预期收益具有更大的确定性。尽管在浮动汇率制下存在着大量的金融衍生工具用来回避风险，但这无疑会增加交易的成本。因此，在其他条件不变的情况下，浮动汇率制下的世界贸易水平将会低于固定汇率制下的贸易水平。同理，在浮动汇率制下，投资者在面对不确定的汇率时，会更加谨慎地选择是否在海外投资。因此，国际投资的总体水平也会低于固定汇率制下的投资水平。

浮动汇率的支持者则认为恰恰相反，浮动汇率会促使国际投资增加。由于浮动汇率使得本国商品的外币价格不确定，那么就会促使企业将生产转移到国外，让设在国外的厂商向外国市场提供产品，以此来降低风险和不确定性。所以，浮动汇率会促进国际投资水平的增长。

3.汇率制度对国际收支调节的影响

在浮动汇率制下，国际收支能够自动进行调节。由于浮动汇率制下的汇率变动是自动、迅速的，因而它能对任何时候出现的国际收支变动进行及时的调整，不至于形成累积性的国际收支失衡。

但是基于如下几点原因，浮动汇率制的这种自动调节功能并不能很有效地发挥：第一，汇率贬值会改善国际收支状况的前提条件是马歇尔－勒纳条件得到满足，即使该条件满足了也还会存在J曲线效应，因此汇率的变动不一定能立即改善国际收支状况。第二，汇率变动在对贸易流量产生效应的同时也对资本流量产生效应，当一国货币贬值后，贸易项目的盈余不一定等同于资本项目的赤字，所以汇率的变动也就不一定能保证国际收支平衡。第三，通常本币贬值是由扩张性的货币政策导致的，因此伴随着国内物价的上涨。当国内物价上涨的幅度相当于本币贬值幅度时，因为贬值而拉开的进出口商品的价格差异就会消失，进出口数量又会回到原来的水平。所以从长期来看，汇率的变动对国际收支的改善没有任何影响。

4.汇率制度对资源配置的有效性的影响

汇率作为一种相对价格，是指导资源配置的重要信号。如果某国的货币贬值，那么该国出口部门的竞争力会提升，因此该国的生产要素则会从非贸易品生产部门转移到贸易品生产部门；如果该国货币升值，那么生产要素则会从该国的贸易品生产部门转移到非贸易品生产部门。然而在固定汇率制下，汇率水平以及波动幅度都受到行政手段的干预，这种资源配置的信号被扭曲，从而抑制了资源的有效配置。但是，浮动汇率制下汇率的波动是相当频繁的，这将导致资源频繁地在部门间流动，从而带来经济上的浪费以及无效率。

此外，固定汇率制会使得部分资源以国际储备的方式冻结起来。固定汇率制的成功运行要求一国拥有足够数量的储备周转余额，以弥补国际收支的赤字。即使赤字是暂时性的，或者是能自行恢复的，也需要储备资产来填补暂时性对外汇的过度需求以维持钉住的汇率水平。除了这种对国际储备的交易需求外，一国可能还希望持有更多额外的储备以抵御任何意外的国际收支的不利变化。这样，各国还要有对国际储备的预防性需求。然而，浮动汇率制度可以使中央银行不必持有国际储备，从而可以将这些资源投入到生产活动中去。

5. 汇率制度对宏观经济政策有效性的影响

在浮动汇率制下，汇率可以自发调节来实现外部均衡，因此，货币政策与财政政策可以专注于实现经济的内部均衡。固定汇率制下的货币政策必须担负起维持汇率水平的重担，因此，不能自由运用以实现内部均衡。但是，固定汇率制下的财政政策比浮动汇率制下能更有效地发挥作用。下面的内容将从理论上分析固定汇率制和浮动汇率制下货币政策和财政政策的相对有效性。

（二）固定汇率制和浮动汇率制下货币政策和财政政策的相对有效性分析——蒙代尔一弗莱明模型(Mundell-Fleming model)

蒙代尔一弗莱明模型研究了固定汇率制和浮动汇率制下货币政策和财政政策的相对有效性。该模型的研究对象是小型开放经济，面对固定的世界利率水平，并且假定两国债券是完美替代的，因此非套补的利率平价成立。该模型还假设对汇率的预期是静态的，即 $E\dot{s}=0$。以上这些假设意味着本国利率同世界利率水平 i^* 相等，即：

$$i=i^* \tag{6-1}$$

货币市场的均衡由下式给出：

$$M/P=L(i,Y) \quad (L_i<0,L_Y>0) \tag{6-2}$$

其中，M 是名义货币供给，P 是本国的价格水平，在模型中假设是不变的。L 是实际的货币需求，Y 是本国的实际收入水平。

商品市场的均衡由下式给出：

$$Y=A(i,Y)+T(S,Y)+G \quad (A_i<0,0<A_Y<1,T_S>0,T_Y<0) \tag{6-3}$$

其中 A 是国内吸收量，当 i 减小时，国内投资会增加，所以 A 上升，因此 $A_i<0$。当收入 Y 增加时，人们的消费量会增加，使得 A 上升，因此 $A_Y>0$。T 是净出口额，在假设马歇尔一勒纳条件成立的前提下，汇率的贬值会改善一国贸易条件，所以 $T_S>0$。收入越高，对进口的需求就越大，因此 T 就越小，所以 $T_Y<0$。

如果一国采用浮动汇率制，则该国的国际收支会自动平衡。即：

$$B=T(S,Y)+K(i)=0 \tag{6-4}$$

其中，K 是外汇资本的流动，因为假设资本是完全流动的，所以利率稍有变动，就会导致大量的资本流动，即 $K_i=\infty$。如果一国采用固定汇率制，则该国必然会动用储备资产来稳定汇率，所以国际收支不一定会平衡，但是汇率是固定的，即：

$$S=\overline{S} \tag{6-5}$$

MF 模型的运作原理如图 6-1 所示，*BB* 线是 $B=0$ 在 *S*-*Y* 平面的反映，即国际收支平衡时 S 与 Y 的各种取值绘成的曲线，因此 *BB* 线只对浮动汇率的分析有效。*SS* 线是(6-5)式在 *S*-*Y* 平面的反映，因此它只对固定汇率的分析有效。其他四条线都是传统的凯恩斯的 *IS*-*LM* 理论中提及的曲线。

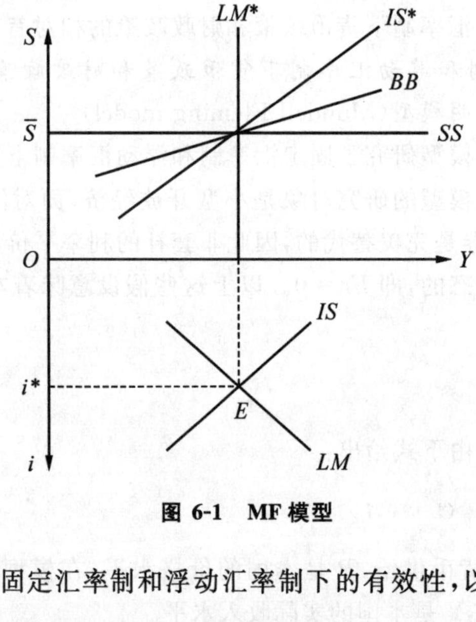

图 6-1 MF 模型

1. 货币政策在固定汇率制和浮动汇率制下的有效性，以扩张的货币政策为例假设一国采用浮动汇率制(见图 6-2),货币扩张的政策将使市场上产生超额的货币供给,*LM*线向右移至 *LM*′。超额的货币供给会使本国利率下降,又因为资本是完全流动的,所以本国资本为了得到更高的回报率会向外流动,*BB* 线会向 *BB*′线移动,本币贬值。在马歇尔－勒纳条件成立的情况下,本币的贬值会使本国的贸易条件得到改善,出口增加,进一步增加总产出,所以 *IS* 线会右移。这一过程将一直持续到本国的利率水平回到世界利率水平上,而且本国货币市场重新达到均衡,即图 6-2 中的 *E*′点。此时,本国的经常项目是盈余的,资本项目是赤字的,国际收支是平衡的。即货币政策对浮动汇率制是有效的。

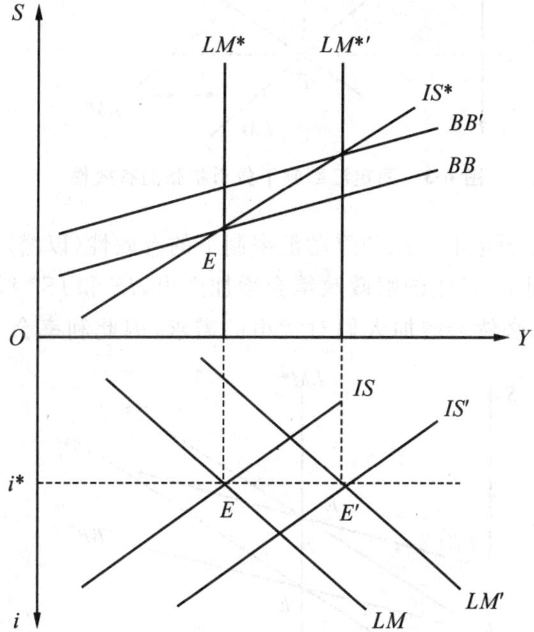

图 6-2　浮动汇率制下货币扩张的有效性

若一国采用固定汇率制(见图 6-3),货币扩张同样会使得 *LM* 右移,本国利率降低,本国资本为寻求更高的回报率而外流。因此在外汇市场上本币有超额的供给,对外币有超额需求。此时,该国为了维持汇率水平不变,就需要动用外汇储备来调节在外汇市场上该国货币的供求并使其达到平衡。在这个过程中,中央银行将其提供的多余的货币又收回了,所以,本国货币市场又回到了以前的状态,即 *LM*′线又向左移到了 *LM* 线的位置。也就是说,在固定汇率制下,货币政策是无效的,只会使本国的国际收支恶化。

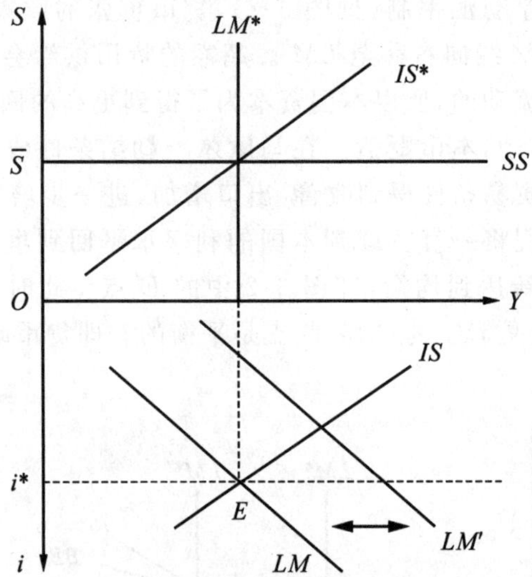

图 6-3 固定汇率制下货币扩张的有效性

2.财政政策在固定汇率制和浮动汇率制下的有效性(以增加政府开支为例)

在浮动汇率制下,扩张的财政政策会增加产出,IS 和 IS^* 线会向右移(见图 6-4)。产出的增加必然会增加人们对货币的需求,因此利率会上升。外国资本

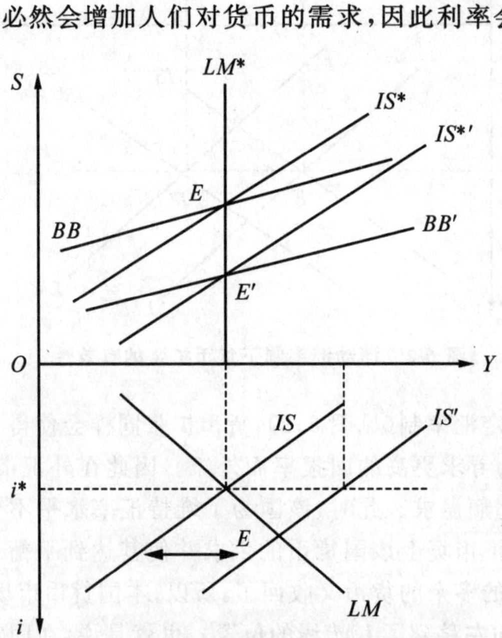

图 6-4 浮动汇率制下财政政策的有效性

为了寻求高的回报率会流向本国，在外汇市场上，本国货币的需求会大于供给，因此本币会升值，BB 会向下移，净出口额会减少，进一步导致了总产出的减少，所以 IS'会向左移动。这一过程持续到经济重新回到 E 点。即总产出和利率不变，本国货币升值。

在固定汇率制下（见图 6-5），本国利率的上升所引起的资本的流入则不会导致本币的升值。因为为了维持汇率水平，该国货币当局会增加本币的供给来满足外汇市场上对本币的超额需求，所以 LM 线会右移，最终经济达到新的均衡 E'，总产出增加了。

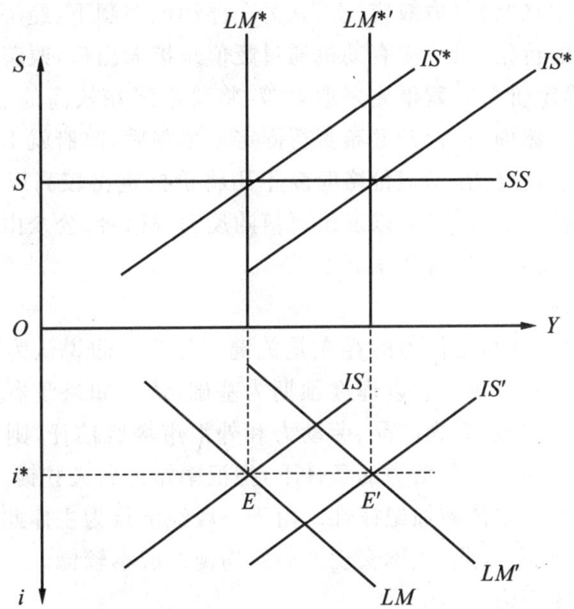

图 6-5　固定汇率制下财政政策的有效性

综合上述的分析可知，浮动汇率制下货币政策是有效的，但是财政政策是无效的，它只会引起本币汇率的变化。在固定汇率制下则正好相反，货币政策是无效的，它只会引起本币汇率的变化，而财政政策是有效的，可以对总产出产生影响。

二、20 世纪 80 年代后汇率制度理论的发展

（一）20 世纪 80 年代的汇率制度理论

进入 20 世纪 80 年代，主要资本主义国家尚未摆脱滞胀的困境，高速的通货膨胀压力使得学术界的注意力重新转向固定汇率制。对于汇率制度选择的理

论，一方面体现于对固定汇率进行解释的名义驻锚理论和公信力假说，另一方面表现为探讨可以较好地结合固定汇率和浮动汇率优点的汇率目标区制度。

1. 名义驻锚理论

名义驻锚(Nominal Anchor)理论认为，一国汇率应当有较大的刚性，甚至完全固定，从而起到一种"驻锚"的作用，一国政府可借此获得公信力和财政纪律(Fiscal Discipline)，以达到降低通货膨胀的目的。早期的名义驻锚理论主要针对资本主义国家的高通货膨胀压力，认为名义汇率的变动并不会导致实际汇率的贬值，即使能够的话，也会带来通胀，因此浮动汇率制不是一种好的政策选择。后期的研究则集中在"公信力效应"上，认为在浮动汇率制下，经济主体知道一旦他们确定了商品的价格，政府便有动机通过贬值来扩大出口，改善国际收支。因此，他们在实际确定价格时就事先采取对策，将价格定在较高的水平上，因此就会带来通货膨胀。然而，在公开宣布实行固定汇率制后，政府就不会轻易采用贬值的政策，因此经济主体在确定价格时就不用将价格定得较高以抵消可能的贬值后果。由于这种效应，政府可以发出可信的反通胀信号，公众由此进行合理的通货膨胀预期，从而阻止通货膨胀。

2. 公信力假说

在名义驻锚理论中，公信力的存在是关键。公信力假说认为汇率制度的选择对政府的公信力有影响。它以理性预期为基础，认为如果政府关于固定汇率的承诺是有公信力的，从而为商品、劳动力和外汇市场所信任，则失业和产出的成本会较低。因为在具有公信力的条件下，把汇率作为名义驻锚，会对政策制定者和一般的经济行为主体施加纪律性。由于一般经济行为主体此时会主动降低他们的通货膨胀预期，因此，该国实现低通胀均衡的成本较低。

3. 汇率目标区理论

最早提出"汇率目标区"这一汇率制度改革措施的是荷兰财政大臣 Duilsenbery，他在 1976 年曾提出过建立欧洲共同体六国货币汇价变动的目标区计划。1985 年，John Williamson 和 Bergsen 又提出了更为详细的汇率目标区设想及行动计划。关于汇率目标区的第一个严格的理论模型是 1991 年克鲁格曼(Krugman)创立的[①]。该理论指出市场汇率取决于一国的经济基本面因素和汇率的预期。

基本的目标区模型有两个关键的假设：完全的信誉度和官方在边界上进行干预。在这两个假设都满足的情况下，会出现所谓的"蜜月效应"(Honeymoon

① Krugmen, Paul, "Target Zones and Exchange Rate Dynamics", *The Quarterly Journal of Economics*, 1991 CVI, pp. 669～682.

Effect)。当汇率的变动逐渐接近目标区的边缘时,由于目标区有完全的信誉度,所以市场参与者会预期汇率很快被干预,而重新趋近于中心汇率。这一预期会产生稳定作用,使得汇率的变动在没有政府干预的情况下也不会超过目标区的范围。如果目标区具有完全信誉度的假设不成立,那么就会出现所谓的"离婚效应"(Divorce Effect)。当汇率的变动接近目标区的边缘时,市场参与者会预期货币当局将调整新的中心汇率,而不是对汇率进行干预。在这样的预期作用下,汇率将背离原来的中心汇率,而朝着新的中心汇率运动。

(二)汇率制度理论的最新发展

1997 年到 1998 年爆发的亚洲、俄罗斯和巴西金融危机,又一次引起经济学家和政策制定者重新审视发展中国家的汇率制度选择问题。

1. 原罪论

在原罪论的假说中,原罪是指这样一种状况:由于一国货币在国际市场上不可自由兑换,使得该国的货币不能用于国际借贷;而且由于本国金融市场不完全,在本国市场上也不能用本币进行长期借贷。这就使得在该国投资时存在着这样的困难:如果从外国借贷,就会出现货币不匹配问题;如果从国内借贷,则会出现"借短用长"的期限不匹配问题。

因为存在货币不匹配或期限不匹配的问题,利率或汇率稍有波动就会增加借贷的成本,从而影响企业的正常发展,甚至导致企业的破产,进而牵连到银行,于是整个金融体系就变得比较脆弱。这种情况下,无论企业还是政府都不愿汇率变动,更不愿贬值。其次,当一国货币遭到投机攻击时,一方面政府无法用货币贬值来缓解压力,另一方面也不能用提高利率来保卫本国货币,最终只得听任金融体系崩溃。原罪论还指出,只要一国存在"原罪",那么无论该国采取浮动汇率制度还是固定汇率制度都会存在以上问题。

2. 害怕浮动论

害怕浮动论由 Calvo 和 Reinhart 于 2000 年首先提出①。该理论认为,许多新兴的发展中国家不愿意本币升值,担心条件发生变化时,某一部门的繁荣会损害其他部门的发展。同时也不愿本币贬值,因为这些国家的贬值总是带有紧缩效应。因此,这些国家"害怕浮动",它们对外声称实行"有管理"的浮动汇率制,但实际上采用的是"软"钉住汇率制度,如可调整的钉住、爬行钉住、汇率目标区等。该理论对"害怕汇率浮动"国家的主要政策建议是,如果该国的确具有不适于浮动的结构性原因,则应当实行完全美元化。

---

① Guillermo A. Calvo & Carmen M. Reinhart, "Fear of Floating", *NBER Working Paper* 7993, 2000.

3. 中间制度消失论

该理论的要点是，唯一可持久的汇率制度是自由浮动制或是具有非常强硬承诺机制的固定汇率制（如货币联盟和货币局制度），介于两者之间的中间性汇率制度（如可调节的钉住、爬行钉住以及管理浮动制等），都正在消失或应当消失。因此，未来各国不是选择完全自由的浮动汇率制，就是选择固定汇率制。由于中间汇率制度消失，形成所谓空缺的中部现象，因而这一理论又被称为“两极汇率制度论”或“中空汇率制度理论”。

有人试图用“可验证性”（Verifiability）来建立中间制度消失论的理论基础①。如果市场参与者根据所观察到的信息推断出政府所宣布的汇率制度就是实际上运行的制度，那么该制度就是可验证的，因此是可信的。由于完全的固定汇率制或浮动汇率制比任何中间汇率制度更要容易验证，所以，最终各国会选择这些可验证的汇率制度而放弃中间汇率制度。

三、影响一国汇率制度选择的主要因素

1. 特定的政策目的

政策意图在汇率制度选择上往往发挥着重要的作用。这一方面最为突出的例子之一就是固定汇率有利于控制国内的通货膨胀。在政府面临着高通货膨胀问题时，如果采用浮动汇率制往往会产生恶性循环。例如，本国高通胀使本国货币不断贬值，本国货币贬值通过成本机制、收入机制等因素反过来进一步加剧了本国的通货膨胀。而在固定汇率制下，政府政策的可信性增强，在此基础上的宏观政策调整比较容易收到效果。又如，一国为防止从外国输入通货膨胀而往往选择浮动汇率政策。因为浮动汇率制下一国的货币政策自主权较强，从而赋予了一国抵御通货膨胀、同时选择适合本国的通胀率的权利。再例如，出口导向型与进口替代型国家对汇率制度的选择也是不一样的。

2. 本国经济的结构性特征

如果一国是小国，那么它就比较适宜采用固定性较高的汇率制度，因为这种国家一般与少数几个大国的贸易依存度较高，汇率的浮动会给它的国际贸易带来不便；同时，小国经济内部价格调整的成本较低。相反，如果一国是大国，则一

① Frankel, Jeffrey A. & Eduardo Fajnzyler & Sergio Schmukler & Luis Serven, “Verifying Exchange Rate Regimes”, *World Bank Working Paper* 2397, 2000; Frankel, Jeffrey A. & Sergio Schmukler & Luis Serven, “Verifiability and the Vanishing Intermediate Exchange Rate Regime”, *NBER Working Paper* 7901, 2000.

般以实行浮动性较强的汇率制度为宜，因为大国的对外贸易多元化，很难选择一种基准货币实施固定汇率；同时，大国经济内部调整的成本较高，并倾向于追求独立的经济政策。

3. 地区性经济合作状况

一国与其他国家的经济合作情况也对汇率制度的选择有着重要的影响。例如，当两国存在非常密切的贸易往来时，两国间货币保持固定汇率比较有利于相互间经济关系的发展。尤其是在区域内的各个国家，其经济往来的特点往往对它们的汇率制度选择有着非常重要的影响。

4. 国际国内经济条件的制约

一国在选择汇率制度时还必须考虑国际条件的制约。例如，在国际资金流动数量非常庞大的背景下，对于一国内部金融市场与外界联系非常紧密的国家来说，如果本国对外汇市场干预的实力因各种条件限制而不是非常强的话，那么采用固定性较强的汇率制度的难度无疑是相当大的。

专栏6-1

人民币汇率制度的沿革

1. 1980 年以前的人民币汇率形成机制

新中国成立以来至改革开放前，在传统的计划经济体制下，人民币汇率由国家实行严格的管理和控制。根据不同时期的经济发展需要，改革开放前我国的汇率体制经历了如下三个阶段：

(1)1949—1952 年，新中国成立初期的单一浮动汇率制；

(2)1953—1972 年，五六十年代的单一固定汇率制；

(3)1973—1980 年，以“一篮子货币”计算的单一浮动汇率制。

2. 1980—1993 年的人民币汇率形成机制

在我国进入向社会主义市场经济过渡的改革开放后，为鼓励外贸企业出口的积极性，我国的汇率体制从单一汇率制转为双重汇率制。经历了这样两个阶段：

(1)1981—1984 年，官方汇率与贸易外汇内部结算价并存；

(2)1985—1993 年，官方汇率与外汇调剂价格并存。

其中，以外汇留成制为基础的外汇调剂市场的发展，对促进企业出口创汇、外商投资企业的外汇收支平衡和中央银行调节货币流通均起到了积极的作用。但随着我国经济发展的不断深入，官方汇率与外汇调剂价格并存的人民币双轨制的弊端逐渐显现出来。一方面多种汇率的并存,造成了外汇市场秩序混乱,助长了投机;另一方面,长期外汇黑市的存在不利于人民币汇率的稳定和人民币的信誉。外汇体制改革的迫切性日益突出。

3.1994—2005年的人民币汇率形成机制

1993年11月,党的十四届三中全会通过的《中共中央关于建立社会主义市场经济体制若干问题的决定》要求,"改革外汇管理体制,建立以市场供求为基础的、有管理的浮动汇率制度和统一规范的外汇市场,逐步使人民币成为可兑换货币"。1993年12月,国务院正式颁布了《关于进一步改革外汇管理体制的通知》,采取了一系列重要措施,具体包括:实现人民币官方汇率和外汇调剂价格并轨;建立以市场供求为基础的、单一的、有管理的浮动汇率制;取消外汇留成,实行结售汇制度;建立全国统一的外汇交易市场等。

1994年1月1日,人民币官方汇率与外汇调剂价格正式并轨,我国开始实行以市场供求为基础的、单一的、有管理的浮动汇率制。企业和个人按规定向银行买卖外汇,银行进入银行间外汇市场进行交易,形成市场汇率。中央银行设定一定的汇率浮动范围,并通过调控市场保持人民币汇率稳定。

4.2005年后的人民币汇率形成机制

近年来,我国经常项目和资本项目双顺差持续扩大,加剧了国际收支失衡。2005年6月末,我国外汇储备达到7 110亿美元。2005年以来对外贸易顺差迅速扩大,贸易摩擦进一步加剧。适当调整人民币汇率水平,改革汇率形成机制,有利于贯彻以内需为主的经济可持续发展战略,优化资源配置;有利于增强货币政策的独立性,提高金融调控的主动性和有效性;有利于保持进出口基本平衡,改善贸易条件;有利于保持物价稳定,降低企业成本;有利于促使企业转变经营机制,增强自主创新能力,加快转变外贸增长方式,提高国际竞争力和抗风险能力;有利于优化利用外资结构,提高利用外资质量;有利于充分利用"两种资源"和"两个市场",提高对外开放的水平。

因此,我国政府经过周密部署,抓住有利时机,授权中国人民银行于2005年7月21日发布了关于完善人民币汇率形成机制改革的公告。公告主要内容是:

(1)自2005年7月21日起,我国开始实行以市场供求为基础、参考一篮子货币进行调节、有管理的浮动汇率制度。人民币汇率不再钉住单一美元,形成更富弹性的人民币汇率机制。

(2)中国人民银行于每个工作日闭市后公布当日银行间外汇市场美元等交易货币对人民币汇率的收盘价,作为下一个工作日该货币对人民币交易的中间价格。

(3)2005 年 7 月 21 日 19:00 时,美元对人民币交易价格调整为 1 美元兑 8.11元人民币,作为次日银行间外汇市场上外汇指定银行之间交易的中间价,外汇指定银行可自此时起调整对客户的挂牌汇价。

(4)现阶段,每日银行间外汇市场美元对人民币的交易价仍在人民银行公布的美元交易中间价上下千分之三的幅度内浮动,非美元货币对人民币的交易价在人民银行公布的该货币交易中间价上下一定幅度内浮动。

公告指出,中国人民银行将根据市场发育状况和经济金融形势,适时调整汇率浮动区间。同时,中国人民银行负责根据国内外经济金融形势,以市场供求为基础,参考篮子货币汇率变动,对人民币汇率进行管理和调节,维护人民币汇率的正常浮动,保持人民币汇率在合理、均衡水平上的基本稳定,促进国际收支基本平衡,维护宏观经济和金融市场的稳定。

自此,人民币汇率不再钉住单一美元,而是按照我国对外经济发展的实际情况,选择若干种主要货币,赋予相应的权重,组成一个货币篮子。同时,根据国内外经济金融形势,以市场供求为基础,参考一篮子货币计算人民币多边汇率指数的变化,对人民币汇率进行管理和调节,维护人民币汇率在合理均衡水平上的基本稳定。根据对汇率合理均衡水平的测算,人民币对美元即日升值 2%,即 1 美元兑 8.11 元人民币,之后的人民币汇率是浮动的,即根据客观规律发生波动,这种波动变化是由浮动机制所带来的,官方不再调整汇率水平。

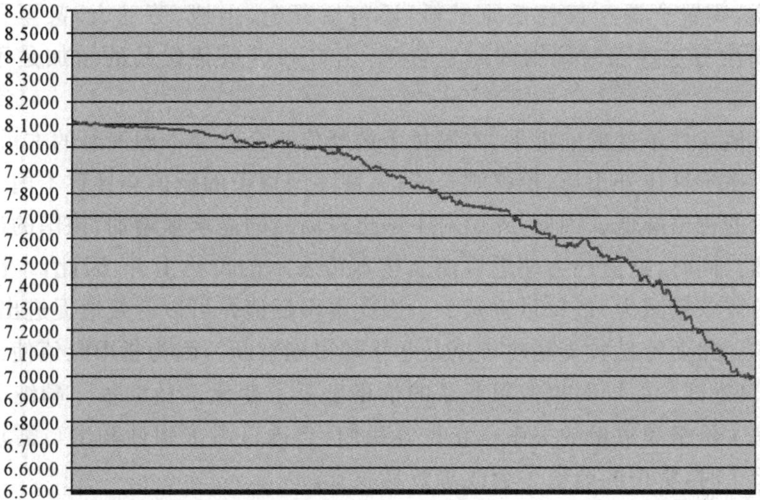

图 6-6 2005 年 7 月 21 日—2008 年 4 月 30 日人民币对美元汇率中间价走势图

人民币汇率形成机制改革以来，以市场供求为基础，人民币总体小幅稳步升值。在改革当日升值2%的基础上，2008年4月10日人民币对美元汇率中间价为6.9920人民币元/1美元，在人民币的升值进程中，首次突破7人民币元/1美元的关口，升值幅度达到了15.52%。

资料来源：根据中国人民银行官方网站（http://www.pbc.gov.cn/）相关资料整理。

第三节 汇率变动对经济的影响

一、货币贬值的经济影响

（一）贬值对国际收支的影响

1.贬值与进出口贸易收支

汇率变化的一个最直接也是最重要的影响就是对贸易的影响。从微观上讲，汇率的变化会改变进出口企业的生产成本和产品价格；从宏观上讲，汇率的变化还会导致贸易收支乃至国际收支状况的改变。贬值对贸易的影响主要取决于三个因素：一是进出口商品的需求弹性；二是国内总供给的数量和结构；三是"闲置资源"(Idle Resources)，即能随时用于出口和进口替代品生产的资源。广义来说，闲置资源不仅包括原材料，还包括资金、土地、劳动力，甚至科学技术。如果没有这些随时调用的闲置资源，出口和进口替代品的增加是不可能的。

在其他条件不变的前提下，本国货币的贬值不会改变本国商品的本币价格，但是按汇率折算成外币后，价格则会降低，即一国货币的贬值会导致本国商品按外币表示的价格降低。因此，外国对本国出口商品的需求量增加，该国的出口量就会增加。同时，贬值还会使进口商品按本币表示的价格上升，因此，本国对进口商品的需求量减少，进口量也减少。因此本币贬值是可以有效地促进出口、限制进口的。然而贸易收支是改善还是恶化却很难判断。因为货币贬值使出口量增加、进口量减少的同时也使得商品的价格发生了变化。马歇尔一勒纳条件综合地考虑了价格和数量的关系。它告诉我们，当进口需求弹性和出口需求弹性之和大于1时，货币的贬值才会改善贸易收支。

然而，即使在马歇尔一勒纳条件成立的情况下，贬值也不会马上改变贸易状况，而是使其先恶化，然后才改善。这一现象被称为J曲线效应。贬值后国际收支先恶化后改善的过程是汇率变化"时滞"的体现。

2.贬值与旅游等服务业的进出口

诸如旅游这类的服务业受汇率波动的影响与可贸易商品受汇率波动的影响不同，服务业是否会受汇率波动的影响是受限于消费者的流动性的。如果一国对外来人员进入的限制很宽松，那么本币的贬值有利于本国服务业。因为本币的贬值使得等量的外币能换取比以前更多的本币，因此能够购买更多贬值国的服务。在消费者跨越国境的成本不高时，人们就会乐意跨国消费，因此本国服务业的出口就会增加。

3.贬值与资本流动

汇率的变动不仅受资本流动的影响，而且还会反过来影响资本的流动。汇率变动对资本流动的影响在很大程度上取决于人们对汇率进一步变动的心理预期。

在其他条件不变的前提下，如果人们认为一国货币的贬值是一次性的，那么它有可能吸引长期资本流入该国。因为它使同样的外汇能够兑换更多的该国货币，也就是说，等量的外国货币在本币贬值后可以支配更多的实际资源，从而在该国投资可以获得更高的回报率。但如果人们认为货币的贬值是它要进一步贬值的信号，那么资本的流动情况将正好相反，因为一方面，国外投资者在将利润汇回时会因为汇率的进一步贬值而遭受损失，另一方面，本币的持续贬值也会引起本国资本特别是短期资本的外逃。短期资本流动对汇率波动的反应更为敏锐。当一国货币贬值时，为了避免持有该国货币所可能遭受的损失，人们会用该国货币兑换外币，引起资本外流。

4.贬值与外汇储备

外汇储备是一国国际储备的主要内容，由本国对外贸易及结算中的主要货币组成。在第二次世界大战后布雷顿森林体系下，美元是各国外汇储备的主要币种，在布雷顿森林体系瓦解后，各国外汇储备逐渐走向多元化，由美元、日元、英镑、德国马克等主要工业化国家的主要货币组成，不论是以单一的币种为储备还是以多元化的币种为储备，储备货币汇率变化都会直接影响到一国外汇储备的价值。当储备为多元化的币种时，这种影响就变得很复杂了。

(二)贬值对国内经济的影响

1.贬值和物价水平

影响物价是一国货币汇率变动对国内经济最为直接的作用。一般认为本币的贬值会使本国物价水平上升。原因有如下几点：

第一，从生产成本机制来看，货币的贬值会导致本国商品的外币价格降低，因此国外对本国商品的需求增加，在供求关系的作用下，本国出口商品的价格和产量就会上升。由于出口商品的产量增加了，那么用于生产出口产品的生产要素的需求也会增加，因此生产要素的价格也会上升。此外，货币的贬值会使得进口品的本币价格上涨,如果进口品是原材料或中间产品,那么这会增加本国的生产成本,使得产品价格上升。

第二,从货币工资机制来看,进口品价格的上升会推动生活成本的上涨,从而导致劳动者要求更高的名义工资,而更高的名义工资又会推动货币生产成本和生活费用的上升。如此循环,最终使得物价上升。

第三,从货币供应机制来看,本币贬值后,为了缓解由于货币工资机制和生产成本机制带来的不利影响,货币当局可能会增加货币供应量,这也会使物价上升。另外,如果货币贬值能改善本国的国际收支状况,那么在外汇市场上对本币的需求就会增加,为了避免本币的升值,货币当局也会增加本国货币供给。

此外,一国货币汇率的变动对该国物价水平的影响程度受以下因素制约:

第一,该国的进口依存度。进口依存度(Dependent Ratio on Import)指进口额在国内生产总值中所占的比重。进口依存度越大,汇率变动对物价水平的影响就越大。

第二,该国的进出口商品的弹性。进口需求弹性越小,汇率变动对国内物价水平的影响越大;出口供给弹性越大,汇率变动对国内物价水平的影响越小。

第三,该国货币幻觉的表现程度。货币幻觉(Money Illusion)指人们对名义收入和实际收入的混淆。在一国货币汇率下降和国内物价上涨的过程中,人们的名义收入会有所增加。如果人们存在严重的货币幻觉,即将名义收入增加看作是实际收入增加,就会提高储蓄倾向,降低消费倾向,这对物价上涨有一定的抑制作用。

2. 贬值与产出、就业①

贬值对产出与就业的影响有可能是扩张性的,也有可能是紧缩性的。传统的宏观经济学认为货币贬值具有扩张性而升值有收缩性。贬值通过乘数效应(Multiplier Effect)与反馈效应(Feedback Effect)来影响经济。比较传统的理论认为,货币的贬值对产出和就业的影响是扩张性的。货币贬值首先能够增加出口品和进口替代品的生产,使国民收入增加。然后在乘数作用下,使国民收入得到多倍的增长。反馈效应是指,总产出的变动影响进出口的变动,而进出口的变动又会引起汇率的变动,这一变动又反过来继续影响总产出。显然,如果一国采用固定汇率,那么反馈效应就几乎为0了。

贬值也可以从总供给和总需求两方面对产出和就业产生紧缩性影响,即存在着所谓的"紧缩性贬值"(Contractionary Devaluations)。

---

① Richard E. Caves & Jeffrey A. Frankel & Ronal W. Jones, "*World Trade and Payments*",中国人民大学出版社,2004年版,第513~518页。

(1)总需求方面

第一,如果一国开始就拥有大量的进口。贬值会增加以本币进行核算的进口成本,于是在需求弹性足够高以满足马歇尔—勒纳条件的情况下,贸易平衡仍然会恶化。如果此时本国需求未上升,那么对本国产品需求的总效应是紧缩的。通常发展中国家声称它们的弹性很低,不满足马歇尔—勒纳条件。其次,发展中国家的出口品还经常面临着发达国家各种各样的贸易壁垒和非贸易壁垒。如果贬值国无法使其出口增加,而进口成本又随着贬值而增加,那么总需求就会减少。

第二,如果一国在贬值时已经积累了大量的债务,那么货币的贬值使得偿还同等数量的外债需要付出更多的本国货币。因为一般一国的外债由外国银行的贷款和外国居民持有的债券组成,这些债务都是以外币来计价的。当本币贬值时,必然需要更多的本币来偿还本金和利息。因此,居民和企业的净财富和现金流就会恶化。

第三,投机购买商品是人们预防高的通货膨胀率预期的有效方法,特别是在金融市场不够发达、债券和股票品种不齐全的国家。如果人们认为贬值和由贬值带来的通货膨胀即将到来,那么他们就会购买耐用品来保护自己的财富免受贬值的影响。这种购买在当时是具有扩张效应的,但是从长期来看是会减少消费支出的,所以总需求从长期看是下降的。

第四,通常关税都是按从价税来收取的,本币贬值使得以本币衡量的进口品的价格增加,那么政府的关税收入就会增加。这一行为的结果同任何其他的赋税带来的效果是一样的,即减少了居民可支配收入进而减少居民的支出,使总需求下降。

(2)总供给方面

第一,对工业化国家和发展中国家来说,原材料和其他进口投入品的价格是很重要的,一国可能会因为货币的贬值而无法得到供本国工业发展的必须的进口投入品,最终使产出和就业紧缩。例如,1982—1983年,因为国际债务危机导致的比索的持续贬值使墨西哥的外汇变得很稀缺,结果由于缺乏必须的工业原材料、机器和其他进口的投入品,大量企业被迫削减产出。同样的情况也出现在了1997年的韩国和其他东亚国家。

第二,当工人看到他们消费的可贸易品的价格增加时,他们肯定会要求增加他们的名义工资来补偿购买力上的损失。在许多国家,特别是刚经历过高通货膨胀的国家里,工资合同都被指数化了。即工资是自动根据消费者价格指数进行调整的。因此,贬值会导致高的工资,增加劳动力成本。劳动力成本的增加意味着企业面临着更高的边际成本,所以企业会减少供给。

贬值还可能通过许多其他的渠道产生紧缩性效应,然而还有其他的一些渠道会产生扩张性效应。其净效应取决于紧缩效应更强还是扩张效应更强。Sebastian Edwards 研究了 1965—1980 年期间 12 个发展中国家贬值对产出的影响[①]。他发现贬值在第一年会产生一个很小的紧缩效应,然后从第二年起贬值的效应就变成扩张性了。

3. 贬值与民族工业、劳动生产率和经济结构

货币贬值通过降低本国出口商品的外币价格来增加本国出口商品在国际上的竞争力。同时提高进口商品的本国价格,削弱了进口商品的竞争力,为本国进口替代品留下了生存和发展的空间。因此贬值可以看作是一种赋税行为。它是对出口的一种补贴,对进口的一种征税。在单一汇率制度下,贬值的税负效应具有统一性的特点。它不甄别单个企业或单项进出口商品的具体情况,对所有出口进行补贴,对所有进口进行征税。因此,贬值具有保护本国工业的作用。但贬值也为那些高成本低效益的企业提供了空间,在保护有竞争潜力的行业的同时也保护了落后的企业,不利于企业竞争力的提高,也浪费了社会资源。同时,货币的过度贬值使本该进口的商品尤其是高科技产品或因国内价格变得过于昂贵而进不来,或进来了但同时加重了进口企业的成本,不利于经济结构的改组和劳动生产率的提高。

二、货币升值的经济影响:案例分析

货币升值的经济影响与货币贬值的经济影响刚好相反,我们通过以下两个案例对此进行分析。

(一)20 世纪 80 年代的日元升值及其对日本经济的影响

二战以后,在日本政府政策的有效干预和美国财力、技术、市场的支持下,日本经济得到迅速发展。1968 年,日本经济已经超过多数西方发达国家,国民生产总值位居世界第二位。1985 年日本成为世界上最大的债权国,对外净资产达 1 298 亿美元。二战后,在布雷顿森林体系的安排下,日本一直维持 1 美元兑换 360 日元的固定汇率。于是,美国国内的贸易保护主义者指责日本自战后以来一直保持的稳定的对日元汇率的低估,使其在美日贸易中获得巨大利益。1971 年,日元放弃了自战后以来稳定的汇率,这是日元升值的开端,到 1984 年末,日元升值大约 30%,达到 1 美元兑换 252 日元。但是,由于日本对美贸易顺差仍然存在,美国国内的贸易保护主义者对日本继续维持低估的汇率还是非常的不满。1985 年 9 月,美国、英国、法国、联邦德国和日本 5 国财政部长和中央银行

---

① Sebastian Edwards, "Are Devaluations Contractionary?" *Review of Economics and Statistics*, August 1986, pp. 501~508.

行长在美国纽约广场饭店召开会议，讨论当时各国出现的国际收支不平衡问题，并最终通过了《广场协议》。协议中规定日元与马克应大幅升值以挽回被过分高估的美元价格。《广场协议》签订后，各主要国家的中央银行开始实行大规模的“协调干预”，日本在外汇市场大量抛售美元，使日元汇率一路上扬。1986 年 5 月，美元对日元汇率突破 160 日元大关，比《广场协议》前下降了近 40%。日元的持续升值状态一直延续到 1989 年底才有所缓和，在短短的 5 年中，日元累计升值 47.4%，年均升值 9.4%。

下面就来看一下日元升值对日本经济产生了怎样的影响。

1. 有利影响

(1)升值推动了日本企业的技术革新和成本控制。一方面，日元升值提高了日本企业的国际购买力，降低了原材料采购和先进技术引进的成本。据估计，1985 年日本出口损失和进口收益相抵后的升值差异达到了 3.5 万亿日元。另一方面，升值促使日本企业加强成本管理和技术创新来消化升值的不利影响，并取得了较好的成效。到 20 世纪 80 年代中期，日本在汽车、钢铁、电子产品、机器人、半导体、液晶显示器和其他工业上都具有强大的竞争力。

(2)从长期看，升值没有改变日本贸易顺差的局面。《史密森协议》签订后，日本除 1973—1975 年出现贸易逆差外，其他年份均为贸易顺差，1985 年，日本贸易顺差规模已达到 461 亿美元，是 1981 年的 5 倍。《广场协议》后，日本出口仅在 1985 年 10－12 月出现了负增长，其余多数年份贸易顺差的规模都保持在 500 亿美元以上。这主要是因为日本企业积极控制成本、加快技术革新，其产品具有相当的国际竞争优势。而且，加工贸易在日本出口中的占比高，因此升值对贸易顺差影响不大。

(3)日元加速升值推动了日本的海外投资。日元的大幅升值提高了日本的海外投资实力。例如，1989 年索尼公司以 34 亿美元的高价买下了哥伦比亚影片公司，松下电器产业公司购买了美国音乐公司。与此同时，日元升值提高了日本出口成本，这也促使日本企业纷纷到海外投资办厂，如日本松下公司将零售价格在 100 元以下的所有产品的生产，从日本转移到亚洲工厂。

(4)日元升值进一步推动了日本银行的规模扩张。在日元大幅升值和长期超低利率的背景下，日本资产价格的快速上涨，大大地增加了日本银行的账外资产(指日本银行所持有但是未反映在账面上的资产)规模，再加上当时日本的银行几乎没有发生过违约事件，穆迪公司和标准普尔公司把日本商业银行评为“非常值得信任”的银行。高信用等级使日本的银行在国际金融市场上的融资成本很低，可以为客户提供其他银行所不能提供的低贷款利率资金，加速推动了日本的银行规模扩张。

2.不利影响

(1)日本出口企业在升值初期遭受了一定的损失。《史密森协议》签订后,日本在1973—1975年出现了贸易逆差。特别是《广场协议》后,日本经济陷入了短暂的"日元升值萧条",1986年经济增长率同比下降了1.1%。

(2)日元大幅度升值引起了国际投机资本的兴趣,使日元成为投机资本的炒作对象。此后日元汇率的大起大落和日本股市的动荡,都有国际投机资本在兴风作浪。这给日本经济带来了新的不稳定因素。

(3)日元的持续升值是日本20世纪90年代经济衰退的原因之一。日元的升值迫使企业为维持其产品的竞争力而降低生产成本,在一定程度上助长了泡沫崩溃后日本经济的通货紧缩,从而抑制了日本的私人投资和消费。同时,由于日元的升值预期,国际套利行为迫使日本的名义利率降到接近零的水平,产生了流动性陷阱,使日本银行无法有效地实施宽松的货币政策重振经济。

(二)人民币升值及其对中国经济的影响

中国人民银行于2005年7月21日对外宣布人民币即日对美元升值2%,即1美元兑换8.11元人民币。从即日起,人民币开始实行以市场供求为基础的有管理的浮动汇率制。汇率改革实施两年多以来,对进出口贸易、国际投资以及国内产业结构调整等方面都产生了深远影响。其中有些会促进我国的经济发展,而有些则会伤害到我国的经济发展。

1.有利影响

第一,增强人民币的支付能力。表现在如下三个方面:一是能减轻我国偿还外债的压力。改革开放以来,为了加速经济的发展,中国借了大量的外债。近些年更是出现了外债总规模和短期外债比例双双快速增长的趋势。中国国家外汇局公布的数据显示,截至2006年底,中国外债余额高达3 229.88亿美元。人民币升值以后,将会在一定程度上缓解我国偿还外债的压力。二是可以提高我国企业对外投资的竞争优势。近几十年来,全球经济一体化的趋势越来越明朗。要想获得更好的发展,中国企业必须果断实行"走出去"的战略,而人民币升值后,中国企业在对外投资的时候会变得更有竞争力。三是能降低我国进口商品的成本。中国是一个资源相对匮乏的国家,也是一个技术落后的国家。随着经济的高速增长和产业的升级换代,中国每年都需要从国外购买大量的能源(如石油、天然气)、原材料(如铁矿石)、先进设备以及各种先进技术,而这些商品在国际市场上大多是以美元计价的。在人民币升值后,上述商品都会变得相对"便宜",从而会有效降低我国进口的成本。

第二,人民币升值可以改变我国的进出口贸易结构。这一点可以参考当年日本的经验。《广场协议》后,日元的持续升值导致食品、纺织品、金属制品等传统出口产品的国际竞争力下降,出口规模出现大幅萎缩。日本1985年纺织品、服装出口额为14 960亿日元,1990年下降到了10 420亿日元。而在这期间,日本的资本、技术密集型产品的出口增幅显著。1985年至1990年,日本化工产品出口额从18 430亿日元增长到22 950亿日元,机械电子从141 420亿日元增长到187 030亿日元。汽车的出口虽有所下降,但日本汽车厂商的海外投资和生产国际化成就斐然。

第三,人民币升值还能调节我国产业结构的发展。人民币升值后,进口的国际原材料的价格降低,有效地发展了以扩大内需为主的经济可持续发展战略,与此同时,由于人民币的升值,降低了我国以加工为主的出口产品的竞争力,对主要依赖廉价的劳动密集型行业无疑是一种挑战。对如何发展资本密集型企业也提出了进一步的要求,要求其加快结构调整步伐,增强自主创新能力,提高竞争力,通过加强内部管理和进行技术改造来挖掘潜力,尽快掌握各种外汇风险规避工具和手段,增强自身适应汇率浮动和应对汇率变动的能力。

2.不利影响

首先,人民币升值直接影响的主要是我国的出口贸易。人民币升值意味着中国产品的出口价格竞争力下降,因此,对我国严重依赖价格优势的出口型行业来说,短期内受到一定的冲击将不可避免。以我国纺织服装业为例,纺织服装、鞋帽是我国仅次于电子通信行业的第二大出口行业,其不断扩大的国际市场份额是建立在低廉的劳动力成本和价格优势上的。因此,人民币升值将一定程度削弱我国纺织服装产品在国际市场的价格竞争力。我国政府宣布于2005年7月21日人民币对美元升值2%,意味着此行业外贸企业每出口1美元,利润要损失0.15元人民币。随着日后人民币的不断升值,利润的损失将越来越大,对利润微薄的出口行业的打击无疑是沉重的。

其次,人民币的升值不利于引进外资。因为人民币升值增加了外商投资的成本,而且人民币的升值会带来更大的升值预期,减少外商对中国的直接投资,会吸引更多的非直接投资的短期资本的流入,制造更大的外部的不平衡,增加对地产、股市等的投资和投机,甚至会制造虚假繁荣和泡沫,损害地产、股市的健康发展,误导经济向非理性方向发展。

再次,人民币升值使我国巨额的外汇储备面临缩水的危险。截至2008年9月,我国外汇储备已经达到19 055.85亿美元[①],居世界第一位。充足的外汇储备是我国经济实力不断增强,对外开放水平日益提高的重要标志,也是我们促进国内经济发展,参与对外经济活动的有利保证。然而,一旦人民币升值,美元贬

① 资料来源:国家外汇局官方网站。

值，我国巨额外汇储备面临缩水的危险，多年来积累的财富会因此遭受严重的损失。

人民币升值是一把双刃剑，对我国经济的发展有利也有弊。因此完善人民币汇率形成机制改革，对调节进出口贸易均衡发展，改善国际收支平衡，建立和完善社会主义市场经济体制，深化经济金融体制改革，健全宏观调控体系，有着重要的意义。

第四节　政府对外汇市场的干预

由于汇率的过分波动通常会给经济发展带来不利影响，因此各国政府都会在不同程度上干预外汇市场，以使汇率处于对本国经济发展有利的范围内。

一、政府干预外汇市场的目的

1. 防止汇率在短期内过分波动

在国际资金流动量十分巨大的今天，常常发生汇率在短期内的过分波动。造成这一现象的原因是多种多样的。例如，对未来货币政策等宏观条件波动的预期、由于价格黏性导致汇率在短期内出现的超调现象、充斥在外汇市场上的真假难辨的新闻和投机者的兴风作浪等。汇率在短期内过分波动会降低它作为相对价格所发挥的引导资源合理配置的功能，对经济的稳定运行造成非常不利的影响。

2. 避免汇率水平在中长期内失调

汇率在中长期内进行调整时，存在着汇率的平均水平以及变动趋势。如果这一平均水平或趋势比较明显地处于不合理(高估或低估)的水平时，就称为汇率失调(Misalignment)。汇率水平是否失调，一般是依据对均衡汇率的估算和比较得出的。计算均衡汇率的方法主要有两种：购买力平价法和威廉姆森提出的基本均衡汇率(Fundamental Equilibrium Exchange Rate，FEER)估算①。

① 基本均衡汇率是威廉姆森设计的汇率目标区方案中确定中心汇率的理论基础，它从宏观经济角度而非资产市场角度出发，反映了政府调控宏观经济以实现内外均衡的意图，在西方的政策分析领域具有非常重要的地位。根据威廉姆森的估算，20 世纪 80 年代上半期美元与日元存在着非常严重的失调问题，其中美元高估了 39%，日元低估了 19%。这一结论引起了西方各国高度重视，直接推动了它们对外汇市场的干预。

3.进行政策搭配的需要

外汇干预为政府提供了额外的政策工具，该工具能够影响一国的货币供给量。中央银行在外汇市场上买入外汇就意味着增加货币的供给，而卖出外汇则意味着减少货币供给。这就提供了货币政策内部不同工具搭配的可能性。同时，在外汇市场上的干预还可与财政政策以及其他政策进行多种形式的搭配。

4.其他目的

政府对外汇市场的干预可能还出于其他目的。例如，政府为维持低汇率刺激本国出口，就会进入外汇市场人为地造成本币的贬值。对于存在长期性外汇短缺问题的国家，政府可能会进入外汇市场购买外汇，以增加其所持有的外汇储备。还有，政府可能在外汇市场上买卖不同品种的外汇，以调整其外汇储备的结构。

1973年布雷顿森林体系瓦解后，许多工业化国家都开始实行浮动汇率制，到1975年9月在法国召开的G－7峰会上正式认可了浮动汇率制和为调整外汇市场混乱而进行的汇率干预。此后，人们将注意力集中于政府如何进行干预上，而不再讨论政府该不该进行干预。

二、政府对外汇市场干预的类型

根据不同的角度，政府对外汇市场的干预可作如下的分类：

1.按干预的手段，可分为直接干预和间接干预两种类型

直接干预是指政府直接进入外汇市场买卖外汇，改变原有外汇市场的供求关系，来干预外汇市场。间接干预是指政府不直接进入外汇市场，而采取其他方法对外汇市场进行干预。间接干预一般有两种做法：一种是通过改变利率等国内金融变量的方法，使不同资产的收益率发生变化，间接地影响外汇市场上的供求关系，以达到干预外汇的目的；另一种方法是通过公开宣告的方式影响外汇市场参与者的预期，进而影响汇率。例如，政府可以通过新闻媒体表达对外汇走势的看法，或发表有利于中央银行政策意图的经济指标，以此来影响外汇市场参与者的心理预期。

2.按干预是否会引起货币供应量的变化，可分为冲销式干预(Sterilized Intervention)与非冲销式干预(Unsterilized Intervention)

冲销式干预是指政府在外汇市场上进行交易的同时，通过其他政策工具，如公开市场操作，来抵消前者对货币供应量的影响，使货币供应量维持不变的外汇市场干预行为。为抵消外汇市场交易对货币供应量的影响而采用的政策措施被称为冲销措施。非冲销式干预则是指不存在相应冲销措施的外汇市场干预，这

种干预会引起一国货币供应量的变动。这种分类方式是政府对外汇市场进行干预的最为重要的分类方式,它们各自的效力是外汇市场干预讨论中最受关注的问题。

3.按干预策略分,可分为三种类型

一是熨平每日波动型(Smothing out Daily Fluctuation)干预,它是指政府在汇率日常变动时在高价位卖出、低价位买进,以使汇率变动的幅度缩小的干预形式。二是砥柱中流型或逆向型(Leaning Against the Wind)干预,它是指政府在面临突发因素造成的汇率单方向大幅度波动时,采取反向交易的形式以维护外汇市场稳定的干预形式。三是非官方钉住型(Unofficial Pegging)干预,它是指政府单方面非公开地确定所要实现的汇率水平及变动范围,在市场汇率变动与之不符时就入市干预的干预形式。

4.按干预参与的国家,可分为单边干预和联合干预

单边干预是指一国对本国货币与某外国货币之间的汇率变动,在没有相关的其他国家的配合下独自进行的干预。联合干预则是指两国乃至多国联合协调行动对汇率进行干预。单边干预主要出现在小国对其与大国货币之间的汇率进行调节的过程中,缺乏国际协调时的各国对外汇市场的干预也多采用单边干预的形式。相比之下,由于外汇市场上投机性资金的实力非常强大,同时国际间政策协调已大大加强,当前几个主要大国对外汇市场进行的比较有影响的干预基本上采取的都是联合干预。

三、外汇市场干预的效力分析

政府在外汇市场上的干预可以通过两个途径发挥效力。一是通过外汇市场上及相关的交易来改变各种资产的数量及结构,从而对汇率产生影响,这被称为资产调整效应。二是通过干预行为本身向市场发出信号,表明政府的态度及可能采取的措施,来影响市场参与者的心理预期,从而实现相应的汇率调整的目的,这被称为信号效应。

(一)干预的资产调整效应

前面曾提到干预的两种最基本的方式是冲销性干预与非冲销性干预。冲销性干预不会引起货币供给量的变化,但是会使得资产内部的构成比例改变;非冲销性干预则会引起货币供给量的变化。所以,对各种资产之间替代性的不同假设,会导致对干预效应的不同结论。

1.假设本币资产与外币资产是完美替代的(货币模型)

首先分析非冲销式干预的效应。假定外汇市场上本币贬值超过了政府的承

受范围，政府决定进行非冲销式干预。于是政府在外汇市场上出售外国债券，造成本国货币供应量的减少，本币升值。因此，干预是有效的。如果政府采用冲销式干预，那么政府为了不影响本币供应量，除了在外汇市场上出售外国债券外，还需要购买相应数量的本国债券。在货币模型中，本币资产与外币资产可完全相互替代，它们被视为一个统一的市场，这一市场内部各资产比例的变化不能对汇率发挥影响。由于冲销式的干预没有改变本币供应量，因此，汇率水平维持不变，即冲销式干预是无效的。

2.假设本币资产与外币资产是不完美替代的(资产组合模型)

在这里我们仍然沿袭资产组合平衡法中的假设，有三种不同的资产：本国货币、本国债券和外国债券。如果政府采用非冲销式干预，那么政府在外汇市场上出售外国债券，同时本国货币供应量减少，所以均衡点从图 6-7 中的 E 沿着 BB 线移动到 E_1，本币升值，所以该干预是有效的。如果政府采用冲销式干预，那么政府在出售外国债券的同时需要购买相应数量的本国债券，以使不影响本国货币供应量。但在一般情况下，认为利率的变化对本国债券的影响要比对外国债券的影响大，因此汇率还是会有少许的升值幅度。政府采用冲销式干预后，均衡点从如图 6-7 中的 E 沿着 MM 线移动到 E_2，汇率升值的幅度不如非冲销式干预大，即冲销式干预对汇率调整有效，但是效果不如非冲销式干预。

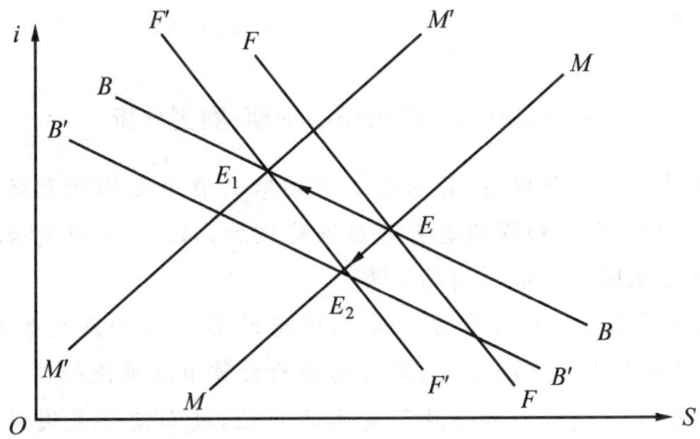

图 6-7 干预的资产调整效应

总之，无论是用货币模型分析还是用资产组合模型分析，非冲销干预对汇率的调控是有效的，但它会引起本国货币供应量的变动，从而在追求外部均衡时会影响到经济政策的国内目标；冲销式干预对汇率的调控可能无效也可能有一定效果，但它不会影响经济政策的国内目标。

外汇市场干预的资产调整效应可以总结为表 6-1。

表 6-1 外汇市场干预的资产调整效应

	资产完美替代	资产不完美替代
非冲销式干预	有效	有效
冲销式干预	无效	有一定效果

（二）干预的信号效应

政府对外汇市场公开进行的干预活动，本身就可视为政府向市场发出的信号，表明政府对现有状况的态度，预示着政府将采取的政策措施。因此，这一干预会通过改变市场参与者的心理预期而对汇率产生影响，达到预期的干预目的。

当政府对现行的汇率水平不满并且公开宣布它将通过货币政策或财政政策来干预汇率时，信号效应将变得十分重要。在宣布的同时，如果中央银行确实进行了相应的冲销干预，这将加强声明的可信度。如果政府本来没有通过货币政策或财政政策改变汇率的打算，而希望仅仅利用信号效应获得某种短期利益，即政府在其政策声明后并不采取任何具体的货币、财政政策，那么市场参与者就不会因为所发出的信号而改变心理预期，因此信号效应将会变得无效。所以，信号干预本身并不能被作为独立的货币政策和财政政策之外的政策工具。

专栏6-2

美国政府对外汇市场的干预：案例分析

布雷顿森林体系瓦解以后，各主要工业国家的货币之间就开始实行浮动汇率制，对汇率干预的频率和规模也开始显著地增加，而其干预的对象则主要是美元同其他主要工业国家货币之间的汇率。

采用浮动汇率制后，美国官方对美元进行的第一次干预发生在 1973 年 7 月。此前，美国国内通货膨胀上升，同时德国的紧货币政策使德国马克和欧洲的其他货币更加坚挺。这些因素导致了美元的贬值，进而使得美国对外贸易变得混乱。在这种情形下，美国官方决定进入市场进行干预。干预规模在 1974—1975 年冬稍有扩大，但是因为其他工业化国家的价格压力都已经减轻，再加上美国受到世界范围衰退的影响还未消除，而且美国的通货膨胀仍然令人担心，最终美联储在 1974 年放松了货币市场的条件，联邦基金利率(Federal Funds Rate)垂直下落，从 1974 年 7 月的 13%降低到 1975 年 3 月的 53/8%。由于美国同其他工业国家利差的消失，美元继续贬值。为了减缓美元的贬值，美国官方再次进行干预。在 1974 年 10 月至 1975 年 3 月间，美国官方总共购买了 14 亿美元，德国和瑞士的中央银行也购买了更大数量的美元。直到1975年3月，美国利率稳定，同时外国利率减少时，美元才开始慢慢升值。

对美元第一次持续的干预发生在1977—1979年。1977年美国国内需求的迅速增长，使其经常项目从1976年40亿美元的盈余恶化到1977年140多亿美元的赤字。随着美元在1977年底严重的贬值，美联储于1978年1月将贴现率提高到了6.5%。美国的通货膨胀率在1978年达到9%，而且通过控制石油进口来降低贸易赤字的努力也失败。美联储不得不采取了更严格的市场条件，然而M_1的扩张速度仍然超过目标上限，美元继续贬值。考虑到美国严重的通货膨胀和无序的外汇市场，美联储于1978年8月将贴现率上调至7.75%，但是这只是暂时的使美元升值。在1978年5—10月，卡特总统发布了一系列反通货膨胀的方案，包括税收削减方案的推迟、预算限制等。美元的持续贬值使卡特于11月1日发布了一个援助美元提议(Dollar Rescue Package)来挽救美元。美国除了通过政策对汇率进行间接干预外，还进入外汇市场对其进行直接干预。1977年10月到1978年底，美国官方的净买入量大约为100亿美元，外国官方大约购买了370亿美元。

1979年上半年，美元颓势得到遏制，并有些许回升，但到6月中美元又开始面临新的抛售压力。而且1979年的第二次石油危机又加重了价格上涨的压力，而且限制了产出。为此，美国当局对汇率进行充分干预以抵抗美元的衰落。美元的持续疲软以及通货膨胀恶化的信号成为美联储在1979年10月6日制定新的货币操作程序(Operating Procedures)所考虑的内容。操作程序的改变在于更多地控制银行的非借入准备金(Nonborrowed Reserves，NBR)，更少地控制联邦基金利率。这一改变旨在更好地控制货币总量的增长率，全面地控制通货膨胀的压力。从实际情况来看，这一改变收效很好，之后美国利率急剧上升。

1980年9月，美国经济与其他国家经济相比表现得更好，美元开始坚挺。美国的通货膨胀开始下降，与此同时，大部分欧洲经济停滞，失业率上升。随着美国经济的反弹，美联储继续控制NBR的增长，这些都使得利差朝有利于美元的一方发展。美国经常账户在1980年下半年由赤字转向盈余。1981年初，新的里根政府决定抛弃前任政府那种强硬的干预政策，并声明只在必要的时候才进入市场进行干预，即采取所谓的"有益的忽视"(Benign Neglect)的汇率政策。1981年4月到1984年，美国对外汇的干预非常有限，这一期间对德国马克和日元的净出售量仅7 500万美元，而且大部分都是在外国货币当局的强烈要求下进行的。基于如下原因，美元在1981—1985年初持续升值：(1)为使美国经济稳健地恢复，对货币市场条件的限制一直很严格；(2)巨额的财政赤字让实际利率暴露在上升压力下；(3)外国货币当局因为经济恢复的不理想而不愿意提高利率；(4)受到日益良好的商业环境的吸引，美国的投资以及外国投资欣欣向荣。

相比1980年第4季度，美元在1984年中期对其他主要工业国家的货币平均升值了大约60%。美元的坚挺引起了美国一些政策制定者的注意。美国各方都很关注坚挺的美元对美国制造业和通货膨胀的影响。随着美元的持续升值，里根总统在他的第二个任期内改变了以前不干预货币市场的政策。G—5（美国、英国、德国、日本、法国）于1985年1月22日会晤并发表声明重申他们将承担促进经济政策趋同，在必要时对外汇市场进行协调干预的义务。随后在同其他中央银行的协作中，美国官方于1985年1—3月共抛售了6.5亿美元，美元于2月末开始贬值，但这不足以改善美国的贸易赤字。美国的贸易赤字于1985年夏达到了1 200亿美元，美国国内的保护贸易主义情绪高涨。为此，美国于1985年9月22日安排G—5官员在美国纽约的广场饭店（Plaza Hotel）会面，旨在认可美国主动地进行有序的贬值，并签订了广场协定（Plaza Accord）。协定的内容包括：与会官员一致认可汇率在调整外部均衡时应该起到一定的作用。因此汇率应该能很好地反映经济基本面情况。但是根据现在以及未来预期的基本情况的变化，美元需要贬值，其他非美元货币需要对美元升值。而且他们已经准备好更紧密地协作来支持这一调整。在签订广场协定后的7个星期里，G—5官方总共抛售了近90亿美元，其中美国抛售了33亿。广场协定的签订及之后的干预使美元立即大跌。到1985年底，美元对日元下跌了17%，对德国马克下跌了14%。

1987年2月22日，主要工业化国家官员在法国巴黎的卢浮宫会面，总结了前期汇率干预的成就，认为自广场协定以来，汇率的变化是有助于纠正外部不均衡的，并使各国的货币处于一个同基本经济面相一致的范围。还表示，如果汇率继续变化，就会伤害到经济的发展。因此，他们一致同意紧密协作使汇率稳定在现行水平上。而且，就美元汇率可容忍的波动范围以及今后外汇市场上的合作达成一致的谅解。这就是卢浮宫协定（Louvre Accord）。之后，西方各国对外汇市场进行了较多的干预，汇率基本上稳定了。

资料来源：B. Dianne Pauls，“U. S. Exchange Rate Policy: Bretton Woods to Present”，*Federal Reserve Bulletin*，Nov. 1990.

本章小结

本章首先讨论了汇率制度以及汇率制度理论。汇率制度是指一国货币当局对本国汇率水平的确定、汇率变动方式等问题所作的一系列安排或规定。最基本的两种汇率制度是固定汇率制和浮动汇率制，除此之外还有其他多种的中间汇率制度。这些汇率制度各有优劣，各国应该根据自身的经济结构、政策目的、经济合作情况以及国内外的经济条件的制约等因素来选择汇率制度。

本章接下来讨论了汇率的变动对经济的影响。汇率的变动会影响到物价水平、外汇储备、进出口贸易水平、产出与就业以及经济结构。最后通过 20 世纪 80 年代日元升值以及当下人民币升值的案例分析陈述了汇率升值对经济的影响。

由于汇率的过分波动通常会给经济发展带来不利影响，因此各国政府都会在不同程度上干预外汇市场，以使汇率处于对本国经济发展有利的范围内。政府对外汇市场的干预类型可以有不同的分类方法，其中最为主要的一种分类方法是按能否引起货币供应量的变化分为冲销式干预和非冲销式干预。而干预可以通过资产调整效应和信号效应两种途径来发挥效力。

关键词

汇率制度　固定汇率制　浮动汇率制　钉住汇率制　汇率目标区制　蜜月效应　离婚效应　货币局　管理浮动　蒙代尔一弗莱明模型　广场协定　卢浮宫协定　进口依存度　货币幻觉　乘数效应　反馈效应　紧缩性贬值　汇率失调　基本均衡汇率　直接干预　间接干预　冲销式干预　非冲销式干预　熨平每日波动型干预　逆向型干预　非官方钉住型干预　单边干预　联合干预　资产调整效应　信号效应

复习思考题

1. 叙述现行的汇率制度以及各自的特点。
2. 固定汇率制和浮动汇率制有哪些优缺点？
3. 汇率的贬值会从哪些方面对一国经济产生怎样的影响？
4. 政府对外汇市场干预的种类有哪些？干预通过哪些途径发挥效力？

第七章 外汇交易与外汇风险

导言

外汇交易(Foreign Exchange Transaction)就是以约定的汇率将一种货币转换为另一种货币,并在确定的日期进行资金交割的业务。外汇交易的类型有许多种,其中即期外汇交易、远期外汇交易和掉期交易是外汇市场上的传统外汇交易形式。随着国际金融业务的发展,金融工具创新层出不穷,20 世纪 70 年代以后出现了许多外汇交易创新形式,如外汇期货交易、外汇期权交易、货币互换与利率互换交易、远期利率协议等。本章将着重介绍传统外汇交易的基本原理及其应用,而外汇交易的创新形式将在第九章国际金融衍生产品中介绍。

学习目标

1. 掌握外汇的含义及汇率的定义、标价方法及种类;
2. 了解外汇市场的概念、特点及构成;
3. 熟悉各种传统外汇交易方式的含义、特点及其应用;
4. 掌握外汇风险的含义、种类及管理方法。

第一节 外汇、汇率与外汇市场

一、外汇

外汇(Foreign Exchange)是国际汇兑的简称。外汇的概念有动态和静态之分。

动态的外汇是指把一国货币兑换成另一国货币，用以清偿国际间债务的金融活动。

静态的外汇又有广义与狭义之分。广义的静态外汇是泛指可以清偿对外债务的一切以外国货币表示的资产或债权。各国外汇管制法令所称的外汇就是广义的外汇。我国于 1996 年 1 月 29 日颁布了《中华人民共和国外汇管理条例》，1997 年 1 月 14 日《国务院关于修改〈中华人民共和国外汇管理条例〉的决定》修正版第三条规定，外汇的具体范围包括：(1)外国货币，包括纸币、铸币；(2)外汇支付凭证，包括票据、银行存款凭证、邮政储蓄凭证等；(3)外币有价证券，包括政府债券、公司债券、股票等；(4)特别提款权、欧洲货币单位；(5)其他外汇资产。狭义的静态外汇是指以外币表示的、可直接用于国际结算的支付手段。按照这一概念，外国钞票不能算作狭义的外汇，因为外币只有在其发行国才是法定货币，一旦流入他国，便立即失去法定货币的身份与作用，外钞只有携带回发行国并存入银行才能用于国际结算。至于以外币表示的有价证券也不能视为狭义的外汇，因为它不能直接用于国际结算，只有将其变为在国外银行的存款才能用于国际结算。这就说明，狭义外汇的主体是在国外银行的外币存款，以及将对银行存款的索取权具体化了的外币票据如银行汇票、支票等。

通过对上述外汇概念的分析我们可以看出，不是所有的外国货币都能成为外汇的，一国货币成为外汇必须具备三个前提条件：(1)可兑换性，即该国货币能够自由地兑换成其他国家的货币或购买其他国家的信用工具进行多边支付，而且其跨国界的支付或转移不受任何限制和阻碍；(2)普遍接受性，即该国货币在国际经济往来中被各国普遍地接受和使用；(3)可偿还性，即这种外币资产必须是在国外能够得到补偿的债权，具有可靠的物质偿付保证。只有满足这三个条件的外币及其所表示的资产(各种支付凭证和信用凭证)才能成为外汇。但任何以外币计值或表示的实物资产和无形资产并不构成外汇。

二、汇率及汇率的表示

所谓汇率(Foreign Exchange Rate)，是指两种不同货币之间的兑换比率，或者说是一种货币表示的另一种货币的相对价格。汇率通常标到小数点后第四位。

折算两种货币的兑换比率，首先要确定是以本国货币表示外国货币的价格，还是以外国货币表示本国货币的价格，这就是汇率的标价方法。汇率的标价方法分直接标价法和间接标价法两种。

（一）直接标价法

直接标价法是以本国货币表示外国货币的价格。直接标价法(Direct Quotation)是以一定单位(1个、100个、10 000个单位等)的外国货币作为基准，折成若干数量的本国货币的汇率标价方法。

在直接标价法下，外币数额固定不变，折合本币的数额根据外国货币与本国货币币值对比的变化而变化。如果一定数额的外币折合本币数额增加，即外币升值(Appreciation or Revaluation)、本币贬值(Depreciation or Devaluation)；反之，如果一定数额的外币折合本币数额减少，即外币贬值，本币升值。

例如，我国2007年9月12日公布的外汇牌价中，美元对人民币的汇率为1美元等于7.526 3人民币，这一标价方法就是直接标价法，到了月底汇率变为1美元等于7.525 7人民币，则说明人民币升值，美元贬值。

（二）间接标价法

间接标价法是以外国货币表示本国货币的价格：间接标价法(Indirect Quotation)是以一定单位(1个、100个、10000个单位等)的本国货币作为基准，折成若干数量的外国货币的汇率标价方法。

在间接标价法下，本币数额固定不变，折合外币的数额根据本国货币与外国货币币值对比的变化而变化。如果一定数额的本币折合外币数额增加，即本币升值(Appreciation)、外币贬值(Depreciation)；反之，如果一定数额的本币折合外币数额减少，即本币贬值，外币升值。

例如在纽约外汇市场上，美元对日元的汇价为1美元等于116.5680日元，这一标价方法就是间接标价法，如果到了月底变为1美元等于116.0680日元，则说明日元升值，美元贬值。

直接标价法和间接标价法都是针对本国货币和外国货币之间的关系而言的。世界上只有英国、美国等少数国家采用间接标价法。英国是资本主义发展最早的国家，由于英镑历史地位的原因，英国的外汇市场一直采用间接标价法。美国从1978年9月起，除对英镑(包括随后出现的欧元)继续采用直接标价法外，对其他货币均改为采用间接标价法。欧元自产生之日起，也因为其历史地位的原因，同样采用了间接标价法。从中可以看出，只有关键货币(Key Currency)国才有权利使用间接标价法，其他国家使用直接标价法。第二次世界大战后由于美元在国际贸易与金融领域占据了主要的地位，各国外汇市场上公布的外汇牌价均以美元为标准，这一情况称为“美元标价法”。值得说明的是，包括本书在内的许多论著在进行汇率分析时，如不特别说明，一般使用的都是直接标价法，即汇率值的上升表示本币贬值。

三、汇率的种类

(一)基本汇率和套算汇率

按制定汇率的方法划分,汇率可分为基本汇率和套算汇率。

1. 基本汇率

基本汇率(Basic Rate)是指一国所制定的本国货币与关键货币之间的汇率。关键货币是指本国国际收支中使用最多,外汇储备中所占比重最大,可自由兑换且为国际贸易、国际结算中的主要货币。目前一般各国都把美元当作关键货币,故许多国家都将本币对美元的汇率定为基本汇率。

2. 套算汇率

套算汇率(Cross Rate)又称交叉汇率,是指制定出基本汇率之后,本币以基本汇率为基础,套算出对其他国家货币的汇率。例如某日人民币对美元的汇率是 USD1=CNY7.5265,美元对日元的汇率为 USD1=JPY116.4857,在这两个基础汇率的基础上可以套算出人民币对日元的汇率 JPY1=CNY(7.5265/116.4857)=CNY0.0646。

目前各国外汇市场上每天公布的汇率都是各种货币与美元之间的汇率,非美元货币之间的汇率均需通过美元汇率套算出来。

(二)有效汇率

有效汇率(Effective Exchange Rate)是一种货币相对于其他多种货币双边汇率的加权平均数。人们通常所谈论的汇率,是指两种货币之间的比价,例如,人民币对美元、日元对美元等等。因而,这种汇率又称为双边汇率。不过在有些情况下,仅仅运用双边汇率值的变化说明汇率的变动幅度和趋势存在一定的局限性。例如,在某一段时间内,美元对日元的汇率下跌,而美元对英镑的汇率上升,这时能否说美元的国际价值下降或上升了呢?显然不能简单地下结论。为了解决此类问题,西方经济学界给出一种新的汇率,称为有效汇率。

有效汇率是一种加权平均汇率,构造有效汇率首先是选择一些有代表性的货币,其次是为每个双边汇率确定权重。从 20 世纪 70 年代末起,人们开始使用有效汇率来观察某种货币的总体波动幅度及其在国际经贸和金融领域中的总体地位。目前,国际货币基金组织定期公布 17 个工业发达国家的若干种有效汇率指数,包括贸易比重、劳动力成本、消费物价、批发物价等等为权数的经加权平均得出的不同类型的有效汇率指数。

以贸易比重为权数的有效汇率所反映的是一国在国际贸易中的总体竞争力和总体波动幅度。其公式如下:

$$EER = \sum_{i=1}^{N} W_i \times E_i$$

其中，EER 表示 A 国货币的有效汇率，W_i 等于 A 国对第 i 国出口贸易值与 A 国全部对外出口贸易值之比，E_i 表示 A 国货币对第 i 种货币的汇率，N 表示该国选择的一组货币的种类。

基于单位劳动力成本计算的有效汇率主要针对 21 个工业化国家，其基本计算公式如下：①

$$E_i = \prod_{j \neq i} \left[\frac{C_i R_i}{C_j R_j}^{W_{ij}} \right]$$

其中，W_{ij} 代表 i 国对 j 国的竞争性权重，C_i 与 C_j 分别表示 i 国和 j 国的单位劳动力成本（均以本币表示），R_i 与 R_j 分别表示 i 国和 j 国本币对美元的名义汇率。其中 W_{ij} 的推导比较复杂，在此略去。

（三）名义汇率和实际汇率

按纸币制度下汇率是否经过了通货膨胀调整划分，汇率可分为名义汇率与实际汇率。

1. 名义汇率

名义汇率（Nominal Exchange Rate）是由官方制定的或由市场决定的、没有剔除通货膨胀因素的汇率。在实际中名义汇率就是市场汇率，即一种货币兑换成另一种货币的价格。名义汇率是没有消除过去一段时期两种货币通货膨胀差异的汇率，因而不能反映两种货币的实际价值，它是随外汇市场上外汇供求变动而变动的外汇买卖价格。

2. 实际汇率

实际汇率（Real Exchange Rate）是在名义汇率的基础上剔除了通货膨胀因素后的汇率。在经济学意义上，实际汇率 Q 是名义汇率 R 与外国物价指数（P^*）和本国物价指数（P）之比的乘积，计算公式如下：

$$Q = R \times \frac{P^*}{P}$$

由于消除了货币之间存在的通货膨胀差异，实际汇率比名义汇率更能反映不同货币实际的购买力水平。

实际汇率的另一种概念在研究汇率调整、调查倾销与反倾销措施时常常会

---

① Alessandro Zanello & Dominique Desruelle, "A Primer on the IMF's Information Notice System", *IMF Working Paper*, 1997, WP/97/71.

用到。各国政府为达到增加出口和限制进口的目的，经常对各类出口商品进行财政补贴或减免税收，对进口则征收各种类型的附加税，实际汇率便是名义汇率与这些补贴和税收的之和或之差，用公式表示为：

实际汇率＝名义汇率±财政补贴和税收减免

(四)即期汇率和远期汇率

按外汇交易的交割时间划分，汇率可分为即期汇率与远期汇率。

1. 即期汇率

即期汇率(Spot Exchange Rate)又称现汇汇率，是指外汇买卖成交后，买卖双方在当天或在两个营业日内进行交割所使用的汇率。一般在外汇市场挂牌的汇率，除特别标明远期汇率外，一般指即期汇率。

2. 远期汇率

远期汇率(Forward Exchange Rate)又称期汇汇率，是指外汇买卖双方以合同约定，据以在未来某一时间进行交割的汇率。远期汇率是以即期汇率为基础的，即用即期汇率的“升水”、“贴水”或“平价”来表示。如果一个国家的货币趋于坚挺，远期汇率就会高于即期汇率，其差额称作升水(At Premium)；如果一个国家的货币趋于疲软，远期汇率就会低于即期汇率，其差额称作贴水(At Discount)。这是直接标价法的情况。若采用间接标价法，则正好相反，远期汇率高于即期汇率为贴水，远期汇率低于即期汇率为升水。如果远期汇率与即期汇率相等，则没有升水和贴水，称作平价(At Par)。升贴水主要受利率差异、供求关系、汇率预期等因素的影响。值得注意的是，虽然远期汇率是未来交割所使用的汇率，但与未来交割时的市场现汇汇率是不同的，前者是事先约定的远期汇率，后者是将来的即期汇率。

即期汇率、远期汇率之间的关系，可用公式表示。

在直接标价法下：

远期汇率＝即期汇率＋升水

远期汇率＝即期汇率－贴水

在间接标价法下：

远期汇率＝即期汇率－升水

远期汇率＝即期汇率＋贴水

例如，在东京外汇市场上，美元即期汇率为 USD1＝JPY118.5700，3 个月美元升水 300 点，9 个月美元贴水 500 点。则在直接标价法下，3 月期美元远期汇率为 USD1＝JPY(118.5700＋0.0300)＝JPY118.6000，9 月期美元远期汇率为

USD1＝JPY(118.5700－0.0500)＝JPY118.5200。

再如，在伦敦外汇市场上，美元即期汇率为GBP1＝USD1.5600，3个月美元升水450点，9个月期美元贴水550点。则在间接标价法下，3月期美元远期汇率为GBP1＝USD(1.5600－0.0450)＝USD1.5150，9月期美元远期汇率为GBP1＝USD(1.5600＋0.0550)＝USD1.6150。

四、外汇市场

(一)外汇市场的概念

外汇市场(Foreign Exchange Market)是指进行外汇交易的场所，它是国际金融市场的重要组成部分，包括金融机构之间相互进行的同业外汇买卖市场(或称外汇批发市场)和金融机构与顾客之间进行的外汇零售市场。前者通常是无形市场。

外汇市场是世界上最大的交易市场。随着国际经贸往来关系的日益密切，外汇市场交易的规模不断扩大，已经远远超越了最初附属于贸易结算的地位。由于外汇市场的存在，货币资金才得以在国际间进行划拨转移，国际间的债权债务才得以清偿，而跨国界的短期资金融通也因此而得以实现。

(二)外汇市场的特点

1.无形的市场

无形市场是相对有形市场而言的。有形市场(又称交易所市场)是指有固定营业场所即外汇交易所的外汇市场，它有既定的交易时间和交易规则。有形外汇市场主要存在于欧洲大陆国家，比较典型的有巴黎、法兰克福、布鲁塞尔、阿姆斯特丹、米兰等外汇市场。目前，它正逐步被无形外汇市场所取代。无形市场(又称柜台市场)是指没有固定交易场所的外汇市场，交易行为不受场地的限制，交易的参与者通过电脑、电话、电传和计算机网络等现代化通信手段进行交易。现在无形外汇市场已经逐渐成为外汇市场的主要形式，通过有形外汇市场进行的外汇交易与通过无形外汇市场进行的外汇交易相比，数量极其有限。交易规模在世界上排列前三名的伦敦、纽约和东京外汇市场都是无形市场。

2.全球化的市场

外汇市场比其他任何市场都更具有国际性。从空间上来看，先进的通信工具使全球的外汇市场连成一个整体，市场的参与者可以在世界各地进行交易。虽然根据传统的地域划分，全球的外汇市场可以分为亚太地区、欧洲、北美洲等三大部分，但交易已不再受地域限制。凭借卫星通信设备，外汇市场的参与者可以在世界各地进行交易，外汇资金流动顺畅，市场间的汇率差异小。从时间上来看，由于时差的关系，世界上主要的外汇市场此开彼闭，在一天24小时中全球一直有外汇市场在进行外汇交易。每天悉尼、东京、香港和新加坡等亚太地区的外汇市场首先开盘交易，在将要收盘时，法兰克福和伦敦等欧洲的外汇市场已经开始交易了；而在欧洲的外汇市场开盘不久后，纽约等美洲地区的外汇市场也开盘了，在纽约外汇市场收盘不久，悉尼、东京、香港和新加坡等外汇市场又开盘交易。全球外汇市场在时间和空间上的相互衔接和交叠使国际外汇市场成为一个统一的整体。

3.不断变化的市场

外汇市场的发展变化主要体现在两个方面：一方面是其交易量的发展变化，另一方面是其交易内容的发展变化。就交易量而言，据统计，在最近的20年里传统外汇市场的日平均交易量大约增加了5.3倍，在2007年4月达到了3.21万亿美元；全球场外衍生工具在2007年4月的日均交易量也高达2.09万亿美元，市场的能量急剧增长（见表7-1和表7-2）。就交易的容量来说，随着交易量的增加，市场风险也在不断增大，特别是1973年国际货币体系进入浮动汇率制度以来，如何防范汇率风险便成为一个重要的问题。在这种背景下，各种防范汇率风险的金融衍生工具应运而生，外汇市场上交易工具和交易手段的创新层出不穷，金融期货、金融期权和互换交易等衍生产品的不断发展及交易制度的日益完善，使金融创新日渐深入，大大丰富了外汇交易的内涵。

表7-1 全球传统外汇市场的日均交易量

单位：10亿美元

工 具	1989	1992	1995	1998	2001	2004	2007
即期交易	317	394	494	568	386	621	1 005
远期契约	27	58	97	128	130	208	362
外汇互换	190	324	546	734	656	944	1 714
报告中的估计偏差	56	43	53	61	28	107	129
总量	590	820	1 190	1 490	1 200	1 880	3 210

资料来源：BIS，*Triennial Central Bank Survey of Foreign Exchange and Derivatives Market Activity in April* 2007.①

① 国际清算银行（BIS）每三年就要对国际外汇市场的发展现状及趋势作一次调查，最近一次公布时间是在2007年9月，调查包括传统外汇交易市场和场外货币与利率衍生工具交易。

表 7-2 全球场外衍生工具的日均交易量

单位:10 亿美元

工具	1998	2001	2004	2007
A. 外汇工具	97	67	140	291
货币互换	10	7	21	80
期权	87	60	117	212
其他	0	0	2	0
B. 利率工具	265	489	1 025	1 686
远期利率协议	74	129	233	258
互换	155	331	621	1 210
期权	36	29	171	215
其他	0	0	0	1
C. 报告中的估计偏差	13	19	55	113
D. 总量	375	575	1 220	2 090

资料来源:BIS, *Triennial Central Bank Survey of Foreign Exchange and Derivatives Market Activity in April* 2007.

(三)外汇市场的主要参与者

外汇市场主要由外汇银行、外汇经纪人、客户和中央银行四部分构成。

1. 外汇银行

外汇银行(Foreign Exchange Bank),又称外汇指定银行,是指由各国中央银行指定或授权经营外汇业务的银行。外汇银行是外汇市场上最重要的参与者,是外汇交易的主体。它包括专营或兼营外汇业务的本国商业银行和其他金融机构,设在本国的外国银行分支机构、代办处或其他金融机构。

外汇银行从事的外汇交易主要分为两个部分:一方面它们在柜台上开展对企业或个人的零售交易,为客户提供服务,通过代客户买卖外汇,赚取差价,同时从为客户提供的各种服务中收取一定的手续费;另一方面又在银行同业之间为平衡自身的外汇头寸进行批发交易,并进行一定的外汇投机活动。作为风险回避者,银行通过抛售或补进交易"轧平"外汇头寸,即多头抛出、空头补进;作为外汇投机者,银行有时也在市场上积极制造头寸,以谋取风险利润。银行同业间的外汇交易构成了绝大部分的外汇交易,同时交易占外汇总交易额的90%以上,其买卖差价一般低于银行与顾客间的买卖差价。

2. 外汇经纪人

外汇市场的大部分交易都是在银行同业之间进行的,但这并非意味着银行之间直接打交道。实际上，这类交易的大多数都是由外汇经纪人安排成交的。外汇经纪人(Foreign Exchange Broker)是指介于外汇银行之间或者银行与客户之间，促成外汇交易并从中赚取佣金的中间商。外汇经纪人与银行和客户之间联系密切，他们了解各种信息并能够及时把握外汇市场行情，能够根据买卖双方的条件和意愿，使买卖双方能在适当的交易价位上找到合适的交易对象，从而提高外汇交易的效率。外汇经纪人必须经中央银行批准方可参加外汇交易。经纪人分两种：凡是用自己的资金参与外汇中介买卖，并自己承担外汇买卖风险损益者，称为一般经纪人(General Broker)；仅以收取佣金为目的，代客买卖外汇者，称为跑街或掮客(Running Broker)。

3. 客户

在外汇市场上，凡是与外汇银行有外汇交易关系的公司或个人，都是外汇银行的客户(Customer)，他们是外汇市场上最初的外汇供给者和最终的外汇需求者。外汇银行的客户包括：

(1)交易性的外汇买卖者，如进出口商、国际投资者、旅游者等。

(2)出于保值目的的外汇买卖者，如套期保值者。

(3)投机性的外汇买卖者[①]。外汇投机者根据自己对汇率涨跌的预测，以卖空买空等方式买卖外汇，以牟取利润。

(4)跨国公司。跨国公司大规模的经常性业务活动和巨额的资金运营，往往对市场汇率产生较大影响。

4. 中央银行

作为一国货币政策的制定者和实施者，中央银行介入市场参与外汇买卖主要是为了维持市场秩序，稳定本币与外币的汇率。当外汇市场上外汇短缺时，央行大量抛售外汇购买本币；当外汇市场上外汇过多时，央行大量购买外汇，抛售本币，以此影响外汇市场上外汇的供求，达到外汇市场的均衡。虽然央行的入市并非直接出于商业利益的考虑，但成功的外汇干预必定能使中央银行赚得利润。20 世纪 80 年代以来，西方国家的中央银行不仅单独干预外汇市场，还经常采取

---

① 外汇投机指外汇投机者根据对有关货币汇率变动趋势的分析预测，或故意保留其在对外经济交往中正常产生的外汇多缺头寸，或通过买卖现汇或期汇的方式，故意建立某种货币的开放性头寸，以期在汇率实际发生变动之后获取风险利润的一种外汇交易。从经济学角度看，投机是指一种建立在预期心理基础之上的，通过主动承担风险以期获取利润的理性行为。投机活动能增强或提高有价证券(股票、证券等)、信用票据、远期外汇交易合同、商品及金融期货合约、期权合约等的流动性，使各类交易进行得更频繁、更顺利，使市场能更有效地发挥其应有的功能。对于外汇市场来说，外汇投机的影响是双重的，它或是维持了汇率的稳定，起到了稳定市场的作用；或是加速了汇率的变化，进一步动摇了外汇市场。

联合行动，共同对外汇市场进行干预。因此，中央银行不仅是外汇市场上一般的参与者，而且还常常是外汇市场的实际操纵者。

第二节 主要外汇交易

一、即期外汇交易

即期外汇交易(Spot Exchange Transaction)又称现汇交易，是指交易双方以当天外汇市场价格成交，并在两个营业日内办理交割(Delivery)的外汇交易方式。交割是指买卖双方相互交换货币的行为。双方实现货币收付的那一天叫做交割日或起息日(Value Date)。交割日为成交当天的，称为当日交割(Value Today，简写成 VAL TOD)；交割日为成交后第一个营业日，称为翌日交割(Value Tomorrow，简写成 VAL TOM)；交割日为成交后第二个营业日，称为即期交割(Value Spot，简写成 VAL SP)。目前大部分的即期外汇交易都采用即期交割方式。根据市场惯例，交割日必须是实际交割的两种货币所在国银行的营业日(Working Day)，而且交易双方必须在同一时间进行交割，以免任何一方因交割不同时而蒙受损失。买卖成交后若遇上周六、周日以及其他公共假日，则交割日要顺延到下一个营业日。

一笔完整的即期外汇交易往往包括四个步骤，即询价(Asking)、报价(Quotation)、成交(Done)及确认(Confirmation)。其中报价是整个交易过程的关键环节，即期外汇交易的报价采用"双向报价"(Two Way Price)方式，即同时报出买入价和卖出价[①]。例如，某外汇市场的即期外汇报价为：USD/JPY＝118.4142/46；报价斜线左边的美元是基准货币(Base Currency)，斜线右边的货币是标价货币(Quoted Currency)。报价排列是"前小后大"，在直接标价法下的顺序是买入价/卖出价，在间接标价法下的顺序是卖出价/买入价。在实际报价中，由于外汇市场上的交易者对每天各种货币汇率的基本水平都非常熟悉，所以银行只是报出小数点后面的最后两位数，如上述报价就可以简单报为：USD/JPY：42/46。在国际外汇市场上交易的货币，除有特别说明的以外，都以美元作为基准货币来报价。若要知道两种非美元货币之间的汇价，一般是通过美元进行套算。

即期外汇交易是外汇市场上最常见、最基本的交易形式，它构成所有外汇交

① 这里指银行买入价、银行卖出价。

易的基础。主要是因为即期外汇买卖不但可以满足买方临时性的付款需要,也可以帮助买卖双方调整外汇头寸的货币比例,以避免外汇汇率风险。此外,即期外汇买卖还是外汇投机的重要工具。

二、远期外汇交易

(一)远期外汇交易概述

远期外汇交易(Forward Exchange Transaction)又称期汇交易,是指外汇交易双方先签订合同,约定买卖外汇的币种、数额、汇率和将来交割的日期,但是当时并不实际进行支付,而是到未来的约定日期再办理实际交割的外汇交易。远期外汇交易是相对即期外汇交易而言的,它们主要区别在于起息日的不同,凡起息日在两个营业日以后的外汇交易均属期汇交易。远期外汇交易的交割期限通常为 1 个月、2 个月、3 个月、6 个月,有时也有长至 1 年,短至几天的,其中最常见的是 3 个月。

远期外汇交易按照交割日期是否固定,可以划分为两类:固定交割日的远期交易和选择交割日的远期交易。

固定交割日的远期交易(Fixed Forward Transaction),是指按外汇交易合同事先规定的时间到期办理交割,无特殊情况交易双方均不能随意更改这一日期。例如,3 月 15 日,美国某公司与英国一家银行签订了一项购买英镑的、期限为 3 个月的远期外汇合同,那么交割日应在 6 月 15 日。

选择交割日的远期交易(Optional Forward Transaction),通常又称择期外汇交易,是指交割日期不确定的远期外汇交易,即客户有权在约定期限内的任何一个营业日要求办理交割。这种交易适用于收付款因故不能确定的对外贸易。如上例,签约日为 3 月 15 日,则交割日可以是 3 月 18 日至 6 月 15 日期间的任何一个营业日。由于在择期外汇交易中,客户可以在约定期限内的任何一天按事先规定的汇率进行交割,这就使得银行承受较大的汇率风险。因此,银行通常选择从择期开始到结束期间最不利于客户的汇率来进行报价。

(二)远期汇率的报价方式

远期汇率的报价方式主要有两种,一种是直接报价,另一种是用远期差价报价。

1. 直接报价

直接报价(Outright Rate),即在外汇牌价上直接报出远期外汇的买入价与卖出价。日本和瑞士等国的银行采用这种报价方法。

2. 远期差价报价

远期差价(Forward Margin)报价法,又称掉期率(Swap Rate)报价法,是指银行只报出远期汇率与即期汇率之间的差价。远期汇率是在即期汇率的基础上,通过远期差价来表示的。远期差价有三种形式,即前文所提到的升水、贴水和平价。汇率标价方法的不同会导致计算远期汇率方法的不同,正如上文所说:在直接标价法下,存在升水的远期汇率等于即期汇率加上升水额,存在贴水的远期汇率等于即期汇率减去贴水额。在间接标价法下,计算方法则相反。

在以升贴水的方法报出远期汇率时,如果还要区分买入价与卖出价,则情况会更加复杂。此时银行通常只报出远期汇率的升水或贴水"点数"(汇率表达的基本单位,每点为万分之一,即 0.0001),但是并不标明是升水还是贴水。判断远期升水还是贴水的规则如下:

在直接标价法下,如果所报点数的大数在前,小数在后,表示外币单位货币的远期汇率贴水;相反,如果点数的小数在前,大数在后,表示外币单位货币的远期汇率升水。

在间接标价法下,如果所报点数的小数在前,大数在后,表示外币单位货币的远期汇率贴水;相反,如果点数的大数在前,小数在后,表示外币单位货币的远期汇率升水。

例如,某日香港外汇市场的外汇报价:

即期汇率　　　　USD/HKD=7.4142/46

3 个月远期差价　　　　20/40

因为香港外汇市场采用直接标价法,且所报点数的小数在前,大数在后,所以美元远期升水。根据公式:远期汇率=即期汇率+升水,即 3 个月美元远期汇率为:USD/JPY=7.4162/86。

再如,某日纽约外汇市场的外汇报价:

即期汇率　　　　USD/CHF=1.8412/20

6 个月远期差价　　　　30/10

因为纽约外汇市场采用间接标价法,且所报点数的大数在前,小数在后,所以瑞士法郎远期升水。根据公式:远期汇率=即期汇率-升水,即 6 个月瑞士法郎远期汇率为:USD/CHF=1.8382/1.8410。

(三)远期汇率的决定

一般来说,远期汇率取决于两种货币利率的差异。根据利率平价理论,利率高的货币,其远期汇率会贴水;利率低的货币,其远期汇率会升水。如果两种货币的利差为零(即利率相同),那么这两种货币的远期汇率应与即期汇率相等,即远期汇率为平价。银行对远期汇率的报价以及下文所要讲到的套利行为都是利率平价理论在实践中的应用。下面我们用一个例子具体说明。

假设，英镑的年利率是9%，美元的年利率是6.5%。如果一个客户向银行用英镑购买3个月远期美元，外汇银行就会按照即期汇率用英镑买入美元，存放于银行以备3个月后交割。这样，银行就要放弃英镑的高利息而收取美元的低利息。但是银行绝不会自己承担这部分损失，它会通过影响远期汇率将损失转移到客户头上。因此，远期美元就要比即期美元贵，美元升水，或者说，英镑贴水。

如果知道英镑与美元的即期汇率是GBP1＝USD2，那么可以算出升贴水的具体数字。

如果有1万英镑，若投资于美元，3个月可得本利和：

$$10\ 000\times2\times(1+6.5\%\times3/12)=20\ 325\text{ 美元}$$

若投资英镑3个月可以获益：

$$10\ 000\times(1+9\%\times3/12)=10\ 225\text{ 英镑}$$

远期汇率变动的结果是这两种方法取得的收益相同，英镑与美元的3个月远期汇率应为20 325/10 225＝1.9878，即GBP1＝USD1.9878。

上述计算的升、贴水数字是根据理论分析推导得出的，因此比较精确。通常情况下，我们可以用比较简单的近似公式来进行计算。

远期升水（或贴水）＝即期汇率×两种货币的利差×月数（即交易期限）/12

用此公式计算；3个月英镑贴水：

$$2\times(9\%-6.5\%)\times(3/12)=0.0125\text{ 美元}$$

原来英镑与美元的即期汇率是GBP1＝USD2，3个月英镑贴水0.0125美元，因而3个月远期汇率为GBP1＝2－0.0125＝USD1.9875。

由此可见，两种货币的利率差是决定货币升、贴水及其数值大小的主要因素，但这只是在一般情况下。因为在固定汇率制度下，有时某些国家实行货币法定贬值、升值政策；在浮动汇率制度下，远期外汇供求的因素会对远期汇率的起伏产生影响。这些因素都可能在远期实际汇率中得到反映，从而造成远期汇率的升、贴水数字不同于根据利率平价理论计算出来的数字。

（四）远期交易的目的

远期外汇交易主要在银行与非银行客户之间进行，银行同业间很少进行这种交易。进出口商从事远期交易，是为了防止汇率变动的风险，预先买入或卖出期汇以策安全。资金借贷者、国际投资者从事远期交易是为了防止国外投资或所欠国外债务到期时因汇率变动而蒙受损失；外汇银行是为了平衡外汇头寸而进行必要的抛补；外汇投机者则是为了攫取利润而从事投机交易的期汇买卖。概括起来，人们从事远期外汇交易的目的主要有两个：套期保值和外汇投机。

1. 套期保值

由于远期外汇交易提前把将来的汇率确定下来，因此给从事交易的需求者提供了绝佳的避险渠道。目前，期汇交易的主要用途是规避国际贸易和国际金融活动中的汇率风险。一般从事国际贸易的进、出口商，在报价完成到实际收付外汇之间，通常需要一段时间，而将来收付时因汇率变化带来的外汇风险便需由自己承担。若进、出口商在签订贸易合同时，便与银行作远期外汇交易锁定汇率，就能够事先将贸易上的外汇成本或收益固定下来，避免或减少汇率变动带来的风险。

2. 外汇投机

外汇投机(Forward Exchange Speculation)是指投机者根据对有关货币汇率变动的预测，通过买卖外汇以期在汇率实际发生变动之后获取利润的一种外汇交易。典型的外汇投机是远期外汇投机，即利用买卖期汇来进行外汇投机的方式。

远期外汇投机可分为两种形式：一种是买空(Buy Long)：即先买看涨期汇，后以现汇形式卖出的远期外汇投机交易；一种是卖空(Sell Short)：即先卖看跌期汇，后以现汇形式补进冲抵的外汇投机交易。

三、掉期外汇交易

(一)掉期交易的概念

掉期(Swap)交易，是指买进或卖出某种货币的同时，卖出或买进期限不同的同种货币。这两笔外汇交易币种相同，交易金额相等，但是交易方向相反、交易期限不同，因此一笔掉期交易具有一前一后两个交割日和两个约定的汇率水平。在这种情况下，交易双方以约定的汇率将一种货币转换为另一种货币，在第一个交割日进行资金的交割，并同时以另一项约定的汇率将上述两种货币进行方向相反的转换，在第二个交割日进行资金的交割。

掉期交易的主要目的包括两个方面：一是轧平外汇头寸，避免汇率变动所引起的风险；二是利用不同交割汇率的差异，通过贱买贵卖，赚取利润。

(二)掉期交易的形式

根据交割期限的不同，掉期交易可分为以下三类：

1. 即期对即期的掉期交易(Spot Against Spot)，是指买进或卖出一笔即期外汇的同时，卖出或买进另一笔同种货币的即期交易。两笔即期交易的区别在于它们的交割日期不同。这类掉期交易是银行调整即期交割日之前的短期头寸和资金缺口所普遍采用的方法。常见的几种交易是：

(1)今日对明日掉期(Today-Tomorrow Swap)，是指前一个交割日是交易日当天(即“今天”)，后一个交割日是交易日后的第一个工作日(即“明天”)的交易，又称为隔夜交易(O/N，Over-Night)。

(2)明日对后日掉期(Tomorrow-Next Swap)，是指前一个交割日是交易日后的第一个工作日(即“明天”)，后一个交割日是交易日后的第二个工作日(即“后天”)的交易，又称为隔日交易(T/N，Tom-Night)。

2. 即期对远期的掉期交易(Spot Against Forward)，是指买进或卖出某种即期外汇的同时，卖出或买进同种货币的远期外汇。期汇的交割期限大都为1星期、1个月、2个月、3个月、6个月，这是掉期交易常见的形式。国际投资者的投资保值、进出口商的远期交易的展期、外汇银行筹措外汇资金及调整外汇头寸等都可以利用这种交易方式。在实际操作中较常见的掉期交易有以下几种：

(1)即日对次日掉期(S/N，Spot/Next)，即前一个起息日是即期交割日，后一个起息日是即期交割日后的第一个工作日。

(2)即日对一周掉期(S/W，Spot/Week)，即前一个起息日是即期交割日，后一个起息日是自即期交割日算起1个星期远期。

(3)即期对整数月掉期，如1个月、2个月、3个月等，即前一个起息日是即期交割日，后一个起息日是自即期交割日算起1个月、2个月或3个月等整数月远期。

以上几种基本形式中O/N、T/N与S/N比较容易混淆，它们的区别见图7-1。

图 7-1　O/N、T/N 与 S/N 区别示意图

3. 远期对远期的掉期交易(Forward Against Forward)，是由两笔金额相同、方向相反、交割期限不同的远期外汇交易组成。它可以有两种方式：一是买进或卖出较短交割期限的远期外汇，同时卖出或买进较长交割期限的远期外汇；二是买进或卖出较长交割期限的远期外汇，同时卖出或买进较短交割期限的远期外汇。这种掉期交易可以利用有利的汇率时机，从汇率的变动当中获取好处。

四、套汇交易

套汇(Arbitrage),是指利用不同外汇市场在同一时刻的汇率差异[①],在汇率较低的市场上买进,同时在汇率较高的市场上卖出,通过贱买贵卖套取汇差收益的活动。套汇活动结束后,汇率低的外汇市场上,该货币的需求会大大增加,从而使货币的汇率上升;汇率高的外汇市场上,货币的供给大大增加,从而使货币的汇率下降。因此,套汇活动的结果,是各个市场上的汇率差异很快消失,套汇起到了平衡汇率的作用。

套汇交易一般可以分为直接套汇和间接套汇。

(一)直接套汇

直接套汇(Direct Arbitrage),又称为两角套汇或两点套汇、两地套汇,是最简单的套汇方式,是指套汇者利用某种货币在两个外汇市场上同一时间的汇率差异,同时在两个外汇市场上买卖同一种货币,以赚取汇率差额的行为。例如,在香港外汇市场上,1 美元等于 7.8184 港币;在纽约外汇市场上,1 美元等于 7.8213港币。在同一时间,港币在纽约价低,在香港价高。这样,套汇者在香港以 USD1=HKD7.8184 的汇率卖出港币、买进美元,在美国同时以 USD1=HKD7.8213 的汇率卖出美元、买进港币。在两地进行套汇买卖后,每1美元就可以得 0.0029 港币的利润。

但是上面的交易未考虑电话、电传、佣金等费用,所以套汇利润必须大于套汇费用,否则套汇者便无利可图,套汇活动就不会发生。

(二)间接套汇

间接套汇(Indirect Arbitrage),又叫三角套汇或三点套汇、三地套汇,是指套汇者利用三个外汇市场上同一时间的汇率差异,同时在三地市场上低买高卖,从中赚取汇差的行为。间接套汇也可以是利用三个以上外汇市场上汇率的差异,同时在多个市场上进行套汇活动,称为多角套汇(Multiple Arbitrage)。

由于间接套汇涉及三个或三个以上外汇市场,情况复杂,所以必须首先判断是否存在套汇机会。判断的原则是:将三个市场上的汇率转换为用同一种标价法(间接标价法或直接标价法)表示,并将被表示货币的单位都统一为1,然后将得到的各个汇率值相乘。如果乘积为 1 或几乎等于 1,说明三个市场汇率不存在差异,或虽有微小差异,但不足以抵补资金调度成本,没有套汇机会。如果乘

① 在比较不同市场的汇率时,只有营业时间处于重叠的外汇市场的报价才是有意义的。

积与1偏差较大，则说明扣除套汇成本后仍有利可图，存在套汇机会。一般来说，如果三点套汇不再有利可图，那么四点、五点以至n点的套汇也无利可图。

例如，同一时间[①]，纽约、伦敦、香港外汇市场上的汇率如下：

纽约外汇市场：USD1＝HKD7.8546

伦敦外汇市场：GBP1＝USD1.6578

香港外汇市场：GBP1＝HKD12.5789

首先，将纽约、伦敦、香港外汇市场上的汇率都采用直接标价法来表示，于是有：

纽约外汇市场：HKD1＝USD0.1273

伦敦外汇市场：USD1＝GBP0.6032

香港外汇市场：GBP1＝HKD12.5789

其次，将所有汇率连乘：0.1273×0.6032×12.5789＝0.9659，乘积不等于1，因此可以进行套汇。具体套汇路线为：第一步，在香港外汇市场上卖出1港币，换回0.0795英镑(1/12.5789)；第二步，将所得英镑在伦敦外汇市场上卖出，换回0.1318美元(0.0795/0.6032)；第三步，将所得美元在纽约市场上卖出，换回1.0353港币(0.1318/0.1273)。可以获利。套汇的基本原则是：在低汇率市场买进，在高汇率市场卖出，最后在货币资金初始投放点结束。

大的商业银行是外汇市场上的主要套汇者。主要原因是其信息灵通、交易方便，且资金雄厚，通过套汇可以获得规模效益。一般说来，1/16％(0.0625％)的汇率差异即可诱使银行开始套汇活动。

由于现代通信技术的高度发达，外汇市场已经基本实现全球一体化，不同市场的货币汇率差异迅速缩小、消失，因此套汇的机会已经很小。即使套汇机会偶尔出现，其存在的时间也很短。

五、套利交易

套利(Interest Arbitrage)亦称利率套汇，是指在两国短期利率出现差异的情况下，将资金从低利率的国家调到高利率的国家，赚取利差收益的外汇交易行为。[②] 根据套利者是否对外汇风险进行防范，套利交易可分为两种形式：非抛补套利和抛补套利。

---

① 在比较不同市场的汇率时，只有营业时间处于重叠的外汇市场的报价才是有意义的。

② 所谓两国利率的高低不同是就同一性质或同一种类金融工具的名义利率而言的，否则就不具有可比性，因为不同信用等级的投资涉及不同的流动性、安全性及预期收益率。

(一)非抛补套利

非抛补套利(Uncovered Interest Arbitrage)是指套利者把短期资金从利率较低的市场调到利率较高的市场进行投资,以谋取利息差额收入。由于这种套利活动没有进行反向交易轧平头寸,因而会承担未来汇率波动的风险,带有投机的性质。

例如,纽约金融市场年利率为10%,同期伦敦金融市场年利率为12%,即期汇率 GBP/USD=1.7000。假设6个月后市场汇率不变。某套利者以100万美元买入58.82万英镑,再将其投资于伦敦市场,6个月后按照不变的汇率将获得的本利兑换成美元:

58.82×(1+12%/2)×1.7000=105.99 万美元

若不进行套利,100万美元6个月可以获得的本利为:

100×(1+10%/2)=105 万美元

所以套利者可以通过套利获得净利润0.99万美元。

(二)抛补套利

抛补套利(Covered Interest Arbitrage)是指套利者在把资金从利率低的国家调往利率高的国家的同时,在外汇市场上卖出高利率货币的远期。这种做法就是将套利交易和与掉期交易相结合,利用远期外汇买卖来防范未来可能发生的货币兑换造成的损失抵消甚至超过其利差的收益。抛补型套利是比较常见的投资方法。

再如上例,在实际中6个月后汇率是不大可能维持原有水平的,正如上文所提到的,利率高的货币远期汇率贴水,利率低的货币远期汇率升水。若6个月后英镑贴水,汇率变为 GBP/USD=1.5000,那么套利者可收回的投资本息为按此时的即期汇率折算为美元得58.82×(1+12%/2)×1.5000=93.52万美元,套利投资失败,投资者反而亏损11.48万美元。

如果该套利者在伦敦市场上投资的同时,立即在远期外汇市场上签订合同,以 GBP/USD=1.6900 卖出6个月远期的62.35万英镑,这样,6个月后他就可稳获0.37万美元。

套利的先决条件是两地的利差大于年贴水率或小于年升水率。前者是卖出即期低利率货币、买进即期高利率货币的情况,后者是卖出即期高利率货币、买进即期低利率货币的情况。反之,如果两地的套利差小于、等于年贴水率或大于、等于年升水率,则说明套利不可行。年升(贴)水年率的计算公式是:

年升(贴)水率=贴(升)水/即期汇率×12/远期合同的月数×100%

在本例中，如果英镑的远期贴水太大，超过了两地的利差 2%，则套利者无利可图。卖出远期英镑的贴水数不能大于 1.700 0×2%×6/12=0.017 英镑，即卖出远期英镑时的远期汇率不能低于 GBP/USD=1.683，否则英镑贴水给投资者带来的损失会大于利差所得，套利无法进行。

由于存在两地利差，套利者总是要卖出即期低利率货币，买进即期高利率货币，同时，为了避免汇率变动的风险必须做掉期交易，卖出远期高利率货币，买进远期低利率货币。这样，必然导致高利率的货币远期贴水，低利率的货币远期升水，并且升(贴)水不断增大，当升(贴)水率或掉期率增大到等于两地利差时，套利活动即刻停止，外汇市场和货币市场也处于均衡状态。这就是利率平价理论的具体运用。

套利活动所涉及的投资为短期投资，期限一般不超过 1 年。套利活动是以有关国家对货币的兑换和资金的转移不加任何限制为前提的。抵补套利也是市场不均衡的产物，它的进行使市场上汇率、利率之间的均衡关系又会重新得到恢复。现实中，有利可图的抵补套利机会是很小的，因为，在国际货币市场上，远期汇率就是根据抛补套利条件确定的。但是由于抛补套利必然涉及一些交易成本，所以不必等到利差与远期升(贴)水率完全一致，抛补套利就会停止。

第三节　外汇风险及其防范

一、外汇风险的含义

外汇风险(Foreign Exchange Risk)又称汇率风险，是指经济主体在参与国际经济活动中，其以外币计价的资产与负债因汇率波动而获取意外收益或蒙受意外损失的可能性。因此，外汇风险实质上是收益或成本的一种不确定性，是实际价值对预期价值的一种偏离，当事人可能因为这种价值偏离而受损，也可能因这种偏离而赢利。但是，经营稳健的经济主体一般不愿意让经营成果蒙受这种自身无法预料和控制的汇率变化的影响。

二、外汇风险的种类

(一)交易风险

交易风险(Transaction Risk)是指在以外币计价的交易中，由于货币之间的汇率变动而给经济主体带来损失或收益的可能性。它是一种还未结算的债权债务在汇率变动后进行货币交割时发生的风险,交易风险是最常见外汇风险,一般发生在以下几种场合:

1. 进出口贸易货款:在商品或劳务的进出口贸易中,如果汇率在支付或收进外币货款时较合同签订时上升或下降了,进口商或出口商就会付出或收进更多或更少的本国货币或其他外币。

2. 外币债券债务:在以外币计价的国际借贷中,债权债务未清偿之前,外汇汇率发生变化,债权人或者债务人收回或支付的金额也会相应发生变化。

3. 外汇银行的敞口外汇头寸:外汇银行的外汇风险比较特殊,外汇银行每天经营各种外汇买卖,每一种货币有买进也有卖出,买进和卖出量的差额即形成敞口头寸,这些敞口头寸在汇率升降时也会出现收益或损失的可能性。

(二)折算风险

折算风险(Translation Risk),又称会计风险(Accounting Risk),是指经济主体对资产负债表进行会计处理时,将功能货币转换成记账货币的过程中,因汇率变动而出现账面损益的可能。

在这里,功能货币就是指经济主体在日常经营活动中流转使用的各种货币,一般指海外分公司所在国货币;记账货币指经济主体在编制合并财务报表时所使用的报告货币,一般是总公司所在国货币。通常每个经济主体经营管理的一项重要内容是进行会计核算,通过编制资产负债表来反映其经营情况,为此,拥有外币资产负债的经济主体就需要将原来以外币度量的各种资产和负债,按一定的汇率折算成用母国货币表示,以便汇总编制合并的财务报表。一旦功能货币与记账货币不一致,在会计上就要作相应的折算。这时如果汇率发生了变动,公司资产负债表中的某些项目的价值也会相应发生变动。会计风险受不同国家的会计制度与税收制度的制约。

会计风险与交易风险不同,它仅仅是一种账面上的损益,但它却会影响到企业向股东和公众公布财务报表的数值,可能会招致股价和利润率的下跌,从而给企业带来融资能力等方面的障碍。

(三)经济风险

经济风险(Economic Risk),也叫经营风险(Operating Risk),是指由于意料之外的汇率变动,影响公司或企业的生产成本、销售价格以及产销数量,而使企业未来期间收益或现金流量变化的一种潜在风险。其中收益指税后利润,现金流量指税后利润加折旧。其风险程度大小取决于汇率变动对生产成本、销售价格以及产销数量的影响程度。经济风险定义中的汇率变化仅指意外之外的汇率变动,而不包括意料内的汇率变动。这是因为企业在经营决策时,已经将意料到的汇率变动对未来收益的影响考虑进去，这种意料到的影响并不构成一种风险。以日本丰田公司为例，20 世纪 80 年代以前，该公司通过低价格、低维修费用建立起出口地位。但 1982 年的“广场协议”后，日元大幅度的升值给出口额占其销售收入比重超过五成的丰田公司带来了巨大影响。该公司的测算显示，日元兑美元的汇率每升值 1 日元，该公司的利润就将减少 3.5 亿美元。面对日元升值的紧迫形势，丰田为加强企业经营基础和维持公司的国际竞争力，进行了前所未有的研发投资、设备投资和海外投资，而且对这些投资实施了彻底的降低成本活动，创造出极具竞争力的产品，重新确立了优势地位。

对于一个企业来说，经济风险比折算风险和交易风险都更为重要，因为其影响是长期性的，而折算风险和交易风险的影响是一次性的。分析经济风险是一种几率分析，是企业从整体上进行预测、规划和经济分析的一个具体过程。经济风险能否避免很大程度上取决于企业的预测能力，预测的准确程度将直接影响该企业在生产、销售和融资等方面的战略决策。

三、外汇风险管理

外汇风险管理，即根据对外汇风险的特性的识别与测定，设计和选择防止或减少损失发生的处理方案，以最小成本达到风险处理的最佳结果。交易风险是现实中最常见、最普遍的风险，企业对它的管理由来已久，管理方法大体可分为内部管理和外部管理两大类。

(一)外汇风险的内部管理

1. 选择有利的计价货币

企业在交易过程中，选择合适的计价货币至关重要，一般应遵循以下原则：

(1)选择本币计价。这一方法主要适用于货币自由兑换的国家。在签订进出口合同时，进出口商应尽量采用本国货币计价结算，这样就避开了货币兑换问题，也就完全避免了汇率变动的风险。其实质是将汇率风险转嫁给交易对方承受。

(2)如果要选择外币计价结算，应选择可自由兑换的货币。在国际金融市场上，可自由兑换的货币可以无限制地兑换成其他种类的货币。选用这种货币计价结算，对于交易双方都是有利的，既有助于外汇资金的调拨和运用，也便于及时将一种外汇风险较大的货币掉换成风险较小的货币。

(3)出口收汇要尽量选择硬货币作为计价货币，进口付汇则尽可能选择软货币作为计价货币。所谓硬货币(Hard Money)，是指在外汇市场上汇率呈现升值趋势的货币。所谓软货币(Soft Money)，是指在外汇市场上汇率呈现贬值趋势的货币。收汇用硬货币，一旦结算日硬货币汇率上浮，则等于多收款项；付汇用软货币，一旦结算日软货币汇率下浮，则等于少付款项。这样做，就可以避免在汇率波动中处于不利地位。

2.提前或延期收付外汇

提前或延期(Leading & Lagging)收付外汇是指在国际收支中，企业通过预测计价货币汇率的变动趋势，提前或延迟收付外汇款项，来达到防范外汇风险或获取汇率变动收益的目的。

一般而言，如果预计计价结算货币的汇率趋跌，那么出口商或债权人则应设法提前收汇，以避免应收款项的贬值损失；而进口商或债务人则应设法拖后付汇，或推迟向出口商购货，以便在计价货币贬值后，能用较少的本国货币换取计价货币进行支付。反之，如果预计计价结算货币汇率趋升，出口商或债权人则应尽量拖后收汇，以期获得计价货币汇率上升的收益；而进口商或债务人则应尽量设法提前付汇，或在条件相宜的情况下预付货款，以免汇率上升后使进口成本提高。

3.货币保值措施

货币保值措施是指买卖双方在签订贸易合同和贷款合同时，经协商在合同中加入适当的保值条款，以防止汇率多变的风险。常用的保值条款有以下几种：

(1)黄金保值条款。即在订立合同时，按当时的黄金市场价格将应付货币的金额折合为一定数量的黄金。到实际支付日时，如果黄金市场价格上涨，则支付货币的金额相应增加，反之相应减少。

黄金保值条款是一种传统的货币保值条款，曾盛行于固定汇率制时期。但由于目前各国货币已与黄金脱钩，且浮动汇率制下黄金自身价格不稳定，因而黄金保值法已不能起到避免外汇交易风险的作用，现已很少使用。

(2)硬货币保值条款。即买卖双方在合同中规定以硬货币计价，用软货币支付并阐明两种货币当时的汇率。在执行合同过程中，如果由于支付货币汇率下浮，则合同金额要等比例地进行调整，按照支付日的支付货币的汇率计算，这样实收的计价货币金额和签订合同时相同，支付货币下浮的损失则可以得到补偿。例如，一笔进出口贸易合同，其支付货币为美元，合同金额为100万美元。交易双方约定以瑞士法郎为保值货币，即以瑞士法郎作为计价货币。在签约时，汇率为USD/SF＝1.5556，合同金额折算为155.56万瑞士法郎；到支付日，汇率变化为USD/SF＝1.4675，则应付合同金额为155.56万÷1.467 5＝106万美元。这样，美元下浮给收汇方带来的损失即可以得到补偿。

(3)“一篮子”货币保值条款。即在合同中规定一种计价结算货币，同时用其他多种货币组成的“一篮子”货币保值。首先要确定“一篮子”货币的构成，通常选用特别提款权(Special Drawing Right,SDR)或软硬搭配的数种货币。其次是规定每种所选货币的权数,确定支付货币与“一篮子”货币中各种货币之间的汇率,并规定各种保值货币与支付货币之间汇率变化的调整幅度。到期支付时,如果汇率的变动超过了规定的幅度,则按合同中规定的汇率进行调整,从而达到保值的目的。

在浮动汇率制下,各种货币的汇率时时刻刻在变动之中,变化的方向和幅度并不一致。“一篮子”货币由于是多种货币的组合,各种货币的汇率有升有降,汇率风险得到分散,可以有效地减少外汇风险。

4.配对管理

配对管理是使外币的流入(收入)和外币流出(支付)在币种、金额和时间上相互平衡的做法。配对管理分为平衡法和组对法两种。

(1)平衡法

平衡法指在同一时期内,创造一个与风险资金相同货币、相同金额、相同期限的反方向资金流动,使外币债权通过外币债务或外币债务通过外币债权相互抵消,从而消除外汇交易风险的管理方法。例如,A公司在6个月后有一笔100万欧元的应付货款,该公司应设法出口同等金额的货物,使6个月后有一笔同等数额的欧元应收货款,借以抵消6个月后的欧元应付货款,从而消除外汇风险。

然而,平衡法有很大的局限性。一个企业很难实现外币资产与负债的“完全平衡”(Perfect Matching),只有一个公司的产品能向世界任何地方以任何货币计价售出,或从任何国家以任何货币计价购买时才可能达到。一个国际公司采用平衡法,既要取决于该企业的充分国际经营,还有赖于公司领导下的采购部门、销售部门与财务部门的密切合作。

(2)组对法

组对法是指企业针对其存在的某种外汇敞口头寸,创造一个与该种货币相联系的另一种货币的反方向流动来消除某种货币的外汇风险的方法。简单来说,组对法中收入和支付的不是同一种货币,作为组对的货币是第三国货币,但它与外币的汇率通常具有固定的或稳定的关系,当外币对本币升值或贬值时,作为组对的第三国货币也随之升值或贬值。例如,新加坡某公司有一笔3个月内的港币收入,它选择美元作为组对的货币,创造一笔有美元流出的业务,以此消除港币所面临的外汇风险。这样做是由于港币是同美元紧密联系在一起的,与美元同升同降。

组对法较平衡法灵活性大且易于采用。但是,通过上面的分析我们也可看见,能够实现组对法有一个前提条件:存在外汇交易风险的货币必须具备一个与之存在密切关系的货币。也就是说,作为组对的两种货币,常常是一些机构采取钉住政策而绑在一起的货币。此外,组对法只能减缓风险货币的潜在影响,却不能消除全部风险。借助于组对法,有可能以组对货币(第三种外币)的得利来抵消某种具有风险外币的损失。但是,如果选用组对货币不当,组对的货币与存在风险的货币没有按预期出现同向变化,那么对于用组对法管理外汇交易风险的企业来说,还有可能产生两种货币对本币都发生价值波动的双重风险。

(二)外汇风险的外部管理

1.利用外汇市场业务消除汇率风险

外汇市场交易,如即期交易、远期交易、外汇掉期以及外汇期货、外汇期权、货币互换、利率互换等,都可以为当事人套期保值,避免外汇风险。这里仅举两例予以说明。

(1)企业利用远期外汇交易套期保值

例如,当前人民币对美元有升值的压力,那么对于出口地是美国的我国厂商来说,最好提前做卖出美元的远期外汇交易,以规避人民币升值的风险。因为人民币相对美元升值会使我国厂商在收到固定数额的美元汇入款时,换得比较少的人民币。而预先承做卖出美元的远期外汇交易,可以让出口商现在就把未来欲卖出美元的汇率固定下来,这样就可以在一定程度上规避美元贬值所带来的风险。

(2)银行利用掉期交易防范汇率风险

例如,某银行收盘时,外汇头寸出现了以下情况:3 个月远期美元空头 100 万,6 个月远期美元多头 100 万;同时,3 个月远期日元多头 11 620 万,6 个月远期日元空头 11 630 万。当时市场汇率如下:

3 个月远期:USD/JPY=116.10/20

6 个月远期:USD/JPY=116.40/60

若银行对空头和多头分别进行抛补,需安排多笔交易,成本很高。若采取掉期交易,以日元换美元,操作过程为:买入 3 个月远期美元 100 万(卖出 3 个月远期日元),汇率 116.20,则卖出 11 620 万 3 个月远期日元;卖出 6 个月远期美元 100 万(买入 6 个月远期日元),汇率 116.40,则可换回 6 个月远期日元 11 640 万。除了弥补 6 个月远期日元空头,还可收益 10 万日元。这样,一笔掉期交易,就可使美元和日元头寸达到平衡。①

2.借款法与投资法

借款法与投资法是通过创造与未来外汇收入或支出相同币种、相同金额、相同期限的债务和债权,以达到消除外汇风险的目的。

① 阙澄宇:《国际金融》,东北财经大学出版社 2006 年版,第 234～235 页。

在借款法下，具有远期外汇应收账款的企业向银行借进一笔与其远期外汇收入相同币种、相同金额、相同期限的款项，以通过改变外汇风险时间、币值结构的方法，来达到融通资金与避免外汇风险的目的。

在投资法下，具有未来的应付外汇账款的企业可将一笔人民币资金(一般为闲置资金)换成外汇投放于某一金融市场，到期后连同利息收回这笔资金。而这笔资金的流入刚好与未来的应付账款的资金流出相对应，因而可以改变外汇风险的时间结构。这一方法适用于投资货币市场，如银行定期存款、国库券、商业票据、银行承兑汇票、大额定期存单等。

借款法是将未来的收入移到现在，而投资法是将未来的支付移到现在。

3. 外汇风险管理的综合方法——BSI 法与 LSI 法

(1)借款—即期合同—投资法

BSI 法即借款—即期合同—投资法(Borrow—Spot—Invest，BSI)，它是一种将借款、即期外汇交易和投资综合运用的方法，主要用于对未来外汇支出的风险防范。

在有应收外汇账款的情况下，企业首先应从银行借入与应收外汇相同数额的外币，借以消除时间风险；再将借入的外币做一个即期交易，卖给银行换回本币，这就消除了外币对本币价值变化的风险；同时将换得的本币存入银行或进行投资，以其赚得的投资收入，抵消一部分防范风险时的费用支出。

在有应付外汇账款的情况下，企业先从银行借入一笔本国货币而非外币，然后向银行购买外汇，接着将该外汇投资于短期货币市场，投资期限与未来外汇支出期限相同。到结算日或清偿日，投资亦到期，便以收回的外汇投资本金履行支付或偿付的义务，同时偿还银行的本币借款。BSI 法使货币的流出流入完全抵消，消除了全部外汇风险，最后只剩下一笔本币的支出。

(2)提前收付—即期合同—投资法

LSI 法即提前收付—即期合同—投资法(Lead—Spot—Invest，LSI)。

当公司具有应收外汇账款时，在征得债务方的同意后，请其提前支付货款，并给其一定的折扣，这样外币账款收讫，时间风险便消除；然后再通过即期外汇合同，兑换为本币即可消除价值风险。与此同时，将换回的本币用于短期投资，以取得一定的利益，从而弥补折扣的费用。实际上这是将提前收付法、即期合同法和投资法三种方法综合运用。

在有应付外汇账款的情况下，企业先借进一笔与外币金额等同的本币贷款，然后与银行签订即期合同购买外币，最后以购入的外币提前支付货款。由此可见，整个过程是先借款(Borrow)，再与银行签订即期合同(Spot)，最后提前支付(Lead)，实际上按这个过程应该缩写为 BSL，但国际传统习惯不称之为 BSL，而称之为LSI。

以上我们列举了众多的有关企业防范外汇风险的方法，而实际上避险方法远不限于此。如防范交易风险，还可采用外币票据贴现、出口信贷、"福费廷"、保付代理、信贷保险等信贷和保险手段，这些措施都可以达到降低外汇风险的作用。对涉外主体来说，势必需要在众多的方法中选择出一种或几种最优方法，既可单独采用，也可综合配套采用。总之，不同企业在各自经营中外汇风险的类型不同，具体情况应具体分析，争取以最小的成本来达到有效消除交易风险的目的。

本章小结

外汇是国际汇兑的简称，外汇的概念有动态和静态之分，静态的外汇又有广义与狭义之分。一国货币成为外汇必须具备三个前提条件：可兑换性、普遍接受性和可偿性。汇率是指两种不同货币之间的兑换比率，汇率的标价方法有直接标价法和间接标价法两种。按照不同的方法划分，汇率可以分为基本汇率和套算汇率、有效汇率、名义汇率和实际汇率、即期汇率和远期汇率。外汇市场(Foreign Exchange Market)是指进行外汇交易的场所，主要由外汇银行、外汇经纪人、客户和中央银行四部分构成。传统的外汇交易形式有即期外汇交易、远期外汇交易、掉期外汇交易、套汇和套利交易等，必须把握好每种外汇交易的原理与特点。外汇风险又称汇率风险，主要分为交易风险、折算风险与经济风险三大类，交易风险是现实中最常见、最普遍的风险，企业对它的管理由来已久，管理方法大体可分为内部管理和外部管理两大类。

关键词

外汇　汇率　直接标价法　间接标价法　基本汇率　关键货币　套算汇率　有效汇率　名义汇率　实际利率　即期汇率　远期汇率　升水　贴水　平价　即期外汇交易　远期外汇交易　择期外汇交易　远期差价报价　掉期外汇交易　套汇交易　直接套汇　间接套汇　套利交易　非抛补套利　抛补套利　外汇风险　交易风险　功能货币　记账货币　折算风险　经济风险　提前或延期收付外汇　货币保值措施　配对管理　平衡法　组对法　借款法　投资法　BSI法　LSI法

复习思考题

1. 一国货币成为外汇必须具备哪些前提条件？
2. 汇率有哪几种标价方法？它们分别有哪些特征？
3. 外汇市场的构成如何？
4. 如何判断是否存在套汇机会？
5. 什么是外汇风险？外汇风险可以分为哪几种类型？

第八章 国际金融市场

导言

“二战”以来，随着国际贸易、资本流动和生产的国际化，国际金融市场迅速成长。尤其是20世纪80年代以来，国际金融市场无论是在深度上还是在广度上都获得了空前的发展，并出现了一些新的发展趋势。科技的进步、金融创新和自由化的发展，加速了国际金融市场的一体化进程。反过来，国际金融市场的发展又进一步推动了生产的国际化，大大地促进了国际贸易、国际资本乃至整个世界经济的一体化。

20世纪50年代末，欧洲货币市场产生并得到迅速的发展，到目前为止其交易量已经远远超过传统的国际金融市场。从某种意义上讲，欧洲货币市场已经成为当代国际金融市场的代表。在本章，我们将先从总体的角度来探讨国际金融市场的发展、分类、构成和影响，再重点分析欧洲货币市场的产生、形成、发展及其作用等。

学习目标

1. 了解国际金融市场的概念、发展和作用；
2. 了解国际金融市场的分类和构成；
3. 了解欧洲货币市场的概念、发展和作用。

第一节　国际金融市场概述

一、国际金融市场的概念

金融即资金的融通，金融市场即因为资金融通关系而形成的资金供求市场。根据活动范围和地点的不同，金融市场可分为国内金融市场和国际金融市场。国内金融市场是指在一国范围内进行，发生在本国居民之间的资金融通。国际金融市场是国内金融市场的延伸和扩展。当资金融通从国内扩大到国家之间，活动领域超越国界范围，参与者涉及境外居民或多国居民，就属于国际金融市场的范畴。因此，所谓的国际金融市场，是指资金融通或金融产品的买卖在国际间进行的场所，也就是本国居民与非居民之间，或者非居民与非居民之间进行国际性金融业务活动的场所。

按照内涵的不同，国际金融市场有狭义和广义概念上的区别。狭义的国际金融市场，是指不同主体之间进行国际资金借贷和资本交易的场所，即国际间的资金借贷市场，包括国际货币市场和国际资本市场；广义的国际金融市场，是指从事各种国际金融业务活动的场所，包括国际货币市场、国际资本市场、外汇市场、黄金市场及衍生金融市场，同时还包括在金融市场从事交易的各类参与者、中间人和交易机构。也就是说，广义的国际金融市场，实际上是由各国的交易人、中间人和交易机构组成的进行各种金融资产交易的场所，体现着国际金融商品的买卖供求关系。

二、"二战"后国际金融市场的发展

第二次世界大战结束后，世界经济经历了一次重新洗牌和重新整合的过程，国际金融市场也经历了一个重大的发展和演变过程。这个过程大体上可以划分为三个阶段：

（一）第一阶段——纽约、伦敦和苏黎世"三足鼎立"的传统国际金融市场

随着两次世界大战的爆发，英国由于遭受了严重的战争创伤，经济实力被削弱，不得不放弃金本位制，实行外汇管制，这在一定程度上削弱了伦敦作为国际金融中心的地位。战后布雷顿森林体系的建立加上美国凭借其在战争时期膨胀起来的强大经济和金融实力，加速了美元成为世界上最主要的储备货币和国际

结算货币。与此同时，纽约国际金融市场迅速崛起，超越伦敦成为世界最大的国际金融中心。此外，得益于"永久性中立国"的地位，瑞士法郎成为西欧国家中唯一保持自由兑换的货币，加速了苏黎世金融市场的发展。这一时期，国际金融市场形成了纽约、伦敦和苏黎世三大国际金融市场"三足鼎立"的局面。

（二）第二阶段——欧洲货币市场的产生和扩展

20世纪60年代，随着西欧经济迅速崛起，美国经济地位相对下降，其国际收支出现了连续的巨额逆差，大量美元外流。流出的美元主要集中在伦敦，形成了"欧洲美元市场"，伦敦也因此成了最大的欧洲美元市场。同时，西欧国家货币自由兑换和资本流通恢复，境外货币的种类不断增加，相继出现了欧洲德国马克市场、欧洲法国法郎市场等。欧洲美元市场发展成欧洲货币市场。欧洲货币市场的兴起是国际金融市场的重大发展，目前已经成为国际金融市场的核心部分。

20世纪70年代，发展中国家开始积极建立新兴金融市场并逐步走向国际化。经过较长时期的积累和发展，部分发展中国家和地区的金融市场已经具备相当的规模，并逐步成长为新兴的国际金融中心，如新加坡、中国香港等。20世纪70年代两次石油危机的爆发，石油输出国由于石油收入积累了巨额的石油美元，促成了阿拉伯金融体系的建立和巴林国际金融中心的形成和发展。

（三）第三阶段——国际金融市场发展的新趋势

20世纪80年代以来，国际金融市场的发展出现了一些新的趋势。首先，国际金融领域竞争日趋剧烈，各国政府为了提高本国在国际金融市场的地位，纷纷放松管制，积极推行金融自由化。随着金融管制的放松和电子信息技术的发展，国际金融市场上的创新浪潮一浪高过一浪，金融衍生工具层出不穷，金融衍生工具市场不断扩大，进一步扩展和完善了投资者的融资渠道。其次，国际融资方式也因此发生了重大的变化。第二次世界大战后，国际银行贷款一直是国际融资的主要渠道。但是进入20世纪80年代后，国际融资出现了证券化的趋势。通过商业银行进行间接融资的传统融资方式，逐步让位于通过金融市场运用证券进行直接融资的方式。再次，科技的进步，金融创新和自由化的发展，加速了国际金融市场一体化的进程。过去在地理上和技术上彼此分割的国际金融市场日益紧密地联系在一起，相互影响逐步加深，极大地促进了各国金融市场间金融交易量的增长，国际金融市场正逐步趋于一体化和全球化。

三、国际金融市场的作用

国际金融市场的形成和发展，无论是对发达国家，还是对发展中国家都具有举足轻重的作用。

(一)引导资本的有效配置

国际金融市场具有国际范围内广泛聚敛和分配资金的功能。通过提供各种业务,便利了资本在国际间的流通和运用,使世界不同区域的资本供求状况得到调节,使不同类型的经济主体能比较顺利地通过国际金融市场进行筹资和投资,从而引导国际范围内的闲置资本成为活动资本,提高了资金的使用效率。

(二)调节国际收支

第二次世界大战后,国际金融市场已经成为各国外汇资金的重要来源。不仅私人企业和跨国公司经常利用国际金融市场融通外汇资金,支付进口货款,而且一些外汇短缺、国际收支逆差国也越来越多地利用国际金融市场的资金来弥补逆差。特别是20世纪70年代两次石油危机后,许多石油进口国和多数发展中国家出现了大量的国际收支逆差,而石油出口国都积累了大量"石油美元"的盈余,通过国际金融市场进行"石油美元回流",这在一定程度上缓和了这些国家的国际收支危机,促进了经济的正常发展。

(三)促进金融国际化和经济一体化

"二战"后,跨国公司得到迅速的发展。一方面,跨国公司的发展推动了跨国银行和国际金融业务的发展和扩展;另一方面,国际金融市场的发展,又为跨国公司筹集资金、调拨资金和投放资金提供了极大的便利,促进了国际贸易和国际投资的发展,为跨国公司实施全球战略提供了良好的金融服务。这在一定程度上加速了世界性生产和资本的国际化,也进一步加强了各国间的经济联系。

第二节　国际金融市场的构成

一、国际金融市场的分类

国际金融市场是一个复杂的统一体,用一种简单的办法来进行分类总是不够全面,只有从不同的角度来进行分类才能对国际金融市场有一个较全面的概括。根据不同的标准,国际金融市场主要有以下四种划分方式:

(一)按照融资渠道的不同,国际金融市场可以划分为国际银行信贷市场和国际证券市场

国际银行信贷市场,是指一国银行向非居民提供短期和中长期信贷的市场。

短期国际银行信贷市场是指从事1年及1年期以下借贷业务的市场。短期国际银行信贷市场业务以银行间的同业拆借市场为主。中长期信贷市场是指从事1年期以上信贷业务的市场，中期信贷期限通常为1～5年，长期通常为5年以上，最长可达30年。早期的国际信贷活动中，银行是主要的金融中介机构，为国际贸易、国际投资提供融资渠道，对国际贸易和世界经济的发展具有重大的意义。但是随着国际经济一体化的加深，国际金融市场的融资方式出现了证券化的趋势。

国际证券市场，是指股票和有价证券发行和交易的市场，包括国际股票市场和国际债券市场。这两个市场又包括一级市场和二级市场。一级市场是证券的发行市场，由投资银行、信托公司、经纪人或证券商经营证券的发行和分销业务组成。二级市场是已发行证券的交易市场，具体由证券交易经纪人、证券商和证券管理机构组成，包括证券交易所交易和场外交易，前者进行上市证券的交易，后者进行非上市证券的交易。

（二）按照交易对象的不同，国际金融市场可以划分为国际货币市场、国际资本市场、国际外汇市场、国际黄金市场

国际货币市场，也称为短期资金市场，是指期限在1年或1年以内的短期融资活动市场，其主要作用是为个人、工商企业、金融机构及政府调剂短期资金的余缺。一般来说，国际货币市场的中介机构包括商业银行、票据承兑行、贴现行、证券交易商和证券经纪人。

国际资本市场，也称为长期资金市场，是指期限在1年以上的中长期融资活动市场，包括中长期国际银行信贷和有价证券的发行和交易市场。该市场的主要参与者有银行、企业、证券商和政府机构。它是国际间资本流动的重要途径，也是国际金融市场中最为活跃的部分之一。

国际外汇市场，是指进行外汇买卖的交易场所。该市场的主要参与者有经营外汇的金融机构、外汇经纪人、进出口商、个人投资者及中央银行。外汇市场交易包括即期交易、远期交易、期货交易、期权交易等。国际外汇市场在实现购买力的国际转移、防止外汇风险及提供国际资金融通和国际结算等方面发挥着重要的作用。目前，伦敦是世界上最大的外汇交易中心，其外汇交易额约占到世界外汇交易总额的1/3。

国际黄金市场，是专门从事黄金买卖交易的市场，该市场的主要参与者包括：买卖黄金的外汇银行、企业或个人、中央银行及一些国际金融机构。黄金交易分为现货交易和期货交易，国际上主要的黄金现货交易在伦敦、苏黎世、纽约、法兰克福和中国香港，黄金期货交易则主要集中在纽约、芝加哥、中国香港、新加

坡和悉尼。20 世纪 70 年代中期，黄金非货币化，黄金交易逐渐从现货交易转变为大力发展黄金期货交易，并且逐步融入全球一体化的大市场中。

（三）按照金融工具的基本差别，国际金融市场可以划分为传统的金融工具市场和衍生金融市场

传统的金融工具市场是以原形金融资产（Underlying Assets，也称为标的资产），包括货币、外汇、有价证券为交易对象的市场。衍生金融市场是在原形金融资产交易的基础衍生而来的，以各种合约为直接交易对象的市场。例如，股票价格指数的期货交易与期权交易是以股票市场为基础的，利率期货与利率期权交易是以债券市场为基础的，它们都属于衍生金融市场的范畴。

（四）按交易对象所在区域和交易币种的不同，国际金融市场可分为在岸金融市场和离岸金融市场

在岸金融市场（Onshore Financial Market），也称为传统的国际金融市场，是指居民和非居民之间进行资金融通及相关金融业务的场所。经营的货币是市场所在国货币，从事市场所在国货币的国际借贷，并受市场所在国政府政策与法令管辖。传统的国际金融市场一般经历了由地方性金融市场发展到全国性金融市场，最后发展成为世界性金融市场的历史过程，并以其强大的工商业、对外贸易与对外信贷等经济实力为基础发展为国际金融中心。例如，伦敦、纽约、巴黎、法兰克福、东京等金融中心。

离岸金融市场（Offshore Financial Market），也称为境外金融市场，是指非居民之间进行资金融通及相关金融业务活动的场所。经营的货币是非市场所在国货币，业务活动不受任何国家政策与法令管辖。欧洲货币市场，是所有的离岸金融市场的总和，起源于 20 世纪 50 年代末，是目前最主要的国际金融市场，代表了国际金融市场发展的主流。

图 8-1 为金融市场分类示意图。

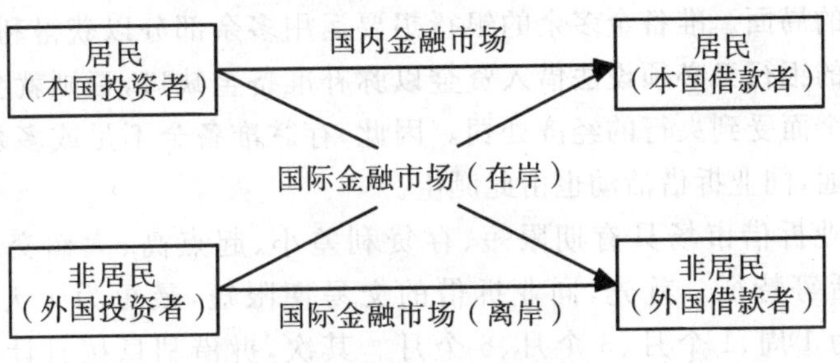

图 8-1　金融市场分类图

二、国际金融市场的构成

根据不同的标准，国际金融市场可以划分成多种不同的类型。现在我们选择一个具体的角度，以便对国际金融市场的构成有深刻的理解。从融资渠道角度，国际金融市场可以分为国际银行信贷市场和国际证券市场。

(一)国际银行信贷市场

1.短期国际银行信贷市场

短期国际银行信贷包括国际银行间的信贷以及银行对外国工商企业等非银行客户的信贷。其中，国际银行间的同业拆借业务是整个短期国际银行信贷市场中最重要的组成部分。相比之下，银行对外国工商企业等非银行客户的短期信贷则占据次要地位。这种贷款常与国际企业的商品贸易流通相联系，对企业信誉要求较高，十分重视企业的借款用途、财务状况和到期归还三个方面。下面，我们重点介绍银行同业拆借市场和贴现市场。

(1)银行同业拆借市场

同业拆借市场，是指商业银行等金融机构为弥补存款准备金或货币头寸不足而相互之间进行短期资金借贷的市场，它是整个短期信贷市场中最重要的组成部分。

从历史上看，同业拆借市场最早出现在美国，其形成的根本原因是“法定存款准备金”制度的实施。按照美国1913年通过的“联邦储备法”的规定，所有联邦储备银行的会员银行，都必须按存款数额的一定比例向联邦储备银行缴纳法定存款准备金。由于联邦储备银行对法定准备金不付利息或只支付较低的利息，为了减少利息损失，银行往往设法将上交的法定准备金维持在法定的最低水平。但是由于清算业务活动和日常收付款额的变化，总会出现一些银行的存款准备金超出法定最低水平，而另一些银行低于法定最低水平，从而出现存款准备金余缺不一的局面。准备金多余的银行想要运用多余部分以获得利息收入；而准备金不足的银行又必须设法借入资金以弥补准备金缺口，否则就会因为延缴或少缴准备金而受到央行的经济处罚。因此，存款准备金不足或多余的银行之间便互相融通，同业拆借活动也由此诞生。

银行同业拆借市场具有期限短、存贷利差小、起点高、大额交易、无担保性、交易灵活等特征。首先，同业拆借的交易期限短，最短为1天，最长为1年，一般多为1周、1个月、3个月、6个月。其次，拆借利息按日计算，根据市场资金的供求状况，拆借利率每天都会发生变化。目前，国际货币市场上的银行同业拆借利率有三种，即伦敦银行同业拆借利率(London Inter-bank Offered

Rate,LIBOR)①、新加坡银行同业拆借利率(SIBOR)和香港银行同业拆借利率(HIBOR)。其中,LIBOR是国际金融市场上的一种代表性的基准利率,是制定其他利率的基础和依据。同业拆借利率一般为基准利率+加息率。加息率取决于贷款期限、借款者的资信、市场条件等。再次,同业拆借市场上银行间的拆借金额巨大,通常以批发的形式进行。以英国伦敦同业拆借市场为例,每笔交易数量以25万英镑为最低限额,超过百万英镑和百万美元的交易是常见的。最后,贷款也不需要担保和抵押,交易方式简单便捷,存贷业务由经纪人每日通过电话、电传和互联网即可进行。

(2)贴现市场

贴现市场就是对未到期票据按贴现方式进行融资的交易场所。所谓贴现,就是银行买入未到期的票据,扣除自贴现日至到期日之间的利息,把余款支付给贴现人的业务。目前,世界上最大的贴现市场是伦敦贴现市场,其历史悠久,在英国的金融市场中占有十分重要的地位。

在贴现业务中,贴现的票据种类主要有国库券、银行票据、银行承兑汇票和商业承兑汇票。通过贴现,持票人可以提前获得未到期的票款,而银行等于是向持票人提供了一笔事先收取利息的贷款,所以贴现从性质上讲也属于信贷范畴。贴现行还可以用贴现后的票据向中央银行要求再贴现。中央银行通过改变再贴现率可以控制信用和调节利率,进而进行宏观金融调控,所以调节贴现率不仅是短期货币市场上融通资金的一种重要方式,也是西方国家实施货币政策的重要工具。

2.中长期国际银行信贷市场

中长期国际银行信贷,是指国际银行为需要资金的政府和企业提供中长期信贷资金的商业性贷款。中期信贷是指1年以上、5年以下的贷款,由借贷双方签订贷款协议。长期信贷是指5年以上的贷款,通常由数家银行组成银团共同贷给某一客户。在国际金融市场上,借款人筹措中、长期资金,除支付利息外,还要支付各种费用。费用的多少视信贷资金状况、信贷金额和信贷期限的不同而异,主要有管理费、代理费、承诺费和杂费几种。中长期国际银行信贷的方式具

① 伦敦银行同业拆借利率(LIBOR)是英国银行家协会根据其选定的银行在伦敦市场报出的银行同业拆借利率,进行取样并平均计算成为基准利率,是伦敦金融市场上银行之间相互拆放英镑、欧洲美元及其他欧洲货币资金时计息用的一种利率。伦敦银行同业拆借利率是由伦敦金融市场上一些报价银行在每个工作日11时向外报出的。该利率一般分为两个利率,即贷款利率和存款利率,两者之间的差额为银行利润。通常,报出的利率为隔夜(两个工作日)、7天、1个月、3个月、6个月和1年期的,超过1年以上的长期利率,则视对方的资信、信贷的金额和期限等情况另定。

体可分为以下两种：

一是独家银行贷款，也叫双边贷款，是一国贷款银行对另一国银行、政府、公司企业提供的贷款。每笔贷款少则几千万美元，多则上亿美元，期限一般为3～5年。由于这种贷款期限长、金额大，有时贷款银行要求借款人所属国家的政府提供担保。中期贷款利率属于市场利率，比短期贷款利率高，一般要在市场利率的基础上再加一定的附加利率。

二是银团贷款(Consortium Loan)。国际银团贷款的方式有两种：一种是直接银团贷款，即参加银团的各成员银行直接向借款人提供贷款，贷款的具体工作由各贷款银行指定一家“代理银行”统一管理。另一种是间接银团贷款，也叫辛迪加贷款(Syndicate Loan)，即由牵头行向借款人发放贷款，然后再由牵头行将参加贷款权(即贷款份额)分别转售给其他银行，全部的贷款管理及放款、收款由牵头行负责。牵头银行一般由资金雄厚、提供贷款份额较多的银行承担。代理银行是贷款银行的代理人，负责监督管理这笔款项的具体事项。参加银行是指参与贷款银团，并提供一部分贷款的银行。贷款金额从几亿美元到数十亿美元不等，贷款利率采用浮动利率，贷款期限一般为5～10年。银团贷款的当事人，一方面是借款人(如银行、政府、公司、企业等)；另一方面是参加银团的各家银行(包括牵头行、经理行、代理行等)。通过组成银团提供贷款，对于商业银行来说可以分散贷款风险，提高单笔贷款的金额，同时也减缓了贷款银行同业间的竞争；对于借款人来说，其优点是可以筹到独家银行所无法提供的数额大、期限长的资金。

(二)国际证券市场

1.短期国际证券市场

短期国际证券市场，有时也被称为短期票据市场，是指国际间进行短期证券交易的场所，期限不超过1年(含1年)。交易对象有国库券、大额可转让定期存单、商业票据、银行承兑汇票和商业承兑汇票等。

(1)国库券

国库券(Treasury Bills)是一国政府以国家信用作为担保发行的短期有价证券，是财政部为了筹措短期资金需要而发行的政府债券，期限一般为3个月、6个月或1年，以3个月的居多。其发行一般不记名、不附息、不注明利率，票面只记载本金金额。发行方式通常以票面金额折扣出售，并以投标发售方式确定折扣率。投资者以低于票面金额的价格购买，到期后按票面金额兑现，购买价和票面金额之差就是国库券的利息，也是购买者持有国库券的实际收益。国库券以国家信用为担保，其信用高于银行信用和商业信用，投资风险低，而且流动性强，到期之前可随时在市场上自由流通转让。此外，国库券的利息收入所得还可享受免税待遇。因此,国库券不仅是本国投资者的重要投资对象,而且也深受外国政府、银行和个人的青睐。

美国是世界上国库券发行量最大的国家之一。通常定期发行3个月和6个月的国库券,按月发行1年期的国库券,票面金额多以1 000美元为单位。英国的国库券通常为3个月到期,票面金额从5 000英镑到100万英镑不等。近年来,国库券已经成为西方各国用于调节短期财政收支差额和实行宏观调控的重要手段。

(2)商业票据

商业票据(Commercial Paper)是指具有较高信誉等级的企业或非银行金融机构凭自身信用发行的无担保的短期借款凭证,发行期限较短,一般以30～60天居多。商业票据是由商业本票[①]演变而来的,唯一的差别就是商业票据脱离了商品的交易过程,仅仅是凭借自己企业的信誉来签发商业本票,用以筹集短期资金。

商业票据的主要特点是:

①成本较低。商业票据的利率水平具体由市场供求状况、发行人信誉、银行借贷成本、票面价值和期限等因素决定,一般低于银行优惠利率,高于国库券利率。

②具有灵活性。根据发行机构和经销商的协议,在约定的一段时间内,发行机构可以在约定的限额内不限次数不定期地发行商业票据,以筹集需要的短期资金。

③宣传公司信誉。有资格发行商业票据的公司,通常是国际著名信用评价机构(如穆迪、标准普尔等)鉴定为信誉良好的机构。因此,企业发行商业票据的行为在一定意义上已经代表和宣传了企业的信用和形象。

(3)大额可转让定期存单

大额可转让定期存单(Certificates of Deposit)是商业银行和金融公司用于吸收大额定期存款而发给存款者的存款单,该存单在到期之日前可以在金融市场上交易。1961年2月,美国纽约花旗银行率先发行了大额可转让定期存单。由于当时市场利率普遍较高,而银行存款利率受到金融当局的严格管制——美国法律对商业银行定期存款利率设定上限限制,致使银行存款大量流失。为了吸收存款,银行开发了这种新的金融工具。这种新的金融工具解决了普通存单的流动性问题,既可以获得定期存款利息,又可以随时转让变

---

① 本票是指出票人签发的、承诺自己在见票时无条件支付确定金额给收款人或持票人的票据。银行或其他金融机构以外的法人或自然人为出票人签发的本票,即为商业本票。

现，深受投资者欢迎。

从大额可转让定期存单这一名称即可看出它的三大特点：①大额。在美国，大额可转让定期存单在初级市场发行的最小面额为10万美元，二级流通市场所接受的最小面额则高达100万美元。②可转让。可转让是这种存单与普通存单最根本的区别，从而解决了定期存单缺乏流动性的问题。③定期。其期限固定，一般在1年以内，通常为3～6个月，持有人要在到期后才可向银行提取本息。

(4)银行承兑汇票和商业承兑汇票

汇票是债权人向债务人发出的付款命令，承兑是债务人在汇票上签上“承兑”字样，表示愿意到期支付。如果对汇票承兑的是银行，就是银行承兑汇票(Banker's Acceptances)；如果对汇票承兑的是银行以外的付款人，就是商业承兑汇票(Trade Acceptances)。

银行承兑汇票通常由出口商签发，由进口商银行背书承兑，保证到期付款。其期限一般为30～180天，最长可达270天，但以90天最常见，面额一般没有限制。在众多票据中，银行承兑汇票的信用程度最高。商业票据通常要求企业拥有较高的信誉，这使得一些中小企业无法涉足；而银行承兑汇票是以银行信用为担保，为信誉等级较低的中小企业提供了极大的便利。商业承兑汇票的承兑人是银行以外的付款人，提供的是商业信用。由于银行信用高于商业信用，所以商业承兑汇票远不如银行承兑汇票的流动性强，银行承兑汇票在其到期前既可以到承兑银行贴现，又可以在二级市场上流通转售。

2. 中长期国际证券市场

中长期国际证券市场，是指国际间各种中长期有价证券的发行和买卖场所，包括国际债券市场和国际股票市场。每一个市场又分别包括证券发行的一级市场和证券流通的二级市场。

(1)国际债券市场(International Bond Market)

由于国际债券危机的影响，自20世纪80年代初起，国际市场出现了一股证券化趋势，也就是国际融资方式由辛迪加贷款转化为以发行证券为主。1983年，证券融资的比重(54.5%)首次超过了辛迪加贷款的比重(34.4%)，标志着证券化趋势的开始。在各类证券融资方式中，又以国际债券的发行增长最快，国际债券市场在国际金融市场中的地位日益重要。至2007年6月，国际债券市场的规模已经高达208 868亿美元，远远超过辛迪加贷款规模，见表8-1。

表 8-1 国际债券市场规模

单位:10 亿美元

时 间	2002 年	2003 年	2004 年	2005 年	2006 年	2007 年 6 月
辛迪加贷款	1 296.9	1 241.4	1 806.7	2232.3	2 121.8	1 017.3
国际债券规模	9 194.8	11 661.8	13 928.0	14 610.7	18 446.5	20 886.8
金融机构债券	6 624.6	8 523.8	10 373.5	11 100.0	14 348.4	16 417.0
公司债券	1 267.3	1 498.5	1 635.4	1 544.3	1 883.6	2 076.1
政府债券	865.8	1 132.4	1 362.8	1 422.1	1 626.8	1 773.7

资料来源:国际清算银行(BIS),http://www.bis.org/index.htm。

按照债券面额货币的不同,国际债券分为两大类型,即属于传统国际金融市场范畴的外国债券(Foreign Bonds)和属于欧洲货币市场范畴的欧洲债券(Euro Bonds)。外国债券,是指借款人到某一外国债券市场上发行以市场所在国货币为面值的债券。该债券由市场所在国机构负责筹划发行和承销,筹措的资金可以自由运用,但是发行时要得到市场所在国的批准,在发行市场所在国进行注册登记,并受市场所在国金融法规的管辖约束。目前,外国债券市场主要集中在少数发达国家的资本市场上。主要的外国债券有:在美国发行的美元债券——扬基债券(Yankee Bond);在日本发行的日元债券——武士债券(Samurai Bond);在英国发行的英镑债券——猛犬债券(Bulldog Bond)等等。新债券的发行一般要先通过公认的评级机构给予评级。比较有影响的评级机构有穆迪投资服务公司和标准普尔公司,这两家评估公司在国际上享有很高的声誉,对公司是否有资格发行股票和债券都有直接的影响。欧洲债券,是指借款人到某一外国债券市场上发行以市场所在国以外货币为面值的债券。欧洲债券不受任何一个国家法律的约束,多数国家都不需要发行前的注册或信息披露,对发行数量、发行期限也无限制,是一种完全自由的债券。例如,法国借款人在伦敦债券市场上发行的美元债券,该"境外"债券就称为"欧洲美元债券",不受市场所在国英国金融法规的管辖。

(2)国际股票市场(International Equity Market)

20 世纪 90 年代以来,由于亚洲和欧洲一些国家新兴股票市场的迅速发展,经济转型国家进行企业私有化或股份化改革等因素,发行股票已经发展成为国内外投资者直接融资的重要途径,股票市场逐步走向国际化。

国际股票市场也可以分为两大类型,即属于传统金融市场范畴的外国股票(Foreign Equity)和属于欧洲货币市场范畴的欧洲股票(Euro Equity)。外国股票,是指外国企业在本国股票市场上面向本国投资人发行并流通,以本国货币标价的股票。外国股票市场是伴随着一些发达国家对外开放本国股票市场而产生，并依托本国国内的股票市场而发展起来的，是国际股票市场最基本的形式。欧洲股票，是指外国企业在欧洲货币市场发行的以市场所在国以外的货币为标价货币的股票。

第三节 欧洲货币市场

一、欧洲货币市场的相关概念

欧洲货币市场，是指非居民之间进行境外货币交易的场所。该市场起源于20世纪50年代末的伦敦市场，现在其交易量已经远远超过传统的国际金融市场。从某种意义上讲，欧洲货币市场已经成为当代国际金融市场的代表。为了更好地了解欧洲货币市场，我们有必要理清以下几组相关概念：

1.欧洲美元/欧洲货币/欧洲银行

欧洲美元，是指在美国境外的银行经营的美元。由于欧洲是最早出现境外美元经营业务的场所，于是有了欧洲美元的称谓。这里的"欧洲"一词，并不是一个地理实体，而是有"境外"、"离岸"的意思，所以欧洲美元并不仅限于欧洲区域内的美元。同理，欧洲货币，是指某种在其发行国境外银行经营的货币，包括欧洲美元、欧洲英镑、欧洲日元等，其中主要为欧洲美元。而经营欧洲货币业务的银行就统称为欧洲银行(Euro Bank)。

2.欧洲美元市场/欧洲货币市场

欧洲美元市场，即在美国境外的美元存储和贷放市场，由于这种存贷业务开始于欧洲，因此称为欧洲美元市场。

欧洲货币市场，是非居民之间以银行为中介在某种货币发行国国境之外，从事该种货币借贷的市场，即在一国境外进行该国货币存贷的市场。也即全球范围内经营境外货币存放款等业务的国际资金市场。

狭义的欧洲货币市场指伦敦、卢森堡、巴黎、法兰克福等欧洲金融中心的境外货币市场。广义的欧洲货币市场指欧洲主要金融中心及中东、远东、加勒比、美国、加拿大的主要金融中心的境外货币市场。1981年美国在纽约设立"国际银行业务设施"，也可对非居民经营美元或其他外币的存贷业务。

3.国际货币市场/欧洲货币市场

国际货币市场，也称为短期资金市场，是指期限在1年或1年以内的短期融资活动市场。就字面上看，我们很容易把欧洲货币市场归入国际货币市场的范畴,认为欧洲货币市场也是短期资金市场的一部分。事实上,欧洲货币市场不同于也不属于国际货币市场,它不仅包括短期资金市场,也包括中长期资金市场。

二、欧洲货币市场的形成和发展

(一)欧洲货币市场的产生(20 世纪 50 年代)

1. 欧洲美元的来源

欧洲货币市场的起源可以追溯到 20 世纪 50 年代。抗美援朝时期,美国冻结了中国存放在美国的全部资产。前苏联及东欧各国政府考虑到当时的"冷战"状态和美国国内浓厚的反共气氛,担心美国也可能冻结其美元资产,便纷纷将美元移存到巴黎的北欧商业银行与伦敦的莫斯科国民银行,电报挂号将其称为"欧洲美元",这些资产便是欧洲美元的最早来源。

2. 欧洲美元信贷的开始

1957 年,由于英、法联合入侵埃及,英国的国际收支严重恶化,外汇短缺,英镑危机爆发。英格兰银行为了保护英镑,宣布提高利率至 7%,同时加强外汇管制,开始禁止英国银行向英镑区以外国家的居民提供英镑贷款。伦敦的各大商业银行为了逃避外汇管制,维持其国际金融中心地位,便把目光转向美元,开始重视吸收境外美元存款,再直接向海外贷放,于是欧洲美元存贷业务便开始在伦敦金融市场上发展起来。

(二)欧洲货币市场的形成(20 世纪 60 年代)

欧洲银行的诞生和欧洲货币市场的形成,很大程度上得益于美国和西欧国家的政策影响。下面,我们将从这两个方面加以考察。

1. 美国政策的影响

20 世纪 60 年代,美国国际收支逆差逐年扩大,资金外流加剧,美国政府被迫出台了一系列金融管制政策以限制资金外流。美国政府的这一系列政策虽然在一定程度上限制了资金的外流,但是却在更大程度上刺激了境外美元供给和需求的急剧增长,从而推动了欧洲银行业务的发展,加速了欧洲美元市场的迅猛发展。

(1)存款方面

1963 年,美国政府实行《Q 项条例》(Regulation Q),规定美国银行吸收定期存款的最高利率为 5.25%,同时规定对活期存款不得支付利息,但这项条例不适用海外银行。对利率设置上限,目的在于限制银行间的存款利率竞争,维护银行体系的安全,同时防止资金流动偏向高利率的大银行,造成中小银行等金融机构在竞争中倒闭。但是这一条例的弊端逐渐显现出来，如限制了银行吸收存款的能力，造成资金流动的“脱媒”①现象，金融体系出现不稳定。因此，许多美国银行在海外设立分支机构以逃避政府管制。

(2)贷款方面

作为美国货币政策的《M 项条例》(Regulation M)明确规定，美国商业银行必须向中央银行缴纳存款准备金，美国银行吸收国外存款及其国外分支行在国内总行账面的存款也必须缴纳累进的存款准备金。美国政府企图通过存款准备金这一货币手段，抑制对外贷款，减少资金外流。但由于《M 项条例》在相当长时期内对欧洲美元存款不起作用，这使得欧洲货币市场经营美元的成本比美国国内商业银行要低，在竞争中处于有利的地位。

(3)对外投资方面

1963 年，美国政府开征了“利息平衡税”(Interest Equalization Tax, IET)，规定美国居民购买外国证券一律要征收利息平衡税，税率最初为 15%，后又提高到 22.5%。征税本是想通过提高外国人在美国借贷美元的成本以减少美元的外流，但是也促使了更多的投资者到欧洲美元市场上借贷资金。1965 年，美国政府颁布了“自愿限制对外贷款”(Voluntary Foreign Credit Restraint, VFCR Program)计划，要求美国的银行和跨国公司自愿限制对外贷款以及对外直接投资的规模。1968 年，又颁布了“国外直接投资法规”(Foreign Direct Investment Program, FDI Program)，将上述的自愿限制升级为强制性措施。美国银行和跨国公司为了盈利纷纷把资金调往海外分支行，再向世界各地贷放，或满足扩大投资的需求，从而急剧地推进境外美元存贷业务的发展与扩大。

2. 西欧各国的政策影响

(1)金融自由化政策

20 世纪 50 年代末，西欧各国经济得到恢复和发展，先后放松了外汇管制。进入 60 年代基本上取消了外汇管制，实行货币的自由兑换和金融自由化政策，并免交存款准备金，这为欧洲货币市场营运提供了宽松的环境，使欧洲美元的投资者和筹资者可以更方便地调拨和运用资金，为欧洲货币市场向更深更广的方面扩张提供了根本性条件。

(2)倒扣利息政策

20 世纪 60 年代，美元危机爆发，美元的霸权地位逐渐削弱，国际金融市场上出现抛售美元、抢购黄金和其他硬通货的风潮。于是，各国中央银行为了避免

---

① 资金“脱媒”：在金融管制的情况下，资金不经过商业银行这一金融媒介而到达融资者手里。

外汇风险，由过去单一持有美元改为持有多种储备货币，英镑、德国马克、瑞士法郎等硬通货成为抢购的对象。英国、德国和瑞士等硬通货国家，为了维持本币汇率和金融市场的稳定，抑制通货膨胀，对非居民持有该国货币采取不付利息或倒扣利息（Negative Interest）的政策加以限制，而对非居民持有的外币存款则给予鼓励。为了获取持有硬通货的利益，逃避上述倒扣利息的损失，资金拥有者便将手中的一部分硬通货资金转存到其发行国以外的地区，便出现了欧洲英镑、欧洲马克、欧洲瑞士法郎、欧洲日元等欧洲货币。欧洲美元市场开始扩大并演变成欧洲货币市场。随着欧洲货币市场的壮大，伦敦银行业中开始逐渐分离出一批专门经营欧洲美元和其他欧洲货币业务的银行，这就是所谓的欧洲银行。

（三）欧洲货币市场的发展（20 世纪 70 年代以后）

1.20 世纪 70 年代的石油美元

20 世纪 70 年代，石油价格大幅度上涨。1973 年和 1979 年两次石油价格飙升，引发了 1973—1975 年和 1979—1982 年的两次世界性经济危机。石油输出国组织（OPEC）从中赚取了巨额的石油美元，国际收支顺差成倍增长，而非石油输出国则出现了巨额的国际收支逆差。大量的石油美元流向欧洲货币市场，并通过欧洲银行，将大部分的顺差美元贷给了面临国际收支困难的石油进口国。

石油美元之所以相当大部分存放于欧洲货币市场，一是因为欧洲是世界最大的石油现货交易市场，石油贸易清算是通过欧洲银行进行的；二是石油美元存放于欧洲银行可以得到丰厚的利息，并免缴利息收入所得税；三是石油美元存放于欧洲货币市场，资金调拨自由，运用灵活，流动性好，风险小。因此，石油盈余资金相当大一部分以欧洲美元存款形式存放于欧洲货币市场，其存款总额迅速增长，扩大了欧洲货币市场规模。此外，欧洲货币市场在地区上的分布也发生了变化，除了伦敦、巴黎以外，已扩大到了欧洲以外的国家和地区，如巴拿马、巴林、新加坡、香港等。

2.20 世纪 80 年代的国际银行设施

为了避开法定存款准备金和利率等方面的管制，许多美国银行在海外（如开曼和巴哈马群岛等地）建立“贝壳”式的海外银行分支机构。1981 年 12 月，美国联邦储备委员会开始允许美国银行在美国本土从事欧洲银行业务，国际银行设施（International Banking Facilities，IBFs）得到了法律的正式认可。从字面上看，国际银行设施很容易让人联想到银行办公室内的某种新物资设备。但事实上，它只是现有银行机构所配备的一套独立的资产负债账户，用于记录在美国开展的境外存款和贷款业务。

根据规定,IBFs允许接受外国居民和其他国际银行设施的存款,也允许向它们发放贷款。① 所经营的货币可以是境外货币,也可以是本国货币,但离岸业务和传统业务必须分别设立账户。由于美元是最主要的国际通货,纽约离岸市场主要的交易货币也是欧洲美元,所以纽约离岸金融业务将所在国货币也包括进来,只是这种货币的存贷仅限于非居民。

美国的银行通过建立 IBFs,可以享受到许多原来只有欧洲银行才能获得的好处。如:不受法定准备金的要求,不受利率管制,不受联邦存款保险公司的存款保险费的限制等。这在性质上与美国境外离岸银行从事的离岸金融业务没什么区别。美国建立 IBFs 的目的,是使美国国内的银行不必通过离岸银行机构就可以与离岸银行进行竞争。同时,它也想利用 IBFs 把美国银行设在境外的分行所经营的离岸金融业务吸引回美国本土。IBFs 创立后发展迅速,其业务量持续增长,范围也逐渐扩大。自成立到 1983 年 8 月即两年不到的时间内,其资产规模就达到 1 966 亿美元,且全美境内有 5 个州建立了 471 个 IBFs。1986 年 12 月 1 日,日本东京离岸金融市场(Japan Offshore Market,JOM)开放,日本政府也开始允许建立一个日本本土市场以从事一部分欧洲日元的业务。

3. 20 世纪 90 年代以来的欧洲货币市场

20 世纪 90 年代以来,离岸金融中心已遍布世界各地。众多离岸金融市场的发展,必然会一方面推动整个欧洲货币市场的统一,另一方面加剧各个离岸金融市场之间的利益竞争。因此,欧洲货币市场的发展进入了一个新的发展阶段,即全球离岸金融中心的整合期。此时,离岸金融市场的发展速度相对减缓。根据国际清算银行的年度报告统计,在 1980—1990 年间欧洲货币市场的发展速度比较均匀,以年均 20%～30%的速度增长。但是,1990—2000 年间离岸金融市场的年均增长率只有 6.4%,下降了许多。②

1999 年 1 月 1 日,欧元诞生,德国马克、法国法郎、荷兰盾等 12 种欧洲国家货币退出历史舞台。欧元的诞生对国际金融市场,特别是核心欧洲货币市场产生了一系列的影响。

首先,欧元的诞生促进了欧洲地区国际金融市场的联合。欧元的出现,为"欧盟作为一个整体,用一个声音说话"提供了契机,欧元区内和区外欧洲国家金融市场的联合有所加强。泛欧股市的崛起,使企业融资手段更加多样化,筹资成

① [美]迈克尔·梅尔文(Michael Melvin)著,范立夫译:《国际货币与金融》,东北财经大学出版社 2003 年版,第 183 页。

② 杨咸月:《离岸金融市场发展研究》,上海交通大学博士后士学位论文,2003 年 12 月。

本大大下降，有利于非欧洲企业在欧洲上市和发行债券、股票，这反过来促进了欧洲货币市场的发展。

其次，欧元的诞生使欧洲货币市场的竞争更加激烈。随着金融自由化、金融工具创新的发展，国际金融市场间的竞争十分激烈，欧元的启动则加剧了这一竞争。一方面，为了扩大欧元业务的经营，各银行间竞争加剧，尤其是以经营欧洲美元为主的欧洲银行与经营欧洲欧元为主的欧洲银行之间的竞争会愈演愈烈；另一方面。随着当前金融危机的全球蔓延，对欧洲货币市场加强监管的呼声又一次高涨。这从客观上刺激了欧洲银行在管制之前加紧扩张业务，而扩张的结果，必然又会带来新一轮的竞争。

最后，欧元的诞生使欧洲美元市场的核心地位受到挑战。随着欧元和英镑等欧洲货币在国际金融领域中地位的加强，欧元区以它强大的经济实力向世界展示了欧元的魅力，人们开始主动减少对美元的依赖，欧洲货币市场的境外美元交易量有所减少，欧洲美元市场的核心地位受到挑战。

三、欧洲货币市场的主要业务

欧洲货币市场的三大业务为银行同业拆借、银团贷款以及欧洲债券。

（一）银行同业拆借与银团贷款

银行信贷市场是欧洲货币市场的重要组成部分。其中欧洲短期信贷市场是指接受短期外币存款并提供期限在1年以内的短期贷款的市场。这个市场是欧洲货币市场的基础部分，它形成最早、规模最大，其中又以银行间同业拆借业务为主。欧洲货币市场中长期信贷市场中，以银团贷款居多。

相比于美国银行，在欧洲货币市场经营美元或其他欧洲货币的欧洲银行在国际信贷市场上具有更明显的竞争优势。它能提供高息存款和低息贷款，其利差要小于美国银行的利差，见图8-2。这种利率优势主要来源于以下几个方面：①西欧各国实行的货币自由兑换和金融自由化政策，为欧洲货币市场提供了宽松的运营环境。欧洲银行不受当地法律条令的制约，它们无需缴纳存款准备金，没有存款保险的要求，没有利率上限的约束，可以自主地提供更具竞争力的利率。这与美国银行的各种管制形成鲜明对比，无形中增强了欧洲银行的竞争力。②欧洲美元市场在很大程度上是一个银行同业市场，交易数额比国内银行大，手续费及其他各项服务性费用成本较低。③欧洲美元市场的贷款客户通常是大公司或政府机构，信誉很高，贷款的风险较低。④欧洲美元市场是竞争性很强的市场，较高的竞争性降低了交易成本。⑤电信联系发达，资金调拨方便，金融交易方便、快捷。可见，欧洲货币市场成本低、效益高、方便灵活，对资金供求者均更具吸引力，其自身的这些特点和优势促使欧洲货币市场的进一步发展。

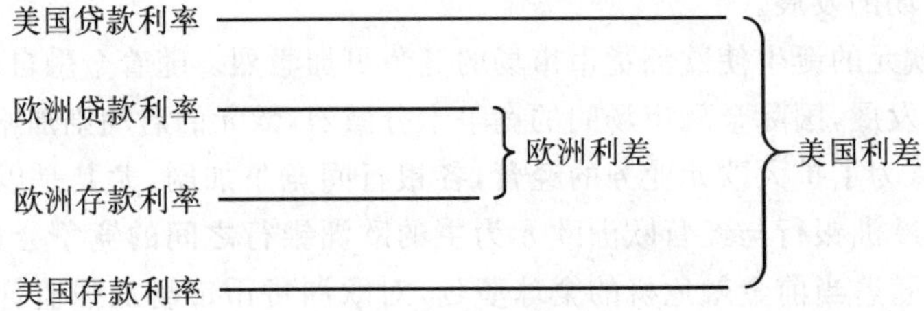

图 8-2 美国美元和欧洲美元的利差比较

(二)欧洲债券

前面谈到，按照债券发行货币的不同，国际债券分为两大类型，即外国债券(Foreign Bonds)和欧洲债券(Euro Bonds)。外国债券，是指借款人到某一外国债券市场上发行的以市场所在国货币为面值的债券。该债券由市场所在国机构负责发行和承销，发行时要得到市场所在国的批准，在发行市场所在国进行注册登记，并受市场所在国金融法规的管辖约束。欧洲债券，是指借款人到某一外国债券市场上发行的以市场所在国以外货币为面值的债券。欧洲债券不受任何一个国家法律的约束，多数国家都不需要发行前的注册或信息披露，对发行数量、发行期限也无限制。20 世纪 80 年代以来，欧洲债券占国际债券的比重一直是 80%以上，发行额远远超过外国债券，成为欧洲货币市场的另一主要业务。

目前，欧洲货币债券市场上的债券种类主要有五种：

1.固定利率债券(Straight Bonds)，也称为普通债券，其利率在债券发行确定后不再改变，利息按固定的利率每年支付一次。固定利率债券是传统形式的债券，它在欧洲债券市场上占的比重最大。

2.利率债券(Floating-rate Notes)，其特点是利率可以调整，多为 3 个月或半年调整一次，按 6 个月期的 LIBOR 或美国商业银行优惠放款利率进行调整。这类债券由于利率适时调整，可使投资者免受利率波动带来的损失，目前已经成为仅次于固定利率债券的第二类欧洲债券。

3.可转换债券(Convertibles)，它是公司债券的一种，可以在指定日期，以约定价格转换为债券发行公司的普通股票，或其他可转让流通的金融工具，或转换债券货币面值等等。

4.授权证债券(Bonds with Warrants)，也是公司债券的一种，附有认购权证，其特点是购买者可获得一种权利，并据此按协定条件购买某些其他资产，类似对有关资产的买入期权。

5.合成债券(Hybird Debt)，是将股票、期货、期权、互换等的某些特征掺入到债券中，创造出新的收益、风险、流动性、期限、控制权特征组合的债券工具。它具有固定利率债券和利率互换合同的特点。

四、欧洲货币市场对世界经济的作用

欧洲货币市场是真正意义的国际金融市场，其产生和发展有利于沟通各国资金需求者和供给者的联系，促进了国际资本在国际间的移动，促进了各国经济的发展。

(一)积极作用

1.促进了金融市场的国际化

传统的各国金融市场被各国的货币、国界和金融立法相隔离，国际资本在国与国之间流动受到多方面的约束。欧洲货币的出现和欧洲货币市场的形成，打破了传统金融市场各自独立的状态，加强了各国间的货币金融联系，促进了金融市场国际化、一体化。

2.促进了世界经济的发展

无论是工业国家还是发展中国家都在利用欧洲货币市场筹集巨额资金，扩大投资，发展本国经济。例如，20 世纪 70 年代初，日本、意大利和联邦德国等国家经济迅速发展时期，国内缺乏足够的流动资本，正是通过欧洲货币市场筹借欧洲美元，促进了生产的发展。一些发展中国家，如墨西哥、秘鲁等国，也是利用欧洲货币市场的资金，大量从西方工业国家进口生产设备和技术，推动了本国经济的发展。

3.促进了国际贸易和国际投资的发展

离岸金融市场为跨国公司开展跨国经营和跨国投资，提供了极大的融资便利，对国际间生产和贸易的发展起到了不可忽视的作用。例如，20 世纪 60 年代，许多美国跨国公司在欧洲的投资资金，都是从欧洲货币市场筹集的。

4.有助于部分国家解决国际收支平衡问题

在欧洲货币市场的筹资者当中，各国政府是重要的组成部分，融通到的资金成为他们弥补国际收支逆差的补充手段。例如，20 世纪 70 年代的两次石油危机，许多石油进口国就是从欧洲货币市场上借入石油美元，才缓解了国际收支逆差困难。另外，国际金融组织也利用其特殊的地位及良好的信誉，在欧洲货币市场上筹集巨额资金，转而用于帮助成员国克服国际收支逆差问题。

(二)消极作用

1.外汇投机增加，影响国际金融市场的稳定

欧洲货币市场的大部分短期资金都用于外汇交易，套汇套利交易相结合，资金流动规模十分庞大。巨额资金在不同货币之间的频繁流动，刺激了外汇市场

的投机活动，容易使汇价发生剧烈波动，影响国际金融市场的稳定性。不少银行还因此遭受重大损失，有的甚至倒闭破产。1974 年夏，原联邦德国赫斯塔德银行和美国富兰克林银行的倒闭事件就是典型的例证。

2.加大国际金融市场的信贷风险

欧洲货币市场业务活动的特点是存短放长，也就是说绝大部分的存款都是1年以下的短期资金，而跨国公司和其他国际客户对资金的需求又是以中长期贷款居多。这种期限上的不匹配，显然增加了国际金融市场的信贷风险。一旦金融市场有什么风吹草动，就会发生资金周转不灵的问题。而且这些资金通过银行的多次转存，形成锁链式的借贷关系，一旦个别银行资金周转不灵，就容易产生“多米诺骨牌”的连锁效应，从而导致金融市场动荡。

3.削弱了一国国内货币政策的有效性

欧洲货币市场是相对独立于各国政府管制的市场，当有关业务活动在国内市场受到限制时，银行或企业就会转移到欧洲货币市场去进行。这样，一国针对国内经济目标所采取的货币政策通常就难以奏效。例如，当一国为降低通货膨胀率而采取紧缩银根政策时，国内的筹资者就会转向利率较低的欧洲货币市场借入资金；相反，当一国放松银根以刺激经济增长时，大量国内资金为追求高利率又会流向欧洲货币市场，这就造成国内的货币政策无法达到预期的效果。

专栏8-1

离岸金融市场的类型

离岸金融业务的发展始于20世纪60年代。70年代以来，离岸金融中心获得迅猛发展，从伦敦、巴黎、法兰克福、苏黎世、卢森堡等欧洲地区扩展到新加坡、巴拿马、巴哈马、拿骚等地。80年代，又在纽约、东京等地出现新的离岸金融中心。到90年代，离岸金融中心已遍布世界各地。按性质对其进行划分，离岸金融中心大致有三种类型：

1.伦敦型，又称功能型，其最大的特点在于“自然形成”和“内外一体式”。伦敦离岸市场始于50年代末，它既经营银行业务，也经营证券业务。非居民除获准自由经营各项外汇、金融业务外，其吸收的存款也不需缴纳法定准备金。过去，伦敦离岸业务因受外汇管制等约束与国内业务截然分开。但自1979年10月英国取消外汇管制后，伦敦离岸市场便成为兼具境内和离岸业务的“内外一体式”金融市场。中国香港自1972年废除外汇管制后，也逐渐演变成亚太地区一个主要的伦敦型离岸市场。

伦敦型离岸金融中心是集中诸多外资银行和金融机构，从事具体货币的存储、贷放、投资、融资业务的区域或城市，经营的货币为境外货币。经营离岸业务不必向当局申请批准，市场参与者可经营离岸业务，也可经营在岸业务，内外融资业务混在一起，管理上没有限制。金融市场向居民、非居民开放，离岸资金、在岸资金可互相转化。

2. 纽约型，又称分离型。最大特点在于“人为创设”和“内外分离”，而且没有证券买卖。1981 年 12 月，美国联邦储备委员会同意设立国际银行设施(International Banking Facilities，IBFs)之后，纽约离岸金融业务迅速发展。

在纽约，经营离岸业务的银行须向当局申请获准后方可经营，其交易对象是非居民，所经营的货币可以是境外货币，也可以是本国货币，但离岸业务和传统业务必须分别设立账户。非居民的存款不受美国国内银行法规关于准备金比率和存款比率的限制，但贷款必须在美国境外使用，目的是隔绝国际金融市场资本流动对本国货币存量和宏观经济的影响。由于美元是最主要的国际通货，纽约离岸市场主要的交易货币也是欧洲美元，所以纽约的离岸金融业务将所在国货币也包括进来，只是这种货币的存放仅限于非居民。1986 年开放的东京离岸市场(“海外特别账户”)也属这一类型。

3. 巴哈马型，又称避税型、走账型、簿记型，是只有记账而没有实质性业务的离岸金融中心，又称“逃税型”离岸市场。这类市场实际上是“避税港”，一般设在风景优美、政局稳定、税收优惠且没有金融管制的海岛和港口。这些中心不经营具体金融业务，只起其他金融市场借贷、投资等资金交易的记账、划转作用，因此亦称为“记账中心”。目前比较著名的该类离岸金融中心有英属维尔京群岛、开曼群岛、巴哈马群岛、百慕大群岛等等。

专栏8-2

中国离岸金融改革三大试点

外汇体制改革试点的第一阶段是批准深圳开展离岸金融业务。1989 年 5 月，招商银行获准在深圳开办离岸银行业务，其后深圳发展银行、广东发展银行及其深圳分行、工商银行和农业银行深圳分行相继获得离岸银行业务牌照，后因遭遇东南亚金融危机被监管部门全部叫停。

2002 年 6 月，中国人民银行总行发文批准招商银行和深圳发展银行全面恢复离岸业务，同时允许总行设在上海的交通银行和浦东发展银行开办离岸业务，离岸金融市场在上海起步。上海是国家外汇管理局选定的第二块试验田。准许上海开展离岸金融业务以后,2005 年 10 月,国家外汇管理局下发了《浦东新区跨国公司外汇资金管理方式有关问题的通知》(业内称"浦九条")。"浦九条"主要是对原有制度的延伸,是针对跨国公司外汇结算的单项改革,侧重于技术方面的改进。

与深圳、上海的试点相比,第三试验地天津滨海新区是真正的综合改革,而非改进。从深圳到上海浦东再到天津滨海新区,经过 17 年漫长探索之后,中国外汇体制改革试点终于迈出了最勇敢的一步。之所以选择在滨海进行外汇体制改革的试点,是因为滨海新区像中国的大部分城市一样,金融基础虽有但却薄弱,在这里试点可能会比在深圳、上海这样基础雄厚的地区试点,能积累更多普适性的经验,这将对中国外汇体制改革积累全面的经验。

虽然不少地方政府和其他商业银行对经营离岸业务抱有极大兴趣和渴求,但到目前为止,中央银行只对招商银行、深圳发展银行、上海的交通银行和浦东发展银行四家中资银行发放了离岸银行业务经营许可,而且在管理上均是按"试点"和"试验"的标准进行审慎监管。

资料来源:郭晋晖:《中国离岸金融改革 17 年》,《第一财经日报》2006 年 9 月 18 日。

本章小结

国际金融市场,是指资金在国际间进行流动或金融产品在国际间进行买卖和交换的场所。狭义的国际金融市场,是指不同主体之间进行国际资金借贷和资本交易的场所,包括国际货币市场和国际资本市场;广义的国际金融市场,是指从事各种国际金融业务活动的场所,包括国际货币市场、国际资本市场、外汇市场、黄金市场及衍生金融市场。

按交易对象所在区域和交易币种的不同,国际金融市场可分为:①在岸金融市场,是指居民和非居民之间进行资金融通及相关金融业务的场所。经营的货币是市场所在国货币,从事市场所在国币种的国际借贷,并受市场所在国政府政策与法令管辖。②离岸金融市场,是指非居民之间进行资金融通及相关金融业务活动的场所。经营的货币是非市场所在国货币,业务活动不受任何国家政策与法令管辖。

按照金融工具的基本差别,国际金融市场可以划分为:①传统的金融工具市场,是以原形金融资产,包括货币、外汇、有价证券为交易对象的市场。②衍生金融市场,是在原形金融资产交易的基础衍生而来的,以各种合约为直接交易对象的市场。

按照融资方式的不同,国际金融市场可以划分为:①国际银行信贷市场,是指一国银行向非居民提供短期和中长期信贷的市场。其中，短期信贷市场主要包括银行同业拆借市场、贴现市场；中长期信贷又分为独家银行贷款和辛迪加贷款两种方式。②国际证券市场，是指股票和有价证券发行和交易的市场，包括国际股票市场和国际债券市场。

按照交易对象的不同，国际金融市场可以划分为：①国际货币市场，也称为短期资金市场，是指期限在一年或一年以内的短期融资活动市场。②国际资本市场，也称为长期资金市场，是指期限在一年以上的中长期融资活动市场。③国际外汇市场，是指进行外汇买卖的交易场所。目前，伦敦是世界上最大的外汇交易中心。④国际黄金市场，是专门从事黄金买卖的市场，国际上主要的黄金现货交易在伦敦、苏黎世、纽约、法兰克福和中国香港，黄金期货交易主要在纽约、芝加哥、中国香港、新加坡和悉尼。

欧洲美元，是指美国境外银行的美元存款。欧洲货币，是指某种在其发行国境外银行经营的货币。而经营欧洲货币业务的银行就称为欧洲银行。欧洲货币市场，是指非居民之间进行境外货币交易的场所，不仅包括短期资金市场，也包括中长期资金市场。欧洲货币市场的发展，解决了部分国家的国际收支平衡问题，带动了国际贸易和国际投资的发展，也促进了金融市场的国际化和世界经济的发展。但是，该市场的存在也削弱了一国国内货币政策的有效性，加大了国际金融市场的信贷风险，影响了国际金融市场的稳定。

关键词

国际金融市场　在岸金融市场　离岸金融市场　国际银行信贷市场　国际证券市场　国际货币市场　银行同业拆借市场　国际资本市场　辛迪加贷款　欧洲货币市场　欧洲美元　欧洲银行　国际银行设施　外国债券　欧洲债券

复习思考题

1. 简述“二战”后国际金融市场的发展及其对世界经济的影响。
2. 比较在岸金融市场与离岸金融市场的区别与联系。
3. 分析欧洲货币市场形成的原因。
4. 为什么欧洲银行的利差小于国内银行的利差？
5. 阐述欧洲货币市场对世界经济的作用。

第九章 国际金融衍生工具

导言

20世纪70年代以来，西方发达国家各金融机构之间的国际竞争空前激烈，金融创新成为取得和保持竞争优势的主要战略，同时各国政府逐渐放松金融管制，金融衍生工具如雨后春笋般地大量涌现出来，对国际金融业乃至于国际金融市场的发展产生了深刻的影响，推动了世界经济的蓬勃发展。

学习目标

1. 掌握金融衍生工具的含义、特征及种类；

2. 了解货币期货合同的规格，掌握货币期货交易与远期外汇交易的异同点，熟悉货币期货交易中的套期保值方法；

3. 掌握不同利率期货的特点，掌握股票价格指数期货交易的特点；

4. 掌握金融期权的含义、种类及金融期权交易与金融期货交易的区别，熟悉期权的内在价值与时间价值；

5. 掌握互换的原理；

6. 掌握远期利率协议的含义。

第一节 金融衍生工具的定义及种类

一、金融衍生工具的含义

金融衍生工具(Financial Derivatives),又称金融衍生产品,[①]顾名思义是针对各种原生金融工具而言的。这里原生的金融工具一般指外汇、股票、债券、商品、利率、汇率和各种经济指数等,衍生金融工具是指由上述原生工具衍生而来的金融产品,它包括期货、期权、互换及远期协议等。由于金融衍生工具出现较晚且种类繁多,又不断有新的成员进入,故迄今为止没有对衍生工具一致认可的定义。经济合作与发展组织(OECD)对其所下的定义是:金融衍生工具是一份双边合约或支付协议,它们的价值是从基本的资产或某种基础性的利率或指数上衍生出来的。美国财务会计准则公告第119号“金融衍生工具和金融工具价值的揭示”中则将金融衍生工具定义为:价值由名义规定的,衍生于所依据的资产或指数的业务或合约。

现代意义上的第一个金融衍生工具产生于1972年5月美国芝加哥商品交易所(Chicago Mercantile Exchange,简称CEM),当时它建立了国际货币市场(International Monetary Market,简称IMM)并推出了第一份外国货币期货合约。1973年4月,芝加哥期货交易所(CBOT)正式推出股票期权,1975年利率期货问世,上世纪70年代产生的主要是期权和期货交易。到了上世纪80年代,互换交易取得了长足的发展。目前被公认为世界上第一笔大规模的货币互换是1981年8月由美国所罗门兄弟公司为美国国际商用机器公司(IBM)和世界银行安排的一次互换。20世纪90年代后,金融衍生工具的市场规模迅速增长,产品种类不断创新,逐渐成为国际金融市场的主角。全球场外交易衍生工具近年来的发展可见图9-1。

金融衍生工具的迅速发展,一方面是规避通货膨胀风险、利率风险和汇率风险的产物。近20年来,国际金融市场上利率、汇率、股指以及商品市场上价格波

① 国内不同的教科书中所提到的如金融衍生商品、金融衍生产品、金融衍生工具、派生金融工具、金融派生品或金融衍生证券等,含义都是相同的,英文也有“Financial Derivatives”、“Derivative Financial Instrument”或“Derivative Security”等名称,本书统一的叫法是“金融衍生工具”。

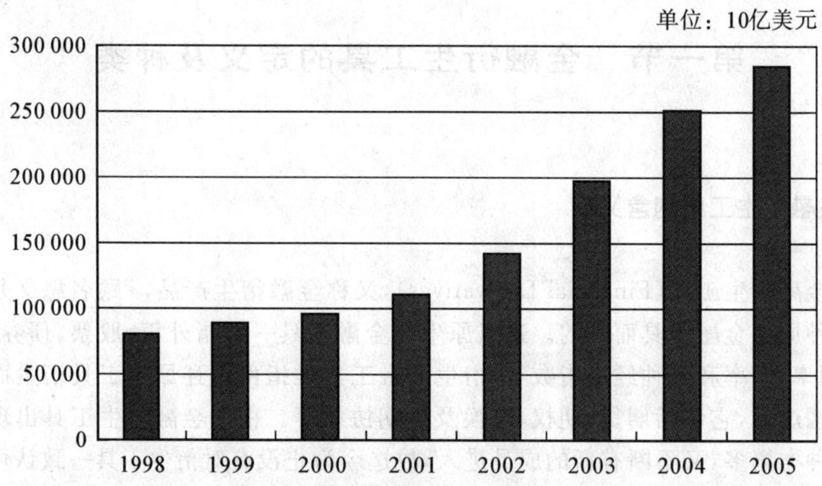

图 9-1　全球场外交易衍生工具市场未清偿合约的名义数额(1998—2005 年)

资料来源：BIS：International Banking and Financial Market Developments 2006.4.

动的速度、频率和幅度较以往都大大增加，增加了人们对能有效保护借贷双方利益的金融工具的需求。金融衍生工具是在国际金融市场动荡不安的环境下因应投资者交易保值和风险防范而产生的一种金融创新。另一方面，金融理论的突破也为衍生工具的迅速发展提供了基础。1973 年芝加哥大学布莱克教授与斯科尔斯教授推出了期权定价公式，后由默顿教授对此公式做了进一步的推广，许多相关领域的定价问题也连带获得解决，影响意义深远。

金融衍生工具在创造巨大的投资机会的同时也孕育着巨大的投资风险，表 9-1 列出了 20 世纪 90 年代以来衍生工具交易的重大损失。

表 9-1　20 世纪 90 年代以来重大的衍生工具损失

估计损失(百万美元)	公司/地区
50 000 000	第一波士顿(First Boston)
260 000 000	大众(Volkswagen)
100 000 000	嘉吉基金(Cargill Fund)
157 000 000	宝洁(Procter & Gamble)
100 000 000	佛罗里达州财政部门(Florida State Treasury)
20 000 000	吉布森贺卡公司(Gibson Greeting Cards)
35 000 000	戴尔电脑(Dell Computer)
20 000 000	派拉蒙传播(Paramount Communications)

续表

估计损失(百万美元)	公司/地区
150 000 000	葛兰素公司(Glaxo,Inc.)
1 500 000 000	美国加州橙郡(Orange County,California)
50 000 000	资本公司信贷联盟(Capital Corp. Credit Union)
195 000 000	威斯康星投资基金(Wisconsin Investment Funds)
25 000 000	佛罗里达州斯坎比亚郡(Escambia County,Florida)
1 400 000 000	英国巴林银行(Barings Bank,UK)
65 000 000	太平洋公司(PacifiCorp)
3 500 000 000	美国长期资本管理公司(Long-Term Capital Management)

资料来源:Joseph P. Daniels & David D. VanHoose, "International Monetary and Financial Economics", *South-Western/Thompson Learning*, 2002,p. 149.

从整个社会的角度来说,衍生工具交易是一种零和游戏,即是说,有交易者从中赢利,必然也存在另一个交易者亏损,受益与损失从纯会计计算上相互抵消。但这并不意味着政府可以对潜在的衍生工具交易的重大损失不闻不问,放任自由。

二、金融衍生工具的主要特点

(一)复杂性

相对于原生金融工具而言,金融衍生工具具有较高的复杂性。一方面,人们对基本衍生工具如期权、期货、互换的理解和运作已经不易;另一方面,有些高级新生的衍生工具采用多种组合技术,经过第三次甚至第四次虚拟,创造出新的复杂衍生工具,比如期货期权、互换期权等,特性更为繁杂难懂。目前创新的金融产品多出于精通高深的数学方法与大量计算机科学技术的金融专家之手,日趋晦涩精致,难为一般投资者所理解。

(二)杠杆性

金融衍生工具在运作时多采用财务杠杆方式即采用交纳保证金的方式进入市场交易,比如期货交易的保证金和期权交易中的期权费。这样,参与者只需动用少量的资金即可控制资金量巨大的交易合约。衍生工具的杠杆性具有"双刃剑"的效应,一方面它能显著地提高资金利用率和经济效益,另一方面也给参与者带来新的、更为巨大的金融风险。

(三)风险性

衍生工具内在的杠杆作用及其"双刃剑"的效应,决定了衍生工具的高风险性。衍生金融工具的风险主要包括：

1. 市场风险(Market Risk)。即金融衍生工具因价格变动而带来的风险。衍生工具价格的波动幅度往往超过基础资产现货价格的波动幅度，给交易者带来极大的风险。这种风险长期没有统一的计算方法，比较普遍接受的是将风险值(Value at Risk，简称 VAR)作为衡量市场风险的指标。VAR 值一种较为通俗的定义是：在一定的置信水平下和一定的目标期间内，任何一种金融工具和品种的市场价格的潜在最大损失。通常某一组合资产的风险值要大大小于单一资产的风险值。

2. 信用风险(Credit Risk)。即由于交易对手违约而带来的风险。信用风险带来的损失取决于合约的信用敞口(Credit Exposure)和合约对手的违约概率。合约对手的违约概率又取决于其资信情况和合约的期限。合约对手的资信等级越高、合约期限越短，则合约对手的违约概率越低；反之，合约对手的违约概率越高。从量上分析，衍生品的信用风险等于其敞口头寸乘以交易对方违约的可能性。

3. 运作风险(Operation Risk)。由于金融衍生工具均采用先进的通信技术与电脑网络交易，因此不适当的信息和控制系统、计算机犯罪均能带来损失风险。此外，人为错误、管理失败、欺诈行为带来的损失风险也属于运作风险。

4. 流动性风险(Liquidity Risk)。流动性风险包括两方面的内容：一是市场流动风险，即市场业务量不足或无法获得市场价格，此时衍生产品用户就不能轧平或冲销其头寸，即无法平仓的风险；二是资金流动风险，即用户流动资金不足出现合约到期时无法履行支付义务或无法按合约要求追加保证金的风险。

5. 法律风险。由于衍生工具创新速度快，某些金融合约可能在法律上得不到承认和保护，产生纠纷时，有时会出现无法可依的情况。

(四)虚拟性

金融衍生工具具有独立于现实资产运动之外，却能给持有人带来一定收入的特性，即所谓的虚拟性。金融衍生产品可以以某种商品、货币为基础工具，也可以以某种虚拟资本(汇率、股指及其利率)为基础工具。具有虚拟性的衍生产品是一种所有权证书，只代表获得收入的权利，由于是在基础工具上派生出来的产品，所以金融衍生产品的价值主要受基础工具价值变动的影响，不能独立存在价值。如股票指数的变动影响指数期货的价格，利率的变动影响利率期货的价格，汇率的变动影响外国货币期货的价格等。虚拟性所产生的后果是衍生工具市场规模远远超过基础工具市场，甚至脱离基础工具市场。

(五)灵活性

衍生产品的创造具有较强的灵活性，可以通过对原生工具和基本衍生工具的各种组合创造出大量的特性各异的金融产品，故比传统的金融产品更能适应不同市场参与者的需要。金融专家可以就客户所需要的时间、金额、杠杆比率、价格、风险等级等参数来设计产品，以满足其特殊要求，达到充分保值避险等目的。

第二节 金融期货

随着金融创新和金融科学的发展，衍生品经过衍生再衍生、组合再组合，种类日趋增多和繁杂，并且不断有新的产品产生。因此，关于金融衍生工具种类的划分有许多种方法，比如可以根据合约类型(交易方法)的标准分类，也可以根据原生资产的标准分类，亦可以根据衍生次序的标准分类，还可以根据交易地点的标准分类。本章第二、三、四、五节分别介绍衍生工具的四种主要类型：期货、期权、互换和远期协议。

一、金融期货(Financial Futures)的含义与种类

期货(Futures)交易是商品生产和商品交换发展到一定阶段的产物。早在1848年，美国就出现了第一个较为正规的期货交易所——芝加哥期货交易所(Chicago Board of Trade，简称CBOT)。1865年，芝加哥期货交易所推出了标准化的期货合约，又实行了保证金制度，这标志着美国期货交易的开始。随后金属期货、能源期货也相继推出。在上述商品期货交易卓有成效的发展的启迪下，1972年芝加哥商品交易所(CME)成立了国际货币市场(IMM)分部，并首次推出了包括英镑、加拿大元、联邦德国马克、日元、瑞士法郎、意大利里拉和墨西哥比索在内的7种转移汇率风险的外国货币期货合约，这标志着金融期货这一新的期货类别的产生，随后世界上许多国际金融中心都相继开设了此类交易。时至今日，金融期货已取代商品期货成为全球期货市场的绝对主角(见图9-2)。金融期货交易是商品经济发展的必然产物，它以其特有的保值功能和避险机制在国际金融市场上发挥着巨大的作用，是全球商品经营者和金融机构最重要、最有效的风险管理工具和投资工具之一。

所谓金融期货就是一种合同承诺，交易的双方在特定的交易场所，承诺在未来特定日期或期间内，以事先约定的价格买入或卖出特定数量的某种金融商品。金融期货交易具有期货交易的一般特征，但与商品期货相比，其合约标的物不是实物商品，而是如外汇、债券、存款单、股票、股价指数等金融资产。一般来讲，期

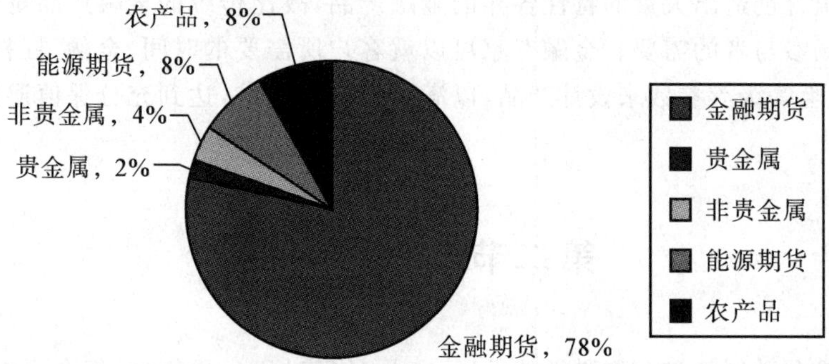

图 9-2　2001 年全球期货交易成交品种分配比例图

资料来源：程丽萍、张云：《国际金融实务》，立信会计出版社 2005 年版，第 118 页。

货交易很少用于实际投资和融资的到期交割，95％以上的期货合约在到期日前就通过购买一份内容相同、方向相反的合约对冲（Offsetting）了。这是因为期货合同的买卖双方是要利用期货市场来分散投资或投机牟利，而不是为了买卖实物资产。

根据合约标的物的不同，金融期货主要包括外国货币期货、利率期货和股票指数期货。以下将着重介绍这三种国际金融期货市场上主要的交易类型。

二、外国货币期货（Foreign Currency Futures）

（一）外国货币期货概述

货币期货是指以外国货币或汇率为标的物的标准化期货合约，合约规定交易双方在未来某一特定时间和地点就某种外国货币按规定内容进行交易。交易所对其交易币种、交易单位、合约金额、报价方法、最小变动单位、购买数量限制、交易时间、交割月份、交割方式、交割地点等进行统一规定，唯一可以变动的是价格。货币期货合同到期时，外汇购买者（或出卖者）可以根据合同要求进行交割，也可以购买一份内容相同、方向相反的合约来对冲原合同的权利义务。

签订货币期货合同，顾客要向清算公司或经纪人交付初始保证金（Initial Margin）。在货币期货合同有效期内，保证金随买（卖）外币期货汇价每天的涨落而变化，与原定汇价相比，顾客可能发生盈亏。如有盈余，顾客可从清算公司提走；如有亏损，要弥补以保持保证金的约定金额。

芝加哥商品交易所的国际货币市场是全世界最重要的货币期货交易场所，其交易量占了全球货币期货交易量的 90％。表 9-2 以瑞士法郎为例说明国际货币市场货币期货合同的规格。

表 9-2　国际货币市场(IMM)货币期货合约

	瑞士法郎
交易单位	125 000 瑞士法郎
最小变动单位 (基数点) 最小变动值	1 点 0.0001 每合约 12.50 美元
每日价格最大波动限制	开市(上午 7:20—7:35)限价为 150 点,7:35 分以后无限价
交割月份	3 月、6 月、9 月、12 月
交易时间	美国中央标准时间 7:30AM 至 1:16PM

资料来源:Darrell Duffie, *Futures Markets*, Englewood Cliffs, New Jersey: Prentice Hall, 1989, pp. 349～350。

下面对表 9-2 中这份货币期货合约作一些解释:

1. 交易单位

交易单位表示每份期货合约的标准交易规模,具体货币期货的交易是以交易单位或其整数倍进行的。例如,瑞士法郎期货合约的交易单位为每份 125 000 瑞士法郎。

2. 最小变动单位与最小变动值

最小变动单位是指货币期货合约在买卖时,由于供求发生变化使合约价格产生变化的最低数额,在实际操作中,通常用点数来表示:比如每瑞士法郎变动 0.0001 美元,即表示瑞士法郎期货价格变动 1 点。表 9-2 表示的期货合约规定瑞士法郎的最小变动单位为 0.0001(即 1 个点)。与其对应的最小变动值是指期货合约的最小变动单位变化而引起期货合约价值变动的数额。如瑞士法郎的最小变动单位是 0.0001,每份合约的交易单位为 125 000,则瑞士法郎的最小变动值为 0.0001×125 000＝12.5 美元。

3. 每日价格最大波动限制

每日价格最大波动限制是一项期货合约在一天之内比前一交易日的结算价格高出或低过的最大波动幅度,以点数表示,也可以根据每份合约交易单位计算出每份合约的价格最大波幅[①]。例如瑞士法郎最大波幅为 150 点,每份合约交易单位为 125 000 瑞士法郎,则每份合约的价格最大波动限制为 0.015×125 000＝1 875 美元,一旦报价超过这一限额,则成交无效。

① 规定每日价格最大波动幅度的目的是防止投机过度。一旦价格超过了上限,交易自动停止,交易者被要求增加其保证金数额条件。保证金数额可随时提高,以适应市场的波动,从而减少违约风险。

4.交割月份

交割月份是期货合约规定的外币合约的到期月,芝加哥国际货币市场所有的货币期货合约的交割月份都是一样的,为每年的3月、6月、9月和12月;交割月的第三个星期三为该月的交割日。若合约到期前未进行对冲,则必须进行现汇交割。

(二)外国货币期货交易与远期外汇交易

在外汇市场上,传统的远期外汇交易方式与货币期货在许多方面存在着相似之处。为了更好地把握货币期货交易的特点,有必要对两者的关系加之分析。货币期货交易是在远期外汇交易基础上产生的,因此这两种交易方式存在着一定的联系。首先,它们都是通过合约的方式,约定在未来某一时期以事先确定的价格和条件交割某种特定货币。其次,两种交易的客体是相同的,都是外汇。最后,两种方式的交易原理是一样的,交易目的都是为了套期保值(防范和转移外汇风险)或投机获利。

但是,货币期货交易与远期外汇交易仍然存在着显著的区别:

1.从合约的标准化程度来看,货币期货合约是一种标准化的合约,合约对交易币种、交易单位、合约金额、报价方法、最小变动单位、每日价格最大波动范围、交易时间、交割月份、交割方式、交割地点等都有规定,只有期货价格是在期货交易所大厅以买卖双方公开竞价的方式来决定的。这种标准化的特征不仅简化了交易手续,降低了交易费用,而且防止了因交易双方对合约条款的不同理解而可能出现的争议和纠纷,因此期货合约流动性强,易于转让。而远期外汇交易的所有交易条件都是由交易双方根据其需要自行商定的,难以转让。

2.从交易场所来看,期货交易有固定的交易场所——期货交易所,所有的期货合同都是客户与交易所的清算机构之间的交易,清算机构是每一个交易者的交易对手,期货交易双方不直接接触,因此不必担心另一方违约。远期外汇交易是一种柜台交易(Over-the-counter Transaction),没有固定的交易地点和交易时间,只是在银行同业间、银行与经纪人之间以及银行与客户之间通过电话、传真等通信工具直接进行,因此每一笔交易都必须充分考虑交易对手的信用程度,难免要承担信用风险。

3.从保证金(Margin)与佣金方面看,期货合约的交易者在交易达成后一般只需按一定比例支付保证金即可,不必按合约规定的金额全部付清;远期外汇交易则一般不收取保证金,只要在规定的时间内按约定金额一次性交割即可。此外,货币期货的交易双方都需要缴纳佣金;而远期外汇交易一般是不收取佣金的,只有交易通过外汇经纪人进行时才支付佣金。

4.从现金流动来看,远期外汇交易在实际交割发生之前没有现金流动,合约的盈亏只有到了协定的交割日才能结算。期货交易由于金额、期限均有规定,故不实行现货交割。清算机构在每个交易日结束以后,根据当日结算价格计算盈亏并进行划账,具体反映在保证金的增减上:盈利则保证金金额增加,可以提取;亏损超过最低保证金标准时,经纪人就会要求客户追加保证金(Margin Calls),新增加的保证金称"变动保证金"(Variation Margin)。货币期货的这种结算制度称为"逐日盯市"(Making to the Market)的结算原则。

5. 从实际交割来看,大多数期货头寸在合约到期以前就通过对冲交易而平仓,大约只有1%~5%的合约到期进行实际交割。而远期外汇合约从本质上讲是为交易双方量身定做的,交易目的就是实际交割,最后进行实际交付的合约数达到90%以上。

(三)外国货币期货交易的目的

外国货币期货交易的目的不是通过期货交易来满足其对不同货币的需求,而是利用期货交易获得有利的价格涨落差,进行套期保值或投机。

外国货币期货的交易者买进或卖出一个期货合约,其真正目的往往并不是想实现合约下的外汇的实际兑换,而是想对有关货币的汇率在今后一段时间内(合约交投期内)的运动方向或趋势进行"打赌"。当人们预期有关货币的汇率将要发生大幅度的变动时,出于套期保值或投机的目的就会进入外汇期货市场进行外币期货交易。交易双方通过对未来市场行情的预测,确定自己的交易态度——做多头还是做空头,并在期货合约未到期前采取购买相反的合约进行对冲或抵消。下面主要谈谈外国货币期货交易的套期保值。

在国际经贸活动中,外汇汇率的大幅波动使得以外汇计价的资产或负债相对价值不稳定,经常处于升值或贬值的状态中,因此银行、企业等需要采用套期保值,将风险降至最低限度。外国货币期货套期保值的交易原理就是通过期货的买卖抵消因价格变动可能造成的现货交易的损失。具体做法为:在外汇市场上以外汇的现货交易买进某种外币的同时,又在期货交易所卖同等数量的同种外汇,或作相反的交易。这样在这种货币的汇率发生波动时,现货和期货是同方向变动,但因交易的方向相反而起到了盈亏相抵的作用,从而防止了汇率风险。

所谓货币期货套期保值是指在现汇市场上买进(或卖出)的同时,又在期货市场上卖出(或买进)一笔金额相等的期货合约,以后在未来某一时间通过买进(或卖出)期货合约以规避现货市场(即期外汇市场)汇率波动所带来的风险损失。货币期货套期保值可分为多头套期保值(Long Hedge)和空头套期保值(Short Hedge)。

1. 多头套期保值

多头套期保值也叫买入套期保值(Buying Hedge),是指在现货市场处于空头地位的交易者在期货市场上买进期货合约，目的是避免或最大限度减少因外汇汇率上升所带来的风险损失。它适用于国际经济交易中款项的支付方，在即期外汇市场上处于空头地位，比如国际贸易中的进口商和有短期外汇负债的债务人。

例如，美国某进口商于19××年2月26日同日本某出口商签订了一份买卖合同，从日本进口一批价值为2 500万日元的货物，3个月后付款，签约时的现汇汇率为USD1＝JPY98，6月份的期货汇率为JPY1＝USD0.010526，日元未来还有继续攀升的可能。为了转移因日元升值引起的汇兑损失，控制进口成本，该进口商于是在外汇期货市场上做日元的多头套期保值业务，以避免或降低汇率风险。其交易过程如下：

现汇市场	期汇市场
2月26日，按当日汇率USD1＝JPY100卖出2 500万日元，价值25万美元	2月26日买入2份于6月到期的日元期货合约，汇率为JPY1＝USD0.00105263，支付263 157.50美元
5月26日，按当日汇率USD1＝JPY90买入2 500万日元，价值277777.7美元	5月26日，卖出2份于6月到期的日元期货合约，汇率为JPY1＝USD0.0113636，获得284 090美元
盈亏：－27 777.77美元	盈亏：20 932.50美元
净盈亏：－6 845.27(－27 777.77＋20 932.50)美元	

从上例可知，若美国进口商不在期货市场上做日元期货多头套期保值，将在现汇市场上损失27 777.77美元(即到期付款时因日元升值而多付27 777.77美元)。由于该进口商在期货市场上通过买入日元期货，以后再卖出对冲，结果获利20 932.50美元，部分抵补了日元升值而带来的损失(实际损失为6 845.27美元)，从而达到了套期保值的目的。

通过以上例子说明：外汇期货市场的套期保值交易必须与现汇市场结合起来进行。其依据的原则为“等量相对”的原则，即在现汇市场上先买后卖，期货市场上则为先卖后买；或现汇市场上先卖后买，期货市场上先买后卖。一个市场上的损失由另一市场的盈利来弥补。外汇期货套期保值交易不可能完全消除外汇风险，但往往可以大大降低或减少由于汇率、利率波动给用汇者或外汇拥有者带来的风险损失。

2.空头套期保值

空头套期保值也叫卖出套期保值(Selling Hedge)，是指在现货市场上处于多头地位的交易者在期货市场上卖出期货合约，目的是避免或最大限度减少因外汇汇率下跌所带来的风险损失。它适用于国际经济交易中有应收款项的交易者，在即期外汇市场上处于多头地位，比如国际贸易中的出口商和有短期外汇债权的债权人。

例如，美国的某一家跨国公司设在英国的分支机构急需 250 万英镑现汇支付当期费用，此时美国的这家跨国公司正好有一部分闲置资金，于是在 3 月 12 日向分支机构汇去了 250 万英镑，当日的现汇汇率为£1＝$1.5790～1.5860。为了避免将来收回贷款时(设 3 个月后偿还)因汇率波动(英镑汇率下跌)带来的风险损失，美国的这家跨国公司便在外汇期货市场上做英镑空头套期保值业务。其交易过程如下：

现汇市场	期汇市场
3 月 12 日，按当日汇率 GBP1＝USD 1.5860买进 250 万英镑，价值 3 951 500 美元	3 月 12 日，卖出 100 份于 6 月份到期的英镑期货合约，每份 25 000 英镑，汇率 GBP1＝USD1.5800，价值 3 950 000 美元
6 月 12 日，按当日汇率 GBP1＝USD 1.574 6卖出 250 万英镑，价值 3 936 500 美元	6 月 12 日，按汇率 GBP1＝USD1.573 3 买进 100 份于 6 月到期的英镑期货合约，价值 3 933 250 美元
盈亏：－15 000(3 936 500－3 951 500)美元	盈亏：＋16 750(3 950 000－3 933 250)美元
净盈亏：1 750(16 750－15 000)美元	

由此可见，美国的这家跨国公司在现汇市场上买进的 250 万英镑，3 个月后兑换成美元时，由于英镑贬值，汇率下跌，使该公司在现汇市场上亏损 15 000 美元。但由于该公司在外汇期货市场上对现汇(250 万英镑)作了空头套期保值，卖出 100 份英镑期货合约，3 个月后收回贷款时又补进 100 份英镑期货合约对冲，在期货市场上获利 16 750 美元。盈亏相抵，获额外利润 1 750 美元(本例中及以后例题中均未考虑相关交易税费)。可见，该公司通过在外汇期货市场做空头套期保值交易，降低了现汇市场的风险(若该公司不进行空头套期保值，将损失 15 000 美元)，达到了对现汇保值的目的。

三、利率期货

(一)利率期货概述

20 世纪 70 年代以来，西方各国纷纷推行金融自由化政策，利率管制的取消使得利率波动日趋频繁且剧烈，而利率的少许波动都会引起各种债券凭证的价格大幅波动，这给投资者带来了巨大的投资风险。为了控制利率风险，人们创造出利率期货以减少利率波动所带来的影响。

所谓利率期货(Interest Rate Futures),是指买卖双方在未来某一特定日期按预定价格买卖一定数量的利率资产(利率及与利率有关的金融商品)的金融期货合约。利率期货合同通常以固定利率的长短期债券作为基础,但它们只是作为计算利率波动的基础,通常在合同期满时并不需要实际交割金融资产,而只是通过计算市场利率的涨落来结算利率期货合同的实际价值。

1975 年 10 月,芝加哥期货交易所推出了政府国民抵押贷款协会(GNMA)抵押凭证期货合约,标志着利率期货这一新的金融期货类别的诞生。尽管利率期货的产生要比货币期货晚了 3 年多,但问世以后其成交规模每年以几何级数增长。目前,无论在美国还是在美国以外的金融市场,利率期货的交易量都排在第一位。

利率期货的种类繁多,按照标的物的期限来分,利率期货可分为短期利率期货与中长期利率期货两种。前者是指期货合约标的物的期限不超过一年的各种利率期货,主要包括短期国库券期货、欧洲美元定期存款利率期货、可转让定期存单期货等;后者是指期货合约标的物的期限在一年以上的各种利率期货,主要包括中长期国债期货等。短期利率期货和长期利率期货在报价与交割方面都有所不同,其中长期利率合同的计价方法比较复杂。下面将介绍几种典型的利率期货。

(二)短期国库券期货

短期国库券期货(Treasury Bill Futures)就是以短期国库券作为合约标的的期货合约。最早的短期国库券期货由芝加哥商品交易所的国际货币市场在 1976 年 1 月推出。这种 3 个月期的短期国库券期货一经推出就获得很大成功,整个 20 世纪 70 年代后半期,它一直是交易最活跃的短期利率期货。以此期货为例,每份合约面值为 100 万美元,3 个月以后到期,最小价格波动幅度为 1 点,前面已经讲过 1 点即 0.0001,因此一份短期国库券期货合约的价格变化值为 1 000 000×0.000 1×3/12=25 美元。

短期国库券期货的报价采用指数报价,具体的计算公式为:

$$\text{短期国库券期货报价指数}=(100\%-\text{短期国库券年收益率})\times 100$$

如若某短期国库券期货报价为 94.56,意味着年收益率为(1-94.56/100)×100%=5.44%,即 3 个月的收益率为 5.44%×3/12=1.36%。若收益率上升,期货合约价值下降。

但由于短期国库券是以折价方式发行的,因此上述期货报价 94.56 并不代表期货合约的实际价值,其实际价值应为 1 000 000×(1-1.36%)=986 400 美元，即以 986 400 美元的价格成交 1 000 000 美元面值的 3 个月期国库券。

(三)欧洲美元定期存款期货

1981 年 12 月，芝加哥商品交易所的国际货币市场推出了 3 个月期的欧洲美元定期存款期货合约(Eurodollar CD Futures)。这一品种发展很快，其交易量现已超过短期国库券期货合约，成为短期利率期货中交易最活跃的一个品种，是最具代表性的短期利率期货合约，也是观察美元短期利率的重要指针。

欧洲美元期货指的是 3 个月欧洲美元定期存款利率期货。在芝加哥商品交易所的国际货币市场上，欧洲美元的利率以伦敦同业银行拆放利率(LIBOR)为基准，[①]即欧洲美元期货是以 3 个月期的伦敦同业银行拆放利率为标的，每张合约面值也是 1 000 000 美元，报价方式同样采取指数报价方法，公式如下：

欧洲美元期货指数=100－未来交割的 3 个月期欧洲美元存款利率(不带%)

例如假设未来交割的 3 个月期欧洲美元存款利率为 5%，则欧洲美元的期货价格为 100－5=95。可见指数与存款利率成反方向变化。尽管 3 个月欧洲美元定期存款期货的含义是在交割日交割一张 3 个月的欧洲美元定期存款单，但由于欧洲美元定期存款单实际是不可转让的，因而实际交割是不可能的，所以欧洲美元定期存款单采用的是现金交割。[②]

(四)长期国债期货

美国长期国库券期货合约(Treasury Bond Futures)于 1977 年 8 月 22 日在芝加哥期货交易所上市，这在利率期货发展历史上是一个具有里程碑意义的重要事件。这一合约获得了空前的成功，成为世界上交易量最大的一个利率期货合约。长期国库券期货信用等级高，流动性强，对利率变动的敏感度高，且交割方便，成为市场的首选品种，甚至美国财政部在发行新的长期国库券时，都刻意

① 伦敦银行同业拆借利率(LIBOR)是英国银行家协会根据其选定的银行在伦敦市场报出的银行同业拆借利率，进行取样并平均计算成为基准利率。是伦敦金融市场上银行之间相互拆放英镑、欧洲美元及其他欧洲货币资金时计息用的一种利率。伦敦银行同业拆借利率是由伦敦金融市场上一些报价银行在每个工作日 11 时向外报出的。该利率一般分为两个利率，即贷款利率和存款利率，两者之间的差额为银行利润。通常，报出的利率为隔夜(两个工作日)、7 天、1 个月、3 个月、6 个月和 1 年期的，超过一年以上的长期利率，则视对方的资信、信贷的金额和期限等情况另定。

② 一般来讲，期货交割的方式有两种：实物交割和现金交割。现金交割，是指到期末平仓期货合约进行交割时，用结算价格来计算未平仓合约的盈亏，以现金支付的方式最终了结期货合约的交割方式。这种交割方式主要用于金融期货等期货标的物无法进行实物交割的期货合约。近年国外一些交易所也探索将现金交割的方式用于商品期货。我国商品期货市场不允许进行现金交割。

选择在长期国库券期货合约的交易日进行。继美国推出国债期货之后,其他国家和地区也纷纷以其本国和地区的长期公债为标的,推出各自的长期国债期货。

在美国芝加哥商品交易所,长期国债期货合约的标的是距到期 15 年以上且不可赎回的国债。中长期国债期货的报价方法与短期国债期货的报价不同,采用的是价格报价法。芝加哥的国际货币市场规定 30 年期国债期货合约的面值为 10 万美元,合约面值的百分之一为 1 个点,即 1 000 美元为一个点。30 年期国债期货的最小变动单位是 1 个点的 1/32,也即 1 000×1/32=31.25 美元。当 30 年期的国债期货合约报价为 96-10 时,"-"前面的数字代表多少个点,"-"后面的数字代表多少个 1/32 点。所以 96-10 的含义就是 96 又 10/32 个点,代表的合约价值为 1 000×96+31.25×10=96 312.5 美元。如果新的报价为 97-12,则表示上涨 1 又 2/32 个点,即合约上涨 1 000×1+31.25×2=1 062.5 美元。

长期国债期货合约有一个可交割的流动性很强的市场。长期国债期货采用实物交割方式,和其他金融期货交易一样,国债期货交易通常也是不会等到交割期进行实物交割的,而是在交割期到来之前通过买卖对冲,进行差额结算。长期国债期货被广泛应用于证券组合的市场风险管理。

四、股票价格指数期货

(一)股票价格指数期货概述

20 世纪 70 年代以来,许多国家和地区都经历过股票市场价格剧烈波动所带来的灾难,大量的投资者也迫切需要一种能有效规避风险、实现资产保值的金融工具,股票价格指数期货正是在这种情况下应运而生的。世界上第一个股票指数期货合约是美国堪萨斯期货交易所于 1982 年 2 月 24 日推出的;同年 4 月 21 日,芝加哥商品交易所也推出了股票指数期货,所运用的股票指数是标准-普尔 500 种股票指数。股票指数期货一方面给股票投资者提供了转移风险的有效工具,另一方面也给期货投机者以投机的机会,因此在世界范围内迅速发展起来。目前美国芝加哥期货市场是股指期货交易量最大的市场,其次是英国伦敦的各个期货市场。

股票价格指数期货,又称股票指数期货,也可以简称股指期货,是以股票价格指数作为交易标的的金融期货。在股票价格指数期货交易中,买卖双方交易的不是抽象的股票指数,而是代表一定价值的股票价格指数期货合约,它利用股票综合指数的变化来代表期货合约价值的涨跌。在交易过程中没有股票的转手,只有指数期货合约的买卖。

专栏9-1

全球最主要的、影响较大的股票价格指数

1.道·琼斯指数

道·琼斯指数(Dow Jones Indexes),即道·琼斯股票价格平均指数,是世界上最有影响、使用最广的股价指数。它由四种指数构成,分别是:

(1)道·琼斯工业股价平均指数:以30家著名的工商业公司股票为编制对象,且随经济发展而变化,大致可以反映美国整个工商业股票的价格水平。

(2)道·琼斯运输业股价平均指数:以20家著名的交通运输业公司股票为编制对象,即8家铁路运输公司、8家航空公司和4家公路货运公司。

(3)道·琼斯公用事业股价平均指数:以代表着美国公用事业的15家公司股票为编制对象。

(4)道·琼斯股价综合平均指数:以上述三种股价平均指数所涉及的65家公司股票为编制对象。

在四种道·琼斯股价指数中,以道·琼斯工业股价平均指数最为著名,人们常说的道·琼斯股票指数通常是指第一组,即道·琼斯工业平均指数。

2.标准—普尔500指数

标准—普尔500指数(Standard & Poor's 500 Index),通常被简称为S&P500指数,是由美国著名的证券研究机构标准—普尔公司编制的。该指数是一个包括500种股票的组合:400种工商业股票、20种运输业股票、40种公用事业股票和40种金融业普通股票。它以1941年至1943年为基期,基期指数定为10,采用加权平均法进行计算,以股票上市量为权数,按基期进行加权计算。与道·琼斯工业平均股票指数相比,标准—普尔500指数具有采样面广、代表性强、精确度高、连续性好等特点,被普遍认为是一种理想的股票指数期货合约的标的。

3.主要市场指数

主要市场指数(Major Market Index)是芝加哥期货交易所为开办股票价格指数期货而专门编制的。芝加哥期货交易所从纽约股票交易所上市的20只蓝筹股(Blue Chip Stocks)作为样本股,以1983年为基期编制。

4.纽约股票交易所综合指数

纽约股票交易所综合指数(New York Stock Exchange Composite Index)是纽约股票交易所编制的股票加权平均价格指数,由纽约股票交易所1 500种股票组成,权重为市场价值,以1965年12月31日为基期。

5.纳斯达克综合指数

纳斯达克综合指数(NASDAQ Index)是反映纳斯达克证券市场行情变化的股票价格平均指数,基期指数为100。纳斯达克的上市公司涵盖所有新技术行业,包括软件和计算机、电信、生物技术、零售和批发贸易等,因而成为美国"新经济"的代名词。世人瞩目的微软公司便是通过纳斯达克上市并获得成功的。

纳斯达克综合指数是代表各工业门类的市场价值变化的晴雨表。因此,纳斯达克综合指数相比标准—普尔500指数、道·琼斯工业指数(它仅包括30个大公司)更具有综合性。目前,纳斯达克综合指数目前已涵盖超过7 500支股票,超过其他任何单一证券市场。由于有如此广泛的基础,它已成为最有影响力的证券市场指数之一。

6. 英国金融时报指数

金融时报股票指数(Financial Times Stock Exchange Index)是由伦敦证券交易所编制,并在《金融时报》上发布的股票指数。根据样本股票的种数,金融时报股票指数分为30种股票指数、100种股票指数和500种股票指数等三种指数。目前常用的是金融时报工业普通股票指数,其成分股由30种代表性的工业公司的股票构成,最初以1935年7月1日为基期,后来调整为以1962年4月10日为基期,基期指数为100,采用几何平均法计算。而作为股票指数期货合约标的的金融时报指数则是以市场上交易较频繁的100种股票为样本编制的指数,其基期为1984年1月3日,基期指数为1 000。

7. 日经225指数

日经指数(Nikkie225)的全称是日本经济新闻社道·琼斯股票价格平均指数,它的编制始于1949年,是利用修正的美国道·琼斯股票价格平均数的计算方法,按东京股票交易所第一批挂牌的225种股票价格计算出来的。日经指数通过主要国际价格报道媒体加以传播,并且被各国广泛用来作为代表日本股市的参照物。

1986年9月,新加坡国际货币交易所推出日经225股票指数期货,成为首次推出这项商品的交易所。此后,日经225股票指数期货及期权的交易,也成为许多日本证券商投资策略的组成部分。

8. 香港恒生股票指数

恒生指数(Hang Seng Hong Kong Composite Index)是由香港恒生银行于1969年11月24日开始编制的用以反映香港股市行情的一种股票指数。该指数的成分股由在香港上市的较有代表性的33家公司的股票构成,其中金融业4种、公用事业6种、地产业9种、其他行业14种。恒生指数最初以1964年7月31日为基期,基期指数为100,以成分股的发行股数为权数,采用加权平均法计算。后由于技术原因改为以1984年1月13日为基期,基期指数定为975.47。恒生指数现已成为反映香港政治、经济和社会状况的主要风向标。

(二)股票价格指数期货交易的特点

股票价格指数期货一方面由于它买卖的是与股票有关的指标,所以其与股票市场有关;另一方面它始终是期货的一种且在期货市场上买卖,因此可以说股票指数期货是期货市场与股票市场的共同产物。股票指数期货既具备期货合约的一般性质,又包含了自身独有的特点。

作为期货交易的一种类型,股指期货交易与一般期货交易具有基本相同的特征和流程。比如合约标准化,即期货合约的所有条款除价格外都是预先规定好的,具有标准化特点;交易集中化,即期货市场是一个高度组织化的市场,并且实行严格的管理制度,期货交易在期货交易所内集中完成;对冲机制,即期货交易可以通过反向对冲操作结束履约责任;“逐日盯市”的结算制度,即每日交易结束后交易所根据当日结算价对每一会员的保证金账户进行调整,以反映该投资者的盈利或损失。如果价格向不利于投资者持有头寸的方向变化,每日结算后,投资者就需追加保证金,如果保证金不足,投资者的头寸就可能被强制平仓。

但股指期货与一般意义上的期货交易和股票交易有着明显的区别,其自身具有以下特点:

1. 合约面值的计算方法不同。股指期货的标的物为没有具体实物形式的股票价格指数,而不是某种特定的金融资产,因而股指期货合约的面值通常以股票指数数值乘以一个固定金额,即合约乘数计算而得。指数升降一个点,合约价格也升降一个确定的金额数值。美国各主要交易所规定每点指数为 500 美元,因而每份合约价值就是指数数值乘以 500 美元。例如,假设某一时点 S&P 指数数值为 175,那么一份 S&P 指数期货合约价值就是 175×500=87 500 美元。伦敦国际金融期货市场规定每点指数为 25 英镑,香港期货交易所规定每点指数为 50 港币,日本则规定每点为 10 000 日元。

2. 交割方式不同。由于股票指数是一种特殊商品,没有具体的实物形态,因此股票指数期货交易在交割时采用现金交割,不通过交割股票而是通过结算差价用现金来结清头寸。若指数上升,则买方得到指数差所代表的现金,卖方损失该金额;若指数下降,则现金流相反。这与一般的期货合约不同,一般的期货合约在交割日必须通过实物所有权的转让进行清算。

3. 与股票交易相比,股指期货具有明显的高财务杠杆特征。投资者在买卖股票的时候一般存放的保证金不低于股票价值的 50%,而股票指数期货合约只需要 10%左右。例如,假设 S&P 指数数值为 160,一份合约面值就为 80 000 美元,按 10%缴纳保证金只需 8 000 美元,因而股指期货通常被作为以小搏大的投机手段。如果期货市场的变化与交易者预期相符,他就可以通过缴纳较少的保证金获取可观的利润回报。当然,投机风险也相对增大,加之股指期货价格波动较大，因而投机者所承担的总体风险较高。

4. 特殊的交易法律后果。股票交易是资产的转让，从所有权归属的角度看，股票买卖中发生了资产所有权的转移；而股票指数期货的交易只是资本风险的转嫁，并不是实际购进或抛出了股票，只是交易双方的一种承诺。股票指数期货合约的成立，并不代表买方取得股票发行公司的股东权。

第三节　金融期权

一、金融期权概述

（一）金融期权的含义

期权交易产生的基础是资产价格的多变性。期权交易是回避价格波动风险的手段，也是利用价格波动进行投机的工具。人们利用商品期权已有几百年的历史。期权，又称选择权，该合约赋予其持有者（也称期权的购买方）一种权利，使其可以但不必须在未来约定的时期内以议定的价格向合约的签发者（也称期权的出售方）买入或卖出一定数量的资产。

金融期权是期权的一种。所谓金融期权（Financial Option），是指以金融商品或金融期货合约为标的物的期权交易形式，但其交易的对象不是任何金融资产的实物，而是买卖金融资产的权利。这种权利交易具时间性，它只能在合约规定的有效期内行使，一旦超过合约规定的期限，即视为自动失去这种权利。

在国际金融市场上，金融期权是一类应用广泛、交易活跃、极富创造性且影响深远的金融衍生工具。最早的金融期权交易产生于 20 世纪 70 年代，在短短的 20 年时间里，金融期权得到了迅猛的发展。现在，金融期权交易已经覆盖利率、外汇、股票、股票指数等各种基础资产，形成了全球庞大的交易网络。

期权合约是一种标准化合约，所谓标准化合约是指除了期权的价格是在市场上公开竞价形成的，合约的其他条款都是事先规定好的，具有普遍性和统一性。期权合约主要有三项要素：期权费、执行价格和合约到期日。

1. 期权费（Premium）

期权费又称保险费，是期权的价格。保险费是期权合约中唯一的变量，是由买卖双方在国际期权市场公开竞价形成的。期权优于其他交易合约的重要特征在于它是一种选择性契约，赋予合约持有人的是一种权利而不是义务，期权的买方为获得这个权利必须向期权的卖方支付一定数额的费用即保险费。对于期权的买方来说，保险费是其损失的最高限度；对于期权的卖方来说，卖出期权即可得到一笔保险费收入，而不用立即交割。

2. 执行价格(Exercise Price)

执行价格，又称协定价格(Strike Price)，是指期权的购买方在行使权利时事先规定的买卖价格。执行价格确定后，在期权合约规定的期限内，无论价格怎样波动，只要期权的买方要求执行该期权，期权的卖方就必须以此价格履行义务。对于外汇期权来说，执行价格就是外汇期权的买方行使权利时事先规定的汇率。

3. 合约到期日

合约到期日是指期权合约必须履行的最后日期。同一品种的期权合约在有效期时间长短上不尽相同，按周、季度、年以及连续月等不同时间期限划分。

(二)金融期权交易与金融期货交易的区别

期权是在期货交易的基础上发展起来的，期权合同和期货合同在概念上很相似，所交易的金融工具也很相近，但是两者还是有很多本质的区别，表现在：

1. 期货合同赋予合同买方的是一种义务，无论合同到期时市场形势对他有利还是不利，都必须如约履行合同买卖金融工具，如果预期错误，只得遭受损失，外汇的远期交易也是如此。而期权交易恰恰避免了这一点，金融期权的买方在合约规定的期限内有权利选择是否履约而不负有相应的义务。如果合同成交后形势一直于合同买方不利，则买方可以不行使合同，损失的仅是签订合同时付出的期权费。

2. 金融期货交易实行的"逐日盯市"的结算制度使得保证金账户在每个营业日末都可能形成损益，并发生现金流动。但在金融期权交易中，只是期权的买方在购买期权合约时缴纳期权费，除此之外，在期权的有效期内，交易双方不再发生现金流动。

3. 金融期权交易的标的物多于金融期货交易的标的物，因为凡是可以作为金融期货交易标的物的金融商品均可进入金融期权交易，而作为金融期权交易的金融商品却未必可进入金融期货交易。特别需要指出的是：金融期权交易的标的物除了可作金融期货交易的各种现货金融商品外，还包括金融期货合约本身，但却不存在以金融期权合约为标的物的金融期货交易。

(三)期权的种类

1. 场内交易期权和场外交易期权

期权有很多种分类，按交易方式划分，期权可分为有组织的在交易所内进行的场内交易期权和在交易所之外的柜台交易市场(Over-the-counter，OTC)交易的场外交易期权。场内交易期权都是标准化的，到期日、名义本金、交割地点、交割代理人、协定价格、合约参与各方、交易时间以及执行期权的规定都是由交易所来确定的。场外交易期权可以适合个别客户的需要，不像场内交易期权那样标准化。对普通商业客户来说，场外交易的最大好处是合同的规模、期限和到期日等条件都可与卖方视需要商定，而且市场的流动性也较高。

2. 欧式期权(European Option)与美式期权(American Option)

根据期权交割时间的不同，期权可以分为欧式期权与美式期权。欧式期权规定只有在到期日当天才能决定执行或放弃执行；美式期权规定在合约到期日之前的任何一个交易日(含合约到期日)均可执行，具有较大的灵活性。欧式期权与美式期权这两个术语源于美洲和欧洲的期权交易所的不同交易方式。现在地理位置已经不相关了，许多美国交易所进行欧式期权的交易，反之亦然，但名称还是保留了下来。

3. 看涨期权(Call Option)与看跌期权(Put Option)

期权的另一种分类方法以购买者获得的是买进的权利还是卖出的权利为标准，分成看涨期权与看跌期权。

看涨期权又称买入期权，是指期权的买方向期权的卖方支付一定数额的保险费后，即拥有在期权合约的有效期内，按事先约定的价格(即执行价格)向期权卖方买入一定数量的某种金融工具的权利，但不负有必须买进的义务。而期权卖方有义务在期权规定的有效期内，应期权买方的要求，以期权合约事先规定的价格卖出期权合约规定的特定金融商品。一般来说，看涨期权的购买者之所以买进这种期权，是因为他们预计该期权的标的物——某种金融工具的市场价格将上涨。

看跌期权又称卖出期权，是指期权的买方向期权的卖方支付一定数额的保险费后，即拥有在期权合约的有效期内，按事先约定的价格(即执行价格)向期权卖方卖出一定数量的某种金融工具的权利，但不负有必须卖出的义务。而期权卖方有义务在期权规定的有效期内，应期权买方的要求，以期权合约事先规定的价格买入期权合约规定的特定金融商品。一般来说，看跌期权的购买者之所以买进这种期权，是因为他们担心自己所持有的某种金融工具的市场价格将下跌。

二、期权价格的决定因素

期权合同的价格主要分为两部分：内在价值(Intrinsic Value)与时间价值(Time Value)。

(一)内在价值

内在价值是期权合约本身所具有的价值，即期权持有者立即行使期权获得的收益。

看涨期权内在价值的计算公式是：$Iv=\max\{0,S-X\}$

看跌期权内在价值的计算公式是：$Iv=\max\{0,X-S\}$

其中 X 为协定价格，S 为市场价格。

对期权购买者而言，他既可以执行期权，也可以放弃期权。那么问题就是，期权的购买者何时会执行合约而何时不会执行合约呢？简单来说，这是根据期权的协定价格与标的物的市场价格的关系决定的。期权的购买者之所以执行期权，是因为该期权有内在价值；他之所以放弃期权，也是因为该期权无内在价值。

内在价值为正的期权即所谓的实值期权(In the Money)，也叫做价内期权。就看涨期权而言，市场价格高于协定价格为实值；就看跌期权而言，市场价格低于协定价格为实值。

内在价值为负即所谓的虚值期权(Out of the Money)，①也叫做价外期权。就看涨期权而言，市场价格低于协定价格为虚值；就看跌期权而言，市场价格高于协定价格为虚值。

内在价值为零的期权即所谓的平价期权(At the Money)。若市场价格等于协定价格，则无论看涨期权还是看跌期权均为平价。

实值、虚值、平价这三种情况可用表 9-3 加以汇总。

表 9-3 期权内在价值

	看涨期权	看跌期权
实值期权	市场价格＞协定价格	市场价格＜协定价格
虚值期权	市场价格＜协定价格	市场价格＞协定价格
平价期权	市场价格＝协定价格	市场价格＝协定价格

在一般情况下，只有当期权为实值时，期权购买者才要求执行期权；而当期权为虚值或平价时，期权购买者将自动放弃期权。

1. 看涨期权买卖双方的盈亏分析

以看涨期权为例，其买卖双方的盈亏分析曲线见图 9-3。

对于看涨期权的买方来说，当市场价格低于协定价格时，合同处于“虚值”状态，可以直接从市场上以更低廉的价格购买该资产，他会放弃行使权利，所亏不过限于期权费；当市场价格高于协定价格时，该合约将被执行，但只有当市场价

① 这里所谓的“内在价值为负”是为了便于读者从内在价值的计算公式理解，在实务中，虚值期权的内在价值为零而不可能为负数。

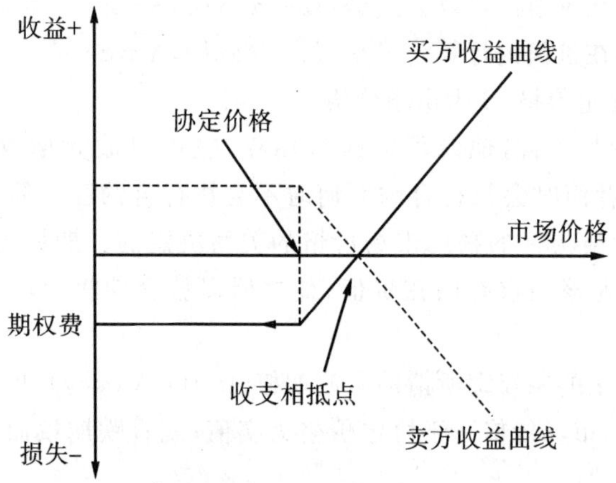

图 9-3 看涨期权买卖双方的盈亏分析曲线

格与协定价格之间的差异超过期权费时，合约持有人才能获得净利润。从理论上来说，市场价格上升的幅度是没有限度的，所以合同买方的盈利机会是无限的。对于期权的卖方则恰好相反，由图 9-4 可见，受益有限而损失无限。

2.看跌期权买卖双方的盈亏分析

对看跌期权的分析同理，其买卖双方的盈亏分析曲线见图 9-4。

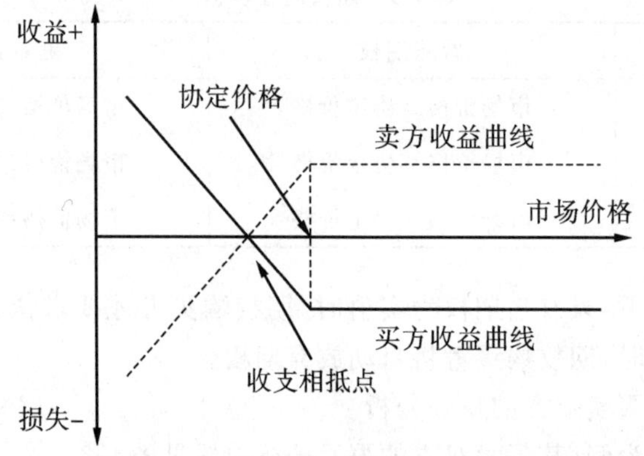

图 9-4 看跌期权买卖双方的盈亏分析曲线

对于看跌期权的买方来说，当市场价格高于协定价格时，合同处于“虚值”状态，他会放弃行使权利，所亏也仅限于期权费；当市场价格低于协定价格时，该合约将被执行，但只有当市场价格与协定价格之间的差异超过期权费时，合约持有人才能获得净利润，

（二）时间价值

内在价值固然是决定期权价格的主要因素，但不是唯一的因素。在现实的期权交易中，各种期权通常是以高于内在价值的价格买卖的。尤其是那些平价期权和虚值期权，他们内在价值显然为零，但在到期之前，它们的价格往往大于零。也就是说，即使是平价期权和虚值期权，它们的所有者也并不因为它们没有内在价值而免费提供给他人。之所以如此，是因为期权价格除了内在价值以外，还决定于时间价值。

时间价值是指期权购买者为购买期权而实际支付的期权费超过该期权内在价值的那部分价值，用公式表示即：期权的时间价值＝期权价格－内在价值。期权时间价值产生于期权风险分担的不对称性（Asymmetry），买方有进行选择的自由，卖方只能被动地承担责任，这一不对称性意味着期权卖方的损失机会大于获利机会，买方的处境正好相反。为弥补这一损失的可能性，期权卖方依据市场价格变动的可能性与幅度向买方索取一定费用，即为时间价值。

图 9-5 显示了看涨期权的时间价值，它是合同总价值与内在价值之间的差额。时间价值的大小受两个因素影响：

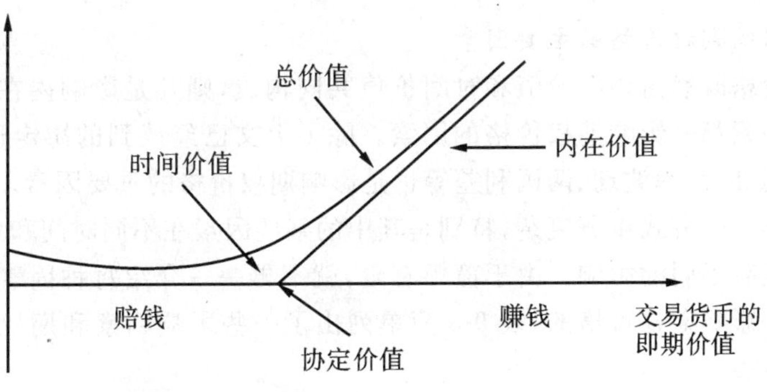

图 9-5　期权的时间价值、内在价值与总价值

1. 距到期日时间的长短

一般来说，距到期日时间越长，时间价值越高。随着时间的推移，时间价值会逐渐减少，当合同到期时，时间价值衰减为零。

2. 协定价格与市场价格之间的差额

投资者愿为时间价值付出代价，是以未来市场价格的不确定为基础的。在其他条件相同时，平价期权的时间价值较大，而实值和虚值期权的时间价值小。实值或虚值的值越大，时间价值越小。如果即期市场价格非常高，看涨期权处于一种“深度实值”（Deep-in-the-Money）状态，那么其时间价值将很低。同样，如果即期市场价格很低，看涨期权处于一种“深度虚值”（Deep-out-the-Money）状态,其时间价值也很低。这是因为,在这两种极端情况下,关于看涨期权执行时是实值还是虚值已成定局,反转的可能不大,也即不确定性较小。但是,当市场价格接近协定价格,也就是在接近平价状态时,不确定性较大。而且,两个价格越是接近,不确定性越大。期权的时间价值在市场价格等于协定价格时最大。

综上所述,期权合同的总价值是其内在价值与时间价值之和,内在价值决定于资产的市场价格与协定价格之差,而时间价值则决定于人们对交易资产在合同到期日以前价格变化的预期,反映了期权交易期间时间风险和价格波动风险,当合约0%或100%履约时,期权的时间价值为零。实值期权、虚值期权以及平价期权的价格差别见表9-4。

表 9-4　实值期权、虚值期权以及平价期权的价格差别

	期权价格(未到期)	期权价格(到期)
实值期权	内在价值+时间价值	内在价值
虚值期权	时间价值	零
平价期权	时间价值	零

(三)影响期权价格的主要因素

期权价格既然由内在价值和时间价值共同构成,则凡是影响内在价值和时间价值的因素都是影响期权价格的因素。除了上文已经谈到的协定价格、市场价格及时间外,汇率波动、两国利差等也是影响期权价格的重要因素。这样的因素很多且影响的方式十分复杂,特别是其中的某些因素在不同时间和条件下,对期权价格也有不同的影响。由于篇幅有限,就不再一一介绍每种因素是通过怎样的方式来影响期权价格的,表9-5简单列出了一些影响因素和期权价格之间的关系。

表 9-5　期权价格的决定因素

影响期权价格的因素	其他因素保持不变,每个因素增加后对期权价格的影响	
	看涨期权价格	看跌期权价格
1.即期汇率	上升	下跌
2.协定汇率	下跌	上升
3.汇率波动幅度	上升	上升
4.距到期日的时间	上升	上升
5.利率	上升	下跌

从以上分析不难看出，期权定价是一项极为复杂的工作。事实上，在1973年以前，关于期权定价问题的探讨一直没能得出满意的结果。其中一个最难以解决的问题就是无法适当地描述标的物的波动性及其对期权价格的影响。1973年，布莱克（Fisher Black）和斯科尔斯（Myron Scholes）发表了著名的欧式看涨期权定价模型，在学术界和实务界引起强烈反响，被誉为期权定价的里程碑。这个经典的布莱克—斯科尔斯模型将在附录中予以介绍。

专栏9-2

期权定价模型

布莱克—斯科尔斯模型（Black-Scholes Model）是一个著名的期权定价模型。加曼（Garman）和科尔哈根（Kohlhagen）在此基础上提出了一个针对外汇期权的修正模型，现在这一模型正被广泛运用于外汇期权的定价上。

1. 布莱克—斯科尔斯模型①

布莱克—斯科尔斯模型建立在以下一些假设的基础上，这些假设主要有：

· 期权是欧式期权；

· 股票收益变化服从自然对数正态分布，但不派发股息；

· 无风险利率且股票收益的变动幅度在整个期权有效期内是常数；

· 不存在税收和交易成本问题。

用公式表示的布莱克—斯科尔斯模型具体形式如下：

$$C=SN(d_1)-E_e^{-rT}N(d_2)$$

$$d_1=\frac{\ln(S/E)+(r+\sigma^2/2)T}{\sigma\sqrt{T}}$$

$$d_2=d_1-\sigma\sqrt{T}=\frac{\ln(S/E)+(r-\sigma^2/2)T}{\sigma\sqrt{T}}$$

其中，r表示无风险利率；σ^2表示股票收益的离散度；$N(d_1)$和$N(d_2)$表示累积正态分布函数；S表示现在的股票价格；E表示协定价格；T表示至到期日的时间；C表示买权价格。

---

① Fischer Black & Myron Scholes, "The Pricing of Options and Corporate Liabilities", *The Journal of Political Economy*, 1973, Vol. 81, No. 3., pp. 637～654.

2. 加曼—科尔哈根模型①

由于外汇期权中存在两个利率，即本国货币利率和外国货币利率，它们的差值以及相对变动会对汇率产生很大的影响，因此，需要对布莱克—斯科尔斯模型作出一些修正。这项工作由加曼和科尔哈根在1983年完成，他们推导了一个改进的模型，即加曼—科尔哈根模型，这个模型的假设前提有：

- 期权价格是一个只含有一个随机变量 S 的函数；
- 市场无摩擦；
- 国内和国外市场上的无风险利率都是常数；
- 外汇价格服从几何布朗运动。

下面是一个欧式买权的定价公式：

$$C=S\cdot N(d_1)e^{-R\cdot T}-E\cdot N(d_2)e^{-r\cdot T}$$

$$d_1=\frac{\ln(S/E)+(r-R+\sigma^2/2)T}{\sigma\sqrt{T}}$$

$$d_2=d_1-\sigma\sqrt{T}$$

其中，r 表示本国无风险利率；R 表示外国无风险利率；C 表示欧式买权价格；S 表示现在的即期汇率；E 表示外汇期权协定汇率；T 表示距到期日的时间；σ^2 表示以复利计算的外汇年收益率方差；$N(d_1)$、$N(d_2)$ 表示累积正态分布函数。

第四节　互换交易

一、互换概述

(一)互换的含义

所谓互换(Swap)，是指交易双方通过远期合约的形式，商定在一段时间内彼此相互交换一系列货币流量，达到规避风险目的的金融交易。

互换交易曾被西方金融界誉为20世纪80年代最重要的金融创新。目前许多大型的跨国公司或投资银行机构都提供安排互换交易的服务。互换交易之所

---

① Garman & Kohlhagen, "Foreign Currency Option Values", *Journal of International Money and Finance* 23, 1983, pp. 1～7.

以受到如此欢迎，是因为互换是将传统的体现在贸易领域中的“比较优势”运用到金融领域的一次成功尝试。我们知道，由于经营规模的大小及资信等级的高低等原因，各金融主体在金融市场上的融资成本是不同的；不仅如此，即便是同一个经济主体，它在不同类型的资金市场上的债务成本也有差异，这就形成了金融领域中的绝对优势和相对优势。而通过互换，交易双方就可以利用各自的筹资优势，比较容易地筹措到任何期限、币种和利率的资金，达到降低双方筹资成本的目的。借款人可以根据外汇汇率及各种货币的利率变化情况，不断调整资产和负债的货币结构，改善资产组合或重新调整债务结构，使资产负债管理呈现更大的灵活性，避免外汇汇率和利率变化带来的汇率风险和利率风险。

金融互换市场集外汇市场、证券市场、短期货币市场、长期资本市场于一身，为规避中长期的汇率与利率风险提供了有力的工具。金融互换根据内容不同，可以简单地分为两大类：货币互换（Currency Swap）与利率互换（Interest Rate Swap）。在此基础上，市场后来又逐渐发展了一些创新产品，如将货币互换与利率互换相结合产生了货币利率交叉互换（Cross-currency Interest Rate Swap）；或是将互换与期权结合产生了互换期权（Swap Option）等等，使金融互换的内涵更加丰富。本节将主要介绍货币互换与利率互换这两种国际金融市场上最主要、最常见的互换交易。

（二）互换与掉期交易的不同点

虽然互换与掉期在英文中的名称都是 Swap，本质都属于交换，但传统的外汇市场中的掉期交易与互换交易有着严格的区别，是两类不同性质的交易，主要表现在：

1. 合约与交易的区别

掉期是外汇市场上的一种交易方法，即在一个时点上买进或卖出一种货币的同时，约定在未来另一时点卖出或买进同一种货币，它没有实质的合约，更不是一种衍生工具。而金融互换是不同货币或不同债务工具表示的资产或负债的互换，它有实质的合约，是一种重要的衍生工具。

2. 有无专门的市场

掉期在外汇市场上进行，本身没有专门的市场。互换则在专门的互换市场上交易。

3. 期限结构不同

传统外汇市场上的掉期交易，不论是即期对即期交易、即期对远期交易，还是远期对远期的交易，期限一般都在一年以内；而互换交易中的货币互换，一般是在远期外汇市场不能提供中长期合约时才使用，利率互换也是在期货、期权市场上不能提供较为灵活的条件时才使用，故互换交易主要是对中、长期货币或利率的交换。一般金融互换的期限可长达3～7年，甚至为10年。

4.定价的方法不同

外汇掉期交易的定价是在即期汇率之上加上或减去由两种货币的利差所决定的升、贴水，从而形成远期汇率；金融互换是以商定的汇率和利率相交换，进行本金交换和换回，相互支付利息，其定价是使用零息票据利率来计算出互换现金流的现值。

二、货币互换

(一)货币互换概述

货币互换(Currency Swap)是指互换双方在一定期限内，交换币种不同、计息方式相同或不同的一系列现金流。交易双方在期初交换两种不同货币的本金，然后按预定的日期进行利息和本金的分期互换。在某些情况下，期初可以不交换本金；在另外的情况下，到期日也不交换本金。通常两种货币都使用固定汇率。

现代意义上的货币互换源于20世纪70年代盛行的平行贷款(Parallel Loan)和背对背贷款(Back-to-back Loan)。当时许多国家实行的外汇管制限制了本国厂商在境外融资的机会。假定英国的母公司在美国设有子公司，而美国的母公司在英国设有子公司。如果两家子公司都需要以东道国货币融资，最直接的方式是由每个母公司对其海外子公司提供贷款，但外汇管制使这种方式受到了限制。因此，一些跨国公司创造了一种替代性的融资方式：平行或背对背贷款(见图9-6所示)。

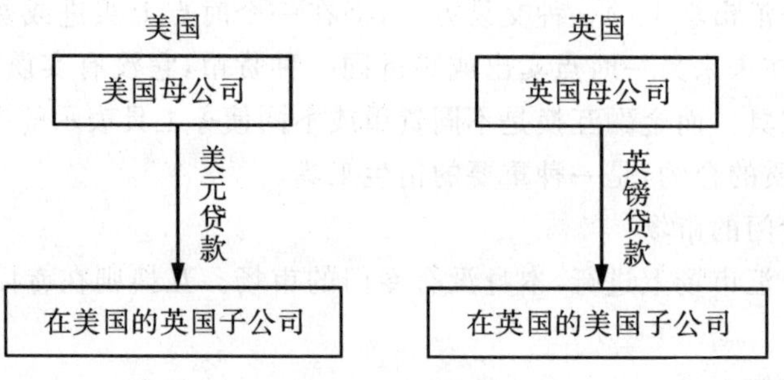

图9-6 金融互换

这样，通过每家母公司各自向对方在本国的子公司提供贷款这一方式，两家子公司都得到了东道国货币的贷款。平行贷款和背对背贷款的区别在于：背对背贷款规定在一方违约时，另一方有权将贷款抵消；而平行贷款没有规定这种抵消权，也没有提供抵押。

（二）货币互换实例

在外汇管制被逐渐取消后，由于外汇风险和成本等原因，货币互换取代平行或背对背贷款成为一种降低风险、节省成本的方式。货币互换相对于平行或背对背贷款的最主要进步在于它是一项表外业务（Off-balance Sheet），不增加负债总额，对资产负债表没有影响。而背对背贷款仍然属于贷款行为，在资产负债表上产生新的资产和负债。

现代典型货币互换的历史始于 1981 年，所罗门兄弟投资公司为世界银行与美国国际商用机器公司（IBM）安排了一笔货币互换。下面我们就来看一看这个货币互换史上的经典案例。

当时世界银行希望筹集到固定利率的联邦德国马克（DEM）和瑞士法郎（CHF）低利率资金，但由于世界银行每年都在这两国市场上筹集资金，当地投资者对世界银行再次筹集资金反应越来越不积极，因而利率成本上升；而世界银行有 AAA 级信誉，能够从市场上筹措到最优惠利率的美元借款，但世界银行必须筹措的是德国马克与瑞士法郎，而不是美元。同时 IBM 公司需要筹集一笔美元资金，由于数额较大，集中于任何一个资本市场都不妥，于是采用多种货币筹资的方法，他们运用本身的优势筹集了德国马克和瑞士法郎。因此世界银行希望通过筹集美元资金换取 IBM 公司的德国马克和瑞士法郎债务；IBM 公司也希望通过互换，与世界银行换得优惠利率的美元。

1981 年，由于美元兑德国马克、瑞士法郎急剧升值，这几种货币之间出现了一定的汇兑差额，所罗门兄弟投资公司利用外汇市场中的汇差以及世界银行与美国国际商用机器公司的不同需求，通过协商达成互换协议。世界银行将它的 2.9 亿美元金额的固定利率债务与 IBM 公司已有的瑞士法郎和德国马克的债务互换。即世界银行用美元支付 IBM 公司所筹措的德国马克和瑞士法郎债务到期时的全部本金和利息；相应的，IBM 公司则用德国马克和瑞士法郎来抵付世界银行的美元债务。这是一项在固定利率条件下进行的货币互换，而且在交易开始时没有本金的交换。其交换情况见图 9-7。

通过美元与德国马克、瑞士法郎的互换，世界银行与 IBM 公司都得到了好处：世界银行以比较低的成本筹集了 2.9 亿美元的德国马克和瑞士法郎；IBM 公司则不仅因为较低的偿债成本而获益，同时还因美元的坚挺而得到汇兑收益。据 1983 年 4 月的《欧洲货币》杂志测算，通过这次互换，IBM 公司将 10%的利率的德国马克债务转换成了 8.15%利率（两年为基础）的美元债务，世界银行则将 16%利率的美元债务转换成了 10.13%利率的德国马克债务。

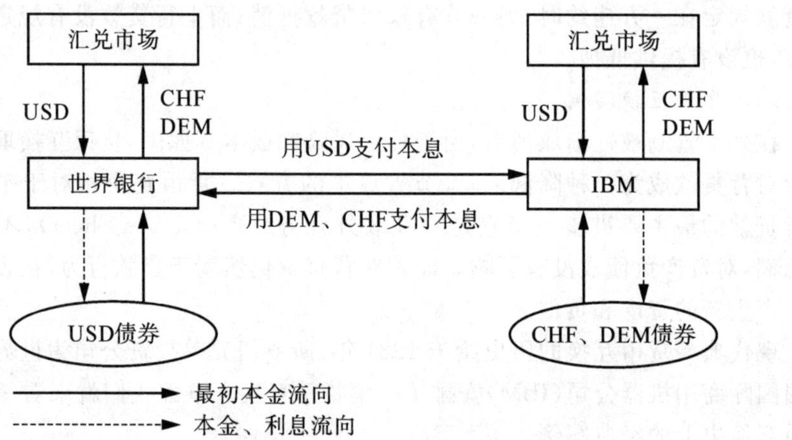

图 9-7 货币互换原始案例

资料来源：程丽萍、张云：《国际金融实务》，立信会计出版社 2005 年版，第 231 页。

三、利率互换

(一)利率互换概述

利率互换(Interest Rate Swap)是指交易双方在相同期限内，交换币种一致、金额相同但付息方式不同的一系列现金流。由于是同一种货币，通常没有交换本金的必要，双方只需在约定的期限内交换一组不同特征的利息。

世界上第一笔利率互换发生在 1982 年 8 月。当时德意志银行(Deutche Bank)发行了 3 亿美元的 7 年期固定利率欧洲债券，并通过中介人安排与另外三家银行进行互换，换成以伦敦同业拆借利率(LIBOR)为基准的浮动利率。在该项互换中，德意志银行实际按低于 LIBOR 支付浮动利率，得到了优惠。而其他的三家银行则通过德意志银行的很高资信级别换到了优惠的固定利率美元债券。由于通过利率互换，双方能够互相利用各自在金融市场上的有利条件获得利益。这次利率互换交易的成功，推动了利率互换市场的发展。

利率互换有两种主要形式：息票互换(Coupon Swaps)，即固定利率对浮动利率的互换；基础互换(Basis Swaps)，即以某种利率为参考的浮动利率对浮动利率的互换。

(二)利率互换的比较优势原理

通过利率互换可以使双方都获得利益的原理是由于比较优势的存在。举例来说，假如甲公司计划在国际金融市场上筹集一笔浮动利率的资金，而乙公司打算筹集一笔固定利率的资金。乙公司由于资信等级相对低，其筹资成本较高，无论是浮动利率借款还是固定利率借款，都需支付较高的利率。两公司的筹资成本见表 9-6。

表 9-6 甲公司与乙公司的筹资成本

	固定利率	浮动利率
甲公司	10％	LIBOR
乙公司	12.5％	LIBOR＋0.5％

通过表 9-6 我们可以发现，虽然甲公司筹措两类资金有绝对优势，但在获得固定利率借款上有比较优势，而乙公司在获得浮动利率借款上有比较优势。按照比较优势的原理，甲公司以 10％的利率借入一笔固定利率资金，乙公司以 LIBOR＋0.5％的利率借入浮动利率资金，然后按双方约定的条件进行利率互换。设甲公司按 LIBOR 利率支付利息给乙公司，乙公司按 11％的利率支付给甲公司，那么甲公司实际支付的利息是 10％＋LIBOR－11％＝LIBOR－1％，乙公司实际支付的利息是 LIBOR＋0.5％＋11％－LIBOR＝11.5％。资金流程见图 9-8。

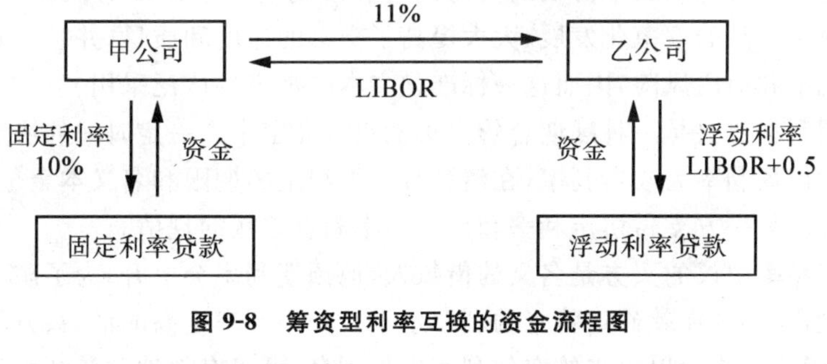

图 9-8 筹资型利率互换的资金流程图

所以，甲、乙两家公司各自利用筹资的比较优势，通过利率互换后，双方节约筹资成本的利益均相等，各为 1％。

第五节 远期利率协议

远期协议(Forward Agreement)，是 20 世纪 80 年代初兴起的一种保值工具，是交易双方约定在未来某个时期按预先签订的协议交换某一特定资产的合约。远期协议规定合约双方交易的资产、交换日期、交换价格等，其合约条款则可由交易双方协商而确定。远期协议同期货、期权、互换一起是四种最基本的衍生产品。远期协议主要分为远期货币协议和远期利率协议两类，本节将主要介绍远期利率协议。

一、远期利率协议概述

国际货币市场上利率波动频繁而且难以预测，资金的借贷者经常暴露在利率波动的风险之中，远期利率协议(Forward Rate Agreements, FRAs)为资金的借贷者提供了一种回避利率风险的手段，它可以使借贷双方锁定将来某一点借贷一定期限的资金的利率。有记载的第一笔远期利率协议的交易于1983年出现在瑞士的金融市场上，并且发展很快，到1984年底，伦敦金融中心已经形成了远期利率协议的银行间交易市场。不久，这一金融工具就被欧洲和美国的市场参与者广泛接受，交易量不断增加。为了规范这一产品的交易行为，1985年英国银行家协会(British Bankers' Association, BBA)和外汇与货币经纪人协会(Foreign Exchange &Currency Deposit Brokers Association)一同颁布了远期利率协议的标准化文本，称为《英国银行家协会远期利率协议》(FRABBA)。这一标准化文本对远期利率协议的交易内容和规则进行了详细的说明和解释，推动了这项新产品的规范化发展，大大提高了交易的速度和质量，并且有效地降低了交易成本和信用风险，因而这一标准化文本已被市场广泛采用。

远期利率协议是一种远期合约。买卖双方商定未来一定时间的协定利率并选定一种市场利率为参考利率，在清算日根据约定的期限和名义本金金额，由交易的一方向另一方支付协定利率和参考利率利息差额的现值。

远期利率协议的买方是名义的借款人，他预期利率会上升，为了防范利率上升的风险，需要现在就确定将来的利率水平。如果利率走高的话，买方就可以受到保护，因为他依然以事先约定的利率支付利息，可以有效地防范利率升高造成的借款成本的上升；但如果利率走低，他仍必须以事先约定的利率支付利息。远期利率协议的买方有可能出于两种动机使用远期利率协议：他可能确有借款的要求，应用远期利率协议作为保值的工具；也可能他的基础资产根本就没有面临利率风险，他应用远期利率协议纯粹是为了对利率上涨进行投机。

远期利率协议的卖方是名义的贷款人，他预期利率会下跌，为了防范利率下跌的风险，同样需要现在就确定将来的利率水平。如果利率下跌，卖方就可以受到保护；如果利率上升的话，他依然以事先确定的利率收取利息，这就隐含了某种机会成本。远期利率协议的卖方有可能出于两种动机使用远期利率协议：他可能确实面临利率下跌可能造成损失的风险；也可能他并不存在基础资产面临利率风险的问题，他应用远期利率协议纯粹是为了对利率下跌进行投机。

二、远期利率协议的作用

远期利率协议主要是银行同业间的交易，交易双方通过预先固定远期利率水平来达到防范利率风险的目的，具体操作中，如果市场利率高于协定利率，合同的卖方支付给买方利息差额的现值；反之，则由买方支付给卖方。结算差额的计算公式如下：

$$结算差额=\frac{本金\times(参考利率-协议利率)\times\frac{协议天数}{360}}{1+参考利率\times\frac{协议天数}{360}}$$

公式的分子是支付的市场利率与协定利率的差额，但按照国际惯例，远期利率协议的结算日即起息日，而非到期日，因此该利差应按起息日的参考利率进行贴现。可见，远期利率协议通过将来某一时间借入或贷出资金的实际利率提前锁定在协议利率，而成为交易者防范利率风险的有效工具。它与利率期货的作用有些相似，但远期利率协定的优越之处在于客户能够视自己需要的期限和利率种类来签订合同，而不像期货合同都是标准化的。

在远期利率协议条件下，并没有实际的借贷行为发生，合同清算时，只是以现金结算市场利率与协定利率之间的差额。同时远期利率协议是一种资产负债表外的工具，不涉及实质性的本金交收，仅就利息差额进行交割，既节约了成本，又提高了资金的效率。

远期利率协议是有约束力的合约，没有双方的同意，不可撤销，也不可转让给第三方。同其他有约束力的合约工具一样，可以在未到期前通过做方向相反的交易进行平仓。远期利率协议交易的起点金额一般为等值500万美元，也可以根据客户的实际需要进行调整；远期利率协议的报价最长期限通常不超过两年，以一年内的远期最为常见，也可以根据客户的实际需要进行变通安排；交易一经成交，不可撤销或提前终止；银行有权要求客户缴纳一定金额的保证金。目前远期利率协议合同最主要的交易中心是伦敦国际金融市场，其次是纽约国际金融市场。

本章小结

金融衍生工具的发展对国际金融乃至世界经济产生了深刻的影响，它的主要特点是复杂性、杠杆性、风险性、虚拟性和灵活性。衍生工具的四种主要类型是:期货、期权、互换和远期协议。

所谓金融期货就是一种合同承诺;交易的双方在特定的交易场所,承诺在未来特定日期或期间内,以事先约定的价格买入或卖出特定数量的某种金融商品。传统的远期外汇交易方式与货币期货在许多方面存在着相似之处,但仍然存在着显著的区别。在国际经贸活动中,银行、企业等需要采用套期保值,货币期货套期保值可分为多头套期保值和空头套期保值。利率期货的种类繁多,按照标的物的期限分来,利率期货可分为短期利率期货与中长期利率期货两种。股票指数期货就是以股票价格指数作为交易标的的金融期货。股指期货与一般意义上的期货交易和股票交易有着明显的区别,其自身具有鲜明的特点。

金融期权合约主要有三项要素:期权费、执行价格和合约到期日。期权合同和期货合同在概念上很相似,但是两者还是有很多本质的区别。按照不同的方法,期权可分为场内交易期权与场外交易期权、欧式期权与美式期权、看涨期权与看跌期权。期权合同的价格主要分为两部分:内在价值与时间价值。内在价值为正、负和零的期权分别为实值期权、虚值期权与平价期权。当期权为虚值或平价时,期权购买者将放弃执行期权。时间价值的大小受两个因素影响:距到期日时间的长短和协定价格与市场价格之间的差额。

金融互换根据内容不同,可以简单地分为货币互换与利率互换。互换与掉期在英文中的名称相同,但却是两类不同性质的交易。通过利率互换可以使双方都获得利益是由于比较优势的存在。远期协议主要分为远期货币协议和远期利率协议两类。

关键词

金融衍生工具　VAR　金融期货　外国货币期货　“逐日盯市”结算原则　多头套期保值　空头套期保值　利率期货　短期国库券期货　欧洲美元定期存款期货　长期国债期货　股票指数期货　金融期权　期权费　执行价格　合约到期日　欧式期权　美式期权　看涨期权　看跌期权　内在价值　时间价值　实值　虚值　平价　互换　货币互换　利率互换　平行贷款　背对背贷款　远期协议　远期利率协议

复习思考题

1. 金融衍生工具有哪些特点？
2. 试比较货币期货交易与远期外汇交易的异同点。
3. 期权合约的三项要素是指什么？
4. 简述金融期权的种类。
5. 根据交易原理，试比较互换与掉期交易的不同点。

第十章 国际资本流动与国际金融危机

导言

在世界经济的发展进程中，资本作为基本的经济要素率先实现了大规模的跨国界流动，而随着世界经济一体化的加强、现代通信技术的发展以及银行业务的增加和其便利程度的提高，国际资本流动的规模不断扩大，逐渐超过了国际贸易额。而这种大规模的资本流动又加深了各国的经济联系，并在全球范围内广泛地影响着各国的经济增长方式、产业结构和市场运作方式，同时也有可能影响各国的国际收支和国民经济的发展，并可能导致债务危机和货币危机。因此国际资本流动是国际金融的重要组成部分，对其的研究也极大地丰富了国际金融理论。

学习目标

1. 了解国际资本流动的特点、机制及作用；
2. 了解国际长期资本流动所引发的债务危机及其对主要国家经济的影响；
3. 了解国际短期资本流动的分类及基本内容；
4. 了解货币危机的发生机制及其对经济的影响。

第一节 国际资本流动

一、国际资本流动概述

国际资本流动(International Capital Flows)是指资本从一个国家或地区移动到另一个国家或地区,即资本跨越国界的移动过程,它是以盈利为目的,以商品、技术或金融货币等的使用权有偿转让为特征的。一国的国际资本流动情况主要反映在其国际收支平衡表的资本与金融账户中,国际资本流动的形式主要包括贷款、援助、输出、输入、投资、债务的增加、债权的取得、利息收支、买方信贷、卖方信贷、外汇买卖、证券发行与流通等。

国际资本流动可以以多种依据进行划分:

按其流动方向,可分为国际资本流入和国际资本流出。资本流入(Capital Inflows),表现为本国对外国负债的增加和本国在外国的资产的减少,资本流出(Capital Outflows),表现为本国对外国负债的减少和本国在外国资产的增加。对一个国家或地区来讲,总存在资本流出、流入,只不过是流出、流入的比例不同而已。一般来说发达国家是主要资本流出国,发展中国家是主要资本流入国。在当今世界,国际资本又倾向于在发达国家之间对流。

按照世界银行的划分方法,国际资本流动可以分为官方发展融资[①](Official Development Finance)和私人资本两种,而后者又分为国际直接投资、股权证券投资以及对外借款等。

按资本使用期限的长短可以分成长期资本流动和短期资本流动两类。

二、20世纪90年代国际资本流动的特点

历史上第一次大规模的国际资本流动出现在19世纪后半叶至20世纪初,它主要是一些借款国政府和铁路公司在英、法、德等国的资本市场上发行固定利率债

① 官方发展融资(ODF)主要是由经济合作与发展组织(OECD)下属的发展援助委员会(DAC)的成员国,向发展中国家或者转型国家提供的双边或多边融资。包括官方发展援助(ODA)、官方援助(OA)以及其他官方发展融资(Other ODF)三个组成部分,其中ODA是最重要的部分。

券所致。20 世纪 20 年代,证券投资和直接投资结合起来,资本从美国流向欧洲。二战结束后,资本流动已主要采取浮动利率银行信贷的方式,而不像早些时候采取固定利率债券融资的方式,并且随着欧洲货币市场的出现和发展,以离岸金融方式发展起来的国际资本流动规模迅速增长,并且国际资本流动从美元单向输出转变为各国之间的互相流动,特别是主要资本主义国家间的资本流动占有绝对比重,以及一些战后新崛起的发展中经济体,例如亚洲四小龙和四小虎的资本输出规模也迅速扩张。进入 80 年代,许多中等收入的发展中国家遇到了严重的债务危机,国际银行信贷再度被证券投资所取代,国际资本市场出现证券化趋势,国际证券方式的资本流动发展迅速,而从流入流出国的角度来说,美国成为最大的净资本输入国,但发达国家仍为净资本流出国,发展中国家是净资本流入国。

20 世纪 90 年代以来,国际资本流动大规模增长,品种也不断创新,而且市场结构与资金流向也发生了一些改变,因此国际资本流动呈现出与以往不同的新的特点,这是我们现在应该关注的,这些特点具体包括:

(一)国际资本流动方式发生变化

目前国际资本流动方式改变的主要趋势是国际直接投资的比例有所下降,购买资产组合形式的投资比例有所上升,即资本流动证券化。虽然国际直接投资仍然是国际资本流动的主要形式,但以购买资产组合为形式的资本流入近年来又有快速增加。

表 10-1 流入发展中国家的国际长期资本流量

(1998—2005 年)

单位:亿美元

类 别	1998	1999	2000	2001	2002	2003	2004	2005
官方发展融资	611	424	230	553	377	314	216	188
国际直接投资	1 724	1 833	1 688	1 769	1 603	1 616	2 115	2 375
股权证券投资	69	126	141	64	58	252	373	614
对外借款	199	25	47	−289	55	851	1 478	1 916
合 计	2 603	2 408	2 106	2 117	2 093	3 033	4 182	5 093

数据来源:World Bank, *Global Economic Finance* 2006,http://www.worldbank.org.

具体来说,首先 20 世纪 90 年代以来,官方发展融资的比重相对下降,而私人资本的比重不断升高。目前大多数工业国的财政预算削减使资金供给来源受到限制,而冷战结束后,发展中国家的战略地位和军事重要性都有所下降,发达国家也就不太热衷于发展援助,这些原因导致官方发展援助(Official Development Assistance)的绝对额逐年减少,而相反的,私人资本流动的绝对额不断增长,并且所占比重也越来越大,在发展中国家的资本流入中的比重已由 1998 年的76.5%上升到2005年的96.3%。其次，国际直接投资比重虽有下降，但其仍是发展中国家利用国际长期资本的最大项目，在2005年流向发展中国家的资本中所占比例为46.6%，其绝对值的增长也是国际私人资本总额不断增加的最大动力。最后，国际资本证券化的趋势也不断加强，国际债券的发行额已经超过了贷款额，这种证券化的融资既能满足企业对高回报项目长期占用资金的需要，又能向投资者提供高流动性，因此，它在融资中占的份额也不断加大。

（二）国际资本流动规模巨大，不再依赖于实物经济，而是独立增长

目前国际资本流动的规模不断扩大，并呈现"虚拟化"，即跨国流动的巨额资本同实物经济越来越脱节，与实际生产交换没有直接联系的金融性资本的比重快速上升。在目前全球外汇市场上流动的资金只有2%与实际贸易结算有关。这种虚拟化具体表现为：一方面，从发展速度上讲，国际资本流动的增长速度远远快于世界贸易的增长，并且这一增长是持续性的，不受世界经济周期波动的影响。BIS(Bank for International Settlements)依据国际收支统计计算的证券跨境交易显示，主要发达国家各类证券在居民与非居民之间的交易的增长速度远远大于所在国的GDP增长。另一方面，一大批在国际资本流动中居于突出地位的离岸金融中心都出现在经济和贸易都不太发达的国家和地区，例如巴哈马、巴林、开曼群岛、菲律宾、新加坡、阿联酋等。"虚拟化"的国际资本具有游资的性质，符合市场法则，即推动资本在全球范围内自由配置的特征，这不仅提高了国际资本的流动速度，也使国际资本流动的规模出现不稳定的态势，不利于全球金融市场的稳定

（三）国际资本流动的结构发生了巨大变化

第一，国际资本流动既可表现为资本在不同国家或地区之间的流动，又可表现为资本在外汇市场、信贷市场、证券市场以及衍生工具市场间的流动，并且后者的增长速度极为迅速。

第二，从国际资本流动的传统方式与衍生工具的比较看，衍生工具交易产生的国际资本流动数量已居于绝对优势地位，而且衍生交易的增长速度非常迅速。衍生工具交易以其高度的灵活性以及流动性的优势逐步取代了国际资本流动的传统方式。

第三，从衍生工具交易的内部组成看，场外交易市场衍生工具交易的增长更为迅猛，基本上在国际衍生工具交易中居于主导地位，这反映在产品品种、未平仓合约量以及交易量等方面。尽管与交易所交易的标准衍生工具相比，场外衍生交易没有很高的流动性，但场外衍生交易产品所具有的高度灵活性使其更有竞争优势，特别是在风险管理业务中，特殊定制的风险管理产品往往有更大的需求，因此两个市场之间分化的趋势日益加剧。此外，一些原生金融产品交易的变

化也导致了一些衍生品交易从交易所转移到场外市场，比如一些主要经济发达国家如美国和英国政府债券发行量的减少或者是其回购活动都将减少场内品种的交易量，然而这样的变化对场外交易的需求基本没有影响。根据BIS的统计数据，2007年，以银行为主的交易商和其他金融机构是场外衍生工具的主要使用者，两者共占据所有名义交易额的85%，而非金融交易者只有15%。这些说明金融中介主要从事衍生工具的交易，银行、保险公司以及其他金融机构正在日益专注于风险转移和管理的业务，利用场外衍生产品进行风险管理已经成为金融部门主要或是最重要的业务。

（四）机构投资者成为国际资本流动的主要载体

机构投资者包括共同基金、对冲基金、养老基金、保险公司、信托公司、基金会、捐款基金，以及投资银行、商业银行和证券公司。机构投资者规模的迅速发展必然在客观上需要将其资产在全球范围内进行配置，从而在国际资本流动中发挥中介作用。

在众多机构投资者中，对冲基金（Hedge Fund）近年来的影响不断加大。据总部设在波士顿的一家咨询调查机构2004年公布的报告，1990年对冲基金有1 500家，资本总额500亿美元，而1998年，对冲基金有4 200家，资本总额超过3 000亿美元。其中在美国注册的约51%，管理的资产占对冲基金总资产的30%。2002年后，对冲基金的收益率有所下降，但对冲基金的规模依然不小。据英国《金融时报》的调查，截至2005年，全球对冲基金总资产额已经达到1.1万亿美元。与一般投资基金相比，对冲基金具有以下特点：一是对冲基金多为私募，受到的监管比较少。对冲基金的组织结构一般是合伙人制。基金投资者以资金入伙，提供大部分资金但不参与投资活动；基金管理者以资金和技能入伙，负责基金的投资决策。二是对冲基金属于跨行业、跨地区和跨国界的投资基金，他们既可以从事普通的证券投资业务，也涉及商品和金融期货投机，可在各地区进行套汇套利交易。三是大量运用投资杠杆。就是用现有的资本或证券资产作抵押从银行获取贷款，凭借其资金实力及经营的隐蔽性和灵活性，他们对世界经济特别是发展中国家的外汇市场的冲击力是相当大的。在众多的对冲基金中，索罗斯管理的量子基金最有影响，一般认为它的投机活动直接引发了1992年欧洲地区的货币危机与1997年东亚地区的货币金融危机。

三、国际资本流动飞速发展的原因

国际资金流动的飞速发展是由一系列因素造成的，包括外部环境因素的影响以及其自身的一些影响因素。

(一)国际资本流动迅速发展的外部原因

1.世界经济一体化下产业结构的调整以及国际分工的深化

跨国公司在全球范围内的大规模国际直接投资以及组织跨国界的生产经营活动使世界经济一体化的趋势不断加强,它表现为生产的国际化以及组织结构的一体化,而在这种情况下各国都结合自身的经济发展战略进行产业结构调整,发达国家的资本和技术密集部门迅速发展,尤其是信息产业,而发展中国家却仍以劳动密集型产业为主,这样不同层次的产业的跨国界转移就有了其必要性。并且从世界范围来看,由不同生产要素和不同层次的产业结构形成的各国经济的互补性大大加强,国际分工深化,这也直接带动了国际直接投资的进一步发展。总之,世界经济一体化的趋势以及在此影响下的产业结构的调整和国际分工的深化都有力地促进了国际资金流动,成为其迅速发展的重要的外部原因之一。

2.国际范围内与实际生产相脱离的巨额金融资产的积累

这些资金来源于各国特别是主要的可兑换货币发行国的长期通货膨胀、产油国大幅度提高油价而形成的巨额石油美元以及世界货币发行国特别是美国通过巨额的国际收支逆差而流到国际上的大量美元资金。金融市场及金融中介机构的发展又派生了不少金融资产,使越来越多的社会资产与实际生产相脱离而成为金融资产。并且随着金融服务的全球化和国际化,这些巨额的金融资产除了形成各国内部的资金流动之外,也成了国际资金流动的增长源泉。

3.投资方式和投资工具的不断创新

企业间的跨国兼并和收购已日渐成为对外直接投资的主要形式,国际投资的另一个新方式参股合资以及跨国和非股权形式的跨国联合投资体——国际战略联盟也日益增多,并且金融创新也不断增强,加强了融资证券化,这些都促进了国际资本流动规模的扩大及速度的提升,使国际资本流动更加灵活和方便。

4.各国国内对国际资本流动政策的调整,尤其是发展中国家

目前国际私人资本在国际资本流动中占有绝对比重,而私人资本流动是市场配置资源的一种方式,要依赖市场的力量。20 世纪 90 年代以来,各国改变了过去对国际资本流动实行严格限制的做法,对本国的银行信贷市场与证券市场逐步放开,允许外国金融机构进入本国金融市场,允许非居民到国内金融市场筹资,并放松对金融机构的控制。这其中最为明显的是发展中国家,他们通过深化市场导向的经济体制改革和经济结构调整,减少了政府对市场的干预,市场运作效率不断提高,并且不断调整其外资政策促使其开放,使得发展中国家不断吸引外资的流入,促进了国际资本流动的发展。

(二)国际资本流动迅速发展的内部原因

1. 资本供求的不平衡

目前各国内部都存在资金供求的不平衡。从资本供给来看,发达国家经济发展水平较高,资本积累的规模越来越大,但其国内经济增长缓慢,出现了各种经济矛盾,投资收益率不断下降,国内投资日益萎缩,因而出现了大量的过剩资本。而这些过剩资本就会流入投资收益率高的国家。近几年来,发展中国家以其自然资源丰富、劳动力充足等优势不断地吸引这些过剩资本流入,并且规模越来越大,促进了国际资本流动的发展。从资本需求来说,大多数发展中国家经济相对落后,储蓄率低,金融市场发展不完善,国内资金远不能满足经济发展的需要,因此他们不得不通过一些优惠措施吸引外资流入,这种过度的资本需求也是促进国际资本流动的主要动力。

2. 各国之间利率的差别

国际资本流动的内在动因就是追求利润最大化,资本总是由利率低的国家流向利率高的国家。当前国际利率差异主要表现为各国国内金融市场利率与欧洲货币市场利率的差异,当各国国内金融市场利率高于欧洲货币市场利率时,资本由欧洲货币市场流入国内,反之则流出。在对国际资本流动成因的研究中,国际资本流动的流量理论认为,利益率的差异是造成国际资本流动的唯一原因。

3. 各国之间风险的差异

由于市场缺陷及其他影响因素的存在,造成投资者经济损失的风险随时可能出现,这种风险不仅表示为利率和汇率变化可能导致的资本价值减少,还表现为各国内部可能存在的外汇管制、货币贬值和国家信用等。为了规避这些风险,大量资本由高风险国家流入低风险的国家和地区,目前发达国家之间的资本的大规模流动正是出于这个考虑。同时从投资策略上来看,投资组合不仅要分散在多种投资产品,还应该分散在多个投资国家以减少风险,所以投资风险是国际投资者进行国际投资重点考虑的因素之一,各国不同的风险率使资本产生大规模的国际流动。

四、国际资本流动的效应和作用

(一)国际资本流动的效应

国际资本在全球范围内的流动,一方面增加了资本输入国的资本资源,促进了这些国家经济的发展;另一方面也提高了资本输出国资本的收益。此外,国际资本流动对国际金融市场乃至于全球经济都产生了多方面的效应,具体包括:

1. 一体化效应

资本在全球范围内的有效配置有利于增加世界总产出和经济福利，促进先进的生产技术在全球范围内迅速普及，使国际支付能力在各国之间得以有效调剂，有利于促进国际贸易的发展和平衡各国的国际收支，这些都促进了全球经济一体化；同时国际资本流动也促进了金融市场一体化，并且虽然各国经济发展水平和通货膨胀率高低各不相同，税率各异，利率的水平因而也不可能完全相同，然而，当某国国内金融市场利率较高时将发生国际资本的流入，反之则流出，从而各国金融市场的利率水平变动趋势逐渐变得一致，最终使得金融市场资产价格与收益一体化。

2. 杠杆效应[①]

国际间资本流动可以通过衍生工具进行，而绝大多数衍生工具的交易都具有杠杆效应，这样，借助衍生工具，一定数量的国际资本就可以控制名义数额非常大的衍生工具合约，从而对衍生市场上的价格发挥很大的影响，并利用衍生工具市场与其他金融市场之间的密切关系进而影响一国与全球经济。

3. 羊群效应

国际间资本流动也存在羊群效应。交易者的心理预期往往决定其交易行为，因而在投机气氛比较浓厚或市场不确定性比较大的短期国际资金流动中，人们并不是根据自己的真实意见做出决策，而是揣摩别人的心理进行交易。因此如果某个具有国际影响力的国际资金突然行动，可能会带动市场其他参与者纷纷模仿，对经济造成冲击，形成羊群效应。有些机构投资者就利用国际资本流动的这一特点，故意将某一信息广为宣传，有意识地诱发市场恐慌情绪与从众心理，来实现有限资金无法达到的效果。

4. 放大效应

资本在国际间流动时往往可通过特定机制对一国乃至全球经济发挥远远超过其实力的影响，即产生放大效应。国际上流动的各种资金间存在着密切的联系，使一定数量的资金可以在短期内迅速扩充实力，这些都扩张了资本在国际间流动时的冲击力，并且前面提到的杠杆效应和羊群效应也会使国际资本流动的放大效应作用得更为明显。

资金流动具有放大效应，是由于以下几个因素：首先，国际间资金流动可以借助衍生工具进行，而绝大多数衍生工具的共同特征是具有杠杆效应；其次，主要活动于各国证券市场上的投资基金一般与银行保持着比较紧密的联系，使一

① 杠杆效应是指一定数量的国际资本可以控制的名义数额远远超过其自身的金融交易。

定数量的资金可以在短期内迅速扩充实力；再次，国际资金流动中存在着羊群效应，某些有影响力的国际资金（例如大的对冲基金）的突然行动，可能会带来其他市场参与者的纷纷仿效，从而对经济构成很大冲击。

（二）国际资本流动的作用

国际资本的流动及其所带来的经济效应给世界经济以及各国经济的发展都带来了深刻的影响。

1.积极作用

(1)为过剩资本提供融资渠道。在国际货币市场和资本市场上发行的金融证券为公众存款提供了一个获利能力较强的投资渠道。同时这些投资行为还间接促进了商品和服务的增长，提高了人们的生活水平，当资金通过放大效应在国际间流动并引起各国金融市场的繁荣时，世界领域的投资行为将获得进一步推动，从而更加扩大了这种融资的渠道。

(2)在世界范围内促进了资本流动，增加了资本收益。过去资金主要是以现金和银行存款的形式存在的，其中现金是流动性最大的金融工具，它不需要转化为别的形式就可以直接支付使用，但其收益在金融工具中是最低的，同时它的购买力在通货膨胀时会降低。所以许多的资本持有者愿意找寻其他的金融工具，并且由于各国市场结构和政策规定的不同，资金变现的难易程度也不同。国际金融市场的一体化特性能使各国资本通过国际资本的形式进行出口，从而提高其流动性，增强资本的运用效率。

此外，在大多数的资本流出国，市场成熟程度比较高，寻找高收益率的投资项目的难度越来越高，因此国际资本的流动就是将资本流出国闲置的资金引入到具有更高资本收益率的国家和地区，从而完成从低效率资本向高效率资本的转变，因此在世界范围内增加了资本的总收益。

(3)有利于发展中国家的资本形成，促进其经济发展。制约发展中国家经济发展的一个重要因素是资本不足。收入水平低，人们购买力低下，对投资的吸引力就小，同时较低的收入水平还限制了储蓄水平，因此储蓄的不足导致了资本不足。而资本投入少又会导致生产率水平不高，这也直接导致了收入较低，因此发展中国家资本的形成受到来自需求和供给两方面的制约，形成了恶性循环，而引进外资确实是发展中国家解决这个问题以促进本国经济发展的有效途径。一方面外资流入可以增加发展中国家资本形成的来源，加快资本形成的速度，为其发展本国经济和增加国民收入创造有利条件；另一方面，有效利用引进的外资，可以拉动对本国人力资源和自然资源的需求，并不断提高劳动生产率最终促进经济发展。

2.消极影响

从上面的分析可以看出，国际资本流动的迅速发展对世界经济及各国经济的发展都起到了一定的积极作用。但同时它也存在着一些不利的因素，对资本流入国或资本流出国都会造成一定程度的影响，并进一步影响世界经济，其具体表现为：

(1)加大了利率和汇率风险。汇率变动是国际资本流动不可避免的问题，并且资本期限越长，汇率风险产生的可能性越大，而目前迅速发展的国际资本流动使得资本流动因素成为汇率变动的决定性力量，因此由资本流动总量的不断增加引起的外汇市场供求变化加大了汇率风险；同时，各国货币当局运用货币政策的自由度也受到了一定限制，使本国利率不能完全根据国内的具体情况确定，因此也增大了利率风险。

(2)加剧国际金融市场的动荡，引发金融危机。国际资本流动可分为国际长期资本流动和国际短期资本流动。长期资本流动主要表现为国际投资和借贷。如果发展中国家通过长期资本流动得到的外币负债比外币资产增加得快，同时国内非政府存款又急剧上升，这就意味着国际资本的流入会直接或间接地导致国内贷款、消费和投资的增加。如果发展中国家的银行没有科学地决策银行贷款或投资，那么当资本到期时，可能会产生偿付困难而引发债务危机；而短期资本流动主要表现为短期投机资本的流入和流出，这种短期性的资本流动容易带来投机攻击，从而有可能造成货币危机以及大规模金融危机的出现。而国际资本的大规模流动会导致国际金融动荡和金融危机在不同的地区相互传递感染。

总之，国际资本的流动存在着积极的效应，它可以促进世界经济一体化的发展，也可以促进世界范围内的资本流动，增加资本收益。但同时它也存在着不利的影响，需要通过各国的协调和合作加以解决。

第二节　国际长期资本流动和债务危机

一、国际长期资本流动概述

国际长期资本流动(International Long-term Capital Flows)，是指期限在1年以上的资本流入与流出。它是国际资本流动的重要方式，可以分为政府和私人的长期资本流动。引起长期国际资本流动的根本原因是世界生产力的发展与国际分工的不断深化，其按照资本转移方式的不同可以分为直接投资、证券投资和国际信贷。

（一）国际直接投资（Foreign Direct Investment）

国际直接投资是指一国或地区企业通过垄断优势（主要表现为无形资产）的国际转移，获得部分或全部外国企业控制权，以实现最终目标和直接目标高度统一的长期投资行为。它主要包括三种形式：

1. 创办新企业。如在国外设立子公司、附属机构，或者与多国资本共同在东道国设立合营企业等。这类直接投资往往不局限于货币形态资本的投资，特别是创办合资企业时，机器设备、存货甚至技术专利、商标权等等都可以折价入股。

2. 收购国外企业的股权达到一定比例以上。国际货币基金组织规定收购外国企业25%的股权可认为直接投资，而美国认为收购10%就可以属于直接投资。

3. 利润再投资（Reinvestment）。投资者在国外企业投资所获利润并不汇回国内，而是作为保留利润对该企业进行再投资，它并不引起一国资本的流入或流出，但却是国际直接投资最重要的一种形式。

（二）国际间接投资（International Indirect Investment）

国际间接投资又称为证券投资（Portfolio Investment），它是指投资者在国际证券市场上购买外国政府和企业发行的中长期债券，或在股票市场上买卖上市的外国股票等有价证券所进行的投资活动。它与国际直接投资的根本区别在于对筹资者的经营活动有无控制权，因为投资者不可能仅仅依靠购买某国政府的债券而取得对该国政府经济活动的控制权。对于一个国家来说，在国际证券市场上买进有关证券称为投资，它意味着国际资本流出；反之，在国际证券市场卖出有关证券称为筹资，它意味着国际资本流入。国际证券的投资者可以是国际金融机构、政府、企业和个人。证券投资是国际资本流动的重要方式，尤其是20世纪80年代以来，受各种因素的影响，国际投资证券化趋势有增无减，发挥了重要的作用。

（三）国际信贷（International Credit）

国际信贷是指各国政府、国际金融机构和国际银行等单方面或相互间提供的中长期贷款。国际信贷的主要特点是：它是单纯的借贷货币资本在国际间的转移，不像直接投资那样涉及在他国设立企业实体或收购企业股权，也不像证券投资那样涉及证券的发行与买卖。国际贷款的收益是以利息及有关费用来体现的，贷款风险主要由借款者承担。其具体方式包括：政府援助贷款、国际金融机构贷款、国际银行贷款和其他信贷。

国际长期资本流动可以促进资本流入国的经济发展，但是它存在着一个不容忽视的潜在的风险——违约。资本流入国如果输入的资本过多，超过本国承受能力，则可能出现无法偿还债务的情况，引发债务危机。

二、国际债务危机及其爆发的原因

根据国际货币基金组织和世界银行的定义，外债是任何特定的时间内，一国居民对非居民承担的具有契约性偿还责任的负债。外债的构成必须包括两个基本要素：一是本国居民对非居民的负债，即债权人必须是非居民；其次，外债必须具有契约性的偿还责任，规定有明确的还款期限。至于外债是否一定是以外币为核算单位，该定义并没有做出强制性要求。根据我国国家外汇管理局的定义，外债是中国境内的机关、团体、企业、事业单位、金融机构或者其他机构对中国境外的国际金融组织、外国政府、金融机构、企业或者其他机构用外国货币承担的具有契约性偿还义务的全部债务。

国际上对债务国偿债能力的衡量标准很多，比较常用的有：

1. 负债率(Ratio of External to GDP)，指一国外债余额占国民生产总值的比例，一般不应高于10%；

2. 债务率(Ratio of External to Export)，指一国外债余额占年出口外汇收入的比例，一般不应超过100%；

3. 偿债率(Debt Service Ratio)，指年还本付息额与年商品及劳务出口所创外汇收入总额的百分比，一般参照系数为20%；

4. 短期外债比率(Ratio of Short-term External Debt to External Debt)，指一年或一年以下短期债务在总债务余额中所占比例，一般不应超过25%。

一国债务如果超出以上的标准安全参考线，就容易爆发债务危机。按照国际货币基金组织的定义，债务危机是指在国际借贷领域中大量负债，超过了借款者自身的清偿能力，造成无力还债或必须延期还债的现象。

(一)20世纪80年代的债务危机

20世纪70年代初，石油价格不断上涨，许多非产油的发展中国家出现了严重的贸易赤字，但与此同时石油输出国组织的贸易顺差大大增加，他们在欧洲银行积累了大量的存款资金，这些银行由于拉美等发展中国家的高利率而纷纷将资本贷出，而拉美国家由于急需外来资金弥补贸易赤字，所以即以政府主权为担保大肆借入资本。随着20世纪70年代末工业化国家反通货膨胀政策引起的国际利率的大幅度增加，拉美国家债务利息负担不断加重，1982年8月20日，墨西哥政府宣布无力偿还其到期的外债本息，要求推迟90天，由此引发了全球性的发展中国家的债务危机，至1983年底，共有32个发展中国家表示无力按期偿付外债本息。

表 10-2 非产油发展中国家的外债状况(1973—1983 年)

单位:亿美元

年 份	1973	1974	1975	1976	1977	1978	1979	1980	1981	1982	1983
外债总额	1 300	1 610	1 910	2 230	2 910	3 430	4 060	4 900	5 780	6 550	6 942
债务率(%)	115	105	122	126	132	132	121	115	128	151	158
偿债率(%)	16	14	16	15	16	19	20	18	22	25	22

数据来源:IMF,*World Economic Outlook* 1988,http://www.imf.org.

由表 10-2 可知,发展中国家外债总额在 1973—1983 年迅速增长,年平均增长率超过了 21.4%,偿债率在 1979 年达到国际标准的警戒线 20%,从 1981 年开始高于警戒线,并且这次债务危机还表现为债务高度集中,外债的 45%集中于拉美国家,而拉美国家的 70%又集中于巴西、墨西哥和阿根廷三国,这使得国际信贷面临巨大风险。

(二)债务危机爆发的原因

国际债务危机的爆发既有外部原因,也有内部原因。从外部原因来说,20 世纪 70 年代国际债务条件对发展中国家不利;从内部原因来看,大多数发展中国家经济发展战略对外债的依赖过重,又缺乏有效的外债管理措施,同时,由于国内的金融抑制也导致了国内资本大量外逃。

1. 国际债务条件对发展中国家不利

国际债务条件在 20 世纪 70 年代时发生了变化:首先债务总额中政府发展援助和优惠贷款减少,私人银行贷款的比重增加,按照世界银行的统计,1970—1980 年间,优惠贷款的份额从 37%下降到 23%,官方发展援助由 40%下降到 24%,私人银行贷款则由 50%上升到 67%,这加重了发展中国家的利率负担;其次贷款期限的缩短,使发展中国家的借款主要应用于临时性需要,而不能转化为长期生产资本,因此外债使用的长期效益降低;最后,浮动制汇率的实行以及各国实行反通货膨胀的紧缩政策使国际信贷的利率不断上涨,因此发展中国家贷款的成本不断提高。

2. 经济发展战略对外债的依赖过重

大多数发展中国家的发展计划庞大,建设规模超过本国所能承受的限度,为了缓解资金短缺的压力,只能依靠外债发展经济战略。危机爆发前,拉美国家一般采取的是进口替代的工业化发展战略,但这种战略通常只能以借外债筹资才能实现,并且进口替代工业发展越快,外债的增加速度就越快,生产的低效率和垄断,导致经济发展对外债资金的依赖越来越重,当债务利率不断上升时,发展中国家举借外债的成本升高,使其经济发展没有足够的资金支持,因此更加无力偿还债务，导致债务危机爆发。

3.缺乏有效的外债管理措施

许多发展中国家大量举债而不考虑本国是否具有还债付息的能力，缺乏对借用外债的宏观调控。首先表现为多头举债，各级政府和各有关部门分散举债，政府无法监控债务总量，控制债务风险，约束举债担保。它也造成了借债单位在国际资本市场上相互竞争、盲目借债的现象，从而抬高了借债的利率成本；其次，政府没有正确决定外债的投向，造成投资效益和创汇率比较低，外债主要投向周期长、见效慢的生产建设性项目，而这些项目又缺乏有效的经营管理，因此债务收益率过低也加重了债务国家的负担；最后，政府缺乏统一的外债管理机构，不能对举债过程中的盲目竞争以及各种矛盾实行统一的协调和管理，也没有形成统一的外债监测体系，不能对外债进行实时监测和控制。

4.金融抑制导致的国内资本外逃

由于金融改革滞后，在发展中国家不断吸引外资发展本国经济的同时，大量资本也因为本国利率过低等金融抑制而外逃，1976—1985 年间，外债负担最重的 15 个发展中国家中有 9 个具有严重的资本外逃现象。大量的资本外逃使发展中国家的经济发展得不到快速发展，大量借入的外债发挥不了其应有的作用，并且国民收入的增长也没有预期的水平，最终使其无力偿还债务。

三、国际债务危机的影响

债务危机严重干扰了国际经济关系发展的正常秩序，是国际金融体系紊乱的一大隐患，尤其对危机爆发国的影响更是巨大，给这些国家的经济和社会发展造成了严重的后果。

（一）国内投资规模大幅缩减

首先，为了还本付息的需要，债务国必须大幅度压缩进口以获得相当数额的贸易盈余。因此，为经济发展和结构调整所需的原材料、技术和设备等的进口必然受到严重抑制，从而造成生产企业投资的萎缩，甚至正常的生产活动都难以维持。其次，债务危机的爆发使债务国的国际信誉大大降低，进入国际资本市场筹资的渠道受阻，贷款的难度增加。同时，国际投资者也会将危机爆发国视为高风险地，减少对该国的直接投资。外部资金流入的减少，使债务国无法筹措到充足的建设资金。最后，危机爆发后国内资金的持有者也纷纷抽回国内投资，这不仅加重了国家的债务负担，也使国内投资资金减少，无法维持促进经济发展应有的投资规模。

(二)经济增长减慢或停滞,通货膨胀加剧

债务危机爆发后,流入债务国的资金大量减少,而为偿债流出的资金却越来越多。因为债务国的偿债资金主要是依靠扩大出口和压缩进口来实现的。由于投资的缩减,企业的生产能力也受到影响,产品难以同时满足国内需求与出口的需要。为还本付息,国家将出口置于国内需求之上,造成国内产品供应危机,并且,债务国政府往往还会采取扩大国内公债发行规模和提高银行储蓄利率等办法来筹措资金。但筹措到的资金相当大一部分是被政府用于从民间购买外币偿还外债,必然造成国内市场货币流通量增多,通货膨胀不可避免。而为制止资金外流,控制通货膨胀,政府会大幅提高利率,使投资进一步下降,为偿债需兑换大量的外汇,又使得本币大幅贬值,企业的进口成本急剧升高。这些都使危机爆发国的经济增长逐步减缓,甚至停滞。

(三)对国际金融体系的正常运行产生影响

债权国与债务国同处于一个金融体系之中,债权国若不及时向债务国提供援助,就会引起国际金融体系的进一步混乱,从而影响世界经济的发展,并且对于那些将巨额贷款集中在少数债务国身上的债权银行来说,一旦债务国无力支付债务,必然使其遭受严重损失。此外,债务危机使债务国国内局势急剧动荡,也会从经济上甚至政治上对债权国产生不利影响。在这种情况下,债权人不得不参与债务危机的解决以使国际金融体系正常运行。

四、债务危机的解决方案

债务危机给世界带来巨大的冲击,因此如何解决债务危机问题成为金融领域一个亟待解决的问题。债务国、债权国以及世界金融机构共同合作制定了一系列的债务危机解决方案,这些方案随着对债务危机的认识不断深化而经历了一个演变的过程。

(一)债务危机初期解决方案(1982—1985 年 10 月)

债务危机初期各国认为危机只是一个短暂的流动性问题,而不是一个偿付问题,因此主要的对策就是债务重组以解决他们面临的短时期的财政困难。

1. 债务重组的主要内容

债务重组主要包括两方面的主要内容:一是改变偿还债务的条件,如延长债务期限和宽限期等,二是重新筹款偿债,即举借新贷款来偿还债务。一部分国家主要依赖官方提供和担保的信贷,也有一部分国家主要依赖私人借款。所以债务安排也分为官方债务重组和私人债务重组两种。

官方债务重组主要是在巴黎俱乐部①或主要援助国国际财团范围内以多边形式进行，主要包括流动性重组和债务存量重组。流动性重组旨在使债务国渡过暂时性支付困难，债务存量重组则针对到期日的所有债务。官方债务重组必须按照一套程序进行：第一，在国际货币基金组织、世界银行和国际清算银行的协助下，对债务国的偿付能力进行全面考察；第二，债务国和债权俱乐部的集体成员谈判达成“一揽子多边协定”，按照“对所有债权人一视同仁”的原则，制定双边协定的条件；第三，各债权国政府和债务国根据以上多边协定签订双边协定。其中具体的数额、延长期限和利率由双方自行决定。典型的重组协议条款包括：将所有借款的80%～100%延长时间偿还，通常有4～5年的宽限期，然后分8～10年时间偿付。至于利率方面，会议未作明确规定，而由各债权国与债务国协商。此外，其中有一小部分是采用再融通方式解决，即借新债还旧债。

私人债务重组一般在受债权银行委托的银行咨询委员会与债务国之间以谈判方式进行，其重组过程与官方债务重组相似，但要遵循两条原则：一是债务国必须先签署和实施国际货币基金组织所要求的稳定经济计划的协定，二是债务国必须如期支付所有到期利息。

债务重组的方案在短时期内解决了一定的问题，相比1975—1981年债务重组25起，金额195亿美元，1981—1985年债务重组安排则达到119起，金额达1 640亿美元。1984年以后拉美国家所欠的大笔债务均通过谈判达成了重新安排偿还期的协议，使债务国有可能将大量短期债务转化为中长期债务，国际债务危机得到一定程度的缓解，但这并不能从根本上解决债务危机。

2.国际货币基金组织的稳定经济计划

国际货币基金组织的稳定经济计划的主要内容是通过紧缩财政，鼓励自由市场经济，调整包括汇率、价格、贸易、税收在内的政策，使经济回到良性发展的轨道，恢复偿债能力。主要特点是：制定紧缩的财政和货币政策，减少债务国经济的总需求；对债务人的实际汇率实行一次性贬值；实行市场化改革。这些内容在短期内会使经济增长缓慢，还伴随着基本产品价格的上涨，因此，该计划在债务国很不受欢迎。但后期国际货币基金组织改变了以前的做法，开始提供中长期经济结构调整贷款，这些贷款对一国经济的调整起到了一定作用，例如1987年12月建立的国际货币基金组织结构性调整基金由大约60亿特别提款权的新

---

① 巴黎俱乐部(Paris Club)是国际货币基金组织的一个附属机构，是西方债权国政府组织的不定期论坛，讨论债务重组和减免问题。1962年6月由美国、英国、法国、联邦德国、意大利、日本、荷兰、加拿大、比利时和瑞典10国在巴黎组成，也称10国集团或10国俱乐部，目前有19个成员国。

增优惠贷款来帮助贫困的产油国进行为期3年的宏观经济结构调整，以改进他们的国际收支状况，促进经济增长，缓解债务危机。

总之，在这个阶段的债务危机解决方案都是围绕着确保债权国的贷款银行的金融稳定，比较少考虑债务国的需要，以非自愿形式出现的新的债务又进一步加重了债务国的负担，并且对债务危机的认识还不够，认为它是短期的流动性危机。因此国际社会不得不寻找新的解决方案。

（二）贝克计划（1985年10月—1989年3月）

美国财政部长詹姆斯·贝克于1985年10月在汉城召开的国际货币基金组织和世界银行的第四十届年会上，提出了解决债务问题的新战略——贝克计划。

贝克计划的主要内容包括：第一，各多边开发银行在三年内向15个主要债务国提供90亿美元的新贷款，并从国际货币基金组织的信托基金中拨出27亿美元专门给债务形势特别恶劣的15个国家；第二，要求私人银行在三年内建立200亿美元的信贷基金资助债务国；第三，债务国实行紧缩政策，降低通货膨胀率并实现国际收支平衡，鼓励和吸引外资，减少国际干预；第四，债务国和债权国进行对话，以防形成新的抗债集团。

贝克这项计划得到基金组织、世界银行和一些国际银行的大力支持，同时也得到债务国的欢迎。但是大力倡导该计划的美国并没有承诺承担什么义务，也没有表示要修改里根政府反对世界银行增加资本的政策，而只是把解决债务问题的责任推给发展中国家、世界银行和国际商业银行三方面，因此使该计划不具说服力，并且贝克计划提出的援助款项对巨额债务而言只是杯水车薪，并且最后连这一点资金也未能到位，所以它并没有从根本上解决发展中国家的债务危机。各债务国在实行贝克计划后仍存在下列问题：第一，主要债务国资本净流入减少甚至出现资本流出；第二，重债国的经济并没有明显好转；第三，世界银行和各国商业银行对重债国实行了高的呆账准备率；第四，主要债务国的债务负担又出现加重的趋势。

（三）布雷迪计划（1989年后）

20世纪80年代开始，产生了一个发展中国家债务的二级市场，在该市场内，债权银行可以按面值折现，把所欠贷款资产卖给第三方。同时1986年石油价格下跌，使严重依赖石油出口的债务国负担加重，因此这加深了对如果没有债务减免就无法解决债务危机的认识。

因此美国财政部长尼古拉斯·布雷迪于1989年3月提出解决债务危机的新方案。其实它是贝克计划的延伸，解决债务危机的主要内容仍是鼓励债务国实行市场化改革和采取稳健的经济政策，但是也承认现有的债务额还是大大超过了债务国的偿还能力，因此要在自愿的、市场导向的基础上，对原有债务采取各种形式的减免。随后美国副财长戴维·马福德制定了一个减免 39 个主要债务国所欠的 3 400 亿美元中的 700 亿美元的目标，国际货币基金组织和世界银行也专门拨出 240 亿美元专款用于贷款，支持那些成功地进行了债务减免计划谈判的国家。

布雷迪计划不仅减轻了债务国的债务负担，更为重要的是它提高了债务国的信用，增强了市场对这些国家的信心。其最明显的一个作用是达成协议后的一年内，大量私人资本回流到四大债务国，并且二级市场上未偿债务的价格也有了大幅度提高。由表 10-3 可知布雷迪计划在一定程度上取得了成功。但是减债计划的实施过程拖得太久，资金来源也没有落实，并且接收减债优待的国家必须接受世界银行和国际货币基金组织的要求，对本国经济结构进行调整，实行连续性紧缩政策，否则得不到贷款，因此也具有一定的局限性，并且它也存在政策上的缺陷：第一，对债务问题进行逐个解决，而不是考虑全面解决；第二，解决债务问题主要依赖市场的力量，由私人银行和债务国在金融市场上进行减债交易；第三，被减债或得到新贷款的债务国必须实施经国际货币基金组织认可的紧缩性调整方案。

表 10-3　债务重组协议

（1989—1994 年）　　单位：百万美元

	1989	1990	1991	1992	1993	1994
所有发展中国家						
重组总量	35 603	78 487	45 235	57 778	64 417	88 928
债务减免	−20 450	−32 007	−10 163	−11 359	−8 555	−18 389
重度负债的中等收入国家						
重组总量	16 111	43 695	17 285	44 564	37 793	64 723
债务减免	−9 689	−15 294	−2 706	−6 621	−6 577	−15 236

数据来源：World Bank，World Debt Tables，1996.

（四）密朗特方案和日本大藏省方案

1988 年 6 月法国总统密朗特在多伦多召开的七国首脑会议上提出了密朗特方案。该方案认为：债权国应大量放宽贫穷国家的偿债条件；IMF 为中等收入的债务国建立一笔担保基金，发达国家可留出新分配给他们的特别提款权为基金来源，该基金保证对转换成债券的商业贷款支付利息。这笔基金提供的担保会促进减债计划的谈判，并可大大降低债务国支付的费用。

1987 年日本大藏省公布了“资金还流计划”：向国际金融机构提供 130 亿美

元资金，向地区性金融机构提供39亿美元贷款，通过日本输出入银行和海外协力基金会提供双边政府贷款120亿美元，向非洲等不发达地区提供特别援助资金5亿美元，提高世界银行和地区性开发金融机构在东京市场的发债限额。1988年9月日本财政大臣宫泽喜一在IMF与世界银行的年会上提出一项建议：一是输出入银行将日本的一部分外汇储备"还流"给债务国，而不附有必须购买日本货物的条件，来协助债务国经济增长；二是由IMF设立专门账户，负责管理债务国的外汇储备，支持债务证券化后的债权实力，凡债务未转换为证券的债务国，则按适当条件帮助他们进行债务的重新安排。

实际上债务危机的解决方案不止以上几种，还包括二十四国集团建议①、债券换债务计划②、债务资本化③等，但以上几种是随着对债务危机的认识的深化而比较有代表性的计划，所以其他的计划就不再详细阐述。

专栏10-1

中国的外债结构

外债结构是指某个时期外债总量的各个因素的构成比例，主要包括外债期限结构、外债类型结构、外债币种结构和外债利率结构等方面。外债结构直接关系到外债利息的高低、汇率风险的大小和偿债期限的长短组合，以及经济发展的稳定性问题。只有建立合理的外债结构，才能降低借债成本，控制和规避利率风险与汇率风险，延缓偿债高峰期，以减轻财政负担，提高用债效益。

外债期限结构分析可以归结为短债率(短期外债余额占外债总额之比)的分析。中国在2000年以前，长期债务占绝对支配地位。2000年，长期债务所占比重已达到了91%，而短期外债所占比重越来越低，到2000年仅为9.0%，远远低于20%的国际安全线。长短期外债结构逐渐优化，有利于中国长期经济建设资金的稳定需要，有利于中国在时间上根据国情对还债资金进行调剂，降低债务风

---

① 1985年10月5日，二十四国集团指出债务问题需要债务国、债权国、商业银行和国际金融机构共同合作，对国际债务进行综合治理。

② 债券换债务是指墨西哥政府将用20亿美元现金购买美国财政部发行的为期20年的特别无息票债券(到期后一次还本付息)。墨西哥政府以以上债券为担保发行本金100亿美元、为期20年的债券，并将其在卢森堡证券交易所向国际债权银行出售，债权银行以墨西哥欠它们的债务以50%的折扣换取墨西哥的新债券。

③ 债务资本化是指债权银行按官方汇率将全部债务折合成债务国货币，在债务国购买等值的股票或直接投资取得当地企业的股权，这一过程也称为"债务—股本互换"。

险。但是2001年以后，中国的短期外债急剧增长，短期外债占外债总额的比例也飞速增长，至2004年年末，短期外债占到中国全部外债的45.63%，高于国际公认的40%的警戒线。如何合理安排债务的期限结构，成为中国面临的一个重要问题。长短期外债比例的均衡配置，才是理想的外债期限结构。但是，从另一角度来看，尽管中国短期外债比例较高，但如果考虑到我国超过6000亿的外汇储备，中国的支付能力完全可以满足总量外债和短期外债的支付需求。中国短期外债与外汇储备的比约为17.1%，低于国际货币基金组织的安全警戒线。

外债的类型结构是指一国对外负债总额中各种不同类型外债的构成比例。从债务类型看，外债有外国政府贷款、国际金融组织贷款、国际商业银行贷款和其他形式的借款四大类。前两项属于官方优惠贷款，具有开发援助和贸易性质，贷款期限长，利率低，有的甚至是无息贷款，但贷款条件较为严格。商业贷款的程序相对宽松，但期限短，利率高，且多为浮动利率，易受国际金融市场的影响。一般认为，国际商业银行贷款占外债总额的比重以低于60%为宜。中国外债中商业贷款的比重一直较大，而官方优惠利率贷款比例偏小，近几年这一比例一直保持在1/3左右。20世纪90年代以来，由于中国政府积极筹措官方优惠贷款，严格控制商业贷款的增长，商业贷款的比重逐年下降，同期官方贷款基本呈现稳中有升的趋势，从而在一定程度上减轻了中国的还本付息压力，但融资成本较高的国际商业贷款仍然占据主导地位。尤其是2000年以来，国际商业银行贷款的比例大幅上升，官方贷款比例却有小幅下降。中国的贷款成本问题仍应引起注意。

资料来源：单忠东、孙文先：《中国外债适度规模与风险管理》，《WTO经济导刊》，2005年第6期。

第三节 国际短期资本流动和货币危机

一、国际短期资本流动概述

国际短期资本流动(Short-term International Capital Movements)，是指期限为1年或1年以内或即期支付资本的流入与流出。这种国际资本流动，一般都借助于短期政府债券、商业票据、银行承兑汇票、银行活期存款凭单、大额可转让定期存单等货币市场金融工具及银行间的同业拆借，以及在短期内持有的长期金融资产，例如在股票市场、长期证券市场上的短期投资行为。

(一)国际短期资本流动的特点

国际短期资本流动是国际资本流动中数量巨大、形式复杂的一种，它主要有以下特点：

1. 政策性

短期资本流动与一国的政策有很大联系。如果一个国家没有外汇管制或外汇管制较松，容易发生短期国际资本流动。各国政府的经济政策如利率、汇率政策也会对国际短期资本流动造成很大的影响，一国利率有所提高就会吸引国际短期资本流入。

2. 投机性

在浮动汇率制下，短期国际资本流动具有很强的投机性，尤其短期资本中的国际游资更具有投机性。这是国际短期资本流动最显著的特点。

3. 高流动性

国际短期资本的载体是宜于转让的各种金融工具，并且因为其很强的投机性以及市场性决定了它具有高度的流动性。

(二)国际短期资本流动的分类

按照短期资本流动的动机可以将其分为以下几类：

1. 贸易性资本流动

贸易性资本流动是指国际间贸易往来的资金融通与资金结算而引起的货币资本在国际间的转移。在贸易往来中，必然会形成国际间的债权债务关系，为结清这些关系，货币资本必然从一个国家或地区流往另一个国家或地区，贸易资本流动就形成了。一般来说，这种资本流动，是资本从商品进口国向商品出口国转移，具有不可逆转的特点。贸易性资本流动在国际短期资本流动中具有重要的地位。

2. 银行资本流动

银行资本流动是指各国经营外汇业务的银行金融机构，由于相互之间的资金往来而引起的资本在国际间的转移，主要形式包括套汇、套利、掉期、头寸调拨以及同业拆借等。

3. 保值性资本流动

它是指短期资本持有者为了避免或防止所持资本发生损失进行资金调拨而导致的国际短期资本流动，这种形式的资本流动也称为资本外逃。资本外逃的目的主要是资本的盈利性和安全性，而引起资本外逃的原因包括：国内政治局势不稳，投资安全性受到威胁；一国经济形势欠佳，国际收支不平衡使本国货币趋于贬值；外汇管制过于严格影响资本流动。

4.投机性资本流动

它是指投机者为了赚取投机利润，利用国际市场上汇率、利率及黄金、证券等价格波动，通过低进高出或通过买空卖空等方式而引起的资本在国际间的转移。投机性资本流动的具体形式包括：在没有外汇抵补交易下，利用货币谋求更高收益的资本流动；对暂时性的汇率变动作出反应的资本流动，即如果一国汇率暂时性下跌，投机者预期到这种货币汇率不久会回升，因此买进该国货币，致使短期资本向该国流动；预测汇率将有永久性变化的资本流动；与贸易有关的投机性资本流动。投机性资本流动已经成为国际短期资本流动中最重要的组成部分，是各国政府资本流动管理关注的重点。

总之，短期资本流动有多种形式，它会对货币供应量产生直接影响，并且目前国际游资充斥国际金融市场，它会给各国经济发展造成恶劣影响。20 世纪 90 年代以来，国际游资对一国汇率频繁地发动攻击，由此引发了一系列的货币危机。

二、货币危机的原因及发生机制

（一）货币危机的概念

货币危机(Currency Crisis)的定义有狭义和广义之分。狭义的货币危机是与特定的汇率制度（通常是固定汇率制）相对应的，其含义是实行固定汇率制的国家，在经济基本面恶化的情况下，或者在遭遇强大的投机攻击情况下，市场参与者对本国的固定汇率维持丧失信心，通过外汇市场抛售等方法对固定汇率发动攻击致使其崩溃、外汇市场持续动荡的情况。而广义的货币危机则泛指一国货币汇率的变动在短期内超过一定的幅度（15%～20%），超出了一国可承受的范围这一现象。

货币危机与金融危机的概念是存在区别的。首先，货币危机可以看作是金融危机的一种表现形式。货币体系只表现在外汇市场上，而金融危机是指一个国家或几个国家与地区的全部或大部分金融指标的急剧、短暂和超周期的恶化，这不仅仅表现为汇率波动，还包括股票市场和银行体系等国内金融市场上的价格波动和金融机构的经营困难与破产等。金融危机的表现形式还包括债务危机和银行危机。其次，货币危机可以诱发金融危机，而由国内因素引起的一国金融危机也会导致货币危机的发生。我们在下面分析中所阐述的都是狭义的货币危机及其引致的金融危机。

（二）货币危机产生的原因

20 世纪 90 年代以来，许多国家都产生了货币危机，并且由于全球一体化的不断发展，各国之间的联系越来越紧密，一国产生货币危机后也会很快扩散到其他国家。因此货币危机产生的原因是值得研究的问题。

1.货币高估

20世纪90年代以来,英国、意大利、墨西哥、泰国等国因为都采取钉住汇率,其货币的汇率是随着钉住货币的变化而变化,当其钉住的货币升值时,该国货币也会升值,但是该国并没有足够的外汇储备以支持其升值,因此货币出现高估,市场对这些国家的货币就会产生很高的贬值预期,从而引发投机者的投机攻击最终导致货币危机。例如20世纪90年代初,德国因两德统一而采取紧缩的货币政策,德国马克汇率坚挺,英镑和里拉随之上升,当投机资本对英镑和里拉发动攻击时,英国和意大利无法维持汇率水平而退出欧洲货币联盟,造成欧洲货币危机。90年代中期美元汇率持续升值,钉住美元的墨西哥比索和泰铢也随之坚挺,其货币高估,同样受到国际投资资本的冲击,墨西哥等拉美国家以及泰国也出现货币贬值,爆发了一系列危机。

2.金融市场开放过快,银行体系脆弱

一些拉美、东亚、东欧等新兴市场国家过快开放金融市场,尤其是过早取消对资本的控制是导致货币危机发生的主要原因。金融市场开放会引发大规模资本流入,在固定汇率制下导致实际汇率升值,危害国内经济的发展,而当国内经济状况恶化时,又会在短期内引起大规模的资本外逃,导致货币急剧贬值,从而引发货币危机。并且在这些国家银行收入过分集中于债款收益,但又缺乏对风险的预测能力,累积的债务逐渐增多,也就更加剧了银行的脆弱性,容易引发银行危机,并同时导致货币危机。

3.危机的快速扩散性

由于贸易自由化、区域一体化,特别是资本跨国流动的便利化,一国发生货币危机极易引起临近国家的金融市场发生动荡,因为投资者担心其他投资者会抛售证券而使自身利益受损,因此都会选择提前抛售,造成在国际市场上大量抛售证券的现象,并且如果投资者在一国资产上出现亏空,他们会通过在其他市场出售类似的资产弥补整个资产的亏损。因此一旦一国出现货币危机会很快扩散到其他国家,形成国际性的货币危机。货币危机扩散的模式主要包括:第一是来自他国汇率变动对本国宏观经济的影响,即一国货币的贬值会造成本国在国际市场上的竞争力下降,从而影响本国的经济发展,投机者如果有这样的预期,就会在宏观经济发生变化前进行投机攻击,使得该国也出现货币贬值;第二是示范效应,投机者对一国货币进行攻击后所获得的巨额利润会吸引其他投机者纷纷效仿,投机攻击加强;第三是国际金融市场的替代套利和替代撤资。如果一国资产缺乏发达的对冲工具市场来避险,投资者就可能利用另一国的变动趋势与该资产相关的替代资产来充当对冲工具进行避险,这样拥有发达的货币市场和外汇市场的国家发行的货币就可能因此受到非经济的外来因素的冲击。

货币危机的产生有各种各样的原因，但是投机者攻击的主要对象首先是存在货币高估的国家，这些国家一旦发生例如经济增长速度减慢、贸易状况突然恶化等一些突发事件，就很容易引发货币危机，并且由于它的快速扩散性最终形成国际规模的货币危机。

（三）货币危机的发生机制

货币危机可能是由投机性资本流动带来的投机冲击引起的。投机冲击可能是由于一国经济基本面发生恶化而导致的，也有可能与经济基本面无关，只是由于人们的心理预期发生变化所造成的。假定一国汇率水平高估，因此国际金融市场上对该国货币具有强烈的贬值预期，则投机攻击者对该国发动攻击的方式有以下几种：

1. 投机者在货币市场上抛空远期具有贬值预期的货币，由于国际投资市场上具有羊群效应，因此其他投资者纷纷效仿抛售该国货币，该国货币的供应量增加，汇率下降，投机者到期以下降后的汇率购买该国货币进行期货交割，因此该国货币确实贬值，并且该国股市下跌，引发货币危机。

2. 投机者从具有贬值预期货币的同业市场拆入该种货币，以更高的价格买入他国货币，当具有贬值预期货币的汇率下降到比买入价格更低的价格时，再用他国货币换回具有贬值预期的货币。这也直接导致具有贬值预期的货币确实发生贬值。在这种形势下，如果具有贬值预期货币的发行国大幅度提高该国货币同业拆借利率，则投机成本会增加。

3. 投机攻击一般会导致同业拆借利率上升，如果一国政府为了维持本国货币汇率的稳定而提高市场利率，以期增加投机者投机攻击的成本，那么股票市场就会下跌，投机者在发动投机攻击的同时会在股票市场上抛空，因此即使该国货币的汇率不变，投机者发动攻击仍是有利的，因此他们会继续不断地发动攻击，当政府由于自身成本的增加无法再继续采用这种措施维持本国货币汇率稳定时，固定汇率就会崩溃，从而产生货币危机。

三、货币危机对经济的影响

货币危机的产生虽然能够纠正经济发展中存在的一些问题，例如货币的大幅度贬值可以纠正货币高估的现象，改善国际收支状况，并且危机爆发后也迫使各国反思自身的汇率制度，整顿金融体系，建立金融防范机制。但是，一旦产生货币危机，对爆发国的经济会造成很大的伤害，并且由于其高扩散性和传染性，整个世界经济都会遭到严重的破坏。货币危机的不利影响主要包括：

1. 在货币危机发生的过程中，政府为了抵制货币危机所引起的资本大量外流，会提高本国利率，并加强对本国的外汇管制，这使得本国的投资不断下降，影响本国经济的正常运作，并且，投机者进行投机攻击时会使资金大规模在国内外流动，扰乱本国的经济秩序；

2. 货币危机发生后，货币的大幅度贬值必然导致物价以更快的速度增长，加剧通货膨胀的压力，使危机爆发国失业率上升，经济发展速度减慢，投机者在投机后将资本大幅度撤出，也加重了对该国经济的影响，并且货币危机发生后大部分国家采取浮动汇率制，也会因为政府管理不当造成汇率过度浮动，对该国的贸易产生影响；

3. 在货币危机后的相当长的时期内，很多国家政府被迫采取紧缩性财政货币政策，为了得到 IMF 的援助贷款而不得不答应许多附加的条件，例如大量开放金融市场，对本国经济也造成不利的影响，同时在一国发生货币危机后，其高传染性往往会导致国际性的货币危机。

四、货币危机的解决方案

20 世纪 90 年代以来，爆发了三次世界性的货币危机：1992 年欧洲货币危机、1994 年墨西哥比索危机和 1997 年亚洲货币危机。

1992 年爆发了欧洲货币危机。两德统一以后通货膨胀上升，1991 年不断提高贴现率，德国马克不断升值，同时由于欧洲货币联盟的联合浮动汇率制规定了汇率波动幅度，这要求其他国家也同时升值，但是由于当时各国经济状况存在差异，宏观经济政策难以协调，芬兰、荷兰等国家相继宣布退出欧洲货币联盟，采取自由浮动，最终导致欧洲货币危机的发生。

1994 年爆发了墨西哥货币危机。墨西哥为了遏制通货膨胀，实行稳定汇率的政策，即利用外资的流入来支持本已非常虚弱的本国货币，使新比索与美元的汇率基本稳定，仅在一个很窄的范围内波动。但由于外贸赤字的恶化，外国投资者信心动摇，在资本大量持续外流的压力下，1994 年 12 月 20 日墨西哥政府不得不宣布让新比索贬值 15.3%。然而这一措施在外国投资者中引起了恐慌，资本大量外流愈加凶猛。墨西哥政府在两天之内就失掉了 40 亿～50 亿美元的外汇储备。到 12 月 22 日，外汇储备几近枯竭，降到了少于一个月进口额的水平，最后墨政府不得不宣布让新比索自由浮动，政府不再干预外汇市场。几天之内新比索下跌了 40%，墨西哥货币危机爆发。

1997 年爆发的亚洲货币危机则是范围更广、影响更大的一次世界性的货币危机。1997 年，泰国央行因无法抵御国际游资对泰铢的攻击而宣布放弃钉住美元制，实行浮动汇率制，并将贴现率上调，从而引发泰铢危机，随后菲律宾、马来西亚、中国台湾等都相继宣布实行浮动汇率，接着，爆发了韩元危机，使得东南亚货币再次全面贬值，加重了亚洲货币危机。最终亚洲货币的大幅贬值也引起了美欧国家股市和汇市的全面剧烈波动，并引发了俄罗斯金融危机，使得亚洲货币危机超出了地域范围，具有世界性。

这些国际性货币危机的频繁产生使人们不得不重视这个问题，从而产生了三代货币危机理论，这在下一章将会详细评述。

这三次货币危机都引发了金融危机，其中亚洲货币危机影响最大，因此我们以此为例来分析货币危机的解决方案。

(一)汇率制度变更

亚洲国家多是外向型经济国家，20世纪70年代起多实行钉住以美元为主的一揽子货币的固定汇率制度。实行这种制度会降低汇率的不确定性，同时促进物价水平和通货膨胀预期的稳定。但是20世纪90年代以来，这种汇率制度的缺陷逐步暴露出来：

首先，这种汇率制度容易导致本币币值高估，削弱本地出口商品竞争力，引起难以维系的长期经常项目收支失衡。20世纪90年代以来，美国经济稳定发展，在美元带动下亚洲各国货币也相继升值，但是他们出口的商品都是初级产品及半成品，货币升值削弱了其出口商品的竞争力，出现了国际收支赤字，货币的高估现象逐渐明显；其次，僵化的汇率安排可能被认为是暗含的汇率担保，从而鼓励短期资本流入和没有套期保值的对外借债，损害本地金融体系的健康；最后，固定汇率制削弱了一国货币政策的独立性，并且维持本国汇率稳定最主要的政策就是提高利率，这会造成国内外利差，短期资本流入，使各国对短期外债的依赖不断加深。一旦这些资金突然撤出，固定汇率制就会崩溃。总之，在固定汇率制度下，一国必须要么牺牲本国货币政策的独立性，要么限制资本的自由流动，否则易引发货币和金融危机。但是这两种选择都不利于本国经济的发展，因此需要变更汇率制度。

1.汇率制度变更的过程

泰国是最先进行汇率制度变更的国家。它从1984年起实行钉住美元为主的一揽子货币的汇率制度，其中美元权重达90%。但是泰国从1988年以后一直存在巨大的经常项目逆差，1995年，由于美元大幅升值，进一步削弱了泰国的出口能力。到1996年底，经常项目赤字达到126亿美元，占GDP的8%。为了解决经常项目逆差问题，泰国政府在坚持钉住汇率制度的前提下，开放资本项目，希望通过吸引外资流入，用资本项目顺差弥补经常项目的赤字，外债总额急剧增加，1997年初，国际投机资本开始对泰铢发起了连续攻击，泰国央行无力抵抗，1997年7月2日，泰国政府宣布放弃钉住汇率制，实行有管理的浮动汇率制。

随后菲律宾、马来西亚、韩国和印度尼西亚等国家也纷纷宣布放弃固定汇率制，采取管理浮动。

2. 汇率制度变更的结果

汇率制度变革为浮动汇率以后，不可否认初期货币的贬值会给经济带来严重的影响，但从长远来看浮动汇率的实行利大于弊。

首先实行浮动汇率暂时解决了货币高估的问题，减少了外汇储备的流失；其次，刺激出口，抑制进口，减少了贸易赤字，货币的贬值有助于增强该国产品在国际市场上的竞争力，有利于该国产品的出口，并减少进口，虽然由于J曲线效应，这一效果在危机后的前两年不明显，但是1999年以后，亚洲经济恢复，有的还出现了正增长，例如泰国在1999年6月份的出口额比1998年同期增长了5.8%，并且各国的进口形势也有所好转；再次，浮动汇率制度可以保证货币政策的独立性，使各国货币当局可以利用利率杠杆促进经济发展；最后，实行浮动汇率制不需要维持巨额的外汇储备。

总之，亚洲货币危机后实行的汇率制度变革会给各国带来积极的作用，但是亚洲各国经济问题的确实解决还需要其他各项经济制度的配套改革。

(二)适度的资本流动管制

布莱克波恩(Blackburn)的分析说明资本流动的程度越高越容易遭受冲击，危机出现得越早。[①] 而亚洲货币危机也验证了这一理论，以泰国为例，在钉住汇率下全面开放了资本项目，固定不变的汇率水平使国际货币投机成为一件风险极低的事情，因此这种钉住汇率下的货币很容易成为投机者的目标，这说明各国应该适当地进行资本流动的管制。管制的措施主要包括：

1. 征收托宾税[②]，限制国际资本的市场流动性

托宾提出对所有与货币兑换有关的国际证券和外汇即期交易征收税率统一的国际税，以交易成本的提高减少国际资本的不稳定流动，并降低国际证券价格和汇率的波动性。通过这种建议衍生的限制国际资本的市场流动性的方式目前已经成为国家监管资本流动的主要政策工具，马来西亚、菲律宾等都以其限制短期资本大量内流，并取得了良好效果。

2. 限制远期外汇交易和非贸易性的外汇交易

---

① Keith Blackburn, "Collapsing Exchange Rate Regimes and Exchange Rate Dynamics: Some Further Example", *Journal of International Money and Finance*, 7, 1988, pp. 373～385.

② 托宾税是指对现货外汇交易课征全球统一的交易税。这一税种是美国经济学家托宾在1972年的普林斯顿大学演讲中首次提出的，他建议"往飞速运转的国际金融市场这一车轮中掷些沙子"。该税种的提出主要是为了缓解国际资金流动尤其是短期投机性资金流动规模急剧膨胀造成的汇率不稳定。托宾税的特征是单一税率和全球性。该税的作用是抑制投机、稳定汇率，可以为全球性收入再分配提供资金来源。

菲律宾禁止国内银行进行非交割沽售美元的过期交易；马来西亚限制非贸易性的外币掉期交易，规定银行为外国投机者进行的掉期交易额必须以200万美元为限；泰国则要求出口商将美元存放在外汇户头的期限从180天下降到120天。

3.禁止非本国居民以本币进行投机或有可能转化为投机的融资活动

新加坡政府不允许非本国居民以新元在境外市场进行直接或证券投资；不允许非本国居民以新元进行第三国贸易；当新加坡公司正在被接管或进行金融投资时，禁止非本国居民用本币认购该公司证券；新加坡政府还规定了新加坡元的贷款范围。

4.通过政府入市操作对付投机资本

这是中国香港常用的对付危机的手段，调高同业拆借利率以增加投机成本，同时提高外汇储备利率吸引资本流入，采用这种方式避免了采用行政手段对金融市场可能造成的不利影响，对稳定市场信心、维护金融秩序起到了很好的作用。

(三)实行紧缩性的财政货币政策

亚洲货币危机之后，钉住汇率制崩溃，亚洲各国开始实行浮动汇率，为了尽快使汇率稳定，各国都采取了紧缩性的财政货币政策。

在紧缩货币供应方面的主要措施是通过提高利率、增大货币回收量、稳定币值、减少贷款以控制货币供应量和抑制物价上涨。1997年12月韩国利率水平大幅上调，政府规定的利率上限由25%提高到40%，隔夜拆借利率由12%上升到32%，此外泰国与马来西亚的利率也由危机前的5%分别上升到17%和10%，利率的大幅提高可以恢复市场的信心，在一定程度上减少了资本外流，增加了投机者短时期内卖空的成本，减弱了人们对未来通货膨胀的预期。总之，采用紧缩的货币政策可以在短时期内抑制本国货币的贬值，使汇率尽快恢复稳定。而紧缩的财政政策的主要措施即削减财政开支，如马来西亚限制1998年度的财政支出只能比1997年度增加1.5%，并决定延缓实施一批大型建设项目。1997年12月又公布了“紧急经济对策”，将1998年度的财政支出预算再次压缩了18%，并扩大延缓实施大型建设项目的范围。采用这种措施在一定程度上可以缓解货币贬值带来的通货膨胀压力。

紧缩的财政货币政策在短期内可以解决货币危机问题，即解决货币贬值、汇率超调以及货币贬值带来的通货膨胀，但从长期来看这种措施会阻碍经济的发展。因为在紧缩政策的促使下，高利率直接冲击着各地本已陷入泡沫状态的经济，进一步扩大了不良债权，银行紧缩信贷则使推动国内经济增长的消费与投资两大发动机降低速度。所以在很短的时间以后，亚洲各国又转向扩张性的财政货币政策。

(四)金融体系改革

亚洲货币危机后，各国都对国内的金融体系进行了大刀阔斧的改革，为经济复苏创造了条件。具体改革形式可以分为两种:短期内的金融体系重组和长期的加强金融监管。

1.金融体系重组

亚洲国家金融体系中不良资产规模巨大,危机之后,各国政府对破产的金融机构采取了清理、合并及政府收购的办法,对脆弱但仍有生命力的金融机构,注入政府资金,提高资本充足率并鼓励进行合并重组,同时通过存款保险的形式恢复市场信心,印度尼西亚、马来西亚、泰国共注入550亿美元资金改组金融机构,分别占其GDP的13%~20%。泰国将曼谷银行并入国营泰京银行,将金国银行并入国营呖达纳信银行。2001年2月,马来西亚央行出台了金融机构合并方案,决定将全国54家银行合并成10个银行集团,目的在于提高银行集团的资产。菲律宾央行积极鼓励国内商业银行实行合并,认为当时拥有的53家银行只有合并成四五家才能与外国银行进行有效的竞争。金融体系重组只是在短期内的措施,它为金融体系的健康发展奠定了基础,但是要彻底解决亚洲国家金融领域的问题,还需要长期的努力,加强金融监管是必不可少的。

2.加强金融监管

亚洲货币危机以后,各国都认识到了金融监管的必要性,因此对金融监管机制进行了改革,主要从两方面入手:

首先,完善金融监管的主体设置,对监管机构的职责范围进行了重新设定。以韩国为例,韩国以前的金融监管部门是由银行监管委员会、证券监管委员会、保险监管委员会和非银行监督局四个机构共同组成的,这些部门是分立的,在危机到来时不能快速联合做出反应,于是1998年韩国成立了统一的金融监管委员会,将以上四个部门合并为证券期货委员会和金融监督院,这种统一的监管机构可以节约成本,并且在危机到来时能够快速反应,有利于危机的预警、预防和处理。

其次,制定明确的监督原则,加强监督水平。亚洲各国在危机后制定了更为明确的监管原则,即市场性、开放性、国际性、法制化和透明性,并加强了监管水平。总之,亚洲金融体系的改革确实取得了一定的成功,各国经济恢复甚至开始发展,但是这种改革需要不断持续下去,并同时与国际接轨,才能使亚洲的金融业得到长足的发展。

本章小结

国际资本流动是指资本跨越国界的移动过程,即资本从一个国家或地区移动到另一个国家或地区,其结果主要反映在一国国际收支平衡表的资本与金融账户中，它按照期限的不同可以分为长期资本流动和短期资本流动。长期资本流动又分为直接投资、间接投资和国际贷款三种形式；短期资本流动则分为贸易性资本流动、保值性资本流动、银行资本流动和投机性资本流动四种形式。

长期资本流动指1年以上的资本的流动，它容易出现违约从而导致债务危机的发生。债务危机主要发生在发展中国家，给一国经济造成非常大的影响，到目前为止也已经发生过几次大规模的国际债务危机，国际上对于债务危机的解决是债务国、债权国以及国际金融组织共同联合起来的，经历了初期债务重组、贝克计划和布雷迪计划三个阶段。

短期资本流动是指期限在1年或1年以下的资本流入和流出。其所具有的高流动性容易造成货币危机的产生。货币危机是指实行固定汇率制的国家，在经济基本面恶化的情况下，或者在遭遇强大的投机攻击的情况下，市场参与者对本国的固定汇率维持丧失信心，通过外汇市场抛售等方法对固定汇率发动攻击致使其崩溃，外汇市场持续动荡的情况。20世纪90年代以来频繁爆发的国际性的货币危机时是很值得我们注意的，尤其是1997年的亚洲货币危机。关于如何解决货币危机，虽然目前已有很多种措施，并且一些亚洲国家实施之后确实有效，但要长远地完全解决货币危机，则需要国际上的各种金融组织及各个国家联合起来共同合作。

关键词

国际资本流动　国际直接投资　国际间接投资　国际信贷　债务危机　贸易性资本流动　银行资本流动　保值性资本流动　投机性资本流动　货币危机

复习思考题

1. 简述国际资本流动的特点以及其快速发展的原因。
2. 简述国际资本流动的效应及其影响。
3. 简述国际债务爆发的原因及其解决方案。
4. 简述货币危机爆发的原因和影响。
5. 简述亚洲货币危机爆发后的解决措施。

第十一章 货币危机理论

导言

货币危机理论主要研究货币危机爆发的动因和根源，危机的特点，以及危机的防范措施。自20世纪70年代以来，货币危机理论形成了比较完整并独立的体系，按照时间大致可以分为以下三个阶段：第一阶段，以克鲁格曼(Krugman)—弗拉德(Flood)—戈博(Garber)模型为主，被称为“第一代货币危机理论”，也被称为投机攻击模型；第二阶段从80年代中期开始，以奥布斯特费尔德(Obstfeld)的“预期自我实现型货币危机”(Expectations Self-Fulfilling Currency Crisis)模型为代表，被称为“第二代货币危机理论”；第三阶段从1997年亚洲金融危机之后，以麦金农(Mckinnon)和克鲁格曼(Krugman)为代表，被称为“第三代货币危机理论”。

学习目标

1. 了解三代货币危机理论的理论框架和主要内容；

2. 了解三代货币危机理论模型对货币危机的分析特点；

3. 了解对三代货币危机理论的修正和评价，以及第三代货币危机的政策建议等。

第一节 第一代货币危机理论 ——克鲁格曼货币危机理论

第一代货币危机模型的代表人物是保罗·克鲁格曼(Paul Krugman)、罗伯特·弗拉德(Robert P. Flood)和彼得·戈博(Peter M. Garber)。1978 年美国联邦储备银行的经济学家斯蒂芬·萨兰特(Stephen Salant)和戴尔·亨德森(Dale Henderson)发表了《对于政府政策的市场预期和黄金价格》①一文，建立了投机冲击模型，用于分析投机力量对政府控制的黄金价格的冲击行为。1979 年克鲁格曼将萨兰特—亨德森模型用于分析固定汇率制下的投机攻击，发表论文《一个国际收支危机模型》②，这标志着第一代货币危机理论的诞生。1984 年弗拉德和戈博建立了一个线性模型③以简化克鲁格曼的模型，并将其扩展到一个随机环境中，极大地发展了第一代货币危机理论。其后直至 20 世纪 90 年代，第一代货币危机理论仍不断地得到补充和修正。

第一代货币危机理论的建立是以 20 世纪 70 年代末开始的拉美国家的货币危机为背景的(如 1973—1982 年墨西哥、1978—1981 年阿根廷都遭受到对本国货币的投机性攻击)，它表明投机性冲击是在市场预期国内经济政策出现根本不一致时所做出的理性反应。尤其在固定汇率制下，巨额的财政赤字、高通货膨胀率与固定汇率制产生了极大的矛盾，诱发市场上对该国货币的投机性冲击，导致政府的外汇储备损失殆尽，并使政府放弃原来的汇率。

一、理论框架

第一代货币危机模型是西方关于货币危机的第一个比较成熟的模型。这一模型以小国开放经济为分析框架，以钉住汇率制度或其他形式的固定汇率制度为分析对象，分析了以放弃固定汇率为特定特征的货币危机是如何发生的。

---

① Stephen Salant & Dale Henderson, "Market Anticipations of Government Policies and the Price of Gold", *Journal of Political Economic*, 86, 1978, pp. 627～648.

② Paul Krugman, "A Model of Balance-of-Payments Crises", *Journal of Money, Credit and Banking*, 1979, Vol. 11, No. 3.

③ Robert. P. Flood & Peter Garber & Charles Kramer, "Collapsing Exchange Rate Regimes: Another Linear Example", *Journal of International Economics*, 1995, Vol. 41.

具体假设为：

(1)可供本国居民选择的资产有两种——本币和外币，资产之间可以相互替代；

(2)模型以小国开放经济为分析框架，居民只消费单一的可贸易商品，汇率钉住主要贸易伙伴国货币，汇率由购买力平价决定；

(3)价格和工资具有完全弹性；

(4)经济主体是完全预期的，固定汇率制由本国货币当局持有的外汇储备来维持；

(5)没有私人银行，货币供给总量等于国内信贷和中央银行所持有的外汇储备之和，国内信贷增长率为外生变量。

克鲁格曼认为：货币危机来自于国内政策不协调，这种不协调表现为政府过度扩张的财政货币政策与试图维持固定汇率制之间的矛盾。当中央银行拥有足够的外汇储备时，这种不协调可以暂时维持下去，当外汇储备不足时，对固定汇率的投机攻击就会出现，这就是第一代货币危机理论最主要的观点。

(一)理论模型及其基本内容

在一个开放的小国将其货币与一个较大的外部贸易伙伴的货币的汇率固定，由小国的国内货币管理当局承担维持固定汇率的责任的前提下，国内货币市场均衡由下式表示：

$$m-p=-\alpha i,\alpha>0 \tag{11-1}$$

上式是货币市场均衡的对数表达形式，其中：m 为国内货币供给的对数，p 为国内价格的对数，i 是利率水平，α 为系数。国内货币供给由中央银行资产中的国内信贷和外汇储备构成，其对数形式分别以 d 和 r 表示：

$$m=d+r \tag{11-2}$$

假设满足购买力平价，p^* 和 s 分别代表国外市场价格和本币汇率（以单位外币的本币价格表示）的对数形式，同时利率遵循非抵补利率平价，i^* 和 e 分别代表国外的利率和本币预期贬值率的对数形式，则：

$$p=p^*+s \tag{11-3}$$

$$i=i^*+e \tag{11-4}$$

假定不存在不确定性且汇率固定，$s=\bar{s}$（$\bar{s}$ 代表固定的汇率），$e=0$，$i=i^*$，假设政府的赤字融资要求国内信贷 d 以一个稳定的速度 μ 增长，且 i^*，p^* 保持不变。将(11-2)、(11-3)、(11-4)式代入(11-1)式得：

$$r+d-p^{*}-\bar{s}=-\alpha i^{*} \tag{11-5}$$

由上式可以看出，当国外价格 p^{*} 及利率水平 i^{*} 固定的情况下，d 以 μ 的速度增长会使 r 以相同的速度下降。显然，该国将最终会耗尽其外汇储备，其固定汇率也会最终解体。

具体来说，假设一国的货币需求非常稳定，货币供给由国内信贷和外汇储备两部分构成，当一国最初采取信用扩张政策时一般能够达到刺激经济增长的目的，并且这种政策效应通常会持续一段时间。在这一时期，该国经济增长的加快会吸引外资不断流入，它们中一部分被用于扩大进口，一部分增加了该国的外汇储备，即加快了信用膨胀的进程，因为央行以收购外汇形式投放的货币是基础货币，它在流通中将发挥乘数效应。当源于国内信贷扩张和外资流入这双重原因的信用膨胀持续一段时间后，该国经济会向畸形发展，这会使该国的经常项目收支从实质上开始发生逆转。当政府无法控制局面、本币势必贬值时，投机者就会将手中的本币兑换成外币，并借入本币，购进外币，继而导致外资流入减慢，甚至开始出现外流。与此同时，该国基本经济恶化和泡沫经济造成的经常项目逆差开始加速消耗该国的外汇储备。如果该国政府认为经济的疲软和经济过程的银根短缺是由于货币供应不足造成的，因而继续采用信用扩张政策，结果只能是加速外汇储备的流失。当外汇储备下降为零时，政府只能放弃固定汇率制，任汇率自由浮动。

所以一国采取持续的信用扩张政策导致该国外汇储备下降而放弃固定汇率制时，自由浮动时的汇率水平会较固定汇率制时的水平有大幅度的贬值。图11-1 显示了以上所分析的内容。

在图 11-1 中，由于居民对货币供给存量的自发调整，经济中的货币供给存量始终不变，在图上以水平线 m_t 表示，也表示在货币需求不变时货币市场处于均衡的状态。d_0 和 r_0 分别表示构成货币供给的国内信贷和外汇储备。因为采取扩张性的货币政策，所以 d_0 表现为一条向上倾斜的直线，而根据(11-2)式，货币供给存量不变的情况下国内信贷的增加势必会使外汇储备随着时间的推移而不断下降，因此 r_0 表现为向下倾斜的直线。在图中的 t_0 处，外汇储备下降为零，此时政府无力维持固定汇率制，只能任由汇率自由浮动。另外，考虑到投机者的心理预期因素时，若投机者对经济基本因素有完全预期，当他们预期固定汇率制会崩溃时，就会提前以固定汇率制下的汇率购入外汇，若市场上的投机者在某一时刻一致抛售本币，购买外汇，就会形成对该国固定汇率制的投机冲击，这一时刻往往出现在外汇储备下降为零的时刻以前，并造成本国外汇储备加速耗尽，使政府提前放弃固定汇率制。那么，投机攻击的时间如何确定呢？

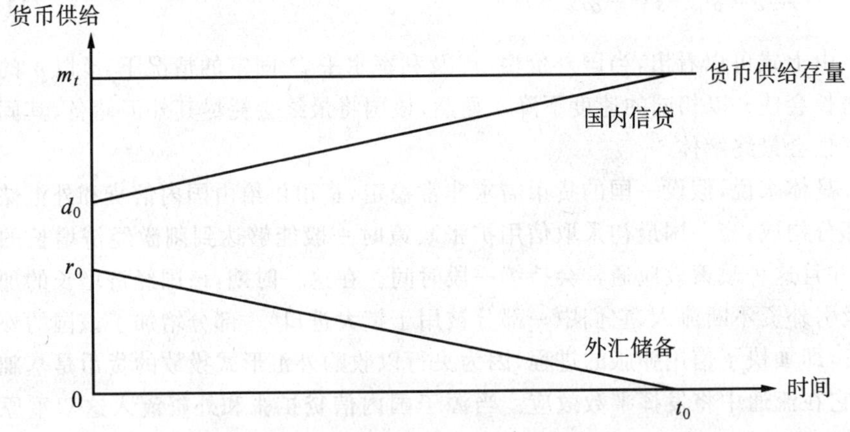

图 11-1　扩张性的信用政策引起货币危机的发生过程

(二)货币危机发生的时间

为了确定固定汇率解体的时间,我们引入影子汇率的概念。影子汇率(Shadow Floating Exchange Rate)是指在没有政府干预的前提下,外汇市场上汇率自由浮动所确立的汇率水平,也是投机过后外汇储备耗尽时货币市场达到均衡的汇率,它是本币真实价值的反应。投机者发动投机冲击的时间取决于投机者对投机获利的估计,而投机获利的大小取决于影子汇率与实际汇率的差距。持续扩张的信用政策会使影子汇率不断下降,当投机者意识到该国政府为了维持固定汇率而持续减少外汇储备时,并认为该国外汇储备即将耗尽时,影子汇率高于固定汇率(直接标价法下)。当影子汇率与固定汇率相等时,投机者会发动攻击,但名义汇率此时并未发生变化,政府为了保护固定汇率会动用外汇储备,随着投机攻击的进一步加强,外汇储备最终耗尽,固定汇率制崩溃,因此,投机者的完全预期会加速固定汇率制的崩溃。假设攻击后外汇储备为零,即攻击后外汇储备不再对调节汇率产生任何影响,影子汇率为 s^*,国内信贷按 μ 的速度增长,根据(11-5)式可得:

$$d_t - p^* - s^* = -\alpha(i^* + \mu) \tag{11-6}$$

将等式左右移项得影子汇率 s^* 为:

$$s^* = d_t - p^* + \alpha(i^* + \mu) \tag{11-7}$$

假定投机时外汇储备的变化量为 Δr,在投机攻击的过程中,外汇储备不断减少,因此 Δr 的值为负值。根据等式(11-7),在投机过后汇率会以 μ 的速度上升,因此利率平价就会使国内货币的利率上升 μ。在攻击发生时,货币市场的余额要求货币供给量的下降正好与货币需求的下降相匹配。因此 $\Delta r = -\alpha\mu$。由于国内信贷遵从 $d_t = d_0 + \mu t$,外汇储备符合 $r_t = r_0 - \mu t$,在攻击发生的时刻 T,储备将降为零,因此国内货币供给 m_t 等于国内信贷 d_t,那么攻击发生时由于影子汇率等于固定汇率,即 $s^* = \bar{s}$,根据(11-5)、(11-7)式可得:

$$r_0 + d_0 - p^* + \alpha i^* = d_0 + \mu T - p^* + \alpha(i^* + \mu) \tag{11-8}$$

整理可得攻击的时间为:

$$T = \frac{r_0 - \alpha\mu}{\mu} \tag{11-9}$$

该方程表示:最初的储备存量 r_0 越高,国内信贷的扩张速度 μ 越低,则发生投机攻击的时间越延后,即固定汇率维持的时间越长。以上分析可以用图 11-2 说明。

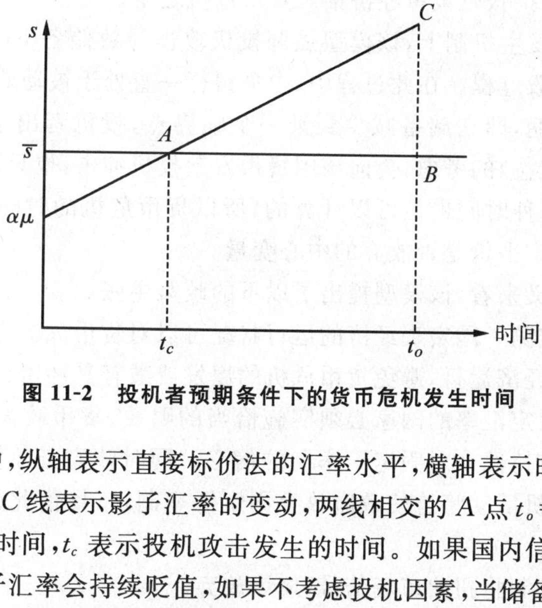

图 11-2 投机者预期条件下的货币危机发生时间

在图 11-2 中,纵轴表示直接标价法的汇率水平,横轴表示时间,$\bar{s}$ 线代表固定的汇率水平,AC 线表示影子汇率的变动,两线相交的 A 点 $t_o = t_c$,t_o 表示外汇储备下降为零的时间,t_c 表示投机攻击发生的时间。如果国内信贷持续扩张,储备不断流失,影子汇率会持续贬值,如果不考虑投机因素,当储备降至最低限时,固定汇率制崩溃,汇率会由 B 点跳跃至 C 点;而在投机者完全预期的情况下,如果在 t_o 小于 t_c 时进行攻击,由于投机者寄希望于本币贬值,外币升值,因此先向受攻击国借入本币购进外汇,但是如果在此时本币升值,当 t_o 小于 t_c 时投机者只好卖出外汇,换取升值的本币还债,投机者遭受损失,所以投机者不会在此时发动攻击。假如在 t_o 大于 t_c 时发动攻击,这时影子汇率大于固定汇率,这意味着投机者购买的每一单位外汇储备都有资本收益,投机者会为了赢得利润而相互竞争,这种竞争持续下去会使攻击时间提前,直至到达 $t_o = t_c$ 时。因此投机攻

击只会发生在 $t_0=t_c$ 时，投机竞争使汇率不会发生跳跃。从以上分析中也可以看出：初期储备存量越高，国内信贷的扩张速度越低，货币危机的发生越晚。

（三）第一代货币危机的分析特点

从上面的分析可以看出，克鲁格曼模型对货币危机的分析具有如下特点：

1. 从理论分析的基本逻辑来看，克鲁格曼模型认为货币危机的发生是由政府的宏观经济政策与固定汇率的维持这两种政策目标发生冲突、汇率遭受投机攻击引起的。一国的外汇储备不足以支撑其固定汇率长期稳定时，政府储备将被耗尽，政府在内部均衡与外部均衡发生冲突时，为维持内部均衡而干预外汇市场的必然结果是影子汇率与目标汇率发生持续的偏差。政府以抛售外汇储备的方式以保持币值的稳定，必然导致本国外汇储备不断减少，而这为外汇投机者提供了牟取暴利的机会，从而直接威胁到货币的稳定。这就是所谓“开放经济的三难选择①”的具体表现之一。这种分析将国际收支问题视为货币供求的自动调整过程，是政府的扩张政策将经济推入货币危机之中。

2. 在危机的发生机制上，该模型强调投机攻击导致储备下降到最低限是货币危机发生的一般过程。在此过程中，中央银行一直处于被动的地位，即使考虑投机者的心理预期，即在储备减少到某一个临界点，投机者出于规避资本损失（或是获得资本收益）的考虑，会向该国货币发起投机冲击，也只是使投机攻击的时间提前，并且这种时间也是可以计算的，所以货币危机的时间过程是确定的。储备存量则是决定平价是否放弃的中心变量。

3. 从政策含义来看，该模型提出了以下的政策主张：

首先，通过监测一国宏观经济的运行状况可以对货币危机进行预测，并在此基础上及时调整经济运行，避免货币危机的爆发或减轻其冲击程度。

其次，执行固定汇率的国家必须实施恰当的财政、货币政策，保持经济基本健康运行，从而维持民众对固定汇率制的信心。同时政府必须保持政策之间的一致性，否则，投机活动将迫使政府放弃固定汇率制，市场借此起到“惩罚”先前错误决策的作用。

第三，资本管制将扭曲市场信号，应该放弃。

总之，克鲁格曼模型表明，投机冲击和汇率崩溃是微观投资者在经济基本面和汇率制度间存在矛盾下的理性选择的结果，并非所谓的非道德行为，因而这类模型也被称为理性冲击模型（Rational Attack Model）。

---

① 开放经济的三难选择即固定汇率、资本流动与自主性货币政策的不相容性。

二、对第一代货币危机模型的改进和修正

克鲁格曼在自己的论文中曾指出该模型存在两个局限：一是这个模型是建立在高度简明的宏观模型基础上的，因此主要观点的得出都比较简易，但这也意味着对引起货币危机的要素的分析是不完全的；二是假设只有本币和外币两种资产是不现实的，不利于政府采取相应政策，在更现实的模型中不得不考虑其他政策达到稳定汇率效果的可能性，例如在开放市场上买卖债券或者对远期市场的干预。[①] 因此，克鲁格曼模型面世以后，理论界对其进行了大量的改进和修正。

(一)引入央行冲销(Sterilization)因素的扩展模型

克鲁格曼模型认为投机攻击引起的国内基础货币的下降水平等于外汇储备的损失量，而以维持固定汇率为目标的政府只是处于被动的地位，并没有采取措施进行干预。这一观点在后来的研究中遭到质疑。弗拉德、戈博和克莱莫将这一观点修正为政府在投机冲击期间主动在债券市场上买入本币债券，增加本币的供应量以冲销外汇储备的下降，从而保证基础货币在受到冲击时保持不变。[②] 在考虑到这一问题后，克鲁格曼的数学模型也应当进行修正。

扩展模型沿用了克鲁格曼模型的分析框架，货币市场均衡，非抵补利率平价的条件不变，攻击期间政府会完全冲销外汇储备下降带来的基础货币的减少，因此货币供给是不变的，即 $m=m^0$，并且汇率固定，那么货币市场均衡的条件为：

$$m^0-p^*-\bar{s}=-\alpha i^* \tag{11-10}$$

攻击发生后，外汇储备被耗尽，降为0，固定汇率改为浮动汇率，货币供给以 μ 的速度增加，在这种条件下影子汇率即投机攻击后的浮动汇率也将以 μ 的速度增加，利率平价使国内的利率 $i=i^*+\mu$，因此攻击发生后货币市场的均衡为：

$$m-p^*-s^*=-\alpha(i^*+\mu) \tag{11-11}$$

用方程(11-10)减去方程(11-11)，可得：

---

① Paul Krugman, "A Model of Balance-of-Payments Crises", *Journal of Money, Credit and Banking*, Vol. 11, No. 3, 1979.

② Robert. P. Flood & Peter Garber & Charles Kramer, "Collapsing Exchange Rate Regimes: Another Linear Example", *Journal of International Economics*, Vol. 41, 1995.

$$s^* - \bar{s} = \alpha\mu > 0 \tag{11-12}$$

由方程(11-12)可知，当政府采取冲销以消除外汇储备的下降对基础货币供给的影响时，不论央行持有多少外汇储备，影子汇率总是大于攻击前的固定汇率，这也就意味着无论影子汇率多高，投机者若以固定汇率购买外汇再以攻击过后的影子汇率卖出，总是有利可图的，这也就是说固定汇率是无法维持的。究其原因，冲销政策只能调整货币供给的变化，但是本国利率的上升会引起本国货币需求的下降，这点模型中并没有考虑进去，因此，即使投机攻击后货币供给不变，但由于货币需求的变化货币市场依然难以取得均衡，货币危机也是不可避免的。

尽管理论研究说明冲销并不能起到维持固定汇率的作用，但实际中各国在实行固定汇率的同时依然采取冲销对策，在利率平价条件上加入风险溢价，会使冲销政策起到维持固定汇率的作用。

这是因为冲销只不过是将投机攻击由货币市场引入其他市场，投机攻击引起的外汇储备下降会引起国内信贷的扩张，而扩张的信贷又被用于购买本国政府债券，因此投机攻击转入债券市场。投机攻击被冲销，货币市场没有变化，也不会引起国内信贷的变化，仍以 μ 的速度增长，但利率平价由于要考虑到国内和国外利率差别引起的债券的风险溢价(Risk Premium)而变为：

$$i = i^* + e + \beta(b - b^* - s) \tag{11-13}$$

(11-13)式中常数 $\beta > 0$，b 为私人掌握的本国政府债券数量的对数，b^* 为私人掌握的外币债券数量的对数，所以 $b - b^* - s$ 表示债券的风险溢价。国内信贷的增长导致私人投资的重新组合，结果外汇储备流向私人部门，由于政府的储备是付息的外币债券，所以储备下降时 b^* 上升。攻击发生时货币供给不发生变化，汇率也不会跳跃，而维持货币市场均衡也要求本币利率在预期的攻击时间不发生跳跃，因此由(11-13)式可知投机攻击时间将选择在使 e 的上升与风险溢价的下降完全相等之时。

因此在利率平价条件上加入风险溢价，会使冲销政策起到维持固定汇率的作用，因为在冲销使货币供给不变时，风险溢价的调整也使得货币需求保持不变。

(二)引入不确定因素的扩展模型

在传统的第一代货币危机模型中，投机者是完全预期(Perfect Foresight)的，但这种假设只是便于分析私人部门对不协调的经济政策作出的反应，事实上投机攻击的时间以及投机攻击后汇率的变动幅度人们不可能完全预期到，因此不确定性成为一个重要的因素。当公众预期投机发生的概率较大时，就会大量抛售本币，迫使政府提高本币的利率，反之，概率较小时，本币利率上升的幅度就不大。

为了研究不确定性对投机攻击的影响，弗拉德(Flood)与迈里恩(Marion)于1996年建立了一个带有随机因素的第一代货币危机理论的扩展模型。① 模型中包括完全冲销因素和随时间变化的风险溢价因素，央行对财政赤字的融资也使用了债券融资而不再是货币融资，同时模型也放宽了购买力平价的假设，假定商品以市场出清价格固定，投机者会更加注重汇率变动的影响而不是价格的影响，这大大简化了风险溢价的内涵。

引入不确定因素后的货币市场均衡条件为：

$$m_t - p_t = -\alpha i_t + \delta\varepsilon_t, \alpha > 0 \tag{11-14}$$

(11-14)式左边是货币供给，右边是货币需求，其中 i_t 表示本国利率，α，δ 为系数，ε_t 代表影响货币需求的真实攻击，而加入风险溢价后的利率平价变为：

$$i_t = i_t^* + E_t(s_{t+1} - s_t) + \beta_t(c + b_t - b_t^* - s_t) \tag{11-15}$$

式中 i_t^* 表示外国利率，s_t 表示本币汇率的对数，$E_t(s_{t+1}-s_t)$表示预期的汇率变动率，c 表示交易者对风险的偏好程度，b_t 和 b_t^* 分别表示私人持有的本币和外币债券，$\beta_t(c+b_t-b_t^*-s_t)$表示随时间变化的风险溢价。并且如果私人机构使用风险预期最大化，那么 $\beta_t = z\mathrm{Var}(s_{t+1})$，$z$ 是人们的风险回避程度，$\mathrm{Var}(s_{t+1})$是根据 t 时期预测的 $t+1$ 时期的汇率方差，显然，预期汇率方差越大，风险溢价越高，从而本国利率水平越高。

商品市场的预期出清价格在加入汇率变动的不确定因素后为：

$$p_t = (1-\pi_{t-1})\bar{s} + \pi_{t-1}E_{t-1}(s_t^* \mid s_t^* > \bar{s}) \tag{11-16}$$

式中 π_{t-1}是预期 t 时发生投机冲击的概率，s_t^* 表示影子汇率，$\bar{s}$ 表示固定汇率，$E_{t-1}(s_t^* \mid s_t^* > \bar{s}$ 就是 t－1 影子汇率大于固定汇率的期望，这两个值决定商品价格。

在债券市场上，本国债券的供给由下式决定：

$$h_t = \mu + \rho h_{t-1} + \varepsilon_t, 0 < \rho < 1, \mu > 0 \tag{11-17}$$

h_t 是 t 时期本币债券的供给，h_{t-1} 是 $t-1$ 期本币债券的供给，μ 是稳定状态下的本币债券量，ρ 是上期债券数量与本期债券数量的自相关系数，$\mu/(1-\rho)$是

---

① Robert P. Flood & Nancy. P. Marion, "Speculative Attracts: Fundamentals and Self-fulfilling Prophecies", *NBER Working Paper*, No. 5789, 1996.

本币债券的稳定状态，ε_t 是随机扰动项，符合标准正态分布。

综合三个市场的均衡条件可知影子汇率的变化率($\tilde{s}_t$)是由本国债券的上期供给量和随机冲击变量决定的：

$$\tilde{s}_t = \lambda_0 + \lambda_1 h_{t-1} + \lambda_2 \varepsilon_t \tag{11-18}$$

由(11-18)式[①]可知随机扰动项 ε_t 的变化会影响影子汇率，影子汇率的上升又会增加预期汇率变动的方差，进而提高风险溢价，从而导致本国利率水平的上升，这其中包括了"非线性"的假设，因此当人们预期影子汇率会发生较大的波动时，即预期汇率变动的方差增大时，这种预期就会通过利率平价来影响本国利率进而影响货币需求，投机攻击就会发生。但当人们对影子汇率的预期没有发生变化时，这种攻击就不会发生。所以引入不确定性的扩展模型中，预期变得非常重要，因为它有可能使经济从无攻击的均衡跳跃到投机攻击的均衡状态。总之这个模型既再次说明货币危机是宏观经济因素恶化的结果，又提出了私人行为的非线性特征，是一个介于第一代和第二代货币危机模型之间的模型。

(三)引入利率防卫因素的扩展模型

传统的第一代货币危机模型中，遭受攻击时并没有采取积极的利率措施来维持固定汇率，利率只是预期汇率的被动反映。于是弗拉德(Flood)和詹尼(Jeanne)在这一点上扩展了第一代货币危机模型，考虑了利率防卫的效应。[②] 如果提高国内货币利率的防范投机冲击，国内资产因为资产替代效应而更具吸引力，但同时增加了政府的财政负担，本国货币有贬值的危险。他们的研究结果表明，攻击前提高利率只会加速崩溃，并且因为要通过高利率借款来融通低利率的外国资产，所以政府的财政问题更加恶化。而投机正是由于财政的脆弱性导致的，所以提高利率加速了投机冲击。因此在攻击前提高利率并不是有效的汇率防范措施，它加速了固定汇率的崩溃，而投机攻击后提高利率则能延迟危机的爆发。

三、第一代货币危机模型的缺陷

第一代货币危机理论开创了货币危机理论的先河，具有创造性的意义，但由于受到条件的限制，第一代货币危机理论仍然存在以下缺陷：

① 由于计算过程十分复杂，λ_0、λ_1、λ_2 只是计算之后的系数，不作详细表述。

② Robert P. Flood, Olivier Jeanne, "An Interest Rate Defense of a Fixed Exchange Rate?", *IMF Working Paper*, No. 159, 2000.

1. 该模型忽视了引致货币危机的外部原因，把货币危机的成因完全归结为一国的宏观经济政策的不协调。在全球化程度不断提高的今天，国际资本流动愈加频繁，依然采用这种分析无疑是片面的。虽然在修正后加入了私人行为的非线性因素，但这种非线性因素只是预期、个人判断等主观因素，并不能解决主要问题。

2. 传统的第一代货币危机模型中，国内信贷扩张引起固定汇率制度崩溃的过程中，政府始终处于被动的地位，不采取任何措施来抵制外汇储备下降、国内利率变化等情况，即使修正的模型中加入了冲销因素、风险溢价和利率防卫等，但政府的政策选择也仅仅是这几个而已。但是在现实中，政府比第一代货币危机理论的假设要灵活得多，他们会衡量维持固定汇率系统的成本和收益之后作出选择，采取合适的政策措施来维持本国的经济运行。

3. 第一代货币危机模型是以拉美国家的货币危机为背景的，因此其研究对象是发展中国家，不具有广泛的适用性。因为货币危机不只发生在发展中国家，在发达国家也会出现。所以当 1992—1993 年欧洲货币危机出现时，人们无法用第一代货币危机模型对其进行解释，这也直接导致了第二代货币危机模型的产生。

专栏11-1

1978—1981 年阿根廷货币危机

1976 年 3 月阿根廷的军事政变推翻了 Peron 夫人领导的政府。在军事政变发生时，阿根廷的年通货膨胀率达 300%，财政赤字大约为 GDP 的 17%。新的军事政府引进了一系列的改革，旨在放松对经济部门的控制。这些改革包括逐渐消除资本控制、利率自由化和减少对贸易的限制等。此后，通货膨胀率明显降低，但还是超过了 100%。为了控制通货膨胀，1978 年 12 月阿根廷政府提出了以汇率政策为中心的 Tablita 计划。根据这个计划，从 1979 年 1 月 1 日开始，阿根廷比索采取对美元爬行钉住汇率制。其目的是通过逐渐把汇率贬值幅度降低到 0，使阿根廷的通货膨胀率逐渐与它的贸易伙伴保持一致。为了提高这个计划的可信度，政府提前几个月宣布汇率的调整速度。在这个计划实施的第一年，伴随着政府赤字的减少和国内信贷的收缩，货币贬值幅度逐渐减少。到 1979 年年底公共部门的赤字减少到 GDP 的 5%。然而在 1980 年 3 月阿根廷爆发了银行危机，为了挽救银行体系，央行对银行系统的贷款迅速增加，从而降低了人们对稳定计划的信心。1980 年后半年央行对公共部门融资增加，进一步损坏了市场对Tablita计划的信心。这种信心的损失主要表现为：相对于国外利率而言，比索存款利率上升，外汇储备大量流失。而此时，发达国家的反通货膨胀政策，使得阿根廷雪上加霜。到1980年底，根据宣布的贬值率调整后的比索相对国外货币的利率差达到了3%左右，而非黄金储备减少了40%。1981年2月，政府宣布货币贬值10%，Tablita计划也土崩瓦解。4月份又贬值31%，6月份又贬值30%。此后，货币当局采取了双汇率制，允许资本账户汇率自由浮动。政府对银行部门的挽救措施，使得Tablita计划崩溃后的通货膨胀加剧。1981年12月，新上任的金融部长Alemann宣布了一项新的稳定计划，重新采用了单一汇率制，停止了政府担保项目并收缩国内信贷。然而，这项计划好景不长，1982年4月2日爆发的英国与阿根廷在马尔维纳斯群岛的战争，使央行必须对大量的军费支出进行融资。此外，国际商品价格的下降、国外利率的上升、世界性的经济衰退和国际债务危机的全面爆发等外界因素使阿根廷的局面进一步恶化。到1982年7月阿根廷货币贬值148%，政府又开始采用汇率双轨制，对资本账户进行严格控制。

资料来源：金洪飞：《阿根廷的货币危机：过去和未来》，《当代财经》2002年第1期。

第二节 第二代货币危机理论——预期自我实现模型

1979年欧洲货币体系成立，其中心货币为欧洲货币单位，即欧共体的12个成员国货币共同组成的一篮子货币，各国货币所占的比重由各国经济实力决定，汇率制度是以欧洲货币单位为中心，每个成员国的货币与欧洲货币单位挂钩，继而确定两国之间汇率的固定汇率体系，即欧洲货币体系。所以当各国经济实力发生变化时，欧洲货币单位中各国的货币权数就要进行调整，若未能及时调整，市场的自发调节就会使欧洲货币体系爆发危机。

1992年欧洲货币危机爆发。其原因在于两德合并以后德国经济高速发展，通货膨胀上升，德国为了抑制通货膨胀，在其本身财政转移支付不可持续的情况下，只能利用国际直接投资，所以德国提高利率导致德国马克升值，连带芬兰、荷兰等国家的货币也相继升值，但它们本身不具备升值潜力，同时英国、意大利等国的经济一直低迷，增长缓慢，急需扩张性的低利率政策以增加企业投资，扩大就业，并刺激消费者需求，因此英镑、里拉有贬值的倾向。于是国际投机者在国际市场上大量抛出弱币，购进德国马克，致使弱币汇率大跌，导致了欧洲货币危机。各国中央银行干预无效，最终只能退出欧洲货币体系，允许汇率自由浮动。

第一代货币危机理论假设只有在经济基本面出现问题时，投机者才会对一国货币发起攻击，但1992—1993年欧洲货币危机是在经济基本面比较健康，并没有出现明显的财政和货币扩张的情况下出现的，对此第一代货币危机理论无法解释。所以欧洲货币危机之后，以奥布斯菲尔德(Maurice Obstfeld)为代表，包括卡尔沃(Guillermo A. Calvo)、莫里斯(Stephen Morris)、辛(Hyun Shin)等人提出了第二代货币危机理论。

一、理论框架

第二代货币危机理论的主要观点是货币危机不是由经济基本面恶化，而是由贬值预期的自我实现(Self-fulfilling)所造成的。政府不会再机械地钉住固定汇率，而是在维持钉住汇率、减少失业、增加政府债务中进行相机抉择，因此在考虑到私人部门与政府的相互作用时，经济存在多重均衡解。例如，如果私人投资者预期贬值，利率将上升，政府考虑到维持固定汇率制的成本过高，就有可能放弃固定汇率，真正发生贬值；同时，当私人投资者预期贬值时，他们需要使工资水平能确保弥补货币贬值带来的损失，这时从政府的角度来看，不使工资水平提高最好的途径是货币贬值，因此货币贬值的可能性增加。总之危机是自我实现的，它是私人部门与政府不断博弈的过程。所以第二代货币危机理论的两个主要特征就是预期的自我实现以及经济的多重均衡性。

模型假设政府会采取主动的政策调整，当公众预期政府将放弃固定汇率制时，维持固定汇率制的成本加大，政府会考虑放弃，这是在中央银行进行成本和收益比较分析后做出的决策，而不再是储备耗尽后的被动结果；同时模型引入博弈分析，私人部门和政府不断根据自身的信息和对方的行为进行博弈后修正自己的选择，而这种修正势必又将影响对方的行为，不断重复下去就会形成多重均衡。

(一)非线性政府行为与多重均衡模型

这一模型的研究方法是由弗拉德(Flood)和戈博(Garber)提出的[①]，它假定政府的货币供给行为是非线性的，即在没有发生对固定汇率的投机冲击时，国内信贷以μ_0的速度增长，而发生攻击后国内信贷则以更快的μ_1的速度增长。

在图11-3中，横轴表示时间，纵轴表示汇率，对应于国内信贷增长率μ_0和μ_1的影子汇率线$\hat{s}(\mu_0)$和$\hat{s}(\mu_1)$与固定汇率线$\bar{s}$分别相交于B点和A点，对应的

① Robert P Flood, Peter M Garber, "Gold Monetization and Gold Discipline", *Journal of Political Economy*, University of Chicago Press, Vol. 92(1), 1984.

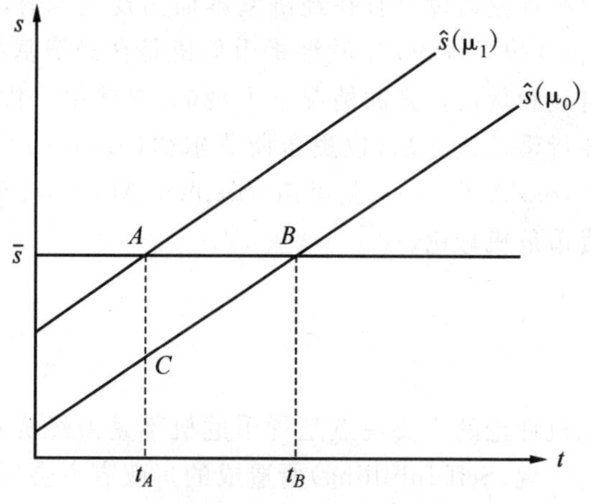

图 11-3 非线性政府行为下投机冲击的多重均衡

固定汇率崩溃时间为 t_B 和 t_A。因此时间段被分为几段，对应的投机冲击也有以下四种情况：

1. $t<t_A$ 时，无论是发动攻击还是不发动攻击，影子汇率都在固定汇率线 $\bar{s}$ 以下，这时发动攻击会有负利润引起资本损失，所以在这个时段不会发动攻击，只要国内信贷不变，国内信贷政策就可以与固定汇率制度相容。

2. $t=t_A$ 时，影子汇率为 $\hat{s}(\mu_1)$ 时均衡点为 A 点，影子汇率为 $\hat{s}(\mu_0)$ 时均衡点为 C 点，在 C 点由于影子汇率小于固定汇率所以不会发动攻击，在 A 点影子汇率等于固定汇率，恰好是投机攻击发生的时间，但是投机攻击的获利为 0，这时经济可能会有冲击和无冲击两个均衡点，但一旦发动攻击，均衡点从 C 点跳跃到 A 点，固定汇率崩溃。

3. $t_A<t<t_B$ 时，如果投机者力量较弱并且没有联合起来，或者在与政府对抗中付出的代价较大，就有可能出现多重均衡。当公众预期没有投机冲击时，影子汇率为 $\hat{s}(\mu_0)$，小于固定汇率就不会发生投机冲击；当公众预期有投机攻击发生时，影子汇率为 $\hat{s}(\mu_1)$，投机收益大于零，必然会导致投机冲击。所以是否会发生投机攻击是由公众预期决定的，如果公众预期发生变化，经济可能就会从无攻击的均衡点跳跃到有攻击的均衡点。

4. $t\geqslant t_B$ 时，影子汇率总是大于固定汇率，投机攻击必然发生。

值得说明的是当处于第三种情况时，如果市场上存在一个大的交易商掌握大量的头寸，例如乔治·索洛斯这种可以影响国际金融价格的大的投机力量，人们的预期很容易达到一致，这样经济就只存在一种均衡。但是该模型没有准确说明人们的预期是怎样影响经济均衡的。但是这种理论提供了与第一代货币危机模型"宏观经济政策不协调"的货币危机成因不同的解释，具有重要的理论意义。

（二）预期自我实现的危机模型

奥布斯菲尔德从私人投机者与政府行为之间相互影响和相互作用的关系入手，提出投机冲击产生的原因在于贬值预期的自我实现，投机者和政府都会对自身的成本收益进行比较，并且根据自身情况和对方的行为进行博弈之后作出有利于自身的选择。因此，我们可以从私人投机者和政府两个角度进行分析。

1. 从投机者的角度来看，投机者对汇率贬值的预期会影响政府的反应函数，并促使政府采取相应的措施，导致顺应公众预期的贬值真正实现。因此一国在没有实施扩张性政策、外汇储备充足的情况下也有可能发生货币危机，它是由公众的心理预期因素导致的。这些预期因素是包含在一些经济变量中的，例如利率、通货膨胀率和工资水平等。投机者对一国货币的攻击步骤是先从该国本国货币市场上借入本币，再在外汇市场上抛售本币，如果攻击成功则本币贬值，投机者会在贬值后用外汇购入本币偿还在本国货币市场的本币借款。所以投机者的成本是本国货币市场上的利率所确定的借款利息，而收益是持有外汇资产期间外国货币市场的利率所确定的利息收益以及本币贬值后所带来的收入，只要投机者预期成本会小于收益，即预期货币贬值后该国货币贬值的幅度会大于该国提高利率后两国利率之间的差距，投机者就会发动攻击。并且如果投机者预期本国货币贬值幅度较大，则利率提高到该国政府可以接受的上限时，投机者仍可以接受这一利息成本继续攻击，迫使政府放弃固定汇率。但是投机者最终能否成功还取决于投机资金的数量、羊群效应是否发生、政府态度的坚决性、政府之间国际经济协调是否有效等。

2. 从政府的角度来看，政府已经不再被动地接受投机冲击的影响，所以从理论上来讲，当攻击发生后，政府可以提高本国利率以提高投机者的成本以抵消市场的贬值预期并吸引外资流入来维持固定汇率。但是提高利率也是有成本的，政府会衡量成本和收益来选择是否要维持固定汇率制。

政府维持固定汇率的收益包括：(1)消除汇率浮动给国际贸易以及投资带来的不利影响；(2)发挥固定汇率的"名义锚[①]"遏制通货膨胀的作用，反通货膨胀的中央银行可以通过固定汇率承诺更大的公信力，或者甚至完全放弃本币，制定

① 名义锚，是指一国货币当局为了实行货币稳定计划，给本国货币选定一个稳定的货币目标，保持较小范围的钉住。名义锚的选取可以是国际中心货币或区内的主要货币等。

工资和价格(例如采用货币局制度),如果投机者对通货膨胀的预期较低,他们就会相应地确定工资和价格水平,结果该国可以在任何产出水平上保持较低的通货膨胀率;(3)政府维持固定汇率可以增加政府政策一致性的好评度,使得政府以后各项政策的可信度上升。

政府维持固定汇率的成本包括:(1)如果市场预期本币贬值时政府仍维持固定汇率,则名义利率、名义工资及其他商品价格都会提高,实际经济部门的增长会受到通货膨胀率和失业率的影响,政府偿还内债的压力加重;(2)利率的提高会使经济衰退,产生紧缩经济,并伴随高失业率,并有引发经济危机的可能。

政府要维持固定汇率的成本和收益如图 11-4 所示,图中纵轴代表维持固定汇率的成本,横轴代表本国的利率水平,CC'曲线是成本线,代表维持固定汇率制所需成本随利率变化的情况。假定经济中存在最优利率 i_0,在这一点上政府成本为 0,则随着利率的不断提高成本不断增加,因此 CC' 向上倾斜。B 线表示维持固定汇率制的收益,由于其与利率无关所以是一条水平直线,当利率为 i_1 时,政府成本等于收益;当利率水平小于 i_1 时,维持固定汇率所需要的成本小于收益,固定汇率得以维持;而当利率水平大于 i_1 时,维持固定汇率的成本要大于收益,政府将放弃固定汇率,货币危机爆发。

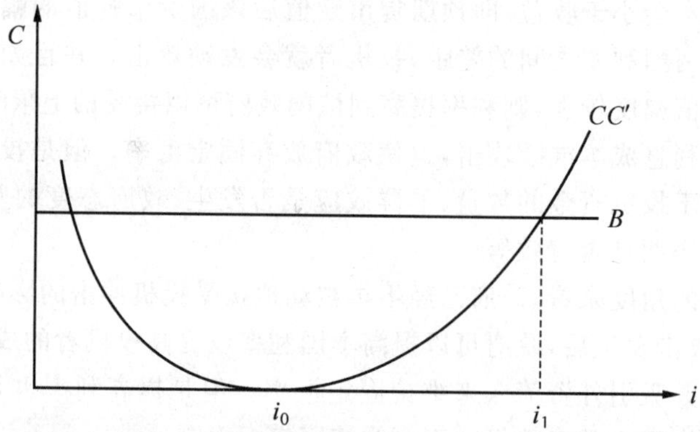

图 11-4 政府维持固定汇率的成本与收益

为了更直观地表示这个问题,1996 年奥布斯菲尔德在自我实现的货币危机模型中重新设计了一个政府损失函数[①],即一个拉格朗日函数:

---

① Obstfeld,"Models of Currency Crisis with Self-Fulfilling Features",*European Economic Review* 40,1996,pp. 1037~1048.

$$L=(Y_t-Y_{t-1})^2+\alpha\varepsilon_t^2+C(\varepsilon_t) \tag{11-19}$$

式中,Y 表示产出,ε 为汇率的变动率,$C(\varepsilon_t)$为调整汇率的成本,根据预期的菲利普斯曲线：

$$Y_t-Y_{t-1}=(\varepsilon_t-\varepsilon_t^e)-u \tag{11-20}$$

ε_t^e 表示预期的贬值率,u 为随机性供给冲击。将(11-20)式代入(11-19)式,同时取政府损失函数的最小值函数,可得到我们所需要的目标函数为：

$$\min[(\varepsilon_t-\varepsilon_t^e)-u]^2+\alpha\varepsilon_t^2+C(\varepsilon_t) \tag{11-21}$$

经计算可得到最优化条件为：

$$(\alpha+1)\varepsilon_t-\varepsilon_t^e-u=0 \tag{11-22}$$

所以如果存在贬值预期,$\varepsilon_t^e>0$,则 ε_t 必然大于 0,政府会选择本币贬值政策;即使人们预期本币升值,但只要 $\varepsilon_t^e+u>0$,ε_t 也大于 0,政府依然会选择本币贬值政策;只有 $\varepsilon_t^e+u<0$ 时,政府才会选择本币升值,因此在这个函数中存在本币升值的可能性,经济依然表现出多重均衡。

二、第二代货币危机模型的特征

第二代货币危机模型具有比较明显的特点：

1. 在该理论中,政府不再是在投机攻击或货币危机发生时居于被动的地位,政府的政策目标不再只是单一地维持固定汇率,而是根据维持固定汇率的成本和收益的比较结果进行相机抉择,政府在这个模型中处于主动的地位,尽可能使其维持固定汇率的成本最小,放弃固定汇率是央行在做出分析比较后的结果,并不一定是储备耗尽的结果。

2. 该理论认为宏观经济中存在多重均衡,而公众对汇率制度是否能够维持的预期决定经济会到达哪个均衡点。当公众的预期贬值为 0,即公众预期固定汇率制度不会崩溃时,就不会产生对外汇储备的挤兑,国内的信贷政策就不会发生变化,因此固定汇率维持的概率为 1,汇率会保持稳定;当公众预期货币贬值时,政府就会不断提高利率来维持固定汇率,这种政策的结果就是固定汇率崩溃,货币危机产生。因此该理论强调货币危机是公众预期导致的自我实现,这也是第二代货币危机模型最核心的思想。

3. 该理论引入了博弈。在第二代货币危机模型中货币危机发生的机制为：公众预期贬值→产生对外汇储备的挤兑→政府通过提高利率维持固定汇率→政府采用固定汇率制的成本增加→加强市场的贬值预期→促使利率进一步上升，在这种恶性循环的背景下，政府与投机者在不断地进行动态博弈。在信息不对称的条件下，市场对政府维持固定汇率的成本只能做一个大概的区间估计，在这个区间内不断进行攻击。如果在政府捍卫固定汇率期间可以改变投机者的预期，那么货币危机就可以避免，而政府也会考虑到投机者的情况来衡量维持固定汇率制的选择是否正确。

4. 该理论考虑到经济周期对于货币危机的影响，认识到政府对固定汇率制度的承诺依赖于经济周期的状态。一国的经济周期处于不同阶段，政府维持或者放弃固定汇率的成本就会出现变化。

三、对第二代货币危机的评论和修正

第二代货币危机理论较好地解释了1992年的欧洲货币危机，并且区别于第一代货币危机模型的线性分析，第二代货币危机理论提出政府非线性，经济中存在多重均衡，并且货币危机不是由于宏观经济基本面出现问题导致的，而是由于公众预期促成货币危机的自我实现，这些都使货币危机理论的解释力大大加强。

但是第二代货币危机理论仍然存在着一些缺陷：

1. 模型过分夸大了预期的作用，并且没有解释预期的影响因素。奥布斯菲尔德认为人们预期货币贬值，贬值就会发生，人们预期汇率稳定，贬值就不会发生。同时他还说明，预期是由外部因素决定的，模型中不考虑这个问题。但是预期只是人们的心理因素，无法衡量，并且究竟是哪些因素影响了预期也是不可估计的，模型在这一方面缺乏解释力。

2. 模型没有解释投机攻击的时间。例如一国货币在危机发生前很长时间都满足受攻击的条件，公众也预期固定汇率制崩溃，所以在这一段时间内都可能是攻击的时间点，但为什么攻击恰好发生在模型给出的那一点上，而不是这一段时间内的其他点上，奥布斯菲尔德也将这归结为模型外的因素，这一点也是一个理论缺陷。

基于以上的缺陷，在第二代货币危机出现以后，很多学者对其进行了修正：

莫里斯和辛研究了不同类型的不确定性如何消除多重均衡，使投机攻击成为唯一的结果，即单一均衡的路径，并给出了政策建议。[①] 他们认为市场上是存

---

① Morris Stephen, Hyun Song Shin, "Unique Equilibrium in Model of Self-Fulfilling Currency Attack", *American Economic Review*, Vol. 88, 1998.

在信息不对称的，因此每个投机者得到的市场信息都存在一定的误差，这导致人们高阶不确定性的存在，同时，不同的信息持有者对得到的同一信息也会有自己不同的解释，这就导致了噪音信息。每个投机者都会考虑别人可能有的想法，如果每个人都认为其他投机者存在放弃固定汇率的想法，即市场上存在一个比较有信服力的噪音信号时，人们的高阶不确定性会发生作用，对经济基本面无法做出正确理性的判断而导致单一的危机预期。这种预期是自我实现的，但它是否真实发生则取决于投机者的人数、投机者所持有的财富总和以及投机攻击的交易成本等因素与政府行为之间的力量抗衡。因此，莫里斯与辛给出的政策建议包括：重视信息的透明度以消除高阶不确定性和噪音信号的影响；提高交易成本。这个理论给出了预期的一个影响因素并提出了政策建议，是对奥布斯菲尔德理论的一个很好补充。

巴内基(Banerjee)则用信息传递现象(Information Cascades Phenomenon)来解释投机者如何进行预期协调，也是对预期影响因素的一个补充。[①] 他假设每一个投机者拥有一些有关经济情况的信息，并按顺序公开地决定持有一种货币或是放弃一种货币。如果首先的 n 个投机者得到不好的消息而放弃货币，则第 $n+1$ 个投机者则不会顾及自己掌握的消息(即使这个消息是对维持固定汇率有利的)而同样地卖出货币，这样最终引起羊群效应，经济就会出现投机攻击。

卡沃(Calvo)和门多萨(Mendoza)[②]则提出，在全球化的市场，有很多相同的投机者会选择同样的决策，而随着世界资本市场的发展以及信息摩擦的存在，并且全球化增加了人们选择同样投资组合的意愿，结果一些小小的谣言往往就会造成羊群效应，出现投机攻击。

还有一些学者认为由于全球一体化以及区域一体化的不断加强，特别是后者，区域内国家之间经济依存度逐渐增高，危机将首先在经济依存度高的国家之间扩散。一国发生货币危机会给出一定的市场信号，改变投资者对与其经济依存度高或者与其经济特征相类似国家的货币的信心，加大这些国家货币危机发生的可能性，甚至导致完全意义上的自我实现式危机的发生，即所谓的传染效应。这也是第二代货币危机的一种新理论。

---

① Banerjee Abhijit, "A Simple Model Herd Behavior", *The Quartly Journal of Economics*, Vol No. 3, 1992.

② Guillermo Calvo, Enrique G. Mendoza, "*Rational Herd Behavior and the Globalization of Securities Markets*? "mimeo, University of Maryland, 1997.

专栏11-2

货币危机在金融市场的传导机制

金融资产交易成本较低并且具有很强的流动性，并且金融市场上的衍生工具又具有放大效应，所以金融市场对外部冲击的反应要远远快于商品市场，所以金融市场是货币危机在国家间传递的最迅速的渠道，具体的传导机制包括：①通过金融市场上的流动性需求传导，一国货币危机发生后，本国投资者以及居民纷纷提取本币资产换取外币的行为会造成银行大面积的支付危机，于是那些在该国银行拥有大量资产的国际投资者就会面临流动性的困难，他们只能从其他国家的金融市场上提取资金满足流动性需求，当这种提款比较集中时就有可能引发他国的货币危机。②借助于银行体系传导，银行体系爆发危机会诱发国内存款人和国际投资者对该国银行体系的稳定性的怀疑，从而将本币转换为外币资产，因此银行危机会引发货币危机，当银行危机在国际间传递时货币危机也会同时传递。③通过市场预期造成的资金流动传导，信息不对称和信息加工能力的限制会改变市场的预期，一个国家受到货币冲击，投资者会产生具有相同特点的国家也会受到货币冲击的预期，因此投资者也会抽出在其他国家的资本，从而引发他国的货币危机。④通过机构投资者[①]的行为传导，大部分的机构投资者都遵循风险分散的投资组合理论，相当多的基金都采取了按照地理区域的投资分散方式进行管理，这样一旦某一区域的一国货币遭受冲击，投资者就会将属于该区域国家的货币和证券都抛出去，从而使该区域内其他国家也遭受货币冲击。

资料来源：安刚："货币危机的国际传递机制"，《上海经济研究》，1999 年第 5 期。

第三节　第三代货币危机理论

自 1997 年 7 月起，爆发了一场始于泰国，后迅速扩散到整个东南亚并波及世界的亚洲货币危机，使许多东南亚国家和地区的汇市、股市轮番暴跌，金融系统乃至整个社会经济受到严重创伤，1997 年 7 月至 1998 年 1 月仅半年时间，东

① 机构投资者从广义上讲是指用自有资金或者从分散的公众手中筹集的资金专门进行有价证券投资活动的法人机构。在西方国家，以有价证券收益为其主要收入来源的证券公司、投资公司、保险公司、各种福利基金、养老基金及金融财团等，一般称为机构投资者。其中最典型的机构者是专门从事有价证券投资的共同基金。在中国，机构投资者目前主要是具有证券自营业务资格的证券自营机构、符合国家有关政策法规的各类投资基金等。

南亚绝大多数国家和地区的货币贬值幅度高达30%~50%,最高的印尼盾(Rupiah)贬值达70%以上。同期,这些国家和地区的股市跌幅达30%~60%。这场危机首先是从泰铢贬值开始的,1997年7月2日,泰国被迫宣布泰铢(Baht)与美元脱钩,实行浮动汇率制度,泰铢汇率狂跌20%。和泰国具有相同经济问题的菲律宾、印度尼西亚和马来西亚等国迅速受到泰铢贬值的巨大冲击。7月11日,菲律宾宣布允许比索(Peso)在更大范围内与美元兑换,比索贬值11.5%。同一天,马来西亚则通过提高银行利率阻止林吉特(Ringgit)进一步贬值。印度尼西亚被迫放弃本国货币与美元的比价,印尼盾7月2日至14日贬值了14%。接着韩国、中国台湾、中国香港、日本等也受到波及,货币大幅贬值。针对这次危机,第一代货币危机理论和第二代货币危机理论的观点都无法做出解释。所以很多学者针对亚洲货币危机进行分析,提出了一些新的分析思路,包括多米尼克·萨尔瓦多(Dominick Salvatore)和考赛提(Corsetti)等学者的基本因素论,麦金农(Mckinnon)和克鲁格曼的道德风险论,克鲁格曼的企业基础上的多重均衡模型,瑞得立克和萨克斯(Steven Radelet and Jeffrey Sachs)的金融恐慌论等。这些模型并没有在基本思想和分析框架上形成统一的体系,因此不能算严格意义上的一代模型,但鉴于其都是分析亚洲货币危机,因而被统称为第三代货币危机模型。这一代模型的分析包括了银行、企业、外国债权人等为主的微观基础,这是与前两代模型最显著的不同。以下对这几种理论作简要介绍。

一、基本因素论

自第一代货币危机模型开始,基本因素的恶化对产生货币危机存在一定影响的理论研究一直存在,亚洲金融危机爆发以后,理论界对传统的基本因素理论进行了修正,添加了一些新的要素以更好地解释新的货币危机。

基本因素论认为一国的基本面因素是决定危机是否爆发的关键因素,也是导致危机恶化和蔓延的根本原因;而一国基本因素的恶化主要包括经常账户赤字、实际汇率上升、政府的巨额隐含财政赤字、不正常运行的金融体系等,这种恶化可以通过一系列的宏观和金融指标进行量化;这种理论不能准确预测何时爆发危机,只能说明危机的运行趋势;在基本面恶化的情况下,投机攻击、政治风险等都会促使危机的爆发。

(一)基本因素论对亚洲货币危机的解释

一国基本面因素的恶化可由一系列的指标进行量化,这些指标主要包括:

①实际汇率上升率。历史的考察发现多数国家,尤其是发展中国家和新兴市场国家的货币实际汇率在货币冲击前三年内有持续上升的趋势,这会影响出

口竞争能力，进而影响贸易平衡和经常账户平衡。

②经常项目差额/GDP。若经常项目差额占GDP的比重维持在5%或继续持续增加，可能说明该国存在结构竞争力不足或出口部门生产力下降等问题。

③债务及偿债能力指标——短期外债/外债、短期外债/外汇储备和外债/GDP。如果一国的外债中短期外债居多，表明该国面临的还债压力较大；而如果短期外债总额占外汇储备总额比重很大，则说明该国偿还短期外债能力相当之弱，容易因缺乏国际流动性而引发货币危机；外债与GDP之比则反映了外债是否过度以及长期的偿债能力。三者的国际警戒线分别为25%、50%和50%。

④相对通货膨胀率。相对通货膨胀率的持续增加将意味着该国经济和国际金融地位的下降，本币贬值的压力增大。一般来说该指标应小于2%。

⑤金融体系脆弱性指标——资本金充足率和不良资产率。一国的金融机构的不良债权占其总资产比重过大，资本金充足率过低，则表明金融机构的资产质量很差，国内金融体系潜伏着巨大的风险，存在着兑付危机。两者的警戒线分别为8%和12%。

⑥国内信贷增长量/GDP。国内信贷的过度扩张不仅是投机性冲击压力增大的指标，也易引发借贷泡沫而弱化金融体系。该指标一般不应高于10%。

根据以上指标可以对亚洲货币危机爆发前的亚洲各国进行评价。

表 11-1　实际汇率上升率(1991—1996 年)

单位：%

国　家	1991	1992	1993	1994	1995	1996
泰国	1.54	0.15	0.32	4.26	2.60	1.34
印度尼西亚	0.01	0.01	4.37	1.63	1.69	0.45
马来西亚	−0.63	5.82	−2.73	6.34	3.20	1.23
菲律宾	19.32	11.70	−5.77	18.31	−2.10	5.31
新加坡	5.73	−1.57	1.58	9.56	2.18	0.61
中国	−5.55	−3.41	9.16	−26.5	13.55	3.44
韩国	−1.10	−0.43	−0.70	6.00	3.47	−6.90

数据来源：国际货币基金组织《国际金融统计月报》1997 年 7 月。

注：根据 1990 年的指数算出，1990 年的指数为 1。

由表 11-1 可以看出，1991 年以来，亚洲主要国家的货币都出现了持续升值，其主要原因在于美国经济的发展使美国对各主要货币保持了强劲的升值势头，采用钉住汇率制的亚洲各国的货币也随之升值，使实际汇率也不断升高。

表 11-2 经常项目差额/GDP(1991—1996 年)

单位:%

国 家	1991	1992	1993	1994	1995	1996
泰国	−7.7	−5.7	−5.1	−5.6	−8.2	−10.2
印度尼西亚	−3.7	−2.2	−1.3	−1.6	−3.5	−4.0
马来西亚	−8.9	−3.8	−4.8	−6.4	−8.6	−7.5
菲律宾	−2.3	−1.9	−5.5	−4.6	−2.7	−4.3
新加坡	11.2	11.3	7.3	17.0	16.8	15.0
中国	3.2	1.3	−1.9	1.4	0.2	0.9
韩国	−2.8	−1.3	0.3	−1.0	−1.8	−4.9

资料来源:国际货币基金组织《国际金融统计年鉴》1997 年,《世界经济展望》1997 年 10 月,《国际金融统计月报》1998 年 2 月。

由表 11-2 看出,亚洲各国自 1991 年开始不断出现经常账户赤字,占 GDP 的比重也不断增加,尤其以泰国最为严重,至 1996 年经常账户赤字已占 GDP 的 10.2%,远远超过了国际警戒线。这主要是因为各国实际汇率的上升导致出口不断降低,并且亚洲各国以出口初级加工品为主,随着其主要出口对象国日本经济的停滞以及其他国家的竞争,市场份额不断缩小,经常账户赤字不断增加。

表 11-3 外债/GDP(1991—1996 年)

单位:%

国 家	1991	1992	1993	1994	1995	1996
泰国	38.38	37.51	34.10	33.31	33.78	50.05
印度尼西亚	68.21	68.74	56.44	60.96	61.54	56.74
马来西亚	35.48	34.51	40.74	40.40	39.31	40.06
菲律宾	71.45	62.29	66.09	62.42	53.21	50.05
新加坡	11.07	9.47	9.45	10.79	9.84	10.74
中国	14.84	14.99	14.35	18.38	16.60	15.44
韩国	13.51	14.34	14.18	14.32	23.80	28.40

数据来源:Roberto Chang, Andres Velasco,"The Asian Liquidity Crisis", *NBER Working Paper*, No. 6796, 1998.

由表 11-3 可知,在危机爆发前的几年间,亚洲主要国家的外债额都快速增长,占 GDP 的比重泰国、印度尼西亚和菲律宾都超过了国际警戒线。这主要是因为各国经济的快速发展和房地产等资产价格的上涨使得各国对资金的需求大大增长；同时各国的高利率以及开放的资本市场也吸引了大量的资本流入，因此金融机构一方面从离岸市场上吸收外资，另一方面则向私人部门大量贷款。贷款的大量增加增加了各国对外债的依赖性，容易造成偿债风险。

表 11-4 相对通货膨胀率(1991—1996 年)

单位：%

国 家	1991	1992	1993	1994	1995	1996
泰国	1.5	1.1	0.5	2.5	3.0	3.1
印度尼西亚	4.8	3.5	6.7	5.9	6.5	3.6
马来西亚	0.2	1.7	0.8	1.1	2.6	0.8
菲律宾	14.1	5.8	4.6	6.4	5.2	5.6
新加坡	−0.8	−0.7	−0.8	0.3	−1.1	−1.6
中国	−1.5	2.3	9.9	19.1	12.0	3.1
韩国	5.0	3.2	1.8	3.6	1.5	2.2

资料来源：国际货币基金组织《国际金融统计年鉴》1997 年，《世界经济展望》1997 年 10 月。

表 11-5 银行资本金充足率和不良贷款/总贷款(1996 年)

国 家	银行资本金充足率	不良贷款/总贷款
泰国	<8%	13%
印度尼西亚	<8%	13%
马来西亚	<8%	10%
菲律宾	>8%	14%
新加坡	>8%	4%
中国	<8%	14%
韩国	<8%	8%

数据来源：Jardine Fleming, *BIS Annual Report*, 1997.

综上所述，在危机爆发前，泰国、印度尼西亚和菲律宾都进入了高度危险级区域；韩国和马来西亚也进入危险级区域，如不采取有效的危机防范措施，货币冲击也在所难免；中国虽然没进入危险级区域，但也存在安全隐患；新加坡处于比较安全的区域。从 1997 年发生的危机情况来看，泰国是第一个爆发危机的国家，接着印度尼西亚、马来西亚、菲律宾和韩国也相继爆发了危机，并遭受了惨重的损失，中国和新加坡虽然经济出现了波动并遭受了损失，但未爆发危机。因此各国基本面因素的状况确实对危机的爆发产生重要的影响。

(二)对基本因素论的评价

由以上的分析可知，基本因素论具有一定的解释力，尤其是在传统的基本因素的基础上加入了银行资金充足率、不良贷款率、国内信贷增长率等金融体系的诸多指标，使该理论能更加适应亚洲货币危机的新特点，更加具有说服力。但是基本因素论仍然存在着一些明显的缺点。

基本面因素虽然是引起货币危机的重要原因，但是各国的基本面因素并不能保证完好，即使在正常时期，也可能出现基本面的恶化；并且各国的基本面恶化状况并不相同，不能形成一致的危机预警；基本面因素的恶化和危机的相关性也不能说明两者之间的因果关系。这些缺陷的存在使基本因素论也不能完全说明亚洲货币危机。

二、道德风险论

道德风险论最初出现在对 20 世纪 80 年代初美国存贷款危机的研究中，如果政府对存款进行保险而又对金融机构缺乏有效的监管就会产生道德风险。在亚洲，这种道德风险表现得更为明显也更为复杂，因为政府与金融机构之间长期保持着高度紧密的联系，在这种政府主导型的融资制度下过于紧密的银企制度安排就会使银行面临极为严重的“道德风险”：一方面企业已发生的贷款将成为企业不断要求获得新贷款的“条件”，银行为保证过去贷款的归还不得不向企业提供新的大量的高风险融资。另一方面当众多大型企业和大型银行日益交融在一起时，政府为保证金融、经济的稳定和持续快速发展，公开或暗中对金融中介机构债务提供担保。这样原本谨慎的、风险中性的银行将以过于乐观的态度运行其贷款方案，在信息不对称情况下，居民、公司接受了账面价值过于乐观的信号，因而形成了过度的投资。

(一)道德风险引起危机爆发的机制

在道德风险理论中，道德风险导致的货币危机的产生主要分为以下几个阶段：

第一阶段，金融机构在隐含担保[①]的条件下进行决策。如果市场上有两个

① 隐含担保是指政府对企业特别是对金融机构的竞争失败和经营损失提供不言自明的担保。由于政府的隐含担保使得国家与资本市场主体之间的隐合约趋于变成一种特殊的“保险合约”。

成本相同的项目可供金融中介选择，假定成本为90万美元，第一个项目回报率确定为107万美元，第二个项目有风险性，如果成功为120万美元，失败的话就只有80万美元，假定成功与失败的概率各为50％，则第二个项目的预期收益率为120×50％＋80×50％＝100万美元，小于第一个项目的固定收益，所以风险中性者会选择第一个项目。但是金融机构因为有政府的隐性担保，即使失败损失的也不是自有资金，而如果成功则会有超过第一个项目13万美元的收益，所以金融机构会选择风险较高的第二个项目。

第二阶段，金融机构进行了风险偏高的投资，但是居民和企业在相信政府隐含担保并且信息不对称的情况下，仍旧相信乐观的账面价值而将资金储存进这些金融机构，从而形成了过度投资，这种过度投资在资本供给缺乏弹性的情况下不会完全转化为资本存量的增加，而可能导致资本价格的不断攀升，并逐渐导致资产泡沫化。从动态来看，如果资本市场不开放，一国金融机构的资金只能依赖于有限的国内储蓄，因此金融机构无法满足的金融需求过多只会引起利率上涨，这种融资成本的提高在一定程度上能抑制投资；但是当一国实行资本项目开放、国际资本可以自由流动时，国内利率水平和国际利率水平必然趋同。由于发展中国家存在政府担保，从而造成过度投资压力时，国内利率会超过当期的国际利率水平。这时国内外利率趋同机制会使国际资本纷纷流入该国，资本供给急剧增加，国内的利率水平不断降低直至与国际利率水平相等。可见在资本项目开放、国际资本自由流动条件下，过度投资不会受到自我抑制，而是相反，有进一步放大和恶化的趋势。

第三阶段，在泡沫经济持续一段时间以后，金融机构对资产价格上升形成警觉，这种警觉逐渐演化为金融恐慌，高风险的投资逐渐出现漏洞，泡沫开始破裂，这时金融机构资产过多暴露于资产市场而使其资产负债急剧恶化，陷入困境，政府因援救倒闭或濒临倒闭的金融机构而导致巨大的财政开支，从而诱发货币危机（可由第一代模型或第二代模型解释）。

道德风险论概括来说即由于政府对金融机构的不良资产进行了隐性担保，使政府财政出现隐性赤字，一旦这些隐性赤字显露出来，即资产泡沫崩溃使银行呆账过大，政府会因拯救他们的成本过高而放弃努力，导致货币危机与银行危机同时爆发。

道德风险论给出的政策建议包括：道德风险是货币危机发生的根本原因，所以要克服货币危机就要进行制度改革，消除政府与金融机构过于紧密的裙带关系；过度的投资形成以及过度的资本流入是导致货币危机的直接原因，因此政府应该加强金融监管，防止金融泡沫的形成；货币危机的发生是发生国制度扭曲的必然结果，只能依靠危机发生国自身的结构调整，外界的援助只会使国际层面的道德风险问题更加严重。

（二）对道德风险论的评价

道德风险论对亚洲货币危机有一定的解释作用，近年来，政府对金融机构的隐性担保造成了过度的投资和巨额的外债，当金融机构出现问题时就会形成大规模的金融恐慌，这确实是亚洲各国普遍存在的问题。所以说道德风险确实能够影响经济运行甚至导致货币危机。

道德风险论建立在三个重要的理论前提上：一是存在政府隐性担保时，金融机构必定会过度投资；二是风险性投资行为一定会挤出金融机构和其他经济部门的正当有效的投资行为；三是外资必须优先考虑具有政府隐性担保的企业或金融机构。但是在危机发生之前，亚洲国家所有类型的投资行为包括外国投资者的直接投资都有所上升，而半数以上的国际银行贷款和几乎所有的证券或直接投资都进入了没有政府担保的企业。这种现实与道德风险论的假设前提不符，削弱了该理论的解释力度；同时道德风险论也没有说明是什么因素促使危机突然爆发，虽然有可能是政府的财政赤字，但是理论中并没有给出详细的解释，并且它也忽视了国际游资的恶意攻击。所以，道德风险论虽然提出了亚洲各国政府与金融机构过于紧密的联系而导致政府隐性担保存在，从而可能引发货币危机这种具有一定解释力的观点，具有较高的理论价值，但它仍然存在一定的缺陷。

三、企业资产净值基础上的多重均衡模型

随着亚洲金融危机的发展，克鲁格曼本人也开始对自己以前提出的道德风险说表示怀疑。在1999年的一篇论文中他提出了一个新的多重均衡模型①（而在此之前他是多重均衡观点的坚决反对者）。这一模型将伯纳克（Bernanke）和哥特勒（Gertler）②等人对企业净值（资产减负债）与企业融资能力关系的研究③应用到了开放经济环境中。它假定外国债权人只愿意提供高于企业净值一定比

① Paul Krugman, "*Balance Sheet, The Transfer Problem and Financial Crisis*", Mimeo Cambridge, 1999.

② Ben Bernanke, Mark Gertler, "Agency Cost, net Worth and Business Fluctuations". *American Economic Review* 79, No. 1, 1989.

③ 简单来说，伯纳克和哥特勒所强调的是在一个不完备的资本市场上，公司获取平均利润的投资机会的能力取决于他们是否能提供充足的抵押品以借到必需的资金。由于货币贬值酿成的潜在损失通过资产负债表的负债方面体现出来；如果外汇价格上升，公司又有外汇债务，净值就会减少。

例的贷款，但是由于外资流入的数量会影响到本国的实际汇率，从而影响到企业外币负债的本币价值，所以企业的净值又取决于外资的流入量。这就导致了多重均衡：当外国债权人预期本国企业有较高净值时，资本流入，本币升值，本国企业的外币负债价值下降，外国债权人的预期得到证实，因此构成一个理性预期均衡；当外国债权人预期本国企业净值较低时，资本流入减少，本币贬值，本国企业的外币债务加重，外国债权人的预期同样得到证实，这也构成一个理性预期均衡。

$$I_t^f=(1+\lambda)w_t \tag{11-23}$$

式中 I_t^f 表示企业从国外获得的融资，w_t 为企业财产。本式说明企业境外融资是由其财产决定的。

$$w_t=aY-D-eF \tag{11-24}$$

式中 aY 表示企业家收入，D 为内债，F 为外债，e 为汇率。

由以上数学模型可知，如果企业销售疲软，企业收入就会减少，内债增加，企业净资产就会减少，从而导致国外融资减少，该国资本外流，本国货币贬值，形成货币危机。同时本币贬值还会加大外债的本币价值，会使本币进一步贬值，进一步加深危机。

因此，在该模型中克鲁格曼修正了以往将货币危机归结为银行的理论，认为类似于东南亚的货币危机的关键问题并不是银行，而在于企业。利率提高、本币贬值和销售的下降恶化了企业的资产负债表，削弱了企业财务状况，使企业出现财务困难，这种困难限制了企业的投资行为。这一问题并非银行本身的问题，即使银行重组对金融状况大大恶化了的公司来说也是于事无补的，所以一个谨慎的银行体系并不足以保证开放经济不受爆发金融危机风险的威胁。

克鲁格曼通过这个新模型解释了亚洲货币危机的产生原因在于企业自身，并提出了以下政策建议：

1. 从预防措施上看，一国应采取措施控制外币短期债务以及所有外币债务，因为这些债务都会在本币贬值时使企业净值减少。当一国资本项目可自由兑换时，对短期债务加以限制起不到很好的效果，因为短期债务只是众多的资本外逃方式下的一种。即使外债全是长期的，如果公众预期将发生货币危机，国内的短期债务的债权人拒绝将信贷延期也会导致汇率贬值，导致企业破产。因此，最好的方式是企业不持有任何期限的外币债务，因为对于金融体系不完善的国家来说，国际融资存在着外部不经济，它会放大实际汇率变动的负面冲击影响，从而导致经济衰退。

2. 应付危机措施方面，克鲁格曼认为存在两种可能的选择：一是紧急贷款条款，紧急贷款的额度必须要足够大以加强投资者的信心；另一种是实施紧急资本管制，因为这样可以有效地、最大限度地避免资本外逃。

3. 货币危机后的重建方面，克鲁格曼认为关键在于恢复企业和企业家的投资能力。可以在私人部门实施一定的计划，以帮助本国的企业家或者培养新的企业家，也可以通过一些措施吸引外资流入。

克鲁格曼建立在企业基础上的多重均衡模型是解释亚洲金融危机的一个崭新的研究方向，将货币危机的原因从银行机构方面转移到企业自身，并揭示了政府在货币危机时期的两难选择：在危机到来时，政府选择贬值会使企业因外债加重而破产，政府利用紧缩政策来保卫固定汇率则又会使企业因国内经济萧条而破产，因此最好以争取紧急性的资本管制来切断利率和汇率的关系，这具有更强的实证研究性。但是该模型中的多重均衡是静态均衡，因此无法对危机的发展过程做出描述，并且对现实情况的研究还不够完善，还有待进一步发展。

以上介绍了几种比较新的货币危机模型，它们在分析思路上与第一代、第二代模型都有显著的区别，是适应于现今的经济状况而提出的。总之，在经济全球化的今天，仅就某一方面进行分析并不能完整地解释货币危机。三代货币危机都是在危机发生后做出的可能原因分析，缺少预见性，因此对货币危机的研究还会不断地发展下去。

四、金融恐慌论

道德风险说遭到了瑞得立克(Radelet)和萨克斯(Sachs)①的严厉批判，他们指出危机发生前这些国家的过度投资并不十分明显，不能用货币危机后的投资损失来说明先前的投资决策是错误的；他们还指出，有相当一部分外资是以不可能有任何政府担保的股权投资的形式流入这些国家的，这些外资流入显然不能用道德风险来解释。他们用银行挤兑模型②来解释亚洲金融危机，认为金融危机实际上是由于投资者的恐慌所导致的流动性危机。大规模的国外资金流入金融体系，使得

---

① Steven Radelet, Jeffrey D Sachs, "The Onset of the East Asian Financial Crisis", *NBER Working Paper*, No. 6680, 1998.

② 该模型是一个多重均衡模型，其基本思想是：银行的重要功能是将存款人不具流动性的资产转化为流动性资产，以短贷长，实现资本增值。在正常情况下，依据大数定律，所有存款者不会在同一时间取款，但当经济中发生某些突发事件，如银行破产或经济丑闻，就会发生银行挤兑。

金融体系对金融恐慌变得脆弱，当外币短期债务大量增加，外汇储备减少时，投资者就会出现心理恐慌结果市场预期的变化造成资本流动逆转而引致危机的发生。

(一)金融恐慌论的主要观点

所谓金融恐慌(Financial Panic)是指由于某种外在的因素，短期资本的债权人突然大规模从尚具有清偿能力的债务人那里撤回资本，并且这种资本撤回不是个别行为，而是集体行为的心理恐慌。金融恐慌论认为，亚洲各国在危机前都经历了一个资本内流的过程，而外资的流入很容易受到金融恐慌的影响而发生逆转，一旦发生大规模逆转，危机就会爆发。它对资本流动引致危机爆发的过程进行了完整的解释。

首先，亚洲各国在20世纪80年代初开放资本市场后，经济的高增长率以及政府的鼓励吸引外资的政策使得外资大量流入。这些外资最先进入了生产性较强的实物经济领域，促进了经济的发展，但随着90年代以后亚洲金融市场逐步成熟，投机需求不断增长，短期性投机资本逐渐取代了促进经济增长的外资大规模流入，主要集中在房地产和金融服务领域。这种在危机前很短时间内大量流入的短期投机资本具有极大的风险，很容易发生逆转。

其次，危机爆发前后，发生了一系列触动金融恐慌的事件，如企业的破产会导致对其提供担保的银行或其他金融机构遭受重大损失，如果大多数企业破产，金融机构会无力承担，这时如果政府不进行援助，会导致金融机构破产，而政府违背自身的承诺也会使公众对货币危机的预期加强，再加上金融市场上投机者的恶意炒作以及国际游资对货币的强烈攻击，货币危机爆发。

最后，危机爆发后，一系列因素使得金融恐慌不断增强，进一步恶化了危机。这些因素主要包括：

1. 政府和国际社会的政策失误。危机爆发后，各国政府牺牲外汇储备，并采取了一些远远超过自身承受能力的激进措施，使得公众对货币危机的信心不断加强。例如泰国和韩国向濒临破产的金融机构注入大量资本，结果收效甚微，只是加剧了政府的财政赤字。不成熟的政府行为以及错误政策的推出使投资者逐渐对政府失去信心。

2. 资本外逃加深了金融恐慌，形成恶性循环。货币贬值，股市动荡等经济条件的恶化使得投资者产生心理恐慌，大量外国资本被撤回，资本大量外逃引发了新一轮的货币贬值和银行挤兑，而公司与金融机构不利的经营情况使得债权人对其投资项目信心下降，不愿意将其短期债务延期。公司财务状况进一步恶化，又扩大了资本外逃，不断恶性循环下去使金融恐慌不断加深。

3. 危机在亚洲地区的传染性。亚洲地区经济结构都比较类似，贸易与资本往来都比较密切，危机在一国发生后会很迅速地传染到其他国家，原本还可以维持下去的国家的投机者意识到这一点后也出现心理恐慌，危机还没有在本国真实发生时就大量撤出资本，出现资本外逃和银行挤兑，最终在该国也发生危机。

4. 信用评级机构对亚洲各国的国家信用进行了降级处理，投资者对政府的信心降低，也会造成金融恐慌。所以盲目的防治措施和危机爆发后的许多问题不断放大金融恐慌，加速了资金外逃，使各国的金融市场迅速崩溃。

金融恐慌论基于以上的分析给出了一些政策建议：资本市场会发生多重均衡，所以要对金融体系进行改革；危机处理中最重要的就是避免恐慌性资本流出，因此应通过对短期资本流入的适当限制、建立国际层面的最后贷款人防范机制和债务协商机制来实现危机防范；政策制定者必须小心谨慎地采取措施，并在危机初期采取微调的手段，防止短期行为对市场情绪产生不利的影响。

（二）对金融恐慌论的评价

金融恐慌论与道德风险论虽然都认为金融危机与经济的基本面有关，但是道德风险论认为基本面的变化是危机发生的直接原因，而金融恐慌论认为东南亚国家只是金融体系比较脆弱，因而容易遭受投机攻击，但是危机的发生并不一定是确定的，从一种均衡进入另一种均衡取决于市场中的意外冲击，这点是两种理论的根本差别。亚洲金融危机的一个显著特点就是：从泰国危机爆发直至形成大规模的金融危机，其危机传染速度之快、影响范围之大是历史上不曾有过的，特别是一些经济基本面比较良好的国家反而是遭受危机打击最严重的，所以在这一点上，金融恐慌论的观点比较能够解释，并且它还引入了市场情绪这一新变量，突出了国际资金逆转性流动的触动作用，具有较高的理论价值。这种以银行体系和金融机构为中心的观点抓住了亚洲金融危机的某些特点，但是仅仅改革银行体系的弊端并不能遏制金融风险。因此金融风险论对解释整个危机的突发性和严重性是远远不足的。

专栏11-3

东亚国家金融危机后的货币政策操作

突然爆发的金融危机使东亚各国的货币政策丧失了公信力，如何重新建立可信的货币政策框架并有效稳定价格成为东亚国家货币政策操作所要面临的首要问题。从东亚国家的实践来看，其货币政策的目标分为两个阶段：在危机最初阶段货币政策的目标是尽快控制名义汇率的贬值，控制通胀的飙升，促进经济恢复基本的稳定。当基本稳定实现后，货币政策目标转为重新建立可信的名义锚，稳定价格并促进经济恢复增长。

一般来说，判断金融危机发生后货币政策是否恢复公信力主要有以下四点：一是是否抑制住本币贬值的趋势，平抑汇率的波动；二是是否有效降低货币贬值造成的通胀压力；三是是否较快稳定公众的预期，重新建立有效的货币政策名义锚；四是是否促进了经济的恢复和增长。东亚各国在货币危机之后都较快地恢复了货币政策的公信力，尤其是韩国、印度尼西亚、马来西亚和泰国。他们有一些经验值得我们学习：①消除外汇缺口是恢复货币政策公信力的首要条件，东亚危机爆发后，国际货币基金组织筹集了850亿美元用于援助计划，对稳定公众预期起到了极大的作用。②选择浮动汇率制度稳定汇率，危机发生前东亚大部分国家对外依存度较高，所以大多采用钉住美元的汇率制度，但这种制度使其丧失了货币政策的自主权，而浮动汇率则可以拥有这种自主权，并有效防止汇率扭曲，减弱投机攻击，所以危机过后大部分国家采用了浮动汇率制。危机后韩国的名义汇率恢复稳定只用了4个月，泰国和马来西亚是7个月。③货币政策操作上先紧后松。在实行浮动汇率制后的首要目标是抑制货币贬值以及其带来的通胀压力，所以大部分国家先采取了一段时间的紧缩性货币政策，这种政策在一段时间内导致了非常高的利率，但很大程度上恢复了市场的信心。④选择汇率作为货币政策操作的中介目标。⑤货币政策的目标转为通胀目标制。⑥货币政策效力的发挥得到了其他政策的有效配合。

资料来源：何东：《金融危机后的货币政策操作——东亚国家的经验和启示》，《金融研究》2007年第5期。

本章小结

本章主要介绍了三代货币危机理论。第一代货币危机理论是以拉美国家的货币危机为背景的。它表明货币危机来自于国内宏观经济政策的不协调，而这种不协调表现为政府过度扩张的财政货币政策与试图维持固定汇率制之间的矛盾。在经济不断发展中，第一代货币危机模型逐渐表露出一些缺陷，因此一些学者不断对其进行修正，引入了央行冲销、不确定因素以及利率防卫因素使模型更加完善，在政策含义上，该理论认为紧缩性财政政策是解决货币危机的唯一方法。但这种针对经济基本面的分析却不能解释1992—1993年的欧洲货币危机。

为了解释第一代货币危机理论不能解释的问题，第二代货币危机理论产生。该理论认为货币危机是由贬值预期的自我实现造成的，政府不会再机械地钉住固定汇率，而是在维持钉住汇率、减少失业、增加政府债务中进行相机抉择，因此在考虑到私人部门与政府的相互作用时，经济存在多重均衡解。针对第二代货币危机理论的缺陷，学者们也进行了修正，加入羊群效应和传染效应，形成了一些新的研究方向。

在亚洲金融危机爆发以后，第二代货币危机理论也无法解释，因此出现了一些新的研究思路，包括道德风险论、金融恐慌论和企业基础上的多重均衡模型。这些理论的焦点是金融体系与私人部门，特别是企业，认为货币危机发生的关键原因在于企业、脆弱的金融体系以及亲缘政治。现在这一代货币危机模型还没有形成完整的体系，而且还在不断的变化发展之中。

关键词

货币危机　克鲁格曼模型　影子汇率　央行冲销　利率防卫　非线性行为　预期自我实现　多重均衡　羊群效应　道德风险　隐含担保　金融恐慌

复习思考题

2. 简述第一代货币危机理论的主要内容，特点以及缺陷。
3. 简述第一代货币危机模型修正理论的主要内容。
4. 简述第二代货币危机模型的理论框架以及缺陷。
5. 简述书中提到的货币危机新理论，并试说明一种没有提到的新理论。
6. 简单比较并说明一下三代货币危机理论的区别。

第十二章 国际货币体系及其演变

导言

国际货币体系是国际贸易与国际金融运行的环境。随着经济全球化和金融一体化的发展,各国之间的经济往来更加频繁,这些经济活动最终都需要货币进行支付和结算,但是各国货币在国际间都不具有普遍接受的性质,所以产生了协调国际货币关系的需要,国际货币体系正是应这种需要而形成的。国际货币体系适应经济环境也在不断发展变化中,正是因为国际货币体系对各国经济发展都会产生极大影响,所以对其发展历程、变化特点的研究已成为国际金融研究的重要内容。

学习目标

1. 了解国际货币体系的概念、内容、作用及其发展进程;
2. 了解金本位制的特点、运行机制及缺陷;
3. 了解布雷顿森林体系的产生背景、主要内容、作用及其根本缺陷;
4. 了解牙买加体系的内容、存在的问题以及牙买加体系的改革。

第一节 国际货币体系概述

一、国际货币体系的含义和内容

国际货币体系(International Monetary System)又称国际货币体制、国际货币制度，是为了适应国际经济活动的需要，各国政府对货币在国际间的支付、结算等货币职能及其他国际货币金融问题所确定的规则、惯例及机构安排的总称。其中规则和机构安排是国际社会自觉建立的，而惯例则是在社会发展过程中人们约定俗成的。国际货币体系是国际货币关系的集中反映，它构成了国际金融活动的总体框架。

国际货币体系主要包括以下内容：

（一）汇率制度的安排

由于汇率的变动将影响国际收支，从而直接影响各国的经济利益，因此汇率制度的制定构成了国际货币制度的重要内容。具体包括一国采取固定汇率制度还是浮动汇率制度，一国货币与其他货币之间的汇率应按照何种规则制定并维持，一国货币是否可以自由兑换成支付货币，一国的对外支付是否受到限制等。

（二）国际收支的调节

世界各国国际收支的平衡发展是国际货币体系正常运转的基础。目前国际收支的调节有三种方式：市场机制的自发调节；各国政府独立进行的国际收支调节；以国际经济政策协调为基础的国际收支调节。当一国的国际收支失衡时，如果不能通过本国所独立采取的国内经济政策或外汇政策等国际收支调节政策来恢复的话，那就只能通过国际协定、国际金融组织和外国政府提供贷款或各国政府协调政策等国际经济政策协调使各国在国际范围内公平地承担国际收支的责任等方式达到国际收支平衡。这些构成了国际收支调节的主要内容，也是国际货币体系的重要组成部分。

（三）国际储备资产的确定

国际储备资产[①]是一国官方持有的用于国际支付和维持本国货币汇率的流动性资产，它必须由一国货币当局持有，并具有流动性和普遍接受性。其数量的多少体现了一国国际清偿能力的强弱，因此国际储备资产的确定也是各国关注的主要问题。具体包括使用何种货币作为国际间支付货币以及一国应持有何种被世界普遍接受的货币作为储备资产，新的储备资产如何创造并供应等。

（四）国际货币合作

各国经济情况不同，在制定汇率制度、国际收支调节机制、储备制度的过程中，也会因为考虑到本国的经济利益和货币主权而产生矛盾。为协调各国与国际货币活动有关的经济政策，国际货币机构和组织制定各国共同认可和遵守的规则、管理和制度，这些构成了国际货币体系的重要内容。

---

① 国际储备资产一般包括黄金储备，即由货币当局持有的储备黄金；外汇储备，即货币当局所能控制的国外可兑换货币存款和其他短期金融资产；在国际货币基金组织的储备头寸；该组织分配给会员国未动用的特别提款权。

二、国际货币体系的作用

国际货币体系的目标在于保障国际贸易和世界经济的稳定发展，促进国际资本流动，具体表现为维持汇率稳定，保证能够有效而稳定地调节国际收支失衡，提供足够的国际清偿能力并保持国际储备资产的信心。

根据其包含的内容，国际货币体系的作用主要体现在以下方面：

（一）建立汇率机制，稳定汇率

汇率机制是指汇率的形成、变动及其与其他经济要素之间的相互联系、相互作用的实现过程。各国在国际经济往来中，必然会产生贸易战、货币战等问题，从而影响国家利益。为避免这一现象的发生，各国在汇率安排上，要受制于国际规则和国际惯例，使各国间的国际货币结算和货币兑换得以无阻碍地进行，同时国际货币体系还应该负责在汇率发生比较大的变动时稳定汇率，从而促使国际经济贸易活动的健康发展。

（二）对国际收支不平衡的调节提供有效措施

国际收支失衡是由国内和国外等多重因素引起的，仅靠国内的经济政策无法有效调节。而国际货币体系则依靠确定国际收支的调节机制，保证世界经济的稳定和各国经济的平衡发展。调节机制主要包括国际资金融通机制，即一国出现国际收支逆差时，能在什么样的条件下从何处获得资金及资金的数量和币种，以弥补其国际收支逆差。国际货币体系的主要任务在于确定适当的融资条件和融资数量，以避免不必要的国际收支政策调节或拖延必要的国际收支政策调节。

（三）维持国际贸易支付清算和国际金融活动的正常运行

国际货币体系要确定国际清算和支付手段的来源、形式和数量，为世界经济的发展提供必要的国际货币，并规定国际货币及其同各国货币的相互关系的准则。比如，当确定特别提款权为世界清算和支付手段的来源时，国际货币体系还必须就特别提款权与其他国际货币和各国货币的比价关系和兑换方式做出规定。此外，特别提款权本身的定价方式、运动范围和方式等等，也要做出具体的规定。

（四）监督和协调国际货币金融事务

国际货币体系确立了有关国际货币金融事务的协商机制并建立有关的协调和监督机构。随着经济全球化的发展，参与国际货币金融业务的国家日益增多，形式日益复杂，程度日益加深，范围日益广阔，因此，国际货币体系有必要建立多边的带有一定权威性的国际货币金融机构，以监督各国的行为、提供磋商的场所、制定各国必须共同遵守的基本行为准则，并在必要时提供帮助。

三、国际货币体系的分类

国际货币体系大致可以从汇率制度和货币本位制度两个角度来划分：

从汇率制度来划分，可以将国际货币体系分为固定汇率制、浮动汇率制以及由它们衍生出来的可调整的钉住汇率制和有管理的浮动汇率制等。其中，固定汇率制又分为金本位制和纸币本位制，浮动汇率制又分为管理浮动汇率制和自由浮动汇率制。

从货币本位制度来划分，可分为纯粹商品本位、纯粹信用本位和混合本位三种类型。纯粹商品本位是指纯粹以某种商品或贵金属作为货币本位的货币制度，金本位制就是纯粹商品本位；纯粹信用本位是指以外汇作为货币本位的货币制度，如牙买加体系协议后的国际货币制度；混合本位是指同时以黄金和外汇为货币本位的制度，如布雷顿森林体系。

习惯上人们是从历史的演进过程，将国际货币体系大致分为金本位制、布雷顿森林体系和牙买加体系三个阶段。以下我们就根据历史的演进详尽地阐述国际货币体系的这三个阶段。

第二节 国际金本位制度

一、国际金本位制度的形成

所谓金本位制是指以一定重量和成色的黄金作为本位货币的货币制度。17—18世纪，各主要资本主义国家大部分仍在使用金银复本位制，即一国同时采取金币和银币两种货币作为本位货币，金币和银币同时具有无限法偿性，均可自由铸造，自由熔化，按照法定比率可以自由兑换。但是由于银币相对金币属于“贱金属”，产量又大，因此相对金币的比价常会发生变动，并出现“劣币驱逐良币的现象”[①]，所以各国逐渐放弃了金银复本位制。1816年英国制定了《金本位制

① 劣币驱逐良币(Bad money drives out good money)，又称格雷欣法则(Gresham's Law)，指两种实际价值不同而名义价值相同的金银铸币同时流通时，人们会将实际价值较高的铸币储藏或熔化成条块或输出国外而退出流通，而把实际价值较低的劣币投入流通，从而造成劣币充斥市场而良币逐渐退出市场的现象。

法案》,成为世界上第一个使用金本位制度的国家,这也是金本位制的开始;1871年到1878年,许多欧洲国家也改行金本位制度;1879年,美国放弃了不能兑换的纸币本位制;恢复纸币可以自由兑换黄金的货币制度,实质上也是确立了金本位制;俄国与日本也在1897年、1898年相继改行金本位制。这样到了1898年,各主要资本主义国家均已实行了单一的黄金铸币作为本位货币的金本位制(见表12-1)。

表12-1 各国实行金本位制的年份

国 名	年 份	国 名	年 份
英国	1816	荷兰	1875
德国	1871	乌拉圭	1876
丹麦	1873	美国	1879
瑞典	1873	奥地利	1892
挪威	1873	智利	1895
法国	1874	日本	1897
比利时	1874	俄国	1898
瑞士	1874	多米尼亚	1901
意大利	1874	巴拿马	1904
希腊	1874	墨西哥	1905

资料来源:IMF,*International Financial Statistics*(1950—1972).

全世界共有59个国家实行过金本位制。目前普遍认为国际金本位制形成于1880年,持续至1914年第一次世界大战爆发时结束,它是世界上最早出现的一种国际货币体系。

国际金本位制度有广义和狭义之分,狭义的国际金本位制度就是指金币本位制(Gold Specie Standard),广义的国际金本位制则包括金币本位制、金块本位制(Gold Bullion Standard)和金汇兑本位制(Gold Exchange Standard)。

(一)金币本位制

金币本位制是以黄金为一般等价物的货币制度。它在第一次世界大战以前在资本主义各国普遍实行,是金本位制的最初形态,是一种典型的金本位制。在金币本位制下,以一定成色和重量的黄金作为本位货币。

金币本位制是一种比较健全和稳定的货币制度,有三个特点:

1. 金币可以自由铸造和熔化,其他金属货币则实行限制铸造。任何人都可按法定的含金量,自由地将金块交给国家造币厂铸造成金币,或以金币向造币厂换回相当的金块。金币的自由铸造和熔化一方面可以保证黄金的主导地位,克服金银复本位制下金银同时充当本位货币的混乱状态,另一方面可以自发调节流通中黄金的需求量,使金币的面值与其所含黄金的价值保持一致,保证各国物价水平的相对稳定。

2.流通中的价值符号(纸币和银行券)可以自由兑换成黄金。在金本体制下,用黄金来规定货币所代表的价值,每一货币都有法定的含金量,各种价值符号可以按照其面值随时向发行机构兑换为金币,这样流通中的价值符号都有了黄金保证,可以代表一定量的黄金进行流通,从而保证了黄金与其他代表黄金流通的金属铸币和银行券之间的比价相对稳定,不至于出现通货膨胀的现象。

3.黄金可以自由输入、输出国境。各国的货币储备是黄金,国际间结算也使用黄金,金币是无限法偿的货币,具有无限制支付手段的权利。国家允许黄金在世界范围内流通,其汇率是由两国货币的含金量计算出来的,即金平价,或称铸币平价。各国汇率的波动以黄金输送点为界限,如果市场汇率与金平价相背离,在达到黄金输送点时,黄金就会自由流动,从而保证了各国货币之间的比价相对稳定与国际金融市场的统一。

第一次世界大战前夕,各帝国主义国家为了准备世界大战加紧对黄金的掠夺,使金币自由铸造、价值符号与金币自由兑换受到严重削弱,黄金的输出入受到严格限制。第一次世界大战爆发以后,帝国主义国家军费开支猛烈增加,纷纷停止金币铸造和价值符号的兑换,禁止黄金输出入,从根本上破坏了金币本位制赖以存在的基础,导致了金币本位制的彻底崩溃。

(二)金块本位制与金汇兑本位制

第一次世界大战结束后,各国经济受到重创,已无力恢复金币本位制。1922年在意大利热那亚城召开的国际货币金融会议上决定采用“节约黄金”的原则,实行金块本位制和金汇兑本位制。实行金块本位制的主要是英国、法国和美国。第一次世界大战前的印度、菲律宾、马来西亚、一些拉美国家和地区,以及20世纪20年代的德国、意大利、丹麦、挪威等国均实行过金汇兑本位制。

1.金块本位制

金块本位制是指国内不流通金币而流通可兑换的银行券,并且银行券只能在一定条件下兑换成金块的一种金本位制。在金块本位制度下,货币单位仍然规定含金量,但黄金只作为货币发行的准备金集中于中央银行,而不再铸造金币和实行金币流通,流通中的货币完全由银行券等价值符号所代替,银行券在一定数额以上可以按含金量与黄金兑换,以此压制市场对黄金的需求,达到节约流通中黄金的目的。由此可知,金块本位制的特点主要有:

(1)单位货币仍具有法定含金量,也有黄金官价,但不允许自由铸造金币。

(2)银行券代替金币成为主要的流通工具,并具有无限清偿权。

(3)中央银行保持一定数量的黄金储备,以维持黄金与银行券之间的联系,人们也可以自由买卖和贮藏黄金。

(4)银行券不能自由兑换成金块,但在国际支付或工业上需要黄金时,可按规定的限制数量以银行券向本国中央银行无限制地兑换金块。①

(5)限制黄金的输出入。

2.金汇兑本位制

金汇兑本位制又称虚本位制,也是国内不流通金币,以具有法定含金量的银行券作为流通手段,但是银行券只能兑换外汇的一种金本位制。在金汇兑本位制下,本国中央银行规定国内货币与另一个实行金币或金块本位制国家的货币保持固定的汇率,并在该国存放黄金作为发行准备,居民可以按法定汇率购买外汇,并在该国换取黄金。由上可知,金汇兑本位制的主要特点有:

(1)单位货币仍具有法定含金量,国家禁止自由铸造金币。

(2)银行券是主要的流通工具,但银行券不能兑换黄金,只能兑换外汇。

(3)本国货币与金块本位制国家的货币保持固定比价,并在该国存放外汇和黄金作为准备金。

(4)本国通过无限制买卖外汇维持与金块本位国家货币的联系。

(5)禁止黄金自由输出入,黄金的输出输入由中央银行负责办理。

金块本位制与金汇兑本位制都是残缺不全的金本位制,本质上反映了黄金紧缺和纸币发行泛滥之间冲突的妥协。1929—1933 年世界性经济危机的爆发,迫使各国放弃金块本位制和金汇兑本位制,国际金本位制正式退出历史舞台。

二、国际金本位制度的特征

(一)实行固定汇率制,汇率由各国货币的含金量之比确定

在金本位制下,各国的货币都具有法定的含金量,汇率就由各国货币的含金量之比即法定平价来决定,所以金本位制是严格的固定汇率制,并且市场汇率的波动是以黄金输送点为界限的,黄金可以自由输出入,因此具有国际结算的功能,如果汇率上升,人们会以黄金结算代替购买外汇,汇率下降时则以外汇结算,因此,金本位制度下,外汇供求之间的差距不会很大,汇率的波动幅度会始终维持在黄金输送点之间。例如,1925—1931 年间,1 英镑金币含金量为 7.32238 克

---

① 英国以银行券兑换黄金的最低限额为相等于 400 盎司黄金的银行券(约合 1 700 英镑),低于限额不予兑换。法国规定银行券兑换黄金的最低限额为 21 500 法郎,等于 12kg 的黄金。

纯金，1 美元金币含金量为 1.50463 克纯金，所以英镑金币与美元金币之间的汇率为 7.32238/1.50463＝4.8665。如果美国和英国之间运送 1 英镑所含黄金需 0.02 美元费用，那么如果市场上的英镑汇率超过黄金输出点（＝铸币平价＋两国之间黄金输送费用＝4.8665＋0.02＝4.8865），那么美国的债务人将不再在外汇市场上购买英镑，而是转而直接运送黄金到英国进行支付，相反，如果市场上英镑的实际汇率下降到 4.8665－0.02＝4.8465，即黄金输入点，则美国的债权人宁愿收取黄金而不愿接受英镑，此时黄金将输入美国，所以英镑与美元之间的汇率只在 1 英镑等于 4.8665 美元加减 0.02 美元之间波动，汇率是基本稳定的。

（二）黄金充当国际货币，履行国际支付、国际结算和国际储备的职能

在金币本位制下，黄金充分发挥了国际货币的职能。各国的金币可以自由铸造、自由兑换并自由输出入，因此黄金充当国际支付手段，并用于国际结算，在金块本位制和金汇兑本位制下，虽然不再流通金币，但银行券可以通过各种条件兑换成黄金。并且在国际金本位制下，各国都储藏一部分黄金作为国际储备。所以，黄金充当了国际货币，是国际货币制度的基础。

（三）国际收支可以自动调节

英国经济学家大卫·休谟（David Hume）提出国际金本位制度下存在一个“物价—现金流动机制”（Price-specie-flow Mechanism）。当一国国际收支出现逆差时，意味着本国黄金的净输出，本国银行的黄金准备金下降，从而货币供应量减少，国内物价水平下跌，本国商品在国际市场上的竞争力上升，于是出口增加，使国际收支恢复平衡。国际收支出现顺差时相反。

但该机制对国际收支的自动调节，必须具备以下前提条件：

1. 必须保证黄金可以自由输出入，并且在国际收支因素影响黄金储备进而影响国内货币供应量时，政府不能采取任何干预措施。

2. 银行没有过剩的黄金储备，黄金的流动能反映在银行信用上。

3. 商品价格具有充分弹性，使贸易能对价格变化做出快速反应。

4. 没有大量的国际资本流动。

新古典学派对金本位制的自动调节机制加入国际短期资本流动进行分析，当一国国际收支出现逆差致使汇率下降时，黄金外流最终会使国际收支恢复均衡，汇率也会回升，因此外汇投机者的大量外汇投机性资金会流入该国；同时本国进口商会尽量购买外汇对外付款，国外进口商则倾向于提前付款，这也相当于短期资金流入；并且黄金外流后，国内货币供应量下降，因此国内金融市场利率上升，也会吸引大量国外资金流入，因此国际短期资本的流动将加速国际收支逆差国恢复国际收支均衡。

(四)没有国际货币协调机构

金本位制为各国货币合作提供了一个良好的机制,金本位制的运行规则决定了一国国际收支均衡化的过程取决于各国金融当局的国际合作。

金本位制具有三个典型特征:金币的自由铸造,自由兑换,黄金自由输出入。国际金本位制的特征自然形成了金本位的固定汇率制度及国际收支的自动调节机制。而金本位制下的国际货币合作主要体现为金本位的各参加国都把对外平衡(国际收支平衡和汇率稳定)的目标放在首位,国内的经济目标,经济福利服从于金本位制的运行规则。虽然当时一无国际货币组织,二无国际货币协议,但是,各国对运行规则的遵守就达成了金本位制下的国际货币合作。

在一战前的国际金本位时期,由于英国在国际贸易和国际投资中的主导地位,以及伦敦发达的银行业和金融市场的作用,英镑同黄金一起充当国际货币,发挥着国际货币的职能。英格兰银行不仅调节着伦敦金融市场的资金流量,而且也调节着整个国际货币制度的清偿力状态。其他国家的中央银行不管主观意愿如何,事实上是采取了与英格兰银行一致的货币政策。

三、国际金本位制度的结束

(一)国际金本位制结束的过程

第一次世界大战爆发后,为了满足国家财政开支不断增长的需要,帝国主义国家日益增加纸币发行。不兑现的价值符号大大超过了商品流通对货币的需要量,使金本位制遭受了巨大的冲击,后来,各国又实施纸币停止兑换黄金的措施,并逐步禁止黄金输出,这已经动摇了金本位制的基础,国际金本位制崩溃。

第一次世界大战结束后,各国试图恢复金本位制。1922 年在意大利的热内亚召开了世界货币金融会议,讨论了重建国际货币体系的问题。但在战后的形势下,要重新实行金币流通已不可能,因此这次会议建议实行金块本位制和金汇兑本位制。但这种蜕化了的金本位制已不具有金本位制原来的相对稳定性,并且使许多国家的货币制度紧密结合在一起,只要有一国的经济和货币流通发生问题,就必然会影响到其他国家。所以,资本主义国家试图通过恢复金本位制来稳定货币流通的愿望并没有实现。1929—1933 年,资本主义国家发生了有史以来最严重的经济危机,并引起了深刻的货币信用危机,各国因为国际收支的严重失衡纷纷放弃金本位制,国际金本位制最终结束。

(二)国际金本位制结束的直接原因

国际金本位制结束的直接原因是 1929—1933 年世界范围内的经济危机及其引起的货币信用危机。货币信用危机从美国的证券市场价格猛跌开始,并迅速扩展到欧洲各国。奥地利、德国和英国都发生了银行挤兑风潮，大批银行因之破产倒闭。1931 年 7 月，德国政府宣布停止偿付外债，实行严格的外汇管制，禁止黄金交易和黄金输出，这标志着德国的金汇兑本位制从此结束。欧洲大陆国家的银行大批倒闭，纷纷向英国兑换黄金，又由于这次危机表现为商品过剩，各国的国际收支都陷入困境，英国也不例外，在这种情况下，1931 年 9 月，英国不得不宣布英镑贬值，并被迫最终放弃了金本位制。一些以英镑为基础实行金汇兑本位制的国家，如印度、埃及、马来西亚等，也随之放弃了金汇兑本位制。其后，爱尔兰、挪威、瑞典、丹麦、芬兰、加拿大等国实行的各种金本位制都被放弃。1933 年，美国也出现了银行挤兑，美国政府被迫于 3 月 6 日宣布停止银行券兑现，4 月 19 日又完全禁止银行和私人贮存黄金和输出黄金，5 月政府将美元贬值 41%，并授权联邦储备银行可以用国家债券担保发行通货。这样，美国实行金本位制的历史也到此结束。1936 年法国、瑞士、意大利、荷兰、比利时等一些欧洲国家也相继放弃金本位制。

（三）国际金本位制结束的根本原因

国际金本位制结束的根本原因在于金本位制自动调节机制的缺陷以及第一次世界大战以后，各主要资本主义国家为了本国利益，开始追求独立的国内经济政策。查尔斯·金德伯格指出，“当每个国家都转而保护它自己国家私利的时候，全世界的公共利益就遭受到抛弃、被损害的命运，而这时所有国家的私利也就随之受到了损害”[①]。金本位制下的自动调节机制，国际收支的调节要通过国内物价水平的变动影响国际贸易才能实现，因此相关国家实际上是以本国国内经济失衡来换取国际收支的平衡。但是，随着世界经济的发展这种规则逐渐不被各国所接受，尤其在一战结束以后，各国为了维护本国利益，利用国际信贷、利率及公开市场业务来解决国际收支失衡的问题，而不再使黄金频繁流动，因此金本位的自动调节机制逐渐失效，金本位制的基础发生动摇导致其最终结束。

另外，随着经济的发展，黄金作为国际货币其供应也越来越满足不了经济发展的需要。金本位制是以黄金作为本位货币的，货币数量的增长主要依赖黄金产量的增长。但是黄金是一种自然资源，其供应量受到世界储藏量和开采费用的限制，不可能以固定的价格与国际清偿力的需要始终保持一致。随着生产的发展，交易额的增加，需要的货币数量增多，世界黄金产量逐渐跟不上世界经济的增长，世界金本位制的物质基础不断削弱。为了满足世界对国际清偿力的需要，往往要不断提高黄金价格，黄金价格的上涨显然又会引起世界市场商品价格

① 查尔斯·金德伯格著，宋承先、洪文达译：《1929—1939 年世界经济萧条》，上海译文出版社 1986 年版，第 348 页。

的动荡,动摇其作为稳健货币制度的基础,这是金本位制度不稳定的内在矛盾。

(四)金本位结束后的货币战和“三国货币协议”

国际金本位制度结束后,资本主义世界的货币金融一直处于混乱状态,各国纷纷组成货币集团。1932 年夏天,英联邦国家在渥太华召开会议组成英镑集团,瑞典、丹麦、埃及、阿根廷、伊拉克等也加入了英镑集团,英镑集团内部货币自由兑换,不采取歧视性的外汇管制和贸易限制,但对集团外部采取浮动汇率,外汇管制和歧视性的贸易限制;同时法国、意大利、荷兰、比利时和波兰组成法郎集团;美国、加拿大和墨西哥组成美元集团。这三个货币集团间实行货币竞争性贬值和外汇倾销,并进行严格的外汇管制,使国际贸易量不断减少,对世界经济造成严重影响。

为了恢复国际货币秩序,1936 年 9 月英、法、美三国达成“三国货币协议”,该协议规定三国中任一国若要调整汇率,都需事先知会其余各方,并规定自由兑换黄金,禁止竞争性贬值。因为当时的国际金融处于无秩序、无制度的状态,三国货币协定实际上是建立一个以美元为中心的有秩序的货币体系。比利时、荷兰和瑞士等国相继参加此项协定,但因第二次世界大战爆发,该协定也被搁置未能继续实行,统一的国际货币体系不复存在。

第三节　布雷顿森林体系

布雷顿森林体系是根据布雷顿森林协定于第二次世界大战之后建立起来的采取以美元为中心的固定汇率的原则及运行机制的国际货币体系。它在战后相当一段时期内,促进了国际贸易的空前发展,并使全球经济相互依存性逐渐加深。

一、布雷顿森林体系建立的背景

国际金本位制结束后,由于统一的国际货币体系不再存在,各国国际收支危机严重,外汇管制普遍加强,各国货币汇率极不稳定,各货币集团之间的矛盾与斗争也非常尖锐,加上接连不断的货币战,使国际货币关系处于严重的混乱状况。第二次世界大战结束后,各国的经济政治实力又发生了显著变化,英国在战争中遭受严重创伤,实力大为削弱,但是英镑仍是一种主要的国际储备货币,同时美国经济实力急速增长,成为世界上最大的债权国,黄金不断流入美国,美国的黄金储备从 1938 年的 145.1 亿美元增加到 1945 年的 200.8 亿美元,约占世界黄金储备的59%，美元的国际地位因其国际黄金储备的巨大实力而空前稳固。这就使建立一个以美元为支柱的有利于美国对外经济扩张的国际货币体系成为可能。1943年英、美两国都从本国利益出发设计了新的国际货币体系，分别提出"凯恩斯计划"和"怀特计划"。

凯恩斯计划是英国财政顾问凯恩斯拟定的，从英国负有巨额外债、国际收支发生严重危机以及黄金外汇储备陷于枯竭的情况出发，按照西方银行融通短期资金的原则而提出的。其主要内容包括：

1. 设立一个世界中央银行性质的国际清算同盟，机构总部设置在纽约和伦敦两地，理事会会议在英美两国轮流举行。

2. 各国在国际清算同盟中所占的份额由第二次世界大战前三年各国的进出口贸易平均额的75%确定，会员国不需要缴纳黄金或现款，只需各会员国中央银行在国际清算同盟开立往来账户，各国官方对外债权债务通过账户办法进行清算，即当一国的国际收支发生顺差时，将其盈余存入账户，如果发生逆差，可按规定的份额向国际清算同盟申请透支或提存。

3. 发行新的记账单位"班柯"(Bancor)用于国际结算，班柯与黄金直接挂钩，各国货币与班柯挂钩，确定固定比价，但允许适当调节汇率。各国可用黄金换取班柯，但不能用班柯换取黄金。

凯恩斯实际上是主张以多边清算来代替双边清算，并实行透支原则，并且他还提出，清算后若一国的借贷份额超过份额的一定比例时，逆差国和顺差国均须对国际收支的不平衡采取调节措施，这表明英国强调双方共负国际收支失衡的责任，这对战后国际收支严重失衡的英国是相当有利的，而总部地址的选择也表明了英国希望与美国共享国际金融霸主地位的目的。总之凯恩斯计划是完全从英国的利益出发而提出的政策。

怀特计划则是美国财政部官员怀特提出的国际货币稳定基金方案，是在美国在其作为国际上最大的债权国，国际收支具有大量顺差，拥有巨额黄金外汇储备等有利条件下提出的"联合国平准基金计划"。这个计划主要采取存款方式运营，主要内容有：

1. 设立一个国际货币稳定基金，基金至少为50亿美元，由会员国按照规定的份额以黄金、本国货币或政府债券缴纳，份额的多少根据会员国的黄金外汇储备、国际收支以及国民收入等因素决定。

2. 发行"尤尼它"(Unita)作为计算单位，它以黄金为基础，含金量为137格令[①]，相当于10美元。尤尼它可以兑换黄金，也可以在会员国之间自由转移，各

① 1格令=0.0648克纯金。

会员国要规定本国货币与尤尼它之间的法定平价，平价确定后不经基金组织3/4的会员国同意不得更改。

3.取消外汇管制、双边结算和复汇率等歧视性措施，并且会员国国际收支困难时，可用本国货币向基金组织申请购买所需要的外汇，但数额最多不可以超过它向基金组织认缴的份额。

4.基金的总部设在认缴份额最多的国家，基金的管理由会员国投票决定，投票权取决于其在基金中认缴份额的大小。

怀特计划表明美国企图通过"基金"迫使其他会员国的货币钉住美元，剥夺其他国家货币贬值的自主权，解除其他国家的外汇管制，为美国的对外扩张与建立美元霸权扫清道路，也揭露了美国独占国际金融霸主地位的目的。

凯恩斯计划和怀特计划提出后，英美两国就展开了激烈的争论，最终由于英国的经济、军事实力不及美国，双方于 1944 年 4 月达成了基本反映怀特计划的"关于设立国际货币基金的专家共同声明"(Joint Statement by Expert On Establishment of An International Monetary Fund)。1944 年 7 月，44 个国家出席了在美国新罕布州布雷顿森林镇举行的国际货币金融会议，史称布雷顿森林会议。该会议通过了以怀特计划为基础的《国际货币基金协定》和《国际复兴开发银行协定》，总称《布雷顿森林协定》(Bretton Woods Agreement)，确立了布雷顿森林货币制度。

二、布雷顿森林协定的宗旨和内容

布雷顿森林协定的宗旨为：促进汇率稳定，防止竞争性的货币贬值，从而促进国际贸易与各国经济的发展，并加强各国生产资源的开发；向各国融通资金，以解决国际收支不平衡问题；建立一个永久性的国际货币机构以促进国际货币合作。

布雷顿森林体系的主要内容包括以下几个方面：

(1)关于国际货币制度方面，涉及国际货币制度的基础、储备货币的来源及各国货币相互之间的汇率制度。布雷顿森林体系实质上是以黄金—美元为基础的国际金汇兑本位制。其对于调节国际收支有以下规定：只有当一国发生"根本性国际收支不平衡"时，才允许升值或贬值。平价的变动要得到基金的同意。但在实践中，平价变动若小于10%，一般可自行决定。只有当平价变动大于 10%时，才必须由基金组织批准。

(2)关于国际金融机构方面，涉及国际金融机构的性质、宗旨以及在国际收支调节、资金融通和汇率监督等国际货币金融事务中的作用。

(一)实行固定汇率制度

布雷顿森林体系体制的特点就是“双挂钩”的固定汇率制度——美元与黄金挂钩,各国货币与美元挂钩。

首先,美元按35美元等于1盎司黄金与黄金保持固定比价,各国政府可随时用美元向美国政府按这一比价兑换黄金;

其次,各国货币按照货币含金量确定与美元的比价,各国不得随意更改货币的含金量,如果某国货币含金量需要做10%以上的调整,需要得到国际货币基金组织的同意。并且国际货币基金组织规定汇率一般只能在平价上下1%的幅度内波动,各国政府有义务通过干预外汇市场来维持汇率的稳定,只有当国际收支出现根本性不平衡时,一国经国际货币基金组织批准才可以调整汇率。但是对于什么是根本性的不平衡,协议并没有给出具体说明。

(二)国际收支调节和取消外汇管制

《国际货币基金组织协定》规定,会员国份额的25%以黄金或可兑换黄金的货币缴纳,其余75%用本国货币缴纳,会员国出现国际收支逆差时,可用本国货币向基金组织按照规定程序购买(即借贷)一定数额的外汇,并在规定期限内以购买本国货币的方式偿还借款。会员国认缴份额越多,得到的借款数目也越大,但是贷款只能用于解决国际收支问题,即经常账户的支付。协定规定,盈余国家也应主动承担起调节国际失衡的责任,这主要表现在稀缺货币条款上。所谓“稀缺货币”是指当一国收支持续盈余,并且该国货币在国际基金组织中的库存下降到其份额的75%时的货币。基金组织可按国际收支逆差国的需要对该货币实行限额分配,逆差国有权对该货币实施限制性兑换,或限制进口该国的劳务和商品,这样,顺差国的贸易受到影响就不得不调整国际收支。该项条款同时还规定,基金组织可采取以下两种措施解决“稀缺货币”问题:经“稀缺货币”发行国许可,基金组织用发行债券办法,在该国金融市场筹措资金;商请“稀缺货币”发行国,把该国货币售予基金组织,以换取基金组织的黄金。

协定还规定,会员国不得限制经常项目的支付,不得采取歧视性的货币措施,要在兑换性的基础上实现多边支付。但有三种情况例外:不允许在经常项目交易中实施外汇管制,但容许对资本移动实施外汇管制;会员国在处于战后过渡时期的情况下,可延迟履行货币可兑换的义务;会员国有权对“稀缺货币”采取临时性的兑换限制。

(三)建立美元—黄金的本位制度,美元与黄金获得了同等的国际储备资产的地位

在布雷顿森林体系下,美元与黄金直接挂钩,并且规定1盎司黄金兑换35美元,其他国家货币与美元直接挂钩,即双挂钩制度,从而确立了美元的中心地位。

布雷顿森林体系下主要的储备资产是美元和黄金，各成员国的中央银行可按照官价向美联邦储备银行将其持有的美元兑换成黄金，并有义务将黄金价格维持在官价水平。

(四)建立一个永久性的国际金融机构——国际货币基金组织

按照布雷顿森林协定中的《国际货币基金协定》，1946 年 5 月国际货币基金组织正式成立，该组织的宗旨是通过一个常设机构来促进国际货币合作，为国际货币问题的磋商和协作提供方法；通过国际贸易的扩大和平衡发展，把促进和保持成员国的就业、生产资源的发展、实际收入的高水平，作为经济政策的首要目标；稳定国际汇率，在成员国之间保持有秩序的汇价安排，避免竞争性的汇价贬值；协助成员国建立经常性交易的多边支付制度，消除妨碍世界贸易的外汇管制；在有适当保证的条件下，基金组织向成员国临时提供普通资金，使其有信心利用此机会纠正国际收支的失调，而不采取危害本国或国际繁荣的措施；按照以上目的，缩短成员国国际收支不平衡的时间，减轻不平衡的程度等。国际货币基金组织在二战后的国际货币体系中起着枢纽和核心作用，维持着国际金融领域的秩序基础。基金组织的资金来源于各成员认缴的份额。成员享有提款权，即按所缴份额的一定比例借用外汇。1969 年又创设“特别提款权”的货币(记账)单位，作为国际流通手段的一个补充，以缓解某些成员的国际收入逆差。成员有义务向基金组织提供经济资料，并在外汇政策和管理方面接受该组织的监督。

三、布雷顿森林体系对经济发展的作用

布雷顿森林体系的建立结束了战前的国际金融混乱局面，促进了战后世界经济的恢复和发展，扩大了各国之间的经济交往，因此布雷顿森林体系对发展世界经济起到了巨大的作用。同时，布雷顿森林体系确定了美元的国际货币制度基础的地位，使美国掌握了国际金融的主导地位，因此对美国经济也起到了很大的推进作用。

(一)布雷顿森林体系对世界经济的作用

1. 促进了国际贸易的发展和国际储备的增长

布雷顿森林体系实行的是固定汇率，它有利于进出口成本和利润的核算，有利于国际资本的流动，并且布雷顿森林体系制定了一系列国际合作的规则，通过这些规则，各成员国在世界范围内充分利用金融资源，相互合作，也促进了国际贸易的发展。随着国际贸易的发展国际储备也不断增长，因为布雷顿森林体系实行的是美元—黄金的储备制度，美元与黄金在国际储备方面具有同等的地位，

在战后黄金产量增长停滞的情形下，美元的供应可以弥补国际清偿能力的不足，这在一定程度上解决了国际储备的短缺问题。

2. 创立了一种新型的国际货币体系，促进了世界经济的开放

布雷顿森林体系以前的国际金融领域，各国是自行制定货币政策和确定汇率的。这种缺乏协调机制的体制对世界经济的发展从长期来看有阻碍影响，1929—1933年资本主义世界性经济危机的爆发很大部分就是这个原因。而布雷顿森林体系的建立，制定了一系列国际货币政策协作的规定以稳定汇率和促进国际贸易的发展，它不仅有利于战后世界经济的恢复，对缓和世界周期性的经济危机也发挥了重要的作用。同时，随着生产社会化的加深，国际贸易的急剧发展和国内市场的日渐狭小，各国之间的相互依赖程度加深，两次世界大战却使各国经济日趋封闭，此时布雷顿森林体系的建立促进了各国国内市场的开放，加强了各国在国际领域内的合作。

3. 促进各国国内经济的发展，有助于生产和资本的国际化

在国际金本位制下，各国都以牺牲国内经济平衡换取外部国际收支平衡，因此，国内经济的发展处于不利的状况，布雷顿森林体系下，国际货币基金组织和世界银行对逆差国提供各种信贷支持，帮助会员国解决国际收支困难，克服国际收支失衡的困难，促进币值的稳定。因此各国可以专注于国内经济的发展，稳定物价和促进充分就业。并且由于汇率的相对稳定，避免了国际资本流动中引发的汇率风险，这有利于国际资本的输入与输出，同时也为国际间融资创造了良好环境，有助于金融业和国际金融市场发展，也为跨国公司的生产国际化创造了良好的条件。

4. 国际货币基金组织和世界银行发挥重要作用

作为布雷顿森林体系的重要产物，国际货币基金组织和世界银行对恢复世界经济的发展发挥了其主要作用。一方面，基金组织提供的短期贷款暂时缓和了战后许多国家的国际收支危机，随着战后欧洲、日本经济的恢复，基金组织的贷款业务迅速增加，重点也由欧洲转至亚非拉等发展中国家。另一方面，世界银行提供和组织的长期贷款和投资不同程度地解决了会员国战后恢复和发展经济的资金需要。此外，基金组织和世界银行在提供技术援助，建立国际经济货币的研究资料及交换资料情报等方面对世界经济的恢复与发展也起到了一定的作用。

（二）布雷顿森林体系对美国经济的作用

1. 巩固美国国际金融核心的地位，推进美国经济发展

布雷顿森林体系建成初期，美国高估美元价值，使美元与黄金的官价维持在1盎司黄金＝35美元，以此低价换取他国的黄金，这对美国战后初期进口商品、

对外投资都十分有利，并且在布雷顿森林体系下，美元与黄金具有同等的国际储备的地位，美国利用这种地位可以大量创造派生存款，以此对外发放贷款或投资，控制其他国家并获取高额利息收入，使美国资金逐渐增加，有利于美国经济的发展，并进一步巩固了美国国际金融核心的地位，同时巩固了美元的霸权地位。

2. 促进了美国的对外扩张

布雷顿森林体系确定的固定汇率制有利于美国充分拓展海外市场，也可以充分利用全球生产资料。一方面，布雷顿森林体系规定各国货币必须与美元保持固定比价，如果变动超过规定的幅度需要国际货币基金组织的批准。这在一定程度防止了其他国家利用货币贬值与美国竞争，并且限制其他国家实行外汇管制的条款也有利于美国争夺销售市场。另一方面，美国对外支付可以发行纸币而不动用黄金，以此攫取其需要的生产资料，满足其生产和对外扩张的需要。当其国际收支失衡时，可以增发纸币的方式进行调节。

四、布雷顿森林体系的瓦解

（一）布雷顿森林体系的瓦解过程

布雷顿森林体系的瓦解过程，就是不断爆发的美元危机，采取措施拯救，接着再次爆发美元危机的过程。所谓美元危机是指由于美国国际收支逆差严重而引起美元对外汇率急剧下降，美元贬值，各国极力售出美元购买黄金和硬通货，致使美国黄金外流，美元国际地位下降的危机。

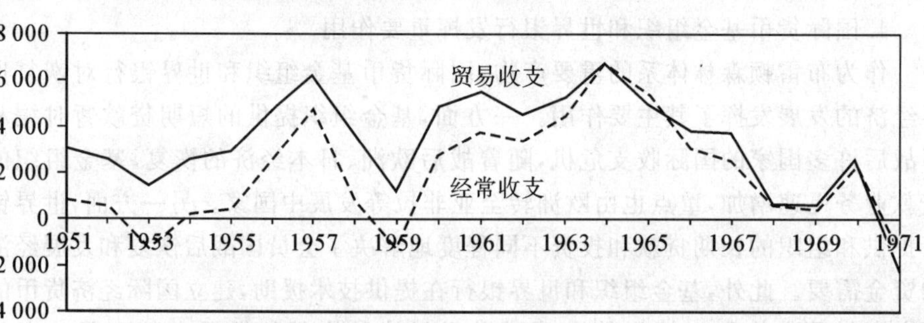

图 12-1　布雷顿森林时代美国的贸易收支与经常收支的演变

资料来源：B. Eichengreen, "Global Imbalances and the Lessons of Bretton Woods", *NBER Working Paper Series*, No. 10497, 2004.

自 1960 年到 1973 年布雷顿森林体系崩溃，主要爆发了三次大的美元危机。

1. 第一次美元危机

第一次美元危机爆发于1960年。自1950年发动朝鲜战争以后，美国就出现了国际收支连年逆差的状态。从1950—1956年年均逆差为15亿美元，1958—1960年年均逆差37亿美元。美国的黄金储备大量外流。1960年美国短期对外债务首次超过了其黄金储备额，美元购买力下降。1960年10月，市场上的比价为1盎司黄金＝41.5美元，高出官价约20％，美元贬值。为了挽救美元危机，美国求助于其他国家在国际货币基金组织的框架下合作来稳定国际金融秩序。至1962年，美国分别与主要资本主义国家建立了"借款总安排"(General Arrangement to Borrow)、"黄金总库"(Gold Pool)和"货币互换协议"(Swap Agreement)。

借款总安排是国际货币基金组织与十国集团（包括美国、法国、英国、加拿大、联邦德国、日本、意大利、荷兰、比利时、瑞典）于1961年11月在巴黎签订的，并在1962年10月生效。该协议资金总额为60亿美元，美国出20亿美元，其余40亿美元由其他9国分担。协议规定当基金组织缺少西欧等国货币时，可由基金组织向"借款总安排"的有关国家借入，转贷给需要的会员国（主要是美国）。这样，美国在国际短期资金发生巨额流动而可能引起货币危机时，可以从签订协议的9国借入额度为60亿美元的资金，以缓和美元危机，维持国际货币体系的正常运转。

黄金总库是1961年10月美国、英国、瑞士、法国、联邦德国、意大利、荷兰和比利时8国的中央银行达成的共同出资以维护金价稳定和布雷顿森林体系的一项协议。协议规定，8国按照美国50％，德、英、法、意各9.3％，瑞、荷、比各3.7％的比例共同出资2.7亿美元的黄金建立黄金总库，指定英格兰银行为总库的代理银行，按照市场规律操作，以稳定黄金价格。发生黄金抢购风潮时，即通过英格兰银行在伦敦市场卖出黄金，金价下跌则从市场买进，以此调节黄金市场供求，稳定金价，挽救美元。黄金总库的实质是美国让其他国家拿出黄金来补充美国的黄金，以维持黄金—美元本位制。1968年实行黄金双价后黄金总库解体。

货币互换协议又称互惠贷款协议，是1962年3月为了加强对外汇市场的干预，美国与14个主要西方国家签订的双边协议。协议规定，签约国彼此间在规定的期限和额度内可利用对方货币来干预市场稳定汇率。当签约国一方的货币发生危机时，可向与之签约的另一方借取货币来抵挡货币危机的风潮。在未使用期间，要以定期存款或购买证券的形式存于对方的银行，一方要使用该货币需要在两天前通知，约定到期时，根据互换时的汇率偿还对方的货币。货币互换协议的签订，使美国对付美元危机的能力提高一倍以上。

采取以上措施后，第一次美元危机得以缓解，但是这些并没有改变布雷顿森林体系的根本缺陷。并且这次危机表明，美元已无力单独支撑以美元为中心的国际货币体系了。

2.第二次美元危机

1968 年 3 月美国的黄金储备降至 121 亿美元，而短期外债达 331 亿美元。市场上再次掀起抛售美元抢购黄金的风潮。金价迅速上涨，黄金总库为了打压金价，大量抛售黄金，从 1967 年 10 月—1968 年 3 月共损失黄金 34.6 亿元。于是，各国转向美国兑换黄金以弥补损失，爆发了第二次美元危机。此时，凭黄金总库与美国的黄金储备已无力维持美元与黄金的比价，于是美国宣布解散黄金总库，实行黄金双价制，并通过国际货币基金组织创设特别提款权。

黄金双价制(Two-tier Price System of Gold)是指两个黄金市场实行两种不同价格的制度。自由市场黄金价格按供求自由波动，不再进行干预。官方市场只允许外国中央银行按照 35 美元 1 盎司的官价向美国兑换黄金。随之市场上黄金价格不断上涨，逐渐拉开了与官价的差距。黄金双价制的实行实际上意味着布雷顿森林体系的局部崩溃。

特别提款权(Special Drawing Rights)是国际货币基金组织发行并分配给成员国的一种用来补充现有储备资产的手段。它是一种有黄金保值的记账单位，创设时每一单位含金量为 0.888671 克，与当时的美元等值。美国早在 1965 年就提出创设特别提款权的方案，目的是要进一步扩大基金组织的贷款能力，并减少美元外流。1969 年 10 月，国际货币基金组织通过特别提款权的决议，并决定 1970—1972 年分三年发行特别提款权 95 亿单位。SDR 是一种账面资产，可用来在会员国之间进行结算，可与黄金外汇并列，作为一国的国际储备，节约黄金和美元，补充黄金和美元。特别提款权的创设有利于增加美国的国际储备能力，缓解国际收支逆差，也可以减少美国黄金储备的流失，因此对于缓解美元危机起到了一定效果。

3.第三次美元危机

1971 爆发了第三次美元危机。受美国国内战后第五次经济危机的影响，1971 年 5 月欧洲市场再次爆发大规模抛售美元，抢购黄金和联邦德国马克及其他西欧货币的风潮。美国国际收支逆差达 220 亿美元，黄金储备降为 110 亿美元，对外短期负债与黄金储备的比率达到战后历史最高点。面对这种情况，尼克松政府在 8 月 15 日宣布实行“新经济政策”，即对外停止外国中央银行用美元按黄金官价向美国兑换黄金，对进口商品增加 10%的附加费，对内冻结工资和物价，试图保护美国的黄金储备，限制进口，减少出口，改善国际收支状况。

1971 年 12 月十国集团签订了“史密斯协议”(Smithson Agreement)。该协议主要内容有：美元对黄金贬值 7.89%，黄金官价提高到 38 美元＝1 盎司黄金；

各国货币对美元的汇率波动幅度从不超过平价的±1%扩大为±2.25%；一些国家的货币对美元升值，其中日元升值16.9%，德国马克升值13.6%等。史密斯协议实际上意味着布雷顿森林体系的两大支柱之一美元与黄金挂钩已经崩溃。并且史密斯协议只是暂时性措施，1973年1月，欧洲又出现大量抛售美元，抢购联邦德国马克、日元和黄金的风潮。2月2日美国政府宣布美元第2次对黄金贬值，幅度为10%，每盎司金价提高到42.22美元。至此其他西方国家纷纷取消了本国货币与美元的固定汇率，实行单独浮动或联合浮动汇率。布雷顿森林体系的另一支柱固定汇率也取消了，布雷顿森林体系完全崩溃。

(二)布雷顿森林体系瓦解的直接原因和根本原因

布雷顿森林体系瓦解的直接原因就是连续不断的美元危机。布雷顿森林体系确立以来，美元一直具有国际货币基础的地位，各国货币钉住美元也造成了各国货币对美元的依附，使得美国的货币政策对其他国家有重要的影响。因此，美元危机的不断爆发，美元的不断贬值触动了布雷顿森林体系的基础，使世界范围的经济货币政策、国际贸易等都受到严重影响，直接导致了布雷顿森林体系的解体。

布雷顿森林体系瓦解的根本原因则来自于其本身制度的缺陷：

1.美元作为唯一的国际货币本身所存在的矛盾，即所谓的“特里芬难题”。在该体系下，美元作为国际支付手段与储备手段，发挥着世界货币的职能，这就要求美元的币值稳定。而美元币值稳定，不仅要求美国有足够的黄金储备，而且要求美国的国际收支必须保持顺差，从而使黄金不断流入美国而增加其黄金储备。否则，人们在国际支付中就不愿接受美元。但另一方面，若要满足国际贸易增长和世界经济发展的需要，国际储备就要有相应的增长，这就要求美国保持国际收支逆差，但随着美国国际收支逆差的增大，美元的黄金保证就会不断减少，美元又将不断贬值，人们就不再愿意持有美元。这种根本性的矛盾是由布雷顿森林体系建立时的内在制度缺陷决定的，是无法克服的，它最终导致了布雷顿森林体系的瓦解。

2.固定汇率制度的维持存在两难。布雷顿森林规定实行固定汇率制，若各国货币对美元汇率超过一定的界限，各国政府就有义务干预并抑制汇价。为了维持固定汇率制度，如果美元汇率下跌，其他国家就得抛出本币，购买美元，使本国货币贬值以促使美元汇率回升。但此举导致这些国家的货币在流通领域增多，加剧了世界通货膨胀，而且多国持有的大量美元如果抛售，就会引起美元危机，如果持有又会面临美元的不断贬值，这样这些国家也陷入了两难的境地。这种两难也使他们维持固定汇率制的信心有所动摇。布雷顿森林体系的这两种内在缺陷是造成其瓦解的根本原因。

专栏12-1

后布雷顿森林体系时代的美国霸权

与布雷顿森林体系下的运行模式相比，当前的国际货币体系反映了一个基本的趋势，这就是美国仍然在获取美元霸权的收益。美国仍然可以利用外围国家实施“追赶型”发展模式的特点推行“入不敷出”的经济政策。由于经济发展和金融自由化，日本、欧洲国家已经完成了经济追赶的任务，从布雷顿森林体系下的“外围”阵营“毕业”，而亚洲、拉美等一批“新兴市场国家”则逐步加入到了“外围”阵营之列。为了完成经济追赶目标，它们选择了20世纪50—60年代日本与欧洲的发展模式：高估本币、钉住美元、促进出口、积累美元储备，反过来把积累的美元储备重新投入到美国（从IT泡沫崩溃之前投资于美国资本市场转向IT泡沫崩溃之后投资于美国国债）。同时，引进国际直接投资进一步促进出口，发展外向型经济。在这个循环中，美国再次获得了美元霸权所带来的收益：低储蓄率、高消费率、低利率、低通货膨胀率与高经济增长率并存。这种模式也被某些经济学家称之为“新布雷顿森林体系”。与布雷顿森林体系不同的是，即使20世纪90年代中期以后美国经常账户赤字不断增加，但美元实际汇率却在不断升值，甚至在美国沦为净债务国，对外债务金额不断扩大的情况下，这一趋势仍然没有改变。

对于未来的调整方式，经济学家尽管有不同的看法，但多数人认为最终仍然是由全球来承担调整的压力。第一种可选择的方式，也是最理想的方式，即在既定的汇率水平下消除经常账户赤字。这要求美国贸易伙伴的增长率高于美国的经济增长率。但是在美国经济增长率不变的条件下，欧洲和日本要弥补这种增长缺口是很困难的。即使能够做到，它们也只占美国出口的35%，并不能从根本上解决美国的经常账户收支不平衡问题。第二种方式是投资者的投资偏好发生变化，更多投向美国资产，即外国投资者购买更多的美国债券和股票，增加美元储备。这只会带来美元暂时的升值，长期内是更大规模的调整。第三种方式是亚洲国家的中央银行改变决策，停止购买美元，降低持有美元的比例。这将是全球范围内对美元需求的重大调整，其中，如果人民币不再钉住美元，在美元大幅贬值的同时，欧洲货币将会大幅升值。很显然，在美国看来，解决其对外失衡的根本出路是外部世界。与此相联系的最后一种方式，也是美国最希望的，就是签署第二个“广场协议”：美元贬值。这既不会触发美国经济衰退，又能够解决经常账户失衡问题。考虑到美国已经成为一个净债务国，美元大幅贬值客观上还将减轻其债务负担。

资料来源：李向阳：《布雷顿森林体系的演变与美元霸权》，《世界经济与政治》，2005年第10期。

第四节 牙买加体系

布雷顿森林体系崩溃以后，国际金融秩序又显动荡，国际社会及各方人士也纷纷探析能否建立一种新的国际金融体系，提出了许多改革主张，例如恢复金本位，恢复美元本位制，但均未能取得实质性进展。国际货币基金组织于 1972 年 7 月成立了一个由 11 个主要工业国家和 9 个发展中国家共同组成的“20 国委员会①”，具体研究国际货币制度的改革问题。委员会于 1974 年 6 月提出了一份“国际货币体系改革纲要”，对黄金、汇率、储备资产、国际收支调节等问题提出了一些原则性的建议，为以后的货币改革奠定了基础。1976 年 1 月，国际货币基金组织理事会“国际货币制度临时委员会”在牙买加首都金斯敦举行会议，讨论国际货币基金协定的条款，经过激烈的争论，签订了“牙买加协议”，同年 4 月，国际货币基金组织理事会通过了《国际货币基金组织协定第二修正案》，从而形成了新的国际货币体系——牙买加体系。

一、牙买加协议的主要内容

（一）黄金非货币化

牙买加协议做出了逐步使黄金退出国际货币的决定。规定废除黄金条款，取消黄金官价，使黄金成为一种单纯的商品，各会员国中央银行可按市价自由进行黄金交易，取消成员国相互之间以及成员国与国际货币基金组织之间须用黄金清算债权债务的规定，同时国际货币基金组织逐步处理其持有的黄金。其中 1/6（约 2 500 万盎司）按市价出售，超过官价的部分用以援助发展中国家，另外 1/6 则按官价归还给各会员国，剩余部分（约 1 亿盎司）根据总投票的 85%的多数做出具体处理决定。

（二）浮动汇率合法化

牙买加协议正式确认了浮动汇率制的合法化，承认固定汇率制与浮动汇率制并存的局面，成员国可自由选择汇率制度；同时国际货币基金组织继续对各国货币汇率政策实行严格监督，并协调成员国的经济政策，促进金融稳定，缩小汇率波动范围，避免操纵汇率获得不公平的竞争利益。协议还规定实行浮动汇率

---

① 20 国委员会成员国包括阿根廷、澳大利亚、巴西、加拿大、中国、法国、德国、印度、印度尼西亚、意大利、日本、墨西哥、俄罗斯、沙特阿拉伯、南非、韩国、土耳其、英国、美国。

制的会员国应根据国内条件，逐步恢复固定汇率制，在将来世界经济出现稳定局面以后，经国际货币基金组织总投票权的85%多数票通过，可恢复稳定的但可调整的汇率制度。

（三）扩大对发展中国家的资金融通

协议规定用出售黄金所得的收益建立信托基金，以优惠条件向最穷困的发展中国家提供贷款和援助，以解决其国际收支问题，同时扩大基金信用贷款的额度，由占成员国份额的100%增加到145%，提高国际货币基金组织“出口波动补偿贷款”在份额中的比重，由占份额的50%提高到占份额的75%。

（四）提高特别提款权的地位

牙买加协议规定未来的国际货币体系应以特别提款权为主要储备资产，并且特别提款权可以作为各国货币定值的标准；尽量扩大特别提款权的业务适用范围，各会员国可以不经国际货币基金组织的批准自由进行特别提款权交易，国际货币基金组织与各会员国的交易可以用特别提款权代替黄金，国际货币基金组织一般账户所持有的资产一律以特别提款权表示，参加这种账户的国家可以用特别提款权偿还对国际货币基金组织的债务，也可以用特别提款权进行借贷；国际货币基金组织要随时对特别提款权制度进行监督，适时修改和增减有关条款以提高特别提款权的储备地位，使之取代美元和黄金成为最主要的国际储备资产。

（五）增加成员国基金份额

成员国对国际货币基金组织缴纳的基金份额从原来的292亿特别提款权增加至390亿特别提款权，增幅达33.6%，具体到各成员国所承担的基金份额，则有升有降。石油输出国所承担的份额由5%提高到10%，联邦德国和日本也略有增加，其他西方工业国家都有所下降，发展中国家基本不变。基金份额的增加增强了国际货币基金组织对国际清偿力的监督力度，有利于充分发挥国际货币基金组织的职能。

二、牙买加体系的特点

（一）以浮动汇率为主的多样化的汇率制度

总体上牙买加协议后的固定汇率制度可以概括为管理浮动汇率制度①。

根据牙买加协议，各成员国可以自由安排汇率，从实行的具体情况来看，受各国经济发展水平、经济开放程度、资本自由流动程度不同的影响，不同国家实

① 又称干预浮动汇率制度，是指货币当局采取各种方式干预外汇市场，使汇率水平与货币当局的目标保持一致的一种浮动汇率制度。

行的汇率制度也有所不同。发达国家中，欧共体实质上是联合浮动，美国、日本是单独浮动，还有些发达国家采取钉住货币篮子或实行某种管理浮动汇率制；发展中国家大多采取钉住美元、法国法郎、特别提款权或自选的货币篮子，形成了多样化的汇率制度。[①]

多样化的汇率制度安排比较适应多变的世界经济形势，汇率可以根据市场供求、国内国际经济形势自由变化，能够迅速地反映基本经济状况。并且各成员国不用再像布雷顿森林体系下需要牺牲国内经济来维持汇率的稳定，有利于各国国内经济的发展。

（二）多种国际收支的调节手段

在布雷顿森林体系下，国际收支的调节除了一国经济出现根本性不平衡，经IMF批准，可对汇率进行调解外，一般的国际收支失衡主要依靠国内宏观经济政策的调整及国际货币基金组织的贷款来实现。在牙买加协议下，又增加了汇率政策这一调节国际收支的手段。当国际收支失衡时，由于实行浮动汇率，汇率会发生改变，从而引起进出口的变化以达到调节国际收支的目的，这是牙买加体系下最主要的国际收支调节手段；同时国际货币基金组织也起着越来越重要的作用，由于增加了各成员国的基金份额，当一国国际收支失衡时，国际货币基金组织能够向国际收支逆差国提供更多的贷款，提高了国际清偿力。国际收支的多种调节手段并存适应了各国经济发展悬殊，发展目标、客观经济环境不同的现状，有效缓解了布雷顿森林体系僵化的国际收支调节状态，有利于世界经济稳定发展。

（三）以美元为主的多元化国际储备体系

布雷顿森林体系瓦解以后，国际储备资产呈现出多样化的局面。美元虽然仍是主导的国际货币，但美元地位明显削弱，由美元垄断外汇储备的情形不复存在；马克、日元随着两国经济的恢复发展脱颖而出，成为重要的国际储备货币。另外，由于牙买加协议的规定，特别提款权在国际储备资产中的地位不容忽视，而牙买加协议中虽然规定黄金非货币化，但是由于黄金具有良好的价值储藏功能，它仍可作为一种二级储备资产。因此，国际储备体系呈现以美元为主导，包括马克、日元、特别提款权和黄金在内的多元化的体系。这种体系不仅满足了国际经济交易的增长，还相对降低了单一中心货币对世界储备体系稳定性的影响，也在一定程度上解决了特里芬难题。

---

① 1999年国际货币基金组织将汇率制度细分为没有独立法偿货币的汇率制度（完全的固定汇率制）、货币局制度、传统的钉住汇率制、钉住水平带的汇率制、爬行钉住、爬行的带状汇率制、没有事先宣布路径的管理浮动制和独立的浮动制度共8类。

（四）机制化和非机制化的国际货币合作并存

在国际货币基金组织仍然存在，仍然在国际货币合作领域发挥协调作用。虽然浮动汇率制后，IMF 在汇率监督方面的职能有所调整，但其在发展中国家国际收支不平衡的调整，20 世纪 80 年代债务危机以及 90 年代历次货币危机的解决中仍然发挥了重要作用。1975 年，西方七国首脑会议协调机制建立，主要工业国家在货币政策协调、外汇市场干预、金融危机救援等方面为维持国际货币体系的稳定也起到了十分重要的作用。

三、牙买加体系运行效率的分析

牙买加体系是一种采用多种储备资产、多种国际收支调节手段进行管理的浮动汇率制的制度。其最大特点是多元化。它一方面解决了布雷顿森林体系下单一货币中心造成的储备货币信用危机，另一方面也解决了国际收支调节手段僵化的问题。在牙买加体系下，由于贸易自由化，各国国际贸易、直接投资等相互依赖程度加深，但是由于汇率波动幅度过大，各国中央银行又不能放弃对外汇市场的管制，这又使世界经济趋于离散。这种矛盾是布雷顿森林体系解体后经济规律发展的必然结果，因此牙买加体系又被称为"无秩序的体系"。

（一）牙买加体系存在的问题

根据历史的经验，一种健全的国际货币体系应该具备以下条件：拥有稳定的货币发行基础，以保持国际货币体系的相对稳定；国际储备能够随着国际贸易的增长而不断和适度地扩大，以避免引起世界性通货膨胀，或发生国际清偿能力不足的问题；国际金融机构具有有效调节和纠正各国国际收支不平衡的能力。根据牙买加体系的内容，人们认为它已经具备了以上条件，但是牙买加体系仍然存在一些问题。

1. 汇率体系不稳定

牙买加协议明确规定，国际合作的基本目标是经济稳定（即物价稳定）而不是汇率稳定，于是更具弹性的浮动汇率制在世界范围内逐步取代了固定汇率制。理论认为浮动汇率制会消除布雷顿森林体系下固定汇率制带来的不对称性。但是，从实际来看，浮动汇率制下，汇率波动频繁并且剧烈，这增大了外汇风险，一定程度上抑制了国际贸易和国际投资的发展；同时，汇率的波动还刺激了外汇投机活动，加剧了国际金融市场的动荡；并且国际货币基金组织对国际储备的控制力减弱，这对发展中国家的影响尤为严重，使发展中国家的外汇储备和对外债务问题更加恶化。

2. 国际收支调节机制仍不健全

牙买加体系下的国际收支调节手段的种类较以前有了很大的提高,但是仍具有局限性。汇率机制作为最主要的调节手段,其产生的效果比预期的效果要小。汇率的过度浮动只是增加了市场上的不稳定性,甚至恶化了各国的国际收支状况;利率机制虽然通过资本账户的改变来调节国际收支,但是当一国引入外资或对外投资时,势必会影响该国货币在国际市场的价格,从而对经常账户产生反馈效应导致国际收支调节的效果无法确定;而国际货币基金组织也并未对国际收支调节机制做出明文规定,也没有相应的制裁措施,这使得顺差国和逆差国难以对称地调节国际收支,最终调节国际收支的责任往往由逆差国来承担。

3.多元化国际储备体系的不稳定性

牙买加体系下,黄金非货币化,美元地位的削弱,德国马克、日元等硬通货的兴起以及特别提款权地位的上升使得国际储备资产呈现多元化。正是这种多元化的存在,使得一种货币出现信用危机时,持有者就会将其兑换成其他形式的国际储备货币,国际储备间的投机不可避免,短期资本流动频繁,造成储备货币管理的难度增加,也导致了国际金融市场的动荡;并且由于实行浮动汇率制,各种国际储备货币的汇率也会经常发生变动,这会给依赖于该国货币的国家带来严重的影响,尤其是对经济基础薄弱,物资准备不足的发展中国家;储备多元化也没有从本质上解决储备货币同时担负世界货币和储备货币所在国本币的双重身份所造成的特里芬两难。当维护世界金融秩序和支付能力目标与维护本国国内经济平衡的目标发生冲突时,各国仍会以本国利益优先,从而对其他国家造成影响。因此,多元化的国际储备体系具有很强的不稳定性。

(二)牙买加体系改革的主张

由于牙买加体系仍然存在上述问题,随着世界经济全球化的发展和知识化趋势的不断强化,尤其是金融危机的爆发,使得人们更希望有一个健全稳定的国际货币新秩序,因此对牙买加体系改革的呼声逐渐增强,这主要分为两个阶段:

1.20 世纪 70—80 年代的改革建议

自布雷顿森林体系崩溃后,各种对国际货币体系的改革建议层出不穷,尤其实行浮动汇率后,各国的货币波动增大,因此这一阶段的改革建议大都是围绕牙买加体系下的国际汇率体系和国际储备体系而提出的。

(1)建立汇率目标区

1983 年,美国学者约翰·威廉森(John Williamson)和伯格斯坦(Bergsten)共同提出建立汇率目标区(Target Zone)的主张。首先,他们对汇率目标区的每一种货币都有一种方法来计算“基本有效平衡汇率①”,因为经济基本要素的变

① 基本平衡有效汇率是与可持续的经常账户状况保持一致的一种实际汇率。

化,例如相对的通货膨胀的变化,所以计算出来的基本有效平衡汇率要定期进行调整,不能与固定的中心比率相矛盾。其次,规定汇率波动幅度,一个国家的汇率可以被允许在一个软波动幅度体系①内浮动,它是基本平衡有效汇率的±10%;第三,汇率目标区的种类分为硬目标区和软目标区,前者汇率变动的幅度小,不常修订,目标区的内容也对外公开,一般通过货币政策将汇率维持在目标区,而后者则相反。

汇率目标区是介于固定汇率制和现行的浮动汇率制之间的一种汇率制度,它在一定程度上还可促进汇率的稳定并有助于国际宏观经济政策的协调,同时还可以帮助消除外汇投机的自我实现。但是确定汇率目标存在着技术上的困难,所以它不能彻底解决汇率不稳定的问题。

(2)全球货币目标建议

罗纳德·麦金农认为汇率的反复变化是由货币替代造成的,在一个没有资本控制的世界,跨国公司和国际投资者更愿意持有一个由各国货币组成的投资组合,但是这个组合的构成很不稳定。如果在投资组合中从持有一种货币转变为持有另一种货币,而两个国家的货币供给没有改变,那么前一种货币会贬值,后一种则会升值,对两个国家的经济都造成影响。但是如果前一种货币的所有国减少货币供给,后一国扩大货币供给而使两国汇率挂钩,再用后一种货币购买多余的前一种货币,全球货币的供给以及汇率都不会受到影响。这种主张可以使国家经济不受到货币替代的影响。但是他把名义汇率固定在购买力平价水平上,没有考虑实际汇率变化的可能性,因此这种理论也存在着很多问题。

(3)实行商品性储备通货本位制

因为无法恢复金本位制,人们渴求寻找一种新的商品代替黄金,使其产量高于黄金但能够具有黄金的特性,价格比黄金更稳定。于是阿尔伯特·哈特(Albert Hart)和尼古拉·卡尔多(Nichdals Kaldov)提出创立以商品为基础的国际储备货币。主要内容包括:第一,选择若干种在国际贸易中占主要地位的可储藏的同质初级产品;第二,成立一个世界中央银行,发行一种按一揽子商品确定价值的国际货币单位;第三,世界中央银行可按照事先确定的价格实现商品和国际货币单位的互换。这种方式虽然能够确切解决牙买加体系存在的问题,但实施起来很困难,寻找何种商品就是该理论的最大问题。

(4)重建新布雷顿森林体系

该观点认为,世界各个主权国家需要采取联合行动,破除以国际货币基金组

① 软波动幅度是指如果货币达到了其波动幅度的上限和下限,管理当局不必承诺买入或卖出货币,这样就会组织投机者的恶性投机。

织为中心的国际金融体制，建立新的国际金融秩序，进行全球性债务重组和恢复固定货币汇率制度，以弥补牙买加体系下汇率频繁波动带来经济动荡的缺陷。该观点虽然坚持全球自由化，但同时建议重新设立"托宾税"来控制资本流动，即对所有与货币兑换有关的国际证券和外汇即期交易征收税率统一的国际税，以交易成本的提高来减少国际资本流动的不稳定性，并降低国际证券价格和汇率的波动性。

2. 亚洲金融危机后的改革建议

1997年亚洲金融危机后，国际货币体系暴露出更多的问题，它的汇率制度安排、所遵循的基本原则都与金融全球化的现实不相符，并且还缺乏国际最终贷款者的功能，因此在目前的国际货币体系的基础上进行改造，强化国际货币基金组织的作用，并且重视发展中国家的金融监管，是亚洲金融危机后国际货币体系改革的主要方向。

国际货币基金组织方案的主旨可以概括为加强基金组织在国际货币体系中的地位。1998年2月，基金组织总裁康德苏在该组织的年会上提出了旨在强化基金组织作用的六项建议：第一，通过披露所有相关的经济和财政资料，对各国的经济政策进行更加有效的监测；第二，实行地区性监测和政策协调；第三，由基金组织和世界银行制定金融系统的监管方案，对金融业进行更为有效的监管；第四，建立有效的债务处理方法，防止债务危机；第五，加强国际金融组织的作用，并增强其资金实力；第六，继续推进资本自由化。为了担负起以上的责任，应当将基金组织的临时委员会升格为具有决策功能的委员会。但是，这一意见受到了来自美国、英国和加拿大等国的反对。

在1998年9月，美国总统克林顿委托美国外交关系理事会邀请数十位知名专家教授研究国际金融机构的改革。随后也有一份报告推出。这份报告指出，美国经济对世界经济的依赖程度日益加深，发展中国家发生金融危机，美国也会受到影响。专家们同时建议：①国际货币基金组织不支持一些国家采用钉住汇率，这有可能造成经济危机；②国际货币基金组织对资本流动采取适当监管，规劝发展中国家对短期资本流入加以课税，或限制其在一定时期后方可流出，对银行及金融机构向对冲基金贷款时应要求高额风险资本金；③鼓励发展中国家加强预防危机的能力，并建立良好的宏观经济政策，IMF应采取有效步骤，对减少危机冲击的国家予以更多的有利贷款；④无论私人贷款人或官方贷款人，当危机发生时应公平负担损失；⑤IMF对发展中国家金融危机的救援计划只要达到减少衰退即可；⑥IMF和世界银行迎回归原本的职能。

欧洲则更关注货币兑换问题，并把重心放在保持国际金融市场的相对稳定和有效的国际货币监督体系上，进而不断地加强国际金融机构的作用。他们认为应该:进一步加强全球资本市场的监督与管理,防止国际金融形势进一步恶化;建立一系列透明的规则与标准,以识别金融交易及金融市场的风险与管理;建立国际行为规范,协调各国金融政策,制定国际资本流动的新规则。同时欧洲对国际货币基金组织和世界银行的改革提出的建议包括:国际货币基金组织应该集中处理影响金融市场全球化的问题,在全球范围内进行协调;设立财产重组基金,改进地区投资银行业务,提高公司的融资能力,提高非政府部门的运作效率。

1999 年 6 月 18 日,西方七国首脑通过《七国联合声明》表示:工业国和新兴国都要实行稳定的市场经济政策和适当的货币政策,共同承担起稳定世界经济的责任;建立一个金融稳定论坛,以加强各国在金融市场监管及运作规则方面的合作与协调;建立"国际金融与货币委员会",加强对国际金融机构的监管;各国政府要加强对短期资本流动的监管,避免出现对短期资本的依赖;要求私人银行、保险机构、基金等私人金融机构为防止金融危机的发生承担更多责任,并提高其资本流动的透明度。该方案吸收了以前方案的内容,更具有可操作性。但以上的这些方案都是发达国家基于其自身的利益提出的建议,没有考虑到发展中国家的权利,实施起来也会对发展中国家造成不利的影响,因此遭到了发展中国家的反对。

发展中国家为了维护自身利益,要求对短期资本加强监管;削弱美元的作用,并增强特别提款权与国际发展援助之间的关系,使国际清偿力的增长能够逐步摆脱一国的影响;扩大特别提款权的分配和基金的份额;增强国际货币基金组织的作用。

虽然各国的方案林林总总,但大多是危机救援方面的措施,而且没有形成统一的政策,对当前国际货币体系存在的实质问题没有触及。随着世界经济一体化、自由化进程的加快,生产要素流动加速,资本流动更快,而且这种自由化已成为一种趋势,未来的国际货币体系必须能够适应与反映这一趋势。从这点来看,浮动汇率难以被废弃,它使自由化进程加速,因此这一制度具有自我强化的特征,固定汇率难以恢复。但同时产生的问题是国际货币体系不稳定性加大。如何在世界经济自由化与一体化及浮动汇率制度下增强稳定性,是国际货币体系改革的首要问题。

本章小结

国际货币体系主要包括汇率制度、国际收支的调节、国际储备资产、国际货币事务的管理协调四个方面。它是应在世界范围内遵守的货币制度，是规范各国国家间货币行为的准则。国际货币体系的演变主要经历国际金本位制、布雷顿森林体系和牙买加体系。

国际金本位制下，黄金作为本位货币的同时还充当唯一的储备货币和国际支付、国际结算的手段，发挥着世界货币的职能。它采取固定汇率制，根据经济的发展和经济环境的变化也经历了金本位制、金块本位制和金汇兑本位制。国际金本位制是一种稳定的货币体系，但是由于受黄金产量的限制以及调节机制自身的缺陷导致瓦解。

布雷顿森林体系是采取双挂钩制度和可调整的固定汇率制度的货币体系，美元具有和黄金同等的地位，国际收支失衡的调节是利用国际货币基金组织的信贷资金来进行的。它对世界经济的发展起过推动作用，但由于自身存在内在的缺陷"特里芬难题"和不断爆发的美元危机而宣告结束。

牙买加体系是现行的采取管理浮动汇率制的国际货币体系，其特点是汇率制度、国际储备资产以及国际收支调节手段的多样化。牙买加体系目前仍然存在很多问题，国际货币基金组织、发达国家和发展中国家都提出过自己的改革方案，但目前还没有达成各方满意的解决方案。

关键词

国际货币体系　金本位制　金块本位制　金汇兑本位制　国际金本位制　布雷顿森林体系　黄金双价制　特别提款权　特里芬难题　牙买加体系

复习思考题

1. 简述国际货币体系的主要内容及其作用。

2. 简述金本位制、金块本位制和金汇兑本位制的特点。

3. 简述布雷顿森林体系和牙买加协议的主要内容。

4. 简述三次美元危机的过程及拯救措施，并说明布雷顿森林体系瓦解的根本原因。

5. 牙买加体系存在哪些问题？请对牙买加体系的改革主张作出简要评述。

第十三章 国际货币体系与国际货币合作

导言

国际货币体系的发展历史可以说就是国际货币合作的历史。国际货币合作是国际经济政策协调的重要内容，从金本位制开始，到布雷顿森林体系，再到牙买加体系，各国在货币政策、汇率政策、外汇政策等各方面保持着一定的合作。同时各国也逐渐认识到，货币合作可以在一定程度上稳定全球的经济与金融秩序，因此，无论在全球层面还是在区域层面，各国都在进行着货币合作的尝试。

学习目标

1. 掌握国际货币合作的相关内容与历史；
2. 了解国际货币基金组织的机构设置与职能；
3. 了解其他国际货币合作协调机构。

第一节　国际货币合作及其演进

一、国际货币合作及其内涵

国际货币合作（International Monetary Cooperation）是国际经济政策协调的重要内容，它专指有关国家和国际组织在货币政策、汇率政策、外汇市场干预以及国际收支调节等货币金融领域的合作。

国际货币合作是国际货币体系的重要组成部分。传统的国际金融教材或有关国际货币体系的专著普遍认为，国际货币体系的内容包括汇率制度、国际收支调节及国际储备货币三个内容。近年来，随着20世纪80年代以来国际金融市场的发展以及国际经济政策协调的加强，越来越多的学者开始把国际金融市场与国际资本流动、国际货币合作的形式与机构包括其中。

要理解国际货币合作，应从以下三个层次进行：

(一)国际货币合作的权力形式

在国际货币合作发展史中，在每个阶段，国际货币合作就其达成合作的领导权或者说权力形式来划分，可以分为两种：一是霸权合作，另一个是合作管理。

霸权合作的货币合作是以一国独霸为特征的。在体系中，往往一国处于中心地位，为核心国，其他国家则追随核心国的货币政策。历史上的金本位制、布雷顿森林体制都是典型的霸权合作，欧洲货币体系也带有一定的霸权合作的特点。合作管理，也称为寡头合作。在这种合作体系中，没有一国在其中可以起决定性的作用，国际货币体系的稳定发展需要几个主要大国之间的合作。在这方面最典型的例子即20世纪70年代后产生、80年代成熟发展起来西方七国国际经济政策协调机制。

(二)国际货币合作的表现形式

国际货币合作就其所表现的形式来说主要有两种：

第一种，规则合作。这种合作是按照规则进行的，即每个参与国都同意按照一定的规则就其经济行动达成协议，其前提条件是其他成员国也全面接受这些规则。以规则为基础的合作形式是以各种制度为基础的，如金本位制、布雷顿森林体系和欧洲货币体系。在这样的制度中，规则的存在代替了对政策协调的公开磋商和协定。规则合作往往需要成立一个超国家的国际组织对规则的执行加以管理和监督。

第二种，随机合作。主要是指为应付某一具体事件，有关国家进行磋商后作出的、持续时间有限的特殊协议。这种专门形式的协调采取了协定各方之间一次性明确协商的形式。这正是主要发达国家首脑在首脑会议和财长、央行行长们在其相关会议上所寻求的目标。其典型的案例是1978年的波恩首脑会议、1985年的广场饭店协议以及1987年2月的卢浮宫会议等。

(三)国际货币合作的地区范围及影响力

国际货币合作就其涉及的地区范围、其对世界的影响程度，可以分为全球性的国际货币合作和区域性的国际货币合作。

全球性的国际货币合作涉及的国家多、地区广，合作涉及全球主要国家，如金本位制时期，主要资本主义国家都依照金本位制的运行规则参与国际货币合作。布雷顿森林体制下，国际货币合作囊括了世界上绝大多数的国家，而20世纪70年代浮动汇率制实行之后产生的七国国际经济政策协调机制虽然仅涉及七个主要的工业大国，但由于这几个国家所属地域范围广，其经济实力在世界上举足轻重，经济政策对世界也具有影响能力，因此，该合作机制也被认为是全球性的货币合作机制。

区域性的货币合作涉及的国家数量少，一般是地理上靠近、经济上具有相互依存性的一些国家形成的货币合作。20世纪30年代浮动汇率制时期形成的货币集团，虽存在的历史短暂，但也构成区域货币合作的雏形。区域货币合作最为成功、也最为典型的例子即欧洲货币联盟，它在区域货币合作方面为其他地区树立了一个典范，而亚洲金融危机之后开展的东亚货币合作也逐渐引人注目。本章主要介绍全球性的国际货币合作，而在下章则主要介绍区域货币合作的内容。

二、国际货币合作的历史

上面谈到，国际货币合作在国际货币体系的任何阶段都是存在的。国际货币体系经历了国际金本位制、布雷顿森林体制以及浮动汇率制三个大的阶段，在每一个阶段中，国际货币合作都呈现出不同的特点。可以说，国际货币体系的演进史就是国际货币合作的发展史。

(一)国际金本位制下的国际货币合作

金本位制为各国货币合作提供了一个良好的机制，该时期的国际货币合作主要体现在各国对金本位制的运行规则(金币自由铸造，自由兑换，自由输出入)的共同遵守上。

在国际金本位的调节机制中，汇率基本是固定的。这就涉及国家对内平衡和对外平衡的目标冲突问题，即国内就业、经济增长与国际收支平衡的冲突。当时的国际货币合作主要体现为金本位的各参加国都把对外平衡(国际收支平衡和汇率稳定)的目标放在首位，国内的经济目标、经济福利服从于金本位制的运行规则。比如，国际收支逆差黄金流出的国家，国内货币供给必须下降，而不管这样会形成通货紧缩，从而造成价格、收入和就业水平的下降；同样，在国际收支顺差和黄金流入的国家，也必须相应提高货币供应，而不能顾及可能形成的通货膨胀的压力。如果个别国家采取不合作态度，不遵守“运行规则”的要求，将流入的黄金冻结，将贴现率保持不动甚至提高，抵消黄金流入的影响，那就破坏了国际货币秩序，谈不上国际货币合作了。

金本位制是英国主导的国际货币体系。金本位制的稳定及持续主要取决于英国及其他国家保持黄金可兑换性的特点及对该体制的普遍接受性。虽然英格兰银行是根据其自身的利益确定货币政策的,但英格兰银行的货币政策一般都能为其他国家所接受。特别是在金本位制的初期,由于当时资本主义经济处于上升阶段,而且各国经济周期上的一致性,使主要发达国家的货币当局基本形成目标一致,实行与英格兰银行一致的货币政策,达成事实上的合作。各国货币政策的自动协调,保证了国际金融的稳定,所有国家都得到好处。

但是,事实表明金本位制不能适应动荡多变发展不平衡的外部经济环境。金本位制的外部平衡第一的运行规则限制了各国单独采取措施摆脱国内萧条的政策行动,国内失衡的压力终将冲破金本位的限制。随着经济的发展,各国逐渐地不能再忍受为维持外部平衡而给本国经济带来的萧条与痛苦,为了本国经济的稳定发展,就程度不同地采取调节措施,割断黄金的输出入与国内价格的联系,这就破坏了金本位制下对外均衡优先于对内均衡的原则;而且到了金本位制的后期,为了争夺世界市场,当时的发达国家纷纷转向贸易保护主义,关税壁垒与非关税壁垒被普遍采用,价格对于生产和贸易的指导作用严重失灵,金本位制运作的前提遭到破坏,1914 年第一次世界大战作为导火索促进了矛盾的总爆发,并迅速导致了金本位制的瓦解。

国际货币合作对于维持正常的国际货币关系是十分重要的。30 年代的汇率竞相贬值从反面说明了这一点。竞相贬值的原因是各国各行其是力图转嫁危机摆脱自身困境,但是,客观上没有任何实际意义,反而造成国际金融秩序的混乱。30 年代的国际货币秩序可以说是极度混乱。在国际货币合作方面,各主要国家也进行过一些尝试,希望通过国际合作谋求货币关系的相互稳定。30 年代形成了以各个主要资本主义国家为中心的货币集团:英镑区、美元区、法郎区;英法美三国于 1936 年达成了“三方货币协定”(Tripartite Monetary Agreement),三国中央银行互相买卖黄金,调节外汇余缺,以稳定外汇市场,保持汇率关系的稳定。

(二)布雷顿森林体制下的国际货币合作

布雷顿森林体制建立本身就是历史上最为大胆的一次国际货币合作。此阶段的国际货币合作的特点为:

1. 国际货币合作是在国际货币基金组织框架之下进行的

布雷顿森林协定建立了一个永久性的对货币事项进行国际磋商的机构,这就是国际货币基金组织,并赋予其一定的职权,以对国际货币合作事宜进行管理,改变了以往国际货币合作中缺少必要的监督和国际协商程序的状况。

国际货币基金组织是历史上影响最大、最有权力的国际货币合作组织。国际货币合作是在国际货币合作机构——国际货币基金组织框架之下进行的。国际货币基金协定的第一条即宗旨就是“促进国际货币合作”,并且要求各成员国应为实现协定条款,包括外汇安排、资金转移、储备资产政策等方面的规定,而同基金组织及其他成员国进行合作。

布雷顿森林体制时期,IMF的各项规定构成了战后国际货币合作的基本秩序。国际货币基金协定规定,该体制实行双挂钩的固定汇率制度,即美元与黄金挂钩,同时,其他国家的货币同美元挂钩。双挂钩的安排是一种汇率制度,同时也是国际收支调节的机制,其间包含了各国对运行规则的承诺。这个规则实质上可以说与金本位时期是一样的,如果各国遵守运行规则,那么国际收支逆差将对国内经济产生紧缩影响,国际收支顺差将产生膨胀性影响。如果波动范围超过了体制规定的±1%的界限,按照承诺该国必须采取措施进行调节。方法之一,降低国内的外汇需求,即平衡国际收支减少逆差。这需要政策当局采取紧缩性的货币和财政政策,降低国内总需求和收入水平,从而降低进口需求。方法之二,如果该国有足够的外汇储备,而且国际收支逆差只是暂时的,则可以采取干预外汇市场的方法。即增加外汇市场的供给,抛售外汇收回本币,随着干预的不断进行,促使国内货币供应量下降,同样对国内经济产生紧缩性影响。

布雷顿森林的货币合作体系是以协定为基础的强制性合作,它将货币合作规定为成员国的法律义务,违背这种义务就要受到警告和制裁。协定要求成员国在世界范围实行广泛的货币合作,但也承认成员国之间的地区性的多边和双边合作关系,只要它不违反基金的宗旨。

2. 西方大国为支持美元进行了广泛的国际货币合作

布雷顿森林体制本质上是以美元为中心,以美国为霸主、中心国的货币体制,当时美国基本上满足了成为货币体系霸主的条件。二战后,美国经济实力大增,在世界经济、国际贸易中均占主导地位;同时,美国也拥有开放、深入的金融市场;美国的货币政策很稳定,通胀率处于可接受的水平;在趋同标准上,至少当时很少有严重的不对称冲突发生。1965年前,美国基本上实行的是反通胀的货币政策,该时期,美国在国际货币体系的霸主地位基本上都还被各国广泛接受。

但到60年代末,越南战争导致了巨额财政赤字,美国开始实行扩张型的货币政策。扩张型的货币政策导致了美国国内的通货膨胀。固定汇率制与欧洲国家追求独立的货币政策的意愿越来越不能融合。为维持固定汇率制,美国及其他国家央行需对外汇市场进行干预,这使得欧洲各国的货币状况受到美国货币政策的很大影响,欧洲各国国内货币的供给成为外汇市场干预的副产品,对此欧洲国家难以接受。于是接连不断的美元危机开始爆发。

从20世纪60年代开始,国际货币合作是以支持美元为重点的。国际货币基金组织和主要西方国家为维持美元汇价进行了广泛合作和联合干预,动员了各国政府、银行和国际金融机构的财力以维护美元的地位。在形式上有政府间签订的协定、各国中央银行之间的协议以及利用金融业务往来的方式，从多方面支持美元。具体做法是：60 年代美元发生危机以后，美国要求主要西方国家共同维持美元地位，建立黄金总库，签订货币互换协定，进行专为支持美元的"单向合作"，以支持美元，挽救和维护布雷顿森林体系。尽管布雷顿森林体制在 1973 年最终崩溃，但不可否认的是：国际货币领域的合作延长了固定汇率制存在的时间，并且这种合作为以后浮动汇率制下各国货币政策的协调打下了基础。这与 30 年代金本位制崩溃后各个货币集团为了本集团的利益相互进行外汇倾销和货币战的情景形成了鲜明的对照，也充分说明了国际经济合作的发展离不开稳定的国际货币体系。

(三)浮动汇率制下的国际货币合作

1973 年后的浮动汇率体制下，国际货币合作的程度有所下降。

在浮动汇率制下，各国国际收支失衡的一个重要原因是各国之间的经济发展状态不一致，宏观经济政策尤其是货币政策不协调。所以为了总体上平衡国际收支、稳定主要国家之间的货币汇率，以便形成对所有国家都有利的国际贸易和金融环境，首先需要主要国家的货币当局在国内都实行稳定、可靠和平衡的国内政策使经济平稳运行，不发生严重的通货膨胀或严重的经济萧条。仅这些还不够，各国之间的政策还必须协调一致。因为不协调的政策肯定会形成金融市场上利息率的差异，从而形成资金的转移和汇率的变化，以及由于商品劳务市场和金融市场调整速度不一致而产生的汇率超调波动。为此，发达国家之间必须放弃一部分国内政策目标，进行国际间的货币合作和政策协调。这是国际范围内调节总需求、平衡国际收支和稳定汇率的需要。

实际上，真正的问题不是各国的合作能否带来汇率的稳定，而是在当今世界经济发展非常不平衡的条件下(包括增长的不平衡、通货膨胀率的差别、国内金融市场与价格机制的差别、价格和工资刚性程度的差别等等)，各国愿意丧失多少其他目标，或在多大程度上丧失其他目标来获得汇率的稳定。这个平衡的选择，对于国内经济情况和政策倾向不同的国家来说，肯定是不相同的，这就增加了国际政策合作的困难。

70 年代布雷顿森林体制崩溃之后，浮动汇率制的实行，使各国重新获得使用货币政策调整本国经济的权力。但汇率的多变也使各国饱受汇率浮动之苦。欧洲区域范围内形成了以马克及德国为中心的固定汇率体系，但从整个世界来看，美国虽在世界政治经济各方面仍占主导地位，但其地位和作用已显著下降，难以在世界范围内恢复霸权局面，于是，以七国集团为主的国际货币合作应运而生。目前的国际金融体系基本上由少数几个国家的政策及目标所主导，但没有一个国家有能力决定世界经济秩序。在此背景之下，1975 年西方七国首脑会议协调机制建立。

在国际货币基金组织仍然存在,仍然在国际货币合作领域发挥协调作用的同时,主要工业国家主要是在以下三个领域进行国际货币合作:国内货币政策的协调、外汇市场的协调干预、危机发生后的集体贷款。为避免以邻为壑的政策,七国多次在货币政策方面进行了协调,必要的时候,还对货币政策作出了适当的调整以适应他国的需要;七国政府及中央银行还经常对外汇市场进行干预,七国政府为影响汇率的走势曾多次达成协议,影响较大的有 1985 年的广场协议、1987 年的卢浮宫协议等。在金融危机发生时,美、日、德等几个经济大国之间的合作对维持国际货币体系的稳定也能起到十分重要的作用。七国在这些领域的合作对国际货币体系的稳定在一定程度、一定范围内起到了积极的效果。

但是,进入 90 年代后,国际货币合作呈现出新的特点,一方面,由于世界经济形势不稳,发展不平衡在加剧,所以各国难以充分地合作,IMF 以及 G7 在国际货币合作领域的作为都十分有限。另一方面,部分国家之间的局部性合作却有重大突破。1999 年 1 月 1 日欧元的实行就是国际货币合作史上的一大创举,开创了国际货币合作的新纪元,也为其他地区的货币合作树立了典范。

第二节 国际货币基金组织与国际货币合作

国际货币基金组织是战后建立的国际货币合作机构,其建立为维护以美元为中心的布雷顿森林体制发挥了重要作用。20 世纪 70 年代布雷顿森林体制崩溃后,国际货币基金组织的职能发生了一些变化,但迄今为止,它仍然在国际货币合作领域发挥着重要的协调职能。

一、国际货币基金组织概况

国际货币基金组织(International Monetary Fund,IMF)成立于 1946 年 3 月,是根据布雷顿森林会议所签订的《国际货币基金协定》建立的政府间的全球性国际金融机构。1947 年 11 月,IMF 成为联合国下属负责促进汇率和国际货币体系稳定的专门机构,与世界银行、世界贸易组织一起构成战后国际经济秩序的三大支柱。截至 2005 年,IMF 已经有 185 个成员国。

(一)国际货币基金组织的宗旨

《国际货币基金协定》第一条对国际货币基金组织的宗旨作出了明确的规定:

1.通过设置一常设机构就国际货币问题进行磋商与协作,从而促进国际货币领域的合作。

2.促进国际贸易的扩大和平衡发展,从而有助于提高和保持高水平的就业和实际收入以及各成员国生产性资源的开发,并以此作为经济政策的首要目标。

3.促进汇率的稳定,保持成员国之间有秩序的汇率安排,避免竞争性通货贬值。

4.协助在成员国之间建立经常性交易的多边支付体系,取消阻碍国际贸易发展的外汇限制。

5.在具有充分保障的前提下,向成员国提供暂时性普通资金,以增强其信心,使其能有机会在无需采取有损本国和国际繁荣的措施的情况下,纠正国际收支平衡。

6.争取缩短成员国国际收支失衡的时间,减轻失衡的程度。

(二)国际货币基金组织的组织机构

国际货币基金组织由理事会、执行董事会、总裁和众多业务机构组成。

1.理事会

理事会是国际货币基金组织的最高决策机构,由各成员国选派一名理事和一名副理事组成,任期五年,可连任。任免由成员国本国决定。理事通常由各国的中央银行行长或者财政部部长担任。理事会每年秋季召开一次年会,必要时可召开特别会议。理事会的主要职权包括:批准接纳新成员国,修改基金协定,调整基金份额,决定成员国退出国际货币基金组织以及决定其他有关国际货币体系的重大问题等。

2.执行董事会

理事会下设执行董事会,执行董事会是基金组织的一个常设决策机构,通常每周召开几次会议,处理行政管理和政策业务等多方面的事务。执行董事会由24名执行董事构成。IMF总裁是执行董事会的主席。国际货币基金组织的五个最大股东(美国、日本、德国、法国和英国)及中国、俄罗斯和沙特阿拉伯,在执行董事会拥有单独席位。其他16个执行董事由各组国家(称为选区)选举,任期两年。

2001年,IMF在执行董事会下成立了独立评估办公室(IEO),目的是对基金组织的政策和活动进行独立和客观的评估。独立评估办公室的职责是:加强基金组织内部的学习文化,提高基金组织的对外信誉,促进对基金组织工作的更好理解,支持机构治理和监督等。

3.国际货币和金融委员会和发展委员会

IMF理事会下还有两个下属委员会:

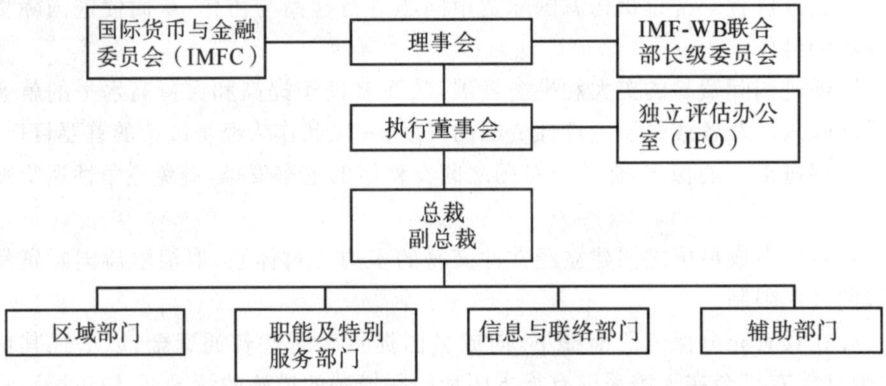

图 13-1　国际货币基金组织的组织结构

资料来源:IMF

(1)国际货币和金融委员会(IMFC)

为了使 IMF 更有效地应对日益复杂的国际金融形势,1972 年国际货币基金组织理事会决议设立"国际货币制度改革及相关问题委员会"(Committee on Reform of the International Monetary System and Related Issues),即"二十国委员会",作为国际货币基金组织的一个附属机构,在一定程度上行使理事会的职能,研究国际货币制度的改革和有关问题。1974 年 10 月,国际货币基金组织改设"临时委员会"(Interim Committee),由 24 个部长级成员组成,以取代"二十国委员会"。临时委员会的全称是"国际货币基金组织理事会关于国际货币制度的临时委员会",它主要就国际货币制度的管理和运作、国际货币基金组织协定的修改以及应付对国际货币制度造成威胁的动荡局势等问题向理事会提出建议。1999 年,为了进一步增强临时委员会的咨询作用,IMF 决议将临时委员会转变为国际货币与金融委员会。

国际货币与金融委员会的组成同基金组织执行董事会相同,即由任命或选举执行董事的国家或国家集团各派一名成员组成,因此也由 24 名委员组成。委员会的首要任务是对国际货币体系的管理和改善、经济调整、国际支付手段的检查以及对发展中国家实行资金转移等问题进行监督。此外,委员会对下列问题提出建议:国际收支的有效调整,国际支付手段的管理,以及特别提款权的分配与使用等。国际货币与金融委员会原来只是作为理事会下的咨询性组织建立的,实际上后来已经发展成为基金组织具有决策权力的最重要的机构。

(2)发展委员会——"世界银行和 IMF 理事会关于向发展中国家转移实际资源的部长级联合委员会"

1974 年 10 月,“二十四国委员会”还建议成立了“世界银行和基金组织理事会关于向发展中国家转移实际资源的部长级联合委员会”,又称发展委员会。设立的宗旨是对发展中国家转移实际资源的问题进行研究,并提出建议,密切注意不发达国家的问题和受国际收支困难影响最严重的发展中国家的问题。

发展委员会一般与国际货币和金融委员会同时同地举行会议。中国自恢复在基金组织的合法席位之后即成为这两个委员会的成员,并出席其历届会议。

(三)国际货币基金组织的资金来源

IMF 的资金主要来源于成员国缴纳的份额、借款、营运收入。

1. 成员国缴纳的份额

(1)份额的含义

份额是指成员国参加国际货币基金组织时向其认缴的一定数额的款项。份额是基金组织最主要的资金来源,以黄金、成员国货币和特别提款权三种形态表示。[①] 1944 年,布雷顿森林会议通过了国际货币基金组织和世界银行的协定,由 45 个成员国分摊总额为 88 亿美元的份额(后来实际低于此数),这是基金组织活动最初的资金来源。到 2007 年 3 月末,成员国认缴的份额总数已达 2 167 亿特别提款权(约合 3 273 亿美元)。[②]

份额是由一国经济规模、官方储备、进出口规模,以及国际收支状况决定的。基金组织协定规定,基金组织最长每隔五年须对份额进行一次总检查,再根据世界经济和金融的发展形势,进行调整。

(2)份额的作用

对于一个成员国来说,份额不仅决定了它加入国际货币基金组织时应认缴的款项数额,还决定了它在国际货币基金组织的投票权、借款权和特别提款权的分配权。

a. 投票权。与联合国及其他专门机构一国一票的原则不同,基金组织成员国的投票权是与其份额大小成正比例的。按基金组织规定,每个成员国有 250 张基本票,此外,按目前各成员国份额每十万特别提款权可增加一票,这属于可变的分配票,两者相加,即是该国的投票数。基本票旨在承认各国主权的平等,加强经济上较小国家的表决地位。可变的分配票旨在承认认缴额的不同,保证那些在国际贸易与金融往来中占较大份额的成员国的利益与合作。结果,谁的

---

① 为保证资金来源稳定,不受汇率风险影响,基金组织要求成员国认缴的份额,无论其以本币还是基金组织认可的其他货币认缴,其价值均以特别提款权表示,汇率变动所引起的升值或贬值均由成员国承担。

② 数据来源:IMF, *International Finacial Statistics*, 2007. 10.

份额越大，投票权亦越大。成员国的投票权十分重要，原因有以下两个：第一，基金组织的许多主要政策和业务决定都需要多数票通过，有些重大问题，还规定需特殊多数票通过才行。如份额的调整和特别提款权的分配需经理事会85%的多数票通过；又如，使用资金费用的决定需经理事会70%的多数票通过。第二，成员国的投票权还决定其在执行董事会中的代表性。例如五个最大份额持有国可以单独指定它们的执行董事。

b. 借款权。成员国在国际货币基金组织的借款限额是与其份额密切联系的。份额越多，可借用的款项就越多。

c. 特别提款权的分配权。成员国的特别提款权的分配也是与其所缴纳的份额成正比的。

2. 基金组织的借款

基金组织除了依靠份额外，在必要的时候，为了满足短期扩大信贷的需要，也可通过向成员国政府或其他途径借款来增加资金来源。1962年基金组织与工业国家"十国集团"签订了"借款总安排"，进行了第一次借款。以后，又有多次借款。借款成了基金组织补充资金来源的重要手段。

基金组织有权自行决定借款来源、时间、期限、数量、条件等。它不仅可以向官方机构如各国财政部和中央银行借款，也可以向私人借款，包括向商业银行借款。对基金组织借款活动的唯一正式限制是：如果基金组织从一国政府、银行或其他贷款机构借入另一个成员国的货币，必须事先征得该成员国的同意。此外，基金组织不能借非成员国的货币。当然，这一点并不妨碍它向非成员国借成员国的货币。基金组织虽然有以上权力，但到目前为止，其普通资金账户的借款仍局限于官方，即从成员国或其中央银行借款。基金组织仅向瑞士一个非成员国借过款（瑞士已于1992年加入基金组织）。基金组织的借款同它的其他业务一样，也以特别提款权计值，大部分期限为4～7年，小部分为1～3年，平均5年左右。基金组织借款的一大特点是，贷款人（除国际清算银行外）如果发生国际收支困难，可以提前收回贷款。因此基金组织的借款具有很高的流动性，贷款国往往将这部分贷款视为储备的一部分。

自1962年以来，基金组织先后有以下借款安排：借款总安排（General Arrangement to Borrow，GAB），石油贷款（Oil Facility）的借款（已经结束），补充资金贷款（Supplementary Financing Facility，SFF）的借款安排，扩大贷款资金（Enlarged Access Resources，EAR）的借款安排，以及与成员国的双边借款安排（Bilateral Arrangements）。

3. 营运收入

基金组织的营运收入主要包括两项：一是出售其持有的部分黄金所获得的

收益。基金组织在 1976 年 1 月决定将其持有的黄金的 1/6 按市价出售，将所得利润作为信托基金，用于向最贫穷的成员国提供优惠贷款。这是一项特殊的资金来源。二是基金组织发放贷款的利息收入。

二、国际货币基金组织的职能

IMF 是战后至今最有影响力的国际货币合作机构。根据国际货币基金组织协定所规定的宗旨，基金组织的主要职能是对成员国的汇率安排和国际收支政策进行监督，并对国际收支不平衡的成员国提供短期资金，以避免成员国采取有损于本国或国际经济繁荣的措施。总之，基金组织的主要职能是监督协调和资金融通。

（一）汇率安排和监督

基金组织设立的目标之一就是保障国际货币体系的有效运转，以促进全球贸易的均衡增长及国际汇兑体系的稳定。因此，根据基金组织协定，基金组织有权对成员国的汇率政策进行严格的监督，这是基金组织对国际货币体系进行监督的基础。

所谓汇率监督是指 IMF 就成员国的汇率政策、与经常项目有关的支付以及货币的兑换性问题确定行为准则并实施监督，强调消除竞争性的货币贬值，以保证有秩序的汇兑安排和汇率体系的稳定，消除不利于国际贸易发展的外汇管制，避免成员国操纵汇率或采取歧视性的汇率政策以谋求不公平的竞争利益。

1. 汇率监督的原则

基金组织要求成员国在处理它们的汇率政策问题时须遵守三条原则。第一条原则，成员国有义务不得为妨碍国际收支的有效调整或从其他成员国取得不公平的竞争利益而操纵汇率或国际货币制度。第二条原则，成员国为消除外汇市场上的混乱状态时，须对外汇市场进行干预。这种混乱状态通常表现在本国货币汇率的破坏性的短期变动。第三条原则，成员国在采取干预政策时，应合理照顾其他成员国的利益，包括其货币受到干预的国家的利益。基金组织在协定中明确了监督要切合实际的精神，指出基金组织制定的原则应该尊重成员国国内的社会和政治政策，在执行这些原则时应该对各成员国的具体情况给予应有的注意。

具体来说，一方面，IMF 对一国财政货币政策及汇率制度实施监督，反对利用宏观经济政策、补贴或其他手段操纵汇率以谋取不公平的竞争利益。另一方面，IMF 原则上反对复汇率及其他任何形式的差别汇率。但对于加入 IMF 时已采用复汇率的国家，以及特殊情况并事先获 IMF 同意的国家，可采用复汇率作为过渡办法。

2. 汇率监督的方法

基金组织对成员国的监督主要通过磋商及多边监督进行。

(1)双边监督

首先要求成员国提供经济运行和经济政策的有关资料。包括政府和政府以外机构持有的黄金和外汇资产、黄金产量和黄金买卖(输出入)、进出口值及国别分布、经常账户和资本账户收支的详细分类收支情况、国民收入、物价指数、汇率、外汇管制情况等等。

其次,在研究以上资料的基础上,与成员国进行磋商。磋商是与成员国举行会谈,目的是确保成员国的对汇率有重要影响的经济政策和结构政策有利于经济的持续、稳定增长和价格稳定。磋商的具体形式是由基金组织工作人员组成一个磋商团,定期访问成员国(一般为一年一次),搜集成员国经济和金融信息,与官方讨论其宏观经济战略和政策,以及经济发展的前景。之所以要进行磋商,是因为人们相信,成员国稳健而持续的国内经济政策有助于国际收支的调节和全球经济的增长与繁荣。

再次,对各国及全球的汇率和外汇管制情况进行评价。评价的内容包括汇率安排、汇率的确定、外汇管制状况、财政货币政策的运行状况、引起汇率变动的原因及汇率变动的影响等等,并每年就评价的内容汇集出版《外汇限制及外汇管制年报》。

(2)多边监督

多边监督是通过执行董事会一年两次对世界经济发展前景的讨论来进行的。关于世界经济前景的讨论是评价成员国,尤其是大的发达国家之间的宏观经济政策关系的基础。执行董事会要根据不同的政策假设来讨论国际经济的发展前景。基金组织每年出版的两本《世界经济展望》正是基金组织执行董事会讨论的结果。

(二)资金融通

根据基金组织的规定,当成员国发生国际收支失衡时,基金组织有义务对成员国提供金融援助。

1. IMF的贷款

贷款对象:仅限于成员国政府,基金组织只同成员国的财政部、中央银行、外汇平准基金或者其他类似的财政金融机构来往。

贷款用途:初期的贷款主要限于解决成员国国际收支失衡,用于贸易、非贸易的经常项目支付。现在大部分的贷款仍用于国际收支失衡,但近年来新增设的一些贷款已经超出国际收支调整的需要,例如,带有结构调整性质的中长期贷款,帮助前中央计划经济国家向市场经济转轨的制度转型贷款,应付突发性危机的紧急贷款等。

贷款额度：与成员国的份额大小成正比。

基金组织提供融资需经过执行董事会的批准，并且在绝大多数情况下还要求成员国承诺采取措施解决国际收支失衡问题的根源。

贷款提供方式：采取由成员国用本国货币向国际货币基金组织申请换购外汇的方法，一种称为购买，即用本国货币购买外汇，另一种称为提款，即按所缴纳的份额提用一定的资金。成员国还款的方式是以外汇或特别提款权购回本国货币，贷款无论以什么货币提供，都以特别提款权计值，利息也用特别提款权缴纳。但对重债穷国动议项下的优惠融资，常以赠款的形式提供。

2.贷款种类

目前，国际货币基金组织主要有以下几种贷款：

(1)信用档贷款/备用安排

信用档贷款是基金组织的基本贷款方式。它共有四个档次，每一档相当于份额的25%。比如，一个成员国向基金组织借用第一档贷款，成员国需用本国货币来购买所需的特别提款权或其他由基金组织指定的货币，这将使基金组织持有的该成员国的货币增加到等于该国份额的25%，从而构成了该成员国使用第一档贷款的提款。进一步提款使基金组织持有成员国的货币超过了该国份额的25%，直至50%，即为第二档贷款。依此类推，直至基金组织持有该国货币达到其份额的100%，即第四档贷款。第二到第四档贷款统称高档贷款。

信用档贷款可以在获准后一次全部提取，也可以按照基金组织批准的备用安排[①]来分段提取。备用安排规定了成员国必须遵守的执行标准和其他条件。

备用安排通常为一年。然而，20世纪70年代中后期，许多成员国国际收支出现了大规模的不平衡，需要较长时间加以调整。鉴此，基金组织于1979年决定，将备用安排的期限延长到最长为3年，以使成员国能有效地实施国际收支调整计划。

信用档的贷款通常在提款三年零三个月后开始偿还，每季度偿还一次，分8次还清，即在提款5年后还清。但是，如果成员国的国际收支和储备状况在此期间有了很大的改善，可以选择提前还款。在大多数年份，信用档项下的提款额大于基金组织其他种类贷款项下的提款额。

---

① 备用安排是IMF向成员国确保它能够提取一定数额以内的资金，通常是在12～18个月内提取，以解决短期国际收支问题。

(2)中期贷款安排

1974 年 9 月,基金组织设立了中期贷款(Extended Fund Facility,EFF),目的是向出现以下两种国际收支困难的成员国在中期内提供比备用安排数量更大、期限更长的资金援助,使成员国有足够的时间和资金实施适当的调整政策。这两种国际收支困难是:(1)成员国在生产和贸易中出现结构性失衡,价格和成本发生较大扭曲,或是生产和交换模式不能完全反映该国的相对优势,造成严重的国际收支失衡;(2)成员国的经济出现缓慢增长,国际收支状况疲弱,妨碍实施积极的发展政策。

基金组织在设立中期贷款时,考虑到成员国需要有更长期的调整与改革规划,需要基金组织提供比备用安排资金数量更大、期限更长的贷款,因此,在使用第一档信用贷款后,基金组织提供的中期贷款的限额为成员国份额的140%。

(3)补偿和应急贷款

补偿和应急贷款包括补偿贷款和应急贷款两部分。补偿贷款设立于 1963 年,目的在于向因出口下降而产生国际收支困难的成员国(特别是初级产品出口国)提供资金帮助。这种因出口下降而产生的国际收支困难应是暂时的且是成员国无法控制的因素造成的。该贷款虽然所有成员国都有权使用,但主要提供给初级产品出口国。1981 年基金组织放宽了该项贷款的范围,成员国因粮食进口费用增加导致国际收支出现困难时也可以申请。

使用应急贷款的条件与补偿贷款的条件不同。首先,只有接受备用安排或中期贷款或结构调整贷款的成员国,才能申请使用应急贷款。其次,成员国申请使用应急贷款,必须是由于成员国无法控制的不利因素造成了国际收支融资净需求增加,即:①出口市场增长比预期低,或者世界出口价格比预期水平低,造成出口收入低于预期值;②进口商品价格高于预期水平;③实际利率水平持续高于预期水平;④自然灾害造成国际收支困难。

(4)缓冲库存贷款

1969 年 6 月,基金组织设立了缓冲库存贷款。该贷款通过提供资金,支持在防止出口价格波动方面采取的措施,以期消除影响出口收入的因素,从而缩小出口收入的波动。通过贷款,基金组织向成员国提供资金,以便它们缴纳已批准的商品安排所需的款项。这些安排包括:①资助建立商品库存;②为缓冲库存机构提供营运费;③偿还因建立缓冲库存或进行业务活动所带来的短期债务。基金组织不能向缓冲库存管理机构直接提供资金,但是可以通过提供资金给成员国使其缴纳所需款项来间接进行。成员国可以在该贷款项下最高提取份额的50%。

(5)信托基金贷款

信托基金于1976年1月设置，由基金组织以拥有的黄金的1/6(即2 500万盎司)，按市价分4年出售所获得的利润(市价超过42.22美元或35特别提款权单位的部分)，以及各国捐款而建立。信托基金贷款以优惠条件向较穷的发展中国家提供，帮助他们解决国际收支困难。

(6)补充贷款

补充贷款设立于1977年4月。20世纪70年代后，许多国家出现严重的国际收支困难，借款需要不断提高，但是由于这些国家的经济实力较弱，在基金组织的份额太小，从基金组织获得资金的数量太小。为此，由基金组织临时委员会提议，执行董事会于1977年做出决定，设立这项贷款。贷款采用备用贷款的方式，备用期为1～3年，最高借款额度可以达到成员国份额的140%。

3. IMF贷款的条件性

所谓贷款条件性(Conditionality)，是指贷款必须与受贷国可维持的国际收支前景及还款能力相结合。为此，IMF在向成员国提供贷款时附加了相应的条件，其目的是保证贷款的使用不损害IMF资金的流动性，并有助于调整受贷国的经济状况。

为此IMF要求受贷国必须制定经济稳定规划和国际收支调节计划，并制定分阶段实施目标。而IMF也采用分阶段拨款和备用信贷的办法，以确保稳定规划及调节规划中规定的总目标能分阶段地达到。

IMF对贷款设置条件的原因主要有三个：IMF资金有限；IMF是货币管理机构，而非开发援助机构；IMF的职能是提供国际收支贷款，其贷款是短期、临时、及周转性的。

为此，IMF十分注重需求调节在国际收支调节中的作用。一般来说，IMF对受贷国的要求为：第一，实行紧缩性的货币与财政政策。其主要目的是抑制进口、减少外汇支出，以解决借款国的国际收支平衡问题。具体的措施包括：通过货币贬值促进出口和减少进口；提高利率收缩银根，使货币增长与实际经济增长保持一致；削减财政赤字，增加税收等。第二，对内改革金融体系，强化金融体系以及监督力度；对外开放金融市场，取消外资参与本国金融机构的限制。第三，进行经济结构调整，推行市场化与私有化改革等。以韩国为例，在亚洲金融危机中，国际货币基金组织提供紧急援助的条件包括：采取停业破产等手段整顿金融机构，开放贸易和金融市场，将经常项目赤字控制在GDP的1%以内，通货膨胀率控制在5%以内等等。

IMF贷款条件性的赞成方认为，形成国际收支失衡的主要因素是经济出现超额需求，因此，在短期内必须采取削减国内吸收的紧缩政策。而且，IMF提供的政策机制选择是包括需求政策、供给政策和促进国际竞争力在内的一揽子政策，而非对某一种政策的依赖。再考虑到IMF资金的有限性，为保证贷款偿还和提高贷款使用效率，必须对贷款附加一定的条件，使贷款在使用上受到适当的约束，而不致出现资金浪费，不利于世界经济总体发展的情况。

近年来，对IMF贷款的条件性有许多批评的声音。批评方认为，贷款条件性实际上是要求逆差国进行单方面的调整，这导致国际收支调节不对称性的进一步强化。这种以国内货币紧缩和内部调整作为纠正国际收支失衡主要机制的政策，同发展中国家的发展目标存在极大的冲突。

三、国际货币基金组织的改革

国际货币基金组织为国际货币领域的合作作出了巨大的贡献。但随着世界经济的发展，以及世界政治格局的变化，如果要更好地发挥国际货币基金组织的作用，国际货币基金组织必须进行改革。

1.改革基金组织的宗旨和职责

IMF的宗旨应当从推行金融自由化转向维护国际金融市场稳定。

基金组织应当扩大职能安排。IMF应当承担的职责如下：

第一，恢复监督和协助各成员国纠正国际收支失衡的功能；

第二，增加基金组织的援助范围和力度，在成员国发生危机时迅速有效地提供流动性，起到恢复市场信心的作用；

第三，担负起金融监管职能，尤其应对国际游资加强监管。

2.增强资金实力，改革决策机制

(1)提高IMF的资本金规模

当今世界，数量相对较少的垄断组织控制了全球的资本市场，发生危机时，它们类似周期性的兽群式行为会严重动摇国家或地区的经济。IMF需要有迅速行动的能力，以便使不稳定的国家和地区回到正常的轨道上来。要做到这点，IMF必须有足够的资本量。但是，IMF现在可用的资本同全球GDP、全球贸易量、国际货币流动量或全球流动资金的其他任何可比指标相比都偏小。[①] 因此，提高IMF的资金规模就成为IMF改革的重要内容。

除了份额增加外，IMF还可以向资本市场借贷或设立能自我生息的临时特别提款权储备，来增加处理危机的货币量，以满足流动资金需求。这就需要辅之

① 2005年，世界GDP总量约为42万亿美元，以此同时，IMF的可用资本仅为4 200多亿美元。

以修改 IMF 获取资金的政策，加强双边和多边的经济监督。同时，IMF 贷款的获取，应该由成员国的财务需求来决定，不要像现在这样由其份额规模来决定。

(2)改革代表性和投票权力

IMF 基本上受份额体制控制，因为份额决定了一个国家在执行委员会的投票权。虽然每一 IMF 成员国都有 250 张“基本选票”，外加每 10 万特别提款权一张选票。基本选票的目的是保护小国的利益，但份额连续增加使基本选票的比例从 1945 年的 11.3%降低到 2005 年的 2%[①]，因此，需要改革投票权，提高基本选票的比例，保护中小国家的利益。投票权的重新分配不仅可以纠正 IMF 当前在工业国、新兴国和发展中国家之间的失衡，而且可以增加成员国之间的对话。

3. 弱化或消除苛刻的附加条件

IMF 在向国际收支失衡或处于金融危机中的国家提供贷款时，往往要附带很多苛刻的条件作为前提，这些条件可以概括为“紧缩＋开放”。所谓“紧缩”就是要求受援国紧缩开支，控制信贷；“开放”就是要求受援国开放国内资本市场。然而，1997 年的东南亚金融危机却表明，许多危机国在接受贷款条件后，其国际收支状况和危机程度曾一度出现了恶化的倾向，这些国家的金融体系虽然没有完全崩溃，但经济却陷入了严重的衰退之中。因此，有必要用其他的一些措施来代替苛刻的附加条件，例如通过可变的利率，以及对受援国的信用评价来确定放贷的额度，从而使资金的利用达到最优化。

4. 积极引导私人部门介入危机的预防与处理

在国际私人资本规模急剧膨胀的条件下，人们不能也不应该期望国际货币基金组织的资金能力按照同样的比例增加，所以当发生金融危机时，其短期贷款只是起一个桥梁的作用，更主要的是要靠国际私人资本来参与金融危机的解决。为此，国际货币基金组织应该为债权人与债务人之间的债务重组谈判提供便利条件和协调工作。

在全球经济一体化不断提高的情况下，国际金融形势也发生了巨大的变化。从现实情况看，国际资本流动规模空前巨大，流动速度迅速提高，流动范围遍及全球，金融危机的爆发越来越频繁，破坏力也越来越大。IMF 作为全球重要的国际金融机构，必须加强改革以适应新的国际金融形势的发展。

---

① 数据来源：IMF，*International Finacial Statistics* 各期。

专栏13-1

国际清算银行及其国际货币合作职能

国际清算银行(Bank for International Settlements,BIS)成立于1930年,是根据1930年1月8日海牙国际清算银行协议设立的采取股份公司形式的国际金融组织。它是世界上历史最悠久的一个国际金融机构,也是一个颇具影响的地区性金融组织。

清算银行最初的职能是执行杨格计划,为办理第一次世界大战后有关战败国德国赔款的支付以及相关的国际清算业务提供服务。随着战争债务问题的解决,清算银行的职能呈现出多元化发展的趋势,转而办理相关国家间的清算业务。第二次世界大战后,国际清算银行逐渐变为经济合作与发展组织成员国支付清算的中介和相关国家中央银行清算业务的受托人,并成为协调西方国家中央银行利益和政策的重要机构,为促进各国中央银行间的合作和国家金融合作进一步提供便利。根据1969年修改的《国际清算银行章程》的第3条,清算银行的宗旨是"促进各国中央银行间的合作,为国际金融业务提供便利,接受相关协议各方的委托作为国际金融结算的受托人或代理人"。在业务上该银行目前具有国际金融机构和商业银行的双重性质。

首先,作为商业银行,清算银行的业务体现了它的一项重要职能,即根据各国中央银行的协议,作为各中央银行国际结算的信托人和代理人,负责接受中央银行的活期和定期存款及协助中央银行的国际结算,并可向各中央银行提供贷款,从事黄金、外汇买卖以及其他银行业务。通过这些业务活动,清算银行为各国中央银行提供了广泛的服务,有力地促进了成员国中央银行间的合作。

其次,作为"中央银行的银行",清算银行除了银行活动外,在协调各国中央银行的货币金融政策,促进相关国家中央银行的合作与磋商方面,也起到了一定的作用。通过参加清算银行年会,各国央行首脑得以聚集一堂,对所关心的国际金融问题展开讨论,并就各中央银行间的相关协作进行磋商。清算银行向成员国提供的、用于解决国际收支失衡困难的贷款均为临时性和过渡性的贷款,贷款期限一般不超过6个月,这种贷款的主要目的是向需要外汇的国家提供临时援助,以便该国与国际货币基金组织达成协议,双方同意在国际货币基金组织需要外汇援助时,由清算银行提供贷款。

清算银行的其他职能主要有:协调发达国家的经济金融政策与利益,监督银行业的安全运营,为金融发展提供资金和技术援助,对世界经济金融形势进行研究并提供指导等。

第三节　七国集团及其宏观经济政策协调

自1975年以来，世界主要工业国家①的领导人每年召开一次会议，以商讨国内和国际社会面对的重要经济政治问题。第一次会议于1975年11月在法国的朗布依埃举行，有法国、美国、英国、德国、日本和意大利等6个国家参加。随后，1976年加拿大加入，1977年欧洲共同体加入，从那以后，七国集团的成员就确定下来。在1989年巴黎峰会前夕，七国集团和15个发展中国家的领导人举行了会晤。从1991年起，前苏联和后来的俄罗斯与七国集团在每次峰会后举行对话。从1994年起，俄罗斯开始参加七国集团的政治会议（被称为八国政治峰会）。1997年的丹佛会议上，俄罗斯首次全面参加了峰会（除了不参与某些经济和金融讨论），因此这次峰会被认为是一个里程碑。1998年的伯明翰会议正式宣告了八国集团的诞生，俄罗斯全面参与峰会讨论（虽然七国集团依然在正式的峰会外发挥功能）。在2002年峰会上，八国集团宣布俄罗斯将在2006年作为八国峰会的东道国，俄罗斯成为正式成员国。但是由于俄罗斯并不参与某些经济与金融议题的讨论，所以在国际金融合作协调方面，我们仍称之为七国集团。

一、西方七国国际经济政策协调机制的重要特征

西方七国首脑会议形成了一种新的国际经济政策协调机制，各国在没有明文规定的原则、标准、规则和决策程序下，在国际关系的某些特定领域内约束自己，实现共同的政策目标。同一般的国际经济组织，如经济合作与发展组织、国际货币基金组织、世界银行、关贸总协定等组织不同，西方七国国际经济政策协调机制具有如下重要特征：

第一，西方七国首脑会议反映了在国际依存趋势加强和各国坚持主权之间矛盾加剧的情况下，以合作管理机制来代替一国独霸的政治经济形势。

现代国际政治经济格局存在着一个难题：各国经济的相互依存度越来越大，市场日益国际化，而政策仍由各国自主制定。如何在国际依存和各国主权之间作出抉择呢？许多经济学家认为在不同国家之间进行政策协调将是一种有效的途径。在战后30多年里，美国扮演了世界霸主的角色，作为世界经济的“监护

① 主要工业国家一般指美国、日本、德国、法国、英国、意大利和加拿大等工业化程度较高的国家。

人”，给世界经济带来了霸主领导下的“稳定”。但70年代以后，世界经济的失衡和美国地位的衰落，使欧洲和日本不愿意再接受美国的统治地位，而美国也无力再充当世界的领导者。在这种情况下，由几个大国采取“合作管理”的方式，来共同维持世界经济秩序，比之建立新的有权威的国际机构和超国家的主权实体，可能会容易一些。西方七国首脑会议的“合作管理”机制正是适应这一需要而形成的。

但是，西方七国首脑在某些国际政治经济领域的合作，并不说明他们集体决策目标的一致性。一方面，首脑会议的有效之处在于它使各国首脑认识到不解决世界经济问题，国内的经济问题就很难解决。另一方面，各国首脑在进行国际合作与协调时，毕竟要受国内政治、经济决策的严重影响，从而不可能真正形成集体决策目标的一致性。

第二，七国首脑会议主要采取随机协调而不是规则协调的方式。

与国际货币基金组织等国际机构的协调机制所采取的建立规则要求成员国承担义务的方式有所不同，西方七国首脑会议对国际经济政策的协调采用的是随机管理的方式。一般来说，机构式的国际经济组织的主要作用有：收集和交换信息；制定规范标准和方针；制定对当事人有约束力的规则；确定有关这些规则的政策和实施步骤以及利用机构本身所使用的资源。七国首脑会议只具有国际经济组织的前两个作用，即收集和交换信息，并就执行政策的方针达成一致意见。

首先，首脑会议没有机构性特征。国际经济组织往往需要制定规则、标准和方针，而且往往设有常设的办事机构。但是，七国首脑会议没有这些机构性特征。这是因为，其一，它没有章程或协议，不能制定或贯彻对当事人具有约束力的规则，而只能制定某些标准和原则；其二，它没有固定的机构，不设立总部或秘书处。会议采取私下和个人之间会晤的方式。

其次，七国首脑会议享有很高的决策权。国际经济组织有固定的机构、固定的规则，而且也需承担相应的义务，每时每刻都面临着决策的压力，但是，它不能制定具体的政策措施。七国首脑会议则与此不同。它每年举行一次，具有连续性，而且享有很高的决策权。首脑们只要彼此同意，就可以对经济政策协调、货币稳定、资本流动等产生决定性影响。这是其他国际机构所无法办到的。

第三，西方七国中央银行行长及财政部长会议对国际货币合作起到了重要作用。

七国首脑会议的议题广泛，并随着世界政治经济形势的发展进行调整。纵观首脑会议的发展，其讨论的议题包括宏观经济问题，如经济增长、通货膨胀、就业、经济结构改革等；重大国际经济问题，如汇率、利率、贸易平衡、能源价格、发展中国家的债务、新技术革命、全球环境保护等;国际政治问题,如东西方关系、南北关系、反恐怖活动、突出性政治事件等。

货币金融问题一直是七国首脑会议的重要议题之一。为了加强政策协调的“合作管理”,逐步削弱首脑私人代表的影响,允许政府的有关主要职能部门发挥作用,1985 年波恩会议以后,首脑们决定把联合干预汇率问题交给他们各自的部属去处理。在 80 年代中期的几次首脑会议上,引进了七国财政部长和中央银行行长会议协调机制,使他们在首脑会议以外发挥了政策协调的重要作用。从此,西方七国在国际货币合作领域取得了重大进展。

二、七国货币合作的领域

70 年代以来,特别是 80 年代中后期,主要工业国家主要是在以下三个领域进行国际货币合作的:国内货币政策的协调、外汇市场的协调干预、危机发生后的集体贷款。七国在这些领域的合作对国际货币体系的稳定在一定程度、一定范围内起到了积极的作用。

(一)国内货币政策的协调

发达国家中央银行合作的一个重要内容即是各国国内经济政策的协调。虽然货币政策的目标主要是国内经济目标,如低通胀率、低失业率、经济增长等,但是它常常也受国际谈判、协议的影响。在国际经济全球化、一体化的今天,一国的货币政策会影响其他国家。为避免以邻为壑的政策,七国在货币政策方面进行了协调,必要的时候,还对货币政策作出了适当的调整以适应他国的需要。

(二)外汇市场干预

各国政府和中央银行合作的第二种方式即外汇市场干预。七国政府及中央银行经常对外汇市场进行干预,其主要目的为:熨平外汇市场每日变动,引导汇率向某一方面变动,表明政府的经济政治意图。为加强干预的效果,七国中央银行试图通过电话或各种国际会议协调其干预活动。共同干预在树立外汇市场的信心方面常常比单独干预更为有效。七国集团为影响汇率的走势曾多次达成协议,影响较大的有 1985 年的广场协议、1987 年的卢浮宫协议等。

(三)国际最后贷款人领域的合作

在国内,为避免由于个别银行的破产引起多米诺骨牌效应而危及整个银行体系的安全,中央银行在充当商业银行监管者的同时也扮演着最后贷款人的角色。在国际金融领域,是否也需要充当最后贷款人的国际金融机构或组织呢?在国际经济舞台上没有统一的世界中央银行,如果国际货币体系陷于一片混乱,没有什么机构可对此负责任。当今世界,IMF 的功能最接近最后贷款者的功能，但在历次的经济危机中，IMF 的资金太少，注资又太慢，而且均具有条件性。因此，美、日、德等几个经济大国之间的合作对维持国际货币体系的稳定就显得十分重要。特别是金融危机爆发后，除了 IMF 的救援外，人们常常希望美国、日本这种大国能够介入。1994 年墨西哥金融危机爆发后，美国提供了大量的危机贷款，对于危机的解决起到了重要的作用。1997 年东南亚金融危机爆发后，日本也试图起到最后贷款者的作用。

三、七国货币合作的几个阶段

根据七国集团在国际货币合作领域的活跃程度及其作用的大小，七国集团在该领域的合作可以分为以下几个阶段：

(一)1975—1979 年，产生、探索阶段

此阶段，七国的经济政策协调尚处于交换意见、探索经验的阶段，达成的限制性协议不多，西方七国集团在这个时期合作的主要作用在于从原则上强调西方社会的一致，作出某种合作的姿态。通过这些协调，表明西方七国对各自的国家利益作出有限的让步，而在共同利益的基础上实现国际间的合作。

(二)1980—1985 年，过渡阶段

80 年代初，在发达国家中，特别是美国，人们广泛认为反通胀是首要任务，没有任何必要讨论宏观经济政策，对协调的兴趣也随之下降。里根政府上台之初对汇率采取不干预的政策，对美元的升值表现出明显的泰然处之的姿态。其他国家在抱怨美元升值对他们造成通胀影响的同时，十分乐意享受对其出口产品的有利效果。但是，持续的贸易不平衡和紧缩的货币政策造成的美元大幅升值最终引起了人们的广泛关注。最终于 1985 年之后，各国转向对汇率稳定进行广泛的协调。

(三)1985—1990 年，成熟、高涨阶段

以 1985 年广场饭店会议及 1987 年的卢浮宫会议为标志，七国集团对汇率稳定的国际协调进入了一个新的里程，七国货币合作全面深化。1987—1989 年的经济数据表明在美国和其他工业化国家之间确实出现了实实在在的经济调整，可以说干预和利率协调取得了一些成就。最重要的是，调整美元对日元马克的汇率，使汇率稳定在一定幅度内，并将经常项目不平衡减至可持续水平，改变了盈余国和赤字国的产出与国内需求增长模式。同时，该阶段引进了七国财政部长和中央银行行长的协调机制，使他们在首脑会议以外发挥了政策协调的重要作用。例如 1985 年波恩会议以后，首脑们决定把联合干预汇率问题交给他们各自的部属去处理。这样就产生了由西方五国财政部长和中央银行行长在

1985 年 9 月达成的广场饭店协议，1987 年 2 月由西方六国财政部长达成的卢浮宫协议。同年 4 月，西方七国财政部长又于华盛顿召开会议，再次强调要为稳定汇率进行“紧密合作”。

（四）90 年代，回落阶段

从 80 年代末进入 90 年代后，国际货币合作又开始进入低潮时期，国际间大范围政策协调取得的进展很有限。这说明由于世界经济形势不稳，发展不平衡在加剧，所以各国难以充分地合作。

虽然 90 年代以后，西方七国首脑会议协调机制没有大的起色。但是，首先，在当今世界政治经济平稳发展，没有重大事件发生的情况下，不大可能成立一个类似国际货币基金组织的全球性的国际货币协调机构，七国集团的这种随机性、松散性的大国协调机制在相当长的一个时期还会发挥其作用。其次，七国协调机制的发展进程说明，虽然该集团有这样那样的缺点，人们对其有诸多抱怨，如有人认为目前首脑会议只是政治家们逃避国内问题的一种途径。也有人认为今年来七国首脑会议夭折的倡议太多，未兑现的承诺太多，空话连篇的公报太多，等等，但在一定程度和范围内我们还是得承认它对国际政治经济的协调作用。进入 21 世纪，七国集团协调机制的作用还需要加强。

近 30 年来，西方七国集团之间的国际货币合作和协调不断深入发展，已经形成了相互磋商、彼此进行政策承诺的网络体系，为西方各国提供了一种对付危机的“制动机制”，使竞争在尽量公平稳定的框架下进行，使各国政策利益的矛盾不至于发展到有损于国际共同利益的程度。西方七国首脑会议和财长、中央银行行长会议日益发挥的政策协调作用，应该说对西方各国和世界经济产生了积极的影响。

专栏13-2

广场饭店会议与卢浮宫会议对美元汇率的成功协调

1. 1985 年广场饭店会议

80 年代上半期美国经常收支日趋严重，从 1982 年开始出现了证券投资和直接投资方式的大规模的资本净流入，1985 年底美国由历来的净债权大国沦落为净债务大国，对外净债务高达 1 114 亿美元。当时，美、日等国的财政政策金融当局和经济学家普遍认为，高利率和高汇率阻碍了美国从根本上扭转其经常收支的不均衡，由于高利率，大量的资金以证券投资的形态源源不断地流入美国，从而使美国出现了持续的国际收支顺差。而大规模资本的流入又支撑了美元的高汇率。1979—1985 年初，美元对马克升值 83%，对法国法郎升值 141%，对英镑升值 97%。由于美元升值，使西欧、日本资金大量流向美国，本国资金逐渐短缺，利率提高，对这些国家的经济也不利。

80 年代的最初几年，里根政府一直反对由政府过多地干预美元汇率，一定程度上可以说是采取了听之任之的态度。但是进入 1985 年以后，态度有所转变。西方各主要工业国家一致认为，按照美元的购买力与日元、马克这些西方主要国际储备货币的购买力相比而言，美元汇率过高了。而美元定价过高，无论对于美国的对外贸易，对于西欧的经济复苏，或是对于发展中国家的债务负担都带来了较大的负面影响，必须认真采取措施加以纠正。美元对德国马克、瑞士法郎的汇率在 1985 年达到最高峰，分别为 1 美元＝2.9440 德国马克和 1 美元＝2.4571瑞士法郎。美元对日元的年均汇率在 1985 年也达到很高的水平，为 1 美元＝238.54 日元，仅次于 1982 年的水平，例如 1985 年 2 月 1 日 1 美元＝260 日元，为 80 年代的最高峰。美元的高汇率使美国的贸易收支无法改善，经常收支赤字出现了长期化的趋势。为了扩大出口，改善贸易收支，美国在 1985 年 9 月五国财长会议上提议联手干预外汇市场，进行国际金融协调，该主张得到了其他与会国的赞同。

1985 年 9 月 22 日，西方五国即美、英、法、联邦德国、日的财政部长和中央银行行长聚集在纽约的广场饭店开会。会议上各国财长一致同意协同动作，大规模干预外汇市场，以降低美元汇率。会后的措施可谓立竿见影。1985 年联手干预净抛售美元总额为 190 亿美元，卖出美元的时间集中在 1985 年 1 月下旬到 2 月底，以及 9 月 23 日至 11 月上旬。根据美联储的正式记录，美货币当局共抛售了 39 亿美元，购进的是联邦德国马克和日元。由于强大的干预力度和大国联手行动造成的外汇市场心理效应，美元汇率大幅度下跌。这是汇率的首次国际协调。

广场饭店会议对汇率的联合干预是西方七国集团一次成功的政策协调。

2.卢浮宫会议

广场会议后，美元大幅度贬值，日元则急剧升值，这对日本出口不利。在 1986 年的东京会议上，日本试图对稳定汇率达成某种协议，但没有实现。1987 年西方七国集团又召开了一次重要会议——卢浮宫六国财长与中央银行行长会议。此次会议上，西方各大工业国感到美元跌势过猛会损害西方世界经济发展，于是几国财长提出共同稳定美元汇率的目标，对美元的下跌拉动了刹车闸。七国财长协议要求美国减少财政赤字，日本与联邦德国扩大内需，以消除汇率不稳定的根源。同时，各有关国家进行联合干预，防止美元继续贬值，日元继续升值。可以说这次会议是以稳定汇率为主调的。当时为了使美元波动的幅度得到控制，确立了“汇率目标区”，这个目标区虽几经调整，但仍一直作为各国维持汇率稳定的对照系数。这样，1987 年和 1988 年上半年就成了稳定美元汇率的关键时期。大规模的联手干预活动发生在 1987 年 2 月西方七国财长会议之后。根据会议达成的协议，会议结束的翌日，即开始联手收购美元，供应日元现金。由于美元对日元贬值幅度最大，美国货币当局抛售了相当于 61 亿美元的日元，此外还抛售了相当于 25 亿美元的联邦德国马克，总额约 86 亿美元。这次干预活动和第一次最大的不同是买卖币种正好是相反的，第一次是抛售美元，购进联邦德国马克和日元，目的是降低美元汇率；第二次恰恰相反，抛售的主要是日元，其次是马克，购进的是美元，目的是提高美元汇率。美元汇率历经 4 跌 4 升，最终稳定在 133～135 日元和 1.85～1.93 马克的目标区内。经过这一年半的反复协调干预，美元持续下跌的势头终于被阻止了。在整个 1988 年内，美元始终保持稳定态势，而在 1989 年的大部分时间又出现了强劲的反弹势头。

应当承认，国际汇率的协调在稳定金融秩序，协调各国经济发展方面发挥了积极的作用。因为对汇率的联合干预会影响外汇市场的预期心理，从而在一定程度上左右着国际汇率的走向。

四、20 国集团

1999 年，七国集团财长在向科隆经济峰会提交的关于加强国际金融架构的报告中，建议成立 20 国集团。同年 9 月，七国集团财长和央行行长在《七国集团财长和央行行长会议联合公报》中确定了此事。1999 年 12 月 15－16 日，由德国财政部部长汉斯・艾歇尔主办，加拿大财政部部长保罗・马丁主持的 20 国集团启动会议在德国柏林召开。

20 国集团的成员由 19 国的财政部部长和中央银行行长组成，即中国、阿根廷、澳大利亚、巴西、加拿大、法国、德国、印度、印度尼西亚、意大利、日本、韩国、墨西哥、俄罗斯、沙特阿拉伯、南非、土耳其、英国和美国。另外一个成员是欧盟，由欧盟轮值主席国和欧洲中央银行行长代表欧盟参会。同时为了确保 20 国集团与布雷顿森林机构的紧密联系，国际货币基金组织总裁、世界银行行长以及国际货币金融委员会和发展委员会主席作为特邀代表也参与该论坛的活动。20 国集团的活动不仅限于财长和央行行长会议及其副手会议，也包括组织技术研讨会、汇编报告以及就具体问题展开的案例研究。由此可见，20 国集团把世界各地区主要的工业国家和新兴市场国家联系在一起。这些国家拥有全世界 90％的国民生产总值、80％的贸易额、2/3 的人口。由于其经济方面的重要性以及广泛的代表性，20 国集团有着很大的效力和深远的影响力。

与经济合作与发展组织和国际货币基金组织等国际组织不同,20 国集团没有永久的工作人员。因此,由当年主席国设立临时秘书处来协调集团工作和组织会议。第一任主席是加拿大财政部部长保罗·马丁,他主持了 1999 年 12 月在柏林、2000 年 10 月在蒙特利尔、2001 年 11 月在渥太华召开的三届会议。2002 年 3 月印度财政部部长贾斯旺特·辛格接任主席,2003 年主席由墨西哥财政部部长迪亚兹担任,2004 年 1 月主席国由德国接任,德国财政部部长汉斯·艾歇尔出任主席。2005 年 1 月主席国由中国接任,中国财政部部长金人庆出任主席。

20 国集团属于非正式论坛,旨在促进工业化国家和新兴市场国家就国际货币和金融体系的重要问题开展富有建设性和开放性的对话,并通过对话加强国际金融体系架构。此外,20 国集团还为处于不同发展阶段的主要国家提供了一个共商当前国际经济问题的平台,同时,20 国集团还致力于建立全球公认的标准,例如在透明的财政政策、反洗钱和反恐怖融资等领域率先建立统一标准。

20 国集团还与其他各种组织和论坛紧密合作,20 国集团内部就复杂问题达成一致立场,有助于加快其他组织的决策,同时,20 国集团也支持诸如金融稳定论坛之类的其他国际组织和集团实施经济政策改革的工作,此外,也会临时邀请私营机构的专家参加 20 国集团的活动,以就具体问题展开对话,发挥协同增效的作用。

此外,每次财长和央行行长会议后,20 国集团都将公布《联合公报》,记录所达成的共识和强调的措施,确保工作的延续性。

本章小结

在当今经济一体化、全球化迅猛发展的情况下,国家间经济政策的相互溢出效应越来越大,因此,国际经济协调就显得尤为重要。国际货币合作属于国际经济协调的一部分,它专指有关国家和国际组织在货币政策、汇率政策、外汇市场干预以及国际收支调节等货币金融领域的合作。国际货币合作就其达成合作的领导权或者说权力结构可以分为两种:一是霸权合作,另一个是合作管理。相应的有两种表现形式:规则合作与随机合作。国际货币体系经历了国际金本位制、布雷顿森林体制以及浮动汇率制三个大的阶段。

国际货币基金组织(IMF)成立于 1946 年,是重要的国际货币合作金融机构,总部设在华盛顿,与世界银行、世界贸易组织一起构成战后国际经济秩序的三大支柱,成为维护国际经济秩序的重要力量。本章介绍了 IMF 的宗旨,IMF 基金的份额,以及份额的确定、认缴和作用,然后介绍了 IMF 的组织机构和职能,接着,对国际货币基金组织的改革提出了一些意见。

70年代中期以后，七国集团也成为目前国际货币合作领域随机协调进行得最为成功的组织之一，如在1985年达成的广场协议、1987年达成的卢浮宫协议等都极大地促进了国际金融稳定。20国集团于1999年成立，属于非正式论坛，旨在促进工业化国家和新兴市场国家就国际货币和金融体系的重要问题开展富有建设性和开放性的对话，并通过对话加强国际金融体系架构。

关键词

国际货币合作　国际货币基金组织　七国集团　20国集团

复习思考题

1. 简述国际货币合作的概念。
2. 简述国际货币合作的历史。
3. 简述国际货币基金的机构与改革。
4. 简述七国集团货币合作的领域。

第十四章 区域货币合作的理论与实践

导言

欧洲货币合作是当今世界最为成功的区域货币合作实践。欧洲货币合作经历了由低到高的四个阶段,并最终诞生了经济体内部单一货币——欧元。欧元的成功发行对整个国际货币体系产生了重要的影响。亚洲金融危机之后,受欧洲货币合作成功的影响,东亚也启动了自己的区域货币合作进程,尽管目前东亚货币合作依然困难重重,但是仍取得不少成就。

学习目标

1. 掌握最优货币区的相关理论;
2. 了解欧洲货币一体化的大致进程;
3. 了解东亚货币合作的背景与进展。

第一节 区域货币合作与最优货币区理论

区域货币合作,是指有关国家和地区在货币金融领域中所实行的协调、合作乃至共同行动。其目的是形成一个汇率统一、货币统一、货币管理机构与货币政策统一的货币联盟,其过程就是区域货币一体化的过程。

区域性货币合作是战后国际金融领域的重要现象,其主要的理论基础为最优货币区理论。

一、最优货币区理论的提出

最优货币区(The Optimum Currency Areas),有时也被称为最适度货币区。根据《新帕尔格雷夫经济学大辞典》的定义,最优货币区是这样一种区域,在此区域内,一般的支付手段或是一种单一的共同货币,或是几种货币,这几种货币之间具有无限可兑换性,其汇率在进行经常交易和资本交易时互相钉住,保持不变,但是区域内国家与区域以外的国家之间的汇率保持浮动。

最优货币区理论是在关于固定汇率制与浮动汇率制孰优孰劣的辩论中发展起来的。20世纪50年代,西方学者展开了对固定汇率制与浮动汇率制的争论,其中以弗里德曼为代表的浮动汇率的支持者认为,如果一国价格和工资呈刚性,那么该国要保持宏观经济内外均衡就应该采用浮动汇率制度。因为在固定汇率制度下,价格和工资的刚性将会使任何旨在消除国际收支失衡的政策要么导致通货膨胀,要么会加剧失业;而采用浮动汇率,货币对外价格的变动将通过贸易条件和实际工资的改变减轻资源重新配置带来的成本。

罗伯特·蒙代尔(Robert A. Mundell)对浮动汇率提出了质疑。[①] 他在1961年发表的《最优货币区》一文中对固定汇率制与浮动汇率制的适用性进行了重新的阐述。[②] 假定世界上只有A、B两个国家,各自生产不同商品。当人们对B国产品的需求转移到A国时,则A国会出现贸易顺差,B国出现贸易逆差。这时如果A、B两国货币汇率是浮动的,那么A国货币升值、B国货币贬值就会促使两国收支趋于平衡,缓解A国通货膨胀的压力,并促进B国就业扩大。因此浮动汇率制是A、B两国的最优选择。

但是如果产品的生产区域(要素可流动区域)与国家货币区域不一致的话,就会出现截然不同的情形。为了说明这种情况,蒙代尔假定世界由加拿大和美国构成,且每个国家又划分成两个不与国界重叠的区域:东部和西部,并分别生产不同的产品。如果此时的需求从东部转移到西部的话,则东部出现失业,而西部出现通货膨胀压力。此时两国央行或者是增加货币供给,以消除东部地区的失业问题,但会加剧西部的通货膨胀压力;或者是紧缩货币供给,以减轻西部地区的通货膨胀压力,但是又会加剧东部的失业问题。在这种情况下,虽然两国施行的浮动汇率制可以纠正两国(加拿大和美国)的国际收支问题,但是

---

① 参见:《蒙代尔经济学文集》(第五卷),中国金融出版社2003年版。

② Robert A. Mundell, "A theory of Optimum Currency Areas", *American Economic Review*, Vol. 51, No. 4, 1961.

并不能纠正两个区域(东部和西部)的国际收支问题,浮动汇率制受到了极大的质疑。

因此,蒙代尔提出了浮动汇率制与固定汇率制的选择依据,或者固定汇率制选择边界的依据就是看生产要素是否可以在区域内自由流动。如果一区域劳动力和生产要素是自由流动的,当出现国际收支顺差或逆差时,劳动力和资本的高度流动就可以消除这种不平衡,而不必借助于浮动汇率来保持宏观经济稳定,达到这一标准的地区就成为"最优货币区",区内可以彼此实行固定汇率,或者发行单一货币。在蒙代尔看来,最优货币区的平衡机制是生产要素的自由流动,而不同的最优货币区之间的平衡机制是浮动汇率。他进一步分析了一定区域内取消主权货币而使用统一货币的利与弊,并对实行统一货币表示肯定。他本人也因此获得了1999年度诺贝尔经济学奖。

二、最优货币区理论的发展

继蒙代尔提出以生产要素的流动性作为判断最优货币区的标准之后,不少经济学家又从不同角度提出了判断最优货币区的一系列标准,极大地丰富了最优货币区的理论内容。

1963年,美国经济学家罗纳德·麦金农(Ronald L. McKinnon)从物价的稳定性出发,提出经济开放度可以作为最优货币区的一个标准。① 经济开放度指可贸易商品占总产出和总消费的比重,若一个地区对外高度开放,则浮动汇率作为对外平衡调节器的作用就会下降。这是因为:第一,由于经济高度开放,市场汇率稍有波动,就会引起进口贸易品的国内价格上升,从而导致国内价格水平的全面波动。第二,高度开放的经济体对进口品具有较高的依赖性,需求弹性比较低,这使得汇率在调整国际收支过程中,必须变动更大的幅度。第三,在一个进口占消费比重很大的经济体中,汇率波动对居民实际收入的影响如此之大,以至于原先存在于封闭经济中的货币幻觉②(Money Illusion)消失,从而降低了汇率变动对国际收支的改善效果。由此,麦金农认为那些高度开放的经济体可以和与自己经济贸易关系密切的经济体组成一个共同货币区,对内实行固定汇率,对

① Ronald L. McKinnon, "Optimum Currency Areas", *American economic Review* 53, 1963.

② "货币幻觉"是美国经济学家欧文·费雪(Irving Fisher)于1928年提出的,指的是货币政策的通货膨胀效应。它是指人们只是对货币的名义价值做出反应,而忽视其实际购买力变化的一种心理错觉。

外实行浮动汇率,从而实现内外部的经济均衡和价格稳定。

1969年,彼得·凯南(Peter B. Kenen)开拓了另外一个研究视角,提出以商品多样化程度作为最优货币区的理论基础。① 凯南认为产品多样化程度越高的经济体,就越能抵御外部冲击对经济总产出水平的影响,因为某一出口商品或劳务需求所受到的波动,很可能由另一出口商品或劳务相反的需求冲击所抵消,因此多样化可以提供隔绝外在冲击的能力,也就无须通过汇率手段来调整贸易品的相对价格。因而在产品多样化程度高的国家之间更适合实行固定汇率制,组成共同货币区。

随着世界经济形势的发展,一些学者对最优货币区的考察开始扩展到金融领域。20世纪70年代初,戈特弗里德·哈伯勒(Gottfried Von Haberler)和马库斯·弗莱明(Marcus J. Flemin)分别提出以通货膨胀率的相似性作为判断最优货币区的标准。②③ 他们把通货膨胀率和经济增长率的差异看作国际收支失衡的重要原因,因此,相似的通货膨胀就为实行共同货币政策提供了可能。因此如果货币区内各国通货膨胀率趋于一致,就可以避免汇率的波动。

1973年,美国经济学家詹姆士·英格拉姆(James C. Ingram)提出以金融市场一体化作为确定最优货币区的标准。④ 他认为,当一组经济体的金融市场整合程度越高,则越不需要在国际间通过汇率调整去改变相对价格,因为资本的自由流动就可以矫正区内各经济体的外部失衡。因此,如果国际金融市场高度一体化,国际收支的任何失衡都会因资本的流动而得以改善,这就无须汇率的波动。这个区域可以实行固定汇率,组建货币区。

随着最优货币区理论的不断发展,又有学者陆陆续续提出了其他一系列判断最优货币区的标准。总而言之,最优货币区的标准大约包括以下几个方面:

---

① Peter B. Kenen, "The Theory of Optimum Currency Area: An Eclectic View", in Robert A. Mundell and Alexander K. Swoboda (eds), *Monetary Problems of the International Economy*, Chicago: University of Press, 1969.

② Gottfried V. Haberler, "The International Monetary System: Some Recent Developments and Discussions", in Halm, G. (ed), *Approaches to Great Flexibility of Exchange Rates*, Princeton University Press, 1970.

③ Marcus J. Flemin, "On Exchange Rate Unification", *Economic Journal*, Vol. 81, 1971.

④ James C. Ingram, "Comment: the Currency Area Problem", in Robert A. Mundell and Alexander K. Swoboda (eds), *Monetary Problems of the International Economy*, Chicago: University of Press, 1969.

第一,要素的国际流动性。要素可以跨国界高度流动,从而可以减少使用汇率作为调节宏观经济失衡的工具。

第二,经济开放程度。区内各经济体开放度越大,市场一体化程度越高,经济相互依赖性越大,越易于组建共同货币区。

第三,产品结构的分散程度。产品多样化程度越高的经济体之间越适合组建共同货币区。

第四,冲击或经济周期的相似程度。成员国发展水平和经济结构相似,面对外部冲击具有高度的对称性,越易于组建共同货币区。

第五,政策的融合度与通货膨胀的相似度。具有基本相似的政策偏好的经济体之间更有利于协调建立共同货币区。

第六,财政转移体系的建立。如果能够建立起超国家的财政转移支付,那么用名义汇率来应对不对称性冲击的必要性就会大大降低。

第七,金融一体化程度。一组经济体的金融市场整合程度越高,越容易组建共同货币区。

专栏14-1

最优货币区的新进展:最优货币区标准的内生性

综观从上世纪60年代到90年代的最优货币区理论的发展,大部分学者对于最优货币区的标准判断都主要是以静态指标为主。如果仅仅单纯静态地分析满足最优货币区的各种指标,而忽视了货币内部的经济动态变化,有可能得出错误的政策选择①,这是因为最优货币区各标准之间也许是可以相互促进的,也即最优货币区具有内生性。1998年Frankel和Rose最先提出了最优货币区内生性(Endogeneity)的概念②,他们认为最优货币区理论所指出的货币同盟形成的"事前"(ex ante)条件,在一定程度上可以在货币联盟形成后得到"事后"(ex post)满足。

货币联盟的建立可以促进区内贸易的发展,如果贸易一体化可以促进各经济体经济周期的趋同,那么就可以放松对最优货币区标准的严格要求,及早建立共同货币区。但是贸易一体化与经济周期的关系,一直是理论界存在争议的问

---

① 祝丹涛:《最优货币区批判性评析》,《世界经济》,2005年第1期。

② Frankel, J. A. and Rose, A., "The Endogeneity of the Optimum Currency Areas Criteria", *Economic Policy* 14, 1998, pp. 77～104.

题。一种观点认为贸易一体化将促进产业内贸易的发展,从而更好地促进国家间经济周期的协动。这种观点以欧盟委员会为代表,其在1990年公布的《单一市场,单一货币》中认为,欧盟国家间贸易主要以产业内贸易为主,随着欧洲的统一,各国产业结构将趋同,非对称性冲击发生的可能性将大大降低。相反的观点认为贸易一体化将加剧国家间产业专业化趋势,使各国面临更多的非对称性冲击。这种观点以克鲁格曼为代表。他认为由于运输成本的降低,贸易的增加将导致高度的产业专业化、规模经济效应,造成了产业活动的地区集中,这都会加剧未来冲击的非对称性,从而为货币联盟带来额外的成本。

Frankel就专业化对最优货币区的影响提出了不同的意见。① 他认为按照一些学者的逻辑,专业化会降低经济周期的相关程度,但是这种冲击仅仅来自于供给冲击,然而货币政策的独立性对供给冲击的调节作用是有限的,远不如对需求冲击的调节作用来得大。因此凭借专业化而去否定货币区的内生性是没有根据的。Frankel和Rose认为紧密的贸易联系将影响一国经济周期的性质,如果冲击主要来自需求方面,并且货币联盟国家间的贸易主要以产业内贸易为主,那么各国间的经济周期将随着贸易的增加而趋于相似,从而降低一国加入货币联盟的成本,因此"一国可能是在加入货币区之后更满足最优货币区的条件"。

在Frankel和Rose的研究基础上,学者又对最优货币区标准的内生性进行了扩展,包括对金融市场一体化、工资价格、生产要素、资本流动等因素进行考察。作为最优货币区理论一个新的研究视角,内生性假设受到了广大学者的重视。特别是欧元的成功发行,欧盟内部一体化趋势的加速,都为检验内生性假设提供了一个良好的自然试验(natural experiment)。但是我们也应看到,欧洲货币联盟的建立时间还很短,有些内生性假设的检验还无法展开与证实。同时,内生性假设在理论上分歧较大,使得这一问题最终被"沦为"一个实证经验问题。

第二节 欧洲的货币一体化

欧洲货币合作的过程是对最优货币区理论的最好诠释。欧洲经济货币联盟是迄今为止区域货币合作发展的最高形式,因而欧洲货币的统一过程也是迄今为止一体化进程最高级、影响最大、也是最为成功的区域货币合作尝试。

欧洲货币合作经历了由低级到高级,最终实现经济体内部单一货币的过程。

---

① Frankel, J. A., "No Single Currency Regime Is Right for All Countries or at All Times", *NBER Working Paper* No. 7338, 1999.

一、欧洲货币合作开始阶段

这一阶段开始于二战初期，终结于 1969 年海牙会议关于建立“经济与货币联盟计划”的出台之日。

1950 年，西欧成立了为国家间国际贸易结算提供便利的欧洲支付同盟(European Payments Union，EPU)[①]。欧洲支付同盟除了积极促进欧洲大陆的贸易水平外，其目的还包括提供能够替代黄金和美元的储备资产，实现货币的多边可兑换性等。欧洲支付同盟的成立是第二次世界大战后西欧各国首次以合作和协调一致方式来解决问题的尝试，成为欧洲货币合作与一体化发展的源头，它的建立极大地鼓舞了西欧各国加强联合、加深并拓展西欧一体化的热情，也为后期货币合作的进一步深化奠定了基础与条件。

1957 年，参与煤钢联盟的 6 国[②]签署了《罗马条约》，成立欧洲经济共同体(European Economic Community，EEC)。欧共体诞生初期就有了一些货币合作构想与货币合作行动，在《罗马条约》中有若干条款强调成员国在调节国际收支、推行货币政策、实施汇率政策上的合作，强调成员国经济政策的协调，减少成员国货币之间汇率的波动，以及在国际收支调节政策上的协调等。欧共体的成立使得共同体内部贸易和投资壁垒逐渐减少，要素自由流动的障碍基本上被消除，这为货币合作的进一步发展奠定了基础。

为了在西欧建立起一种稳定的货币制度以保证西欧经济的平稳发展，共同体 6 国已经开始设想建立一种在汇率制度、储备货币和政策协调方面进行共同合作的体系。如在当时布雷顿森林体系下，虽然要求成员国货币钉住美元的浮动幅度可上下各浮动 1%(±1%)，但是欧共体 6 国成员货币对美元的浮动幅度却减少为±0.75%，因此在欧共体内部，其对货币汇率的浮动限制要远比布雷顿森林体制所规定的严格得多。这种对货币汇率浮动幅度进行限制的措施，目的是维持成员国货币之间的稳定性，是货币汇率合作的一种形式，也是货币政策协调性的典型例证。对汇率浮动进行限制，保证并推动了欧共体工业品的自由流动和农产品统一价格的形成。

然而，这一时期的货币合作大部分出于一种构想，在欧洲经济一体化刚刚起步之时，不可能推进得过于深入，但是欧洲货币合作毕竟已经开始，这为以后的

① 欧洲支付联盟的成员国包括奥地利、比利时、卢森堡、丹麦、法国、原联邦德国、希腊、冰岛、爱尔兰、意大利、荷兰、挪威、葡萄牙、瑞典、瑞士、土耳其、英国。

② 包括法国、意大利、荷兰、比利时、卢森堡和当时的联盟德国。

货币合作奠定了深厚的基础与条件。

二、第一个经济与货币联盟计划

这一阶段始自1969年12月欧共体的海牙首脑会议，终结于1978年欧洲货币体系计划的出台。

1970年10月，以卢森堡前首相皮埃尔·维尔纳(Pierre Werner)为首的一个委员会向欧共体理事会提交了一份《关于在共同体内分阶段实现经济和货币联盟的报告》，即《维尔纳报告》，1971年2月9日通过。《维尔纳报告》为欧洲经济和货币联盟的实现进行了详细的规划，但是由于多种原因，诸如国际经济背景欠佳、计划本身缺乏可操作性及制度上的保障等，造成实际完成情况与原先确定的目标相差甚远。即使如此，这一阶段欧共体的货币一体化仍取得了一些进展，其建立的联合浮动制、欧洲货币合作基金、欧洲计算单位等，也成为未来欧洲货币体系的基础。

(一)创建欧洲计算单位

早在1971年以前，欧共体曾创造过一种建立在金平价基础上的欧洲计算单位(EUA)，法定平价为纯金0.88867088克，其价值与贬值前的美元相当。当时这种计算单位主要用于财政上的税收、预算，也用于内部工业品贸易的计价和结算，甚至使用到共同体内部的金融活动，同时，该计算单位亦被用于推行共同的农业政策。欧洲计算单位是欧洲统一货币的萌芽。

布雷顿森林体制崩溃后，考虑到美元汇价的不稳定性，欧共体在1974年7月，将金平价计算单位与美元脱钩，改为钉住当时由16种货币加权平均的特别提款权(SDRs)，新的计算单位被命名为“欧洲货币计算单位”(EMUA)。但是由于美元以及黄金价格的波动，特别是共同体成员货币的起伏不定，共同体再次对计算单位进行了调整，建立了新的“欧洲计算单位”以取代先前的“欧洲货币计算单位”。新的计算单位仍由一篮子货币加权平均而成，其加权的权数以欧共体扩大后的9个成员国[①]在1969—1973年间各自贸易值在共同体贸易总值中所占比重的平均数作为依据。新的欧洲计算单位应用的范围更广，已不仅仅限于欧共体内成员国的贸易、金融、财政等，而且用于对非洲、加勒比海等联系国发展援助的计价单位。欧洲计算单位后来成为欧洲货币单位(ECU)的基础。

---

① 此时，欧洲计算单位的构成货币包括：联邦德国马克、英国英镑、法国法郎、意大利里拉、荷兰盾、比利时法郎、卢森堡法郎、丹麦克朗、爱尔兰镑。

(二)在共同体内实行联合浮动制

这一时期继续坚持了在前一阶段对缩小汇率浮动的努力,在经济与货币联盟计划之前,欧共体各国货币一直坚持在平价上下0.75%的幅度内浮动。

1971年12月《史密森协议》将布雷顿森林体制成员国货币对美元的浮动幅度由±1%扩大为±2.25%,1972年4月欧共体参考《史密森协议》,建立了新的汇率制度,对外实行成员国货币对美元的联合浮动,而成员国货币彼此间实行浮动汇率,但是波动幅度限制在±1.125%,也就是《史密森协议》规定的一半。这样就形成了所谓的"洞中之蛇"的汇率制度:由于西欧各主要货币都与美元挂钩,对美元的汇价允许波幅较大,称之为"洞";而欧共体成员国货币间浮动幅度相对较小,形成所谓的"蛇"。这样做,一方面可以降低对美元的依赖,削弱美元在欧洲货币市场上的作用;另一方面,也可以对某一双边汇率相关的两成员国货币施加影响,将汇率浮动限制在允许波动的幅度内,提高干预的效果。①

1973年,布雷顿森林体制崩溃,因此欧洲汇率机制中的"洞"已不复存在,成员国货币之间的汇率机制改为"蛇行浮动",也就是联合浮动制,即成员国货币之间仍维持一种基本固定的钉住汇率制度,而对共同体之外货币则形成一种联合浮动的汇率制度,即欧共体成员货币群体对区外货币自由浮动。但是在当时动荡的国家金融环境下,西欧各国汇率剧烈波动,欧共体成员国间货币的钉住幅度不得不有所放松,从±1.125%扩大到±2.25%,接过了原布雷顿森林体制的衣钵。由于汇率的频繁波动,在联合浮动制实施的5年时间内,并没有达到欧洲经济与货币联盟计划所规定的稳定成员国货币汇率并最终实现固定汇率的目标。②

(三)建立"欧洲货币合作基金"

按照《维尔纳报告》的最初设想,欧洲的货币一体化应参照美国的联邦储备体系模式,最终建成一个统一的中央银行,以此来协调和管理共同体的货币和金融政策,因此建立一个货币合作基金就显得尤为必要。

1973年,经部长理事会等机构的反复商谈,欧共体建立了"欧洲货币合作基金"。基金的主要职责是支持成员国在外汇市场上的干预活动,管理成员国中央银行间的信贷,逐步集中成员国的外汇储备,用以帮助成员国调节国际收支的不平衡。基金规模开始只有14亿欧洲计算单位,以后逐年增加,到欧洲货币体系创立之前,各项基金总额也不过260多亿美元。欧洲货币合作基金成立不久,就遭遇了两次石油危机,不少国家因进口石油费用激增而导致贸易收支及国际收支赤字累累,因此基金并没有按照原计划达到促进成员国间汇率稳定,特别是关

① 李卓:《欧洲货币一体化的理论与实践》,武汉大学出版社2005年版,第57页。

② 李卓:《欧洲货币一体化的理论与实践》,武汉大学出版社2005年版,第58页。

于促进成员国经济政策协调和趋同上的作用，而是作为信贷基金来解决成员国由于石油冲击而造成的国际收支困难。

三、欧洲货币体系的建立与发展

这一阶段可自欧洲货币体系正式生效的1979年算起，直至第二个经济与货币联盟计划出台的1989年。

1979年3月，欧洲经济共同体首脑决定进一步深化货币合作，建立欧洲货币体系，以完善和提高欧洲货币合作的内容。它承接了上一阶段的工作，并在欧洲货币单位、汇率稳定机制、信贷基金机制三个主要方面对货币合作进行了深化。

(一)创设欧洲货币单位

欧洲货币单位(European Currency Unit，ECU)是欧洲货币体系的核心，它由德国马克、法国法郎、英国英镑、意大利里拉等12种货币[①]组成。每一种货币在ECU中所占的比重，是根据共同体内部贸易额和国民生产总值所占份额加权计算的，“货币篮子”的权数构成，每5年调整一次。但是，如果在5年间出现任何一种货币所占比重的变动超过25%，“货币篮子”的构成可随时调整。

ECU在共同体内具有记账单位、清算手段和干预手段等职能，自创设以来，在官方领域和私人领域都得到了极大的应用。在共同体官方领域，ECU主要有以下功能：可以作为欧洲货币体系平价网中决定成员国货币中心汇率的标准和篮子体系中偏离中心汇率的指示器；充当成员国货币当局的干预手段；充当共同体官方信贷的计算单位和价值尺度；充当成员国中央银行的储备资产以及它们之间的结算手段。此外，ECU在银行业务、债券业务、外汇交易等私人经济领域也有广泛应用。

(二)欧洲汇率稳定机制

自布雷顿森林体制崩溃以后，欧洲便进入了一种对内实行固定汇率与对外实行浮动汇率相结合的汇率体系。欧洲汇率机制包括平价网体系、干预机制等确保成员国货币汇率的稳定性。

1. 平价网体系

欧洲货币体系内各成员国都规定本国货币与ECU的中心汇率，并在双边的基础上，确定成员国两两彼此间货币的中心汇率，汇率的允许波动幅度为中心

---

① 边际内干预的干预界限为：±2.25%或±6%×75%×(1－该国货币在ECU中的比重)。

汇率上下2.25%；由于意大利的经济困难，里拉同其他成员国货币的汇率波动幅度放宽至上下6%。如此，各国货币间便形成网形的汇率关系，所以被形象地称之为“平价网体系”。该体系的形成，为建立较为完整的汇率稳定机制打下了良好的基础。

2. 干预机制

稳定汇率机制通过各国货币当局在外汇市场上的强制性干预，使各国货币汇率的波动限制在允许的幅度以内，实现汇率机制的稳定。

欧洲货币体系干预汇率的方式主要有两种：一种是“边际干预”，另一种是“边际内干预”。

根据成员国货币与ECU的比价，可以推算出任何两个成员国货币的法定双边汇率。如果某一成员国货币在市场上的汇率波动达到或接近±2.25%（意大利为±6%）时，有关的两个国家的中央银行就要出面进行市场干预。这种干预是强制性的，参加汇率机制的成员国都必须按规定执行，称为“边际干预”。同时各成员国中央银行也可以在某成员国货币汇率尚未达到规定限度时，采取适当措施进行干预，即所谓“边际内干预”。由于在平价网体系中，任何一种货币汇率的波动都会影响到所有成员国货币的汇率，因此欧共体根据各国具体情况制定出“边际内干预”的差异界限，及时对各成员国中央银行提出干预预警，这对于减少汇率波动和推动货币一体化都有重要意义。但是，“边际内干预”只是预防性的，对成员国没有强制性约束力。

当成员国货币汇率偏离界限而又无法通过外汇市场干预和其他相关政策加以纠正时，就必须对整个平价网体系作出调整。

（三）欧洲货币基金

为了保证欧洲货币体系的运转，加强已有欧洲货币合作基金的贷款能力和对外汇市场的干预力量，按照欧洲货币体系的有关协议，共同体成员国拟订在欧洲货币体系计划启动时扩大原有的欧洲货币合作基金。1979年4月，欧洲货币体系的参与国各自提取本国黄金、外汇储备的20%，建立了欧洲货币基金（European Monetary Fund，EMF）。同时，为了促进EMF功能的发挥，信贷品种扩大为以下三种：一是极短期信贷（VSTF），这是为维持汇率的波动幅度而设的，目的是增强成员国中央银行干预外汇市场的效果和能力；二是短期货币支持信贷（STMS），主要用于满足共同体国家由于国际收支暂时赤字而引起的短期筹资需要；三是中期财政援助（MTFA），旨在向那些出现国际收支发生严重困难，且一时难以扭转的国家提供信贷支持。欧洲货币基金在1981年4月就已达到492亿ECU，在此基金的支持下，欧共体各国中央银行干预外汇市场的能力大幅提高，对保证成员国货币汇率的稳定起到了重要作用。

四、经济与货币联盟的建立

这一阶段从欧共体委员会主席德洛尔于 1989 年 6 月在欧共体马德里首脑会议上作的《关于欧共体经济与货币联盟的报告》即《德洛尔报告》开始，到 2002 年 3 月 1 日，欧元现钞进入流通领域并取代成员国本币为止。

1.《德洛尔报告》

1989 年 6 月，当时的欧共体委员会主席德洛尔在欧共体马德里首脑会议上作了《关于欧共体经济与货币联盟的报告》即《德洛尔报告》。该报告继承了 20 世纪 70 年代《魏尔纳报告》的基本框架，对建立欧洲经济与货币联盟的可行性进行了研究，欧共体经济与货币联盟计划又被提上了议事日程。报告指出，货币联盟的建立必须具备三个条件：保证货币完全和不可取消的自由兑换；在银行和其他金融市场充分一体化的基础上，实现资本的完全自由流动；取消汇率的波动幅度，实行不可改变的固定汇率平价。

2.《马斯特里赫特条约》

1991 年《马斯特里赫特条约》(Maastricht Treaty，简称《马约》)通过，欧洲经济一体化与货币一体化的发展都进入了一个崭新的阶段。

按照《马约》的规定，1993 年 11 月欧洲联盟正式取代欧洲共同体。欧洲联盟采取了多项措施发展统一市场，包括废除边界检查、政府采购自由化、金融市场自由化、统一经济规模以及产业竞争相关立法等，基本上在欧盟内部实现了商品、资本、劳动力和劳务的自由流动，这为欧洲最终实现单一货币目标奠定了物质基础。

根据《马约》的安排，欧洲货币联盟的建设分三个阶段进行。第一阶段为合作协调阶段，从 1990 年 7 月 1 日开始到 1993 年 12 月 31 日为止。其主要的任务是使所有成员国加入欧洲货币汇率机制，实现资本的自由流动，协调各成员国的经济政策，建立相应的监督机制。第二阶段为机构化阶段，从 1994 年 1 月 1 日起到 1996 年 12 月 31 日止。这一阶段的任务是进一步实现各国宏观经济政策的协调，加强成员国之间的经济趋同，成立欧洲中央银行的预备机构——欧洲货币局，为统一货币做技术和程序上的准备，各国货币汇率的波动在原有基础上进一步缩小并趋于固定。第三阶段是货币联盟阶段，从 1997 年 1 月 1 日起到 1999 年 1 月 1 日。在这一阶段固定各成员国相互间的汇率，最终成立欧洲中央银行，发行单一货币以取代所有现存货币，由中央银行统一负责推行货币政策。

为了保证第三阶段货币联盟的稳定，《马约》同时规定了各成员国进入第三阶段的条件，即成员国趋同标准。其主要内容包括四项：成员国的通货膨胀率和三个最低通胀国家平均值之差不超过 1.5%；各成员国预算赤字不得超过该国

GDP 的 3%,成员国的国债发行余额不超过该国 GDP 的 60%;欧洲汇率机制的相互汇率调整范围必须符合欧盟认定的标准,并至少维持两年不变;各成员国长期利率和三个最低利率国家平均值之差不超过 2%。

3.欧盟为欧洲货币一体化的实施做好准备工作

在《马约》获得通过后,欧盟在各方面为欧洲货币一体化的实施又做了大量的准备工作。

1993 年 1 月 1 日,欧盟实现了包括资本项目在内的四大要素的自由流动,建立了欧洲内部的统一大市场,并宣告其单一银行业市场的成立。设立单一银行业的目的在于减少各国政府对银行业市场的管制,形成统一的欧洲联盟银行体系,保证自由竞争,提高市场效率,为 1999 年 1 月 1 日启动单一货币建立货币联盟铺平道路。

1994 年 1 月 1 日,欧盟在法兰克福成立了欧洲货币局(此即欧洲中央银行的前身),从事欧洲中央银行的各项技术准备工作。欧洲货币局主要是以德意志联邦银行的运作模式为蓝本。

1995 年 12 月 16 日第 54 届欧洲联盟首脑会议确定单一货币的名称为欧元,与各国货币构成固定汇率,并于 1999 年 1 月 1 日正式投入流通。

1996 年 12 月,欧盟柏林首脑会议通过两项决议:一是约束欧元国家财政纪律的预算公约;二是协调欧元国家与非欧元国家关系的"第二汇率机制"①。

1997 年 6 月,在阿姆斯特丹举行的欧洲首脑会议批准了《稳定增长公约》、《欧元的法律地位》和《新的货币汇率机制》三个文件,为 1999 年 1 月 1 日欧元的如期启动提供了技术准备和法律保障。

1998 年 3 月 25 日,欧洲货币局就欧盟各国完成《马约》趋同标准的情况发表报告,认为有 11 个欧盟成员国已总体达到《马约》所规定的经济趋同标准,从而有资格成为首批流通欧元的国家,这 11 个国家是:法国、德国、意大利、西班牙、比利时、荷兰、卢森堡、葡萄牙、奥地利、芬兰和爱尔兰。其他 4 个成员国中,希腊因为经济未能全面达标而暂时落选②;英国、丹麦和瑞典的经济虽已达标,但是出于国内政治的考虑,均明确表示不打算成为首批进入货币联盟第三阶段的国家。1998 年 5 月 2 日,欧盟特别首脑会议批准欧盟委员会的这一报告和名单,在提交欧盟各成员国讨论通过后,欧元发行的法律程序即告完成;同日,荷兰人杜伊森贝赫当选欧洲中央银行的首任行长。

---

① "第二汇率机制":比较简单的解释就是欧共体成员国之间是"第一汇率机制",则欧共体成员国和非欧共体国家的汇率为"第二汇率机制"。

② 希腊于 2001 年 1 月 1 日成为欧元区的第 12 个成员国。

1999年1月1日起，欧元正式启动，欧元以1：1的汇率取代欧洲货币单位作为非现金交易的“货币”，以支票、信用卡、股票和债券等方式进行流通，可以作为储备、投资、计价和结算货币。

从2002年1月1日起，欧洲中央银行将欧元现钞投入流通，到2002年3月1日，逐步收回各成员国纸币。各国货币由欧元完全取代，欧元作为欧元区唯一法定货币在市场上流通。

欧元的启动是欧洲经济一体化的必然结果，是欧洲从经济一极走向政治一极的具体表现，对欧洲经济乃至整个世界经济都产生了重要影响。

五、欧洲货币一体化的意义

欧元的启动、欧洲货币一体化的实施与完成，是国际货币金融史上具有“里程碑”性质的事件，它不仅对欧盟内部各成员国的经济活动，而且对国际货币体系、国际货币合作都将产生重大而深远的影响。

应该说，与欧元有关的一些因素将有利于国际货币体系的稳定。首先，由于欧洲金融市场的巨大规模以及它吸收外部冲击的广阔空间，决定了欧元从长远来看将是稳定的货币。其次，欧洲货币联盟将在世界经济范围内产生一个货币稳定区，因为单一货币的形成将消除参加欧元区的各国货币之间的汇率波动，欧元将由严格的经济管理政策(由独立的中央银行实行以价格稳定为主的货币政策和各成员国严格的预算政策)来支撑。最后，欧元的产生还会提高国际货币体系的均衡性，并由此为更广阔的国际合作打开一条通道。布雷顿森林体系崩溃以来，国际储备货币的多元化摆脱了基准通货国家与依附国家相互牵连的弊端，在很大程度上克服了“特里芬”难题，但其他国际储备货币如当时的马克和日元在短期内还难以与美元抗衡，这也是不争的事实。欧元的出现所形成的欧元与美元相抗衡的国际储备资产格局，将使这种多元化更加稳固。

欧洲货币联盟的建立对于国际货币合作而言有着更深层的意义。作为欧洲内部货币合作的产物，欧元的成功极大地鼓舞了人们进行国际货币合作的信心。从创设欧洲计算单位、欧洲货币单位，到最终推出欧元，欧洲货币一体化走过了40余年的历程。欧盟的实践对国际货币体系改革提供的宝贵经验是，货币一体化将是一个长期的和渐进的过程，不可能一蹴而就。可行的步骤是立足于本地区政治经济发展的现实，遵循先易后难、先松散后紧密的原则，制定阶段性目标，然后在实践中逐步推进。从法律角度来看，欧盟有关单一货币的法规也将为未来的国际法律制度建设提供有益的借鉴。如果说布雷顿森林协定开了以国际法的形式来调整国际货币制度的先河，那么《欧元的法律地位》等文件则是一个以多边条约来规定区域货币关系,保证区域内单一货币稳步推进的极有价值的探索。特别是那些要求成员国将货币主权逐步让渡给欧洲中央银行的细致安排,将对未来的区域性或全球性货币法律制度的建设起到积极的示范作用。

欧元的产生是人类朝着全球货币一体化方向迈出的重要一步,它必将在推动国际贸易、国际资本流动蓬勃发展的同时,对经济全球化的进程产生重大影响。欧洲单一货币的诞生,昭示着世界货币统一的未来。与世界经济一体化趋势相适应,世界货币统一的趋势也是存在的。欧元的经验给世界的启示是:未来世界货币一体化的现实过程,可能是通过若干区域货币统一的途径来实现的。

第三节 东亚货币合作的构想及实践

欧洲货币合作的成功经验极大地鼓舞了世界其他区域的货币合作热情。与此同时,在当今世界经济全球化、一体化迅猛发展的情况下,各国也充分意识到彼此加强合作与协调的重要性。蒙代尔曾预言未来的国际货币体系将形成欧元区、美元区和亚元区三足鼎立的局面。亚洲金融危机爆发后,东亚各国对区域货币合作的呼声日益高涨,欧元的启动为东亚国家树立了货币合作的典范。

一、东亚货币合作的背景

20 世纪 70 年代实行浮动汇率制后,汇率的频繁波动使人们对稳定的汇率制度产生迫切的要求,区域货币合作成为世界各区域谋求汇率稳定的重要手段。东南亚金融危机的爆发使东亚各国认识到区域货币合作的重要性,欧元的成功启动使东亚各国开始对共同货币感兴趣。亚洲金融危机的爆发及东亚目前存在的区域经济合作组织的软弱无力也迫切要求东亚加强区域货币合作,建立区域货币合作组织。

(一)浮动汇率制下,区域货币合作成为确保区域金融安全的重要手段

东亚地区各国的经济基本上属小国开放经济,外贸依存度大,对国际市场反应敏感,而且是新兴资本市场和离岸金融中心集聚之地。相对于大国来说,小国开放经济更无法忍受汇率的频繁波动,更迫切要求实行较为稳定的汇率制度。

东南亚金融危机也使东亚各国对汇率制度问题进行了反思,由于东亚各国对外开放度大,实行浮动汇率制对各国经济的影响很大,因此人们开始对各种固定汇率制度的形式,如货币区(局)、采用其他国家的货币作为本国货币、共同货币安排等感兴趣了。

（二）欧元的启动是东亚货币合作的重要外部推动力

欧元成功发行并已经顺利运转多年，其表现已获得广泛肯定，其经验和成就对其他地区是巨大的压力和鞭策。纵观当今世界，各地区都在进行类似的区域货币合作，而东亚地区的货币合作是目前世界上相对落后的。这种落后局面如不尽快改变，就很容易在整个世界的国际货币关系中丧失地缘战略优势，成为美元和欧元的争夺场所。尽管东亚各国的经济发展速度较快，但如果货币合作一直停滞不前，必将破坏东亚持续发展的动力，因此，东亚各国必须致力于推动货币一体化的发展，吸取欧元成功的经验，推动区域内经济的持续发展。

（三）区域货币合作是防范金融危机爆发的有效途径

90年代以来，金融危机均表现为一种区域性的现象，这意味着，金融危机的防范和解救主要是一种地区性的公共产品，除了借助全球国际组织的帮助之外，区域性的国际组织和制度可能更为有效。亚洲金融危机就是一种区域性的现象，由于东亚各国经济规模的相对狭小和金融结构的脆弱性使其不足以完全抵御外部金融风暴的冲击，因此东亚国际社会除了对国内的经济与金融制度加以改革之外，还应该建立某种跨国的风险防范机制。东亚各国客观上需要加强货币合作，建立区域金融保障和统筹机制——货币联盟，从而减少金融动荡和负面效应。

（四）区域货币合作有利于危机爆发后的自救

亚洲金融危机之后，国际金融组织及西方大国的救助存在缺陷，国际货币基金组织（IMF）并没有组织有效的救援方式并且救援来得太晚，而东亚现有的区域经济合作组织对金融危机的解救基本上未起到任何作用，这些都使东亚国家产生了加强区域内国家之间的货币合作、建立自己的救助机构的想法。

东亚的综合经济和对外贸易实力同美国和欧盟相当。东亚拥有巨大的金融资产，其外汇储备比美国和欧盟多得多。截至2008年9月，仅中国外汇储备就已经达到了19 055.85亿美元[①]，远远高于欧元区的外汇储备。如果能够将东亚国家外汇储备中的10%～20%用来作为地区资金，参加的国家就能够很容易地克服任何清偿危机，而不需要西方大国或国际金融组织的任何“建议”或“指导”。

二、东亚货币合作的可行性

前面提到，东亚各国已经充分认识到货币合作的重要性，进行货币合作的兴趣也在逐渐提高，但是东亚各国是否具备组成最优货币区，建立区域货币联盟的条件呢？最优货币区的标准主要包括对外开放度、要素的国际流动性、经济结构

① 数据来源：中国国家外汇管理局。

的相似性以及面对外部冲击的对称性等标准。我们可以按照最优货币区的标准,对东亚区域货币合作的条件进行分析。

(一)区内贸易的发展

东亚大部分国家与地区实行的都是出口导向型战略,对外贸易在国民经济中占有重要地位,其对外开放度一直居高不下,尤其是香港、新加坡、马来西亚,对外开放度都在100%以上,韩国、台湾、菲律宾及泰国的外贸依存度也很高。由于东亚国家或地区,尤其是亚洲"四小"及东盟各国基本上属于开放经济,对汇率波动十分敏感,因此迫切需要稳定汇率,进行货币合作。相对于欧盟,东亚区内贸易额占地区GDP的比重及区内贸易额占贸易总额中的比重相对偏低。1997年东亚区内贸易额占地区GDP的比重,出口为10.2%,进口为10.1%,而欧盟在欧元启动前区内贸易额占地区GDP的比重,出口为12.8%,进口为12%。[①] 但东亚区内贸易额占地区GDP的比重及区内贸易额占贸易总额的比重近年均呈增长态势,反映了该地区较快的经济增长率及经济开放度的提高。2002年东亚地区向本地区出口和从本地区进口的比例几乎都超过1/3,因此从区内贸易的发展来看,东亚经济的相互依赖性正在逐渐增强,这构成了东亚货币合作的基础。

(二)生产要素的流动性

要素市场越灵活,资本及劳动力的流动性越高,成员国财政转移的程度越大,这些国家就越有可能组成最优货币区。从欧洲实现货币一体化的经历中我们可以得出,共同关税壁垒与商品、服务、劳动力及资本在共同市场内的自由移动是建立货币联盟的先决条件。

现阶段东亚各国(地区)对生产要素流动性的限制比较多,即使是流动性最强的资本,其流动也受到了严格的限制。尤其在亚洲金融危机后,东亚重新加强了对资本的流动限制,如1998年马来西亚曾一度恢复了资本管制,日本虽然资本项目是放开的,但其对外国资本投资本国公司也有许多限制,中国等一些国家的资本项目还未完全放开。可见东亚短期内不可能全面实现资本的自由流动。除了资本的流动外,劳动力的流动在东亚各国(地区)间也受到限制,与欧盟已经基本实现劳动力自由流动不同,东亚各国(地区)对人员的流动要求非常严格。虽然亚太经合组织及东盟在贸易自由化方面已有一定进展,但签订的协议对各国却不具备法定约束力。

(三)经济发展水平、经济结构的相似性及受外界冲击的对称性

如果外界冲击对货币区内各国的影响是对称的,可采用同样的(或类似的)

---

① Bayoumi, T. and Mauro, P., "The Suitability of ASEAN for Regional Currency Arrangement", *IMF Working Paper*, WP/99/162, 1999.

货币政策予以抵消，各国就不需要独立的货币政策。而冲击是否对称，很大程度上取决于两国经济发展水平是否相当，是否具有相似的经济结构。经济发展水平相当、经济结构趋同的国家有可能形成货币联盟，欧洲形成货币联盟的过程就伴随着人均产出的趋同。但是，从东亚地区来看，无论是经济发展水平还是收入水平都存在着一定的差异。此外它们的经济体制、经济结构也是各不相同的。

从亚洲国家和地区经济对潜在干扰因素进行调整的相关性、规模及速度来看，如果各国(地区)的扰动因素是相关的，规模小，而且调整迅速，它们就是货币联盟的较好候选国。Bayoumi 和 Eichengreen(1994)[①]在研究中区别了需求冲击及供给冲击，估计了东亚各国(地区)间的双边相关系数。他们发现，日本、韩国、印度尼西亚、马来西亚、新加坡以及台湾和香港的需求冲击是对称的。为检验外部冲击对东亚国家(地区)、美国、日本影响的对称性，Taguchi(1994)[②]计算了它们的利率、股票价格、CPI 的相关系数。他发现东亚各国(地区)的消费品价格与日本的 CPI 相关性强，利率、股票价格与美国的该指标相关性强，但 80 年代后半期与日本该指标的相关系数有所增强。他的结论是，目前东亚地区虽然组成最优货币区的标准还没有完全得到满足，但随着区内经济相互依存度的提高，货币一体化的可能性在增加。

(四)政策目标的一致性

即使货币联盟成员国之间的经济结构类似，外界冲击也是对称的，但如果各国的政策目标不一致，那么它们之间就很难维持固定汇率。衡量各国政策目标是否一致的一个重要指标即通货膨胀率，来自国际货币基金组织的统计资料显示，除了印度尼西亚、老挝、缅甸外，1997—2006 年东亚几个国家的平均通货膨胀率都比较接近，反映了它们在通货膨胀率这个指标上保持了较好的一致性。

从经济角度看，根据最适货币区理论，东亚各国和地区经济的相互依存度与欧盟各国相比还存在差距。东亚各国和地区在一体化道路上的最大障碍在于其经济发展水平的差异，由于各国和地区处于经济发展水平的不同阶段，使各国和地区的经济结构、贸易结构、对外界冲击的反应、政策目标等均表现为一定的层次性和多样性。这些都使得东亚货币合作目前仅能在较浅的层次上进行，要达到货币一体化、组成最优货币区的目标还任重道远。

---

① Bayoumi, T. and Eichengreen, B., "One Money or Many: Analyzing the Prospects for Monetary Unification in Various Parts of the World?" *Princeton Studies in International Finance*, September 1994.

② Taguchi, H., 1994, "On the International of the Japanese Yen", in T. Ito and A. O. Krueger (Eds.), *Macroeconomic Linkage*, Chicago : University of Chicago Press.

三、东亚货币合作的实践

亚洲金融危机是导致东亚货币合作的重要催化剂。尽管在金融危机之前,东亚已经存在一定程度的货币合作,但真正取得进展却是在危机之后。目前各个学者都承认区域监督、区域储备合作、汇率协调是区域金融货币合作的三个基本元素。① 东亚货币合作中不少组织发挥着重要作用,如东盟+3(APT,包括东盟以及中国、日本、韩国三国组织)财长会议,亚欧会议(ASEM)财长会议,亚太经合组织(APEC)财长会议,东亚及太平洋地区中央银行行长会议(EMEAP)以及亚洲开发银行(ADB)等,在它们的推动下,东亚货币合作取得了一些进展。

(一)信息交流与区域监督进程

1.马尼拉框架(MFG)

马尼拉框架②(MFG)是东亚建立的第一个区域监督进程。它建立于1997年,主要关注四个协议:(a)区域监督;(b)金融领域的经济与技术合作;(c)强化IMF对危机的反应能力;(d)发展区域金融合作协议。但是马尼拉框架是一个非正式的组织,尽管其被某些观察家认为是区域监督与同行评议卓有成效的论坛,但是它取得的成果却是有限的。其一,其地区监督分别由三个国际金融机构(IMF、WB、ADB)承担,没有实际的同行评议进程;其二,没有明晰的信息交换与监督目标;其三,马尼拉框架并没有包括该区域内所有的国家。

2.10+3东盟监督进程(ASP)

1998年,在第2届东盟财长会议上,决定建立东盟监督进程(ASEAN Surveillance Process,ASP)。ASP的主要目的是加强政策对话,维护区域宏观经济和金融的稳定,它定期对全球、区域及各个国家的发展进行评议,对汇率、部门以及社会政策等进行监督。1999年11月ASP扩大到东盟+3监督进程,将中国、日本、韩国纳入统一的监督框架中,并于2000年5月在亚行年会期间举行了第一次同行评议会。10+3监督进程的不足之处在于,信息交换的内容还不明确,无法对潜在风险发出有效的早期预警,不能帮助成员国改进金融市场管理、监测

---

① ADB,"Study on Monetary and Financial Cooperation in East Asia (Summary Report)",Prepared by ADB's Regional Economic Monitoring Unit for the Kobe Research Project based on an ongoing technical assistance on *Study on Monetary and Financial Cooperation in East Asia*,2002.

② 马尼拉框架共包括14个经济体,分别是:澳大利亚、文莱、加拿大、中国、中国香港、印尼、日本、韩国、马来西亚、新西兰、菲律宾、新加坡、泰国和美国。

和一体化进程等。[①]

（二）区域储备合作

1. 亚洲货币基金的构想

1997 年 9 月，日本政府在 IMF 和亚洲开发银行会议上提出建立亚洲货币基金（Asian Monetary Fund，AMF）的构想，倡议组成一个由日本、中国、韩国和东盟国家参加的组织，并承诺为这一基金提供 1 000 亿美元的资金，为遭受货币危机的国家和地区提供援助。但是由于欧美担心该组织会削弱美国和欧盟在东亚的影响和作用，因此坚决反对日本的建议，致使该构想未能实现。

2. 新宫泽构想

1998 年 10 月日本又以大藏大臣宫泽喜一的名义提出"新宫泽构想"，倡议建立总额为 300 亿美元的东亚基金，其中 150 亿美元用于满足遭受危机的国家和地区对中长期资金的需求，另外 150 亿美元用于满足其短期资金需求。遭受危机的国家和地区对此非常欢迎，美国政府和 IMF 也表示欢迎。按照"新宫泽构想"的设想，日本分别为印度尼西亚、韩国、马来西亚、菲律宾等国提供了贷款或是贷款担保。

3. 清迈协议

2000 年 5 月，东盟＋3 在泰国清迈签署《清迈协议》（Chiang Mai Initiative，CMI）。《清迈协议》达成了在金融领域建立全面合作的协议，主张签订有关外汇借贷的双边协定，以防范货币危机。同年 8 月，东盟＋3 的中央银行将多边货币互换计划的规模由 2 亿美元扩展到 10 亿美元。但是在初期，CMI 下的互换金额规模较小，另外为防范道德风险，在区域监督进程发展不完善的情况下，CMI 下资金动用比例超过 10％将与 IMF 的贷款条件挂钩。

在 2005 年的东盟＋3 财长会议上，各方决定将互换资金使用安排与 IMF 的挂钩比例由 10％提高到 20％。同时，各国财长决定将集体决策机制引入 CMI 中，作为双边互换网络多边化的第一步，从而对危机作出集体性与及时的反应。在 2007 年于日本召开的东盟＋3 财长会议上，财长们同意遵循循序渐进的方法，赞成一个契约式协定管理的储备集中库是 CMI 多边化的最佳形式。并且，各国财长已责成其副手就 CMI 多边化的几个关键因素，包括监督、储备资格、承诺、借款限额以及激活机制等进行深入的研究。CMI 下可动用的资金也在迅速增加，截至 2006 年 4 月，清迈协议互换资金的总规模已经达到了 750 亿美元。

① Wang Y. and Woo W. T., "A Study on Information Exchange, Surveillance Systems, and Regional Institutions in East Asia", *Report to the Asian Development Bank Study on Monetary and Financial Cooperation in East Asia*, 2002.

表 14-1 “东盟十3”双边互换安排

签约方	互换币种	累计规模(亿美元)
日本一韩国	日元/韩元	210
日本一泰国	美元/泰铢	60
日本一菲律宾	美元/比索	65
日本一马来西亚	美元/吉林特	10
中国一泰国	美元/泰铢	20
日本一中国	日元/人民币	60
中国一韩国	人民币/韩元	80
韩国一泰国	美元/泰铢	20
韩国一马来西亚	美元/吉林特	30
韩国一印尼	美元/印度尼西亚卢比	20
韩国一菲律宾	韩元/比索	30
中国一马来西亚	美元/吉林特	15
日本一印尼	美元//印度尼西亚卢比	60
中国一菲律宾	美元/比索	10
中国一印尼	美元/印度尼西亚卢比	20
日本一新加坡	美元/新币	40
合 计		750

资料来源:日本财政部。

可以预见,在未来的区域资源合作中,CMI下的货币互换不但会在互换规模上继续扩大,有关互换资金的使用条件也会逐渐与国际金融机构脱钩,而采用与本区域情况相符的适用条件。同时,将CMI多边化,最后使之成为一个区域性的多边救助与合作基金。

(三)区域汇率协调

汇率协调是一种更高级的货币合作形式,这也是亚洲走向共同货币区的关键一步。从亚洲金融危机的教训来看,僵化的固定汇率制度(钉住美元)可能是导致货币危机的原因之一,危机爆发后,各国货币的竞争性贬值,无疑加大了危机的传染效应,因此从防范危机爆发与传染的角度来看,更应该加强区域汇率合作。在当今全球经济失衡的背景下,东亚各国的汇率制度面临着巨大的压力。如果不进行汇率合作,在解决全球经济失衡过程中,将引起东亚经济的剧烈波动。

亚洲汇率合作的方案最多，争议最大，难度最大。各个学者给出了不同的汇率合作方案，比较有代表性的方案有：

1. 东亚美元本位制。McKinnon(2000)认为东亚应建立区域性美元本位制度，使东亚各经济体集体钉住美元。①

2. 东亚日元区。Kwan(2001)从日本、亚洲、区域与全球角度分析说明了东亚应组成日元区，主张把日元作为东亚地区的基轴货币，使日元承担欧洲货币体系中马克的角色。②

3. 钉住篮子货币(G—3)。一些学者认为东亚国家(除了日本)最好的汇率制度选择是钉住 G—3 篮子货币(美元、欧元、日元)，③与亚洲美元本位相比，这样可以使东亚国家免于美元—日元、欧元—美元等汇率波动的影响。与此同时，东亚国家如果采取相似的篮子权重，还可以稳定区域内贸易，促进区内投资的发展。

4. 建立亚洲汇率机制。一些学者建议亚洲仿效欧洲货币体系，建立亚洲汇率机制(Asian Exchange Rate Mechanism, AERM)，创建亚洲货币单位(ACU)，以此来促进东亚地区的货币一体化。

ACU 方案将采用区内货币的某种加权平均。从政治方面看，由于每个国家在货币合作中的地位与角色是平等的，这为货币合作提供了一定的政治基础。而且 ACU 编制本身并不意味着明确的区域汇率合作方式，更不会对区域内各国现有的汇率制度构成挑战，这容易为成员国所接受。同时，亚洲货币单位向美国和欧洲展示了强化东亚区域经济自主性的意图，而且通过明确的指标体系，有助于推进区域内政策对话的效率，但并不会招致美欧以及国际组织的反对。从经济方面看，与 ECU 相同，ACU 可以在区内充当计价工具、交易媒介、储备货币等，如亚洲债券可以以 ACU 标价发行，则可以极大地吸引基金的供给者与需求者。如果 ACU 得到区域内经济体的支持并得到顺利发展，ACU 将起到防止以邻为壑的货币贬值竞争、促进区域内汇率协调行动、维护区域内货币价值相对稳定、减少东亚对美元的依赖、减少东亚的大规模区域外外汇货币资产储备、帮助缓解全球国际收支失衡、推动东亚经济一体化等方面的重要作用。

亚洲开发银行在 2005 年就提出创立 ACU 的建议。在 2006 年初，亚洲开

---

① McKinnon R. I., "The East Asian Dollar Standard: Life after Death?" *Economic Notes*, Vol. 29 (1), 2000, pp31～82.

② Kwan C. H., *Yen Bloc: Toward Economic Integration in Asia* Brookings Institution Press, Washington D. C, 2001.

③ Williamson J., "Exchange Rate Regimes for Emerging Markets: Reviving the Intermediate Option", *IIE Working Paper*, No. 2938, 1999.

发银行的官员宣布准备推出亚洲货币单位。同年 5 月东盟＋3 财长会议上，各国财长也表示进一步推动亚洲区域货币单位的出现。

本章小结

区域货币合作是指一定地区内的有关国家和地区在货币金融领域中所实行的协调与合作，其目的是形成一个汇率统一、货币统一、货币管理机构与货币政策统一的货币联盟，其过程就是地区货币一体化的过程，其理论基础为最优货币区理论。蒙代尔在 1961 年最新提出最优货币区的概念，并以生产要素的流动性作为判断最优货币区的标准之一。此后，不断有经济学家提出其他的判断标准，如经济开放度、产品多样化、金融市场一体化、通货膨胀相似度等等。进入上世纪 90 年代，Frankel 和 Rose 提出了最优货币区内生性的概念，促进了最优货币区理论的发展。

欧洲货币一体化是区域货币合作典型而又最为成功的例子。欧洲货币合作经历了由低级到高级的四个阶段，最终实现经济体内部单一货币的过程。欧洲经济与货币联盟是迄今为止区域货币合作发展的最高形式，它的成功极大地鼓舞了其他地区的货币合作热情，如东亚货币合作。

东南亚金融危机的爆发使东亚各国认识到区域货币合作的重要性，欧元的成功启动使东亚各国开始对共同货币感兴趣。在东亚，虽然目前货币一体化的条件还不太成熟，但是货币合作已经取得了一定的成就，如目前东亚在区域监督、区域储备合作与区域汇率协调方面已经取得了一些进展。

关键词

区域货币合作　最优货币区　欧洲货币合作　东亚货币合作

复习思考题

1. 简述最适货币区理论及其标准。
2. 简述欧洲货币一体化的发展历程。
3. 试论东亚共同货币区的必要性与可能性。
4. 简述东亚货币合作的进展

参考文献

1. Alessandro Zanello & Dominique Desruelle, "A Primer on the IMF's Information Notice System", *IMF Working Paper*, WP/97/71, 1997.

2. B. Dianne Pauls, U. S. "Exchange Rate Policy: Bretton Woods to Present, Federal Reserve Bulletin", *Federal Reserve Bulletin*, No. 11, 1990, pp. 891～908.

3. B. Eichengreen, "Global Imbalances and the Lessons of Bretton-Woods", *NBER Working Paper Series*, No. 10497, 2004.

4. BIS, *Triennial Central Bank Survey of Foreign Exchange and Derivatives Market Activity in April* 2007.

5. Darrell Duffie, *Futures Markets*, *Englewood Cliffs*, New Jersey: Prentice Hall, 1989.

6. Maurice Obstfeld, "The Logic of Currency Crisis", *NBER Working Paper*, No. 4640, 1994.

7. Maurice Obstfeld, "Models of Currency Crisis with Self-fulfilling Features", *NBER Working Paper*, No. 5285, 1995.

8. Mckinnon Pill, "International Overborrowing: A Decomposition of Credit and Currency Risk", *World Development*, Vol. 26, No. 7, 1998.

9. "Financial Accounting Standards Board, Disclosure about Derivative Financial Instruments and Fair Value of Financial Instrument", *Statement Financial Accounting Standards*, No. 119, 1994.

10. Fischer Black & Myron Scholes, "The Pricing of Options and Corporate Liabilities", *The Journal of Political Economy*, Vol. 81, No. 3., 1973, pp. 637～654.

11. Fritz Machlup, "The Theory of Foreign Exchanges", *Economica*, New Series, Vol. 6, No. 24. Nov. 1939, pp. 375～397.

12. Fritz Machlup, "Relative Prices and Aggregate Spending in the Analy-

sis of Devaluation", *The American Economic Review*, Vol. 45, No. 3, Jun., 1955, pp. 255～278.

13. Francisco L. Rivera-Batiz, Luis Rivera-Batiz, *International Finance and Open Economy Macroeconomics*, Macmillan, 1985.

14. Garman & Kohlhagen, "Foreign Currency Option Values", *Journal of International Money and Finance* 23, 1983, pp. 1～7.

15. Harry G. Johnson, Elasticity, Absorption, Keynesian Multiplier, "Keynesian Policy, and Monetary Approaches to Devaluation Theory: A Simple Geometric Exposition", *The American Economic Review*, Vol. 66, No. 3, Jun. 1976, pp. 448～452.

16. Harry G. Johnson, "The Monetary Approach to Balance of Payments Theory and Policy: Explanation and Policy Implications", *Economica*, New Series, Vol. 44, No. 175, Aug. 1977, pp. 217～229.

17. Harry G. Johnson, "The Monetary Approach to Balance-of-Payments Theory", *The Journal of Financial and Quantitative Analysis*, Vol. 7, No. 2, Supplements: Outlook for the Securities Industry, Mar. 1972, pp. 1555～1572.

18. Joan Robinson, *Essays in the Theory of Employment*, Hyperion Press, 1980.

19. Jacques J. Polak, *The IMF Monetary Model at* 40, International Monetary Fund, Washington, DC 20431, USA

20. Joseph P. Daniels & David D. VanHoose, *International Monetary and Financial Economics*, South-Western/Thompson Learning, 2002.

21. Keith Pilbeam, *International Finance*, Palgrave, 2006.

22. Lucio Sarno & Mark P. Taylor, *The Economics of Exchange Rates*, Cambridge University Press, 2002.

23. Paul Krugman, "A Model of Balance-of-Payments Crises", *Journal of Money*, Credit and Banking, Vol. 11, No. 3, 1979.

24. Paul Krugman, "Are Currency Crises Self-Fulfilling?" *NBER Macroeconomics Annual*, Vol. 11, 1996.

25. Richard T. Baillie & Patrick C. McMahon, *The Foreign Exchange Market*, Cambridge University Press, 1989.

26. Robert A. Mundell, "The Appropriate Use of Monetary and Fiscal Policy for Internal and External Stability", *Staff Papers-International Mone-*

tary Fund, Vol. 9, No. 1, Mar. 1962, pp. 70～79.

27. Ronald Macdonald, *Floating Exchange Rates*, Unwin Hyman Ltd, 1988.

28. Robert P. Flood, Nancy P. Marion, "Speculative Attracts: Fundamentals and Self-fulfilling Prophecies", *NBER Working Paper* No. 5789, 1996.

29. Robert P. Flood, Peter Garber, Charles Kramer, "Collapsing Exchange Rate Regimes: Another Linear Example", *Journal of International Economics*, Vol. 41, 1995.

30. Sidney S. Alexander, "Effects of a Devaluation on a Trade Balance", *IMF Staff Paper*, Vol. 2, No. 2, Apr. 1952, pp. 263～278.

31. Stephen P. Magee, "Currency Contracts, Pass-Through, and Devaluation", *Brooking Papers on Economic Activity*, No. 1. 1973, pp. 303～325.

32. Steven Radelet, Jeffrey Sachs, "The Onset of the East Asian Financial Crisis", *NBER Working Paper* No. 6680, 1998.

33. 保罗·克鲁格曼、茅瑞斯·奥伯斯法尔德:《国际经济学》(第五版),中国人民大学出版社 2002 年版。

34. 彼特·凯南:《稳定国际货币体系》,《上海金融学院学报》2007 年第 1 期。

35. 丹尼斯 R. 阿普尔亚德、小艾尔弗雷德 J. 菲尔德:《国际经济学》,机械工业出版社 2003 年版。

36. 劳伦斯·S·科普兰著,康以同等译:《汇率与国际金融》,中国金融出版社 2002 年版。

37. 基斯·比尔宾(Keith Pilbeam)著,王忠晶译:《国际金融》,中国税务出版社 2006 年版。

38. 迈克尔·杜利、桑特·克鲁兹:《后布雷顿森林体系的演变》,《中国物价》2005 年第 4 期。

39. 迈克尔·梅尔文(Michael Melvin)著,范立夫译:《国际货币与金融》东北财经大学出版社 2003 年版。

40. 迈克尔·H·莫菲特:《国际金融案例》,中国人民出版社 2006 年版。

41. 米德:《国际经济政策理论第一卷:国际收支》,北京经济学院出版社 1990 年版。

42. 理查德·E·凯夫斯、杰弗里·A·弗兰克尔、罗纳德·W·琼斯等:《国际贸易与支付》,中国人民大学出版社 2004 年版。

43. 陈彪如:《国际金融概论》,台湾:五南图书出版公司 1994 年版。

44. 陈岱孙、厉以宁:《国际金融学说史》,中国金融出版社 1991 年版。

45. 陈建梁:《新编国际金融》,北经济管理出版社 2002 年版。

46. 陈小平:《国际金融衍生市场——新型金融工具的崛起、运作与监管》,中国金融出版社 1997 年版。

47. 陈信华、殷风:《国际金融学》,上海财经大学出版社 2004 年版。

48. 陈雨露:《国际金融》,中国人民大学出版社 2005 年版。

49. 程丽萍、张云:《国际金融实务》,立信会计出版社 2005 年版。

50. 程盛芝、叶岑:《国外货币危机模型评述》,《西安交通大学学报》2001 年第 12 期。

51. 单忠东、綦键红:《国际金融》,北京大学出版社 2006 年版。

52. 杜厚文、李小牧、王广中:《欧元区域货币一体化的矛盾与挑战》,中国金融出版社 2003 年版。

53. 范小云、马君潞:《国际货币与金融经济学》(英文版),高等教育出版社 2005 年版。

54. 方文:《国际收支危机的比较研究》,中国人民大学出版社 2003 年版。

55. 付江涛、王方华:《货币危机预警指标体系的构建及实证分析》,《世界经济研究》2004 年第 12 期。

56. 高长法、朱德忠、徐旭初:《新编国际金融》,安徽大学出版社 2001 年版。

57. 郭晋晖:《中国离岸金融改革 17 年》,《第一财经日报》2006 年 9 月 18 日。

58. 国家外汇管理局国际收支分析小组:《中国国际收支报告 2006》,中国金融出版社 2006 年版。

59. 韩晶:《东南亚国家金融危机后的金融改革与前瞻》,《亚太经济》2003 年第 4 期。

60. 何璋:《国际金融》,中国金融出版社 1997 年版。

61. 贺瑛:《国际金融学》,复旦大学出版社 2006 年版。

62. 洪林:《东亚货币合作——基于最优货币区理论的分析》,《世界经济研究》2007 年第 4 期。

63. 胡云祥:《国际金融教程》,立信会计出版社 2005 年版。

64. 黄达:《货币银行学》,中国人民大学出版社 2000 年版

65. 黄鲁成:《国际金融》,北京大学出版社 1995 年版。

66. 黄梅波:《国际货币合作的理论和实证分析》,厦门大学出版社 2002 年版。

67. 黄梅波:《最优货币区理论与东亚货币合作的可能性分析》,《世界经济》

2001 年第 10 期。

68. 黄燕君、何嗣江:《新编国际金融》,浙江大学出版社 2005 年版。

69. 姜波克:《国际金融新编》,复旦大学出版社 2005 年版。

70. 李翀:《国际金融市场》,清华大学出版社 2005 年版。

71. 李富有:《国际金融学》,西安交通大学出版社 2005 年版。

72. 李海波、刘学华:《新编国际金融》,立信会计出版社 2006 年版。

73. 李惠芬:《国际金融概论》,中国金融出版社 1998 年版。

74. 李向阳:《布雷顿森林体系的演变与美元霸权》,《世界经济与政治》2005 年第 10 期。

75. 李晓峰、王相宁:《人民币 J 一曲线效应的统计分析》,《数理统计与管理》2006 年第 6 期。

76. 李卓:《欧洲货币一体化的理论与实践》,武汉大学出版社 2005 年版。

77. 林铁钢:《解决国际收支失衡是一项长期艰巨的任务——访中国货币政策委员会委员樊纲》,《中国金融》2007 年第 9 期。

78. 刘俊奇:《国际金融衍生市场——工具与运用》,经济科学出版社 2002 年版。

79. 刘舒年:《国际金融》,对外经济贸易出版社 2003 年版。

80. 刘曙光:《我国外汇管理走向放松管制》,《国际商报》2007 年 8 月 24 日。

81. 刘思跃、肖卫国:《国际金融》,武汉大学出版社 2001 年版

82. 刘用明、罗建:《国际金融实务》,四川大学出版社 1995 年版。

83. 刘玉操:《国际金融实务》,东北财经大学出版社 2005 年版。

84. 刘园:《国际金融》,高等教育出版社 2006 年版。

85. 卢萍:《从国际货币基金组织的贷款条件性谈国际货币体系的改革》,《世界经济与政治论坛》2003 年第 3 期。

86. 陆前进、肖萌:《国际金融学教程》,立信会计出版社 2006 年版。

87. 陆前进:《货币危机的理论和汇率制度的选择》,上海财经大学出版社 2003 年版。

88. 吕江林:《国际金融》,科学出版社 2006 年版。

89. 罗平:《国际收支手册》(第 5 版),中国金融出版社 1994 年版。

90. 骆志芳:《国际金融学》,中山大学出版社 2004 年版。

91. 潘理权:《寡头垄断的国际货币体系与人民币国际化战略选择》,《经济问题探索》2007 年第 1 期。

92. 裴平:《国际金融学》,南京大学出版社 1998 年版。

93. 钱荣堃、陈平、马君潞:《国际金融》,四川人民出版社 2000 年版。

94. 曲凤杰:《我国国际收支失衡的代价》,《中国经济周刊》2007 年第 33 期。

95. 阙澄宇:《国际金融》,东北财经大学出版社 2006 年版。

96. 桑百川、郑建明:《国际资本流动:新趋势与对策》,对外经济贸易大学出版社 2003 年版。

97. 邵学言、肖鹤飞:《国际金融》,中山大学出版社 2004 年版。

98. 沈国兵:《国际金融》,上海财经大学出版社 2004 年版。

99. 师玉兴:《国际金融》,对外经济贸易大学出版社 2002 年版。

100. 施建淮:《人民币升值是紧缩性的吗?》,《经济研究》2007 年第 1 期。

101. 石磊:《国际金融》,立信会计出版社 2006 年版。

102. 史燕平:《国际金融市场》,中国人民大学出版社 2004 年版。

103. 谭毅:《国际货币合作研究》,中山大学出版社 2005 年版。

104. 唐建伟:《我国国际收支双顺差分析——现状原因及影响》,《国际贸易》2007 年第 5 期。

105. 唐明凤:《浅析欧元启动对欧洲货币市场的影响》,《鞍山钢铁学院学报》1998 年 8 月。

106. 屠启宇:《货币一体化的国际政治经济学》,高等教育出版社 1999 年版。

107. 王爱俭:《国际金融概论》,中国金融出版社 2005 年版。

108. 王德祥:《经济全球化条件下的世界金融危机研究》,武汉大学出版社 2002 年版。

109. 王德迅、张金杰:《国际货币基金组织》,社会科学文献出版社 2004 年版。

110. 王喜平:《资本流动与货币危机》,《天津大学学报》(社会研究版)2005 年第 4 期。

111. 王雅杰:《国际金融理论 · 实务 · 案例》,清华大学出版社 2006 年版。

112. 王玉珍:《国际金融》,北京工业大学出版社 2000 年版。

113. 谢庆健:《国际金融新编》,浙江大学出版社 1996 年版。

114. 熊性美、戴金平:《当代国际经济与国际经济学主流》,东北财经大学出版社 2004 年版。

115. 许少强:《货币一体化概论》,复旦大学出版社 2004 年版。

116. 杨培雷:《国际金融》,上海财经大学出版社 2005 年版。

117. 杨咸月:《离岸金融市场发展研究》,上海交通大学博士后士学位论文,2003 年 12 月。

118. 姚莉、张涌泉:《国际金融》,中国财政经济出版社 2006 年版。

119. 易诚:《金融动荡中的泰国汇率制度改革》,《世界经济》1997 年第 10 期。

120. 易纲、张磊:《国际金融》,上海人民出版社 1999 年版。

121. 余永定:《全球国际收支不平衡与中国的对策》,《国际金融研究》2007 年第 1 期。

122. 张莫、张汉青:《我国外汇储备管理改革宣告提速》,《经济参考》2007 年 7 月 1 日。

123. 赵雪芳:《政策制度安排推动人民币向国际化发展》,《中国金融》2006 年第 5 期。

124. 中国人民银行国际货币基金处:《国际货币基金组织》,北京工业大学出版社 1994 年版。

125. 中国银行国际金融研究室:《国际货币基金组织和世界银行》,中国财政经济出版社 1978 年版。

126. 钟红:《国际货币体系改革方向与中国的对策研究》,《国际金融研究》2006 年第 10 期。

127. 钟伟、张庆:《美元危机和人民币面临的挑战》,《国际金融研究》2003 年第 4 期。

128. 周小川:《中国不急于开放所有资本项目》,《国际金融报》2007 年 10 月 19 日。

129. 周宇:《IMF 的援助方案与金融危机国家的经济结构调整》,吉林大学硕士学位论文,2005 年。

130. 朱青:《欧元与欧洲经货联盟》,中国人民大学出版社 1999 年版。

131. 卓骏:《国际金融实务》,人民邮电出版社 2003 年版。

图书在版编目(CIP)数据

国际金融学/黄梅波主编.—厦门:厦门大学出版社,2009.2
(高等院校经济管理类主干课系列教材)
ISBN 978-7-5615-3136-5

Ⅰ.国… Ⅱ.黄… Ⅲ.国际金融学-高等学校-教材 Ⅳ.F831

中国版本图书馆 CIP 数据核字(2009)第 007122 号

厦门大学出版社出版发行
(地址:厦门市软件园二期望海路 39 号 邮编:361008)
http://www.xmupress.com
xmup @ public.xm.fj.cn
厦门市金凯龙印刷有限公司印刷
(地址:厦门市同安工业集中区思明园 189 号 邮编:361100)
2009 年 2 月第 1 版 2009 年 2 月第 1 次印刷
开本:787×960 1/16 印张:29
字数:536 千字 印数:1～3 000 册
定价:38.00 元